KB163308

일탈

게일 루빈 선집

일탈

게일 루빈 선집

게일 루빈 지음 | 신혜수, 임옥희, 조혜영, 허윤 옮김

현실문화

옮긴이 서문

억압된 것의 귀환:『일탈』을 열며

    2010년 무렵 세계는 '분노하라, 점령하라' 운동으로 들끓었다. 그로부터 불과 1, 2년 사이에 상황은 급변했다. 분노는 사라지고 점령은 불발로 끝났다. 세계는 들끓는 분노 대신 사랑을 예찬하고 연민과 공감을 강조하고 있다. 다른 한편에서는 불안, 공포, 혐오가 흘러넘친다. '정치적으로 올바른' 주장들이 정답처럼 열거되지만, 당면한 상황에서 정작 무엇이 올바른 것인지조차 판단하기가 쉽지 않다. 올바른 것이 무엇인지 안다고 하여 실천으로 연결되는 것도 아니다. 사람들은 자신의 신념을 위해 투신하는 사람에게 공감이 아니라 냉소를 보낸다. 여성운동은 조롱의 대상이고, 좌파의 명분은 의심의 대상이다.

    역자 또한 불편한 것은 외면하고 생각 없이 대충 살다가 게일 루빈의 『일탈(Deviations: A Gayle Rubin Reader)』(Duke University Press, 2011)과 마주하는 순간, 정신이 번쩍 들었다. 그녀의 텍스트는 불편한 것을 보고 생각하고 의식하지 않을 수 없도록 역자를 각성시켰다. 그녀는 한 사회의 성적 '정상성'을 대변하는 다수의 횡포에 오랜 세월 맞서면서도 지치지도 않고 명료한 의식과 분명한 입장을 견지하고 있다. 루빈은 40년에 걸쳐 자기 시대와 불화하고 저항해온 결과물을 모아서 두꺼운 선집 한 권으로 내놓았다. 루빈의 저서는 '억압된 것의 귀환'처럼 놀라웠다. 급진적인 성적 반체제 인사로서 그녀가 보여준 반란이 한국적 맥락에 어떤 가능성을 열 수 있는가? 지금, 여기서 왜 게일 루빈인가? 그런 물음에 답을 모색하는 과정이 이 번역에 착수한 계기이기도 하다.

게일 루빈은 푸코의 『성의 역사』이후 가장 급진적인 성 이론 실천가로 알려져 있다. 푸코가 『성의 역사』에서 성이 구성되는 과정에 대한 역사적 총론을 작성하려 했다면, 루빈은 그것에 관한 구체적인 각론의 장을 전개해왔다. 성은 언제나 다른 목적(재생산)에 봉사해야 하는 만큼 성적 쾌락 자체가 목적이 될 수 없다는 점에서 부차적인 것이자 절제하고 감춰야 할 것으로 취급되었다. 하지만 그녀는 성을 단죄하고 단속하는 윤리, 종교적 접근이 아니라 사회적 분석과 역사적 해석의 현장으로 접근하면서 '자율적인' 성과학의 영역을 구축하고자 한다.

그녀는 성을 사유하고 재사유함으로써, 다형도착적인 성이 어떻게 단일하고 단정한 하나의 성으로 구성되는지에 집중한다. 이성애가 자연적 질서라는 가정은 근대 이전까지 거의 도전받은 적이 없었다. 하지만 그녀가 보기에 이성애는 자연의 질서가 아니라 강제적 장치를 통해 자연인 것처럼 만들어진 정치적 발명품이다. 이성애 정상성을 지원하기 위해 사회는 끊임없이 성적 일탈을 처벌하고 범죄화하거나 병리화하고 일탈의 경계선을 재/배치하여 성적 하층민들을 생산해왔다. 이처럼 성이 사회가 강제하는 제도적 장치라는 점에 주목함으로써, 루빈은 성적 패러다임의 '거대한 전환'을 모색한다.

계급 불평등, 인종차별, 전쟁, 질병, 기아, 생태 재앙과 같은 중대 사안에 비해 성 범주는 '하찮은' 것처럼 보일지도 모르겠다. 그러나 그것은 근대의 발명품일 뿐만 아니라 근대사회의 핵심이라고 그녀는 주장한다. 「성을 사유하기」(5장)에서 잘 보여주다시피, 온갖 일탈적인 성을 처벌하고 억압하고 회유할 때 비로소 단정하고 깔끔한 이성애 정상성에 이르게 된다면, 낙인찍힌 성들을 단속, 처벌하기 위해 한 사회가 온 힘을 기울이고 그로 인해 온갖 사회적 불평등과 불만을 그들 소수자에게 부려 놓게 된다면, 그래도 그런 전략들이 하찮은 것에 불과할까? '일탈적인' 성적 소수자 집단을 취업 실격자, 범죄자, 빨갱이 사냥, 마녀사냥에 동원함으로써 그들이 '지속 가능한 불평등' 속에서 헤어 나오지 못하도록 만든다면, 과연 그런 전략이 빈곤, 인종차별, 기아, 전쟁과 무관한 것일까? 촘촘한 성 계층화를 유지하는 데 사회의 거의 모든 영역이 이처럼 상호 연결되어 있다는 점을 이해하려면, 성의 정치경제적 접근은 필수적이다. 집결지 폐쇄, 도시 재개발, 경찰 공권력, 법, 자본의 욕망이 뒤엉켜 만들어낸 '용산참사'를 생각해본다면, 그 점은 쉽게 와 닿을 수 있을 것이다.

게일 루빈의 이력 가운데서 가장 초기에 해당하는 논문이 「여성 거래」(1장)이다. 그녀는 스물다섯 살에 쓴 이 논문에서 여성 억압에서 비롯된 젠더 불평등은 계급 범주만으로는 설명할 수 없다고 비판한다. 여기서 그녀는 여성 억압을 설명하는 장치로서 가부장제 대신 섹스/젠더 체계를 개념화한다. 남성 지배가 보편적 현상이라고 한다면, 그런 성적 불평등의 기원에 여성을 거래하는 문화가 있다는 것이다. 근친상간 금지와 같은 결혼의 문법을 통해 남성들은 자기 부족의 여자들을 다른 부족의 남성들과 거래한다. 남성들 사이에서 여성이 선물로 교환됨으로써 친족이 형성된다. 여성을 솎아냄으로써 남성들의 동성 사회적 연대가 가능해지고 남성 지배 권력은 공고해지는 반면, 여성은 타자화되어 종속적 위치에 머물게 된다.

섹스/젠더 체계를 통해 그녀는 남성 중심적이었던 인류학에서 페미니즘 인류학의 지평을 만들어나간다. 그뿐 아니라 여성이 억압을 내면화하고 남성을 선망하는 과정을 조명하기 위해 그녀는 정신분석학에 의존한다. 하지만 팔루스(의 결여)가 만능열쇠phallus ex machina인 것처럼 작동하고 있는 정신분석학에는 등을 돌린다. 그녀는 자신의 경험적인 민족지학적 현장 연구와 맞지 않는 이론에 집착하지 않는다. 그녀는 마르크스주의, 정신분석학, 후기구조주의적 접근을 섭렵하면서 생물학적인 본질주의에서 벗어날 수 있는 방법론으로 사회구성주의에 안착한다. 사회구성주의 방법론을 통해, 성은 정치적으로 배치되는 것임을 보여줌으로써 소모적인 본질주의 논쟁에서 벗어나고자 한다.

소박하게 말해서 인간의 본질이 자유에 있다고 한다면, 게일 루빈은 '그' 자유를 어디에서 찾아야 하는가 하는 근본적인 문제를 제기한다.

그녀에 따르면 인류가 오늘날까지도 결코 마음대로 누릴 수 없었던 가장 무지하고 낙후된 영역이 성의 영역이다. 그렇다면 성적인 정상/도착의 경계를 허물어내는 것은 인간이 누릴 수 있는 자유의 영역을 확장하는 일이다. 일례로 『그레이의 50가지 그림자』와 같은 '하드코어' S/M 로맨스 장르가 베스트셀러가 되었고, 미국에서 1억 명 이상이 읽었다는 사실을 어떻게 받아들여야 할까? 엄마들이 위험하고 폭력적인 성행위로 간주되었던 S/M 포르노 장르를 즐기는 세상이 열리고 있다. 가족이 아니라 '가죽은 피보다 진하다'고 생각하는 레즈비언 S/M으로서 루빈은 『그레이』류의 S/M 로맨스에 환호하는 엄마들에게 어떤 반응을 보일까?

그럼에도 불구하고 성 규범의 이중성은 여전히 강고하다. 한편으로는 성적 취향이자 성적 역할 놀이로서의 BDSM*을 즐기는가 하면(에바 일루즈의 『사랑은 왜 불안한가?』에 따르면, 『그레이의 50가지 그림자』 이후로 S/M 섹스 장난감의 판매가 급증했다고 한다. 이런 현상은 엄마들이 판타지만으로 이 소설을 즐긴 것이 아니라는 점을 보여준다), 다른 한편에서는 그것을 변태적이고 위험하고 처벌해야 할 것으로 간주한다.

친구들은 『일탈』을 번역하면서 BDSM으로 전향했냐고 역자에게 묻는다. 어떤 일탈적 성이든 타인에게 피해를 주지 않는다면 범죄화하

---

*　BDSM은 결박(Bondage), 훈육(Discipline), 사디즘(Sadism), 마조히즘(Masochism)의 성적 실천을 뜻하는 약어이다.

지 않는 것이 인간이 누릴 수 있는 자유의 영역을 넓혀가는 것이다. 그런 맥락에서 역자는 스스로를 '정치적' BDSM이라고 말한다. 이렇게 말하는 것을 아마 가장 싫어할 사람이 게일 루빈일 것이다. '정치적'이라는 말을 붙임으로써 BDSM을 탈성화시켜 소비함으로써 BDSM 섹슈얼리티와 정치성을 삭제해버리기 때문이다. 그런 이유로 루빈은 S/M을 은유적으로 활용하지 말라고 강조한다. 인간이 언어를 사용하는 한 은유의 남용을 막는다는 것은 불가능할 것이다. 그럼에도 불구하고 남성 지배/여성 종속의 가부장적인 구조를 사도마조히즘적인 것으로 비유하거나, 들뢰즈처럼 이론 차원에서 S/M을 접근하게 되면, S/M의 섹슈얼리티는 삭제되면서도 은유로서는 무한정 확장될 수 있다는 것에 그녀는 우려를 표한다.

『일탈』은 게일 루빈이 반세기를 살면서 체화한 이론과 실천의 결과물이자, 그녀를 통해 전달된 과거의 정보와 무수한 지식의 축적물이다. "과거를 기억하지 못하는 자들은 과거를 반복하게 마련이다." 조지 산타야나George Santayana의 말이다. 지식의 역사를 확실하게 전달하지 못한 자들은 자기 역사를 잃게 된다. 자기 시대와 불화하면서 행려병자가 되거나 자살하거나 마녀사냥을 당하면서도 수많은 여자들이 전달해주었던 것들을 우리의 기억 속에서 흔적 없이 사라지도록 방치한다면, 페미니즘은 또다시 무한 퇴행을 무한 반복해야 할 것이다. 한국 사회에서 지금의 페미니즘은 100년 전 근대 초기의 나혜석과 같은 신여성들이 보여주었던 성적 비전과 관점에도 훨씬 미치지 못할 정도로 이미 퇴행한 것처럼 보인다.

2008년부터 세미나를 함께 진행해왔던 공역자들은 『일탈』을 꼼꼼하게 읽고 토론하면서 조율의 시간을 거쳤다. 각자 맡은 번역을 상호 검토하고 수정하는 데 생각보다 많은 시간이 걸렸다. 생소한 법률 용어, 성적 관용어의 적절한 번역어를 찾는 작업도 만만치 않았다. 신혜수는 감사의 글과 2장, 3장, 5장을 번역했으며, 전체 원고의 일차적인 번역이 끝나고 난 뒤에 따라오는 수고스러운 일들, 중구난방인 용어들을 통일하고 교차 수정하는 작업에 많은 시간을 투자했다. 조혜영은 박식한 정보를 활용하여 「카타콤」(9장)과 「미소년과 왕에 대하여」(10장)를 비롯해 새로운 성 문화를 다룬 논문들인 6장, 7장, 8장, 14장의 번역을 담당했다. 다재다능하고 정보통인 허윤은 주디스 버틀러와 루빈의 인터뷰를 실은 「성적 거래」(12장)와 더불어 11장을 번역했다. 임옥희는 서문과 1장, 4장, 13장을 맡았고, 일차 번역이 끝난 뒤 여행을 핑계 삼아 달아남으로써 공역자들에게 많은 부담을 떠안겼다. 그래도 번역하는 과정이 고역이 아니라 함께 즐거운 여행이 되도록 해준 것에 공역자들에게 감사한다. 이 번역이 책 형태가 되어 나올 수 있도록 처음부터 끝까지 기획하고 철저하게 수정 및 검토를 챙겨준 제5의 역자인 현실문화연구 편집자 김수현과 허원에게 무엇보다 감사드린다. 그녀들의 수고를 보면서 한 권의 책이 나오기까지 얼마나 많은 사람의 숨은 노동이 합쳐져서 책 형태가 되는지를 뒤늦게나마 깨닫게 되었다.

역자들은 번역을 하면서 이 텍스트를 제대로 읽어내려면 40년 동안 누적된 미국의 지적, 이론적, 정치적 맥락을 이해할 필요가 있다는 점에 이의가 없었다. 예를 들어, 거래traffic라는 용어는 「여성 거래」에서는 인류학에서 말하는 증여, 선물로서 여성의 교환을 의미했다. 하지만 'traffic'이라는 단어에는 인신매매라는 뜻도 있다. 이 단어가 매춘, 포르노그래피 논쟁 안으로 들어가게 되면 인신매매의 뜻으로 오해되기 십상이다. 그렇게 되면 「여성 거래」에서와는 달리, 루빈의 반매춘, 반포르노그래피 논쟁에서는 여러 가지 문제점이 발생하게 된다. 어떤 용어가 40년의 세월 동안 층층이 쌓아올렸던 시대적 상황, 역사적 이해를 동시적으로 표현할 수 없으므로 가능한 한 맥락을 밝혀줌으로써 오해를 줄이고 이해를 돕는 데 「옮긴이 해설」의 용도가 있을 것으로 보았다. 신혜수와 조혜영이 친절한 해설을 맡았다. 『일탈』을 읽는 데 좋은 안내자 역할을 해줄 것이다. 그와 더불어 「한국 LGBTI 인권 현황 2014」(성적지향·성별정체성 법정책연구회, 2015)도 살펴볼 것을 첨언해둔다.

허윤은 『일탈』의 「연보」를 작성했다. 『일탈』이 걸어온 삶의 흔적과 함께 게일 루빈의 40년에 걸친 성 전쟁의 역사를 담고 있는 만큼, 그 당시로서는 절박한 성 정치와 성 전쟁의 의미가 지금으로서는 그다지 절실하게 와 닿지 않을 수도 있다. 소도미법이 미 대법원에서 위헌 결정

(2003년)이 내려지고 심지어는 동성결혼이 합법화(2015년 6월)될 정도로 많은 것이 바뀌고 있다. 동성애 빨갱이 사냥, 반전운동, 민권운동, 라벤더 공포, 포르노그래피 전쟁, 매춘, 에이즈 공포, 동성애 박해, S/M 탄압 등 일련의 사태와 『일탈』을 연결시킨 「연보」는 '일탈'적인 성의 변천사에 관한 지형도를 그려보는 데 많은 도움이 될 것으로 믿는다.

1997년 연말, 그해 마지막 세미나 자리였다. IMF의 공포가 한국을 괴질처럼 휩쓸고 있었다. 인파로 항상 넘쳐나던 혜화동 거리마저 춥고 썰렁했다. 미국 유학에서 갓 돌아온 한 선생이 내년에는 게일 루빈의 「성을 사유하기」를 읽고 번역 소개하는 것이 어떻겠냐고 제안했다. 소설 『내게 거짓말을 해봐』처럼 우리도 금서 하나 만들어볼까 하며 우울한 농담을 던지면서도, 역자는 '싫다'고 단호하게 말했던 것으로 기억한다. 이 수상한 시절에 그런 하찮은 주제를, 이라고 아마 주제넘게 생각했던 모양이다. 그로부터 많은 세월이 흘렀다. 내 마음속의 금서였던 『일탈』과 마침내 다시 만났다. 억압된 것의 귀환으로서.

2015년 8월

옮긴이들을 대표하여 임옥희 씀

차례

일러두기

1. 이 책은 *Deviations: A Gayle Rubin Reader*(Duke University Press, 2011)의 한국어판이다.
2. 이 책의 중괄호(( ))는 인용한 구절의 활용을 위해 게일 루빈이 쓴 것이다.
3. 옮긴이가 별도로 옮긴이 주를 단 경우는 "(–옮긴이)"라는 표기를 병기했다.
4. 고유명사를 비롯해 본문의 의미를 좀 더 명확히 전달할 수 있다고 판단될 경우 원어를 병기했다. 가능한 한 원어는 처음 언급될 때 한 번만 병기했으나, 본문을 독해하는 데 도움이 된다고 여겨지는 경우에는 중복해서 병기했다.
5. 인용한 글을 중략한 경우에는 말줄임표(…)를 사용했다.
6. 단행본은 겹낫표(『 』)를 활용해 표현했고, 논문 등의 개별 작품들은 홑낫표(「 」)로 표현했으며, 신문 및 정기간행물은 겹화살괄호(《 》)로, TV 프로그램·영화·미술작품 등은 홑화살괄호(〈 〉)를 사용했다.
7. 「옮긴이 서문」(5~13쪽)을 비롯해 부록의 「옮긴이 해설: 일탈의 학자, 게일 루빈」(679~703쪽)과 「『일탈』 연보」(704~711쪽), 「주요 개념어」(712~715쪽)는 한국어판에서 새롭게 추가한 것이다. 「옮긴이 서문」은 임옥희가, 「옮긴이 해설」은 신혜수와 조혜영이, 「연보」는 허윤이 각각 썼으며, 「주요 개념어」는 옮긴이들이 번역을 담당한 장들에서 뽑았다.
8. 이 책에 수록된 논문들에서 주요하게 다루는 개념어 및 인명, 단체명, 문헌명은 부록의 「주요 개념어」와 「찾아보기」를 통해 찾아볼 수 있다.

감사의 글

이 책이 나오기까지 오랜 시간이 걸렸다. 여기에 실은 논문들은 거의 40년에 걸쳐 쓴 것이다. 개별 논문들을 출간할 때마다 감사의 글을 이미 썼기 때문에, 여기서는 이 논문집을 묶는 데 도움을 준 사람들, 내 생애와 작업에 지속적인 영향력을 끼친 이들과 단체에 대한 헌사를 쓰고자 한다.

최근 어떤 논객의 지적대로 내 경력은 이례적이다. 나는 연구 인생 대부분을 뜨내기 학술 노동 인력, 혹은 캘리포니아 대학 버클리 캠퍼스 지리학과의 리처드 워커Richard Walker가 말한 '룸펜 프로페서리아트lumpen professoriat'처럼 지내왔다. 보통은 주변부에 놓인 처지를 낭만적으로 묘사하곤 하지만, 나는 그 주변성이라는 어려운 문제를 날카롭게 벼려 인식한다. 탁월한 친구들, 그리고 동료들과 맺은 네트워크 덕분에 나는 비공식적인 연구 모임을 계속할 수 있었고 학계에 존재할 법하지 않은 몇몇 비상한 단체를 유지할 수 있었다. 이 책은 그들에게 지극한 감사를 전할 더없이 기쁜 기회인 셈이다.

훌륭한 여러 사상가들과 빈틈없는 학자들에게 배우고 고무받았다는 점에서 나는 굉장한 특혜를 받아왔다. 미시간 대학 학생 시절에 리처드 베일리Richard Bailey, 올턴 피트 베커Alton Pete Becker, 켄트 플래너리Kent Flannery, 레이먼드 켈리Raymond Kelly, 마셜 살린스, 찰스 틸리, 헨리 라이트Henry Wright 같은 선생님으로부터 큰 영향을 받았다. 그분들은 내가 독특한 지적 경향과 감수성을 형성해나가는 과정에 상당한 영향력을 끼쳤다. 미시간 대학에서 교편을 잡은 이래로는 동료 교수 도모코 마스자와Tomoko Masuzawa와 톰 트라우트먼Tom Trautmann이 그에 버금가는 영향을 미쳤다. 그들의 작업은 연구 방향 수정에 많은 영감을 주었다. 관대한 자세로 내 작업에 대해 치열한 논쟁을 펼치며 광범위한 조언을 아끼지 않았던 질리언 필리하르니크Gillian Feeley-Harnik, 데이비드 핼퍼린David Halperin, 에릭 무에글러Erik Mueggler, 애비게일 스튜어트Abigail Stewart, 밸러리 트라우브Valerie Traub에 대한 감사함은 이루 다 말할 수 없다. 소규모 작가 그룹의 레베카 하딘Rebecca Hardin, 네이딘 네이버Nadine Naber, 줄리아 페일리Julia Paley, 데이머니 파트리지Damani Partridge, 엘리자베스 리즈 로버츠Elizabeth Liz Roberts, 미리엄 틱틴Miriam Ticktin의 도움에도 깊이 감사드린다. 그들은 원고와 고투하는 중에도 나를 따스하게 환대해주었다.

아주 드물기는 하지만 학과 체계와 정규 교육 수요의 주변부에서 운영되는 학술 프로그램과 기관 들이 존재한다. 거기서는 판에 박은 일상적 연구에서 잠시 벗어날 수 있는 연구년을 제공함으로써 새로운 학문과 예술 분야의 분투를 함양한다. 그런 몇몇 기관이 관행을 벗어난 나의 학문적 열정을 후원해왔다. 미시간 대학 특별연구원회Michigan Society of Fellows의 지원이 단연 손꼽힌다. 나는 1975년에서 1978년까지 그곳의 신진 연구원이었다. 3년간의 임기 동안 신진 연구원들은 어떤 연구를 선택했든지 상관없이, 강의를 하는 대신에 자신이 선택한 창조적인 연구과제에 전념할 수 있었다. 나는 신진 연구원 제도가 선사한 자유와 후한 지원금 덕분에 게이 가죽족gay leathermen에 대한 박사학위 논문에 착수할 수 있었다. 당시에 그런 특이한 연구계획으로 다른 곳에서 재정 지원을 받을 가능성은 희박했다.

1970년대 초반의 경기 침체기 동안 다우존스 지수가 급락하며 사회 재정이 긴축되었다. 프로그램은 재편되었고 신진 연구원들은 지원금 일부를 갚는 차원에서 얼마간 학과 강의를 하라는 요구를 받았다. 연구원들의 책무는 늘어났고 본래의 취지는 희석되었지만, 사회는 살아남았고 번창했다. 하지만 이런 변화들은 그 가치가 즉각 가시화되거나 쉽게 측정되지 않는 학술기관에 경기 침체가 어떤 여파를 미치는지 주의해야 한다는 교훈을 안겨주었다.

나는 1993년에 오스트레일리아 국립대학 인문학연구센터ANU Humani-ties Research Centre 방문연구원으로 초빙받는 행운을 누렸다. 매일 간담회에 참석하여 훌륭한 교수진 및 연구원들과 대화를 나누는 것 외에 방문연구원들이 의무적으로 해야 할 업무는 거의 없었다. 이 방문 경험으로 인해 나는 전공 분야에 대한 지적 활기를 되찾을 수 있었다. 특히 행사를 유치하여 내가 참여할 수 있게 배려해준 존 밸러드John Ballard, 그레임 클라크Graeme Clarke, 질 매슈스Jill Matthews에게 지극한 감사의 마음을 전한다.

1995년에 사회과학연구회의Social Science Research Council는 포드 재단의 지원을 받아서 섹슈얼리티 연구협력프로그램SRFP을 발족했다. SRFP 덕분에 10년간 박사 및 박사 후 수준의 사회과학적, 행동과학적 섹슈얼리티 연구가 전례없이 쏟아져 나왔다. 이 분야에서 독자적인 성과를 이루어낸 킨제이 연구를 지원한 록펠러 재단 후원금만이 미국 섹슈얼리티 학술연구에 의미 있는 영향을 미쳤던 것은 아닐 것이다. SRFP라는 혁신 적인 프로그램을 지원한 포드 재단에 박수를 보낸다. 나는 박사 전 조사 연구원(1999~2001년)과 연구조사자문위원(2005~2006년)으로 여기에 참여 하는 엄청난 행운을 누렸다. 프로그램을 원활하게 진행할 뿐 아니라 성 관련 주제를 활발하게 연구하는 수많은 사회과학 연구자들을 만날 기회 를 마련해준 다이앤 디 마우로Diane di Mauro에게 고마움을 전한다. SRFP 덕 분에 나는 킨제이 연구소와 도서관을 몇 차례 방문할 수 있었고, 20세기 중후반 섹슈얼리티 연구에 가장 지대한 영감을 준 존 가뇽John Gagnon과 귀한 시간을 보낼 수 있었다.

2001년에 나는 미시간 대학 인문학연구소Institute for the Humanities의 노 먼 프릴링Norman Freehling 방문교수로 초빙되었다. 그것은 아주 신나는 경 험이었는데, 톰 트라우트먼과 함께했던 유럽과 미국의 인종이론 고전 독파는 가장 짜릿한 경험이었다. 메리 프라이스Mary Price와 일라이저 우 드퍼드Eliza Woodford 덕분에 그 시절은 내게 오래 기억에 남을 만큼 생산적 인 시간이 되었다.

2006년과 2007년에는 스탠퍼드 대학 캠퍼스가 내려다보이는 목가 적인 장소에 위치한 행동과학 고등연구센터CASBS 연구원으로 재직했다. 50년이 넘도록 CASBS는 사회과학 분야의 학자들이 본연의 연구를 진행 하고 지적 호기심으로 여기저기 기웃거리고 새로운 관심사를 발견할 수 있도록 기회를 제공해왔다. 분과 학문을 넘나들며 활기차게 교류하는 동안 나는 학교를 졸업한 이래로 가장 치열한 학습 경험을 만끽할 수 있 었다. 내 연구에 많은 도움을 준 폴라 파스Paula Fass, 돌로레스 헤이든Dolores

Hayden, 앨리슨 아이젠버그Alison Isenberg, 피터 메리스Peter Marris, 스티븐 민츠Stephen Mintz를 만난 것은 뜻밖의 횡재였다. CASBS 직원들은 최고였다. CASBS 소장 클로드 스틸Claude Steele, 시설 업무 책임자 린다 잭Linda Jack, 숙소와 회동 코디네이터 크리스티 뒤냥Christy Duignan, 요리사 수전 비치Susan Beach의 수고에 특히 감사드린다. 도서관 시설과 업무 시스템도 아주 훌륭했다. 트리샤 소토Tricia Soto와 사서 보조원 제이슨 곤잘레스Jason Gonzales는 많은 도움을 주었다. 라비 시바나Ravi Shivana는 탁월한 기술적 지원을 제공했다. 1970년대 경기 침체기에 미시간 대학 연구원들이 그러했듯이, 현재 CASBS는 재정적 위기와 불확실한 미래에 직면해 있다. 이 기관이 살아남기를, 그리고 이곳의 독특하고 활기찬 지적 문화가 지금 국가 경제가 겪고 있는 대침체기를 빠져나와 온전한 모습을 갖추기를 간절히 바라마지않는다.

나는 도서관과 문서보관소에 열광한다. 그중 두세 군데는 내 연구의 여러 단계에 결정적인 역할을 했다. 그 첫 번째가 미시간 대학 도서관의《래버디 총서》인데, 에드 웨버Ed Weber는 이 총서에 동성애 옹호와 게이 해방에 관한 전대미문의 자료들을 집적했고, 후임자 줄리 헤라다Julie Herrada는 그 컬렉션을 지속적으로 관리하고 보존해오고 있다. 타의 추종을 불허하는 킨제이 도서관을 처음 방문했을 때 경탄을 연발하던 나를 안내해준 이가 바로 폴 게브하드Paul Gebhard이다. 캐서린 존슨로어Katherine Johnson-Roehr, 제니퍼 야마시로Jennifer Yamashiro, 리아나 저우Liana Zhou는 킨제이 도서관에 후속 방문이 가능하도록 조처해주었다. 샌프란시스코에 소재한 게이·레즈비언·양성애·트랜스젠더 역사학회GLBT Historical Society를 알게 되었을 때는 마치 보물단지를 발견한 듯싶었다. 폴라 자블론스Paula

Jablons, 윌리 워커Willie Walker, 킴 클라우스너Kim Klausner, 레베카 킴Rebekah Kim 같은 헌신적인 소장가들 덕분에 그곳이 지금껏 유지될 수 있었다. 수전 골드스타인Susan Goldstein은 내게 샌프란시스코 공립도서관의 샌프란시스코 역사실에 소장되어 있는 대단히 중요한 자료들을 소개해주었다. 릭 스토러Rick Storer는 가죽족 문서보관소와 자료관Leather Archive and Museum을 무리 없이 운영해가면서 아직 알려지지 않은 소장 자료의 바다를 헤쳐나가는 항해사 역할도 한다. 미시간 대학에 있는 벤틀리 역사도서관Bentley Historical Library의 훌륭한 직원들에게도 감사를 전한다.

어떤 분야의 지식, 특히 낙인찍힌 주제에 관한 지식의 발전은 학자와 도서관과 문서보관소에 의해서 이루어지는 것만이 아니다. 수집가와 자료 확보의 최전선에 있는 서적상에 의해서 좌우되기도 한다. 새로운 영역을 향한 탐사 단계에서 '원시적 축적primitive accumulation'을 이룬 이름 없는 영웅들이 바로 희귀본 서적상들과 수집가들이다. 기관 부속 도서관이 새로운 경향의 연구주제를 미처 알기도 전에, 또는 그러한 주제에 대한 평판이 여전히 좋지 않을 때에도, 그들은 1차 자료를 가장 먼저 그러모으곤 한다. 래버디와 킨제이 같은 드물고 예외적인 경우를 제외한다면, 일반적인 성적 자료, 특히 LGBTQ 자료에서 이런 현상은 두드러진다.

서적상들과 수집가들은 대단히 박식하기까지 하다. 그들 중 몇 분은 오랜 세월 동안 내게 자료를 제공해왔을 뿐 아니라 다른 데서는 결코 배울 수 없는 다양한 지식을 전수해주었다. 나는 에드 드러커Ed Drucker에게서 레즈비언 서적 희귀본을 사 모으기 시작했는데, 당시에 그는 〈천국의 서적상Elysian Field Booksellers〉이라고 불리던, 절판된 게이 관련 서적 제공 서비스를 운영하고 있었다. 이후에는 보헤미안 출판사Books Bohemian의 밥

매너즈Bob Manners가 그 일을 이어받았다. 내가 처음으로 성애물과 성과학 서적을 취득했던 서적상 중 한 분이 C. J. 샤이너C. J. Scheiner이다. 그의 도서 목록은 흡사 대학원 섹슈얼리티 세미나 같았다. 나는 1980년대 초반에 잠깐이나마 그의 매머드 급 소장본 전부를 참관하는 영광을 누릴 수 있었다. 나는 또한 성인물 출판에 조예가 깊은 조지프 배스타Joseph Vasta의 덕을 톡톡히 봤다. 내가 수집한 성과학 서적들 가운데 상당수는 이반 스톰가트Ivan Stormgart에게서 받은 것이다. 그는 믿기 힘들 정도의 관대함으로 성 관련 참고문헌에 대해 그만이 가지고 있던 백과사전적 지식을 나누어주었다.

토드 프레텀Todd Pratum은 우익 오컬티즘과 19세기 인종분류학에 관한 자료를 수집하는 데 많은 도움을 주었다. 데이비드 색스David Sachs는 내게 수십 년 동안이나 온갖 종류의 문헌을 제공해왔는데, 나는 그의 설명을 듣기 전에는 그런 문헌이 어떤 관련이 있는지, 왜 필요한지조차 알지 못했다. 그는 많은 문헌들 중에서도 특히 초기 우익 성교육 소책자 문헌을 소개해주었다. 색스와 스콧 브라운Scott Brown은 도시계획과 토지 이용에 관한 정부 부처 보고서 가운데 핵심 자료를 제공해주었다. 샌프란시스코의 볼레리엄 출판사Bolerium는 게이 서적, 좌파와 무정부주의 문서, 동성애 관련 우익 문헌 등을 내게 계속 보내주었다. 제라드 코스코비치Gerard Koskovich는 일인 다역을 한다. 그는 비범한 수집가 겸 서적상이자 학자, 큐레이터, 교육자이기도 하다. 위에서 열거한 많은 분이 나의 개인 소장 목록의 축적뿐 아니라 많은 대학의 특별 컬렉션 집적에 큰 도움을 주었다.

이 책은 다이애나 다우닝Dianna Downing, 린 이든Lynn Eden, 리즈 하일리만Liz Highleyman, 데이비드 로벤스타인David Lobenstine 같은 여러 전문 편집자의 손길로 탄생되었다. 질 매슈스는 휴가 중에도 며칠을 이 책에 할애했다. 탈고를 앞두었을 즈음 캐럴 밴스는 이 책의 여러 부분에 상세한 조언을 해주었다. 듀크 대학 출판사의 탁월한 편집자인 팀 엘펜바인Tim Elfenbein과 함께 일했던 경험은 큰 즐거움이었다. 듀크 대학 출판사 교열국의 꼼꼼한 작업에 깊이 감사드린다. 이 연구사업이 결실을 볼 수 있도록 어마어마한 노력을 기울인 프레드 캐머니Fred Kameny에게 진심으로 감사드린다. 고생을 자처했던 켄 위소커Ken Wissoker의 고집과 의지가 아니었더라면 이 책은 나올 수 없었다. 출간된 책을 실제로 보니 비로소 실감이 난다. 에이미 루스 뷰캐넌Amy Ruth Buchanan의 우아한 디자인에 마음이 흐뭇하다.

멜린다 샤토버트Melinda Chateauvert, 수전 프리먼Susan Freeman, 샐리 밀러 게르하르트Sally Miller Gerhart, 레베카 조던영Rebecca Jordan-Young, 제라드 코스코비치, 로스텀 메슬리Rostom Mesli, 캐럴 밴스는 마감 직전까지 인용문과 사실에 근거한 세부 사항 들을 제공해주었다. 소라 카운츠Sora Counts는 20년 넘게 내 원고와 문서 관리를 도와주고 있다. 그녀는 잃어버린 서류철, 오려놓은 조각 글, 눈에 띄지 않는 전단 등속을 기가 막히게 찾는다. 서재를 체계적으로 분류해준 문연Moonyean은 자료가 너무 많이 쌓여서 더이상 손쓸 수 없을 때에도 차질 없이 자료를 계속 이용할 수 있게 해주었다. 이 원고를 준비하는 내내 앤드루 맥브라이드Andrew McBride는 비할 데 없이 훌륭한 연구조사 보조원이었다. 그는 본문과 참고문헌 목록을 편집하고 구성을 짜주었으며 수없이 많은 인용문을 일일이 찾아주었다. 린다 앨퍼스타인Linda Alperstein, 닐 파워즈Neal Powers, 레이너 샌달Lana Sandahl, 어다 샌더스Erda Sanders는 내 육신과 영혼이 온전히 기능하도록 도와주었다.

나는 오랜 벗들과 대담을 나누는 굉장한 행운을 누려왔다. 몇 명과의 인연은 대학 시절까지 거슬러 올라가고, 대학원 시절부터 만나온 친구도 많다. 이후로도 기나긴 학문의 여정에서 많은 동료들을 만났다. 아래에 열거하는 친구들과 오랜 세월 나눈 대화가 없었다면, 나는 지금처럼 생각하지 못했거나 지금 아는 바를 미처 알지 못했을 것이다. 헨리 에이브러브Henry Abelove, 앨런 베루베, 샐리 빈퍼드Sally Binford, 웬디 브라운Wendy Brown, 주디스 버틀러, 로렌스 코언Lawrence Cohen, 린 이든, 존 디밀리오John D'Emilio, 엘런 뒤부아Ellen Dubois, 리사 두건, 제프리 에스코피어, 에스텔 프리드먼Estelle Freedman, 에릭 가버, 바버라 그리어, 데이비드 핼퍼린, 수전 하딩Susan Harding, 앰버 홀리보Amber Hollibaugh, 이사벨 헐Isabel Hull, 낸 헌터Nan Hunter, 조너선 네드 캐츠, 리즈 케네디Liz Kennedy, 제라드 코스코비치, 엘런 르윈, 도널드 로페즈Donald Lopez, 제이 마스턴Jay Marston, 질 매슈스, 조앤 네슬Joan Nestle, 에스터 뉴턴, 레이나 랩, 리사 로펠Lisa Rofel, 에릭 로페스Eric Rofes, 메리 라이언Mary Ryan, 어다 샌더스, 루스 쇼언바크Ruth Schoenbach, 토빈 세이버스Tobin Seibers, 래리 실즈Larry Shields, 빅토리아 소크Victoria Sork, 주디스 스테이시Judith Stacey, 수전 스트라이커, 대니얼 창Daniel Tsang, 캐럴 밴스, 마사 비시너스Martha Vicinus에게 감사하다. 이들 중 몇몇은 내 삶에 크나큰 비중을 차지하고 너무나 많은 능력을 발휘하여, 내 연구와 행복에 이바지한 공헌을 이루 다 말할 수 없을 정도이다. 캐럴 밴스는 친구이자 동료이자 전우이다. 우리는 수없이 많은 이슈에 관해 답을 구할 때까지 이야기를 나누었고 숱한 고난을 함께 헤쳐왔다. 학생 때부터 만나온 린 이든, 이사벨 헐, 빅토리아 소크는 친구 이상이며 보배로운 동료이다. 우리는 가족이나 진배없다.

부모님께서 이 책이 출간되는 것을 보지 못하고 돌아가신 게 못내 아쉽다. 아버지는 늘 책을 읽으셨고 손에서 책을 놓으신 적이 거의 없었다. 나는 아버지가 집에 마련해두신 크나큰 서재에서 지극히 행복한 시간을 보냈다. 참고도서류를 유난히 좋아하셨던 아버지에게 나는 쉽게 물들었다. 우리는 '찾아보기'라고 부를 만한 놀이를 하곤 했다. 먼저 사실에 입각한 어떤 사안에 관해 열띠게 논쟁한다. 그런 다음 백과사전이나 사전을 향해 맹렬히 돌진해서 찾아본다. 그러고는 누구 말이 더 정확한지 가늠해보는 식이다. 내가 결국 학자가 된 일차적인 책임은 단연코 왕성한 탐구열을 가지고 배움을 통해 짜릿한 희열을 느끼셨던 아버지에게 있다.

어머니는 당신 고유의 상당한 지능을 일상적인 일 처리에 쓰셨던 분이다. 그러나 아주 철두철미하셨다. 정확한 질문을 던지는 요령과 잘못된 답변을 감지하는 본능은 흡사 경찰견 같았다. 어머니는 미미한 단서로도 전광석화 같은 속도로 사태를 파악하실 수 있었다. 아무리 작은 일에도 고도의 주의를 기울이는 관리의 달인이자 모든 분야의 완벽주의자셨다. 아버지가 나를 그저 학자가 되게 이끌어주셨다면, 어머니는 주의 깊게 끝까지 진실을 파헤치는 학자가 되게 해주셨다. 내가 진행한 연구 내용으로 말미암아 두 분 심기가 언짢거나 곤혹스러울 때조차, 나를 가르치시고 손수 본보기가 되어주시며 조건 없는 사랑과 지속적인 지원을 아낌없이 베풀어주신 두 분 덕분에 나는 연구를 계속할 수 있었다.

그 누구보다도, 나의 가장 친밀한 벗이자 사랑하는 연인인 제이 마스턴은 25년이 넘도록 나에게 지지를 보내고 동기를 부여하고 만족을 주고 의미를 선사했다. 내가 오랫동안 떠나 있거나 글을 쓴답시고 짜증을 부리거나 경력 때문에 근심할 때에도 그녀는 한결같은 용기와 사랑과 유머로 내 곁을 묵묵히 지켜주었다. 아무리 모진 고난을 헤쳐가야 할지라도 그녀와 함께할 수만 있다면 매일이 기쁨이다. 이 책을 그녀에게 바친다.

서론

섹스, 젠더, 정치

인간은 자신의 역사를 만들지만, 마음대로 만들지는 못한다. 인간은 역사를 자신이 선택한 환경 아래서 만드는 것이 아니라 이미 존재하는, 과거로부터 주어지고, 전승된 환경 아래서 만들기 때문이다.

—칼 마르크스, 『루이 보나파르트의 브뤼메르 18일』(1852)

텍스트, 시간, 공간

텍스트는 특정한 역사적 계기와 가능성이라는 특수한 지평과 더불어 생산된다. 텍스트는 대화, 질문, 가정, 정치적 환경, 이용 가능한 자료, 이론적 자원이라는 레퍼토리의 일부이다. 이와 같은 담론의 집적물은 시간이 경과함에 따라 변한다. 때로는 천천히 증가하고 때로는 격렬하게 요동친다. 새로운 구성체가 익숙한 지형으로 바뀌게 되면, 사유 가능했던 것들과 중요한 것처럼 보였던 것들이 서로 결합하여 빚어낸 과거의 풍경들은 기억하기 어렵게 된다. 오래 지속된 텍스트는 새로운 역사적 맥락 속에서, 그리고 진화하는 관심사들 속에서 새로운 의미를 지니게 된다. 하지만 어떤 텍스트가 새로운 환경 아래서 읽히게 되면 그 텍스트가 만들어 낸 과거의 이슈들은 종종 잊힌다. 그리고 이전의 맥락은 시간이 지남에 따라 침식된다.

도서관에 가서 어떤 것을 찾아볼 때면 우리는 한꺼번에 엄청난 문헌들과 마주치게 된다. 그로 인해 방대한 텍스트들이 동일한 시간의 지평 위에 존재했던 것처럼 취급하려는 경향이 있다.[1] 하지만 다양한 축적의 층위들은 특정한 계기, 특정한 상황 아래서 형성된 것이다. 따라서 텍스트를 그 시대의 맥락에서 이해하는 것이 중요하다. 이것은 시간적인 측면들이 서로 간에 맺는 관계를 이해하도록 돕고 우리가 현재 참여하고 있는 대화와 그 텍스트를 생산했던 시대의 대화를 구분할 수 있도록 해준다.

나는 취미 삼아 지질학에 몰두하곤 하는데, 거기서 비유를 하나 들어볼까 한다. 화석을 예로 들어보자. 우리는 지층에서 발굴해낸 화석을 보면서 그곳에 남아 있는 흔적으로부터 한때 그곳에 살고 있었던 존재의 특질을 이해하게 된다. 그리고 다른 생명 형태와의 계보학적인 관계에 관해 생각하기에 이른다. 우리는 화석의 모형을 검토함으로써 한때 그곳에 살았던 유기체의 환경과 같은 다른 것에 관해서도 배우게 된다. 그와 마찬가지로 텍스트 또한 두 가지 관점에서 접근할 수 있다. 우리는 어떤 텍스트의 특질을 볼 수 있는 동시에 그 텍스트보다 앞섰거나 그 뒤에 나온 다른 텍스트와의 계보학적인 관계를 볼 수 있다. 또한 그런 텍스트가 형성되었던 지반의 특징으로부터 그 텍스트에 관해 알게 된다.

여기에 수록된 모든 논문은 어떤 면에서 보면 내가 지난 40년 동안 참여했던 일련의 관심사와 연관이 있다. 말하자면 젠더, 섹슈얼리티, 권력, 정치, 제도, 그리고 찰스 틸리 Charles Tilly가 "지속 가능한 불평등"[2]이라고 부른 것들을 다루고 있다. 나는 이런 것들이 특정한 시간적, 공간적, 문화적 맥락 속에서 어떻게 배치되고 있는지, 그에 관한 지식이 어떻게 결합되고 보존되고 전달되었는지(혹은 전달되지 않았는지)에 관심을 가져 왔다. 이들 논문은 이론적으로 상호 관련된 관심사라는 일관된 계보를 명확히 보여주지만, 다른 한편 구체적인 상황의 산물이기도 하다. 이들 논문은 다른 지반을 가지고 있다. 이 수록집을 준비하면서 나는 왜 이런 글들을 쓰게 되었는지, 그 글이 나오게 된 상황과 조건은 무엇이었는지, 이들 논문이 씨름해왔던 일관되고 집요한 주제는 무엇이었는지 생각하지 않을 수 없었다.

캐롤라이나의 범생이

1968년 나는 물결을 타고 있었지만, 그것이 하나의 물결이었다는 사실을 알지 못했다. 나 자신의 궤도가 그런 운동에 의해 형성되고 있었다는 사실조차 알지 못했다.[3] 나는 다양한 지적, 정치적, 개인적 열정을 추구하고 있었다. 나 혼자 빠져든 줄로만 알았던 것들이 더 큰 사회적 변혁과 엄청난 변동의 일부였다는 점을 돌이켜볼 수 있게 된 지금, 그 점은 너무나 분명해졌다. 우리 모두 자기 시대와 공간의 내부에 있기 때문에 그 점을 보기 힘들 따름이다. 1968년 나는 미시간 주 앤 아버Ann Arbor에서 이제 막 싹트기 시작한 여성 해방운동에 합류했다.

내가 더 큰 사회적 격동기에 참여하고 있었다는 사실을 나는 전혀 알지 못했을 뿐 아니라, 그런 사건이 가져다 준 충격, 우연성, 기회 또한 알지 못했다. 그 당시 내 나이가 몇 살 더 많았더라면 제2의 물결 초기 페미니즘 운동과 만나기 전에 이미 대학을 졸업했을 터였다. 내 나이가 몇 살 더 어렸더라면 최초로 마주친 격변의 파도를 놓쳤을 것이고, 그랬더라면 또 다른 소용돌이에 휩쓸렸을 것이다. 내가 대학이 아닌 다른 기관에 있었더라면 다른 집단의 사람, 사상, 자원과 만나게 되었을 것이다. 그랬더라면 이 책은 전혀 다른 형태가 되었을 것이다. 인생은 선택한 길에 달려 있고, 우연은 우리가 어떤 길을 가야 할지에 영향을 미친다.

나는 인생의 대부분을 주로 세 곳에서 보냈다. 1950년대와 1960년대 초반 나는 여전히 인종차별이 심했던 사우스 캐롤라이나에서 성장했다. 1960년대 후반 미시간 대학에서 교육받았고 1970년대 같은 대학에서 대학원 교육을 받았다. 1970년대 후반 이후로 샌프란시스코에서 살았다. 2003년 이후 모교에서 교편을 잡게 되면서부터 현재 나는 앤 아버와 샌프란시스코 사이를 오가며 시간을 쪼개어 살아가고 있다. 이 세 곳은 내 관심사와 그것에 접근하는 방식 모두를 형성하는 데 지대한 영향을 미쳤다. 사우스 캐롤라이나, 앤 아버, 샌프란시스코가 바로 그 세 곳이다.

남부에서 성장했으므로, 나는 우리의 정치과정을 여전히 장악하고 있는 인종차별적인 가설과 선거구에 몹시 익숙했다. 남부에서 흑백의 색깔 노선은 제도와 일상생활 전반에 걸쳐 갈라진 계곡처럼 깊게 골이 패어 있었다. 그것은 직업, 주택, 종교적 숭배, 의료, 정치적 접근, 오락, 소비, 그리고 죽음과 같은 모든 분야를 관통하면서 깊게 나뉘어 있었다. 이분법적인 인종 체계는 인종적, 종족적 특징이 지배적인 이분법에 들어맞지 않았던 집단을 포함하여, 여타 수많은 사회적 차이를 대체하거나 짓밟아버렸다.[4]

남부 사회 전체와 마찬가지로 내가 다녔던 공립학교는 인종 분리 적이었다. 중학교에 다니던 시절, 고향 마을의 학교 시스템은 인종차별 철폐를 두고 갈등을 빚었고, 내가 고3이 되었을 무렵, 마침내 한 줌의 아프리카계 미국인 학생들이 '백인' 고등학교에 입학하게 되었다. 공립학교에서 인종차별이 철폐되자마자 지역 엘리트들은 백인 학생들을 위한 사립학교를 설립했으며 이 학교들은 전형적인 '인종 분리주의 학교'가 되었다. 이런 학교들은 인종차별 철폐의 궤적을 따라 남부에서 우후죽 순으로 생겨났다.

인종차별을 종식시키려는 투쟁은 '짐 크로 법Jim Crow Law'(1876~1965년 100여 년 동안 지속적으로 시행되었던 미국의 흑백 분리 주정부 법 – 옮긴이) 시기에 백인들 사이에서는 대체로 언급되지 않았던 여러 암묵적인 억측의 가면을 찢어버렸다. 인종 체계가 공격의 대상이 되자 그것을 옹호하기 위해 일어선 사람들은 그런 인종차별이 왜 필요한지 드러내놓고 말하기 시작했다. 나는 친구들이 인종 분리 정책을 정당화하기 위해 혐오스럽고 편집증적이며 거친 발언들을 침 튀기며 말하던 것을 학교 카페테리아에 앉아서 들었던 기억이 생생하다. 그들은 나쁜 친구들이 아니었다. 그들은 10대였으며 대다수는 저녁 식탁에 둘러앉아 들었던 것들을 학교에서 되풀이했다. 하지만 그들의 분노는 윤리적으로 비난받아야 할 뿐 아니라 실제적인 근거도 없는 신념 체계임을 드러냈다. 나 역시 주변 어른들로부터 들었던 말을 대부분 앵무새처럼 되풀이했으며, 그런 만큼 윤리적으로 그들보다 그다지 나을 것도 없었다. 하지만 나는 그런 경험으로부터 제도, 신념, 열정, 권력이 체계적으로 불평등을 유지하는 데 일조하는 방식에 대한 신랄한 교훈을 얻게 되었다. 그런 경험은 나에게 모든 형태의 인종차별에 대한 변치 않는 혐오감을 남겼으며, 그런 불굴성에 건전한 존경심을 품게 되었다. 그 시절 (흑백) 통합을 지원했던 백인학생으로서 나의 성장기는 남들과 전혀 다른, 혹은 거의 다른 의견을 품게 되었을 때 목청 높은 다수에게 반항하면서 나의 입지를 고수하는 법을 가르쳐주었다. 이런 경험은 후일 페미니즘 성 전쟁 sex war 을 치르는 데 훌륭한 예비 과정이 되어주었다.

남부에서 어린 시절을 보냈다는 것은 21세기 초반 미국의 정치적, 종교적 우익을 구성하는 온갖 요소들이 보여주는 특징, 세계관, 의제에 익숙하다는 뜻이다. 스트롬 서먼드 Strom Thurmond(인종 분리 정책을 주장한 보수주의 정치가. 48년간 상원의원을 지냈다 - 옮긴이)는 내 생애의 대부분 동안 내 출신 주의 상원의원이었다. 칼 맥킨타이어 Carl McIntire(종교 라디오 방송 진행자로 활약한 기독교 근본주의자 - 옮긴이)는 지역 AM 라디오에 출연하여 반동적인 음모론을 지어냈다. 지역사회의 존경받는 구성원들은 KKK Ku Klux Klan 에 비해 비교적 온건한 대안으로서 백인시민위원회 White Citizens Council 에 참여했다. 하지만 그들 또한 여전히 백인 우월주의에 깊이 빠져 있었다.[5] 나는 1970년대 후반과 1980년대 초반, 그들의 후계자들이 과거 그들이 남부에서 휘둘렀던 막강한 영향력과 존재감을 국가 정치와 언론 분야에서 드러내기 시작하는 것을 보면서 경악했다.[6] 나는 주류 세력에서부터 극단적인 형태까지를 망라하여 우익을 심각하게 받아들인다.

내가 어린 시절을 보냈던 남부는 백인 신교도 신정국가였다. 내 고향 마을에는 신교도 교회 열두 개와 작은 가톨릭교회 하나가 있었다. 부모님은 그보다 더 작은 유대교회당에 속해 있었다. 물론 많은 흑인 신교도 교회가 있었지만 아프리카계 가톨릭 신도나 아프리카계 유대교 신도들이 있었는지는 알지 못한다. 하지만 만약 그런 신도들이 있었다면 그들은 어디서 예배를 보았을까? 교회와 마찬가지로 묘지도 종교와 인종에 따라 분리되었다. 조그마한 유대인 묘지가 있었고 그보다 약간 큰 가톨릭 묘지가 있었다. 그리고 백인 신교도를 위한 거대하고 거침없이 뻗은 공동묘지가 있었다. 흑인 공동묘지는 마을의 다른 곳에 있었다.

　신교도는 공립학교를 포함하여 모든 공적 공간의 기본 설정이었다. 우리는 신교도 판본의 주기도문을 강제로 암송하는 것으로 하루를 시작했다. 이것은 가톨릭 아동과 유대교 아동은 당연히 소외된다는 뜻이었다. 한 줌의 가톨릭 아동은 영광송에 이르면 암송을 멈췄다. 나는 이 과정이 전부 진행될 동안 원망스러운 침묵으로 견디곤 했다. 그 당시에는 몰랐지만 가톨릭계 학생들에게 신교도 규율을 강제하는 것은 역사적으로 신랄한 갈등의 원천이 되었으며 그들의 수동적인 저항은 잘 계발된 전술이었다.

　1859년 엘리엇 학교 반란은 가톨릭 학생인 토머스 월Thomas Whall이 킹 제임스 판본의 십계명 암송을 거부한 데서 비롯되었다. "특히 가톨릭계 학생들은 십계명 시간에 다른 계명을 중얼거리곤 했다. 그들은 신교도 십계명 중에서 제2계명을 피했는데, 그것이 우상 숭배를 반대하기 때문이었다. 가톨릭계 학생들의 중얼거림은 요란스러운 암송에 파묻혀 들리지 않았다."[7] 토머스 월이 암송을 거부했을 때 교장인 맥킨타이어 쿡은 "'그가 굴복할 때까지 오전 시간 내내 회초리로 때리겠다'고 공언했다. 쿡 교장은 자기 말을 지켰고 등나무 막대기로 월의 손바닥을 30분이나 내려쳐서 마침내 그의 손은 갈라지고 피가 흘러내렸다."[8] 고맙게도 우리가 받았던 처벌은 그보다는 훨씬 덜 가혹했다.[9]

우리는 따뜻하고 맛있는 점심을 먹을 수 있는 행운을 누렸는데, 주로 아프리카계 미국인 여성들로 구성된 직원들이 점심을 준비하고 차려주었다. 하지만 우리는 예수의 이름으로 적절한 축복이 내려지기 전에는 음식을 먹을 수 없었다. 그러다 보니 날마다 하루에 두 번 의무적인 기독교 계율을 따라야 했으며 때로는 세 번일 때도 있었다. 학교 조회시간과 축구경기 같은 특별한 행사는 매번 그리스도의 이름으로 또 다른 기도를 하고 나서야 시작되었다.

내가 고등학생이었을 무렵 이런 종교적 교리의 강제는 절정에 달했다. 나는 각기 별개인 두 가지 경우를 경험했다. 우리는 복음주의 목사가 한 시간가량 우리의 개인적인 구세주로서 예수를 영접하라고 설교하는 의무적인 일상 조례 주간에 모이게 되었다. 개종을 설득하기 위한 대략 14시간 정도의 의무적인 교리시간이 있었는데, 연방 대법원이 종교적인 교육에 반대한다는 판결(1948년 맥컬럼McCollum 대 교육위원회 소송)이 내려진 후에도 진행되었다. 심지어 초교파 기도문에 대한 위헌 판결(1962년 엔젤 대 비탈리Vitale 소송)이 내려진 이후에도 공립학교에서 이런 교리시간은 지속되었다. 하지만 그것에 항의하는 가톨릭과 유대인은 거의 없었다. 내가 다녔던 초등학교에서 나는 유일한 유대인이었다. 중고등학교 시절에는 유대인이 두 명 있었다. 백인 고등학교에 입학했을 때 전교생 1400명 중 유대인 학생은 여섯 명이었다.[10] 그런 경험으로 인해 나는 공공연한 강제에 대해, 그리고 분파주의 교리가 마땅히 초교파적, 세속적, 공적 공간이어야 할 곳으로 슬금슬금 스며드는 것에 대해 깊은 반감을 품고 있었다.

이교도적인 입장에도 불구하고 나는 정치적 활동가는 전혀 아니었다. 다만 가능한 한 많은 책을 읽고자 했던 책벌레였을 뿐이다. 초등학교 시절 주기도문을 외지 않겠다고 반항하다가 처벌을 받았는데, 가벼운 처벌이었다. 처벌이 나를 훈육시킬 의도였다면 완벽한 실패였다. 쉬는 시간 동안 운동장에 나가지 못하고 교실에 머물러 있어야 한다는 것이 내게 내려진 처벌이었다. 나로서는 이런 처벌이 오히려 좋았다. 왜냐하면 텅 빈 교실에서 책을 읽는 것이 지저분하고 소란스럽고 앉을 곳도 마땅하지 않은 운동장에 있는 것보다 훨씬 나았기 때문이다. 대부분의 경우 소설책을 읽었지만 화석과 자연사에도 관심이 있었다. 그러다 보니 공룡에도 물론 관심을 갖게 되었다. 나는 그 지역 카네기 공립도서관에 비치된 신화와 중세 로망스에 관한 모든 책을 읽어치웠다. 아이들은 어른들 섹션에 들어가는 것이 허락되지 않았지만 어린이 섹션에서 관심 있는 모든 책을 전부 읽었으므로 아버지를 비롯해 내게 우호적인 사서들이 남몰래 그 건물을 자유롭게 이용하도록 해주었다.

　내가 읽은 독서 자료들, 내가 가진 복장 선호도와 관심사 등은 도덕적으로 올바른 소녀들을 위한 지역의 규범에서 벗어나 있었다. 어쨌거나 1950년대이지 않았던가. 중산층 소녀들은 영리하게 비치지 말아야 했으며 안경을 쓰거나 자기 커리어에 야망을 갖지 말아야 했다. 유리 천장은 지금에 비해 훨씬 낮았다. 결혼 이외에는 여성들이 달리 선택할 경제적인 대안은 없었으며 일하는 여성을 위한 엘리트 직업은 간호사, 치과 조수, 비서, 초등학교 교육 교사가 거의 전부였다. 대다수 학교 교사는 여성이었지만 여성의 승진은 제한적이었다. 우리 학교의 교장과 감독관은 전부 남자였다. 지역 학교 행정에서 최고의 지위에 오른 여성은 교감이었는데, 그녀는 존경받았지만 비정상적인 인물로 취급받았다.[11]

사람들이 내게 장차 무엇이 되고 싶으냐고 물으면 과학자가 되고 싶다고 종종 대답했다. 한번은 우주 공간에 관한 프로그램을 보았는데 그 이후로 나는 미국의 모든 우주 비행사가 전부 남자였음에도 우주 비행사가 되기로 결심했다.[12] 거의 모든 어른들(나를 언제나 지원해주었던 아버지를 제외하고는)은 내 대답에 너무 놀란 나머지 못 믿겠다는 듯, 넌 아내가 되거나 어머니가 되고 싶지는 않느냐고 되물었다. 나는 물리학자가 될 것인가 아니면 우주 비행사가 될 것인가 사이에서 결정을 내리지 못하고 있었지만 아내와 어머니는 나의 경력 목표에 들어 있지 않았다. 많은 측면에서 제2차 대전 이후 남부에서 보낸 나의 어린 시절로 인해 나는 이미 페미니스트가 되지 않을 수 없었다. 나는 숨 막히게 예의 바른 체면치레, 폐소공포증적인 편협한 젠더 역할, 제한된 경력 기회, 엄격한 복장 규칙, 성적 윤리의 악의적인 이중 기준에 분노했다. 마침내 제2의 물결 페미니즘과 만나게 되었을 때 나는 칼라하리 사막에서 솟아나는 샘물을 발견한 것처럼 반가웠다.

하지만 남부에는 내가 좋아한 것들도 많았다. 내가 자랐던 작은 도시는 농업 지역의 군 소재지였다. 그로 인해 농촌 배후지와 심지어 자잘한 도심 센터들과의 관계에 관해 많이 배웠다. 어느 해 여름 한철 나는 도시계획 부서에서 일했다. 그곳에서 부동산에 관한 기본적인 것을 배웠다. 세금, 토지이용 규제, 지도, 사적 소유권이 주 등록 체계에 미치는 기능, 기록 관리, 계약 집행 등을 배웠다. 나는 들판과 숲에서 시간을 보냈다. 아버지는 나무를 사랑해서 나를 데리고 숲속으로 하이킹을 나가셨다. 아버지는 목재가 어떻게 관리되고 수확되는지를 알려주셨다. 아버지는 사냥에 열광하는 사람은 아니었지만 라이플총과 산탄총을 다루는 데 필요한 기본적인 것들을 내게 가르쳐주셨다.

그 지역의 농촌 경제는 목화와 담배 농사에 거의 전적으로 의존했다. 도시 아이들마저 경작의 매 단계에서 산출되는 산물에 당연히 익숙할 것이라 여기는 곳이었다. 유치원 수업시간에 우리는 추수가 끝나고 남은 것들을 거둬들인 목화밭으로 나갔다. 거기서 목화가 어떻게 자라며 어떤 느낌인지, 목화 따기가 얼마나 힘든지를 배우게 되었다. 우리는 조면기가 작동하여 솜털이 보송보송한 씨앗이 촘촘한 곤포로 변형되어 선적하기 위해 쌓아두는 과정을 지켜보았다. 나는 담배 식물이 줄지어 서 있는 들판의 이랑 사이로 걸어 다녔고, 담뱃잎을 특수한 헛간에 보관할 때 나오는 황홀한 냄새를 맡았다. 담배 경매에 참석한 적도 있는데, 그곳에서 담배 공장에 납품할 담배 구매자들은 바구니에 담긴 담뱃잎을 평가했다. 경매 입찰 과정은 너무 빨라서 그 과정을 미친 듯이 좇아가야만 했다.

우리는 식품과 가까이에 있었다. 슈퍼마켓이 있었지만 슈퍼마켓이 소비자와 생산자 사이의 직접적인 접촉을 대신하지 않았다. 이웃들은 인근 농장에서 살아 있는 닭을 사가지고 와서 자기 집 뒷마당에서 잡았다. 여름이면 농부들은 평상형 트럭 뒤 칸에 농산물을 싣고 시내로 팔러 나가곤 했다. 우리는 과수원에서 복숭아를 직접 샀다. 삶은 신선한 햇밤은 정말 별미였다. 피칸 수확은 가을에 맞이하는 멋진 의식이었다. 우리는 어머니의 커다란 바구니를 피칸 열매로 가득 채웠다. 어머니는 겨울내내 견과 껍질을 벗기고 줍고 포장하고 얼렸다.

사냥과 낚시로 잡은 사슴, 메추라기, 신선한 생선이 식탁에 올라왔다. 어머니는 거의 모든 야생 사냥감을 싫어했지만 해산물은 별개였다.

어머니는 방금 선창으로 들어온 어선이 부려놓은 신선한 새우를 사려고 해변까지 차를 몰고 갔다. 우리는 여름 동안 대체로 해변에서 시간을 보냈으며 저녁 찬거리 가재를 그곳에서 직접 잡기도 했다. 아버지와 함께 작은 노 젓는 배를 타고 나가 가재를 잡았고, 꿈틀거리는 갑각류를 양동이 가득 잡아가지고 어머니께 갖다드리면 어머니는 가재를 삶으려고 한 냄비 가득 물 끓일 채비를 이미 해놓고 기다리고 계셨다.

캐롤라이나 해변은 멋진 곳인데 나는 여전히 고풍스럽고 파격적이면서도 아직까지 근대화되지 않았던 곳을 특히 좋아했다. '해변'은 모래사장만 펼쳐진 곳은 아니었다. 사람들은 수영하고 일광욕을 했다. 문화적으로 그곳은 상상계적 공간이기도 하고 불법적인 쾌락의 냄새가 풍기는 곳이기도 했다. 해변은 평상시의 적절한 규칙들이 중지되는, 통제하기 힘든 행동이 벌어지는 임계 공간이라는 의미에서 진정한 장소였다. '해변'은 술 마시고 애무하고 사구에서 섹스했다는 등 풍문이 떠도는 곳이었다. 해안은 고요하고 후미진 곳이자 철저하게 너저분한 밤 생활이 기이하게 뒤섞이는 곳이었다.

머틀 해변Myrtle Beach의 홍키통크(피아노로 연주하는 경쾌한 재즈 음악 – 옮긴이) 놀이공원까지 여행하지 않는 한 그곳을 보았다고 할 수 없다. 캐롤라이나 해안선을 따라 클럽과 파빌리온들이 점점이 박혀 있으며 그곳에서 젊은이들은 데이트하고 짝짓고 레코드음악(7인치 45 RPM 싱글)이나 라이브 밴드 음악[13]에 맞춰 춤을 췄다. 남부 전체와 특히 해변에는 리듬앤블루스, 모타운, 소울, 로큰롤이 특이하게 혼재되어 있었다. 10대였을 때 나는 에로틱한 사운드트랙과 댄스음악을 좋아했다.[14] 중고등학교 시절 레코드를 수집하기 시작했으며 종종 디제이도 했다. 지금까지도 기회가 있을 때면 언제나 디제이를 한다. 음악을 듣고 흥이 나서 군중들이 자리에서 일어나 가슴을 출렁이며 춤추는 모습을 보는 것보다 내게 더 즐거운 것은 없다.

또한 남부에서의 생활은 주로 음식, 사소한 봉사, 개인적인 배려와 같은 선물 교환의 촘촘한 그물망에 안겨 있었다. 남부의 정형화된 환대는 대체로 정확했다(적어도 과거에는 그랬다). 어떤 공동체든지 간에 하여튼 확장된 공동체로 정의된 내부 구성원인 한에서, 사람들은 진정으로 친절하고 다정하며 놀랄 정도로 도움을 베풀었다. 질병, 사고, 죽음이 발생할 경우 이와 같은 호의와 일손의 품앗이 순환 체계가 즉각적으로 가동되었다. 여자들과 남자 몇몇이 즉시 솥단지를 걸고 그릇을 내놓고 음식을 장만하고 케이크를 굽고 도움을 줄 당번을 정하곤 했다.

어머니는 우리와 사회적으로 연결된 모든 사람들에게 수년 동안 이런 일을 해오셨다. 어머니의 그런 노력은 전부 되돌아왔다. 아버지가 돌아가시고 그 이후 어머니가 돌아가셨을 때, 엄청난 양의 음식이 모습을 드러냈다. 일을 알아서 잘 처리하는 손길들이 전화를 받고 문간에서 방문객을 맞이하고 집 안으로 모셔 들이고 배웅해주었다. 그들은 모든 사람들에게 식사를 대접했는지를 일일이 챙기고 깨끗이 치우고 쏟아져 들어온 선물의 목록을 작성해주었다. 그렇게 하여 넋이 빠져 있던 나와 다른 가족들은 다른 일거리에서 풀려나 죽음의 세부적인 것까지 간신히 수습할 수 있었다. 간단히 말해 어린 시절에는 내가 전혀 알지 못했다가 인류학과에서 마르셀 모스Marcel Mauss와 만나고 난 뒤에야 비로소 이해하게 된 생생한 공동체주의가 그곳에 존재하고 있었다.[15] 미시간에서도 그런 일이 일어났다. 미시간 대학은 나를 교육시켰을 뿐 아니라 사유하고 배우고 탐구할 수 있는 일련의 분석적인 도구를 제공해주었다. 남부가 내게 정치적, 사회적으로 성찰하도록 해주었다면, 미시간 대학은 나의 지적 관심사와 학문적 습관을 형성하도록 해주었다.

미시간 대학

미시간 대학은 내게 행운의 사건이었다. 그때는 우주 경쟁 시기였기 때문에 연방정부는 많은 돈을 투자하여 젊은 과학자들을 훈련시키려고 했다. 그런 결과들 중 하나가 국립과학재단NSF: National Science Foundation 주관 아래 고등학생들에게 여름 과학 프로그램을 후원해주는 것이었다. 미시간은 인터라켄Interlochen 음악 캠프에서 미생물학 분야의 NSF 프로그램을 개최했다. 나는 아침에 미생물학을 공부하고 오후에 오보에 레슨을 받을 수 있었다. 부모님이 나를 인터라켄까지 태워다주셨다. 우리는 돌아오는 길에 앤 아버 캠퍼스를 둘러보려고 멈췄다. 최우선적으로 미시간 대학에 원서를 내겠다고 생각한 것은 아니었다. 그곳의 기후가 얼마나 혹독한지 정말로 알았더라면 아마도 듀크 대학이나 노스캐롤라이나 대학과 같은 남부 대학에 지원하기로 결정했을 것이다. 하지만 우리는 초여름에 그곳을 방문했고 앤 아버는 신록이 푸르른 가장 아름다운 계절이었다. 미시간의 혹독한 겨울을 싫어했음에도 나는 많은 겨울을 그곳에서 견뎠다. 미시간 대학은 탁월하리만큼 잘 관리되어 있는 기능적인 기관이었다.

상당한 관료 체계가 있었지만 그래도 효율적이었고 교수진의 처우 또한 좋았다. 적어도 내가 관계했던 학과 사람들은 정말로 친절했고 대체로 합리적이었다. 지적으로 제도적으로 학제 간 교육이 강화되었고 다른 곳에서는 거의 찾아보기 힘들었던 규모의 상호 교류가 활발히 진행되고 있었다. 미시간은 대단히 비옥하고 풍요로운 환경에서 마치 여과 섭식 동물(다른 미생물들을 걸러서 먹는 동물-옮긴이)처럼 헤엄쳐 다니면서 풍부한 지적 플랑크톤을 삼키며 잘 살 수 있는 곳이었다.

이런 특징은 부분적으로는 지리적인 특성 탓이다. 왜냐하면 앤 아버는 소도시이기 때문에 돌아다니기는 편하지만 대도시처럼 갈 만한 곳은 많지 않다. 그에 비해 대학은 크고 언제나 흥미로운 일들이 벌어지고 있었다. 그래서 대학과 관계된 사람들은 캠퍼스를 돌아다니면서 서로 이야기를 나누며 지낸다.

중앙 캠퍼스의 건축과 설계 또한 사람들과 자주 접촉하는 데 편리하게 되어 있다. 다이아그Diag로 알려진 커다란 대각선 통로는 서로 멀리 떨어져 있는 사각형의 양쪽 끝을 대각선으로 연결시켜주면서 대학원 도서관의 정면을 통과하게 되어 있어서 모든 건물은 중앙 캠퍼스와 연결된다. 사각형의 모퉁이에는 커피숍, 바, 식당과 같은 가게들로 끝나게 된다. 이런 교통 패턴으로 인해 전혀 의도치 않은 만남이 가능해진다. 소규모 가게들이 늘어서 있어서 접근이 편리하고 손쉽게 술을 한 잔 마시거나 식사를 하면서 대화할 수 있다. 미시간 대학은 사회과학 또한 막강하다(이런 관찰은 클로드 스틸Claude Steele에게 신세 진 것이다). 일부 대학들은 인문학, 자연과학이나 전문대학이 강세를 보인다. 하지만 미시간은 이 모든 것을 갖추고 있을 뿐 아니라 사회과학이 실질적인 제도적, 지적 중심이다. 이 모든 것이 있어서 겨울을 견딜 수 있게 된다.

나는 1966년 미시간 대학 신입생으로 등록하자마자 엄청난 문화적 충격에 휩싸였다. 대학 인구는 내 고향의 전체 인구보다 더 많았다. 나는 많은 부분에서 대학 수준의 지적 작업을 수행할 만한 준비가 되어 있지 않았다. 사우스 캐롤라이나는 미국 전체에서 가장 열악한 공립학교 시스템을 갖춘 곳이었던 것이다. 그래도 나는 탁월한 선생님들 덕분에 운이 좋았다. 선생님들은 내게 독서, 글쓰기, 언어에 상당한 능력을 갖출 수 있도록 해주었다. 하지만 수학과 과학 분야에서 나의 배경지식은 통탄스러운 수준이었다. 신입생으로서 끔찍한 1년을 보낸 뒤 나는 물리학자가 될 수 없다는 사실을 분명히 깨달았다.

그와 마찬가지로 나는 정치적 환경에도 준비된 바가 없었다. 학교 인종 분리 철폐 투쟁은 낯익은 영역이었지만 베트남 전쟁에 관해 나는 들어본 적이 없었다. 그러니 베트남 반전운동에 대해서는 물어볼 필요조차 없었다. 앤 아버는 반전운동, 신좌파, 대항문화운동의 영적인 진원지 중 하나였다. 민주사회를 위한 학생연합SDS: Students for a Democratic Society 은 그곳에서 유래되었다. SDS의 설립자 중 한 명인 톰 헤이든Tom Hayden은 1960년대 초반에 대학신문인《미시간 데일리》를 발행했다. 최초의 베트남 반전운동 토론회가 1965년 미시간에서 개최되었다. 내가 입학했을 무렵, 시위는 럴기대회나 마찬가지로 흔했다.

우발적인 모임이 그렇다시피 중앙 캠퍼스의 공간적 구도가 그런 대규모 집회를 편리하게 해주었다. 대학원 도서관 정면에서 시작되는 대각선 통로는 공공 이벤트에 적합한 드넓은 광장으로 열려 있었다. 군중들은 도서관 앞에 모여들었고, 연사들은 도서관으로 이어지는 널찍한 계단을 높은 연단으로 이용하여 군중들에게 연설할 수 있었다. 이런 짜

임새는 축구경기에서부터 반전시위까지 모든 형태에 잘 어울렸다. 큰 행사가 없는 경우 광장은 야외에서 열리는 아이디어 마켓이 되었다. 사람들은 대각선 광장에 모여서 정치 논쟁을 하거나 다양한 집단과 다양한 주의, 주장 및 상품의 홍보 책자들을 전시할 수 있는 테이블을 설치하고는 했다. 혹독한 날씨에는 이런 활동이 피시볼Fishbowl 안으로 옮겨갔다. 피시볼은 닫힌 공간이지만 널찍한 데다 주요 강의실 건물 세 개(지금은 네 개)와 서로 연결되어 있었다.

최초의 충격이 가시자 나는 다양한 캠퍼스 정치에 참여했다. 1967년 가을에는 친구 몇 명과 함께 기숙사가 여학생들에게 부과한 복장 규제와 통금을 없애는 운동을 성공적으로 마무리했다. 우리만 이런 운동을 전개했다고 생각했으므로 맞은편 캠퍼스에서도 같은 문제로 투쟁하고 있었다는 사실을 우리는 전혀 몰랐다. 전국의 캠퍼스에서 그와 유사한 규칙들이 무너지고 있었다. 그 외에도 더 많은 것이 있었다. 1961년 법원 소송인 '딕슨 대 앨라배마 소송Dixon vs. Alabama'에 대해서 우리는 아무도 몰랐다. 이 소송으로 인해 학생들의 시간, 성적 행동, 데이트 패턴, 사생활에 관한 관리 감독을 끝장낼 조건은 이미 마련되어 있었다. 이 법원 결정으로 인해 우리는 여학생들의 통금 시간에 대해 자발적으로 공격할 수 있게 되었을 것이다.[16]

마침내 나는 반전운동의 궤도에 따라 들어가게 되었고 남자친구인 톰 앤더슨Tom Anderson을 만나게 되었다. 앤더슨은 징집에 적극적으로 저항했다. 이로 인해 나는 페미니즘 운동으로 나가게 되었다. 사회학자인 배리 손Barrie Thorne은 징집 저항운동과 1960년대 후반의 초기 제2의 물결 페미니즘 집단 구성체 사이의 관계를 저술했다.[17] 여성은 징집에 해당 사항이 없었으므로 징집 저항운동에서 여성 파트너들은 너 나 할 것 없이 남성을 보조하는 역할에 참여했다. 이런 구조적 주변성은 보조 역할에 머물렀던 여성들이 후일 의식 각성 집단의 초기 형태로 발전하는 추동력이 될 수 있었다.

1968년 그 무렵, 톰은 나에게 다른 지역 징집 반대 활동가들의 아내와 여자친구가 조직한 토론 집단에 관심을 가져보라고 제안했다. 나는 앤 아버에서 진행되었던 최초의 제2의 물결 페미니즘 조직인 목요야간모임Thurday Night Group에 열성적으로 참여했다. 처음에 우리는 당시 신좌파였던 사람들에게서 느꼈던 젠더 관계의 좌절을 주로 토로했다. 신좌파는 정도는 조금 덜했지만, 그 당시 사회의 나머지 사람들과 하등 다를 바 없는 성차별주의자들이었다. 신좌파들의 명시적 가치는 평등주의였지만 우리는 남성 동료들에게 좀 더 많은 것을 기대했다. 그들이 종종 평등 원칙을 여성에게 적용하지 않고 원칙에 따라서 살지 않을 때 실망하고 씁쓸해했다. 여성해방이 그런 비일관적인 태도와 엄청난 기대 속에서 어느 정도 부상했는지에 대한 이야기는 다른 저술에서 찾아볼 수 있다.[18]

목요일 밤의 대화가 지속되면서 우리는 반전운동과 신좌파를 넘어 여성이 처한 사회 전반의 상황으로 관심사를 확대하게 되었다. 나중에 우리는 앤 아버에서 최초의 토론회를 개최했으며 지역 지하신문(《앤 아버 아르고스Ann Arbor Argus》)에다 페미니즘에 관한 기사를 실었고, 미스 앤 아버 콘테스트[19]에 항의했다. 우리는 문학 부스를 설치하고 초기의 여성해방 텍스트들 관련 책자를 나눠주면서, 대각선 광장과 피시볼에서의 정치적 대화에도 합류했다. 처음에 그런 책자들은 등사판으로 제작되었지만, 얼마 가지 않아 급진적 교육 프로젝트Radical Education Project와 뉴잉글랜드 자유출판사New England Free Press에서 팸플릿 형태로 출판되었다. 반전 책자들을 찍어냈던 바로 그 출판사들이었다.[20]

물리학을 포기한 이후 나는 잠시 철학을 전공하겠다고 공언했다. 하지만 나는 페미니즘에 모든 열정을 쏟았다. 미시간 대학에는 여성학 프로그램이 아직 없었다. 여성학 분야는 아직 태동기였다. 우등생 프로그램이 주는 특혜를 이용하여 나는 독자적으로 여성학을 전공하겠다고 공언했고 마침내 졸업했다.

1970년 가을, 나는 인류학을 모색하고 있었다. 졸업을 하려면 몇 학점을 더 이수하는 데 적합한 선택과목이 필요했다. 룸메이트인 알린 고어릭Arlene Gorelick은 인류학 전공자였다. 그녀는 자기가 수강하고 있는 '원시'경제 과목을 가르치는 마셜 살린스Marshall Sahlins 교수와 내가 잘 맞을 거라고 생각했다. 그래서 나는 그 과목을 한번 살펴보기로 했다. 살린스 교수는 사람의 넋을 빼놓는 연사였으며 탁월한 사상가였다. 첫 강의가 끝났을 무렵 나는 완전히 빠져들었다. 내가 관심을 갖고 있는 문제들을 탐구하는 데 필요한 이론적, 경험적 도구를 인류학에서 찾을 수 있을 것임을 거의 직감적으로 알았다. 학기가 끝날 무렵, 고작 인류학 한 과목을 수강했을 뿐인데도 나는 현장에서 대학원 교육을 계속 받기로 마음먹었다. 1971년 나는 미시간 대학에서 대학원 과정을 시작했다. 나는 대학원 과정을 좋아했고 1970년대 초반에 미시간 대학에 발을 디디게 되는 대단한 행운을 누렸다.

살린스 교수는 얼마 지나지 않아 시카고 대학으로 떠났지만 나는 안심할 수 있었다. 학과의 지적 문화는 이론적으로 활기찼고 경험적으로 풍부했다. 그 무렵에 미시간 인류학과는 이미 지금처럼 네 과목 접근

방식four-field(형질인류학, 고고학, 언어학, 문화인류학을 하위 분야로 구성하는 인류학적 연구방법 – 옮긴이)으로 구성되어 있었다. 당시에는 매우 드문 접근방식이어서 더욱 소중했다. 나는 사회문화 인류학 분야에서의 커리어를 준비하면서도 다른 하위 분과에서도 배울 수 있는 기회를 열심히 활용했다. 언어학은 분류와 분류 체계에 대한 관심과 언어가 지각을 형성하는 방식에 관심을 심화시켜주었다. 고고학은 도시지리학을 가르쳐주었고 공간과 장소에 관한 것을 사고할 수 있도록 해주었다. 이들 하위분과들은 고대국가의 형성과 그와 밀접하게 관련된 것들을 보여주었다. 또한 관료 체계의 출현, 사회계층의 강화, 사회·경제적 전문화의 심화 등을 알려주었다.[21]

나는 생물인류학을 통해 진화와 판구조론을 배웠다. 판구조론과 대륙이동설은 지질학적인 과정을 위한 프레임으로 최근에 이르러 비로소 널리 받아들여지게 되었다. 이런 이론들은 지구과학과 자연사에 걸친 방대한 정보를 재형성하도록 해주었다. 그로부터 비롯된 일군의 함의들이 진화론자들의 관심을 특히 끌었다. 대륙이동설은 다윈을 당혹스럽게 만들었던 종들의 지리적 분포 문제를 해결할 수 있도록 해주었다.[22] 나는 프랭크 리빙스턴Frank Livingstone이 개설한 인간 진화에 관한 과목을 들었는데, 마다가스카르 섬에 왜 여우원숭이가 살고 있었는지, 유대목 동물(캥거루·코알라처럼 육아낭에 새끼를 넣어 가지고 다니는 동물 – 옮긴이)들이 왜 오스트레일리아 동물 분포군에서 지배적이었는지를 설명해주었던 열광적인 판 이론 강의를 아직도 기억한다. 인간 진화에서 가장 중요한 것은 무엇이며, 신세계 영장류와 구세계 영장류의 차이가 무엇인지[23]를 설명하면서 그가 보여주었던 모습이 아직도 눈에 선하다. 지금은 너무 흔한 관찰이지만 그 당시로서는 너무나 신선했다.

프랭크는 또한 인간의 생물학적인 변이를 기술하는 유용한 방법으로서 인종 비판을 가르쳐주었다. 미시간에서 생물인류학은 인종 분류 체계와 인종 자체의 범주를 해체하는 데 주로 집중했다.[24] 인종 범주를 의심스럽고 불안정한 범주로 여기는 것이 학과의 분위기였으므로, 그와 마찬가지로 젠더 범주 또한 해체의 대상이 될 수 있었다.

학과의 권력 구조와 수용된 지식 체계는 여전히 압도적으로 남성 지배적이었지만, 그럼에도 페미니즘 인류학을 위한 지적 자원들을 쉽게 이용할 수 있었다. 교수진 중에서 종신직 여교수는 노마 다이아몬드Norma Diamond와 니아라 수다카사Niara Sudarkasa 두 명에 불과했지만, 이마저도 다른 학과에 비하면 나은 편이었다. 다른 학과에는 오로지 소수의 여자 선배 교수가 있을 따름이었다.[25] 인류학과는 학생들의 정치적 활동을 처벌하지 않았으며 가장 존경받는 원로 교수 몇 분, 말하자면 마셜 살린스, 에릭 울프Eric Wolf, 조지프 조겐슨Joseph Jorgensen 같은 교수들은 반전운동에 적극적으로 참여했다.

전반적으로 새로운 사상이 무성할 수 있도록 후원해주는 분위기였다. 대학원생들에게는 협력하는 분위기가 권장되었다. 우리는 끊임없이 열정적으로 토론했다. 이 선집에 실린 첫 번째 논문 「여성 거래」는 1970년대 초반 미시간 대학이 만들어낸 산물이나 다름없다. 이 논문은 살린스 교수 과목의 기말 페이퍼로 시작되었으며 대학원 과정 때 완성되었다. 나에게 「여성 거래」는 그 시절의 열띤 대화를 보존하는 일종의 깜부기 불씨와 같은 것이다.

「여성 거래」는 레이나 라이터Rayna Reiter(이후에는 레이나 랩Rayna Rapp)가 편집한 『여성주의 인류학을 위하여Toward an Anthropology of Women』에 실렸다. 나와 레이나는 둘 다 목요야간모임의 회원이었으며, 그녀 또한 인류학과 대학원생이었다.[26] 1971년 레이나와 동료 대학원생이었던 렘비 콩가스Lembi Congas는 노마 다이아몬드 교수의 지도 아래 있었으며, 미시간에서 여성인류학 과목을 맨 처음 공동으로 가르쳤다. 레이나는 이 선집이 출판되던 무렵에 뉴스쿨에서 가르치기 위해 미시간을 떠났지만, 이 선집은 미시간 인류학과 자체의 산물이었다. 열일곱 편의 논문 중 아홉 편의 저자가 미시간 대학의 대학원, 박사과정, 교수진에 속해 있었다.

이렇게 하여 내 논문은 뜻깊은 지역적 산물이면서 또한 수많은 페미니스트 지식인들에게 영향을 미치고 있던 더 깊숙한 구조적인 변동과 행복한 우연의 결과물이었다. 우연성의 특징은 타이밍이라는 일화로 가장 잘 설명될 수 있다. 1969년 레비스트로스의 『친족의 기본구조』가 영어판으로 번역되었다. 그와 함께 프로이트와 라캉에 관한 알튀세르의 논문이 《뉴레프트 리뷰》 1969년호에 실렸다. 나는 1970년 가을에 이 두 텍스트를 읽었는데 방금 출판된 따끈따끈한 논문들이었다. 내가 그 과목을 한두 해 일찍 수강했었더라면, 두 논문 중 어느 것도 활용하지 못했을 것이다. 내가 이들 텍스트를 조금 늦게 접했더라면, 이미 다른 사람들도 이들 텍스트가 페미니즘 사고에 제시해준 가능성들을 알아보고 추출하고 소화하여 명료하게 정리했을 터였다. 이들 논문의 연결 관계가 나에게 그처럼 명료하게 보였다면 남들 또한 그 점을 보지 못했을 리 없기 때문이다. 다양한 분파의 프랑스 페미니즘은 이들 텍스트와 벌써 친숙했으며, 라캉주의 정신분석학과 레비스트로스 친족 모델과 구조주의 언어학이 제시하는 함의들에 관해 그들 나름의 해석 작업을 해오고 있었다. 영국에서는 줄리엣 미첼Juliet Mitchell이 마르크스주의, 프로이트, 레비스트로스를 종합하여 『정신분석학과 페미니즘Psychoanalysis and Feminism』(1974)을 출판했다.

내 논문을 형성했던 가장 중요한 요소는 젠더에 관한 역사적으로 특수한 개념을 활용했다는 점이었다. 나는 '섹스/젠더 체계'라는 신조어를 만들면서 '가부장제'에 대한 대안을 모색하고 있었다. 내가 생각하기에 가부장제는 절망적일 만큼 부정확하고 개념적으로는 혼란스러운 용어였다. 샌드라 하딩Sandra Harding은 「섹스/젠더 체계가 왜 이제야 비로소 보이게 되었을까?」라는 제목의 글로 흥미로운 질문을 제기했다. 하딩은 언어적인 문제보다는 인식론적인 질문에 더욱 관심을 갖고 있었다. 그녀는 그런 개념이 가능하고 필요했던 역사적 발전 과정을 심문했지만 학술용어의 도입[27]에 관해서는 전혀 주목하지 않았다.

제니퍼 저먼Jennifer Germon은 자신의 저서 『젠더Gender』에서 젠더라는 개념적 언어가 이론적인 자원일 뿐 아니라 그 자체로 활용 가능한 이유를 매력적으로 탐구하고 있다. 저먼은 다음과 같이 주장한다.

젠더는 60년 전에는 존재하지 않았다. 적어도 우리가 오늘날 이해하는 것과 같은 방식으로 존재하지는 않았다. … 젠더의 기원에 대한 관심의 부족으로 젠더는 언제나 이미 이용되고 있었다는 상식적인 가정으로 나가게 되었다. 그런 가정이 젠더의 막강한 개념적, 분석적 설명력에 결코 사소한 영향을 미친 것은 아니다. 하지만 젠더는 그 나름의 역사가 있고 그런 점에서 논쟁적인 것이다. 1950년대에 이르기까지 젠더는 사람들 사이의 관계보다는 단어들 사이의 관계를 표시하는 데 이바지했다. 젠더라는 단어가 영어에서 개인적이고 사회적인 범주로 코드화되었던 역사적 순간인 19세기와 20세기 그리고 1950년대 중반 동안 젠더는 산발적으로 사용되었다. 그리하여 젠더가 섹스와의 관계에서 강력한 새로운 개념적 영역으로 부상하게 되었다는 증거가 있다.[28]

저먼은 현재와 같은 젠더 용법을 확립하는 데 도움을 준 사람이 로버트 스톨러Robert Stoller임을 인정하면서도 지금과 같은 분석 형태로서 젠더 개념이 소개된 것은 주로 존 머니John Money 덕분이라고 말한다. 1970년대 초반에 페미니스트들이 이 용어를 어떻게 전유하게 되었는지를 설명한 장에서 그녀는 '젠더'를 인류학에 도입한 것을 내 덕분이라고 인정한다.[29] "루빈의 분석은 그녀가 어느 정도 머니의 젠더 개념에 신세지고 있음을 보여준다. 하지만 「여성 거래」 어디에서도 그녀가 이 개념을 어디서 가지고 왔는지 밝히지 않는다"[30]고 논평한다. 저먼은 1972년 머니와 에르하르트Ehrhardt의 공저 『남자와 여자, 소년과 소녀Man & Women, Boy & Girl』가 『여성주의 인류학을 위하여』의 전체 참고문헌에 실리기는 했지만 그 책을 내가 분명히 인용한 것은 아니었다는 사실에 주목한다.
　나는 머니와 에르하르트를 인용하지 않았지만 그들의 저서에서 상당한 영향을 받았고 분석 틀로서는 여러 측면을 흡수했지만, 그것이 새롭다고는 느끼지 않았다. 젠더 정체성은 물질적인 몸보다 훨씬 더 변화에 저항하면서 그로부터 분리될 수도 있다는 그들의 주장과 마찬가지로, 그들에게는 염색체 성sex, 호르몬 노출, 내부 생식기관, 외부 생식기, 심리적 동일시와 같이 통합된 것으로 추정된 구성 요소들의 분리가 극히 중요했다.[31]

저먼과 다른 이론가들이 논의했다시피, 머니가 보여준 영향력은 복합적이지만 초기 페미니즘 이론과의 연관성은 종종 무시되고 평가 절하되었다. 저먼이 언급하다시피, "젠더는 페미니즘 이론화에 필수불가결한 것이며 … 너무나 자명해서 언급할 필요조차 없는 것처럼 보인다. 하지만 젠더가 자명할 정도의 위상을 갖게 되었으므로 오히려 젠더의 역사적 유산은 살펴볼 만한 가치가 있다. … 과거 25년에 걸쳐 젠더는 오로지 페미니즘 덕분에 자명한 것이 됨으로써 페미니즘 전통 바깥에서는 아무런 역사가 없는 용어인 것처럼 흔히 간주되었다."[32] 그녀는 한 걸음 더 나아가 머니의 연구가 페미니즘 연구에 유용했던 것은 젠더 사회화 이론의 장점을 주장했다는 바로 그 이유 때문이라고 좀 더 강조한다. 젠더라는 "아이디어는 여성의 종속적인 사회문화적, 정치적, 경제적 위상이 자연적인 것도 필연적인 것도 아니라는 사실을 포착했다. 여성의 종속은 자연스러운 것이라기보다 말 그대로 문화에 의해 생산되며, 그 자체가 생산물이다."[33]

나는 젠더를 정확히 이런 의미에서 사용했다. 그런 아이디어들은 내가 열광적으로 흡수했던 페미니즘 팸플릿 책자 속에, 대화 속에, 대기 속에, 물속에 흘러넘치고 있었다. '젠더'는 페미니즘 사유 틀을 구축하는 데 필요한 도구로서 우리가 활용할 수 있는 자원들 중 하나였다. 머니의 젠더 개념은 내가 마르크스의 재생산 논의, 레비스트로스의 친족 분석, 프로이트의 여성성 이론, 프로이트에 관한 라캉의 해석을 격파하는 기본적 요소였다. 젠더는 내가 전문용어를 선택하는 데 틀림없이 많은 도움을 주었다.

나는 「여성 거래」를 출판하기 위해 수정하는 수고를 하마터면 하지 않을 뻔했다. 나는 레이나에게 줄리엣 미첼의 책이 내 해석을 불필요하게 만들었다고 말했다. 레이나는 내게 내 나름의 관점이 있으므로 논문이나 마무리하라고 압력을 가했다. 나는 그녀가 압력을 가해준 것에 감사한다. 그녀가 옳았다. 레비스트로스, 프로이트, 라캉, 마르크스에 대한 나의 입장은 줄리엣 미첼, 모니크 비티그Monique Wittig, 혹은 여타 프랑스 정신분석학 및 정치 집단과 달랐다.[34] 수많은 페미니스트들이 공통된 문헌을 두고 비슷한 일련의 문제의식을 갖고 작업하고 있었다. 하지만 지역적인 조건, 시기의 우연성, 개인적 특이성이 커다란 지각변동에 제각기 뚜렷이 다른 반응을 내놓았다. 우리는 우리 마음대로 역사를 만들지는 못하지만 그래도 역사를 만들어나갈 수는 있다.

레즈비언과 게이 역사

1971년 봄 무렵, 게이 해방운동이 앤 아버에 출현했다. 지역 게이 해방전선에는 다수의 남성과 눈에 띄는 단 한 명의 레즈비언이 있었다. 그 그룹에서 혼자였던 레즈비언 활동가가 새로운 게이 정치를 설명하려고 목요일 밤 우리 그룹을 방문하고 난 직후, 나는 곧장 커밍아웃을 했다. 그녀의 방문이 있기 전까지 나에게는 제대로 된 동성애 개념조차 없었다. 명명법naming은 정말 강력한 도구이다. **레즈비언, 동성애, 게이**와 같이 정황적이고situated 의미 있는 단어들이 갑작스럽게 이용 가능해졌다. 언어는 우리 자신의 경험과 정서적 역사를 재해석하도록 해주었다. 나는 페미니스트 동지와 사랑에 빠졌다는 것을 깨달았고, 두 가지 즉각적인 목표를 세웠다. 하나는 내가 욕망하는 대상을 유혹하는 것이고, 다른 하나는 이 흥미진진한 발견에 관한 모든 문헌을 읽는 것이었다. 내가 유혹한 여성은 넘어오지 않았고, 나는 도서관으로 향했다.

대학원 도서관에서 도서 열람 카드 목록을 보고 그 더딘 걸음에 실망한 뒤, 나는 레즈비어니즘에 관한 참고문헌을 수집하기로 작정했다. 이미 상당한 참고문헌이 있었기 때문에 이런 노력은 불필요한 것으로 드러났다. 레즈비언 참고문헌들은 찾기가 힘들었지만 일단 찾게 되면 1970년 무렵 손 닿을 수 있는 자원에 접근하는 손쉬운 로드맵을 제공해주었다. 나는 알고 있는 것들을 새삼스럽게 다시 되풀이하기보다 매리언 짐머 브래들리Marion Zimmer Bradley가 일찍이 편찬한 것 이외에도 저넷 포스터Jeannette Foster의 『문학 속의 성 변이 여성들Sex Variant Women in Literature』 (1956), 진 데이먼Gene Damon(또는 바버라 그리어Barbara Grier)과 리 스튜어트 Lee Stuart의 『문학 속의 레즈비언The Lesbian in Literature』(1967)을 이용하기로 했다.[35]

행운, 시기, 지역, 이 모든 것이 서로 얽혀 있었다. 데이먼과 스튜어트의 참고문헌은 가장 충실한 완성본이었으며 그 당시 비교적 최근에 출판된 것까지 망라되어 있었다. 더욱더 놀라운 것은 이런 참고문헌들이 실제로 미시간 대학 도서관에 있었다는 사실이다. 그중에서도 특히 《래버디 총서Labadie Collection》라고 불리는 특별한 컬렉션이 있었다. 《래버디》는 원래 무정부주의 자료들을 수집했지만 세월이 흐르면서 범위가 확대되어 좌파에서부터 우파에 이르기까지 급진적인 정치와 사회 저항 운동을 포함하게 되었다. 미시간 도서관이 또한 '대안적인 섹슈얼리티'와 '성 해방' 자료에 집중했다는 사실을 자랑스러워하게 된 것은 주로 에

드 웨버Ed Weber 덕분이었다. 그는 1960년대 초반 이 컬렉션의 큐레이터
였다. 1971년 내가《래버디 총서》속에서 헤매고 있을 무렵, 웨버는 어떤
연구도서관보다도 가장 중요한 동성애 출판물 전집을 집대성하고 있었
다. 과거 게이 해방과 동성애 옹호homophile(동성애자의 관심사, 시민권, 복지를
지지, 옹호하는 것을 가리키는 단어. 1960년대 후반 게이 해방운동이 부상하면서 점
차 게이, 레즈비언, 양성애, 트랜스젠더, 퀴어, LGBTQ 등으로 대치되었다 - 옮긴이)
운동은 주요한 여러 잡지뿐 아니라 집적물을 출간했는데,《래버디》는 그
것을 전부 소장하고 있었다. 그 시절 대다수 도서관은 그런 자료들을 소
장 가치가 있는 것으로 여기지 않았다. 내가 알기로《래버디 총서》가 유
일했다.[36] 바로 그런 도서관이 내가 다닌 대학 캠퍼스에 있었다.

　　나는 그다음 해 특별 컬렉션 독서실의 레즈비언 출판물 속에서 내
길을 모색하는 데 대부분의 시간을 할애했다(그때까지만 해도 나는 게이 남
성 자료들에 관해서는 전혀, 혹은 거의 흥미가 없었다). 나는 주나 반스Djuna Barnes,
나탈리 바니Natalie Barney, 로메인 브룩스Romaine Brooks, 르네 비비앙Renée Vivien
에게 특히 매료되었는데, 그들은 모두 20세기 초반 몇십 년 동안 파리에
서 서로 만났다. 나는 1972년과 1973년 여름을 (미시간 대학 서유럽 연구센
터의 호의에 힘입어) 이들의 자료를 찾으면서 파리에서 보냈다. 나는 프랑
스 국립도서관 보존서고에서 레즈비언 소설과 시를 읽고, 그들이 살았
던 집을 방문하고, 우중충한 중고서점에서 그들의 출판물을 뒤지고, 파
시Passy 공원묘지에 있는 바니와 비비앙의 무덤에 참배하면서 멋진 시간
을 보냈다.

　　하지만 이것은 장기적으로 실행 가능한 프로젝트 주제가 아니었
다. 이런 주제는 민족지학적 접근에 적합한 것이 아니었다. 게다가 나는

문학 훈련을 받은 적도, 역사 분야에서 훈련을 받은 적도 없었다. 나의 언어 능력은 너그럽게 봐주더라도 초보적인 수준이었으므로 프랑스에서 연구조사를 수행할 준비가 제대로 되어 있지 않았다. 이런 경우, 시간은 나의 편이 아니었다. 문서보관소 자료들은 극도로 한정되어 있었다. 그런 자료들 대부분은 내게 주어진 절호의 기회 동안에는 이용할 수가 없었다. 내가 파리에 도착했을 때는 바니가 죽은 지 얼마 되지 않은 때였다. 그녀의 글들은 두세 도서관Bibliothèque Doucet에 보관되어 있었지만 절차상 아직 접근할 수 없었다.[37] 큐레이터인 프랑수아 샤퐁François Chapon은 내가 갈망에 찬 눈길로 편지가 가득 담긴 신발 상자를 쳐다보는 것은 허용했지만, 그 편지들 중 어느 것도 읽도록 허락해주지는 않았다. 이런저런 이유로 나의 연구 초점은 1900년 무렵의 파리 레즈비언들에서 멀어지게 되었다.

그 무렵에 나는 바버라 그리어(진 데이먼으로 알려지기도 한)와 알게 되었다. 그리어는 매리언 짐머 브래들리 뒤를 이어 서지 칼럼 「레즈비아나Lesbiana」를 《사다리The Ladder》(동성애 옹호 시기에 나왔던 주요한 레즈비언 출판물)에 기고하고 있었다. 이후 그녀는 《사다리》를 편집하고 그녀의 작업 「레즈비아나」는 『문학 속의 레즈비언』이라는 이름으로 바꿔서 출판했다. 이 책은 그녀가 리 스튜어트와 공저로 펴낸 서지문헌이었다. 1973년 그리어와 그녀의 파트너는 레즈비언 책을 출판하는 나이아드 출판사Naiad Press를 출범시켰다. 모든 사람들을 알고 싶어 했던 그리어는 저넷 포스터와 연락이 닿았다. 그녀는 르네 비비앙의 소설 『한 여인이 내게 나타났다A Woman Appeared to Me』를 번역했다. 나이아드 출판사에서 포스터의 번역으로 이 소설을 출판하려고 하면서 그리어는 나에게 비비앙의 전기에 관한 서문을 써달라고 청탁했다. 나는 그 글을 이 선집에 포함시키길 망설였다. 그 이후에 파리 레즈비언 집단[38]에 관한 상당한 문헌들이 나왔지만 내가 그것들을 계속 추적조사하지 않았기 때문이었다. 논문 수정은 말할 것도 없고 무엇이 잘못되었는지를 내가 제대로 알 수 있는 위치가 아니었기 때문에 생긴 실수도 있을 것이다. 하지만 그런 인물 유형들은 나를 매혹시켰던 한 시기의 소산일 뿐 아니라, 레즈비언과 다른 학자들 세대에게는 초점이 더 분명해지고 있었던 시기의 산물이기도 하다.[39]

내 논문들 가운데서 이 글은 비교적 알려지지 않았고 인용된 적도 거의 없다. 그래서 나는 일레인 마크스Elaine Marks가 주눅이 들 만큼 비판적인 관심을 보이면서 이 논문을 진지하게 다뤄준 것을 알고서 기쁘고 고마웠다.[40] 마크스는 내가 '상상적인 르네 비비앙'을 창조하는 데 일조했으며, 그녀를 '1968년 이후 레즈비언 페미니즘 의식'과 관련하여 읽어낸 것으로 간주한다. 그리고 무엇보다 내가 비비앙과 나탈리 바니가 살았던 세계에 만연해 있던 인종차별주의와 반유대주의를 포착하지 못했다고 지적한다.[41] 그녀는 나의 논문과 샤를 모라스Charles Maurras가 비비앙에 관해 쓴 논문을 비교, 대조했다. 샤를 모라스는 프랑스 우파의 주요한 인물이었으며 "민족주의자, 금욕주의자, 반유대주의자"[42]였다. 그녀는 "게일 루빈의 독자들은 그녀가 르네 비비앙과 나탈리 클리퍼드 바니에게 쏟아붓는 부적절한 칭찬에 마땅히 의문을 제기해야 한다"[43]고 경고한다. 그녀가 언급한 비판에 진심으로 동의할 뿐 아니라 진정으로 유죄임을 인정한다.

그 논문을 썼을 당시에 나는 샤를 모라스가 비비앙과 관련이 있었다는 것은 차치하고 그가 누구인지조차 전혀 알지 못했다. 나는 유럽의 인종주의 역사에 관해 아는 것이 거의 없었다. 인종차별주의라는 주제는 그로부터 몇십 년 뒤에 내 주요한 관심사가 되었으며 이제 내 서가와 내 시간의 상당 부분을 차지하게 되었다. 두 명의 동료와 더불어 지금 나는 마크스가 언급한 인종주의 분류학의 뒤틀린 역사를 특별히 발굴하는 세미나를 공동으로 가르치고 있다.[44]

40년 전 사라져버린 레즈비언의 흔적을 찾아서 파리의 거리와 묘지를 헤매고 다녔을 무렵, 나는 그 시대의 대다수 레즈비언 페미니스트 학자들과 마찬가지로 대단히 협소하고 근시안적인 시각을 공유하고 있었다. 그 이후 나는 특히 좁은 시야에 상당히 비판적이게 되었고, 그런 협소한 시각으로 산출한 레즈비언 역사 유형과 특정한 형식에 비판적이게 되었다.[45] 얄궂게도 이 논문이 기초하고 있던 연구는 내게 전환점이 되었다. 이 논문은 나와 다른 많은 게이 해방운동 시대의 학자들이 어떻게 하여 동성애와 그것의 역사에 관한 재개념화 작업을 하게 되었는지를 잘 보여준다.

저넷 포스터는 레즈비언이라는 용어 대신에 '**성 변이 여성들**sex variant women'이라는 용어를 자기 책 제목으로 삼았다. **성 변이**는 다양한 용도로 사용되는 용어이다. 어떤 경우에 그 용어는 낙인을 최소화하려고 사용하는 것처럼 보였으며, 또 다른 경우에는 성 변이뿐 아니라 광범한 젠더를 포괄할 정도로 폭넓게 사용하기 위한 것처럼 보였다. 포스터가 무슨 이유로 그랬든지 간에 **성 변이**는 **레즈비언**이라는 용어보다 그녀가 집적한 자료를 가지고 작업하기에는 훨씬 나았다. 그녀가 편집한, 수많은 나라에 분포된 수 세기에 걸친 사람들의 생애와 문헌들은 현대 레즈비언 분류학에 쉽게 들어맞지 않는다. 반면, 일찌감치 1890년대 파리 거주 집단이 산출한 작품들은 (나와 같은) 1970년대 레즈비언 페미니스트와는 쉽사리 공명할 수 있었다. 저넷 포스터의 사례들이 멀게 느껴졌던 것만큼이나 파리 레즈비언 여성들은 친숙하게 여겨졌다.

이 프로젝트로 인해 나는 레즈비어니즘이 그 나름의 역사를 갖고 있다고 확신하게 되었다. 레즈비언에 관한 이용 가능한 모든 (비의학적인) 문헌을 전부 소화하려고 노력했을 뿐 아니라 파리의 레즈비언 집단을 상세히 연구하려고 매달리면서 보냈던 시간으로 인해 나는 동성애와 관련하여 '사회구성주의자'가 되었다. '레즈비어니즘'은 동성 섹스 욕망, 젠더 변이성variability, 정체성의 형식, 제도적 레퍼토리와 같은 역사적으로 특수한 연속체였음이 분명해졌다. 시간이나 문화적 범주를 가로질러 무한정 과거로 거슬러 올라가는 것은 쉽지 않았다. 게이 자료들에 관해 연구한 여러 사람의 독자적인 작업은 거의 동시에 유사한 결론에 이르게 되었다. 또 다른 물결이 파도치고 있었다.

1973년과 1976년 사이에 게이학술연합GAU: Gay Academic Union은 뉴욕에서 연례학회를 개최했다. 1974년 레즈비언 미학을 다루는 패널로 파리 레즈비언에 관한 원고를 발표하게 되면서, 나는 과거의 '위대한 레즈비언들'을 발굴하려는 틀 안에서 작업했다. 1976년과 그 이후 1~2년 동안 연달아 나는 GAU와 협력하여 열린 컨퍼런스에서 게이 레즈비언 역사를 다룬 패널로서 발표했다.[46] 레즈비언의 과거로 간주될 수 있었던 폭넓은 궤적과 관련된 파리의 자료들을 성찰하면서 나는 '근대' 레즈비어니즘이라고 부를 수 있는 것이 뚜렷이 발전하게 되었다고 주장했다. 하지만 그런 패널에 소속되어 발표를 했던 2년 사이 나의 패러다임은 변하게 되었다.[47]

나는 혼자가 아니었다. 토론토 게이 해방신문인《몸의 정치Body Poli-tic》에서 일하는 한 사람이 내 논의에 대한 응답으로 내가 제프리 윅스Jef-frey Weeks의 작업을 흥미로워할 것 같다고 말해주었다. 그가 말하기를 제프리 윅스 또한 나와 유사한 주장을 하고 있다는 것이었다. 윅스의 논점이 보여준 요지는 1976년 출판된 논문에서 이미 분명히 드러나 있었다.[48] 그다음 해에 나온 그의 획기적 저서『커밍아웃: 19세기부터 현재까지 영국의 동성애 정치Coming Out: Homosexual Politics in Britain, from the Nineteenth Century to the Present』는 '근대 동성애의 형성 과정'에 관한 충분히 발전된 논점을 제공해주었다. '근대 동성애의 형성 과정'은 1981년 켄 플러머Ken Plummer가 이 주제에 관한 전집을 내면서 제목으로 붙인 것이었다. 윅스의 저서는 '성의 사회구성주의' 패러다임을 강력하고 일관성 있게 밝히고 있었다. 사회구성주의 패러다임은 지배적인 게이 역사, 동성애 인류학, 그 이후의 LGBTQ 연구를 지배하게 되었다. 사회구성주의는 나 자신의 작업을 지속적으로 형성했으며, 그 당시에 나는 내 연구의 주제, 내용, 지역과 관련하여 이제 막 방향 전환을 모색하던 중이었다.

소명으로서 현장 연구

나는 1978년 캘리포니아로 이사했다. 버클리에서 임시로 강의를 하면서 박사학위에 필요한 현장 연구를 시작했다. 그와 동시에 초기 반포르노 페미니즘 운동의 소용돌이 속으로 휘말려 들었다. 혹한의 중서부에서 학생들을 가르치기 위해 계절에 따라 이주하거나 객원교수로서 드문드문 떠날 때를 제외한다면, 나는 이제 샌프란시스코에서 인생의 절반 이상을 살고 있는 셈이다. 샌프란시스코는 나의 연구 프로젝트, 정치 참여, 개인적 성장과 관련하여 지울 수 없는 자취를 남겼다. 이 선집에 수록된 대부분의 글들이 샌프란시스코에서 경험하고 수행했던 연구 조사의 결과이다. 많은 힘들이 나를 서부 해안으로 몰아갔다. 지적으로는 젠더에 관한 사유에서 좀 더 섹슈얼리티 쪽으로, 페미니즘에 맞춰졌던 초점이 레즈비언 게이 연구로, 레즈비언 연구에서 게이 남성 연구로, 도서관에서 작업하는 것에서 현장 작업으로 관심이 옮겨갔다. 나는 포르노그래피 정치, 보수적 우파의 사회적 재부상, 성적 공간의 정치경제 등과 씨름하는 것에서부터 시작했다. 이 모든 변화는 앤 아버에서 출발했지만 서부로의 이동이 명백한 구심점이 되어주었다. 방향, 초점, 방법론이 전부 바뀌었다. 또한 나는 1970년대 후반 게이 대이동에 부지불식간 합류하고 있었다. 나는 하비 밀크Harvey Milk가 샌프란시스코 시의원으로 선출된 지 몇 개월이 지났을 무렵 버클리에 도착했고, 그가 암살된 지 불과 몇 개월 지나지 않아 샌프란시스코로 이사했다. 나의 생활과 작업은 게이 도시 정치의 궤도에 휘말리기 시작했다.

나는 현장 연구의 절대적 필요성을 제대로 이해했던 적이 없었다. 인류학에 관한 나의 관심사는 이론 분야에서 단련되었으며, 나로서는 도서관에 앉아서 이론 연구를 하는 것만으로도 충분히 만족할 수 있었다. 하지만 (적어도 내가 속한 학과에서는) 현장 연구 없이는 인류학자가 될 수 없었다. 현장 연구가 필수였기 때문에 나는 동성애, 그중에서 레즈비어니즘에 우호적인 연구를 선택하기로 마음먹었지만 프로젝트를 수행하고 현장을 선택하는 데 애를 먹었다. 동성애라는 주제는 여전히 강력한 낙인의 대상이었고 학문적으로 경멸받는 주제였다. 게이 공동체와 구역 형성에 특히 관심이 있었지만 현재와 가까운 과거 모두를 연구할 수 있을 만큼 충분히 최근에 통합된 게이 구역을 찾아내기가 만만하지 않았다.

하여튼 일련의 우연한 사건으로 인해 다소 예기치 않았던 방향으로 프로젝트가 진행되었다. 그로 인해 샌프란시스코에서 게이 남성 가죽 공동체를 연구하게 되었다. 그 무렵에 나는 레즈비언을 연구하는 것이 내게는 정말로 좋지 않다는 결론을 내렸다. 그 당시 레즈비언 공동체의 정치와 문화로 보건대, 연구와 사생활 사이에는 일정한 거리 유지가 필요하다는 결론에 이르렀다. 그래서 나는 게이 남성들과 더불어 동성애 모집단을 연구하면서도 사회생활은 딴 곳에서 영위했다. 나는 레즈비언 분리주의자는 아니었지만 내 게이 커리어의 대부분을 레즈비언들 사이에서 편안하게 뿌리내린 채 지냈으므로 게이 남성은 낯설면서도 상당히 매력적으로 비쳤다. 게이 남성 가죽 공동체는 최근에 형성되었으며 2차 대전 이후에 겨우 통합되었다. 인터뷰에 응했던 활기찬 사람들은 최초의 공동체 형성에 관계한 자들이었다. 그들은 사우스 마켓South Market 근처에 근거지를 마련함으로써 구역을 확보했다.

말이 난 김에 언급하자면, 이 집단의 존재에 주목했던 게이 공동체에 관한 전반적 문헌이 상당히 있었다. 에스터 뉴턴Esther Newton은 『마더 캠프Mother Camp』(1972)에서 '가죽 퀸leather queen'을 관찰 기록했으며, 여장남자female impersonator의 연구에 돌파구를 열었다. 『마더 캠프』는 근대적인 게이 모집단에 관한 민족지학적 연구로서 그 시점에 나온 책 한 권 분량이나 되는 유일한 논문집이었다. 이 논문은 또한 문체상으로도 뚜렷이 구분되는 게이 하위문화에 관한 유일한 연구였다. 그녀는 이미 드랙 퀸drag queen을 연구한 적이 있었다. 그러나 어느 누구도 '가죽 퀸'[49]을 연구한 적은 없었다.

1978년 내가 현장 연구를 시작했을 무렵, 미셸 푸코의 『성의 역사』가 영어로 번역 출판되었다. 내가 다른 지면에서 주장했다시피 그 당시 수많은 사상가와 여러 현장 연구를 망라하여 진행되고 있었던 패러다임 변동에 책임 있는 유일한 이론가로 푸코를 지목하는 것은 잘못이다.[50] 그럼에도 불구하고 어쨌거나 푸코의 저서는 엄청난 충격을 주었다.

『성의 역사』는 19세기 후반과 20세기 초반에 합쳐지고 있었던 초기의 성과학과 성의학을 검토한 탁월한 문헌이다. 프랑스 의학과 정신 및 역사에 관한 푸코의 이전 작업들은 폭넓은 시각을 제시해주었다. 왜냐하면 '변태들perversions'에 관한 학문 발전의 대부분이 프랑스 정신병원에서 발생했기 때문이다.[51] 그의 저서는 거리에서, 카페에서, 그리고 파리, 비엔나, 베를린, 런던 등지의 신문에서 점점 더 가시화되고 있던 성도착자 인구집단보다는 오히려 섹슈얼리티에 관한 권위적인 지식 생산에 초점을 맞췄다. 그런 사람들을 다루는 의사들과 도시 경찰들의 개입이 확대되면서 그들 사이의 만남에 관한 기록이 생산되었다. 이런 접촉의 지점들은 새로운 이론들이 정교화되는 연결고리가 되었다.[52] 의학과 범죄학에 관한 푸코의 관심은 통치, 건강, 성적인 관행 사이의 일련의 관계에 대한 발전 과정을 드러내는 데 무척 적절했다.

푸코는 섹슈얼리티 변이의 구조, 근대적 아동기의 창조, 특히 자위를 둘러싼 전쟁 사이의 관계를 개괄했다. 여성의 사회적 역할의 변화, 특히 의학적인 불만과 의학적인 진단에서 표현된 여성 역할의 변화, 시민

들의 신체적인 몸과 생식 행위를 관리하는 데 점점 더 국가의 개입이 증대하는 그런 변화에 주목했다.[53]

내 사유에 가장 중요하게 영향을 미쳤던 구절은 그의 논의 가운데서도 '혼인alliance'과 '섹슈얼리티'에 관한 것이었다. 나는 혼인을 일반적인 친족 체계를 지칭하는 것으로 받아들였는데, 그중에서도 특히 레비스트로스의 친족 체계로 받아들였다. 푸코는 이 분야에서 대체로 레비스트로스의 친족 체계를 지침으로 삼은 것처럼 보였다.[54] 푸코는 다음과 같이 말한다.

성적 관계가 모든 사회에서 혼인 장치를 산출했음은 말할 필요도 없이 당연하게 받아들여질 것이다. 즉 혼인 장치는 결혼 체계, 친족 유대의 고정과 전개, 성씨 및 재산의 상속 제도를 낳았다. 이와 같은 혼인 장치는 경제적 과정과 정치적 구조가 그것으로부터 적절한 도구나 충분한 지원 체계를 찾아내지 못함으로써, 혼인 장치를 보장해주었던 속박의 기제들과 그것이 요구하는 복잡한 지식과 더불어 그 중요성을 잃어갔다. 특히 18세기 이래로 서구 사회는 기존 장치와 겹쳐지는 새로운 장치를 창조하고 알맞게 배치했다. 이 새로운 장치는 기존의 혼인 장치를 완전히 대체하지 않으면서도 그것의 중요성을 감소시키는 데 일조했다. 나는 지금 **섹슈얼리티 장치**를 말하고 있는 것이다. 혼인 장치와 마찬가지로 이 새로운 섹슈얼리티 장치는 성적 파트너의 회로와 연결되어 있기는 하지만 완전히 다른 방식으로 연결된다. 이 두 가지 체계는 조목조목 서로 대비될 수 있다. … 혼인 장치에서 관련이 있는 것은 파트너와 확실한 법규 사이의 연관이다. 반면 섹슈얼리티 장치는 육체의 감각, 쾌락의 질, 지각 인상impression들 사이의 연관 관계가 아무리 희박하고 인식하기 힘들다고 할지라도, 그것들과 관련이 있다. … 따라서 섹슈얼리티 장치가 혼인 장치를 대체한다고 말하는 것은 정확하지 않다. 우리는 어느 날 갑자기 섹슈얼리티 장치가 혼인 장치를 대신하는 것을 상상할 수 있을 것이다. 하지만 지금과 같은 상황으로 본다면, 섹슈얼리티 장치는 혼인 장치를 감추려 하면서도 그것을 완전히 폐지하거나 쓸모없는 것으로 간주하지는 않는다. 게다가 역사적으로 섹슈얼리티 장치는 혼인 장치를 토대로 삼아 그것을 중심으로 구성되었다.[55]

혼인과 섹슈얼리티에 관한 푸코의 논평은 '게마인샤프트', '게젤샤프트'와 유사한 형태였다. 전통사회와 근대사회를 어떻게 구별할 수 있는가, 아무런 왜곡이나 조야하고 과도한 단순화에 빠지지 않으면서 어떻게 이런 차이들을 적절히 밝힐 수 있는가 하는 문제는 사회학에서는 장구한 세월 동안 탐구된 것이었는데, 푸코의 프로젝트 속에서 그것은 확고한 단정으로 자리 잡게 된다. '거대한 전환'을 이해하려는 노력은 사회 이론, 사회학, 사회사에서는 핵심이다.[56] 퇴니에스, 뒤르켐, 마르크스, 베버 이후로 사회과학은 지속적으로 이런 문제와 씨름해왔으며, 이 문제는 정치경제학, 국가 정치, 시민사회에 제기된 만큼이나 섹슈얼리티 영역에서도 제기되어야 했다.

나는 푸코가 아동, 여성, 도착자들, 인구에 관해서 계획했던 책들을 전부 집필해주었더라면 좋았을 것이라고 생각하던 때가 종종 있었다. 그런 저서들을 정말로 읽을 수 있었기를 바랐다. 그럼에도 불구하고『성의 역사』에서 푸코는 현대 성 연구에 관한 일종의 통합된 현장 이론을 제공해주었다. 내 동료인 톰 트라우트먼Tom Trautmann은 우리가 같은 책을 절대로 두 번 다시 읽지 않는다는 사실을 관찰하면서 좋아한다. 하지만 나는 성과학에 관한 세미나가 절정에 달했을 무렵에는 대략 1년에 한 번 정도 『성의 역사』를 다시 읽었다. 매번 읽을 때마다 이전에는 알아채지 못했던 중요한 통찰을 발견한다. 알면 알수록 그 저서에서 더 많은 것들이 보인다. 1978년에 나는 갓 태동한 샌프란시스코 레즈비언 게이 역사 프로젝트에 합류했다.[57] 이 역사 프로젝트는 레즈비언과 게이 역사를 탐구하는 개인들을 위한 소규모 토론 집단이었다. 그런 작업을 수행할 때 초래되는 문제점은 1차 자료를 볼 수 있는 문서보관소가 없다는 점이었다. 《래버디 총서》는 탁월한 자원이었다. 게이와 관련된 문헌들을 집대성해놓은 도서관이나 문서보관소가 거의 없었기 때문이다. 샌프란시스코 베이 지역 대학 도서관들은 그 지역의 주요한 게이 신문을 한 부도 보관하고 있지 않았다. 샌프란시스코 게이에 관한 앨런 베루베Allan Bérubé의 초기 저술 중 일부는 보이스 버크Bois Burk가 스크랩해놓은 수집본 덕분에 가능해졌다. 버크는 앨런과 접촉이 있었던 베이 지역 거주자인데, 그는 "수십 년 동안 샌프란시스코 신문에서 체계적으로 스크랩해두었던 게이 관련 신문 기사로 가득한 서류철을 앨런에게 넘겼다."[58]

로스앤젤레스에는 1950년대와 1960년대 동성애 옹호 운동 덕분에 생겨난 컬렉션이 몇 개 있었다. 지금은 서던 캘리포니아 대학의 '원 내셔널 게이 레즈비언 문서보관소One National Gay and lesbian Archives'가 된 이곳은 짐 케프너Jim Kepner의 헤라클레스적인 노력과 실타래처럼 꼬인 조직의 역사로부터 자라난 것이었다. 케프너는 서부 게이 문서보관소, 내셔널 게이 문서보관소, 인터내셔널 게이 레즈비언 문서보관소, 그리고 한동안 나탈리 바니/에드워드 카펜터 도서관Natalie Barney/Edward Carpenter Library을 포함하여 다양한 이름의 기관들에 보관된 방대한 컬렉션을 집대성했다.[59] 하지만 이 수집본들이 안전하게 서던 캘리포니아 대학 건물에 마침내 비치되기 전까지 이 자료들은 산발적이고 일시적으로 접근 가능했으며 제대로 보존되지도 않은 상태였다. 나는 1979년 무렵에 케프너 컬렉션을 방문했다. 상점에 딸린 임대 사무실에서 짧은 기간 동안 공개 관람이 가능했다. 벽에는 파일을 넣어둔 캐비닛이 줄지어 있었고 마루는 신문철로 덮여 있었으며, 카탈로그는 짐의 머릿속에만 있을 뿐이었다. 짐은 신문철과 서가로 가득 찬 지하실에서 생활하고 있었다.

1970년 게이 해방운동과 급진적 레즈비언 운동은 공동체에 기반한 레즈비언 게이 문서보관소를 설립하는 데 필요한 새로운 추진력을 얻었다. 1974년 뉴욕에 레즈비언 역사 문서보관소가 설립되었다. 이것은 새로운 학술기관이 되었다. 1985년 역사 프로젝트의 파생물로서 '게이·레즈비언·양성애·트랜스젠더 역사학회GLBTHS'가 샌프란시스코에 설립되었다.[60] 1991년에는 시카고 가죽 문서보관소 및 박물관LAM: Leather Archives and Museum이 창립되었다.

초기 시절에는 공동체에 기반한 문서보관소가 문서, 작품, 소모품들을 상당 부분 모으고 보존함으로써 마침내 접근 가능한 것으로 만들어준 몇몇 사람들의 결단으로 형성되었다. 이런 문서보관소는 기금이 잘 마련되어 주의 깊게 소장되고 깔끔하게 보존하면서 적정한 온도를 유지해주는 부유한 대학과 개인 재단 시설 컬렉션의 환경과는 너무나 거리가 멀었다. 레즈비언 역사 아카이브는 처음에는 개인 설립자의 아파트에 보존되었다. 우리가 지금 GLBTHS라고 부르는 것의 시초는 최초 설립자이자 이후 기록 보관 담당 아키비스트가 된 윌리 워커Willie Walker의 거실에 있던 게이 레즈비언 정기간행물 상자였다. 비록 많은 문서보관소가 훨씬 더 나은 기금을 받게 되고 제도적으로 안정되기는 했지만, 초기 커뮤니티에 토대한 퀴어 아카이브는 바이네케Beinecke 희귀본 소장 도서관과 예일 대학 원고 도서관이 아니라 짐 케프너가 임대한 상가 지하실에 더 가까웠다.

문서보관소, 박물관, 도서관은 공간을 필요로 한다. 공간은 빌리거나 구입해야 한다. 보존하려면 집중적인 노동이 필요하며, 이상적으로 말하자면 전문화되어야 하고 값비싼 노동력도 필요하며 산성이 들어 있지 않는 중성 폴더와 상자 같은 도구들이 필요하다. 수집품의 목록을 만들고 자료 상자에 접근이 용이하게 하면서도 그런 문서 상자들을 안전하게 회수하여 서가에 꽂아놓을 수 있는 직원 또한 필요하다. 도서관을 이용해본 사람이라면 이 점은 누구나 분명하게 알 수 있을 것이다. 하지만 여기서 확연히 눈에 띄지 않는 것은 새로운 수집품을 비치하고 그것을 유지하는 데 얼마나 많은 돈과 노동이 들어가는가 하는 점이다. 공립 도서관과 대학 도서관은 일반적으로 예산이 있다. 비록 그런 예산이 충분하지 않고 이제는 그나마 상상할 수 없는 수준으로 줄어들었다고 할지라도 하여튼 예산이 책정된다. 그와는 대조적으로 초기 공동체에 기반한 퀴어 문서보관소는 아무런 예산도, 유급 직원도, 건물도 없었다. 이 모든 것은 축적되어야만 했다.

내가 1978년 샌프란시스코에서 게이 가죽족gay leathermen에 관한 민족지학적 연구에 착수할 무렵에는 작업할 수 있는 문서보관소도, 문서도, 작품 자원도 거의 없었다. GLBTHS와 LAM은 아직 존재하지 않았다. 1차 문헌 대부분은 여전히 개인이 소장하고 있거나 지하실, 다락, 창고 보관소에 쌓여 있었다. 전혀 가공되지 않은 상태여서 접근이 불가능할 뿐 아니라 때때로 망실되기도 했다. 나는 자료들을 찾을 수 있을 것 같은 곳이면 어디든 헤매고 다녔다. 케프너 컬렉션을 찾아갔을 뿐 아니라 인디애나 대학 소재의 킨제이 학술연구소 도서관까지 순례했다. 킨제이 도서관에는 도움이 되는 자료들이 무척 많았지만 샌프란시스코 게이 가죽족과 관련된 것은 거의 없었다. 대부분의 연구자들은 남들이 축적해놓고 관리하고 있는 보관소 수집품에 의존할 수 있는 사치를 누렸다. 하지만 그 당시 다른 퀴어 학자들과 마찬가지로 나는 그런 사치를 누릴 수 없었다. 자료가 너무 빈약했으므로 내 연구에 필요한 컬렉션 자료들을 수집하고 모으고 보존하기 시작했다. 나중에는 샌프란시스코의 GLBTHS와 시카고의 LAM에도 참여하기 시작했다.

결과적으로 나는 내게 필요한 자료와 내가 관련을 맺고 있는 커뮤니티 학술제도에 필요한 자료 모두를 수집하고 집적하고 보존하고 그것에 접근하기 위해 30년에 걸쳐 노력해왔다. 그로 인해 정보를 확보하려면 하부구조가 필요하다는 것을 배우게 되었다. 말하자면 직원, 보관소, 그들을 고용하기 위한 자금의 흐름과 같은 물질적 하부구조가 요구된다는 사실 말이다. 이 선집의 마지막 논문은 그런 경험에서 나온 것이다.

그 같은 힘든 경험으로 인해 현장 연구는 도서관에서 연구하는 것만큼이나 흥미로울 뿐 아니라 이론 연구만큼이나 흥미롭다는 사실을 알게 되었다. 그 과정에서 나는 경험적인 연구와 그런 연구를 잘 수행하는 데 개입되는 기술을 인정하는 것이 대단히 중요하다는 점을 깨닫게 되었으며, 어떤 가정이 관찰에 합당하려면 어떻게 해야 하는지를 이해하게 되었다. 특정한 장소에서 특수한 집단의 세부적인 것들에 직접적으로 참여하는 것은 무엇으로도 대체 불가능하다. 사회학과에서 경전의 위치를 차지하고 있는 문헌들은 일차 자원으로서 새롭게 수집된 데이터들이 녹아들지 않고서는 진부해진다. 나는 현장 연구를 강요했던 선생님들에게 깊이 감사한다. 나는 도서관에서는 배울 수 없었을 사회적 우주의 작은 구석을 학습하는 과정에서 그처럼 많은 것을 배우게 되었다는 점이 행복하다.

처음에 나는 게이 공동체의 형성 문제에 초점을 맞출 계획이었다. 말하자면 새로운 성적 정체성과 하위문화, 도시 내 성적 지역의 출현에 초점을 맞출 계획이었다. 사우스 마켓의 게이 가죽 집단의 '부상'을 연구하려고 했지만 게이와 사우스 마켓의 가죽 집단은 미래가 대단히 제한되어 있다는 점을 즉각적으로 깨닫게 되었다. 사우스 마켓 근방은 그 도시와 마찬가지로 극적인 변화가 막 일어나는 참이었다. 재개발 기관과 민간인 개발로 인해 과거 한때 번성했던 경공업과 노동자 계급의 주거지에 새로운 컨벤션 센터와 박물관 단지가 건설되고 있었다.

나는 1978년 4월 버클리에 도착했다. 컨벤션 센터를 위한 공사는 그해 8월에 착공되었다. 이처럼 대규모 건설 프로젝트는 토지 용도를 엄청나게 변경시켰고 근방의 생태계를 완전히 변화시켰다. 임대료는 치솟고 토지이용 규제에 변화가 생기고 경찰의 감시는 심해지고 심지어는 공원의 이용 가능성도 축소됨으로써, 개발은 그 지역 사람들을 추방하는 거대한 과정의 한 증상이 되었다. 사우스 마켓, 게이 혹은 다른 것들에 관한 어떤 연구든지 간에 재개발 및 부동산 문제와 씨름해야 한다는 점은 분명해졌다. 나는 가죽 바leather bar에 앉아 있는 것만큼이나 토지이용 규제에 관한 기획위원회 회의에 참석하는 데 많은 시간을 보냈다. 결국 성sex은 그 도시의 정치경제에 휘말려 들었다.

1978년 11월, 시의원인 댄 화이트Dan White가 동료 시의원인 하비 밀크와 시장인 조지 모스콘George Moscone을 암살했다. 그해 여름에 짓기 시작했던 컨벤션 센터는 암살된 시장을 기념하기 위해 1981년에 모스콘 센터로 문을 열었다. 같은 해에 도시의 게이 남성들을 침범한 낯설고 새로운 질병에 대한 보고서가 의학 신문과 게이 신문에 등장하기 시작했다.[61] HIV와 에이즈는 내 연구원 모집단을 완전히 갈기갈기 찢어놓았으며, 내가 알고 지냈던 많은 사람을 죽였고, 내가 연구해왔던 사회기관들에 침입했다. 이런 유행성 질병은 에이즈에 대한 반응뿐 아니라 그것의 영향을 문건화하려는 나의 노력에 필연적으로 초점의 변화를 가져오게 되었다.

그런 자료들 중 상당량은 다른 곳에서 출판되었거나 출판될 예정이다. 현장 연구 결과의 대부분을 차지하는 샌프란시스코 게이 남성 가죽 집단에 관한 논문은 또 다른 책에 수록되어 있다.[62] 이 선집에는 그 프로젝트로부터 나온 논문 하나만 실려 있는데, 카타콤Catacomb이라는 섹스 클럽에 관한 것이다. 하지만 이 도시, 도시 공간, 동네 연속체neighborhood succession, 이런 주제를 언급한 학문적 문헌에 참여하는 것은 내 후속 작업의 통합적인 일부가 되었으며, 특히 이 선집에서는 「성을 사유하기」와 「성적 하위문화 연구」에 반영되어 있다.

게다가 HIV/에이즈의 충격은 사회적 구조, 정치적 의제, 성적 낙인에 의해서 매개되었다. 모든 자연재난과 마찬가지로 에이즈 또한 자연스러운 것이 아니다. 그것은 인간적인 재앙이었다. 그중에서도 문화적 틀, 제도적 구조, 개인적 행위자들이 그런 결과를 형성한다. 그에 대한 반응 중 대부분 - 게이 공동체 내부와 외부 모두에서 - 은 사심 없는 과학, 사려 깊은 정책, 공중 보건이라는 건전한 원칙에 따르기보다는 공포와 성적인 과민 반응을 드러냈다.[63] 간단히 말해 에이즈의 충격은 도덕적 공황 혹은 성 공황이라는 분석적 렌즈를 통한 것이다. 성 공황 패러다임이 이 책에 실린 연구에 많은 영향을 미쳤다.

공포, 포르노그래피, 도착

1970년대 후반에 이르러 사회·정치적 변화가 일어나고 있었다. 1960년대(단순히 10년의 기간이 아니라 문화적 시기로서 10년)가 신보수인 '뉴라이트'의 부상과 더불어 끝나고 있었다. 변화를 초래한 특별한 해를 꼬집어 지목할 수는 없지만 1980년 레이건이 대통령으로 당선되기 이전에 이미 그런 변화의 조짐이 보이기 시작했다. 게이들에 대한 차별을 금지한 데이드 카운티 인권조례Dade County ordinance(플로리다 주 데이드 카운티에 도입되었던 게이 인권조례 - 옮긴이)를 철폐하고자 했던 아니타 브라이언트Anita Bryant(미국의 가수이자 반동성애 활동가 - 옮긴이)의 캠페인이 성공했던 해가 1977년이다. '도덕적 다수파Moral Majority'(미국의 보수주의 기독교 정치단체 - 옮긴이)가 1979년에 설립되었다. 뉴라이트는 1970년대에 걸쳐 펀드, 싱크탱크, 정치조직을 가동시켰다. 10년이 지나자 그 결과가 확실히 드러났다. 섹스와 젠더는 부활한 우익의 사회·정치적 의제에서 확연히 부각되었다. 페미니즘이 후퇴하고, 전통적인 가족과 젠더 역할에 대한 우파의 개념이 복원되고, 포괄적인 성교육은 제거되고, 젊은이들에게 성적 순결

(금욕)은 권장되고, 의료적인 낙태는 범죄화되고, 성적으로 적극적인 청소년 소녀들에게 처벌이 가해지고, 외설과 포르노그래피에 대한 전투가 벌어지고, 동성애자는 완전한 시민에 미흡한 존재로서 머물러 있게 되었다.[64]

　　도덕적 공황과 성 공황moral and sex panics은 이런 의제를 활성화시키는 데 특히 효과적인 기제가 되어왔다. **도덕적 공황**은 스탠리 코언Stanley Cohen이 『사회적 적들과 도덕적 공황Folk Devils and Moral Panics』(1972)에서 도입한 개념이었다. 코언의 책은 모즈와 로커들Mods and the Rockers(1960년대 영국 젊은이들의 하위문화를 상징하는 두 집단. 두 집단의 패싸움을 BBC가 대대적으로 보도함으로써 비행 청소년들, 규범 이탈자들의 하위문화에 대한 부정적인 시각이 팽배해졌다 - 옮긴이)에 관한 것으로, 20세기 중반 영국 젊은이들의 하위문화를 연구한 것이었다. 코언은 1950년대와 1960년대 이 젊은이들의 하위문화에 대한 여론의 히스테리를 '도덕적 공황'으로 기술했다. 코언이 이 개념을 도입한 이후 이 개념은 사회학, 특히 영국의 사회학에서 널리 사용되었다.

　　『섹스, 정치, 그리고 사회: 1800년 이후 섹슈얼리티의 규제Sex, Politics and Society: The Regulation of Sexuality since 1800』에서 제프리 윅스는 도덕적 공황이라는 사회학적 언어를 부상하는 성 역사 분야에 도입했다. 윅스는 사회학과 역사학 두 분야에서 교육을 받은 탁월한 학자이다. 그의 특징적이고 지적인 습관 중 하나는 사회학적 분석 프레임을 역사적 서사에 창조적으로 도입하는 것이다. 그는 코언의 '도덕적 공황' 개념의 적용 가능성을 재빨리 포착하여 그것을 성적 규제에서의 구조적 변화 기제를 사유하는 데 적용했다. 내 작업 또한 윅스에게서 많은 영향을 받았으며 「성을 사유하기」에서 그의 논의를 확장시켰다. 나는 그때까지도 여전히 **도**

덕적 공황이라는 용어를 사용하고 있었다. 캐럴 밴스Carole Vance는 그녀의 저서 『쾌락과 위험: 여성 섹슈얼리티의 탐구Pleasure and Danger: Exploring Female Sexuality』[65]에서 특히 섹슈얼리티에 관한 도덕적 공황을 참조하여 '성 공황'이라는 어구를 사용하기 시작했다. 도덕적 공황이라고 하든지 성 공황이라고 하든지 간에, 이런 공황 상태는 사회적 변화의 강력한 엔진이 된다. 1970년 이후 미국은 섹스에 관해서 거의 영구적인 공황 상태에 놓여 있었다. 포르노그래피, 매춘, 인신매매, 동성애, 성범죄자, 특히 아동 성 범죄자에 등에 관해서는 더욱 그랬다.

　같은 시기인 1970년대에 시작하여 현재에 이르기까지 페미니즘 운동은 이런 문제들, 특히 포르노그래피, 매춘, '도착perversion'뿐 아니라 트랜스섹슈얼리티와 동성애의 특정한 측면을 포함한 문제들에 관한 유독한 논쟁을 그들로부터 차용해왔다. 페미니스트의 대부분은 동성애자들에게 우호적이고 그들의 권리를 지지하면서도 게이 남성들의 행태를 격렬하게 비난해왔으며, 심지어 레즈비언 관행 중에서도 특히 부치와 펨의 역할을 비난해왔다. 많은 문제 가운데 일부 페미니스트들의 의제는 사회적 보수주의자들의 의제로 수렴되는 경우가 종종 있었다.

　페미니즘 성 전쟁의 전투원으로서, 나는 페미니즘 진영 내부에서의 성 공황으로 인해 내가 근본적으로 반동적이라고 생각하는 성적 의제가 되풀이되는 것을 대단히 당혹스럽게 지켜보았다. 여기에 수록된 논문들 중 상당 부분은 그런 우려를 드러낸 것이다. 그중에서 「가죽의 위협」은 직접적으로 그런 우려를 표현한 것이다. 「가죽의 위협」은 1970년 후반 레즈비언 사도마조히즘 논쟁에 대한 반박으로 쓰인 것이다. 「오도된, 위험한, 그리고 잘못된」은 반포르노그래피 페미니즘 운동과 분석을 겨냥한 것이었다.

성 전쟁의 전선이 이동하면서 이제 초점은 많은 부분 '인신매매 trafficking' 문제로 넘어갔다. 이전의 반포르노그래피 페미니즘 활동가들 대다수가 반인신매매 운동의 반매춘화 진영으로 이동했다. 이들은 반인신매매 운동을 포르노그래피와 매춘을 포함한 모든 상업적인 성commercial sex 을 폐지하는 수단으로 간주한다. 인신매매 반대는 19세기 후반에 매춘을 반대하는 조직 형태로 동원되기 시작했으며, 인신매매에 관한 현재의 담론은 성 노동, 성 노동자, 그들의 고객들을 공격하는 것으로 방향이 거꾸로 뒤집히는 경향이 있다. 오늘날의 반매춘 조직은 강고하게 섹스 산업과 인신매매를 혼합시키고 있다. 「인신매매에 수반되는 문제」는 인신매매를 강제적 탄압, 노동 착취, 수많은 직종에서 이주 노동자들이 직면하고 있는 문제들과 연관시키기보다 오히려 인신매매의 법적 정의를 매춘에 머물게 하고 대중적 이해를 지속적으로 매춘으로 한정하려는 강력한 역류의 역사적 배경을 담론화한 것이다.

「미소년과 왕Catamite and Kings에 대하여」(catamite: 성인 남자가 섹스를 위해 노예로 부리던 소년 – 옮긴이)는 레즈비언 젠더, 부치, FTMfemale to male 트랜스섹슈얼(성전환 남성 – 옮긴이) 문제를 다룬 것이다. 이 논문은 성 전쟁과는 별다른 관련이 없다. 하지만 포르노그래피에 관한 싸움보다 훨씬 이전에 트랜스섹슈얼은 성 전쟁에 균열을 낸 페미니즘의 수많은 단층선을 노출시켰다. 1970년대 트랜스섹슈얼리티를 두고 진행된 논쟁은 1980년대 초반 페미니즘 운동을 분열시키면서 적대감이 터져 나오게 된 전조가 되었다.[66] 「성을 사유하기」는 성 전쟁과 복잡한 관계에 있다.[67] 이 논문은 내 삶과 정치 및 연구 작업에서 일어났던 방향 전환과 관련된 많은 문제를 다룬다. 이 논문과 그에 관한 여러 논평은 이 선집에서 상당한 분량을 차지한다. 「성을 사유하기」와 관련된 맥락과 커리어에 관한 좀 더 깊은 성찰을 보려면 8장 「과거가 된 혈전」[68]을 참조하길 바란다.

그때와 지금

내가 이 서론을 작성하고 있을 무렵 《뉴요커》에 「노스탤지어 구역에서」라는 제목의 만화가 실렸다.[69] 만화가 보여준 이미지는 조 아저씨 수리점 Joe's Fix-it Shop, 사진 현상소, 문구점, 애크미 여행사 Acme Travel Agency, 퀵커넥트 Kwik-Konnect 인터넷 카페, 그리고 이 인터넷 카페에 배치됐던 CRT 모니터 등 이제는 전부 쓸모없어진 것들을 파는 가게들이 줄지어 늘어서 있는 모습이었다. CRT 모니터는 평면 스크린, 랩톱 컴퓨터, 스마트폰, 아이패드, 와이파이가 등장하기 전, 그렇게 오래 전은 아닌 그 시절에 인터넷 카페의 고객들이 이용할 수 있던 것이었다. 이 글들을 다시 읽으면서 나는 노스탤지어 구역에 사는 영구 주민처럼 느껴졌다. 그때 나는 얼마나 젊었던가, 그리고 지금 나는 얼마나 나이 들었는가 하는 문제와 대면해야 했다. 그 무렵 나는 얼마나 몰랐던가? 지금 나는 차라리 몰랐더라면 하는 나 자신과 대면해야 했다.

사소하고 세부적인 것들이 시간의 흐름을 기억하게 해주었다. 내가 「여성 거래」를 썼던 그 무렵, 인류학자들은 여전히 **원시적** primitive 이라는 단어를 사용하고 있었다. 트랜지스터 라디오가 그 당시 가장 최신 발명품이었다. 소비자 오디오 기기들의 진공 튜브가 반도체로 대체되고 있었다. 정신과는 여전히 정신분석학이 지배하고 있었다. 동성애를 포함하여 성적 '일탈deviation'을 거론하는 토론에서는 프로이트가 경전과 같은 권위를 누리고 있었다. 오늘날 정신분석학은 한물간 것으로 널리 간주되고 있다. 이제 누구도 프로이트의 지침에 맞춰 굽실거려야 할 필요를 느끼지 않는다. 물론 프로이트 정신분석학에 헌신하는 학술 이론과 퀴어 이론 문헌들이 아직 생생히 살아 있고 그런 이론들에서 유용함을 발견하기도 한다.[70] 하지만 이런 이론을 실전에 써먹는 사람들 가운데서 동성애를 다룬 정신분석학 문헌의 1차 소비자들은 과거 한때 게이였던 목사이거나 전향한 전문가들이다. 이들은 동성애자가 이성애자가 될 수 있고 되어야만 한다는 생각을 전파한다. 정말 달라진 풍경이다.

수많은 예전 논문들은 그사이 얼마나 많은 기술적, 지적, 정치적 변화가 일어났는지를 보여주는 증거이다. 카타콤에서 흘러나왔던 음악은 비닐 레코드에서 오픈 릴 식 테이프로 변화되었다. 그때는 CD가 없었으며 디지털 다운로드는 생각조차 할 수 없었다. 페미니즘 진영에서 포르노 전쟁이 발발했을 때, 대부분의 포르노그래피는 인쇄된 자료였고, 포르노 가게에서 구입하거나 아니면 포르노 극장에서 보는 것이었다. 1980년대 초반 무렵 포르노그래피에서 최신판 혁신은 홈비디오였다. VCR은 집이라는 사적 공간에서 포르노 영화를 쉽사리 소비할 수 있게 해줌으로써 극적인 변화를 가져다주었다. 그때는 누구도 '섹스팅'이나 인터넷 다운로드를 할 수 없었다. 인터넷 자체도 텍스트에 기초해 있었으며 주로 그것을 창조한 소수의 핵심 프로그래머들 사이에서나 사용되었다. 일반 유저들이 사용할 수 있는 인터넷 소프트웨어의 대부분은 1990년대에 개발되었으며, 넷스케이프(1994년)와 익스플로러(1995년)처럼 소비자 친화적인 브라우저가 개발되고 나서야 대중이 인터넷에 접속하고 사용할 수 있는 티핑 포인트에 도달하게 되었다.

인터넷이 대학, 정부기관, 방위산업체 너머 일반인에게 확장됨으로써 컴퓨터는 데스크톱에 적합하도록 크기가 축소되어야 했고 컴퓨터 가격도 급격히 낮아졌다. 퍼스널 컴퓨터는 1980년대 초반이 되어서야 비로소 소비 시장을 뚫고 나오기 시작했다. 여기에 실린 논문 중 초기 저작은 타자기로 작성되었다. 내가 테크노 천국이라는 생각을 갖게 된 것은 IBM 셀렉트릭을 갖게 될 무렵이었다. 나는 1984년 처음으로 컴퓨터를 구입했다. 이 선집에 실린 「오도된, 위험한, 그리고 잘못된」과 「카타콤」의 초기 판본은 워드프로세서로 작성된 최초의 논문이었다.

섹슈얼리티에 관한 학문적인 문헌들은 1980년대 초반에 폭발적으로 증가했으며, 이제 우리는 많은 것에 관해서 과거에 비해 훨씬 더 많이 알고 있다. 내가 이 논문들을 검토하고 있을 때, 갑자기 튀어나온 사례 중 하나가 '라벤더 공포lavender scare'에 관한 지식의 확장이었다. 라벤더 공포는 제2차 세계대전 이후 동성애에 반대하는 십자군 운동으로서 '성 일탈자sex deviates'[71]를 연방정부직과 공직에 고용하는 것을 전면적으로 금지했다. 미국에서 제2차 세계대전 이후 초기 게이 권리운동의 출현은 부분적으로는 마녀사냥, 정책, 법적 박해에 대한 응전으로 시작된 것이었다. 정치적으로 많은 것이 변했다. 게이 활동가들은 마침내 1975년 연방정부 고용법에서 동성애자 고용 금지조항을 철폐시키는 데 성공했다.[72] 『정신질환 진단 및 통계 편람DSM: Diagnostic and Statistical Manual of Mental Disorder』의 성 병리학 목록에서 동성애가 삭제된 것은 거대한 도약이었다.[73] 소도미법sodomy law이 위헌이라는 연방 대법원 판결이 내려진 것이 2003년이었다.[74] 나는 살아생전 소도미법의 종식을 보지 못할 것이라고 생각했다. 살아서 그것을 보았다는 사실에 정말 신이 났다.

다른 한편, 나는 성적 규제에 관해 여전히 존재하고 있는 거대하고 위험한 장치들이 걱정스럽다. 그런 장치들 중 일부는 축소되기는커녕 오히려 확장되고 있다. 게이 권리운동의 최전선은 탈범죄화와 탈병리화로부터 훼손된 시민권, 즉 주로 결혼과 군 복무의 영역으로 이동했다. 게이 활동가들은 수십 년 동안 군 복무 제한을 철폐하기 위해 투쟁해왔다. 게이 군 복무 제한은 제2차 세계대전 기간에 처음으로 제도화되었다. '묻지도 말고 말하지도 말라Don't Ask, Don't Tell' 정책이 시행되기 전, 모든 동성애자에게는 군 복무가 그냥 금지되어 있었다.[75] '묻지도 말고 말하지도 말라'는 1990년대 초반에 시행되었는데, 동성애자의 군 복무 금지를 없애려던 이전의 시도가 실패하면서 재도입되었다. 이 책이 출판될 무렵에도 동성애자임을 공공연하게 밝힌 사병의 군 복무 금지 제한 조건을 없애려고 노력 중이지만 그런 금지조항은 여전히 강행되고 있다.

이 선집의 전반부에 실린 논문들은 30년에 걸쳐서 출판된 것이다. 반면 다른 논문들은 이 책을 위해 새로 쓴 것이다. 따라서 시제tense의 문제가 있다. 각각의 논문들은 제각기 다른 시제에 거주하고 있다. 종종 내가 '지금'이라고 말할 때 그 텍스트는 과거 '그때'였던 어떤 것을 거론하고 있다. 그리고 '그때'라는 언급은 상당히 먼 과거일 수 있다.

학술적 문헌들은 현재 진행 중인 사건을 참고문헌 이상으로 취급하지 않는다. 따라서 대부분의 학자들은 그런 논평을 저널리스트들에게 맡기거나 혹은 오늘날에는 블로그에 게시한다. 하지만 나는 현재에 관해 사유할 수 있다면 우리가 가진 모든 지적인 도구를 전부 사용해야 한다고 강력히 느낀다. 그래서 나는 그 결과들을 감수하면서 살아간다. 내 논문들이 더 이상 현재가 아닌 현재 사건들에 관한 논평으로 가득 차 있는 것도 바로 그 때문이다. 그럼에도 불구하고 이 논문들이 과거에서 비롯된 것임을 알 수 있는 명백한 방식들이 있는 한편, 다른 측면에서 보면 이 논문들은 당대적이고 때로는 기이하게도 선견지명을 드러내고 있다. 우리는 여전히 1970년대 후반과 1980년대 초반에 뿌리를 둔 갈등의 소용돌이에 휘말려 있다. 포르노그래피, 성 노동, 게이 레즈비언 시민들의 시민 평등권, 트랜스섹슈얼리티, 에이즈 예방, 성적 도착, 여성의 역할, 아동의 섹슈얼리티와 같은 쟁점들에 관한 정치적 대화와 사회적 관심의 많은 부분이 그 당시에 구성되고 그 이후로 다듬어졌던 틀 안에서 일어나고 있기 때문이다.

2009년 3월 프랭크 리치Frank Rich는 《뉴욕타임스》 칼럼에서 "미국인들은 클린턴과 부시 시절 풍선처럼 부풀어 올랐던, 참견하면서 편 가르고 분열적인 비난을 점점 더 견딜 수 없게 되었다. 문화 전쟁은 이 나라, 즉 공화당G.O.P: Grand Old Party까지 포함된 이 나라에서는 더 이상 가능하지 않은 사치이다"라고 공언했다. 그는 또한 "행정부가 '묻지도 말고 말하지도 말라'를 뭉그적거리면서 미지근하게 끝내게 되었을 때, 이 조치는 … 호통과 격렬한 분노 대신 따분한 하품과 마주치게 될 것이다"라며, 더 나아가 "이 힘든 시절에 이전의 도덕적 '다수파'는 그 어느 때보다 소수파로 축소되고 있고 … 심지어 오래된 외설에 관한 전쟁마저 잠잠해졌다"[76]고 했다. 불행하게도 문화 전쟁의 죽음에 대한 공언은 너무 시기상조였다. 리치의 칼럼이 나오고 2년 후, 문화 전쟁은 그것이 완전히 소멸되지 않았음을 보여주려는 듯 격렬하게 재연되었다. 사회적 보수주의자들은 오바마 정부의 법무부에 압력을 가해 점점 더 공격적으로 포르노그래피의 기소에 박차를 가하고 있었다. 낙태권은 '로 대 웨이드Roe vs. Wade 판례' 이후 최대 공격 대상이 되어왔다. 동성결혼에 대한 전쟁은 심화되고 있다. 리치의 말을 신용한다면, 초기 칼럼에서 그는 게이 시민운동이 그 밖의 모든 장밋빛 예측 가운데 하나의 예외라는 점에 주목했다. 또한 그는 칼 로브Karl Rove와 조지 W. 부시의 소송을 보면서 "호모포비아를 선동적으로 이용하는 확고한 유산이 이어질 것이다. 그런 지행 지표 lagging indicator는 차치하더라도 그 밖에 거의 모든 결과로 보건대 우파들만이 누구도 원치 않는 전쟁, 즉 예전에 왕성했던 문화 전쟁을 계속하고 싶어 하는 것처럼 보인다"[77]라고 논평했다. 리치는 낙태권에 관해서 특히 낙관적이었다.

하원에서 낙태에 대한 훨씬 더 엄격한 연방 캠페인에 착수하기 위한 디딤돌로서 건강보호법Affordable Heath Care Act을 이용하기 이전에, 반낙태 세력은 주로 의료 절차를 위한 의료보험 보장 범위에 관해 새롭게 혁신된 제약을 통해 그렇게 하고자 했다. 2010년 중간선거에서 공화당은 21개 주에서 압승했으며, 그 밖의 여러 주에서 전대미문의 낙태 규제 법안을 제안하거나 통과시켰다.[78] 이 법안은 또한 여성들에게 의학적으로 불필요한 초음파 검사를 받도록 하고 '상담'을 강제적으로 의무화하도록 하는 조항을 포함시켰다. 그런 상담은 정부가 규정한 반낙태 조항을 의사가 환자에게 읽어주도록 요구하고 있으며, 법적으로 허용될 수 있는 낙태 기간을 단축시키고, 낙태 클리닉이 법규를 준수하는 것이 힘들거나 불가능하도록 과도한 건축법적 규제를 부과하는 방안을 새롭게 제도화했다. 17세 이하인 소녀와 그녀의 부모들에게 서명을 공증하도록 강제하는 요구조항은 미성년자 낙태 시 부모에게 통지를 금하는 조항의 빗장을 풀었다. 다른 전술들로는 낙태에 대한 사적인 보험 보장 범위의 제한, 특히 '치명적 고통'으로부터 태아를 보호하려는 공공연한 법, 수정되는 즉시 난자를 법적인 인간으로 규정하는 제안과 같은 새로운 금지나 제한이 포함되었다.

연방정부와 주정부가 공동으로 가족계획을 위한 모금을 공격하기 시작했다. 가족계획에 대한 재정 원조 철회가 낙태 서비스보다 훨씬 더 많아지게 될 것이며 그렇게 되면 가족계획 기관이 제공해주는 정기적인 건강 간호의 많은 부분이 사라지게 될 것이다.[79] 이런 것들은 오로지 입법적인 작전들이다. 이따금씩 낙태 서비스를 제공한 의사가 살해되는가 하면, 낙태 제공자들과 그들의 가족은 폭력적인 위협과 괴롭힘을 당해 왔다. 수많은 반낙태 활동가들 또한 합법적인 피임을 반대한다. 그들은 '로 대 웨이드 판례'를 단지 철회시키는 수준에서 끝내고 싶어 하지 않는다. 그들은 '그리스월드 대 코네티컷 Griswold vs. Connecticut 판례'까지도 완전히 뒤엎고 싶어 한다.

문화 전쟁에서 휴전이라고 주장하는 성가신 '지행 지표'가 있다. 게이 권리가 그것이다. 결혼은 재분배 혜택, 시민권, 사회적인 특권의 탁월한 범위를 분배하는 도관이다.[80] 동성결혼(심지어 자국 내 시민 결합과 유사 결혼 같은)을 금지하는 것의 효과는 실질적이고 현실적이다. 세금 환급 서류 제출과 같은 정기적인 일을 실행할 때, 다른 시민들에게는 허용되는 파트너를 위한 이주 같은 특권과 권리를 배제하는 막강한 장벽이 드러남으로써, 몰수세 confiscatory taxation, 의료와 간호 비용, 관료주의적 비가시화, 카프카 식 드라마가 진행된다.[81]

동성결혼에 대한 수사법은 대부분 종교적이지만, 동성결혼을 금지한다고 하여 목사가 그것을 허용한 종파에서 종교적 의식을 주관하는 것까지 막지는 않는다. 또한 법적 게이 결혼이 그것을 금지한 종파에 그런 결혼 종교 예식을 요구하지도 않는다.[82] 자기 종파 성직자들의 행동을 두고 특정한 종교 안에서는 내분이 발생하기도 했다. 하지만 그런 내분은 종교 조직 내부의 문제이다. 게이 결혼의 합법성을 두고 벌어진 논쟁은 전적으로 법적인 혼인신고에 관한 문제이다. 동성결혼 금지는 주정부들이 (혹은 연방정부가) 모든 결혼에 동등한 시민권 위상을 부여하지 못하도록 만든다. 규모는 다르지만 동성결혼 금지는 어떤 점에서는 남부 아동들에게 인종차별적인 규칙을 가르친 것과 유사하다. 인종 체계는 더 체계적이고 사회의 모세혈관까지 좀 더 확실하게 퍼져 있기는 했지만, 인종차별과 동성결혼 차별은 사회적 풍경, 활동, 사건, 일상생활 제도에 이르기까지 관통하고 있다. 미국에서 여론은 서서히 게이 시민들의 평등권에 우호적인 방향으로 흘러가고 있는 반면, 우호적인 흐름을 감소시키고 싶어 하는, 자금이 풍부하고 헌신적인 선거구민들이 있다. 동성 시민 간의 결혼에 반대하고 있는 많은 개인과 기관은 동성애에 대한 범죄적 처벌을 부활시키려고 애쓰고 있다.

성은 정말로 중요한 정치적 이슈에 비해 주변적인 것으로 치부된다. 권력과 전쟁, 생산관계, 부와 지위와 같은 오래된 의미에서의 사회적 계층화 같은 문제들에 비해, 섹스는 부차적인 것으로 상상하기 쉽다. 하지만 나는 섹스, 젠더, 낙인, 공포가 여전히 두드러지고 있다는 점에 끊임없이 놀라게 된다. 이런 현상 중 상당 부분은 그야말로 기회주의적이다. 부시 행정부는 광란의 호모포비아를 증폭시키면서 수많은 인구-저임금, 중산층, 심지어 중하층 부자-가 가진 방대한 자산이 극소수 부자들에게 이전되게끔 통솔하고 있었다. 실제로 지난 30년 동안 가장 뚜렷한 정치적, 사회적 현상 중 하나는 아마도 인류 역사상 최대의 부가 이전되었다는 사실이다.[83]

인류 역사는 약탈로 가득 차 있으며 통상적으로 그것은 공공연한 수단과 위협 혹은 치명적인 힘을 행사함으로써 대부분 성취되었다. 정복 군대는 패배한 적의 부를 그야말로 약탈했다. 제국, 왕국, 봉건 국가들은 지배 엘리트들이 다스리는 신민들로부터 조공과 보물을 빼앗아 갈 수 있는 기제였다. 하지만 민주주의 국가에서 소수의 이익을 위해 다수의 부를 빼앗아 갈 수 있는 방법은 다수에게 자신들의 이익에 상반되는 방식으로 투표하도록 설득하는 것이다. 과거 몇십 년 동안 인종과 성은 사람들이 자신의 이익에 상반되는 투표를 하도록 하는 특히 믿음직한 수단이었다. 게이 시민 결혼의 '위협'은 되풀이하여 효과적으로 투표권자들에게 먹히는 확실한 수단이었으며, 이들 투표권자들이 엄청난 비참과 가난, 불충분한 의료 혜택을 가져다줄 정치가들을 위해 투표하게끔 동원되는 가장 효과적인 전술이었다. 성적인 불안을 조종하는 것은 체계적으로 부를 뽑아내는 과정에 필요한 강력한 도구로 유지되고 있다. 그것은 문화적으로 구미에 맞고 정치적으로 성공이 확실히 보장된 장치이다.[84]

하지만 나는 섹슈얼리티의 정치가 아무리 효과적인 것으로 밝혀졌다 할지라도, 그것이 편의 하나만을 위한 것이라고 생각하지는 않는다. 도덕과 가치를 사이에 둔 강력한 사회적 갈등에 진정한 물질적, 문화적, 정서적 이해관계가 관건이다. 내 작업의 상당 부분은 그 점을 드러내고 그 점이 왜 그토록 문제가 되는지를 이해하는 데 할애되었다.

소도미는 (거의) 탈범죄화되었다. 이성애 배우자에게 주는 혜택과
는 달리, 게이 파트너에게 돌아가는 혜택을 수입으로 간주하여 과세하
고 그로 인해 혜택이 훨씬 줄어들기는 했지만, 어쨌거나 일부 게이 파트
너들은 혜택을 볼 수 있게 되었다. 게이 연구는 (어느 정도) 주요 대학에서
제도화되고 있으며 게이 연구를 수행하는 것이 더 이상 경력상의 자살
행위는 아닌 것이 되고 있다. 하지만 결혼보호법Defense of Marriage Act은 동
성 부부와 동성 가족에게 합법화된 차별을 요구한다. 게이 시민 결혼은
대다수 주에서 불법이며, 그런 불법성은 심지어 10년 전보다 더욱 더 체
계적으로 성문화되고 있다. 우리는 아이들에게 섹스는 위험하다고 가르
치는 데 엄청난 돈을 쏟아 부으면서 그들에게 콘돔의 사용보다 그런 섹
스의 위험성에 대한 경고가 임신과 성병으로부터 그들을 보호해줄 것이
라고 말한다. 우간다는 다른 무엇보다도 동성애자에게 사형을 강제하는
법안을 제출함으로써 뉴스에 등장했다. 미국에서도 동성애자에게 사형
을 구형하도록 요구하는 목소리가 있다. 하지만 (아직까지) 누구도 그런
취지의 입법화를 도입하려는 사람은 없다.

나는 장차 언젠가는 섹스가 정말로 주변적인 것이 되었으면 한다.

1장

여성 거래

성의 '정치경제'에 관한 노트

1장은 원래 레이나 라이터(Rayna Reiter)가 편집한 『여성주의 인류학을 위하여 (Toward an Anthropology of Women)』(New York: Monthly Review Press, 1975, pp. 157~210)에 수록되었다. 여기 실린 판본은 Karen Hansen and Ilene Philopson (eds.), 『여성, 계급, 그리고 페미니즘 상상력(Women, Class, and the Feminist Imagination)』(Philadelphia: Temple, 1990, pp. 74~113)에 실린 것이다.

페미니즘 문헌이든 반反페미니즘 문헌이든, 여성에 관한 문헌은 여성의 억압과 여성의 사회적 종속의 성격과 기원에 관해 질문하는 기나긴 심사숙고 과정이다. 이 질문은 결코 사소한 것이 아니다. 왜냐하면 이 질문에 대한 대답은 미래에 대한 우리의 비전과 성 평등 사회에 대한 희망이 현실적인지 아닌지를 평가하는 데 필요한 우리의 결정이 걸린 문제이기 때문이다. 여성 억압의 원인 분석은 젠더 위계gender hierarchy가 없는 성 평등 사회에 도달하려면 정확히 무엇이 변화되어야 할 것인지에 대한 모든 평가의 기반이 된다는 점에서 더욱더 중요하다. 따라서 만약 남성의 선천적인 공격성과 우월성dominance이 여성 억압의 근원이라고 한다면, 페미니즘 기획은 이처럼 공격적 성offending sex을 없애버리거나 교정하려면 우생학적 처리가 필요하다는 논리적 귀결에 이를 것이다. 만약 성차별주의가 자본주의의 무자비한 이윤 추구 욕망의 부산물이라고 한다면, 성차별주의는 성공적인 사회주의 혁명이 도래하면 자연히 소멸할 것이다. 만약 여성의 세계사적 패배가 무장한 가부장적 반란 때문에 일어났던 것이라면, 아마존 게릴라들은 애디론댁 산맥으로 들어가 당장 훈련을 시작해야 할 것이다.

성적 불평등의 기원에 관해 『제국주의 동물The Imperial Animal』의 사례가 보여주는 대중적인 진화 이론들, 선사시대 가모장제의 몰락에 대한 추정, 혹은 모든 사회적 종속 현상을 『자본』 1권'에서 끄집어내려는 시도 등과 같은, 최근에 등장한 여러 가지 인기 있는 설명을 일목요연하게 비판하는 것은 이 글의 범위를 벗어난다. 그 대신 나는 그런 문제에 관한 대안적 설명의 하나로 몇몇 요소를 개괄하고자 한다.

마르크스는 한때 이렇게 물은 적이 있었다. "니그로 노예란 무엇인가? 흑인종 인간이다. 앞선 질문은 뒤의 설명과 매한가지이다. 다시 말해 '니그로는 니그로다'의 동어반복이다. 니그로는 특정한 관계 속에서만 노예가 될 뿐이다. 목화 다축 방적기는 목화를 방적하는 데 필요한 기계이다. 그것은 특정한 관계 속에서만 비로소 **자본**이 된다. 금은 그 자체로 돈이 아니고 설탕은 그 자체로 설탕의 가격이 아닌 것과 마찬가지로, 이러한 관계로부터 떨어져 나오면 그것은 더 이상 자본이 아니다."[2] 이는 다음과 같이 부연 설명할 수 있을 것이다. 순치된domesticated 여성이란 무엇인가? 인간 종 여성이다. 앞선 질문은 뒤의 설명이나 매한가지이다. 여성은 여성이다의 동어반복이다. 그녀는 특정한 관계 속에서만 하인, 아내, 재산, 플레이보이 바니걸, 매춘부, 또는 인간 속기록 기계가 될 뿐이다. 금이 그 자체로 돈이 아닌 것과 마찬가지로, 그 밖의 기타 등등 자체가 돈이 아닌 것과 마찬가지로, 이러한 관계로부터 떨어져 나오면 그녀는 더 이상 남성의 조력자가 아니다. 그렇다면 어떤 관계가 생물학적인 여자female를 억압받는 여성woman이 되도록 만드는 것일까?

여성들이 남성들의 사냥감이 되도록 만든 관계 체계를 해명하는 출발점은 클로드 레비스트로스와 지그문트 프로이트의 중첩된 작업들 속에서 찾을 수 있다. 두 사람 모두 여성의 순치domestication를 각기 다른 어휘로 자신의 저작에서 길게 다루고 있다. 이들의 저작을 읽어보면 생물학적 여자females를 원자재로 하여 순치된 여성women이라는 생산물을 형성해내는 체계적인 사회적 장치들을 파악해낼 수 있다. 프로이트 혹은 레비스트로스 두 사람 중 누구도 자신의 작업을 이런 관점에서 보지는 않았지만, 둘 다 자신들이 기술한 과정을 비판적 시각으로 보지 않았다는 점 또한 분명하다. 따라서 그들의 분석과 설명들은 마르크스가 그에 앞서 존재했던 고전 정치경제학자들을 읽어냈던 것과 같은 방식으로 독해되어야 한다.[3] 프로이트와 레비스트로스는 어떤 면에서 보자면 리카도와 애덤 스미스와 흡사하다. 그들은 자신이 말하고 있는 것의 함축적 의미나 혹은 페미니즘 관점에서 볼 때 그들의 작업이 초래할 잠재적 비판을 간파하지 못한다. 그럼에도 불구하고 그들은 여성, 성적 소수자, 각 개인의 개성이 보여주는 특정한 측면에 가해진 억압이 자리한 사회적 삶을 일정 부분 설명해주는 개념적 도구를 제공해준다. 더 적확한 용어가 없기 때문에 나는 그런 사회적 삶의 일정 부분을 '섹스/젠더 체계'라고 부르고자 한다. 예비적 정의에 따르면, '섹스/젠더 체계'는 한 사회가 생물학적 섹슈얼리티를 인간 행위의 산물로 변형시키고, 그와 같이 변형된 성적 욕구needs를 충족시키는 일련의 제도이다.

이 글의 목적은 레비스트로스와 프로이트를 대단히 독특한 **주해** 방식으로 읽어냄으로써 섹스/젠더 체계에 대한 좀 더 충분히 발전된 정의에 도달하려는 것이다. 나는 **주해**라는 단어를 의도적으로 사용했다. **주해** exegesis의 사전적 정의는 "비판적 설명 또는 분석, 특히 성서에 대한 해석"이다. 레비스트로스와 프로이트에 대한 나의 독해는, 텍스트의 명시적 내용에서부터 종종 그것이 함축하는 가정과 함의로 대담하게 나아가는 주해적인 독해가 될 것이다. 특정한 정신분석학적 텍스트들에 대한 나의 독해는 자크 라캉의 관점으로 보고자 하는데, 프로이트적 경전들에 대한 라캉 자신의 해석은 레비스트로스에게 깊은 영향을 받았다.[4]

　나는 나중에 섹스/젠더 체계에 대한 상세한 정의로 되돌아갈 것이다. 하지만 우선 고전 마르크스주의가 성 억압sex oppression을 충분히 표현하거나 개념화하는 데 실패했다는 점을 논의함으로써 그런 개념의 필요성을 주장하고자 한다. 그와 같은 실패는 사회적 삶에 대한 이론으로서 마르크스주의가 성sex에 관해서는 비교적 무관심하다는 사실에서 비롯된다. 마르크스의 사회적 지도 속에서 인간은 노동자, 소작농, 혹은 자본가일 따름이다. 그들이 또한 남성과 여성이기도 하다는 점은 중요치 않다. 반면 프로이트와 레비스트로스가 그려낸 사회적 현실의 지도에는 사회에서 섹슈얼리티가 차지하는 위치와 남녀의 사회적 경험 사이에 존재하는 심각한 차이에 관한 심오한 인식이 존재한다.

마르크스

　계급 억압에 대한 마르크스주의의 이론적 설명력과 맞먹을 정도로 여성 억압 – 역사 전반에 걸쳐, 문화를 통틀어, 끝없는 다양성과 단조로운 유사성을 보여준다는 점에서 – 을 설명해주는 이론은 없다. 따라서 여성 문제에 마르크스주의적 분석을 적용해보려는 수많은 시도가 있었다는 것은 놀랍지 않다. 그런 시도는 다양한 방식으로 이루어져왔다. 여성은 자본주의를 위한 예비 노동력이다. 여성의 임금은 대체로 낮기 때문에 자본가들에게 여분의 잉여를 가져다준다. 여성은 가족 소비의 관리자 역할을 함으로써 자본주의적 소비주의의 목표에 봉사한다는 주장들이 있었다. 하지만 많은 논문은 이보다 훨씬 더 야심에 찬 도전을 시도해왔다. 말하자면 가사 노동과 노동의 재생산 사이의 관계에 주목함으로써 여성 억압을 자본주의 역학의 핵심에 위치시키려고 했던 것이다.[5] 이는 노동으로부터 잉여가치를 착취함으로써 자본이 형성되는 과정, 즉 자본주의의 정의 속에 여성을 확실히 자리매김한다.

간단히 말하자면 마르크스는 자본주의가 그것의 독특한 목표로 인해 다른 모든 생산양식과 구분된다고 주장했다. 그 목표란 자본의 창출 및 확장이다. 여타 생산양식들의 목표는 인간의 욕구를 충족시키기 위해 유용한 물건을 생산하거나, 지배 세력인 귀족 계급을 위해 잉여를 생산하거나, 혹은 신들의 신전을 위해 충분한 희생 제물을 생산하는 것이었다. 이에 비해 자본주의는 자본을 생산한다. 자본주의는 돈, 사물, 사람들을 자본의 형태 – 재산과 소유의 형태 등등 – 로 바꾸어내는 일련의 사회관계들이다. 자본은 노동과 교환되었을 때, 그로부터 무임금 노동 혹은 잉여가치를 추출함으로써 자신을 재생산하고 증대시키는 재화 또는 화폐의 양이다. "자본주의적 생산과정의 결과는 단순한 생산(사용가치)도 아니고, 교환가치를 지닌 사용가치, 즉 **상품**도 아니다. 그것이 산출해낸 결과로서 자본을 위한 **잉여가치**가 창출되는 것이며, 그리하여 마침내 화폐 또는 상품이 자본으로 **변형**되는 것이다."[6]

잉여가치를 생산하는, 따라서 자본을 생산하는 자본과 노동의 교환은 대단히 독특한 것이다. 노동자는 임금을 얻는다. 반면 자본가는 노동자가 고용된 시간 동안 만들어낸 것들을 얻는다. 만약 노동자가 만들어낸 것들의 총가치가 그/녀의 임금의 가치를 초과한다면, 자본주의의 목표는 달성된 것이다. 자본가는 임금 비용에 이익을 더한 것, 즉 잉여가치를 얻는다. 이것은 임금이 노동자가 만들어낸 가치에 의해 결정되는 것이 아니라 노동자가 자신을 유지하는 데-즉 그/녀를 매일매일 재생산하고, 한 세대에서 다음 세대로 이어져 내려가면서 전체 노동력을 재생산하는 데-필요한 가치에 의해 결정되기 때문이다. 따라서 잉여가치는 노동계급 전체가 생산해낸 것과 노동계급을 유지하는 데 재활용되는 총량의 차이다.

> 노동력과 교환된 자본은 생활필수품으로 환산되며, 그것을 소비함으로써 현재 노동자들의 근육, 신경, 뼈, 뇌가 재생산되고 새로운 노동자들이 태어난다. … 노동자 개인의 소비는 그것이 작업장 안에서 이루어지든, 바깥에서 이루어지든, 생산과정의 일부이든, 그렇지 않든 간에, 결과적으로 자본의 생산 및 재생산에 필요한 요소를 형성한다. 청소 기계가 그렇게 하듯이 말이다.[7]

> 어떤 개인이 있을 때, 노동력의 생산은 곧 그가 자신을 재생산하거나 유지하는 데 있다. 자신을 유지하기 위해 그는 일정량의 생존 수단을 필요로 한다. … 노동력은 노동과정을 통해서만 자신을 작동시킨다. 그러나 또한 그러한 이유로 한정된 양의 인간 근육, 뇌, 신경 등이 소비되며, 그런 것들은 회복되어야 한다.[8]

노동력의 재생산과 그것이 만들어낸 산물 사이에 초래된 차이의 총량은 노동력을 재생산하는 데 소요된 것을 측정함으로써 결정된다. 마르크스는 그러한 측정을 한 노동자의 건강, 생활, 힘을 유지하는 데 필요한 상품들 - 음식, 옷, 주거, 연료 - 의 양에 근거하여 결정하는 경향이 있다. 하지만 그런 상품들은 건강을 유지하기에 앞서 소비되어야 한다. 그런 상품은 임금으로 구매되었을 때 즉시 소비 가능한 형태가 아니다. 그것들은 인간의 형태로 재생산되기 이전에 반드시 부가적인 노동을 요구한다. 음식은 요리해야 하고, 옷은 빨아야 하고, 침대는 정리해야 하고, 땔감은 패야 한다. 따라서 가사 노동은 잉여가치가 추출되는 노동자의 재생산 과정에 핵심적 요소이다. 가사 노동은 주로 여성들이 담당하기 때문에, 여성들이 자본주의에 있어서 필수불가결한 잉여가치 관계 속으로 접합되는 것은 노동의 재생산을 통해서라고들 한다.[9] 한 걸음 더 나아가, 가사 노동은 무보수 노동이기 때문에 여성들이 집에서 하는 노동은 자본가에 의해 실현되는 잉여가치의 총량에 이바지한다고도 한다. 하지만 여성들이 자본주의에 유용하다는 설명은 단지 하나의 설명에 지나지 않는다. 그런 유용성이 여성 억압의 기원을 설명해준다는 주장은 전혀 별개의 문제이다. 자본주의에 대한 분석이 여성과 여성 억압에 대해 별다른 설명을 제공해주지 못하는 것은 바로 이 지점부터이다.

도무지 자본주의라고 말할 수 없는 사회에서조차 여성들은 억압받고 있다. 아마존 계곡과 뉴기니 산악 지역에서도 평소 남성들이 보여주는 위협 기제만으로는 충분치 않다고 느껴질 때면, 남성들은 여성들을 집단 강간함으로써 여성들에게 제자리가 어딘지 알도록 해준다. 한 문두루쿠족Mundurucu 남자는 "우리는 바나나로 여성들을 길들인다"고 말했다.[10] 민족지학적 기록에 따르면, 여성들을 '제자리'에 머물도록 하는 데 효과적인 관행들은 사방에 널려 있다. 남성들의 의식, 비밀스러운 성인식, 불가사의한 남성 지식 등이 그런 관행들이다. 또한 자본주의 이전의 봉건적인 유럽도 성차별주의가 존재하지 않았던 사회라고 보기 어렵다. 자본주의는 몇 세기에 걸쳐서 전해 내려온 남성과 여성에 대한 관념을 물려받고 재조직해왔다. 자본주의에서 노동력 재생산에 대한 어떠한 분석도, 다양한 시공간에서 여성들에게 가했던 더 일상적인 억압은 말할 것도 없거니와 전족, 정조대 또는 비잔틴의 믿기 힘든 장치들, 물신화된 모멸 등 어느 것 하나 제대로 설명해주지 못한다. 노동력 재생산에 대한 분석은 집안에서 가사 노동을 하는 사람이 남성이 아니라 왜 여성인지조차 설명해주지 못한다.

이러한 관점에서 볼 때, 노동력 재생산에 대한 마르크스의 논의로 되돌아가는 것은 흥미롭다. 노동자를 재생산하는 데 필요한 것들은 부분적으로는 인간 유기체의 생물학적 필요에 의해, 그들이 살아가는 장소의 물리적 조건에 의해, 문화적 전통에 의해 결정된다. 마르크스는 맥주가 영국 노동계급의 재생산에 필수적이라면 와인은 프랑스 노동계급의 재생산에 필수적이라고 보았다.

> 그(노동자)에게 소위 필수불가결한 생활필수품의 양과 범위, 그리고 그것을 충족시키는 양식들은 그 자체가 역사적 발전의 산물이다. 따라서 그것은 한 나라의 문명화 정도에, 보다 특수하게는 자유로운 노동자 계급이 형성되어온 조건들과 관습 및 안락함의 정도에 크게 의존한다. 따라서 다른 재화들의 경우와는 달리, 노동력의 가치를 결정하는 데에는 역사적이고 도덕적인 요소들이 개입하게 된다.[11]

'아내'가 노동자의 생필품 중 하나인 것, 남성이 아니라 여성이 가사 노동을 하는 것, 자본주의는 여성들이 대를 잇지 않고 여성들이 지도하지 않으며 여성들이 신과 대화하지 않는 기나긴 전통의 상속자라는 점을 결정하는 것은, 다름 아닌 이런 '역사적이고 도덕적인 요소'이다. 자본주의에서 남성성·여성성의 형태로 문화적 유산을 부여했던 것 또한 이러한 '역사적이고 도덕적인 요소'이다. 섹스, 섹슈얼리티, 성적 억압의 전체 영역은 이 '역사적이고 도덕적인 요소'에 포함되어 있다. 마르크스의 간결한 논평은 이러한 요소들이 차지하고 있는, 그러나 여전히 검토되지 않은 채 남아 있는 사회적 삶의 광범위한 영역을 더욱 강조할 따름이다. 이런 '역사적이고 도덕적인 요소'를 분석에 포함할 때라야 비로소 성적 억압 구조의 윤곽을 드러낼 수 있다.

엥겔스

엥겔스는 『가족, 사유재산, 국가의 기원』(이하 『기원』)에서 성 억압을 자본주의가 이전의 사회 형태로부터 물려받은 유산의 일부로 간주한다. 그뿐 아니라 엥겔스는 섹스와 섹슈얼리티를 자신의 사회 이론 속에 통합시킨다. 『기원』은 실망스러운 저작이다. 결혼과 가족의 역사에 대해 『기원』은 19세기 책들과 마찬가지로 이론을 되풀이하는바, 최근 인류학 분야의 발전에 친숙한 독자들이라면 이 책에 등장하는 증거의 양상이 더 고루하게 느껴질 것이다. 그럼에도 불구하고 이 저작은 이러한 한계로 인해 간과해서는 안 될 상당한 통찰을 담고 있다. '섹슈얼리티 관계'는 '생산관계'와 구별될 수 있고, 구별되어야 한다는 엥겔스의 통찰은 주목할 만하다.

유물론적 개념에 따르면, 역사에서 최종 심급에서의 결정적 요소는 직접적인 생존의 생산과 재생산이다. 이것은 다시 두 가지 성격을 지닌다. 하나는 생존수단의 생산, 즉 음식, 옷, 주거, 그리고 그런 생산에 필요한 수단의 생산이고, 다른 하나는 인간 그 자신의 생산, 즉 종의 번식이다. 특정한 역사적 시기에 특정한 나라에 사는 사람들이 살아가는 사회구조는 이 두 종류의 생산 모두에 의해, 말하자면 한편으로는 노동의 발전 단계에 의해, 다른 한편으로는 가족의 발전 단계에 의해 결정된다.[12]

이 구절은 중요한 인식을 보여준다. 다시 말해, 인간 집단은 옷, 음식, 온기 자체를 얻기 위해 자연 세계를 재조직하는 데 필요한 노동을 투여하는 것 이상으로 무언가를 더 해야만 한다는 인식이 그것이다. 자연 세계의 요소들을 인간의 소비 대상으로 변형시키는 체계를 우리는 흔히 '경제'라고 부른다. 하지만 마르크스주의적 의미에서 볼 때, 가장 부유한 사회에서 경제적 행위로 인해 충족되는 욕구마저 인간의 근원적인 필요들을 전부 충족시켜주지 못한다. 인간 집단은 또한 세대에서 세대로 후손을 재생산해야 한다. 섹슈얼리티와 출산에 대한 욕구들 또한 식욕만큼이나 충족되어야 한다. 인류학적 자료를 근거로 하는 가장 분명한 추론에 따르면, 이런 욕구들이 '자연적' 형태 그 자체로 충족되기란 거의 불가능하며, 음식에 대한 욕구는 욕구 그 이상이다. 배고픔은 배고픔이다. 하지만 어떤 것이 음식으로 간주되는 것은 문화적으로 결정되고 획득되는 것이다. 모든 사회는 일정한 형태로 조직된 경제적 행위를 내포하고 있다. 섹스는 섹스다. 하지만 무엇이 섹스로 간주되는가는 음식과 마찬가지로 문화적으로 결정되고 획득되는 것이다. 모든 사회는 섹스/젠더 체계도 가지고 있다. 섹스/젠더 체계는 인간의 섹스와 출산이라는 생물학적인 원자재가 인간의 사회적 개입으로 빚어지고, 아무리 기괴한 관습일지라도 그런 관습적인 방식으로 충족되는 일련의 제도들이다.[13]

인간의 섹스, 젠더, 생식의 영역은 수천 년 동안 가차 없는 사회적 행위에 속했으며 그로 인해 변화되었다. 우리가 알고 있는 그런 섹스-젠더 정체성, 성적 욕망과 환상, 아동기의 개념 - 는 그 자체가 하나의 사회적 산물이다. 우리는 그것을 생산하는 관계들을 이해할 필요가 있으며, 음식, 옷, 자동차, 트랜지스터 라디오에 대해서는 잠시 잊도록 하자. 대부분의 마르크스주의 전통과 심지어 엥겔스 저작에서조차, '물질적 삶의 두 번째 측면'이라는 개념은 배경 속으로 사라지거나 '물질적 생활'이라는 통상적인 관념 속에 통합되어버리는 경향이 있다. 엥겔스의 제안은 지속적으로 연구된 적이 없으며 그것에 필요한 정교화도 이루어지지 않았다. 하지만 그는 내가 섹스/젠더 체계라고 부르고자 하는 사회적 생활 영역의 존재와 중요성을 보여주었다.

섹스/젠더 체계를 지칭하는 여러 가지 다른 이름이 제시되어왔다. 그중 가장 널리 알려진 이름이 '재생산 양식'과 '가부장제'이다. 이런 용어에 대해 옥신각신하는 것은 멍청한 짓이기는 하지만, 이 두 용어는 혼란을 초래할 수도 있다. 이 세 가지 제안 모두 '경제적' 체계와 '성적' 체계 사이의 구분을 도입하기 위해, 그리고 성적 체계들이 일정한 자율성을 가지고 있으며 경제적 힘만으로는 반드시 설명될 수 없다는 사실을 지적하기 위해 만들어졌다. 가령 '재생산 양식'은 더 친숙한 '생산양식'

에 대비하여 제안된 것이었다. 하지만 이 전문 용어에 의하면, '경제'는 생산과 연결되며 섹스 체계는 '재생산'과 연결된다. 그것은 각 체계가 지닌 풍부함을 축소한다. 왜냐하면 '생산'과 '재생산'은 양쪽 모두에서 이루어지기 때문이다. 모든 생산양식은 재생산 – 도구, 노동, 사회관계들의 재생산 – 을 포함한다. 우리가 사회적 재생산의 다양한 측면들을 섹스 체계 속으로 전부 몰아넣을 수는 없다. 기계의 대체는 경제 영역에서 이루어지는 재생산의 한 예이다. 다른 한편, 우리는 섹스 체계를 사회적 의미에서든 생물학적 의미에서든 '재생산'에만 제한시킬 수 없다. 섹스/젠더 체계는 '생산양식'의 단순한 재생산적 계기가 아니다. 젠더 정체성의 형성은 성적 체계의 영역 속에서 이루어지는 생산의 한 예이다. 섹스/젠더 체계는 생물학적 의미의 재생산인 '생식 관계들' 이상의 것을 내포하고 있다.

　　가부장제라는 용어는 성차별주의를 유지하는 힘들이 가령 자본주의 같은 다른 사회적 힘들과 다르다는 점을 구분하기 위해 도입되었다. 하지만 **가부장제**의 사용은 또 다른 구별들을 모호하게 만든다. 성차별주의에 대해 가부장제라는 용어를 사용하는 것은 모든 생산양식을 **자본주의** 하나로 지칭하면서 사용하는 것과 마찬가지가 되어버린다. 그와는 달리 **자본주의**라는 용어의 유용성은 각 사회가 가지고 있는 경제적 필요를 조직하고 충족시키는 서로 다른 체계들을 구별시켜준다는 바로 그 점에 있다. 모든 사회는 그 나름의 '정치경제' 체계를 가지고 있을 것이다. 그런 체계는 평등주의적이거나 아니면 사회주의적일 수도 있다. 계급에 따라 계층화되어 있을 경우, 피억압 계급은 농노, 소작농, 노예 등으로 구성될 수도 있다. 피억압 계급이 임노동자로 구성된 경우에 그 체계를

'자본주의'라고 할 수 있을 것이다. 이 용어의 파급력은 자본주의와는 다른 생산양식이 존재한다는 데 의미가 있다.

그와 마찬가지로, 모든 사회는 섹스, 젠더, 그리고 아이들과 관련된 모종의 체계적 방식들을 지니고 있을 것이다. 그런 체계는 적어도 이론상 성적으로 평등주의적이거나, 아니면 지금까지 알려진 거의 혹은 모든 사례가 그러하듯이 '젠더 계층화gender stratified'되어 있을 것이다. 하지만 우울한 역사와 대면했을 때마저도, 우리는 성적인 세계를 만들 수 있는 인간의 능력과 필요성, 성적인 세계들이 조직되고 경험되었던 억압적인 방식들 사이의 구분을 유지하는 것이 중요하다. 하지만 **가부장제**는 두 가지 의미를 하나의 용어 속에 포함시켜버린다. 다른 한편, **섹스/젠더 체계**는 그 영역을 지칭하는 중립적인 용어이며, 그 영역에서 억압이 불가피한 것이 아니라 오히려 그것을 조직하는 특정한 사회관계들의 산물임을 보여준다.

마지막으로, 가부장적이라는 말로는 적절히 묘사될 수 없는 젠더 계층화 체계들이 존재한다. 뉴기니 사회는 많은 경우에 여성들에게 지독히 억압적이다.[14] 그러나 이러한 집단에서 남성들의 권력은 아버지 또는 가부장으로 해야 할 역할에서 비롯하는 것이 아니라, 밀교 의식, 남성의 집, 전쟁, 교환망, 제의에 관한 지식, 다양한 통과의례 절차 등으로 구현되는 집단적 성인 남성성에서 연유하는 것이다. 가부장제는 남성 지배의 한 형태이며, 따라서 그 용어의 사용은 그것이 원래 지칭했던 성적과 성직의 권위, 그 용어가 유용하게 기술하고 있는 구약성서에 등장하는 유목민들이나 그와 정치적 구조가 흡사한 집단에 한정되어야 한다. 아브라함은 가부장이었다. 아내들, 자녀들, 가축 떼, 하인들에 대한 절대적인 권력을 가진 나이 든 남성은 그가 살았던 사회집단에서 정의된 것처럼 부권 제도의 한 측면이었다.

어떤 용어를 사용하든, 중요한 것은 섹슈얼리티의 사회적 조직과 섹스 및 젠더 관습conventions의 재생산을 적절히 기술할 수 있는 개념들을 발전시키는 것이다. 우리는 엥겔스가 여성의 종속을 생산양식 안에서의 발전과정에 위치시키는 순간 포기해버렸던 기획을 계속 추진할 필요가 있다.[15] 이를 위해 우리는 엥겔스의 결론이 아니라 그의 방법론을 모델로 삼을 수 있다. 엥겔스는 친족 체계에 대한 이론을 검토하면서 '물질적 생활의 두 번째 측면'을 분석하는 작업에 착수했다. 친족 체계는 많을 뿐 아니라 많은 것을 행한다. 하지만 친족 체계는 사회적으로 조직된 섹슈얼리티의 구체적 형태들로 이루어져 있고 그것을 또한 재생산한다. 친족 체계는 섹스/젠더 체계를 관찰하고 경험할 수 있는 형태들이다.

친족: 유인원에서 '인간'으로 이행하는 과정에서 섹슈얼리티가 담당했던 역할

인류학자에게 친족 체계는 단순히 생물학적 친족 목록의 나열이 아니다. 친족 체계는 유전적 관계와 실제로는 종종 모순되는 범주들과 지위들의 체계이다. 사회적으로 정의된 친족 지위들이 생물학을 제치고 우선권을 갖는 수많은 예가 존재한다. '여성 결혼woman marriage'이라는 누어족Nuer 관습이 이에 해당한다. 누어족은 자식을 낳는 대가로 신부한테 신부대brideweath인 소를 주는 사람에게 부권의 지위를 부여했다. 따라서 여성이라도 신부대를 지불하면 다른 여성과 결혼할 수 있으며, 아내의 남편이자, 그녀가 정자 제공자가 아님에도 아이들의 아버지가 될 수 있다.

국가 형성 이전 사회에서 친족이란 성적 행위뿐 아니라 경제적, 정치적, 의례적 행위까지도 조직하는 사회적 상호작용이라는 상용어idiom이다. 다른 사람에 대한 한 사람의 의무, 책임, 특권은 친족 상호 간에 연대감이 있느냐 없느냐 하는 관점으로 정의된다. 재화와 용역의 교환, 생산과 분배, 적대와 연대, 종교의식과 사회의식, 이 모두는 친족이라는 유기적 구조 속에서 이루어진다. 친족의 편재성과 적용 유용성으로 인해, 많은 인류학자는 언어의 발명과 더불어 친족의 발명이 반非인류와 인류를 나누는 결정적 발전이라고 간주해왔다.[16]

친족이 중요하다는 생각은 인류학 내에서 최고의 원칙이라는 지위를 누리고 있지만, 다른 한편 친족 체계의 내적 작동은 오랫동안 격렬한 논쟁의 초점이 되어왔다. 친족 체계들은 문화에 따라 엄청나게 다르다. 그중에는 결혼하거나 결혼하지 않은 사람을 지배하는 온갖 종류의 당황스러운 규칙들이 포함되어 있다. 친족의 복잡한 내적 체계는 어지러울 정도로 현란하다. 친족 체계들은 몇십 년 동안 인류학자들의 상상력을 자극해왔고, 그에 따라 근친상간 금기들, 사촌 간 결혼, 가계, 피해야 할 관계, 강요된 친밀성, 씨족과 분파, 이름에 대한 금기들, 즉 실제 친족 체계에 대한 묘사 속에서 발견되는 항목들의 다양한 배열에 대한 설명을 시도해왔다. 19세기의 몇몇 사상가는 인간의 성적 체계의 성격과 역사에 대한 포괄적인 해석을 저술하고자 했다.[17] 그중 하나가 루이스 헨리 모건Lewis Henry Morgan이 쓴 『고대사회 Ancient Society』이다. 엥겔스에게 『가족,

사유재산, 국가의 기원』을 쓰도록 영감을 주었던 바로 그 책이다. 엥겔스의 이론은 친족과 결혼에 대한 모건의 해석에 기반을 두고 있다.

친족 연구에서 성 억압 이론을 발췌하려고 했던 엥겔스의 기획을 이어나가는 데 있어, 우리는 19세기 이후 발전한 민족학의 이점을 누릴 수 있다. 우리는 또한 레비스트로스가 쓴 『친족의 기본구조The Elementary Structures of Kinship』라는 독특하고도 특별히 적절한 저서를 이용할 수 있게 되었다. 『친족의 기본구조』는 인간의 결혼을 이해하려고 했던 19세기적 기획에 대한 가장 대담한 20세기적 해석이다. 친족이 생물학적 생식이라는 사실 위에 문화적 조직을 부과한 것이라는 점을 분명히 밝힌 것이 바로 이 책이다. 이 책에는 인간 사회가 갖는 섹슈얼리티의 중요성에 대한 인식이 배어 있다. 그것은 추상적이고 성별 없는 인간 주체를 가정하지 않는, 사회에 대한 하나의 묘사이다. 오히려 레비스트로스의 저작에서 인간 주체는 항상 남성이거나 여성이며, 그렇기 때문에 양성sexes의 서로 다른 사회적 운명이 추적될 수 있다. 레비스트로스는 친족 체계의 핵심이 남성들 사이의 여성 교환에 있다고 보았기 때문에, 그는 성 억압에 대한 잠재적 이론을 구축한다. 당연히 그 책은 루이스 헨리 모건을 추모하기 위해 헌정되었다.

'하찮고도 소중한 상품' – 모니크 비티그, 『레 게리에르』

『친족의 기본구조』는 인간 사회의 기원과 성격에 대한 원대한 진술이다. 이 책은 민족지학적으로 볼 때 대략 지구의 3분의 1에 해당하는 친족 체계들에 대한 학술논문이다. 가장 근본적으로 그것은 친족의 구조적 원리들을 이해하려는 하나의 시도이다. 레비스트로스는 (『친족의 기본 구조』의 마지막 장에서 요약된) 이런 원리들을 친족 자료에 적용해보면 서구 인류학자들을 혼란스럽고 당혹스럽게 만들었던 금기 및 결혼 규칙 들의 명확한 논리가 드러난다고 주장한다. 그는 여기서 다 요약할 수 없을 정도로 복합적인 일종의 체스 게임을 구성한다. 하지만 그의 체스 말 중 두 개는 특히 여성과 연관되어 있다. '선물gift'과 근친상간 금기라는 이 두 가지 절합이 여성 교환exchange of women이라는 그의 개념에 덧붙여진다.

부분적으로 『친족의 기본 구조』는 원시 사회조직에 대한 유명한 또 하나의 이론인 모스의 『증여론』을 일부 급진적으로 해석한 것이다.[18] 모스야말로 원시 사회의 가장 주목할 만한 특징의 의미를 이론화한 사람이었다. 그는 선물을 주고받고 상호 교환하는 사회적 교류의 지배 범위를 이론화했다. 그러한 사회에서는 모든 것, 즉 음식, 주문, 종교의식, 단어, 이름, 장신구, 도구, 권력 등이 교환을 통해 순환한다. "당신 자신의 어머니, 당신 자신의 여자 형제, 당신 자신의 돼지, 당신이 저축한 당신 자신의 얌을 당신은 먹지 않는다. 당신은 타인의 어머니, 타인의 여자 형제, 타인의 돼지, 타인이 저축한 타인의 얌을 먹는다."[19]

전형적인 선물 거래에서는 양편 모두 아무것도 얻지 못한다. 트로브리안드 군도에서 모든 가정은 얌 텃밭을 경작하고 모든 가정이 얌을 먹는다. 하지만 한 가정이 재배하는 얌과 그 가정이 먹는 얌은 같은 것이 아니다. 수확기가 되면 남성은 자신이 재배한 얌을 여자 형제의 가정에 보낸다. 그의 가정은 아내의 남자 형제로부터 식량을 얻는다.[20] 축적이나 교역의 관점에서 보자면 그러한 절차는 하등 쓸모없는 것이기 때문에, 그런 교환 원리는 다른 곳에서 찾아야 했다. 모스는 선물 증여의 의미가, 교환 파트너들 사이에 어떤 사회적 관계를 표현하거나 확고히 하거나 창출하는 데 있다고 주장했다. 선물 증여는 참여자들에게 특별한 신뢰 관계, 연대, 상호 원조를 제공해준다. 사람들은 선물 제공으로 친밀한 관계를 확보할 수 있다. 선물을 받아들이는 것은 선물로 보답하겠다는 의지, 그리고 관계의 승인을 의미한다. 선물 교환은 또한 경쟁과 대립을 의미하는 상용 어법일 수 있다. 상대방이 답례할 수 있는 이상의 것을 줌으로써 다른 사람의 자존심을 상하게 하는 많은 예가 존재한다. 뉴기니 산악 지방의 빅맨Big Man과 같은 몇몇 정치 체계는 물질적 수준에서의 불평등한 교환을 기반으로 한다. 야심을 가진 빅맨은 답례 받을 수 있는 것 이상의 재화를 선물하려고 한다. 그는 그에 대한 보답으로 정치적 위신을 얻는다.

모스와 레비스트로스 둘 다 선물 교환의 결속적solidary 측면을 강조했음에도 불구하고, 선물 증여가 이바지하는 다른 목적들은 그것이 도처에 편재하는 사회적 교류의 수단이라는 점을 강화할 뿐이다. 모스는 선물이 사회적 담론의 가닥, 다시 말해 그런 사회들이 특화된 통치 제도 없이도 단결하게 하는 수단이라고 주장했다. "선물은 문명사회에서 국가에 의해 보장되는 민간 사회에서의 평화를 달성하는 원시적 방법이다. … 사회를 구성하는 데 있어, 선물은 문화의 방출이었다."[21]

레비스트로스는 원시적 호혜성 이론에 결혼이 선물 교환의 가장 기본적인 형태라는 생각을 덧붙이면서, 결혼에서 가장 소중한 선물은 바로 여성이라고 말한다. 그는 근친상간에 대한 금기는 그러한 교환이 가족들과 집단들 사이에서 이루어지도록 보장해주는 일종의 메커니즘으로 볼 때라야 가장 잘 이해될 수 있다고 주장한다. 근친상간 금기는 보편적으로 존재하지만 금지의 내용은 다양하기 때문에, 그것은 단지 유전적인 근친교배가 일어나는 것을 방지하기 위한 것만으로는 설명될 수 없다. 오히려 근친상간 금기는 섹스와 출산이라는 생물학적 사건에 족외혼 및 혼인이라는 사회적 목표를 부과한다. 근친상간 금기는 허용된 성적 파트너와 금지된 성적 파트너라는 범주들로 성적 선택의 세계를 분할한다. 구체적으로 말하자면, 그것은 족내혼을 금지함으로써 씨족들 사이에 결혼 교환이 이루어지게 하는 것이다. "딸이나 여자 형제의 성적 이용 금지는 그녀들을 다른 남자와 결혼하도록 강제하며, 동시에 그것은 딸 혹은 여자 형제에 대한 다른 남자의 권리를 확립해준다. … 취할 수 없는 여성을 바로 그 이유로 다른 남자에게 제공하는 것이다. 근친상간 금기는 어머니, 여자 형제, 딸과의 결혼을 금하는 규칙이라기보다는, 어머니, 여자 형제, 딸들을 다른 사람에게 시집보내도록 강제하는 규칙이다. 그것이 선물의 궁극적 규칙이다."[22]

여성이라는 선물의 결과는 여타 선물 상호작용의 결과보다 더 심대하다. 왜냐하면 여성 교환에 따라 생성되는 관계는 단지 호혜 관계에 불과한 것이 아니라 친족의 하나이기 때문이다. 파트너를 교환함으로써 인척 관계가 성립되며, 그들의 자손은 피로써 연결된다. "두 사람이 친구로 만나 선물을 교환하면 나중에 다투거나 싸우기도 하지만, 타 종족과 결혼intermarriage하면 그들은 영구적으로 결속된다."[23] 여타의 선물 증여와 마찬가지로, 결혼 역시 언제나 화해의 행위이기만 한 것은 아니다. 결혼은 극도로 경쟁적일 수 있으며, 서로 싸우는 인척 관계도 허다하다. 그럼에도 불구하고 일반적인 의미로 볼 때, 근친상간 금기는 광범위한 관계망을 초래함으로써, 서로의 관계가 일종의 친족 구조를 구성한다는 것이다. 이 구조가 그 밖의 모든 교환의 수준이나 양ₘ, 방향-적대적인 교환을 포함하여-에 질서를 부여한다. 인류학 문헌에 기록된 결혼 의식들은 여성, 아이들, 조개, 단어, 가축 이름, 생선, 조상, 고래 이빨, 돼지, 얌, 주문, 춤, 깔개 등이 그런 궤적을 따라 결속의 끈을 남기며 손에서 손으로 계속 전달되는 질서 정연한 행렬의 계기들이다. 친족은 조직이며, 조직은 힘을 준다.

하지만 누가 조직하는가? 거래되고 있는 것이 여성이라면, 연결되어 있는 여성들을 주고받는 사람은 다름 아닌 남성들이다. 따라서 여성은 교환의 파트너라기보다는 관계의 연결 통로로서 존재한다.[24] 여성 교환이 반드시 근대적 의미의 여성 대상화를 의미하지는 않는다. 왜냐하면 원시 세계에서의 대상들에는 매우 인격적인 자질이 부여되기 때문이다. 그럼에도 불구하고 여성 교환은 선물과 증여자 사이의 구분을 내포한다. 여성들이 선물이라면, 파트너를 교환하는 사람은 남성들이다. 그리고 상호 교환으로 사회적 연계라는 거의 신비스러운 힘을 부여하는 대상은 선물이 아니라 바로 그 파트너들이다. 이러한 체계의 관계들이 그러하므로, 여성들에게는 자신의 교환으로 혜택을 누릴 수 있는 입지가 전혀 없다. 남성이 여성을 교환하도록 관계가 지정되는 한, 그런 교환에서 나온 산물-사회적 조직-의 수취인은 남성이다. "결혼을 구성하는 총체적 교환관계는 한 남성과 한 여성 사이에서가 아니라 두 집단의 남성들 사이에서 성립되며, 여성은 한 사람의 파트너가 아니라 교환 대상의 하나로 성립된다. … 게다가 대체로 그렇다시피 여자들의 감정을 고려했을 때조차 이러한 사실에는 변함이 없다. 여성들은 청혼을 묵인함으로써, 교환이 일어나도록 촉발하거나 허락한다. 그렇다고 하여 그녀가 교환의 성격을 바꿀 수는 없다."[25]

파트너의 한 사람으로서 선물 교환에 진입하기 위해서는 선물로 줄 무언가를 가지고 있어야 한다. 만약 여성들이 남성들이 처분할 수 있는 어떤 것이라면, 그녀들에게는 자신을 양도할 수 있는 어떠한 입지도 없다.

"여자란," 한 젊은 북 멜파족Northern Melpa 남자가 생각에 잠긴다. "'우리도 모카moka를 만들게 해달라, 우리도 아내와 돼지를 구하게 해달라, 우리도 우리 딸을 남자에게 주게 해달라, 우리도 전쟁을 치르게 해달라, 우리도 우리의 적들을 죽이게 해달라!'라고 분연히 떨치고 일어나 말할 만큼 강하지 못해요! 그럴 리가 없죠, 어림없어요! … 여자란 그저 집 안에 머무는 하찮은 존재들일 뿐이지요, 안 그래요?"[26]

어떤 여성이 과연 그럴 수 있을까! 이 젊은 남자가 말하고 있는 멜파족 여성들은 아내를 얻을 수 없다. 그녀들 자신이 아내이며 그들이 얻는 것이 남편이라는 것은 전혀 별개의 문제다. 멜파족 여성들은 자기 딸을 남성에게 줄 수 없는데, 왜냐하면 여성들은 자기 딸에 대해서 남자 친족들이 가진 것과 똑같은 권리, 즉 딸에 대한 증여권(소유권은 **아닐지라도**)을 갖지 못하기 때문이다.

'여성 교환'은 매력적이고 강력한 개념이다. 이 개념은 여성 억압을 생물학이 아니라 사회 체계 속에 위치시킨다는 점에서 매력적이다. 그뿐 아니라 그것은 우리가 여성 억압의 궁극적 위치를 물품 거래가 아니라 여성 거래traffic in women에서 찾아야 한다고 제시한다. 여성 거래의 인류학적, 역사적 사례를 찾는 것은 전혀 어렵지 않다. 여성들은 결혼으로 증여되고, 전쟁에서 전리품이 되고, 호의 표시로 교환되고, 공물로 보내지고, 거래되고, 사고팔린다. 이러한 실천들은 '원시'사회에 국한된 것이 결코 아니며, 더 '문명화된' 사회들에서 오히려 더 공공연하게 횡행하고 상품화되는 듯 보인다. 물론 남성들도 거래된다. 하지만 남성들의 경우에는 남성으로서가 아니라 노예, 남창, 스포츠 스타, 하인, 혹은 어떤 다른 불운한 사회적 지위로서 거래된다. 여성들은 노예, 하인, 매춘부로서 거래될 뿐 아니라 그냥 여성으로 거래되기도 한다. 만약 인류사의 대부분 동안 남성들은 성적 주체 – 교환 주체 – 였던 반면 여성들은 성적인 준-객체semi-objects – 선물 – 였다고 가정한다면, 수많은 관습, 상투어, 인격적 특성들이 너무나 잘 이해될 것 같다(무엇보다도 아버지가 신부를 건네주는 신기한 관습 역시 말이다).

하지만 '여성 교환'은 동시에 문제의 개념이기도 하다. 레비스트로스는 근친상간 금기와 그 적용에 따른 결과가 문화의 기원을 구성한다고 주장하기 때문에, 그의 분석에 따르면 여성의 세계사적 패배는 문화의 기원에서부터 발생한 것이자 문화의 선결 조건이라고 추론될 수 있다. 만약 그의 분석이 순수한 형태로 채택된다면, 페미니즘 프로그램은 남성들을 완전히 절멸시키는 것보다 더 성가신 책무를 포함해야 할 것이다. 말하자면 페미니즘 프로그램은 이 지상에서 기존의 문화를 완전히 제거하고 새로운 문화 현상으로 그것을 대체해야 한다. 만약 여성 교환이 없었다면 문화 또한 없었을 것이며, 만약 문화의 개념 정의 자체가 그야말로 발명된 것이라고 한다면, 그것은 기껏해야 미심쩍은 제안에 불과할 것이다. '여성 교환'이 친족 체계에 대한 모든 경험적 증거를 적절히 묘사해주는지에 대해서는 논쟁의 여지가 다분하다. 렐레족Lele과 루마족Luma과 같은 일부 문화권에서 여성 교환은 공공연하고 노골적이다. 그 밖의 다른 문화권에서도 여성 교환은 있을 수 있다. 하지만 어떤 문화권에서는, 특히 레비스트로스의 사례에서 제외되었던 수렵인과 채집인 사회에서는, 이 개념의 적절성에 전적으로 의심이 간다. 매우 유용하면서도 동시에 너무나 어려워 보이는 이 개념으로부터 우리는 무엇을 얻어내야 할까?

'여성 교환'은 문화적 정의도 아니고 그 자체로 본질적이고 자연적인 체계도 아니다. 여성 교환 개념은 섹스/젠더라는 사회관계들의 특정한 측면들을 예리하고 압축적으로 이해한 것일 따름이다. 친족 체계는 자연 세계의 일부에 사회적 목적을 부과한 것이다. 따라서 그것은 생산이라는 용어가 포괄하는 가장 일반적인 의미에서 '생산'이다. 즉, 주관적 목적을 위한, 목적에 의한 대상들(이 경우에는 사람들)의 주조 및 변형인 것이다.[27] 그것은 그 나름의 생산, 분배, 교환관계들을 지니고 있으며, 거기에는 사람들 내에서의 특정한 '소유property' 형태들이 포함되어 있다. 이러한 형태들은 배타적이고 사적인 소유권이 아니라 다양한 사람들이 다른 사람들에게 가지고 있는 상이한 종류의 권리들이다. 결혼 거래-결혼을 나타내는 의식들 속에서 순환되는 선물들과 물질들-는 정확히 누가 누구에게 어떤 권리를 갖는지를 결정하는 데 필요한 자료들의 풍부한 자원이다. 그런 거래에서 대부분의 경우 여성들의 권리는 남성들의 권리에 비해 확실히 잔여적residual이라는 것을 추론하기는 어렵지 않다.

친족 체계들이 단지 여성을 교환하는 것만은 아니다. 그것은 사회

관계의 구체적 체계들 속에 있는 성적 접근, 가계家系의 지위, 혈통의 이름과 조상들, 권리, 그리고 **사람들**－남성들, 여성들, 아이들－을 교환한다. 이러한 관계들은 언제나 특정한 권리는 남성에게, 그 밖의 다른 권리들은 여성에게 귀속시킨다. '여성 교환'은 친족 체계의 사회관계들이 남성들은 여자 친족들에게 특정한 권리를 지니고 있으며 여성들은 그녀들 자신에게나 혹은 남성 친족들에게나 (남성과) 똑같은 권리를 갖고 있지 않다는 점을 명시해주는 간결한 표기법이다. 이런 의미에서 여성 교환은 여성들이 자기 자신에게 완전한 권리를 갖지 못하도록 하는 어떤 체계에 대한 깊은 통찰을 보여준다. 만약 여성 교환이 일종의 문화적 필수 조건으로 간주된다면, 그것이 특정한 친족 체계를 분석하는 유일한 도구로 이용된다면, 그것은 혼란스럽고 불분명해질 것이다.

여성 교환을 친족의 근본 원리로 간주했던 레비스트로스가 옳다면, 여성 억압은 섹스/젠더가 조직되고 생산되는 관계들의 산물로 볼 수 있다. 여성에 대한 경제적 억압은 부차적이고 파생적인 것이다. 하지만 섹스/젠더의 '경제학'이 존재하며, 우리에게는 성적 체계들의 정치경제학이 필요하다. 우리는 섹슈얼리티의 특정한 관습들이 생산되고 유지되는 정확한 메커니즘들을 규명하기 위해 각각의 사회를 연구할 필요가 있다. '여성 교환'은 성적 체계들을 설명할 수 있는 개념들의 무기고를 만들어내기 위한 첫 단계이다.

정신분석학과 그 불만

정신분석학과 여성운동 및 게이운동 사이의 싸움은 전설이 되었다. 성적 혁명과 임상 제도 사이의 갈등은 부분적으로 미국 정신분석학의 발전에서 기인한 것인데, 미국의 임상적 전통은 해부학을 물신화했다. 아이는 자신의 해부학적 운명과 정상 체위missionary position에 이를 때까지 유기체적 단계를 거치는 것으로 여겨진다. 임상적 실천은 '생물학적'인 목적지로 향하는 여정에서 다소간 궤도를 이탈한 사람들을 치료하는 것을 자신의 의무로 종종 여기곤 했다. 임상적 실천은 도덕적 법칙을 과학적 법칙으로 변형시킴으로써, 다루기 힘든 참여자들에게 성적 관습을 강화시켜왔다. 이런 의미에서 정신분석학은 흔히 성적 배치의 재생산 메커니즘에 관한 이론 이상으로 기능해왔다. 말하자면 정신분석학 자체가 바로 그런 메커니즘의 일부가 되었던 것이다. 페미니즘 및 게이 반란의 목표는 성적 강제 장치를 해체하는 것이므로, 정신분석학에 대한 비판은 적절한 것이었다.

하지만 여성운동 및 게이운동이 프로이트를 거부했던 더 근원적인 이유는 정신분석학이 자신의 통찰을 거부했기 때문이다. 남성 지배 사회 체계가 여성들에게 미치는 영향은 임상 문헌에서 가장 잘 드러난다. 정통 프로이트주의를 따르자면, 여성들은 '정상적' 여성성을 획득하기 위하여 혹독한 대가를 치러야 한다. 젠더 획득 이론은 성 역할에 대한 비판적 토대가 될 수도 있었다. 하지만 그 대신 프로이트 이론의 급진적 함의들은 철저히 억압되어왔다. 이런 경향은 원래 이론의 초기 공식에도 분명히 드러나 있지만 시간이 지남에 따라 더욱 악화되어, 이제 젠더에 비판적인 정신분석학 이론의 잠재력은 부인denial의 징후 - 자연적인 성 역할에 대한 난해한 합리화 - 에서만 볼 수 있다. 정신분석학의 무의식에 대한 정신분석을 수행하는 것이 이 글의 목적은 아니다. 하지만 나는 정신분석학의 무의식이 존재한다는 점을 입증하고 싶다. 이에 더하여, 정신분석학을 자발적인 자기 억압으로부터 구출하려는 것은 프로이트의 명성을 위해서가 아니다. 정신분석학은 남성, 여성, 섹슈얼리티를 이해하기 위한 일련의 독특한 개념들을 갖고 있다. 그것은 인간 사회에서 작동하는 섹슈얼리티에 대한 이론이다. 여기서 핵심은, 양성이 분리되고 변형되는 메커니즘, 그리고 양성애적bisexual이고 양성적androgynous인 유아가 어떻게 여자아이와 남자아이로 변형되는가에 대한 설명을 정신분석학이 제공해준다는 점이다.[28] 정신분석학은 **덜떨어진** 페미니즘 이론이다.

오이디푸스 마법

1920년대 후반까지 정신분석학 운동은 여성 발달에 관한 뚜렷한 이론을 갖고 있지 않았다. 그 대신에 여성들 안에 있는 엘렉트라 콤플렉스의 다양한 변이들이 제시되었는데, 여기서 여성 경험은 남성들을 위해 묘사된 오이디푸스 콤플렉스의 거울·이미지로 간주되었다. 남자아이는 어머니를 사랑하지만 아버지의 거세 위협이 주는 공포 때문에 어머니를 포기한다. 여자아이는 아버지를 사랑하지만 어머니의 복수가 두려워서 아버지를 포기한다고들 생각했다. 이런 공식은 두 아이 모두가 이성애 지향적인 생물학적 명령을 따른다고 가정했다. 그것은 또한 아이들이 오이디푸스 단계 이전에 이미 '작은' 남자, 여자라고 전제했다.

프로이트는 남성들로부터 수집한 자료를 가지고 여성에 관한 결론으로 비약하는 것에 유보적이었다. 하지만 여성들에게서 전前-오이디푸스 단계가 발견되기 전까지 프로이트의 유보적 목소리는 막연한 것으로 남아 있었다. 전-오이디푸스 단계라는 개념은 프로이트와 잔 람플 드 그루트Jeanne Lampl de Groot 두 사람 모두가 여성성에 대한 고전적 정신분석학 이론을 분명히 제시할 수 있게 해주었다.[29] 여성들에게 있어서 전-오이디푸스 단계라는 발상은 엘렉트라 콤플렉스 개념을 뒷받침했던 생물학적 가정을 무너뜨렸다. 전-오이디푸스 단계에서는 양성의 아이들은 모두 정신적으로 구별하기 힘들었다. 이렇게 본다면 남자아이와 여자아이로의 분화는 전제된 것이기보다는 설명이 필요한 사항이었다. 전-오이디푸스 단계의 아이들은 양성적인 것으로 기술되었다. 양성 모두 능동적이고 수동적인 모든 범위의 리비도적 성향을 나타냈다. 양성의 아이들 모두에게 어머니는 욕망의 대상이었다.

전-오이디푸스 단계의 여성의 특징은 원초적 이성애와 젠더 정체성이라는 관념을 시험대에 올려놓았다. 여자아이의 리비도적 활동이 어머니를 지향하고 있었기 때문에, 성인기 여성의 이성애는 설명이 필요했다. "특정한 나이에 이르면 그 이후부터 두 성 사이에 서로 이끌리는 기본적인 영향력을 자연스럽게 느끼게 되고 그로 인해 작은 여자아이는 남성을 지향하지 않을 수 없게 된다고 가정한다면, 그것은 가장 단순하지만 이상적인 해결책이 될 것이다. … 그러나 우리는 이 문제가 그렇게 만만하지 않다는 것을 알게 된다. 우리는 시인들이 그토록 열광적으로, 그토록 무수히 이야기해왔지만 더 이상 분석적으로 해부될 수 없는 설명을 정말 믿어야 할지 도무지 알 수가 없다."[30] 게다가 여자아이는 '여성적인' 리비도 경향을 나타내지 않았다. 어머니에 대한 여자아이의 욕망은 능동적이고도 적극적이었기 때문에, 여자아이가 궁극적으로 '여성성'을 획득하는 과정에도 설명이 필요했다. "정신분석학은 '여성이란 무엇인가'라는 문제를 여성 특유의 타고난 본성에 끼워 맞춰 설명하고자 하는 것이 아니라 … 오히려 여성이 어떻게 그런 존재가 되는가, 양성적 기질을 가진 한 아이가 어떻게 여자로 발전하게 되는가를 설명하고자 한다."[31]

간단히 말해, 이제 여성의 발달 과정이 생물학의 반영이라고 당연시할 수 없게 되었다. 오히려 그것은 대단히 문제적인 것이 되었다. 처음 도입된 이후부터 페미니스트들을 격분하게 했던 남근 선망과 거세 개념을 프로이트가 도입한 이유는 다름 아닌 '여성성'의 획득을 설명하고자 했기 때문이다. 여자아이는 어머니가 거세되었음을 인식한 결과 어머니로부터 등을 돌리고 자기 리비도의 '남성적' 요소들을 억제한다. 여자아이는 자신의 조그만 클리토리스를 커다란 페니스와 비교한 후 페니스가 어머니를 만족시키는 데 더 탁월한 능력이 있다는 명백한 증거와 대면하고서 남근 선망 및 열등감의 포로가 되어버린다. 그녀는 어머니를 차지하려는 투쟁을 포기하고 아버지에 대해 수동적인 여성적 태도를 보인다. 프로이트의 설명은 여성성이 두 성 간의 해부학적 차이의 결과라고 주장하는 듯 읽힐 수 있다. 그리하여 프로이트는 생물학적 결정론자라고 비난받아왔다. 그럼에도 불구하고 여성의 거세 콤플렉스에 대한 명백히 해부학적인 프로이트의 해석에서조차, 여성 생식기의 '열등성'은 상황적 맥락의 산물임이 드러난다. 말하자면 여자아이는 어머니를 소유하고 만족시킬 만한 것을 제대로 '갖추지' 못한다고 느낀다. 만약 전-오이디푸스 단계의 레즈비언이 어머니의 이성애와 직면하지 않았다면, 그녀는 자기 생식기의 상대적 지위에 대해 다른 결론을 내릴 수도 있었을 것이다.

프로이트는 몇몇 사람들이 규정하는 만큼 그렇게 생물학적 결정론자가 결코 아니었다. 그는 모든 성인의 섹슈얼리티는 생물학적 발달 과정이 아니라 정신적 발전의 결과라고 거듭 강조했다. 하지만 그의 저술은 종종 애매하고, 그의 어법은 미국 정신분석학에서 대단히 대중적인 생물학적 해석의 여지를 상당히 많이 남겨두었다. 반면에 프랑스 정신분석학은 프로이트를 탈생물학화de-biologize하고 정신분석학을 신체 기관에 대한 것이라기보다는 정보information에 대한 이론으로 간주하는 추세이다. 이런 계열의 사유를 촉발한 자크 라캉은 프로이트가 결코 해부학적인 무엇을 이야기하고자 한 것이 아니며 그의 이론은 오히려 해부학에 부과된 언어적, 문화적 의미에 관한 것이라고 주장한다. '진짜' 프로이트를 둘러싼 논쟁은 매우 흥미롭지만, 그런 논쟁에 참여하는 것이 지금 나의 목적은 아니다. 오히려 나는 라캉의 개념적 체스판 위에 놓인 말 중 몇 가지를 소개한 후, 라캉의 용어로 여성성에 대한 고전적 이론을 바꾸어 말하고 싶다.

친족, 라캉, 그리고 팔루스

라캉은 정신분석학이란 개인들이 친족 체계 속으로 징집된 결과 그들의 정신에 남은 흔적을 연구하는 학문이라고 주장한다.

레비스트로스가 결연marriage ties과 친족을 규정하는 사회법칙들의 일부와 더불어 언어 구조의 함축적 의미를 주장함으로써, 프로이트가 무의식을 위치 지은 바로 그 영역을 이미 장악하고 있었다는 사실이 놀랍지 않은가?[32]

결연과 친족이 항상 근거로 삼는 그런 명목상의 핵심 지위nominal cadres가 아니라면 도대체 어디에 무의식적 결정이 자리할 수 있을 것인가? … 그리고 주체가 이 세상에 태어나기 훨씬 전에 주체의 운명뿐 아니라 정체성 자체까지 이미 정해진 언약engagement 바깥의 분석적인 갈등과 오이디푸스적 원형을 어떻게 이해할 수 있겠는가?[33]

바로 이 지점에서 오이디푸스 콤플렉스는 … 이런 관계 속에서 우리의 학문이 주체성에 할당해놓은 한계들을 드러낸다고들 할지 모른다. 다시 말해, 주체가 근친상간을 향해 나가는 운동 속에서 개별적 존재로서의 상징적 효과를 입증함으로써, 결연이라는 복합적 구조의 운동에 무의식적으로 참여하는 것을 알 수 있게 해준다는 것이다.[34]

친족은 생물학적 섹슈얼리티를 사회적 수준에서 문화화한 것이다. 정신분석학은 개인들의 생물학적인 섹슈얼리티의 변형이 일어날 때 그것이 문화화되었다고 묘사한다.

친족 용어는 체계에 대한 정보를 담고 있다. 친척Kin이라는 용어는 지위를 구획하고 그런 지위의 여러 가지 속성을 지칭한다. 예를 들어, 트로브리안드 군도에 사는 남자는 자기 씨족 여성들을 '자매'라는 용어로 부른다. 그는 자신이 결혼할 수 있는 동족 여성들을 결혼 가능성을 나타내는 용어로 부른다. 젊은 트로브리안드 남자가 이런 용어들을 배운다는 것은 자신이 어떤 여성을 욕망해도 괜찮은가를 배우는 것이다. 라캉의 도식에서 오이디푸스 위기는 어린아이가 가족과 친척을 가리키는 용어에 체현된 성적 규칙들을 배웠을 때 발생한다. 그 위기는 어린아이가 체계 및 그 체계 속에서 자신의 위치를 이해했을 때 시작되고, 어린아이가 그것을 받아들이고 그것에 따랐을 때 해소된다. 심지어 어린아이가 자신의 위치를 거부한다 해도, 그/녀가 그것을 모르고 지나갈 수는 없다. 오이디푸스 단계 이전에 어린아이의 섹슈얼리티는 유연하며 상대적으로 비체계적이다. 각각의 어린아이는 인간이 표현할 수 있는 모든 성적 가능성을 보유하고 있다. 그러나 어떤 사회든지 간에 이 모든 가능성의 표현 중에서 오직 일부만 허용될 것이고 나머지는 억제될 것이다. 어린아이가 오이디푸스 단계를 벗어날 무렵이면 아이의 리비도와 젠더 정체성은 그를 길들이고 있는 문화적 규칙에 순응하도록 조직된다.[35]

오이디푸스 콤플렉스는 성적 인격을 생산하기 위한 하나의 장치이다. 한 사회가 자기 사회의 아이들에게 사회적 임무를 수행하는 데 적합한 성격적 특질을 주입하고자 한다는 것은 자명한 사실이다. 가령 E. P. 톰슨은 장인들이 훌륭한 산업 노동자로 변화되었을 때 영국 노동계급의 인격 구조가 변형되었다고 설명한다.[36] 노동의 사회적 형태들이 특정한 종류의 인격을 요구하는 것과 마찬가지로, 섹스와 젠더의 사회적 형태들 또한 특정한 종류의 사람들을 요구한다. 가장 일반적인 의미에서, 오

이디푸스 콤플렉스는 적절한 성적 개인들의 형태를 만들어내는 하나의 기계이다.[37]

라캉의 정신분석학 이론에서 친족 용어들이야말로 오이디푸스 드라마 안에서 모든 개인이나 사물들의 역할을 결정할 관계들의 구조를 나타낸다. 예를 들어, 라캉은 '아버지의 기능'과 이 기능을 체현하고 있는 특정한 아버지를 구분한다. 마찬가지 방식으로 그는 페니스와 '팔루스', 신체 기관과 정보를 철저히 구분한다. 팔루스는 페니스에 부여된 일련의 의미들이다. 현대 프랑스 정신분석학은 팔루스와 페니스라는 용어들을 구분함으로써, 페니스가 거세 콤플렉스에 대한 고전적 용법이 그것에 부여한 역할을 할 수도 없고 하지도 않는다는 생각을 강조한다.[38]

프로이트의 용법에서 오이디푸스 콤플렉스는 한 아이에게 양자택일을 제시한다. 페니스를 갖거나 아니면 거세되거나. 반면에 거세 콤플렉스에 대한 라캉학파의 이론은 해부학적 실재에 대한 모든 지시성reference을 넘어선다.

> 거세 콤플렉스 이론이 남성 신체 기관의 부재 혹은 존재라는 해부학적 차이를 인간을 분류하는 핵심으로 변형하는 한, 개별 주체들에게 이런 존재 혹은 부재가 당연한 것이 아니며 순전히 그냥 주어진 것이 아니라, 주체 내적이고 상호 주체적 과정에서 비롯된 문제적 결과인 한에서(자신의 섹스에 대한 주체의 가정), 이런 이론은 남성 신체 기관에 - 이번에는 하나의 상징으로서 - 지배적 역할을 부여하는 것이다.[39]

아이에게 주어진 선택지는 팔루스를 갖거나 혹은 갖지 못하거나 양자택일이라고 바꾸어 말할 수 있다. 거세는 (상징적) 팔루스를 갖지 않은 것이다. 거세는 실재적인 '결여'가 아니라 여성 생식기에 부여된 하나의 의미이다. "거세는 … 여성에게 있어서 페니스의 부재라는 실재계Real에 대한 두려움으로 강화된다. 그러나 이것조차 대상의 상징화를 가정하는데, 왜냐하면 실재계는 충만한 것이고 '결여lacks'는 무nothing이기 때문이다. 신경증의 기원에서 거세를 찾아내는 한, 그것은 실재계가 아니라 상징계적인 것이다."[40]

말하자면 팔루스는 '거세됨'과 '거세되지 않음'을 구별하는 뚜렷한 특징이다. 팔루스의 존재 혹은 부재는 두 성적 지위인 '남성'과 '여성'의 차이를 수반한다.[41] 그들의 성적 위상은 동등한 것이 아니므로 팔루스는 여성에 대한 남성의 지배라는 의미 또한 담고 있으며, '남근 선망'은 그것에 대한 인식이라고 추론될 수 있다. 그뿐 아니라 여성들 스스로 갖지 못한 권리를 남성들이 갖고 있는 한, 팔루스는 또한 '교환자'와 '교환물', 선물과 증여자 사이의 차이를 의미한다. 결국 적어도 이처럼 구태의연한 섹슈얼리티 관계들이 여전히 우리와 함께 있는 한, 오이디푸스 과정에 대한 고전적 프로이트주의 이론이나 재진술된 라캉학파 이론들은 모두 터무니없는 것이다. 그러므로 우리는 여전히 '남근숭배' 문화 속에서 살고 있는 셈이다.

또한 라캉은 팔루스를 가족 안에서 그리고 가족들 사이에 교환되는 하나의 상징적 대상이라고 말한다.[42] 이러한 입장을 원시적인 결혼 거래 및 교환관계망의 차원에서 생각해보는 것은 흥미로운 일이다. 그런 거래에서 여성 교환은 흔히 수많은 교환 회로 중 하나다. 보통 여성 외에도 다른 순환하는 대상들이 존재한다. 여성들이 한 방향으로 이동하면 성, 조개, 깔개 등은 다른 방향으로 움직인다. 어떤 의미에서 오이디푸스 콤플렉스는 가족 내 교환에서는 팔루스 순환의 표현이며, 가족 간 교환에서는 여성 순환의 전도inversion이다. 오이디푸스 콤플렉스로 입증된 교환의 순환 구조에서 팔루스는 여성이라는 매개체를 통해 한 남성에게서 다른 남성에게로 양도된다. 아버지에게서 아들로, 어머니의 남자 형제에게서 여동생의 아들에게로 등등. 이러한 가족 쿨라 링Kula ring(말리노프스키가 『서태평양의 아르고나투스Argonatus of the Western Pacific』[1922]에서 설명한 멜라네시아 섬들의 부족 간 교환 체계이다. 섬들의 링ring 속에서 매우 큰 상징적 가치가 있는 물건은, 비록 그것을 소유하는 것이 어느 한때에는 명예가 되지만, 어느 한 사람에게 영원히 소유되지 않고 계속 순환한다. 목걸이Soulava는 시계 방향으로 순회하며 시계 반대 방향으로 도는 조개 팔찌mwali와 교환된다. 각각의 교환은 공적인 의식과 축제를 포함한다. 그것이 섬들 사이를 오가는 가운데 정치적 동맹과 무역의 기능이 발효되며 생활필수품을 교환하게 된다-옮긴이) 속에서, 여성은 한쪽으로 움직이고 팔루스는 반대쪽으로 움직인다. 팔루스는 우리가 없는 곳에 있다. 이런 의미에서 팔루스는 두 성을 구분하는 특징 그 이상이다. 그것은 남성이 얻게 되는, 특정한 권리-그중에서도 여성에 대한 권리-에 내재된 남성의 지위를 체현한 것이다. 그것은 남성 지배가 전달되는 한 가지 표현이다. 그런 지배는 여성들을 통과하여 남성들에게 정착한다.[43] 그것이 스치고 지나간 궤적에는 젠더 정체성과 두 성의 분할이 포함된다. 그러나 그것은 그 이상의 것을 남긴다. 그것은 남근숭배 문화 속에 사는 여성들에게 엄청난 불안의 의미가 담겨 있는 '남근 선망'을 남긴다.

오이디푸스의 재림

이제 생물학과 문화의 경계에 걸터앉은 두 명의 전-오이디푸스적 양성 소유자들에게로 돌아가보자. 레비스트로스는 여성 교환의 시작이 사회의 기원을 형성한다고 주장함으로써 근친상간 금기를 생물학과 문화의 경계에 위치시킨다. 이런 의미에서 근친상간 금기와 여성 교환은 최초의 사회계약 내용이다.[44] 개인들에게 오이디푸스 위기는 근친상간 금기가 팔루스의 교환을 개시한 바로 그 분기점에서 발생한다.

오이디푸스 위기는 몇 가지 정보 항목들에 의해 촉발된다. 아이들은 양성의 차이를 발견하고, 각각의 아이는 양성 중 하나의 젠더가 되어야만 한다는 사실을 깨닫는다. 그들은 또한 근친상간 금기를 깨닫고 어떤 섹슈얼리티는 금지되어 있다는 사실을 알게 된다. 이 경우에 어머니는 어떤 아이에게도 성적 대상이 될 수 없다. 왜냐하면 어머니는 아버지에게 '속해 있기' 때문이다. 마지막으로 아이들은 양성이 장차 동일한 성적 '권리'를 갖지 못한다는 사실을 깨닫게 된다.

사건이 전개되는 정상적인 과정으로, 남자아이는 자칫 잘못하면 아버지가 자신을 거세할지 모른다는 (그에게 팔루스를 주기를 거부하고 그를 여자아이로 만들어버릴 것이라는) 공포 때문에 어머니를 포기한다. 하지만 이런 포기 행위로 인해 남자아이는 어머니를 아버지에게 주었던 관계, 그러니까 그가 성인 남자가 되면 자기 자신의 여자를 차지하게 될 관계를 보장받는다. 남자아이가 어머니에 대한 아버지의 권리를 긍정하는 대신, 아버지는 아들에게 (거세하지 않고) 팔루스를 확증해준다. 남자아이는 어머니를 팔루스와 교환한다. 말하자면 팔루스는 나중에 그에게 여자를 교환할 수 있다는 상징적 증표token가 된다. 남자아이에게 요구되는 것은 약간의 인내심뿐이다. 따라서 남자아이는 자신의 원래 리비도 조직과 원래 사랑 대상의 성sex을 그대로 유지한다. 그가 동의했던 사회계약은 마침내 그의 권리를 승인할 것이며 그에게 자기 소유의 여자를 제공해줄 것이다.

여자아이들에게 일어나는 일은 이보다 훨씬 복잡하다. 남자아이들과 마찬가지로 여자아이 또한 근친상간 금기와 성별 분화를 깨닫게 된다. 여자아이 또한 그녀에게 할당된 젠더에 관련된 불쾌한 몇 가지 정보를 알게 된다. 남자아이에게 근친상간 금기는 특정한 여성에 대한 금기이다. 반면에 여자아이에게 그것은 모든 여성에 대한 금기이다. 여자아이는 어머니를 향한 동성애적 위치에 놓여 있기 때문에, 이런 시나리오를 지배하는 이성애 규칙은 그녀의 위치를 견딜 수 없는 것으로 만든다. 어머니, 한 걸음 더 나아가 모든 여성들은 '페니스(팔루스)를 가진' 누군가에 의해서만 적절히 사랑받을 수 있다. 여자아이는 '팔루스'가 없기 때문에 어머니나 다른 여성을 사랑할 아무런 '권리'가 없다. 왜냐하면 그녀 자신이 어떤 남자에게 속할 운명이기 때문이다. 그녀는 여성으로 교환할 수 있는 상징적 증표를 갖고 있지 않다.

여성의 오이디푸스 위기 단계에 대한 프로이트의 어법은 모호한 반면, 람플 드 그루트의 공식은 생식기에 의미를 부여하는 맥락을 명확히 설명해준다. "**만약 여자아이가 어머니를 차지하는 데 그런 기관이 정말로 필수 불가결하다는 결론에 이른다면**, 그녀는 양성 모두에게 공히 나르시시즘적 모욕을 당하는 한편, 또 다른 충격, 즉 자기 **생식기에 대한 열등감을 경험하게 된다**.[45] 팔루스를 가진 사람만이 여성에 대한 '권리'와 교환의 증표를 갖기 때문에, 여자아이는 어머니를 소유하기 위해 '페니스'가 필수 불가결하다는 결론에 이른다. 페니스가 그 자체로, 저절로, 혹은 사랑할 수 있는 도구로서 선천적 우월성을 갖고 있어서 그런 결론에 이른 것이 아니다. 남성과 여성 생식기의 위계적 배열은 상황적 규정 – 강제적 이성애 규칙과 여성(팔루스가 없는, 거세된 사람)을 남성(팔루스를 가진 사람)에게 귀속시키는 규칙 – 의 결과이다.

따라서 여자아이는 어머니에게 등을 돌리고 아버지에게로 향하기 시작한다. 여자아이에게 그것(거세)은 만회할 수 없을 정도로 이미 완료된 사실이다. 하지만 그런 인식은 여자아이에게 결국 최초로 사랑했던 대상을 포기하게 하고 상실의 쓰라림을 온전히 맛보게 한다. 아버지가 사랑의 대상으로 선택됨으로써, 한때의 적은 이제 연인이 된다.[46] 이와 같은 '거세'에 대한 인식은 여자아이에게 자기 자신, 어머니, 그리고 아버지가 얽혀 있는 관계를 재정의하도록 강제한다.

그녀는 어머니에게 줄 팔루스가 없기 때문에 어머니로부터 돌아선다. 그녀는 분노와 실망감으로 인해서도 어머니로부터 돌아서는데, 왜냐하면 어머니가 그녀에게 '페니스'(팔루스)를 주지 않았기 때문이다. 그러나 남근적 문화 속에서 살고 있는 여성인 어머니는 딸에게 줄 팔루스를 갖고 있지 못하다(어머니 또한 한 세대 전에 오이디푸스 위기를 통과했던 것이다). 따라서 여자아이는 '그녀에게 팔루스를 줄' 수 있다는 오직 그 이유 때문에 아버지에게로 돌아선다. 팔루스가 순환되는 상징적 교환 체계 속으로 그녀가 들어갈 방법은 오직 아버지를 통해서뿐이다. 그러나 아버지는 남자아이에게 주는 것과 같은 방식으로 여자아이에게 팔루스를 주지 않는다. 팔루스는 명실공히 소년에게 주어지는데, 소년은 그것을 나중에 선물하기 위해 가진다. 반면에 여자아이는 결코 팔루스를 얻지 못한다. 팔루스는 그녀를 통과하며, 그로 인해 팔루스는 어린아이로 변형된다. '자신의 거세를 인식하는' 순간, 그녀는 남근적 교환 회로 속에서 여성의 자리에 앉게 된다. 그녀는 팔루스를 '얻을 수' 있지만 — 성교를 통해 혹은 어린아이라는 형태로 — 남성에게서 받는 선물로서만 얻을 수 있다. 그녀는 선물로 주기 위한 팔루스를 결코 얻을 수 없다.

아버지에게로 돌아서면서 여자아이는 자기 리비도의 '능동적' 부분을 또한 억압한다.

> 어머니에게서 등을 돌리는 것은 여자아이의 발달 과정에서 극히 중요한 단계이다. 그것은 사랑하는 대상을 단순히 변경하는 것 그 이상이다. … 그와 더불어 능동적인 성 충동의 현저한 감소와 수동적인 성 충동의 상승이 관찰되기 시작한다. … 아버지를 (사랑) 대상으로 삼는 방향 전환은 겨우 파국을 벗어나는 수준에서 수동적 리비도 경향의 도움을 받아 성취된다. 여성성의 발전에 이르는 경로는 이렇게 하여 여자아이에게 활짝 열리게 된다.[47]

여자아이에게 수동성의 우세는 능동적 욕망을 실현하려는 노력이 부질없다는, 그리고 투쟁의 조건이 불공평하다는 인식에서 비롯된 것이다. 프로이트는 능동적 욕망을 클리토리스에, 수동적 욕망을 질에 위치시키고, 그에 따라 수동적인 버자이너 에로티시즘을 위해 클리토리스 에로티시즘을 억압하는 것이야말로 능동적 욕망의 억압이라고 기술한다. 이러한 이론 도식으로, 문화적 상투형들은 생식기 위에 그린 지도가 된다. 마스터스Masters와 존슨Johnson의 작업 이후, 이런 생식기 구분이 틀렸다는 사실은 입증되었다. 어떤 신체 기관이든 – 페니스, 클리토리스, 질이든 상관없이 – 능동적 에로티시즘이나 수동적 에로티시즘이 배치될 수 있는 장소이다. 그러나 프로이트의 이론 체계에서 중요한 것은 욕망의 지형학이 아니라 그것의 자신감이다. 억압된 것은 단지 신체 기관이 아니라 성애적 가능성의 한 부분이다. 프로이트는 "그것이 여성적 기능을 위해 봉사하도록 강제될 때 리비도에 더 많은 강제가 부여된다"는 점에 주목한다.[48] 여자아이는 (자기 리비도를) 강탈당해왔다.

오이디푸스 단계가 정상적으로 진행되고 여자아이가 '자신의 거세를 받아들일' 경우, 그녀의 리비도 구조와 대상 선택은 이제 여성의 성 역할에 적합해진다. 여자아이는 여성스럽고, 수동적이고, 이성애자인 작은 여성이 된다. 사실 프로이트는 오이디푸스 재앙으로부터 빠져나오는 서로 다른 세 가지 경로가 존재한다고 주장한다. 여자아이는 겁에 질려 자신의 섹슈얼리티를 전부 억제하고 무성애자가 될 수 있다. 혹은 반항하고 자신의 나르시시즘과 욕망에 집착하면서 '남성적'이 되거나 동성애자가 될 수 있다. 제3의 길은 상황을 받아들이고 사회계약에 서명하고 '정상성'을 획득하는 것이다.

캐런 호니Karen Horney는 프로이트/람플 드 그루트의 이론 체계 전반에 걸쳐 비판적이다. 그러나 그녀는 비판 과정에서 그런 이론 체계의 함의를 명확하게 밝힌다.

여자아이[소녀]가 남자(아버지)를 향해 처음으로 돌아설 때, 대개 앙심이라는 좁은 다리를 통과해야만 한다. … 이렇듯 여성이 진정 욕망했던 것을 버리고 강제된 다른 대체물을 선택했던 흔적을 평생에 걸쳐 간직하고 있지 않다면, 우리는 여성이 남성과 맺는 관계를 모순으로 느낄 것이다. … 심지어 정상적인 여성의 경우에도, 모성을 향한 소망에는, 본능과 거리가 멀고 부차적인 어떤 대체물 같은 특징이 있을 것이다. … 프로이트의 시각이 보여주는 특이한 지점은, 그가 모성에 대한 (여성의) 소망이 선천적인 것이 아니라 심리적으로 개체 발생적인 요소가 되어버린 어떤 것이자, 원래 동성애적 요소 혹은 남근숭배적인 본능적 요소에서부터 에너지를 이끌어낸 어떤 것이라고 본다는 점이다. … 그로 인해 삶에 대한 여성들의 반응 전체는 보이지 않는 강한 앙심에 기반을 두고 있을 것이라는 결론에 이르게 된다.[49]

호니는 이러한 함의들이 억지스러워서 프로이트의 전체 이론 체계의 타당성을 흔들어놓은 것으로 간주한다. 하지만 사회화 과정에서 여성에게서 '여성성'이 만들어지는 것이 정신적 만행이라는 주장과 그것이 여성들에게 자신들이 당할 수밖에 없었던 억압에 대한 엄청난 원한을 남긴다는 주장은 확실히 그럴듯하다. 여성들은 자신에게 남아 있는 분노를 실현하고 표현할 수단을 거의 갖고 있지 못하다는 주장 또한 가능하다. 여성성에 관한 프로이트의 논문은 여성이라는 한 집단이 어린 시절부터 억압과 더불어 살아갈 심리적 준비를 어떻게 하는가에 대한 묘사로 읽힐 수 있다.

여자다움womanhood의 획득에 대한 고전적 논의들 속에는 첨가해야 할 요소가 있다. 여자아이가 처음 아버지에게로 돌아서는 것은 그래야만 하기 때문이다. 말하자면 여자아이는 '거세되었기'(무력한 여성) 때문이다. 그러고 나서 여자아이는 '거세'가 아버지의 사랑을 얻기 위한 필요조건이라는 것, 아버지에게 사랑받으려면 그녀는 여자가 되어야만 한다는 것을 알게 된다. 따라서 그녀는 '거세'를 욕망하기 시작하며, 이전에는 재앙이었던 것이 이제는 소망이 된다. "분석적 경험에 따르면, 여자아이가 아버지에 대해 갖는 최초의 리비도적 관계는 마조히즘적이라는 것은 의심의 여지가 없다. 특히 최초의 여성적인 단계에서 그런 마조히즘적 소망은 '나는 아버지에 의해 거세되고 싶다'는 것이다."[50] 도이치Helen Deutsch는 그런 마조히즘이 에고와 갈등을 일으킴으로써, 일부 여성들은 자존심을 지키기 위해 전체 상황으로부터 도피할 수 있다고 주장한다. "고통 속에서 행복을 찾거나 아니면 포기 속에서 평화를 찾는"[51] 양자택일의 기로에 서 있는 여성들은 성교와 모성에 대한 건강한 태도를 획득하기 어려울 것이다. 도이치가 그런 여성들을 왜 정상적 사례가 아니라 특별한 사례로 간주했는지 그녀의 논의에서는 명확히 파악되지 않는다.

여성성에 대한 정신분석학적 이론은 여성의 발달이 주로 고통과 굴욕에 바탕을 두고 있음에도 여성이 여성임을 기뻐해야 할 이유를 설명하면서 교묘한 말재간을 부린다. 생물학은 고전적 논의들의 바로 이 지점으로 의기양양하게 귀환한다. 이때 교묘한 말재간은 여성이 재생산 역할에 적응해가면서 고통 속에서 기쁨을 발견한다는 주장에서 찾아볼 수 있는데, 왜냐하면 처녀성의 상실과 출산은 '고통스럽기' 때문이다. 그렇다면 이 과정 전체에 의문을 제기하는 것이 더더욱 타당하지 않을까? 만약 여성들이 성적 체계 안에서 자기 자리를 찾을 때 리비도를 빼앗기고 마조히즘적 에로티시즘을 강요당한다면, 분석가들은 낡은 배치를 합리화하는 대신 왜 새로운 배치를 주장하지 않았을까?

여성성에 대한 프로이트의 이론은 처음 출판된 이후 줄곧 페미니스트들에게 비판의 대상이 되어왔다. 프로이트의 이론이 여성의 종속을 합리화하는 한, 그런 비판은 정당하다. 하지만 그것은 여성들을 종속시키는 과정에 대한 하나의 설명일 뿐이므로, 그런 비판은 오해이다. 남근적 문화가 어떻게 여성들을 길들이는가와 그런 길들이기가 여성들에게 어떤 영향을 미치는가에 대한 설명으로서 정신분석학 이론을 따라갈만한 것은 없다.[52] 정신분석학은 젠더 이론이므로, 그것을 내다 버리라는 것은 젠더 위계질서(혹은 젠더 그 자체)를 뿌리 뽑고자 헌신하는 정치적 운동에 결코 바람직한 조언이 될 수 없을 것이다. 우리는 우리가 저평가하거나 이해하지 못한 것을 해체할 수는 없다. 여성 억압은 깊고 오래된 것이다. 동일 임금, 동일 노동, 세상의 어떤 여성 정치가도 성차별주의를 근본적으로 절멸시킬 수 없을 것이다. 레비스트로스와 프로이트는 그들이 아니었다면 제대로 이해되지 못했을 성적 억압의 깊은 구조들의 일부를 해명해준다. 그들은 우리가 싸우고 있는 대상의 지난함과 방대함을 상기시켜주는 이론가들이라 할 수 있으며, 그들의 분석은 우리가 재조직해야만 하는 사회 기구들에 대한 예비적 지도를 제공해준다.

문화의 오이디푸스적 잔재를 없애버리기 위해 여성들이 단결하다

프로이트와 레비스트로스의 이론은 놀라울 정도로 서로 잘 부합한다. 친족 체계들은 양성의 분리가 필요하다. 오이디푸스 단계는 양성을 분리한다. 친족 체계들은 섹슈얼리티를 관장하는 일련의 규칙들을 내포한다. 오이디푸스 위기는 이러한 규칙 및 금기들에 대한 동화同化이다. 강제적 이성애는 친족의 산물이다. 오이디푸스 단계는 이성애적 욕망을 구성한다. 친족은 남성의 권리와 여성의 권리 사이의 극단적 차이를 기반으로 한다. 오이디푸스 콤플렉스는 남성의 권리를 남자아이에게 부여하고, 여자아이들에게는 더 적은 권리에 적응하도록 강제한다.

레비스트로스와 프로이트 이론의 절묘한 부합은 레비스트로스의 자료가 대단히 비근대적임에도 불구하고 우리의 섹스/젠더 체계가 여전히 그가 개괄한 원칙들로 조직된다는 점에 놓여 있다. 프로이트는 자기 이론의 기반으로 삼은 좀 더 근대적인 자료들에서 이런 성적 구조들의 내구성을 입증한다. 만약 프로이트와 레비스트로스에 대한 나의 독해가 정확하다면, 이는 페미니즘 운동이 각 개인의 오이디푸스적 경험이 덜 파괴적이게 되는 방식으로 섹스와 젠더의 영역을 재조직함으로써 문화의 오이디푸스 위기를 해소하려고 시도해야만 한다는 것을 뜻한다. 그와 같은 과업의 범위를 상상하기는 어렵지만, 적어도 몇 가지 조건은 충족되어야 할 것이다.

오이디푸스 위기 단계가 여자아이의 자아 형성에 그처럼 파괴적인 효과를 미치지 않도록 하려면, 그중 몇 가지 요소는 변경되어야만 한다. 오이디푸스 단계는 여자아이에게 양립 불가능한 요구를 부과함으로써 자체 모순을 만들어낸다. 한편으로 어머니에 대한 여자아이의 사랑은 양육이라는 어머니의 역할에서 비롯된 것이다. 그다음으로 여자아이는 남성에게 소속되어야 한다는 자신의 성 역할 때문에 어머니에 대한 사랑을 포기하도록 강요받는다. 만약 양성의 성인 모두가 평등하게 자녀를 키우는 것으로 노동의 성별 분업이 일어난다면, 양성 모두가 최초로 사랑하는 대상으로 선택될 것이다. 만약 이성애가 강제적이지 않다면, 이러한 초기의 사랑은 억압될 필요가 없을 것이며 페니스는 과대평가되지 않을 것이다. 만약 성적 소유 체계가 남성들이 여성들에게 최우선적 권리를 가지지 않는 방식으로 재조직된다면(만약 여성 교환이 존재하지 않는다면), 그리고 젠더가 존재하지 않는다면, 오이디푸스 드라마 전체는 유물이 될 것이다. 간단히 말해서, 페미니즘은 친족 체계를 혁명적으로 변화시켜야 한다.

섹스/젠더의 조직에는 한때 그 자체 이외의 기능, 즉 사회를 조직하는 기능이 있었다. 이제, 섹스/젠더는 주로 그 자체로 조직되고 재생산된다. 머나먼 과거에 만들어졌던 인간 섹슈얼리티의 갖가지 관계들은 아직 우리의 성생활, 남성과 여성에 대한 우리의 생각, 우리가 아이들을 양육하는 방식들을 지배하고 있다. 하지만 그런 섹슈얼리티들은 한때 수행했던 기능적 부담을 내려놓게 된다. 가장 두드러진 친족의 모습 중 하나는 그것이 자신의 기능들 - 정치적, 경제적, 교육적, 조직적 기능들 - 을 체계적으로 내버리게 되었다는 점이다. 친족은 가장 최소한의 뼈대인 **섹스/젠더**로 축소되었다.

인간의 성생활은 관습과 인간적 개입에 언제나 종속될 것이다. 인간이 사회적이고 문화적이고 분절적인 한, 인간의 성생활은 결코 완전히 '자연스러울' 수 없다. 거침없었던 유아기의 섹슈얼리티는 언제나 순치되고 길들여질 것이다. 미성숙하고 무력한 유아와 나이 든 사람들의 성숙한 사회 생활 사이의 갈등은 아마도 언제나 소란스러운 소요의 잔재를 남길 것이다. 하지만 이런 과정의 메커니즘과 목표가 의식적 선택과 반드시 무관한 것일 필요는 없다. 문화적 발전은 우리에게 섹슈얼리티, 재생산, 사회화 수단에 대한 통제력을 가질 기회, 인간의 성생활을 기형적으로 만들었던 낡은 관계들로부터 해방하기 위해 의식적으로 선택할 기회를 제공해준다. 궁극적으로 철저한 페미니즘 혁명은 단지 여성을 해방하는 것 이상일 것이다. 그것은 성적 표현의 형태들을 해방할 것이며, 인간의 인격을 젠더라는 구속복으로부터 해방할 것이다.

"아빠, 아빠, 이 개자식, 이제 끝났어." - 실비아 플라스

이 논문에서 나는 인류학과 정신분석학에서 개념들을 빌려옴으로써 여성 억압에 대한 이론을 만들고자 했다. 하지만 레비스트로스와 프로이트 또한 여성이 억압받는 문화가 만들어낸 지적 전통 안에서 저술했다. 성차별주의적 전통의 일부인 레비스트로스와 프로이트를 인용할 때마다 성차별주의적 혐의가 묻어 나올 수 있다는 점에서 내 기획은 위험하다. "우리가 저항하고자 하는 바로 그 형식과 논리와 암묵적 가정들로 항상 빠져들지 않는 한, 단 한마디의 해체적 명제도 입 밖에 낼 수 없다."[53] 우리를 빠져들도록 만드는 것의 힘은 막강하다. 정신분석학과 구조주의 인류학 양자 모두, 어떤 의미에서는 처음부터 끝까지 매우 정교한 성차별주의 이데올로기들이다.[54]

예를 들어, 레비스트로스는 여성을 단어와 같은 존재로 보았고, 따라서 그런 단어들은 '전달되거나communicated' 교환되지 않는다면 잘못 사용된 것이다. 레비스트로스는 대단히 긴 저서의 마지막 페이지에 이르러, 여성들은 '말하는 자'인 동시에 '말해지는 자'이기 때문에, 이것이 여성들 내부에 어떤 모순을 만들어낸다는 것을 알아차린다. 이러한 모순에 대한 그의 유일한 논평은 다음과 같다.

> 하지만 여성은 절대 단순히 그저 기호일 수는 없다. 왜냐하면 남성의 세계에서조차 여성은 여전히 한 사람이기 때문이며, 여성을 기호로 규정하는 한 기호 발전기generator of signs로 간주해야 하기 때문이다. 남성들과 맺는 부부 관계의 대화 속에서, 여성은 결코 말해지는 대상일 수만은 없다. 왜냐하면 여성 일반이 기호의 특정 범주를 대표하며 특정 종류의 전달 수단이 될 운명인 반면, 개별 여성은 결혼 이전이든 결혼 이후든 대화에서 자신의 역할을 담당하기 위해 그녀의 재능에서 비롯한 독특한 가치를 유지하기 때문이다. 온전히 기호가 된 단어들과는 달리, 여성은 하나의 기호인 동시에 하나의 가치로 남아 있다. 이로 인해 우리는 왜 남녀 양성의 관계가 의심의 여지 없이 태초부터 인간 의사소통의 전 우주에 충만해 있었을 그 감정적 풍부함, 열정, 신비를 보존하고 있는가를 설명해준다.[55]

이것은 놀라운 진술이다. 이 지점에서 그는 왜 친족 체계가 여성들에게 자행한 것을 비난하지 않고 오히려 영구적인 최대의 착취를 로맨스의 근원으로 제시하는가?

정신분석학 안에서도 그와 유사한 둔감성이 드러나고 있는데, 자기 이론의 비판적 함의를 동화시켜버림으로써 드러난 모순에 둔감하기 때문이다. 가령 프로이트는 자신이 찾아낸 결과가 전통적 윤리에 정면 도전한다는 점을 서슴없이 인정했다. "우리는 비판적 눈으로 관찰하지 않을 수 없다. 우리는 관습적인 성도덕을 지지할 수 없으며, 사회가 생활 속의 섹슈얼리티라는 실용적인 문제들을 해결하고자 배치하는 방법들을 높이 평가할 수 없다는 점을 깨닫게 된다. **우리는 세상이 도덕률이라 부르는 것이 정도 이상으로 더 많은 희생을 요구하며, 그런 도덕률의 행태가 공정하게 실행되거나 현명하게 실천되지 않는다는 점을 쉽게 입증할 수 있다.**"[56]

정신분석학이 여성적 인격의 일반적 요소들을 마조히즘, 자기혐오, 수동성[57] 등으로 똑같이 편리하게 주장하더라도, 사실 똑같은 판단을 내린 것이 **아니다**. 오히려 그런 해석에는 이중적인 잣대가 적용된다. 마조히즘은 남성들에게는 나쁘지만 여성들에게는 핵심적이다. 적당한 나르시시즘은 남성들에게는 필요하지만 여성들에게는 불가능하다. 남성들에게는 수동성이 비극이지만, 여성들에게는 수동적이지 않으면 비극이다.

바로 이런 이중 기준으로 말미암아 임상의학자들은 자기 이론에서 그 파괴성이 치명적으로 드러난 어떤 역할에 여성들을 맞추려고 노력한다. 이와 같은 모순적인 태도로 말미암아, 치료사들은 그들의 이론 자체가 제시하듯 레즈비어니즘을 부당한 상황에 저항하는 존재가 아니라 치료해야 할, 문제가 있는 존재로 간주하게 된다.[58] "이것이 여성 억압이다" 혹은 "세상이 여성성이라고 부르는 것이 정도 이상으로 훨씬 더 많은 희생을 요구한다는 사실은 쉽사리 입증될 수 있다"고 누군가가 말할지도 모르는 지점에서, 여성성에 대한 분석적 논의들 속에서 이 점은 잘 드러난다. 다름 아닌 그런 지점에서 정신분석학 이론이 밝힌 함의들은 무시되고 그런 함의들을 이론적 무의식 속에 단단히 붙잡아두는 공식들이 그것을 대체해버리도록 만든다. 바로 그런 지점으로 인해 모든 종류의 신비한 화학 물질들, 고통 속의 즐거움, 생물학적 목표들이 여성성을 성취하는 데 따른 값비싼 대가에 대한 비판적인 접근을 대체해버리게 된다. 이와 같은 대체는 이론적 억압의 징후이다. 따라서 그런 대체들은 정신분석학적 논의의 일반 원리들과 모순을 초래하게 된다. 여성성에 대한 이와 같은 합리화가 정신분석학적 논리와 어느 정도까지 상충하는 가는 여성성 이론에 대한 급진적, 페미니즘적 함의를 어느 정도까지 억압해야 하는가를 드러내는 강력한 증거가 된다(도이치의 논의는 이러한 대체와 억압 과정의 훌륭한 예이다).

레비스트로스와 프로이트를 페미니즘 이론 안으로 흡수하기 위해 선취해야 할 논의는 다소 고통스럽다. 나는 몇 가지 이유로 그런 작업에 참여해왔다. 첫째, 레비스트로스나 프로이트 두 사람 모두 자신들이 기술한 체계에 내재한 명백한 성차별주의에 의문을 제기하지 않았지만, 우리가 보기에 제기되어야 할 질문들은 너무나 명확하다. 둘째, 그들의 작업은 우리에게 섹스와 젠더를 '생산양식'으로부터 분리할 수 있도록 해주며, 성 억압을 경제력의 반영으로 설명하고자 하는 특정한 경향에 반대할 수 있게 해준다. 그들의 작업은 섹슈얼리티와 결혼에 실린 무거운 하중을 성 억압에 대한 분석과 충분히 통합할 수 있는 하나의 프레임을 제공해준다. 그것은 노동계급 운동과 동형은 아니지만 그와 유사한 여성운동이라는 개념을 제기하는데, 각각의 운동은 사람들의 불만을 드러내는 각기 다른 원천을 다루고 있다. 마르크스의 비전에 따르면, 노동계급 운동은 노동자 착취의 족쇄를 벗어던지는 것보다 더 많은 것들을 감당할 것으로 여겼다. 노동계급 운동은 사회를 변혁하고, 인간성을 해방하고, 계급 없는 사회를 창조할 잠재력을 지니고 있었다. 아마도 여성운동은 마르크스가 제대로 충분히 인식하지 못했던 체계를 바꾸는 데 그와 마찬가지로 사회적 변화를 달성하는 과업이 될 것이다. 그런 종류의 과업 중 일부는 — 아마존 게릴라들의 독재는, 젠더 없는 사회에 도달하기 위한 임시적 수단이라는 — 비티그의 논의 속에 암시되고 있다.

섹스/젠더 체계는 불변하는 억압적 장치가 아니며, 전통적 기능의 상당 부분을 이미 상실했다. 그럼에도 불구하고 저항이 없다면 그것은 저절로 소멸하지 않을 것이다. 그런 체계는 섹스/젠더, 어린아이의 사회화, 인간 자신의 본성에 대한 근본적 명제들의 제공이라는 사회적 책무를 아직도 여전히 수행하고 있다. 그런 체계는 원래 자신이 촉진하도록 설계되지 않은 경제적, 정치적 목적에도 봉사한다.[59] 섹스/젠더 체계는 정치적 행동을 통해 재조직되어야 한다.

마지막으로 레비스트로스와 프로이트에 대한 해석은 페미니즘 정치와 페미니즘 유토피아에 대한 비전을 제공해준다. 그들의 해석은 우리가 남성의 제거가 아니라 성차별주의 및 젠더를 만들어내는 사회 체계의 제거를 목표로 해야 함을 보여준다. 개인적으로 나는 (처녀 생식 재생산의 가능성으로 인해) 남성들의 노예가 되거나 혹은 잊힌 존재로 전락한 아마존 가모장 체제라는 비전을 그다지 매력적이거나 적절한 것이라고 생각하지 않는다. 그런 비전은 젠더 및 양성 사이의 분할을 그대로 유지한다. 그것은 양성 사이의 제거 불가능하고 **중대한** 생물학적 차이들을 근거로 남성 지배의 불가피성을 역설하는 이들의 주장을 단순히 역전시킨 것에 불과하다. 하지만 우리는 여성**으로서** 억압받고 있을 뿐 아니라 여성**이어야** 한다는 점에서도 억압받고 있으며, 아마도 그 점은 남성들 또한 마찬가지일 것이다. 개인적으로 나는 페미니즘 운동이 여성 억압의 철폐 그 이상을 꿈꾸어야만 한다고 생각한다. 그것은 또한 강제적 섹슈얼리티와 성 역할들의 제거를 꿈꾸어야 한다. 내가 생각하기에 가장 설득력 있는 꿈은 양성적이며 (섹스가 없진 않겠지만) 젠더가 없는 사회에 대한 꿈이다. 그런 꿈속에서 한 사람의 해부학적 성은 그 사람이 누구이고, 무엇을 행하며, 누구와 사랑을 나누는가 하는 문제와는 무관할 것이다.

성의 정치경제

여기서 프로이트와 레비스트로스의 공통분모가 페미니즘 및 게이 해방에 대해 갖는 함의들로 결론을 내릴 수 있다면 좋겠다. 하지만 나는 잠정적으로, 한 걸음 더 나갈 것을 제안하고자 한다. 섹스/젠더 체계에 대한 마르크스주의적인 분석이 그것이다. 섹스/젠더 체계들은 인간 정신의 무역사적인 발현이 아니라 역사적인 인간 행위의 산물이다.

가령 우리는 마르크스가 『자본』에서 화폐와 상품의 진화에 대해 논의했던 방식으로 성적 교환의 진화를 다루는 분석을 해야 한다. '여성 교환'이라는 개념으로는 분명히 드러나지 않는 섹스/젠더 체계의 경제학과 정치학이 존재한다. 예를 들어, 여성들끼리만 교환될 수 있는 체계는 여성과 등가인 다른 상품이 존재하는 체계와는 다른 효과를 여성들에게 미칠 것이다.

단순한 사회에서의 결혼이 '교환'과 연관이 있다고 보는 관점은 사회 체계에 대한 분석을 종종 혼란스럽게 만드는 다소 모호한 개념이다. 그런 극단적인 사례가 '여자 형제'의 교환이다. 이것은 과거 한때 오스트레일리아와 아프리카의 몇몇 지역에서 행해졌다. 여기서 교환이라는 용어는 '무엇에 대한 등가물로서 건네지다', '서로 주고받다'라는 사전적 의미 그대로이다. 이와 전혀 다른 관점으로 보면, 사실상 전 세계적으로 보편적인 근친상간 금기는 순전히 명목상의 호혜적 관계를 초래하는 형제자매들의 배우자로서 '교환하기'가 결혼 체계에 필수적으로 포함한다는 것을 의미한다. 하지만 대부분 사회에서 결혼은 일련의 매개적 거래들intermediary transactions로 중재된다. 만약 우리가 이런 거래들을 단순히 직접적 혹은 장기적 호혜성을 의미하는 것으로만 본다면, 분석은 희석될 가능성이 높다. … 만약 재산의 교환을 단순히 권리 양도의 상징으로만 본다면 건네지는 대상의 성격은 … 거의 중요치 않을 것이기 때문에, 분석은 더더욱 제한될 것이다. … 이런 두 가지 접근 중 어느 것도 틀린 것이 아니지만, 둘 다 불충분할 따름이다.[60]

여성에 대한 등가물이 없는 체계들이 존재한다. 한 남자가 아내를 얻으려면, 그는 자기가 증여할 권리를 갖고 있는 딸, 여자 형제, 또는 다른 여자 친족을 가지고 있어야만 한다. 그는 몇몇 여자 혈육에 대해 통제력을 갖고 있어야만 한다. 렐레족과 쿠마족은 이를 잘 보여주는 사례들이다. 렐레족 남성들은 아직 태어나지 않은 여자아이들에 대한 소유권을 주장하기 위해 끊임없이 계획해야 하며, 그들의 소유권 주장이 유효하도록 노력해야 한다.[61] 쿠마족 소녀들의 결혼은 복잡하게 얽혀 있는 채무의 관계망에 의해 결정되며, 그녀는 남편을 선택하는 데 거의 발언권이 없다. 소녀는 대체로 본인 의사와는 상관없이 결혼하게 되며, 신랑은 신부가 도망가지 못하도록 그녀의 넓적다리에 상징적으로 화살을 쏜다. 어린 아내들은 거의 언제나 도망치지만, 친족과 인척의 정교한 음모로 새 남편에게 결국 되돌아가게 될 뿐이다.[62]

다른 사회들에서는 여성들에 대한 등가물이 존재한다. 여성은 신부대로 전환될 수 있고, 신부대는 다시 여성으로 전환될 수 있다. 그런 체계들의 역학은 여성에게 가해진 특정 종류의 압력이 무엇인가에 따라 다양하다. 멜파족 여성의 결혼은 이전의 채무에 대한 답례가 아니다. 각각의 거래는 자족적이며, 그 안에서 신부대로 돼지와 조개로 보상함으로써 부채가 청산된다. 따라서 멜파족 여성은 쿠마족 여성보다는 남편을 선택할 수 있는 자유가 더 많다. 다른 한편, 그녀의 운명은 신부대와 연관되어 있다. 그녀의 남편의 (시집) 친족이 빚을 늦게 갚을 경우, 그녀의 (친정) 친족은 그녀에게 남편 곁에서 떠나라고 부추길 수 있다. 반면에 그녀의 혈족들이 보상에 만족할 경우, 그들은 그녀가 남편을 떠나고 싶어 할 때마저 그녀를 지지하지 않을 수 있다. 게다가 친정의 남자 친족들은 신부대를 모카moka 교환 및 그들 자신의 결혼에 마음대로 쓴다. 만약 한 여성이 남편을 떠나면, 신부대를 일부 혹은 전부 되갚아야 할 것이다. 대개의 경우 그러하듯 돼지와 조개가 이미 배분되었거나 예약되었을 경우, 그녀의 친정 친족은 부부간 불화가 있을 때 그녀를 지원하기를 꺼려 할 것이다. 한 여성이 이혼하고 재혼할 때마다 신부대로서 그녀의 가치는 떨어지는 경향이 있다. 대체로 그녀의 남자 혈족들은 신랑이 채무를 체납하지 않았을 경우 여성이 이혼하면 손해를 보게 된다. 멜파족 여성들은 쿠마족 여성들보다 새 신부로서 더 자유롭지만, 신부대 체계가 이혼을 어렵거나 불가능하게 만든다.[63]

누어족과 같은 또 다른 몇몇 사회에서 신부대는 신부로만 전환될 수 있다. 다른 사회에서는 신부대가 정치적 위신과 같은 다른 것으로 전환될 수 있다. 이 경우 여성의 결혼은 정치 체계와 관련된다. 뉴기니 산악 지방의 빅맨 체계에서 여성 교환에 통용되는 물건들은 정치권력의 기반이 되는 교환들 속에서도 통용된다. 정치 체계 내에서 남성들은 지불할 귀금속을 언제나 필요로 하며, 그것은 투입량input에 의해 좌우된다. 그런 귀금속들은 몇 단계에 걸쳐 멀어지면서 그들의 직접적 파트너들에게뿐 아니라 파트너들의 파트너들에게도 의존한다. 만약 한 남자가 신부대를 다소간 되돌려주어야 한다면, 신부대를 주어야 할 다른 사람들, 즉 자신의 지위가 향연을 베푸는 데 달려 있으므로 그 신부대를 향연에 사용할 작정인 또 다른 사람들에게는 그것을 주지 못할 수 있다. 그러므로 빅맨들은 그들과의 관계가 지극히 먼 타인들의 가정사에 관여할 수도 있다. 모카 교환이 붕괴하지 않도록 우두머리들이 간접적인 파트너 교환을 내포한 결혼 분쟁에 개입하는 경우도 존재한다.[64] 이 전체 체계의 하중은 불행한 결혼에 묶여 있는 한 여성에게 달려 있다.

　　간단히 말해, 결혼 체계가 여성을 교환하느냐 교환하지 않느냐 이외에도 물어야 할 질문이 많이 있다. 여성은 여성으로서 교환되는가, 아니면 다른 등가물이 따로 존재하는가? 이 등가물은 여성에 대해서만 등가물인가, 아니면 다른 무언가로 전환될 수 있는가? 만약 그것이 다른 무언가로 바뀔 수 있다면 그것은 정치권력으로 바뀌는가, 아니면 부wealth로 바뀌는가? 다른 한편, 신부대는 결혼 교환으로만 얻을 수 있는가, 아니면 다른 곳에서도 얻을 수 있는가? 여성들은 부의 축적을 통해 축적될 수 있는가? 여성들을 양도함으로써 부가 축적될 수 있는가? 결혼 체계는 계층 체계의 일부인가?[65]

이런 결정적 질문들은 성의 정치경제를 위한 또 다른 작업에 주목하게 한다. 친족과 결혼은 언제나 전체 사회 체계들의 일부이며, 또한 항상 경제적, 정치적 제도들과 긴밀히 연관되어 있다.

> 레비스트로스는 … 결혼의 구조적 함의는 우리가 그것을 친족 집단들 사이에서 일어나는 전체 거래 품목 중 하나로 생각한다면 제대로 이해할 수 있다고 주장한다. 여기까지는 순조롭다. 하지만 그가 자기 책에서 제시한 예 중 어느 것도 이런 신념을 충분히 실천하지 않는다. 친족 채무obligation의 호혜성은 단순히 인척 관계의 상징일 뿐 아니라, 경제적 거래, 정치적 거래, 집과 토지에 대한 사용권 양도증서들이기도 하다. 이와 같은 친족 조직의 몇 가지 측면이 동시에 고려되지 않는 한, '친족 체계가 어떻게 작동하는가'에 대한 어떠한 유용한 기술도 얻을 수 없다.[66]

카친족Kachin 사이에서 임차인이 토지 소유자와 맺는 관계는 동시에 사위와 장인 간의 관계이기도 하다. "토지에 대한 어떤 종류의 권리든 그것을 획득하는 절차는 거의 모든 경우에 토지 소유자 쪽 혈통의 여성과 결혼하는 것과 같다."[67] 카친족 체계 안에서 신부대는 평민에게서 귀족에게로 이동하며, 여성들은 반대 방향으로 이동한다.

경제적 측면에서 볼 때 모계 사촌 간 결혼의 결과는, 모든 것을 고려해 보자면, 결국 족장headman의 혈통이 추장chief의 혈통에 신부대의 형태로 계속해서 재화를 지불하는 것이다. 분석적 시각으로 보자면, 지불은 또한 임차인이 연장자 토지 소유자에게 지불한 임대료로 간주할 수도 있다. 이런 지불에서 가장 중요한 부분은 소비재의 형태 ─ 즉 가축 ─ 에 있다. 추장은 호화로운 향연을 베풀어서 소멸하기 쉬운 이런 재화를 영구적인 명성으로 전환한다. 이런 방식을 통해 재화의 궁극적 소비자는 원래의 생산자들, 즉 향연에 참석한 평민들이 된다.[68]

또 다른 예로, 한 남성이 추수 선물 ─ 유리구부uригubu ─ 로 자기 여자 형제의 가정에 얌을 보내는 것은 트로브리안드 부족의 전통이다. 평민들에게 이것은 단순히 얌의 순환일 뿐이다. 그러나 추장은 일부다처를 취하고 자기 영역 내 각각의 관할구역 여성들과 결혼한다. 따라서 이들 관할구역들은 추장에게 유리구부를 보냄으로써, 그에게 연회, 공예품 생산, 쿨라 원정 등의 재정을 충당하고도 남을 만한 저장고를 제공한다. 이런 '권력 기금'은 추장 권력의 기반인 정치적 체계와 형태들을 승인해준다.[69]

몇몇 체계에서 정치적 위계구조에서의 위치와 결혼 체계에서의 위치는 서로 밀접한 관련이 있다. 전통적인 통가족Tonga의 경우 여성들은 자기보다 신분이 높은 상대와 결혼했다. 따라서 낮은 신분의 혈통들은 더 높은 신분의 혈통으로 여성들을 시집보낸다. 최고 혈통의 여성들은 정치 체계를 넘어선 것으로 정의된 혈통인 '푸지 가house of Fuji'로 시집을 갔다. 만약 최고 신분의 추장이 자기 여자 형제를 신분 체계 내에서 어떤 지분도 가지지 않은 다른 혈통에게 넘겨줄 경우, 그는 이제 최고 신분의 추장이 아니게 된다. 오히려 자기 여자 형제가 낳은 아들의 혈통이 그 자신의 혈통보다 신분이 더 높아진다. 정치적 변화의 시기에, 이전에는 높은 신분이었던 혈통의 하락은 그 혈통이 한때는 신분이 낮았던 혈통에게 아내를 줄 때 공식화되었다. 전통적인 하와이족에서는 상황이 반대였다. 여성들은 신분이 낮은 상대와 결혼했고, 지배 혈통은 더 낮은 혈통에게 아내를 주었다. 최고 권력자는 여자 형제와 결혼하거나 아니면 통가족에게서 아내를 얻는다. 더 낮은 혈통이 신분을 찬탈했을 때, 그들은 과거에 더 높은 신분이었던 혈통에게 아내를 줌으로써 자신의 지위를 공식화했다.

결혼 체계가 사회계층의 발전과 연관이 있을 수 있으며, 아마도 초기 국가들의 발전과 연관이 있을 수 있다는 점을 감질나게 보여주는 자료들 또한 존재한다. 마다가스카르에서 국가를 형성시켰던 정치적 통합의 첫 번째 과정은 족장이 결혼과 상속권의 대변동을 거쳐 몇몇 자율적 관할구역에 대한 소유권title을 획득했을 때 발생했다.[70] 사모아에서 구전되는 전설들은 최고 권력의 기원－타파이파Tafa'ifa－은 네 개의 최고 혈통의 구성원 사이에 이루어진 근친혼의 결과라고 본다. 내 생각은 너무 사변적이고 내가 가진 자료들은 너무 피상적이어서 이 주제를 더 깊이 다루기는 어렵다. 하지만 결혼 체계가 국가의 형성과 같은 거시적 정치과정과 어떻게 맞물리고 있는지를 보여주는 자료가 있다면 반드시 연구에 착수해야 한다. 결혼 체계는 수많은 방식과 관련될 수 있다. 말하자면 부의 축적과 정치적, 경제적 자원에의 차별적 접근성의 유지, 동맹의 형성, 동족결혼으로 인한 고위층들의 단일하고 폐쇄적인 친족 계층 안으로의 합병 등 수많은 방식과 관련이 있을 수 있기 때문이다.

카친족과 트로브리안드 부족 사례는 결국, 성적 체계들은 완전한 고립 상태로 결코 이해될 수 없다는 점을 보여준다. 단일한 사회 내에서 혹은 역사를 통틀어, 여성들에 대한 풍부한 분석은 **모든 것**을 고려해야 한다. 여성이라는 상품 형태들의 발달, 토지 소유 체계들, 정치제도들, 생활 수단으로서의 기술 등 모든 것을 고려해야 한다. 그와 마찬가지로 중요한 것은 만약 경제적, 정치적 분석들이 여성, 결혼, 섹슈얼리티를 고려하지 않는다면, 그런 분석은 불완전한 것에 불과할 따름이라는 점이다. 인류학 및 사회과학의 전통적 사상들－가령 사회계층의 발달과 국가의 기원과 같은－은, 모계 사촌 간 결혼의 의미들, 딸들의 형태로 착취된 잉여, 여성 노동의 남성 재산으로의 전환, 결혼 동맹으로 전환되는 여성의 삶, 정치권력에 대한 결혼의 기여, 이 모든 다양한 사회적 측면이 시간이 지남에 따라 거치게 되는 변동들을 포함할 수 있도록 재작업해야 한다.

궁극적으로 이런 노력은 엥겔스가 헤아릴 수 없이 다양한 사회 생활의 측면에 대한 일관된 분석을 통해서 보여주려고 했던 바로 그런 시도이다. 그는－일부만 거론하자면－남성과 성, 도시와 농촌, 친족과 국가, 재산의 형태들, 토지 소유 체계, 부의 전환 가능성, 교환의 형태들, 식량 생산기술, 교역의 형태들을 체계적인 역사적 설명과 연결하고자 했다. 언젠가 누군가는 섹슈얼리티, 경제학, 정치학 각각이 인간 사회에서 가지는 중요성 전체를 평가절하하지 않으면서도 그것들 사이의 상호 의존성을 설명해내기 위해 『가족, 사유재산, 국가의 기원』의 개정판을 써야만 할 것이다.

2장

인신매매에 수반되는 문제

「여성 거래」 재고

이 논문은 원래 2002년 11월 22일 뉴올리언스에서 캐럴 S. 밴스가 주최한 미국 인류학협회 '민족지학과 정치: 우리는 '인신매매'에 관하여 무엇을 아는가?(Ethnography and Policy: What Do We Know about 'Trafficking'?)'의 토론문으로 발표한 것이다. 다른 판본을 2005년 미시간 대학에서 데이비드 핼퍼린 주최로 열린 심포지엄 '여성 거래, 30년 후(The Traffic in Women, Thirty Years Later)'에서 발표하기도 했다.

나중에 「여성 거래」가 된 논문 제목을 고심하던 중에, 나는 에마 골드먼Emma Goldman의 논문 「여성 거래The Traffic in Women」(1910)를 알게 되었다.[1] 그 멋진 제목은 내 주장을 전달하기에 적절해 보였다. 두 논문의 주제는 달랐지만, 감수성은 비슷했다. 그러나 당시에 나는 그 표현이 온갖 종류의 맥락을 끌고 들어오리라는 사실을 깨닫지 못했다. 1990년대에 부흥한 '인신매매' 반대운동이 골드먼이 주장했던 여러 문제를 다시 제기하리라는 사실도 그때 나는 알지 못했다.

내 논문 「여성 거래」의 번역본이 1998년 프랑스에서 출간되었을 때, 번역자들은 제목을 바꾸고 싶어 했다. 인신매매 담론이 매춘 금지 요구와 결부된다는 오해를 살 여지가 있고 실제로 종종 그렇기도 하다는 이유로 그들은 '트래픽traffic'이라는 표현을 꺼렸다. 그래서 결국, 프랑스어 번역본 제목은 '여성 거래Transactions sur les Femmes'로 하기로 했다.[2] (본디 traffic에는 '불법적인 밀매'라는 의미가 들어 있다. 거래, 인신매매, 성매매, 매춘의 혼용을 우려하는 저자의 의도를 부각하기 위해, 에마 골드먼[1910]과 게일 루빈[1975]이 사용한 traffic은 거래로 번역하고, 담론상의 traffic과 trafficking은 맥락에 따라 '매매'나 '인신매매'로 번역했다 – 옮긴이) 학생들은 내가 '성매매sex trafficking'에 대한 글을 쓴 줄 알고 질문하곤 한다. 하지만 나는 성매매에 대한 글을 쓴 적이 없으며 분명히 밝히건대, 그 용어를 요즘 통용되는 의미로 쓴 것은 더더구나 아니다. 나는 현재의 인신매매와 매춘의 왜곡된 혼용을 받아들이지 않을뿐더러 사실상 그것에 반대한다.

캐럴 밴스가 주목하듯이, 최근 국제법의 인신매매 정의는 매춘으로 소거되지 않는다. "인신매매는 새로운 국제법과 미국법에서 이제 매춘만을 강조하지 않는다. 그 대신에 노동 착취의 극단적 형식을 강조한다."[3] 유엔 의정서(정식 명칭은 '인신매매, 특히 여성과 아동의 매매의 예방, 금지 및 처벌을 위한 국제조직범죄방지협약 추가의정서'–옮긴이) 제3조 제a항는 인신매매를 다음과 같이 정의하고 있다.

> '인신매매'는 사람을 모집하거나, 자동차로 운송하거나, 사람을 한 곳에서 다른 곳으로 옮기거나, 은신처를 제공하거나, 사람을 인수하는 데 위협이나 강제력 혹은 기타 형태의 강박, 납치, 사기, 기만, 권력 남용이라는 수단을 쓰거나, 약점을 이용하거나, 다른 사람을 통제하기 위한 동의를 얻어내려고 보수나 혜택을 주고받는, 착취를 목적으로 하는 행위이다. 이 착취에는 최소한 매춘 알선, 혹은 다른 형태의 성 착취, 노동이나 서비스 강요, 노예제도나 그와 흡사한 형태의 관습, 강제 노역이나 장기 제거라는 착취가 포함되어 있다.[4]

대중적 수사와 미디어 보도에서 인신매매는 종종 매춘과 뒤섞인다. '인신매매'는 부지불식간에 '매매되어 성 노예가 되는 것'이었다가 상업적인 성commercial sex 전부가 되곤 한다. 반매춘 활동가들은 이를 조장하여 인신매매를 간단히 상업적 성의 대체 용어로 만들어버린다. 이러한 수사는 착취, 강박, 납치에 대한 분노를 동원함으로써 매춘을 공격하는 효과적인 방식이 된다. 밴스가 지적하듯이, '매매된 사람'이라고 하면 흔히들 '여자, 여아, 성적으로 위험하고 취약한 존재'를 떠올리기 때문에, "기독교 복음주의자는 그 범행의 특성을 사회와 도덕에 반하는 범죄라고 생각하고, 반매춘 페미니스트는 여성의 평등성에 반하는 범죄"라고 치부한다.[5]

인신매매와 매춘을 자꾸 뭉뚱그리는 것은 우연도 아니고 새롭지도 않다. 사실 이러한 혼란은 19세기 후반과 20세기 초반에 등장한 인신매매 담론에서 비롯한 것인데, 당시에 골드먼은 인신매매 담론의 이러한 전제를 강력히 반대했다. 현재 **인신매매**trafficking라는 용어의 배치, 특히 '여성 매매trafficking in women'라는 개념은 이 용어들이 19세기 후반에 끌어모은 여러 의미로 인해 심하게 굴절되었다. 미국과 영국, 그리고 유럽의 대중에게 큰 주목을 받으며 광범위한 사회운동을 야기한 매춘과의 전투에서 이 인신매매라는 수사는 처음 등장했다. 오늘날 법과 정책, 그리고 지금까지 강하게 효력을 발휘하고 있는 간섭주의 패러다임의 발생 요인은 당대의 캠페인과 관심사, 즉 전 시대의 동원이다.

인신매매가 무엇이고, 이와 관련된 문제에 어떤 특성이 있으며, 어떤 해결책이 가능한지에 대한 최근의 논쟁은 의미심장한 이 용어가 태동되었던 한 세기 전의 사회운동에 뿌리를 두고 있다. 그런 까닭에 여성 매매라는 정치적 용어의 기원을 다시 논의할 필요가 있다. 그 언어는 '인신매매'를 끊임없이 잡아끌어서는 매춘, '성매매' 혹은 '성 노예제도'의 의미론적 궤도에 집어넣는다. 과거의 인신매매라는 망령이 현재의 정치에 출몰한다. 그리고 아마도 미래의 정책을 쫓아다니며 괴롭힐 것이다.

문제의 구성

1900년경 '인신매매'는 **백인 노예제도, 백인 노예무역, 백인 노예매매** 등
과 호환되어 쓰였다. **사회악**과 **부도덕한 목적**이라는 의미를 수반하는 이 용
어들은 매춘을 표시하는 기호였을 뿐 아니라 매춘을 비난하려는 수사적
비유이기도 했다. 백인 여성 매매라는 용어는 매춘과 관련하여 흥기한
19세기 후반 영국 사회운동의 맥락에서 처음 등장했다. 에드워드 브리
스토Edward Bristow는 다음과 같이 말한다.

> 매춘 규제와 이주라는 여건 아래, '백인 노예제도' 쟁점은 들불처럼 19세
> 기 후반 서구를 휩쓸었다. 도대체 백인 노예제도란 무엇이었는가? 정기적
> 으로 납치되어 매춘 소굴로 내던져지는 여성들이, 동양 바깥에 진짜 존재
> 했는가? 글자 그대로, 매춘과 관련된 백인 노예제도라는 말을 처음 쓴 사
> 람은 1830년대(원문의 '1930s'는 오식이다 – 옮긴이) 런던에서 활동하던 개혁가
> 마이클 라이언Michael Ryan 박사다. 그는 부도덕에 반대하는 지역 캠페인을
> 하면서 다음과 같이 지적했다. "마을 동쪽 끝 지구에서 유대인들이 지긋지
> 긋한 골칫거리인 인신매매를 여전히 자행한다는 사실이 치안 판사 앞에
> 서 입증되었다. 이러한 백인-노예 상인들은 어린 소녀를 꼬여내어 죄악의
> 소굴로 집어넣고 악질적인 성매매 업소로 팔아넘긴다."[6]

함정수사의 혐의가 있든 없든 '백인 노예제도'는 1870년대까지 매
춘과 대체로 공조하고 있었다. 1870년대가 끝날 무렵, "그 용어의 의미
가 바뀌었다. … 활동가와 여론의 백인 노예제도라는 수사는 강제에 의

한, 혹은 사기로 인한 매춘 모집이라는 암시를 띠게 되었다."[7] 하지만 거의 예외 없이 매춘 역시 강제 혹은 사기와 결부되어 있다고 여겨졌다. 브리스토는 백인 노예제도를 둘러싼 캠페인에, '매춘은 이성적으로 선택한 직업일 리 없으며 그것에는 본래 잔인한 구석이 있다'는, 당시에 널리 퍼져 있던 빅토리아 시대의 가정이 깔려 있었다는 사실에 주목한다. 개혁가들은 또한 '착취 사업의 가장 나쁜 형태'인 '이주 매춘' 문제를 틀어쥐었다.[8] 브리스토 외에도 많은 이들이 반매춘 시위와 법적 규제를 추진하는 데 이 용어가 얼마나 효과적이었는지를 주목했다. 그것은 선풍적인 인기를 끌었던 W. T. 스테드W.T. Stead의 신문 연재물 「근대 바빌론의 처녀 공물The Maiden Tribute of Modern Babylon」로 결실을 맺었다. 그리고 그다음 순서인 1885년 개정 형법Criminal Law Amendment Act of 1885으로 이어졌다.[9]

브뤼셀 사창가에 잡혀 있다고 알려진 영국 소녀에 관한 기사가 보도되었을 때, 이 쟁점은 우선 대중적 인기를 얻었다.[10] 그래서 백인 노예매매라는 말은 몇 가지 이질적인 요소(매춘 반대, 매춘에는 늘 강제력이 포함된다는 전제, 국경 혹은 내부 경계를 가로지르는 몇몇 운동 등)가 뒤섞인 잡탕이 되었다. '백인'이나 '노예제도'와는 완전히 별개로 **매매**traffic라는 용어 자체가 상업적 행위와 지리적 이동을 함축했다. 인종주의와 반유대주의도 그 잡탕에 섞여 있었다.[11]

백인 노예무역이라는 수사가 가진 효과는 법과 정책을 바꿀 정도로 대단했지만, 그 무역의 양과 질, 유행 정도에 관해서는 역사가마다 의견이 분분하다. 몇몇은 매매의 규모가 지나치게 과장되었다고 문제를 제기한다. 1890년에서 1914년 사이 영국의 매춘 교화 역사를 연구한 폴라 바틀리Paula Bartley는 런던 경찰이 백인 노예제도에 반대하는 십자군 소속 반매춘 단체들을 지원하는 와중에도, 그들 개개인은 그런 무역이 진짜 존재하는지 의심했다고 말한다.

한 기밀문서에서 CID(범죄수사대)는 1년간 운영했던 '백인 노예매매 전담부서'조차 실제로 시행된 인신매매 증거를 거의 찾을 수 없었다고 보고했다. 영국은 "종교, 사회, 여타 영역의 노동자들이 지어낸 수많은 무서운 유언비어로 인해 지나치게 자극을 받았다. 그 이야기들은 문명 세계의 모든 분야에 중개인을 파견하여, 고향에 있는 성인 여자와 소녀를 유괴하거나 아니면 납치하여 타지에서 파멸시키는, 고도로 조직적인 '백인 노예매매 상인' 갱단이 존재한다는 믿음을 퍼트렸다"[12]라고, 그 보고서는 불만을 토로하고 있다.

바틀리에 따르면, "수사했던 모든 사례가 다 거짓임이 드러났기 때문에, '백인 노예매매 전담부서'는 사회 정화주의자들이 퍼뜨린 무서운 유언비어를 뒷받침할 증거가 아무것도 없다고 확신했다. 아주 미미한 비율에다가 너무 산발적인 백인 노예제도로는 경찰의 과도한 관심을 정당화할 수 없었다."[13]

주디스 왈코위츠Judith Walkowitz도 빅토리아 시대의 매춘에 관한 권위 있는 연구서에서 이와 비슷한 주장을 펼쳤다. "영국 소녀들이 고국이나 외국에서 원치 않는 매춘을 했다는 증거는 희박하다. 1870년대와 1880년대의 관리들과 개혁가들은 영국과 대륙 간에 자행되었던 작은 규모의 여성 매매 사례 몇 개를 적발할 수 있었지만, 안트베르펜과 브뤼셀의 인가받은 사창가에 유인된 여성들이 선풍적 인기몰이를 하는 이야기에 등장하는 무구한 소녀들은 아니었다."[14] 브리스토는 또한 다음과 같이 기술한다. 1901년까지 "런던 경찰국이 '부도덕한 목적으로 대륙에 조달된 영국 소녀'에 관한 신고를 접수한 햇수는 5년에 불과하다고 보고했다."[15] 그런데도 수많은 무구한 소녀들을 낚아채서 성에 대한 공포로 점철된 삶을 선고하는 음습한 남성들의 광대한 네트워크가 존재한다는 생각은 사방으로 퍼졌다. 게다가 그러한 믿음은 '백인 노예매매' 금지를 위한 국제협정(1904년)과 '백인 노예매매' 금지를 위한 국제협약(1910년)을 체결하게 했고, 영국법 개정을 추진하게 했다.[16]

20세기 초반 미국에 들불처럼 번진 백인 노예에 관한 우려도 매춘을 향한 전방위 반대운동의 일부였다. 데이비드 랭굼David Langum에 따르면, 20세기가 시작된 처음 20년 동안 "미국은 전례 없이 매춘을 우려했다. 그 시기에 적어도 여섯 편의 영화, 그와 비슷한 편수의 연극과 소설, 그리고 사실과 허구의 경계를 넘나드는 특정 장르로서 적어도 열두 편에 달하는 '백인 노예제도 서사'가 소위 '사회적 패악'을 핵심 주제로 다루었다. 35개 이상의 지역, 주, 그리고 국가 위원회가 매춘의 원인, 실제, 그리고 확대 가능성을 조사했다."[17]

마크 토머스 코넬리Mark Thomas Connelly는 20세기 초반 매춘 반대 동원에 관한 책에서 "진보의 시대progressive era에 반매춘 운동은 대단히 변화무쌍했다"라고 지적했다.[18] 반매춘 시위는 다양한 형태로 일어났지만 그중에서 '백인 노예제도'를 반대하는 십자군이 가장 유명했고 인기도 많았다. 영국에서처럼 미국에서도 '백인 노예매매'는 복잡한 합성물이었다. 거기에는 매춘, 강제력, 그리고 경계들을 가로지르는 운동이 녹아들어 섞여 있었고, 본질적으로 관련될 수밖에 없는 현상들이 함께 취급되고 있었다. 백인 노예제도라는 말은 **노예제도, 무역, 매매**라는 용어, 그리고 권력과 폭력이 매춘의 본래 특성이라는 전제가 그득 담긴 범주 사이에서 쉽게 전락했다. 영국과 마찬가지로 미국의 백인 노예 담론에는 매춘이 유독 착취적이며, 늘 강제적이고, 거의 예외 없이 치명적이라고 가정하려는 경향이 있었다.

랭굼에 따르면, 미국에서 백인 노예 히스테리가 분출했던 때는 폭로 전문 기자와 십자군 검사가 젊은 여자들이 시카고 사창가에 노예로 잡혀 있다는 주장을 공표한 이후였다고 한다.

그것은 폭로 전문 기자 조지 킵 터너George Kibbe Turner가 《맥클루어 매거진》에 게재한 기사 한 편에서 시작되었다. … 거기서 그는 도시 공무원의 묵인 아래 "많은 러시아 유대인들이 관여하는 어떤 허술한 단체가" 시카고 사창가 여자들 대부분을 공급한다고 고발했다. 때맞춰 시카고의 십자군 검사 클리퍼드 G. 로Clifford G. Roe는 사창가에서 흘러나온 편지 한 통을 복원했다고 주장했다. 어떤 나이 어린 창녀가 그 편지에서 자신이 '백인 노예'로 잡혀 있다고 주장했더라는 것이다. 로 검사는 이 충격적인 기소를 시작하면서, 어린 소녀들이 실제로 사창가에 감금되어 있다고 고발했다. 붙잡힌 여자들이 노예처럼 팔리고 경매된다는 혐의가 연이어 제기되었다. 1909년 10월 17일자 《시카고 트리뷴》에는 반나체의 어린 소녀를 그린 선명한 삽화가 실렸는데, 소녀는 수치스러워하며 손수건에 얼굴을 파묻은 채 흐느끼고 구매자들은 사창가에 새로 들어온 경매물인 그녀를 입찰하고 있다.[19]

로 검사는 다음과 같이 주장했다. "시카고는 이제 부디 깨어나서, 사람의 살과 피를 매상 좋은 물건으로 취급하는 노예제도가 오늘날 끔찍한 규모로 이 도시에 실재한다는 사실을 인식해야 한다. 우리가 싸워야 할 대상은 노예제도, 실재하는 노예제도이다. … 시카고의 백인 노예는 남북전쟁 전의 깜둥이 노예만큼이나 많다. … 그런 상황에 놓인 수백, 아니 수천 명의 소녀가 시카고에 현존한다."[20] 랭굼이 상술하듯이, "순식간에 극심한 공포가 전국 방방곡곡으로 퍼져나갔다. 미국 각 도시에 있는 어린 소녀들이 꼬임에 넘어가 사창가로 유인되거나 독화살과 주사를 맞고 죄악의 소굴로 끌려간다고 많은 사람들이 금세 믿게 되었다. 소녀들이 노예처럼 갇혀서 소지품처럼 사고팔린다는 것이다."[21]

그러한 믿음은 코넬리가 "1910년대에 미국에서 번창한 이국적 문학 장르"[22]라고 부른 일련의 서사체로 표현되어 전파되었다.『진보의 시대, 매춘에 대한 반응The Response to Prostitution in the Progressive Era』에서 코넬리는 이렇게 썼다.

깜짝 놀랄 만한 주장이 담긴 수많은 책과 전단이 등장했다. 악랄한 덫으로 미국 소녀들을 꾀어내어 강제로 매춘이나 '백인 노예제도'로 몰아넣는 부패한 음모가 온 나라에 만연해 있다는 주장이었다. 1909년경에 시작된 이러한 백인 노예 서사, 혹은 백인 노예 트랙(당대에 존재했던 문학의 한 장르-옮긴이)은 구성이 모두 천편일률적이다. … 어여쁘고 순결한 토종 미국 시골 소녀가 청운의 꿈을 안고 가족과 고향을 떠나 도시로 온다. 그러나 도착하자마자 그런 무방비 상태의 순진무구한 여행객을 기다리던 포주를 만나 희생자로 전락하고 만다. 포주의 사기술 가운데 최고봉은 결혼과 안전한 숙소에 대한 약속이다. 이런 게 먹히지 않는다면 마취제가 묻은 손수건을 쓰거나 독주사를 맞히거나 약을 탄 음료수를 먹인다. 교활한 백인 노예 상인이 소녀를 사창가에 집어넣는다. 거기서 소녀는 매춘 노예가 된다. 백인 노예제도에 맞서 싸우는 헌신적인 단체들의 회원에게 구출되는 행운을 만나지 못하면, 소녀는 5년 안에 죽고 만다.[23]

상당히 많은 서사가 과장법으로 도배되어 있다고 하더라도, 더욱 일반적인 감상적인 측면에서 '백인 노예제도'는 이리하여 매춘에 대한 하나의 보조 관념이 되었다.

'백인 노예제도'는 매춘을 몇 가지 다른 사회적 관심사들, 특히 이동하는 사람과 관련된 사항들과 융합했다. 반인신매매라는 말과 그것의 법적 장치는 항상 이민과 이주라는 쟁점을 포함한다. 20세기 초반 미국에 횡행했던 그러한 불안의 일면에는 국내 인구 이동이 관련되어 있다. 당시에 미국의 수많은 젊은 여성들이 도시를 향해 교외 농장과 시골 마을을 떠났다. 도시에서 그녀들은 공장 노동자, 상점 점원, 그리고 비서가 될 수 있었다. 코넬리는 백인 노예제도를 둘러싼 불안이 "넓은 의미에서 20세기 초반 미국인의 삶에서 두 가지 명백한 사실"과 관계가 있음을 규명했다. "하나는 시골 마을의 어린 소녀들이 직장과 사회 활동 기회를 찾아 도시로 이주했다는 사실이다. 다른 하나는 그녀들이 도시의 홍등가에 노출된 채 바글대고 살았다는 사실이다. 백인 노예 트랙의 단면은 이러한 두 가지 조건들 사이의 친연성과 관계되는 질문이었다. 도시로 와서 홀로 사는 이 소녀들에게 무슨 일이 일어났던 것인가?"[24]

국경을 가로지르는 미국 이민 문제 역시 백인 노예제도 서사에 복잡하게 얽혀 있다. 서유럽과 동유럽, 특히 유대인과 가톨릭교도의 이민 증가는 사회적으로, '인종적'으로 열등한 집단을 반대하는 북유럽(통상 '앵글로색슨'이나 '노르딕') 신교도 지상주의라는 이민 배척주의와 맞부딪쳤다. 매디슨 그랜트Madison Grant의 『위대한 인종을 넘어서The Passing of the Great Race』와 로스럽 스토더드Lothrop Stoddard의 『피부색이라는 밀물The Rising Tide of Color』 같은 책들은 북유럽과 서유럽이 아닌 국가로부터의 이민을 엄격히 제한하려는 신념에 찬 운동들을 명확히 설명해내고 있다.[25]

이민 반대시위가 거세지자, 연방정부 차원에서 그 '문제'를 연구하기 위한 위원회가 창설되기에 이르렀다. 미국 이민위원회(위원회 의장을 맡은 상원의원 이름을 딴 딜링엄 위원회Dillingham Commission로 더 유명하다)는 1911년에 총 41권의 보고서를 제출했다. 이민 반대운동의 결과로 일련의 입법 개혁이 이루어졌다. 1924년 존슨-리드법Johnson-Reed Act은 출신 국가별로 이민 쿼터를 정함으로써 사실상 유럽 남부와 동부로부터의 이민 홍수를 막았다.[26] 이러한 출신 국가별 제한은 1965년에야 풀렸다.

딜링엄 보고서 제37권에는 3등실 환경, 이민자 가정, 자선협회, 이민자 은행에 관한 조항들 사이에 '부도덕한 목적의 여성 수입과 은닉'에 관한 조항이 있다. 매춘과 백인 노예제도를 반대하기 위한 동원은 전적으로 인종과 이민 관련 논쟁과 얽혀 있다. 딜링엄 보고서의 초점이 이민자 여성 매춘에 있는 반면, 백인-노예를 다룬 문학작품 상당수는 이민자 남성들의 외양에서 풍기는 위협을 경고했다. 혐의가 가는 포주들은 인종적 피의자 집단에서 배출된다고 추정되었다. 그들의 이민은 겉으로는 도덕적인 양하는 토종 미국인들에게 위협이 되었다.

전형적인 멜로드라마 공식에서, 노예가 된 소녀는 보통 토종 백인으로 묘사된다. 그와 반대로 노예 상인들은 피부 빛이 어둡고 검게 그을린 이방인으로 묘사되는 경향이 있다.[27]

순진한 시골 소녀들을 노예로 포획하여 타락시킨 포주들은 언제나 유대인이거나 이탈리아나 동유럽 출신 도시인이다. 「미국의 백인 소녀 밀매 America's Black Traffic in White Girls」(앞서 언급한 《시카고 트리뷴》 1909년 10월 17일자 어린 소녀의 반나체 삽화와 함께 게재된 기사 – 옮긴이)를 쓴 작가(에르네스트 A. 벨 [1865~1928] – 옮긴이)는 경고한다. "프랑스, 이탈리아, 시리아, 러시아, 유대, 중국에서 온 타락한 도시인, 이국에서 온 지옥의 개가 백인 노예매매를 운영하고 착취한다." 그 사업에 종사한다고 알려진 미국인이나 영국인의 사례는 전혀 없다.[28]

외래의 낯선 모든 것들을 매춘 및 포주와 연관 짓는 이유가 인신매매 속성에 영토 경계를 가로지르는 움직임이 들어 있기 때문만은 아니다. 주와 국가 경계가 규제권과 사법권의 근거가 되기도 한다. '백인 노예' 공포는 국내외의 많은 법과 정책을 낳았다. 미국에서 최악의 사법 결과물은 맨법 Mann Act 이라고 알려진 '백인 노예매매' 금지법 White Slave Traffic Act 이다.[29]

맨법은 "운송하는 과정에, 다른 주 혹은 외국과의 통상 과정에, 어떤 지역에서 혹은 컬럼비아 특별지구에서라도 여성이나 소녀를 매춘이나 유흥을 목적으로 혹은 다른 어떤 부도덕한 목적으로 유도하거나 유인하거나, 여성이나 소녀를 강제하여 창녀가 되게 하거나 유흥업소에 집어넣거나 아니면 다른 어떤 부도덕한 행동에 연루되게 하려는 의도와 목적으로 운송하거나 운송 원인을 제공하거나 도움을 주거나 교통비 취득을 돕는 것"을 연방 범죄로 규정했다.[30] 이 법은 무슨 여행이든지 여성이나 소녀가 주 경계를 넘으면 차표를 취득하는 것은 물론 그것을 돕는 행위까지 금지하는, 무수히 많은 금지 행위를 규정하고 있는 것이 특징이다. 이로써 매춘, 유흥업, 부도덕한 목적으로 미국으로 이민 오리라 짐작되는 외국 여성이나 소녀들에 대한 새로운 이민 규제가 개시되었다. 게다가 그런 여성이나 소녀(포주도 마찬가지)가 나중에 적발될 때 추방하기가 더 쉬워졌다. 그런 이들을 숨겨주거나 재워주는 행위도 중범죄가 되었다. 맨법이 제정되자 연방정부 관할권에 있는 미국령이나 컬럼비아 특별지구 내 이동에도 그 법이 적용되었다. 맨법은 매춘을 아주 명확하게 겨냥하고 있었지만 '부도덕한 목적'이라는 잔여 유형에 대해서는 지나치게 광범위하고 애매했다. 그것은 연방정부가 법을 포괄적으로 해석할 수 있게 만들었다. 이로써 주와 주 사이의 여행이나 이민, 심지어 연방정부가 담당하는 미국령, 그리고 컬럼비아 특별지구 내 이동을 포함한 거의 모든 혼외 섹슈얼리티를 기소할 수 있게 되었다.

맨법은 무수히 많은 결과를 초래했다. 예를 들어, 맨법을 집행함으로써, "연방법 집행의 자질구레한 업무를 수행하던 FBI가 국가적인 승인 기관으로 탈바꿈했다." 랭굼에 따르면, "1908년 이전의 연방정부 수사는 사립 탐정을 고용하거나 다른 기관 형사들을 빌려오는 주먹구구식이었다". 1908년 미국 법무부 산하에 작은 수사국 하나가 창설되었다. "처음에는 국장 한 명과 스물세 명의 요원이 전부였다. 게다가 경찰 권력에 대한 상당한 두려움이 있었기 때문에 제한된 사법권만이 부과되었다. … 맨법 집행을 맡게 되자 상황은 변했다. 수사국의 첫 번째 주요 현장 사무소가 볼티모어에 설치되고 막대한 인력이 충원되었다. … 맨법은 FBI를 비약적으로 발전시켰다. 1912년까지 수사국 업무 전반이 백인 노예 수사와 관련이 있었다."[31] FBI는 맨법을 집행하기 위해서 자체 전담반을 확대하고 철도원과 우체부를 첩자로 채용하기 시작했다. 철도회사들은 홍등가에 거주하는 여성에게 예매표를 배달하지 말라고 직원에게 지시했다. 연방정부 기관인 우체국도 매춘에 관한 정보를 수집하기 위한 보조원을 모집했다.[32]

연방정부 요원은 지역 관할 내 매춘을 단속할 권한이 없었다. 게다가 많은 경우 매춘은 아예 합법적이거나 적어도 허용되고 있었다. 맨법이 운송에 적용되기 시작하면서 수사국은 주 경계를 넘는 창녀들의 움직임을 감시해야 했다. 연방 관할권을 작동시키는 움직임을 감지하고 기소하는 데 창녀들이 어디에 살고 어디에서 일하는지는 요긴한 정보였다. 그리하여 신생 FBI는 창녀 인구조사 보고서를 만들었다. "수사국 요원들이 정기적으로 사창가를 방문하여 서류를 작성했다. 거기에는 창녀들의 본명, 나이, 신원, 출신 국가, 실제 매춘이 행해지는 유곽 주소와 소유주에 관한 상세한 정보가 기재되었다. 유곽 마담은 창녀가 새로 들어올 때마다 서류를 작성하여 그 지역의 백인 노예 전담 요원에게 보내야 했다."[33] 이것은 여성의 성에 대해 광대한 규모로 자행되는 감시였기에, 상당한 인적 자원에 대한 인프라와 정보가 축적되어야만 했다. 그것은 몇십 년 후에 FBI가 정치가와 동성애자를 감시할 때 쓰게 될 정교한 체계의 초기 모형이라 할 법했다.

제1차 세계대전 동안 미국에서 옛 홍등가 대부분이 철거된 이후, 맨법 집행은 혼외 섹스 쪽으로 방향을 틀었다. '부도덕한 목적'이라는 말은 더 넓은 의미로, 혼외의 비상업적 성행위를 의미하도록 각본이 짜였다. 1917년 즈음부터 1920년대 내내, 법무부와 지역 경찰은 온갖 험담꾼, 지역 주민, 그리고 호사가로부터 '비행 성행위'에 관한 수천 개의 보고서를 수집했다. 수백 명이 맨법으로 기소되었다. 대부분의 경우 간통 때문이었지만, 어떤 경우에는 성관계를 맺지 않은 행동도 기소되었다.

> 맨법은 성관계를 맺지 않은 남녀 간 여행으로까지 확대 적용되었다. … 여자친구를 뉴욕에서 뉴저지까지 데리고 가서 데이트하고 저녁에는 진도를 좀 빼볼까 마음먹은 남자가 있다면 그는 맨법을 위반한 것이 된다. … 이와 비슷하게 디트로이트에 사는 여자친구가 버밍엄에 사는 남자친구를 방문할 경우, 여자는 홀로 비행기를 타고 와야 하는 상황인데, 이때 만일 남자가 여자를 초대하여, 여자가 주 경계를 넘는 동안 성행위를 할 생각을 품는다면, 그 남자는 중대한 연방 범죄를 저지른 셈이 된다. 아무런 성행위가 없었고 결과적으로 실망하게 되었다손 치더라도 매한가지다. 조지 오웰 식의 '나쁜 생각'에다가 운송 문제를 더한 것이 그 범죄의 핵심이라고 정의할 수 있다.[34]

남성뿐 아니라 여성도 다른 여성을 이송할 때 맨법의 적용을 받았고 남자(남자친구 혹은 애인)가 이동하는 것을 도우려 했다는 혐의로 기소되곤 했다. 데이비드 랭굼은 결혼하지 않은 남성과 여행했다는 이유로 연방정부의 고발을 당해야 했던 많은 여성의 사례를 소개한다. 1927년과 1937년 사이에 웨스트버지니아 앨더슨에 소재한 연방정부 교도소의 여성 수감자 가운데 약 23퍼센트가 창녀가 아닌데도 맨법 위반으로 구속된 경우였다.[35] 아마도 그녀들은 다른 '부도덕한 목적'의 여행 금지 조항을 위반했을 것이다.

　인종적, 정치적 맥락에서 쓰임이 많았던 맨법은, 흑인 헤비급 챔피언 권투선수인 잭 존슨, 로큰롤 가수인 척 베리, 찰리 채플린 등을 기소하는 근거가 되었다. 선구적인 사회학자 토머스W. I. Thomas는 결혼하지 않은 여성과 시카고의 한 호텔에 함께 있었다는 이유로 맨법 위반으로 처벌되었고, 1918년 시카고 대학에서 해임되었다.[36] 지금은 맨법이 '젠더 중립적'이지만 그 위력은 여전하다. 매춘을 목적으로 주 경계를 넘는 여성 운송에 대한 맨법 기소의 위협은 2008년 뉴욕 주지사 엘리엇 스피처Eliot Spitzer를 사직하게 했다.

　맨법 이전의 매춘 규제법은 주정부 혹은 지방자치정부의 업무였다. 맨법은 그 범죄를 연방정부가 담당하도록 했다. 연방헌법상 통상조항commerce clause이 그 근거였다. 제1조 8항는 '외국, 여러 주 사이, 북미 원주민 부족과의 통상 규제' 권한을 의회에 부여한다. 이와 유사하게 '인신매매' 쟁점에 접근하는 국제조약은 국경 통과에 대한 국가 사법권을 근거로 삼았다. 그리하여 갖가지 이데올로기적, 실제적, 사법적 매개변수를 고려하기 위해 이동과 운송이라는 개념이 '인신매매' 범죄 분류 체계에 포함된 것이다.

　맨법의 공식 명칭 – '백인 노예매매' 금지법 – 에는 초기 십자군 운동의 오래된 유산, 강압, 부도덕성, 매춘, 경계 통과 같은 쟁점들이 구분 없이 흐릿하게 뒤섞인 수사가 들어 있다. 전대의 **백인**이라는 용어가 삭제되긴 했어도, 이와 똑같은 혼용이 현재 '인신매매'를 반대하는 국제 운동에 다시 등장하곤 한다.[37]

맨법, 다른 사법적 기호들, 그리고 백인 노예매매를 반대하는 십자군에서 비롯한 협약들은 매춘과 '부도덕성'의 다른 형태들을 지목했다. 그런 협약들은 성과 관련 없는 학대에 적용할 수 없고, 폭력적이지 않은 많은 성을 포괄할 수 없다. 반면에 최근의 유엔 의정서는 모든 형태의 매춘에 관한 독점적인 초점을 인신매매로부터 떼어놓았다. 그러나 매춘과 다른 형태의 성 상업sexual commerce의 연결 고리를 재구축하려는, 그리고 가사 노동, 공장 노동, 결혼, 표면적으로는 '부도덕하지 않은' 다른 영역에서 자행되는 학대로부터 관심을 돌리려는, 잔류된 수사와 제도적 저류가 여전히 존재한다.

데이비드 파인골드David Feingold는 다음과 같은 사실을 규명한다. "인신매매 문제에서 노동 착취보다 성적 착취를 강조하는 이유는 그것이 정치적인 면과 정서적인 면 모두에서 더 유용하기 때문이다. 정치적으로 밀착된 '폐지론자'가 벌인 로비의 영향으로 매춘은 인신매매와 융합되었고, 매춘을 반대한 십자군은 인신매매를 처단한 승리자와 동의어로 간주되었던 것이다."[38] '인신매매'라고 하면 일반 대중은 집, 농장, 공장보다 유곽을 떠올리곤 한다. 십자군 기자들과 다큐멘터리 감독들은 이러한 연상을 증폭시킨다. 페미니스트건 보수주의자건 정치적으로 동원되는 반매춘 단체들은, 아직도 그들의 현안을 효과적으로 표현하는 수사와 제도적인 보조 수단으로 인신매매를 인식하여, 여전히 인신매매와 매춘을 폭넓게 호환되는 것으로 다룬다.

현재 반인신매매 단체들은 그들의 관심사와 달성 목표를 무엇으로 정의하느냐에 따라 갈린다. 어떤 단체들은 모든 노동 유형에서 벌어지는 학대와 강제를 다룬다. 다른 단체들은 매춘 척결, 더 나아가 범죄화한 매춘 척결을 목표로 삼는다. 예를 들어, 여성 인신매매에 반대하는 전 지구적 동맹GAATW: Global Alliance Against Trafficking in Women은 인신매매를 "폭력이나 폭력 위협, 권위 혹은 지배적 지위 남용, 빚으로 인한 예속, 속임수나 다른 형태의 강제를 수단으로 하여 노동이나 서비스를 목적으로 국경 안에서 혹은 국경을 넘어 여성을 모집하거나 운송하는 것과 관련된 모든 행위"라고 정의한다.[39] GAATW는 어떤 다른 종류의 노동이나 행위보다 착취와 남용이라는 사회적 관계를 강조하고, 인신매매 문제를 매춘과 상업적 성을 특화하는 용어에 가두지 않는다. 반면, 다른 많은 단체들의 주된 관심사는 매춘이다. 이러한 맥락에서 '인신매매'는 강제적이거나 그렇지 않거나 상업적 성으로 축소된다. 그런 단체 중 하나가 여성 인신매매 반대연합CATW: Coalition Against Trafficking in Women이다. 여성 인권을 촉구하는 NGO임을 자칭하는 그 단체는 다음과 같이 천명한다.

〔CATW는〕 모든 형태의 성적 착취, 특히 여성과 소녀, 아동의 매춘과 인신매매 타파를 위한 국제 활동을 목적으로 한다. … CATW는 매춘, 포르노그래피, 성 관광, 그리고 신부 통신 판매를 포함하는 모든 형태의 성적 착취에 대한 국제적 관심을 도모한다. … CATW는 매매되어 매춘하는 여성이 처한 상황을 조사하고 기록하며, 매춘하는 여성과 소녀가 입은 심각한 피해를 대중에게 알린다. … 당사자의 합의 여부와 상관없이 모든 매춘은 여성에게 해롭다. 매춘은 일상, 사창가, 보도방, 군대에서의 매춘, 성 관광, 신부 통신 판매, 그리고 여성 인신매매를 포함한다.[40]

CATW의 공약은 그 표현이 조금 현대적으로 바뀌었을 뿐 옛 백인-

노예 십자군의 특징인 매춘과 강제력에 대한 많은 전제를 재생산한다. 최근 국제 의정서가 인신매매를 다루면서 포괄적 정의를 채택했다는 사실과 모든 매춘을 인신매매와 동일시하지 않는다는 사실을 무시한 그런 수사 덩어리는 누적된 책임을 벗어나기 어렵다.[41]

문제의 범위

> 오래된 습관이 그러하듯, 오래된 숫자는 쉽게 사라지지 않는다.
> ─데이비드 파인골드, 「숫자상의 매매 Trafficking in Numbers」

20세기 초반에 일어났던 인신매매 공황은 수치, 크기, 의미, 그리고 정의에 관하여 따끔한 충고를 건넨다. 사회문제를 정의할 때는 신중하게 표현해야 하고 분명하게 진술해야 하며 그 추정치의 근거를 아주 명확하게 제시해야 한다. 그러나 불행히도 개인, 유권자, 그리고 갖가지 불평꾼들이 사회문제를 제기하거나 문제 표현 행위를 동원할 때, 정의는 미끄러지고 숫자의 출처는 사라지곤 한다.

사회학자 조엘 베스트 Joel Best 는 다음과 같이 논평한다. "큰 숫자의 조합, 폭넓은 정의, 그리고 무서운 사례들은 주장을 더 강력하게 만든다."[42] 큰 숫자는 사회문제를 중요하게 보이게 하고 그것을 무시하면 위험해질 것 같은 분위기를 조장한다. 베스트는 이렇게 말한다. "큰 숫자가 작은 숫자보다 좋다," "공식적인 숫자가 비공식적인 숫자보다 좋다," 그러므로 "공식적인 큰 숫자가 가장 좋다."[43] 상황이 안 좋다는 주장에 힘을 신고자, 특정 문제나 현상에 대한 추정치가 종종 효과적인 논거로 사용된다. 성적 낙인sexual stigma에 큰 추정치가 섞이면 그 조합의 결과는 특히 심각해질 수 있다.

베스트는 또한 다음을 주목한다. "문제를 제기하는 사람들이 내미는 수치는 엄밀한 조사라고 할 수 없는 경우가 많다. 어떤 수치는 희박한 분위기에서 뽑아낸 짐작일 뿐이고 나머지 수치도 극소량의 자료로 어림잡은 추정일 뿐이다."[44] 포르노그래피, 동성애, 아동 실종, 그리고 인신매매 등 많은 사례가 있다. 여기서 제시되는 크기와 범위의 광대한 추정치는 근거가 불확실하다. 그런데도 그런 수치가 일단 제시되면 끝없이 유포되고 되풀이되면서 신뢰를 얻는다. 빈번한 반복은 문제의 규모에 대한 일종의 사실적 평가로 간주되는데, 이렇게 되면 개념에 결함이 있고 근거가 불확실하고 완전히 터무니없는 추정치는 신중한 정밀조사로도 입증하기 힘들어진다.[45]

엄청나게 많은 수의 창녀와 관계된 거대한 문제를 다룬 서사물 덕택에 '백인 노예'는 20세기 초반 미국에서 하나의 사회문제로 구성되었다. 매춘을 수량화하려는 당대의 시도를 되짚어보는 것은 흥미롭다. 이 시기 미국에는 창녀, 혹은 '백인 노예'가 정확히 얼마나 있었나? 그 무역 규모는 얼마나 컸나? 그 추정치를 믿지 못하는 이유는 무엇인가?

창녀의 수를 헤아리는 데 따르는 한 가지 문제는 무엇을 그리고 누구를 헤아려야 하는가이다. 베스트는 포괄적인 정의가 큰 수치를 낳았다고 경고한다. 20세기 초반에 매춘을 너무 광범위하게 정의하는 바람에 표면상의 문제 범위를 부풀리는 통계치가 나왔다. 과장법에 기댄 백인 노예 소설에 국한된 문제가 아니었다. 1911년에 출간된 시카고 풍기문란 단속위원회Chicago Vice Commission의 보고서 『시카고의 사회악The Social Evil in Chicago』 같은 멀쩡한 반매춘 문서에서도 그러했다. 시카고 위원회는 매춘에 관한 철저한 연구서를 발간하려고 했다. 그러나 매춘은 혼인 관계가 아닌 모든 성행위를, 심지어 (여성에게) 지나치게 열정적인 부부 관계를 뜻할 수도 있었다. 코넬리는 『진보의 시대, 매춘에 대한 반응』에서 다음을 지적한다.

> 〔그 위원회는〕 젊은 직업여성이 남성을 만나는 무도회장, 기혼자가 혼외정사를 벌이는 밀회 장소, 청소년이 모이는 호수 위의 보트, 자유로운 야유회, 여름 휴양지, 살롱, 연예장 등이 매춘에 대한 가장 기독교적인 정의에 포함될 수 있다고 하면서, 도회의 일상사에 자주 관심을 돌렸다.
>
> 이러한 환경에서 발생한 의도적인 성행위는 시카고 보고서와 다른 문서에서 '비밀clandestine' 매춘으로 분류되었다. … 비밀 매춘에는, 돈이 거래되느냐와 상관없이 거의 모든 결혼 전의 여성 성행위 혹은 일부일처제에 반하는 여성 성행위가 포함된다. 그리하여 『시카고의 사회악』이 구축한 도덕 세계에서는 결혼으로써 공인되지 않은 모든 성행위를 매춘으로 간주할 수 있었다.[46]

코넬리는 매춘에 관한 다른 많은 정의들도 '애매하고 포괄적이기는 매한가지'라고 지적한다. 예를 들어, 1912년에 《전망The Outlook》(1870년부터 1935년까지 뉴욕에서 발행되던 주간지 – 옮긴이)은 매춘을 "지지와 지원을 뜻하는 가족 간의 책임감과 사회적 애정으로부터 사랑의 관능적 요소를 분리하려는 시도"[47]라고 정의했다. '뉴욕 법의학협회New York Medico-Legal

Society' 회장은 매춘을 "신체 성 기관의 억제되지 않은 희열을 추구하는 정신이상 충동"이자 "출산을 고려하지 않은 채 삶의 의무와 책임과 목적에 대한 모든 고려 사항을 지배하는 강박"이라고 기술했다. 어떤 내과의는 창녀를 "남성의 욕정에 존경과 존중이 배어 있는지를 고려하지 않고 육체를 희생하는 여성 … 혹은 쾌락만 제공하는 남성과 동거하는 여성"[48]이라고 정의했다. 코에 걸면 코걸이 귀에 걸면 귀걸이 식의 이런 정의들은 수많은 여성 매춘 통계치를 포함시킬 수 있었기 때문에, 결국 창녀 인구 통계치를 극도로 부풀리는 수단이 되었다.

통계치를 부풀렸던 또 다른 요소가 코넬리가 명명한 이른바 '5년 이론'이다. 매춘을 다룬 20세기 초기 문학작품 전반에, 창녀의 생애는 추잡하고 야만스러울 뿐 아니라 그 수명이 극도로 짧다는 가정이 깔려 있다. 이러한 사실은 매해 수천 명에 달하는 높은 창녀 사망률에서 확인된다는 것이다.

창녀는 육체적, 정신적으로 점차 쇠락하여 '그 생활'을 시작한 이래 5년 이내에 죽는다는 생각이 당대에 널리 퍼졌다. … '5년' 이론은 결코 증명된 적이 없었지만 일반적으로 용인되었던 까닭에, 죽음으로 파괴된 계층을 채우기 위해 매년 상당수의 여성이 필요하다는 가정이 만들어졌다. … 매년 수만 명의 여성이 부도덕하게 타락한다는 발상은 매춘, 특히 백인 노예 공포에 대한 극심한 분노에 불을 붙였다.[49]

실제로 1912년 미국성위생학연합American Federation for Sex Hygiene은 매년 5만 명의 창녀가 죽는다고 추산했다. 코넬리도 인용한 바 있는 당대 비평가 존 S. 풀턴John S. Fulton은 이 추산이 정확하다면 "5년이라고 추산된 창녀 사망 기한에다가 창녀 노릇을 할 수 있는 15세에서 35세까지의 나이를 고려한다면, '정숙한' 여성들보다 창녀들의 수가 2만 명이나 더 많아야 했을 것이다"라고 지적했다.[50]

코넬리는 1912년 워싱턴 D. C.에서 열린 제15회 위생과 인구통계에 관한 국제회의International Congress on Hygiene and Demography에서 미국성위생학연합이 전시회에 내건 창녀 수치를 두고 펼쳐진 신랄한 논쟁을 전한다.

새로 창설된 미국성위생학연합은 성 위생 교육의 필요를 강조하는 전시회를 주관하여 성병의 파국과 공포를 전달하는 도표와 사진을 전시했다. 연합회의 총무이자 이 전시회를 준비한 필라델피아 내과의사 로버트 N. 윌슨 Robert N. Wilson은 미국의 매춘 규모를 수치로 제시했다. 윌슨의 '극보수주의적 계산법으로 산출한 창녀의 수와 수입에 관한 공식 집계'에 따르면, 54만 4350명의 창녀가 한 해에 벌어들이는 수입은 2억 7200만 달러 이상이다. 윌슨은 공공연한 창녀 한 명당 세 명의 '비밀' 창녀가 있으므로, 총 163만 3050명의 창녀에 드는 비용이 4억 826만 2500달러라고 계산했다. 보수주의적 계산을 한쪽으로 밀치고서 그는 결론을 내렸다. "우리가 부도덕한 사회적 질병에 30억 달러 이상을 쓴다고 믿는 데에는 다 근거가 있다."[51]

존 S. 풀턴은 《미국 공중보건 저널American Journal of Public Health》에서 위의 수치를 맹렬히 비난했다.

미국성위생학연합의 '통계 사고', '숫자 공예', '어림잡아 짐작하기' 등은 입증될 수 없다고 풀턴은 단호히 말했다. 철갑을 두른 반박용 수치를 제시하지는 않지만, 그는 흥미로운 모순점을 지적했다. 매춘이 연간 30억 달러짜리 사업이라는 억지 주장에 관하여 그는 이렇게 밝혔다. "몇몇 구체적인 사실을 고려했더라면, 미국성위생학연합은 그 발표를 몇 해 뒤로 미루어야 했을지 모른다. 이 나라가 과잉 보호하는 남성들이, 매년 창녀의 수중으로 전 세계 모든 돈의 4분의 1을, 미국이 가지고 있는 돈 전부를 내놓다니, 그 돈이면 세계 채무 총액의 4분의 1을 갚을 수 있고, 미국 공공 채무를 변제하고도 10억 달러가 남는다."[52]

코넬리에 따르면, "윌슨은 격론을 불러일으키는 재담으로 풀턴의 혐의 제기에 응수했고, 연합회가 추산한 수치의 타당성을 주장했다. 그런 후에 풀턴의 성격과 동기에 대한 인신공격을 퍼붓기 시작했다."[53]

이와 비슷하게 지금도 인신매매가 신문 머리기사에 오르면 매매된 사람들의 막대한 수치가 빈번하게 제시된다. 규모와 범위를 추산한 근거 자료가 불분명한데도 의심받지 않는다. 데이비드 파인골드는 다음과 같이 말한다. "그것은 명명백백하다. … 인신매매의 경우 그 무역의 진가를 아무도 모른다. 인신매매 장의 가장 큰 특징은 분명한 수치와 불분명한 통계다. … 인신매매 장이 통계치로 추산될 때, 소녀와 여성 매매는 비판을 압도하는 어떤 고조된 정서적 이슈가 된다. 그녀들의 인생이 실린 통계치는 그 근거를 거의 조사받지 않고도 반복해서 회자되며 승인된다."[54]

인신매매가 매춘과 혼용되면 그 수치는 더욱 믿을 수 없게 된다. 성산업의 규모는 종종 어림잡아 짐작되고, 신뢰도나 근거 자료 혹은 일관된 정의는 거의 점검받지 않는다. 파인골드는 1세기 전에 존 S. 풀턴이 비슷한 고민을 털어놓았다고 하면서 다음을 지적한다.

> 1997년에 아동성착취 반대협회ECPAT: End Child Prostitution, Child Pornography, and Trafficking of Children for Sexual Purpose는 태국에 80만 명의 성매매 아동이 있다고 주장했다(지금은 부인하지만 당시에는 그 아동들을 대변한다면서 그렇게 말했다). 그때 다른 NGO와 기자단은 태국의 성 노동자가 400만 명에 달한다는 주장을 펼치고 있었다. 아무래도 믿기 어려운 제안이지만 이러한 수치가 정확하다면, 10세 이상 39세 이하의 태국 여성 인구의 24퍼센트가 상업적인 성 노동에 종사하는 셈이 된다.[55]

파인골드가 '통계치 말고는 그래도 신뢰할 만한 NGO'라고 부른 단체가 제시한, 매년 거의 100만 명의 소녀들이 상업적 성에 강제되며, "성매매 산업이 아동을 착취하여 한 해에 100억 달러의 수익을 올린다"고 한 통계를 분석하며 그는 질문을 던진다. "이런 수치는 어디에서 왔는가? 어떻게 산출되는가? 100만 명의 소녀가 매년 성 산업에 강제된다면, 얼마나 많이 떠난 것인가? 얼마나 오랫동안 100만 명의 소녀들이 매년 성 산업에 강제된 것인가?"[56] 이런 주장은 백인 노예를 연상시킨다. 20세기 초에 해마다 5만 명의 백인 노예가 사창가에서 죽고 그녀들을 대체하기 위해 또 한 부대의 어린 여성들이 납치된다고 추정되었다.

물론 성은 차, 맥주, 텔레비전만큼이나 사회문제도 효과적으로 판다. 운동화를 만들거나 변기를 청소하는 노동자보다 '성 노예'가 신문의 판매고를 더 높인다. 파인골드는 냉담하게 논한다.

착취당하는 이주 농장 노동자만큼 흥미진진한 이야기도 없다. 외곽 거리를 떠도는 성 노예 이야기가 전하는 전율은 너무 짜릿해서 그냥 지나칠 수 없다. … 사실 확인이 검증된 《뉴욕타임스》조차 '인신매매'와 '성 노예제도'를 언급하기만 해도 비판력이 마비되는 모양이다. 다른 도덕적 공황 상태와 마찬가지로 사람들은 심각한 범죄 이야기를 접하면 지나치게 무서워하는 나머지 그런 범죄가 진짜 일어났던 것인지 묻지 못한다. 그러할진대, 주장되는 규모에 대해서는 말할 나위도 없다.[57]

조엘 베스트는 사회문제에 관하여 제기되는 큰 수치와 그것을 특화하는 데 쓰이는 전형적인 이야기 사이의 빈번한 불일치를 지적한다. "정서를 자극하여 관심을 확 잡아끄는 흥미진진한 장면으로 글을 시작해야 한다는 것은 기사 작성 기술의 표준이다. … 끔찍한 사례를 보면 사람들은 그 문제가 얼마나 무섭고 해로운가를 지각한다. … 잔혹 동화는 이와 다른 비가시적인 기능을 수행한다. 극단적인 특성 때문에 채택된 잔혹성은 쟁점을 특화하고, 그 문제를 보편적으로 논의하는 객관적 상관물이 된다."[58] 그러나 그런 잔혹사는 드물다. 큰 수치는 더 일반적이되 덜 극적인 상황과 관련된다. 최근 유행하는 인신매매 서사는 이 장르의 전형적인 예이다. 넓고 흐릿한 정의는 그럴싸한 통계를 만들어낸다. 통계치는 극단적이지만 드문 학대의 사례와 연결되고 성적 욕망의 투입과 섞인다. 이것은 설득력은 있지만 명확할 수도 모호할 수도 있는 종합세트이다. 어떤 억압은 극적이고 변화무쌍하고 기괴하다. 그러나 대부분의 착취와 억압은 매일 벌어지는 뻔한 일상에서 일어난다.

에마 골드먼의 「여성 거래」

에마 골드먼의 논문 「여성 거래」는 백인 노예 트랙에 관한 주장을 다룬 그녀 자신의 비판적 평가였으며 당대에 큰 반향을 불러일으켰다.

우리의 개혁가들께서 느닷없이 엄청난 발견을 하셨다. 다름 아닌 백인 노예매매가 바로 그것이다. 신문은 이 전대미문의 상황을 대서특필하고, 입법가들은 그 엽기적인 상황을 점검하기 위해서 새로운 법안을 벌써 마련하고 있다. 여론이 부도덕하고 불합리한 사회문제에서 등을 돌리려고 할 때마다 십자군이 음란, 도박, 술집 등을 소탕하겠다고 선언한다는 사실은 의미심장하다. 백인 노예매매에 대한 '의로운' 절규는 한낱 장난에 불과하다. 그것은 아주 잠시 사람들을 즐겁게 하는 데 봉사하거나, 검사, 수사관, 형사, 기타 등등의 몇몇 기름진 정치 관련 종사자들처럼, 쫓아다니며 염탐하는 기생충을 양산하는 데 도움이 될 뿐이다.[59]

이 글 전반에 걸쳐 골드먼은 창녀들을 연민했고 그들의 자존감을 옹호했다. 그녀는 임금에 대한 젠더 평등을 요구했고, 성교육과 성적 자유에 대한 여성의 동등한 기회를 주장했으며, 매춘을 경제적 결정으로 설명했고, 성 도덕주의자들을 비난했으며, 교회 혹은 국가의 인가와 상관없이 성과 돈의 모든 교환을 논의했다.

그녀는 경제적 착취, 젠더 불평등성, 이중적 성 규범, 여성의 성교육 결핍 등의 문제와 밀접히 연관된 매춘의 인과론을 제안했다. 그녀는 묻는다. "여성이 거래되는 진짜 원인은 무엇인가? 백인 여성만이 아니다. 황인과 흑인 여성도 그러하다. 말할 것도 없이 착취다. 저임금 노동으로 살찌는, 그리하여 수천 명의 여성과 소녀를 매춘으로 내모는, 자본주의의 냉혹한 몰록Moloch(고대 암몬족이 거대한 금속 신상으로 형상화하여 숭배한 신. 아기를 제물로 바치는 번제를 지냈다. 성경, 밀턴의 『실락원』, 무성영화의 고전 〈메트로폴리스〉에도 등장한다 – 옮긴이)이다. … 당연히 우리의 개혁가들은 이 원인에 대해 아무 말도 하지 않는다." 골드먼은 덧붙인다. "어느 곳에서나 여성은 자기가 한 일의 성과에 따라 대우받지 못하고 하나의 성으로 취급되기 일쑤다. 그래서 생존을 위해서는 거의 필연적으로 자기의 권리를 성 접대로 지급해야 하는 것이다. … 따라서 그녀가 결혼제도 안팎에서 자신을 한 남자한테 파느냐 여러 남자한테 파느냐는 단지 정도의 차이일 뿐이다. 우리의 개혁가들이 인정하든 하지 않든, 매춘의 원인은 여성의 경제적, 사회적 열등함에 있다. … 정직한 노동에 대한 불충분한 보상의 직접적인 결과가 많은 경우 매춘이 된다."[60]

골드먼은 매춘을 결혼과 별개인 도덕적 국면에 놓지 않고 그 연장선상에 놓았다. 그녀는 말한다. "도덕주의자들에게 매춘은, 육체를 판다는 사실 자체보다 결혼제도 밖에서 육체를 판다는 사실이 더 문제가 된다. 그것은 금전적인 대가를 노리고 하는 결혼이 완벽히 합법적이며 법과 여론으로 합리화되는 사실로써 입증된다."[61] 골드먼은 또한 여성들이 성 정보에 접근할 기회가 없다고 규탄했다. "여성은 성 상품으로 사육되고 있지만, 정작 성행위가 어떤 의미인지, 그것이 얼마나 중요한지에 대해서는 완전히 무지하다. 이 주제와 관련된 모든 것은 억압되고, 이 끔찍한 어둠에 빛을 비추려는 사람들은 박해받고 투옥된다." 골드먼은 이중 규범을 맹렬히 비난했다. "소녀의 삶과 본능이 꺾이고 불구가 되는 것은 바로 이 무지 때문이다. 소년은 성 본능이 발휘되면 그 본능을 충족시키는 야성의 부름에 응해도 된다. 그러나 소녀의 본능이 발휘되어야 한다는 생각만으로도 우리의 도덕주의자들은 난리를 친다."[62]

「여성 거래」를 쓸 때 나는 골드먼의 이중 규범에 대한 비판과, 질적 양적으로 더 나은 성교육에 대한 주장과, 여성의 저임금과 불평등한 경제적 자원에 대한 비난과, 도덕성 십자군 Morality Crusade 을 향한 적의에 동의했다. 그러나 무엇보다 중요한 것은, 결혼과 매춘 둘 다에 공통으로 여성의 성이 생계와 교환되는 측면이 있다고 본 그녀의 관점이다. 골드먼은 교회의 축복이나 국가의 인가가 개인의 영예나 존재 증명을 배급하는 정당한 근거가 되거나, 결혼이 비판적인 정밀조사 대상에서 제외되어야 한다는 생각을 받아들이지 않았다. 젠더와 계급 불평등은 결혼 같은 바람직한 제도뿐 아니라 매춘 같은 욕먹는 직종을 구조화하기도 한다. 골드먼은 결혼과 매춘을 같은 궤적에 올려놓음으로써 성, 사랑, 친밀함, 숙식과 교환되는 가내 봉사 같은 이 두 범주의 공통 요소들이 어떤 방식으로 여성의 제한된 선택, 적은 봉급, 그리고 미비한 힘에 관한 많은 것을 드러내는지를 규명했다.

결혼에 특별한 지위를 부가하기를 거부한 골드먼의 생각과 내가 「여성 거래」에서 펼친 주장의 기본 요소는 서로 호환 가능하다. 물론 결혼과 매춘은 둘 다 복잡한 제도이다. 결혼과 친족(그리고 매춘)은 감성, 친밀감, 그리고 많은 다른 정서를 내포하는데도, 페미니즘 분석은 체계의 영향으로부터 분리해서 풀어내는 비감성적 접근방식을 요구했다. 결혼은 정서적으로 충만한 관계일 수 있지만 동시에 불평등한 권력과 자원의 배급을 완충하는 기제일 수 있다. 친밀한 관계에 대한 그러한 접근방식은 사실상 "개인적인 것이 정치적인 것이다"라는 구호를 내세운 페미니즘 제2의 물결의 핵심 프로젝트였다. 친족과 결혼의 심부에 여성 교환이 위치한다고 분석한 레비스트로스는 결혼과 친족 체계를 여성 억압의 물질적 장치로 사유할 틀을 제공했다. 친족과 결혼 내부의 여성 교환에 대한 레비스트로스 분석을 페미니즘으로 읽어내기에 '여성 거래'는 적절한 어구인 것 같았다.

그러나 「여성 거래」를 쓸 당시만 해도 나는 골드먼이 반박했던 20세기 초반의 십자군을 잘 알지 못했다. 그녀의 논평에 서린 진보주의적, 평등주의적, 반도덕주의적 취지에 매료되었을 뿐, 그녀와 마찬가지로 나 역시 젠더 불평등을 암암리에 정착시키는 제도로서 매춘을 지목하는 비평을 쓰겠다는 생각이 전혀 없었다. 하지만 불행히도, 한 세기 전에 디딘 비슷한 길을 현재 페미니즘 진영 내의 많은 페미니스트가 뒤따르고 있다는 압박감이 있다.[63]

지난 20년 동안 다시 유행한 매춘 반대운동이 반인신매매라는 용어를 종종 사용함으로써, 1900년대 초반에 유포되었던, 문제가 있는 많은 추정이 되살아났다. 그때처럼 지금도 '인신매매'가 매춘 및 다른 형태의 상업적 성과 똑같은 의미로 남용되고 있다. 매춘에 대한 사회적 낙인과 미비한 법적 처지 때문에 여전히 성 노동은 항상 강제되는 것이라고 생각하거나 결혼, 가사 노동, 공장 작업과는 다른 방식으로 유례없이 착취된다고 믿기 쉽다. 그때처럼 지금도 미디어는 입증되지 않은, 때로는 그 문제가 너무나 거대해서 치명적으로 위험한 것처럼 보이게 만드는 명백히 잘못된 통계를 유포한다. 그때처럼 지금도 잔혹한 이야기는 화젯거리가 된다. 그때처럼 지금도 빈곤, 이민, 인종주의, 그리고 성 도덕주의 같은 일상적인 문제들은 종종 여성과 아동을 학대하고 위험에 빠뜨리는 극단적인 공포물 뒤로 감춰진다.[64] 그때처럼 지금도 반포르노그래피 운동에 참여하는 페미니스트들이 존재하고, 그때처럼 지금도 여전히 주인공은 보수주의자, 복음주의자, 그리고 다른 교파 기독교인이며, 그들의 의제는 대부분 페미니즘의 의제에 적대적이다.[65]

이러한 정치 역학은 전혀 새로운 것이 아니다. 빅토리아 시대의 매춘을 연구한 주디스 왈코위츠는 그녀의 저서에서 매춘과 '백인 노예'를 다루는 영국의 페미니즘 활동가들이 여성의 발전에 적대적인 도덕적 보수주의자들로 인해 결국 이 문제를 건너뛰게 된 경위를 상세히 기술했다. "논쟁의 최종 승자는 더 억압적인 권력이었다."[66] 빅토리아 시대의 매춘과 그에 관련된 사회운동을 다룬 저서의 요점이 담긴 선행 논문에서 왈코위츠는 강력히 경고했다. "여성 성폭력이 일어나는 중심지로서 상업적 성은 페미니스트에게 격렬하고도 위험한 쟁점이다." 그 쟁점은 너무 쉽게 포섭되었기 때문이다.[67] 그녀는 페미니스트가 이 쟁점 주변에 이미 동원되어 있었다고 주장했다.

(이러한 쟁점은) 남자의 부도덕과 성 변이에 저항하는 강압적인 캠페인으로 쉽게 변질되었고, 페미니즘 가치와 이상에 현저한 대조를 이루는 남성과 보수주의자의 관심사에 좌우되었다. … 우리가 취한 성 전략의 고통스러운 조건들을 인식해야 한다. 여전히 상업적 성을 자기가 할 수 있는 '제일 돈 잘 버는 일'이라고 여기는 성 노동자만을 위해서가 아니다. 페미니스트인 우리 자신을 위해서이기도 하다. 우리는 뉴라이트 혹은 '도덕적 다수파'의 손아귀에 놀아나지 않도록 주의해야 한다. 기쁜 마음으로 그들은

여성에게 남성의 보호와 통제를 받으려고 애쓰는 피해자 역할을 부여한다. 또한 그들은 페미니즘의 항의시위를 억압의 정치로 치환하기를 욕망한다.[68]

왈코위츠의 책은 1980년에 출간되었고, 페미니스트에게 경고를 건넨 그녀의 논문은 1982년 도덕적 십자군Moral Crusade의 경계 대상이 되었다.[69] 그녀가 언급한 뉴라이트는 이제 새롭지 않다. 수십 년간 뉴라이트는 각 지역과 주정부와 연방정부의 제도에 광범위한 힘을 끌어모았다. 그리고 페미니스트들이 싸워서 쟁취한 많은 것을 중지시키거나 퇴보시켰다. 투쟁은 현재 진행형이다. '도덕적 다수파'는 멀리 사라졌다. 그러나 그들의 의제는 여전히 살아 꿈틀대며 그 단체의 전성기보다 오늘날에 더 큰 영향력을 발휘한다. 30년 전에 왈코위츠가 상업적 성 정치의 위험성에 관하여 페미니스트에게 던진 경고는 지금도 그때만큼이나 유효하다.

치명적인 응어리를 지닌 인신매매라는 단어가 20세기 후반에 그러한 앙갚음으로 되돌아올지 1975년의 나는 상상할 수 없었다. 또한 매춘을 응징하려는 국제적 규모의 또 다른 십자군을 동원하기 위하여 19세기 말의 수사가 되살아나리라고는 꿈에서조차 상상할 수 없었다. 일부 페미니즘 운동이 여성의 경제적 기회와 사회적 영향력을 제약하는 조건들을 고심하기보다, 매춘을 불법화하고 소탕하기 위해 반인신매매라는 현수막 아래에서 반페미니즘 보수주의자 및 복음주의자와 연합하리라고는 예상하지 못했다. 그 누구도 내 논문 제목을 반매춘 트랙의 기호라고 여기리라고는 상상하지 못했다. 내가 이러한 잠재적 가능성을 인식했더라면 나는 다른 제목을 애써 찾았을 것이다.

　골드먼의 경고를 명심해야 한다. 불합리한 거대 사회문제로 인해 대중들이 흩어진다면, 십자군은 외설과 부도덕에 대한 소탕전을 선언할 것이다. 골드먼은 오늘날 미디어가 끝없이 양산해내는 성 추문의 최면술 같은 유혹에 저항하라고, 누구의 주머니가 털릴지, 그리고 어떤 기제가 거기에 사용될지에 좀 더 주의를 기울이라고 조언했다고 나는 확신한다.

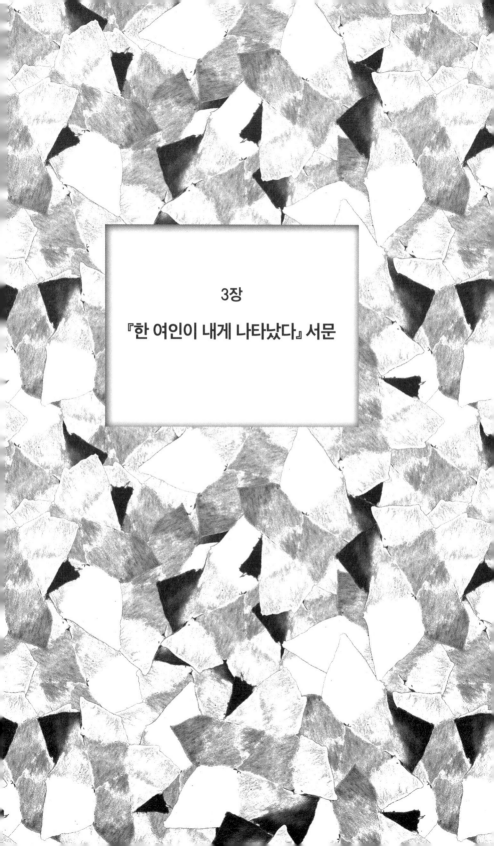

3장

『한 여인이 내게 나타났다』 서문

3장의 「서문」은 본디 르네 비비앙(Renée Vivien)의 『한 여인이 내게 나타났다(A Woman Appeared to Me)』(Weatherby Lake, Miss.: Naiad, 1976, pp. 3~31)에, 「후기」는 그 재판본 (Weatherby Lake, Miss.: Naiad, 1979, pp. 21~22)에 실렸던 것이다.

역사는 승리자가 지어낸 거짓말이다.

—익명

아담과 이브가 쓴 최초의 소설이 서로 포개졌다.

—나탈리 바니, 『아마존에 대한 사유 Pensées d'une Amazone』

아버지들이 우리에게서 훔쳐간 여자들이 바로 이들이다. 그
대의 여자들을 알아야 한다. 그래야 그대 자신을 알 수 있다.

—버사 해리스Bertha Harris, 「레즈비어니즘의 깊은

뿌리 The More Profound Nationality of Their Lesbianism」

I.

과거의 기억을 온전히 간직하기 어렵다는 것은 잘 알려진 사실이
다. 그중에서도 특히 사회 주변부 집단은 역사 논의의 가장자리로 내몰
린다. 동성애자이면서 여성이라는 이중 결격사유로 고통받아온 레즈비
언들은 반복적으로 자신들의 역사를 빼앗겨왔다. 1960년대 후반 여성운

동에 등장한 레즈비언 세대의 선결 과제는, 바로 앞 세대인 1950년대 레즈비언들을 찾아내는 일이었다. 1950년대의 그녀들은 빈약한 고문헌 수장고를 뒤져서 초기 선구자들을 복원하는 과제를 이미 이뤄놓은 사람들이었다. 그러나 레즈비언 역사 실천을 어렵게 만드는 침묵이 레즈비언 과거를 규명해낸 선배들의 작업마저 빛을 잃게 만든다.

이러한 점을 생각할 때, 『한 여인이 내게 나타났다 Une Femme m'apparut』 영역본 출간은 반가운 일이 아닐 수 없다. 옮긴이는 레즈비언 역사 분야의 필독서 『문학 속의 성 변이 여성들』(1956)의 저자 저넷 포스터이다. 지하에 묻혀 있던 포스터의 책은 절판 된 지 20년 만인 올해 들어 여성 출판인들에게 재조명받기 시작했다. 망각된 레즈비언의 삶과 문학을 공들여 기록한 그 책이 일반인들의 관심을 끌지 못했다는 사실에 저넷 포스터는 매우 놀랐다고 하는데, 오히려 나는 그 점이 의아하다. 『한 여인이 내게 나타났다』의 저자 르네 비비앙이 바로 그러한 역사적 기억상실의 실제 사례가 아닌가. 20세기 초반에 비평가들로부터 열렬한 호평을 받았던 비비앙의 시는 언제부터인가 잊히고 말았다.[1]

스무 권가량 되는 르네 비비앙의 시와 산문은 현존하는 가장 빼어난 레즈비언 전작全作 가운데 하나로 꼽힌다. 레즈비언 열정에 대한 찬미에 경도되어 그녀가 문학적으로는 인정받지 못했지만, 도리어 이 점이 그녀를 동성애자 시인으로서는 어느 정도 추앙받도록 해주었다. 최근에 그녀의 시 선집은 프랑스어로 쓰인 초판본 그대로 아르노 출판사 Arno Press의 《동성애》 전집으로 재출간되었고, 시 몇 편은 영역되어 월간 《사다리》에 실렸다.[2] 운문에 비해서 비비앙의 산문시와 단편소설, 그리고 유일한 장편소설(『한 여인이 내게 나타났다』) 등은 거의 알려진 바 없다.

그녀의 시가 광범위하게 읽히고 무성한 소문을 자아내며 선풍적인 인기를 끌었던 생존 당시에도 그녀의 산문 작품들은 재판을 찍은 적이 없었다. 그녀의 산문들 대부분은 아름답고도 흥미롭다. 더 많은 사람이 읽을 수 있었으면 한다. 이번 『한 여인이 내게 나타났다』의 번역 출간으로 인해 르네 비비앙 전작에 대한 관심이 되살아나기를 바라마지않는다.

『한 여인이 내게 나타났다』가 단지 레즈비언 무명작가의 미발굴작일 뿐이더라도 그 출간은 환영받을 만하다. 그러나 이 소설은 레즈비언 역사상 가장 결정적인 시대의 문헌적 유산이며 역사적 자료이기도 하다. 『한 여인이 내게 나타났다』는 르네 비비앙의 뮤즈이자 연인인 나탈리 클리퍼드 바니Natalie Clifford Barney와 얽힌 고통스러운 관계를 열정적이고 몽환적으로 다룬 소설이다. "사포Sappho와 거트루드 스타인Gertrude Stein 사이에… 이 여성들은 근대 서구 세계에서 표현할 수 있었던 유일한 레즈비언 문화의 실제를 재현한다."[3] 실존했던 관계와 그 발생 배경을 이 소설이 환기하므로 역사적이고 전기적인 맥락을 어느 정도 알면 이 작품을 더 깊이 이해하는 데 도움이 될 것이다. 이를 위해서 우선, 소설에 등장하는 두 주인공이 살았던 복잡다단한 세계의 몇 가지 양상을 다음에 기술하려 한다.

19세기 역사에 누락된 하나의 편린은 섹슈얼리티 내부에 매우 중대한 역사적 변화가 이 시기에 일어났다는 사실이다. 19세기는 유럽 근대사회 이행기의 정점이었다. 산업화, 도시화라는 거대한 사회적 변혁은 오랫동안 역사적 상상력을 이끌었다. 최근 들어 역사가들이 가족과 성생활의 변화에 관심을 두고 있으나, 이러한 변화 내부에 동성애 혁명이 포함되어 있다는 사실을 알아차린 이는 거의 없다. 동성애를 근대적 형태라고 상정했던 시기가 바로 19세기였다.

중세에는 동성애를 일종의 행동 양식, 죄스러운 행위로 정의했다. 동성애자가 하나의 인물 유형이라는 발상은 19세기의 산물이다. 동성애자 범주를 인식하여 그것을 기술하는 용어를 발전시킨 사람들이 19세기의 성과학자들이었다. 당대 작가들도 많은 동성애 경험을 특징짓는 도시 하위문화에 대한 증거를 기록했다.[4] 19세기 여러 도시에는 술집, 레스토랑, 정보 교환망, 그리고 비공개 클럽 주변으로 모여든 동성애 특화 공동체들이 있었다.

콜레트Colette는 1910년 이전에 존재했던 파리의 다양한 레즈비언 사회를 매력적으로 묘사했다. 1906년과 1911년 사이에 콜레트는 남편을 떠났고, 생계 방편으로 뮤직홀에서 공연했고, 미시Missy라고 불리던 벨뵈프 후작부인Marquise de Belboeuf과 연애했다. 뮤직홀을 통해 콜레트는 동성애 대중문화에 친숙해졌다. 그녀는 팔미라Palmyre라는 하층계급 술집에 자주 다녔다. 단골 대부분이 가난했고 음식은 싸구려였으며 주인은 찢어지게 가난한 사람들을 공짜로 거두어 먹이는 거칠고도 인자한 여장부였다.

나는 세미라미스(고대 오리엔트 전설 속 여왕 - 옮긴이)가 있는 술집에 간다. 그 이름도 걸맞은 세미라미스는 전사의 여왕으로 청동으로 만든 헬멧을 쓰고서 고기를 토막 내는 큰 식칼로 무장하고 있으며, 그녀를 따르는 긴 머리의 소년과 짧은 머리의 소녀 무리에게 다채로운 언어로 연설한다. …

… 그곳 청년 대다수는 여자에게 전혀 관심이 없다. 그들은 저녁 식사 자리에 앉아 편안하게 휴식을 즐긴다. 그들은 식사를 들면서 원기를 회복한다. 엉덩이를 씰룩거리며 걷거나, 흐느껴 울거나, 에테르에 적신 손수건

을 흔들거나, 어울려 춤 출 필요가 없다. … 그들은 피곤에 지쳐 조용히 있다. 화장기 있는 눈꺼풀에 졸음이 그득하다.

　… 나는 세미라미스의 술집에서 만찬을 들면서, 어울려 춤추는 소녀들을 즐거이 바라본다. 소녀들은 왈츠를 곧잘 춘다. 보수를 받고 춤추는 것이 아니라 양배추 수프와 소고기 스튜가 나오는 사이에 그저 춤추며 즐기는 것이다. 소녀들은 젊은 모델이거나 이웃의 말괄량이들인데, 간혹 뮤직홀 공연에 참여하기는 해도 고용된 것은 아니다. … 왈츠를 추며 나부끼는 얇은 드레스 아래 한데 엉킨, 조각 같은 두 소녀의 우아한 몸을 바라본다. … 싸구려 무도장 단골과도 같이 소녀들은 요트에 높이 매단 돛처럼 멋지게 몸을 기울여 선정적으로 관능적으로 왈츠를 춘다. … 어쩔 수 없다! 정말이지 그 어떤 발레보다 더 예쁜 자태임을 깨닫는다.[5]

연인 미시를 통해 콜레트는 불만을 잔뜩 품은 귀족들을 만났다. 30년 후에 그녀는 그들을 다음과 같이 회고했다. "이 여성 파벌 지지자들은 그녀들만의 파티에 대한 비밀 엄수를 요구했다. 거기에서 그녀들은 긴 바지와 연미복을 입고서 등장했고 깍듯하게 예의를 갖추어 행동했다. … 제국의 남작 부인, 차르의 조카 숙녀, 대공의 서녀, 고상한 파리 부르주아, 강철 같은 손과 눈매를 가진 호주 귀족 여기수女騎手…. 이런 만찬 친구들을 오늘날 나는 어디서 찾을 수 있을까."[6]

파리가 바로 그런 장소였다. 1900년이 되기 직전에 르네 비비앙과 나탈리 바니는 각각 동성애 사회의 활기찬 수도인 파리에 왔다. 두 사람 다 갓 스물을 넘겼을 때였다. 이 두 젊은 여성이 레즈비언 르네상스를 일으킨 곳이 바로 파리다. 그녀들은 오늘날 우리가 말하는 '게이 의식gay consciousness'을 지니고 있었고, 이로써 당대 파리 레즈비언들과 자신들을 구별했다. 벨에포크(1890~1914년. 혁명과 폭력, 정치적인 격동기 이후 평화와 번영을 구가하던 시절부터 제1차 세계대전 발발 전까지의 시기 – 옮긴이)에 화려하게 구가되었던 상류층 삶의 구조 저변에, 당대 동성애 여성운동 gay women's movement의 두 선구자가 있었던 것이다.

II.

… 비탄에 잠겨,
왕관을 쓴 아홉 뮤즈들이
아폴로 주위에 서 있었네,
공포가 그녀들을 엄습했네,

열 번째 노래가 흘러나오는 동안
경이로운 일들이 일어난 것을
아홉 뮤즈들은 알지 못했네.
아, 그 열 번째 레스보스의 여인이여!
　　　　—스윈번 Swinburne, 「레스보스의 여인들 Sapphics」

그녀의 지성을 살찌운 것이
사피즘 sapphism 인가,
아니면 그녀를 레즈비언이 되게 한 것이

지성인가?

—장 루아예Jean Royére, 「사포와 키르케Sapho et Circé」에서

나탈리 바니에 대해

르네 비비앙은 1877년 7월 11일에 영국에서 태어났다. 이름은 폴린 느 메리 탄Paulin Mary Tarn이었다.[7] 탄의 가족은 런던에서 직물업으로 큰 재 산을 모았다고 한다. 파리로 유학을 간 르네는 그녀 인생에 가장 큰 영향 을 미치게 될, 미국에서 온 소녀 바이올렛 실레토Violet Shilleto를 만났다.[8] 두 소녀는 단짝이 되었고, 종교와 그것이 제기하는 의혹에 관한 치열한 고 민을 나누었다. 어린 그네들은 성공회를 거부했고 가톨릭교도로 죽기를 바랐다. 르네는 사춘기에 접어들면서 바이올렛에 대한 강렬한 감정을 키워갔으나 성관계는 맺지 않았다. 사교계 데뷔를 준비하게 하려고 부 모님이 르네를 다시 영국으로 불러들였을 때, 그녀는 자신의 감정이 초 래할 결과를 미처 깨닫지 못했던 것 같다. 다만 친구에 대한 그리움으로 매우 고통스럽다는 것, 그리고 상류사회 소녀로서 판에 박힌 관습대로 결혼을 준비하면서 항상 화가 나 있다는 것만은 분명히 알았다. 결국 르 네는 스무 살이 된 1897년에 사교계에 진출했다. 그러나 이듬해에 파리 로 도망쳐 왔고, 1899년에 바이올렛 실레토의 소개로 만난 나탈리 바니 와 첫 성관계를 맺었다.

나탈리 바니는 1876년 할로윈데이에 오하이오 주 데이튼 시에서 태어났다.[9] 바니의 가족은 신시내티 시로 옮겨 그곳에서 철도설비 제조 업으로 큰돈을 번 후에 워싱턴 D. C.로 이주했다. 나탈리는 유년기 대부 분을 프랑스에서 보냈고, 『올리비아Olivia』(도로시 버시Dorothy Bussy [결혼 전 성

은 스트레이치Strachey]가 1949년에 호가스 출판사Hogarth Press에서 익명으로 출간한, 여학교 배경의 레즈비언 소설 - 옮긴이)에 등장하는 학교 레 뤼쉬Les Ruches를 다녔다.[10] 나탈리는 파리에서 그림을 배우던 어머니 앨리스 파이크 바니Alice Pike Barney를 따라 한동안 그곳에서 살았다.[11] 나탈리의 회고록은 놀라울 만치 조숙하다는 인상을 준다. 그녀는 유럽 가족 여행 중에, 여자와 개는 수레를 끌고 남자는 옆에서 그저 걷기만 하는 모습을 보고서 페미니스트가 되었다고 회고한다.[12] 그때 그녀는 열 살이었다. 같은 해에 그녀의 어머니는 카롤루스 뒤랑Carolus Duran에게 나탈리의 초상화를 의뢰했다. 나탈리는 녹색 벨벳 더블릿(15~17세기 유럽에서 남자들이 많이 입던 윗옷으로 허리가 잘록하며 몸에 꽉 끼는 모양이다 - 옮긴이)을 입고 어린 공주처럼 자세를 취함으로써 특유의 세련된 감각을 발휘했다.[13] 나탈리는 어린 시절부터 자신이 레즈비언임을 알았다. 훗날 그녀는 만일 자신의 연구가 수포로 돌아간다면 그 이유는 "내 책들이 단지 여성의 표정만 짓고 있기" 때문이라고 스스로 평했다.[14] 그녀는 열여섯 살 때, 빨강 머리의 아름다운 소녀 에바 팔머Eva Palmer와 처음으로 레즈비언 정사를 나누었다. 소녀들은 메인 주의 바 하버Bar Harbor에서 만났는데, 거기에는 두 가족의 여름 별장이 각각 있었다.

　나탈리는 1899년에 파리에 정착하자마자, 파리 최고의 고급 매춘부courtesan 리안 드 푸지Liane de Pougy를 유혹했다. 푸지는 실화 소설 『사포의 목가Idylle Saphique』에서 그 관계를 다루었다.[15] 이 소설에는 남자들의 법이 얼마나 부당한지에 대한 반론을 펼치는, 그리고 "육체라는 종교, 그것의 입맞춤은 기도"라는 레즈비어니즘을 주장하는 젊은 나탈리가 묘사되어 있다.[16] 바니를 모델로 한 소설 속 인물은 레즈비어니즘을 도착perversion

이라고 부르는 것에 반대한다. 그 대신에 레즈비어니즘을 일종의 '개종 conversion'이라고 부른다.[17]

르네를 만났을 때 나탈리는 리안과 연인 관계였다. 나탈리와 르네의 정사는 1899년 겨울밤, 백합이 가득한 방에서 시작되었다. 그 둘의 관계는 1901년 쓰라린 결별을 맞을 때까지 계속되었고, 1904년에 다시 짧게 만나기도 했다. 여성이 자유를 누리는 사회, 동성애가 영예를 구가하는 사회에 대한 전망을 나누며 싹 틔운 강렬한 열정이 아니라면, 그렇게 짧은 교제가 어떻게 두 여인 모두의 인생에 그토록 지대한 영향을 끼쳤는지 이해하기 어려울 것이다.

르네 비비앙과 나탈리 바니가 관계를 맺기 시작할 무렵, 그녀들 각자는 여성과 레즈비어니즘을 대표하는 문학 전우를 찾아냈다. 자신들의 뿌리를 탐색하는 과정에서 사포와 헬레니즘을 발견했던 것이다. 그녀들은 사포를 숭배하는 여성 시인 집단을, 이왕이면 레스보스 섬 미틸레네에 세우기를 꿈꾸었다. 비비앙은 사포를 원전으로 읽기 위해 그리스어를 배웠고, 마침내 사포의 시를 프랑스어로 번역했다. 두 여성은 자신들이 고대 그리스 영혼의 후예이자 이교도이노라 천명했다.

비비앙과 바니는 19세기 후반에 출현한 초기 동성애 운동의 일부였다. 영국에서 이런 운동은 주로 빅토리아 여왕 시대의 동성성애 시 homoerotic poetry를 창작한 신사들이 이끌었다. 독일에서 그 운동은 명백히 정치적인 것이자 동성애 합법화를 위한 투쟁이었다.[18] 르네 비비앙과 나탈리 바니는 뚜렷이 구분되는 레즈비언 자의식을 깨달았고 그것을 명확히 드러냈다는 점에서 유일무이했다. 두 여성의 글은 자신이 누구이며, 무엇에 대항해 분기해야 하는지에 대한 깊은 성찰을 드러낸다. 동성애적 상황이라는 차원을 파악한 동성애자는 남녀를 불문하고 거의 없었다.

두 여성 모두 동성애자에 대한 편견에 대항해 싸워야 한다고 생각했고, 커밍아웃의 중요성을 통감했다. 래드클리프 홀Radclyffe Hall이 관용을 논할 때, 그녀들은 자부심을 논했다. 홀의 자각은 성과학자 해브록 엘리스Havelock Ellis, 마그누스 히르슈펠트Magnus Hirschfeld의 각성과 흡사했다. 그들은 동성애가 선천성 기형이므로 그 누구도 법적 유죄 판결을 받을 까닭이 없다고 생각했다. 반면에, 비비앙과 바니는 레즈비언을 낭만적인 인물로 묘사한 19세기 프랑스 문학의 관점을 지지했다.[19] 래드클리프 홀은 동성애자도 자부심을 가질 수 있다고 믿었다. 그러나 비비앙과 바니는 동성애 자체에 자부심을 느꼈다.

리하르트 폰 크라프트에빙Richard von Krafft-Ebing이 동성애를 퇴행성 질병으로 분류했을 때, 비비앙과 바니는 그것을 섬뜩한 구별이라고 생각했다. 오만한 극단주의가 수반하는 반동성애적 경멸에 대해서 그녀들은 다음과 같이 응수했다. 『한 여인이 내게 나타났다』에 등장하는 두 인물 사이에 오간 대화이다.

> "산 지오바니, 여자가 실제로 남자를 사랑한 적이 있기나 한 거야?"
> "난 그런 미친 짓을 상상할 수조차 없어. 내게는 사디즘과 소아성애가 오히려 정상인 것 같아."[20]

비비앙은 신화와 전설, 그리고 고대 그리스 문학을 폭넓게 읽었다. 그녀는 서구 문화가 가장 소중히 간직해온 신화들을 다시 썼고, 신화 속 남성의 자리에 여성을, 그리고 이성애 편견의 자리에 레즈비어니즘을 대신 기입했다. 다음은 「독성濱聖 창세기The Profane Genesis」의 발췌본이다. 비비앙은 성서 이야기를 레즈비언 시의 창조 신화로 바꾸어놓았다.

I. 우주가 탄생되기 이전, 두 가지 영원한 섭리인 여호와와 사탄이 있었네.

II. 여호와는 힘의 화신이오, 사탄은 간계의 화신이었네.

VII. 여호와가 무한 위에 숨을 내쉬자, 그 숨결에서 하늘이 탄생했네.

VIII. 사탄이 덧없이 우아한 구름으로 냉혹한 창공을 덮었네.

XIII. 여호와는 흙을 개어, 남자를 빚었네.

XIV. 이 살덩이의 정수가 꽃을 피워, 이상적인 여자가 되었네. 사탄의 작품
     이었네.

XV. 여호와는 몸을 기울여 남자와 여자를 힘껏 껴안았네.

XVI. 사탄은 그들에게 애끓는 섬세한 애무를 가르쳤네.

XVIII. 여호와는 이오니아의 시인, 위대한 호메로스에게 영감을 불어넣었네.

XIX. 호메로스는 장엄한 대학살을 칭송했네. 낭자한 피, 폐허가 된 도시, 남
     편을 잃고 흐느끼는 여인의 영광을….

XX. 레스보스의 여인 사포가 잠든 사이, 사탄은 서쪽을 향해 절을 했네.

XXI. 그리고 그녀는 덧없이 사라지는 사랑의 형상을… 장미의 강렬한 향기
     를… 크레타 여인의 비밀스러운 춤을… 죽음의 고통과 미소를 비웃는
     불멸의 오만을, 여인의 황홀한 키스를 노래했네.[21]

르네 비비앙과 나탈리 바니는 레즈비어니즘만큼이나 페미니즘에 대해서도 거침없이 말하곤 했다. 비비앙은 여성 독립이라는 주제를 다룬 자료를 찾아 헤맸다. 그녀의 글에는 여전사, 남녀추니, 고대 여신이 넘쳐

난다. 그녀의 산문 작품 중 상당수는 숭고한 여성 반역자에 대한 이야기이다. 고결한 처녀, 그 어디에도 구속되지 않은 창녀, 사랑 없이 왕실 침대의 노예로 사는 대신에 가난과 자유를 선택한 왕비 같은 인물들이 등장한다. 「와스디의 베일The Veil of Vashti」은 구약성경 에스더서가 바탕이 된 이야기이다. 유대인 축제인 부림절은 에스더가 페르시아 고위 관리의 음모로부터 유대인들을 구출한 사건을 기념한다.[22] 비비앙은 그 이야기 중에서 히브리 학교에서 일반적으로 다루지 않는 부분에 관심을 가졌고 거기에서 영감을 얻었다. 에스더는 와스디가 폐위된 후에 왕비로 책봉된 여인이다. 비비앙은 와스디 왕비에 관하여 썼다. 아래 인용과 같이, 성서는 와스디가 아하수에로 왕의 명을 거역했다고 전한다. 왕의 책사들은 그녀를 처벌하지 않으면 페르시아와 지중해 일대에 페미니즘 봉기가 일어날 것이라고 경고한다.

> 아하수에로 왕이 명하여 와스디 왕비를 청하여도 오지 아니하였다. 왕비의 이러한 소행이 소문을 타고 모든 여인에게 전파되면 저희도 그 남편을 멸시할 것인즉.
>   페르시아와 지중해 일대의 귀부인들이 여왕의 소행에 관한 소문을 왕의 모든 공주들에게 전하리니. 그러므로 멸시와 분노가 자자하리다.[23]

비비앙의 이야기에서 와스디의 도발은 신중한 숙고 끝에 의도적으로 기획된 것이다.

내 행위는 모든 여인의 주목을 받을 것이며, 여인들은 "아하수에로 왕이

명하여 와스디 왕비를 청하였으나 오지 않았다"라고 말할 것이다. 이로 인하여 그날부터 페르시아와 지중해 일대의 공주들은 자신들이 더는 남편의 노예가 아님을, 그리고 이제는 가정의 주인이 남자들이 아님을 깨닫게 될 것이다. 여인들은 자유롭다. 정부情婦도 역시 가정의 주인이다.[24]

유배 판결을 통보받았을 때, 와스디 여왕은 다음과 같이 선언한다.

이제 나는 인간이 사자처럼 자유로울 수 있는 사막으로 간다. … 아마도 그곳에서 나는 아사할 것이다. 맹수에게 잡아먹힐지도 모른다. 고독에 지쳐 죽어갈 것이다. 그러나 릴리스(유대 신화에 등장하는 최초의 여자. 진흙과 신의 숨결로 아담과 동시에 태어났고, 아직 의식이 없던 아담의 정신을 낳았다. 릴리스는 여자가 아래에 놓이는 체위를 바꾸자고 요구하며 아담과 싸우는 도중에 신의 이름을 부르는 불경죄를 범하고 낙원에서 도망친 후 신의 위협에 굴하지 않고 사막에서 혼자 살면서 데몬들과 교합했다. 기독교는 이 전설을 변형시켜 릴리스를 요부, 마녀, 검은 달의 여왕, 악마의 반려자로 만들었고, 성서의 신화에는 아담의 갈비뼈에서 나온 이브만을 남겼다 - 옮긴이)의 반역 이후, 나는 자유를 쟁취한 최초의 여성이다. 나의 행위는 모든 여인들의 주목을 받을 것이고, 남편이나 아버지의 집에서 노예살이를 하는 여자들은 남몰래 나를 부러워할 것이다. 나의 영예로운 반역을 생각하며 그녀들은 "와스디는 자유를 얻고자 여왕으로 살기를 거부했다"라고 말할 것이다.

그리고 와스디는 사막으로 걸어갔다. 죽은 뱀들이 사막의 달빛 아래에서 부활했다.[25]

르네 비비앙은 남자에게 부당하게 희생당한 여인에 관한 이야기도 여러 편 썼다. 그중 가장 충격적인 이야기는 「영원한 노예The Eternal Slave」이다. 전문을 인용할 만하기에 아래에 옮긴다.

나는 금 사슬과 청동 사슬에 포박된 한 여자를 보았다. 그녀를 묶은 포승줄은 얼핏 보면 거미줄처럼 가느다란 것도 같고 육중한 산처럼 무거운 것도 같았다. 폭군이자 기생충인 남자는 그녀 위에 군림하면서도 그녀에게 빌붙어 살았다.

그녀는 온순하게 남자의 폭압에 복종했다. 가장 당혹스러웠던 일은 주인 남자의 명령을 사랑과 뒤섞어버리는 위선적인 말을 듣는 것이었다.

나는 그녀에게 울부짖으며 말했다(그리고 내 울음소리는 그녀와 나 사이에 가로놓인 장애물들을 스쳐 지나가며 절망적으로 사라졌다).

"아, 당신, 영원히 고통받고 심약하여 속고 마는 사랑의 순교자여, 왜 당신은 품위를 깎아먹으면서까지 굴욕을 참고 이 거짓된 반려자의 야비함을 기꺼이 따르는 것입니까? 당신은 사랑에 굴복하는 것입니까, 공포에 굴복하는 것입니까?"

그녀는 내게 대답했다. "나는 사랑이나 공포에 굴복하는 것이 아닙니다. 그저 무관심과 습관일 뿐이에요."

이 말을 듣자 거대한 슬픔과 거대한 희망이 몰아닥쳤다.[26]

남성이 여성을 성적으로 독점하는 문제에 민감했던 르네 비비앙은 남성을 거부하는 여성들의 이야기에 매료되었다. 그녀는 인간 남자의 욕망을 수락하느니 차라리 괴물을 짝으로 택하거나 죽기를 자처하는 여성들에 관한 글을 다수 남겼다. 그녀의 많은 이야기는 그런 여자를 우연히 만나 거부당하는 굴욕을 맛본, 얼마간 넋이 나간 남자의 관점을 취한다. 「헤이즐넛 같은 밤색Brown Like a Hazel-Nut」의 화자는 제리Jerry라는 청년인데, 넬Nell과의 쓰라린 추억을 회고한다.[27] 제리는 넬을 자신의 정부로 삼고자 했으나 거절당한다. 넬은 그의 품에 안기느니 차라리 두꺼비를 삼키는 것이 낫다고 말한다. 그는 두꺼비를 잡아다가 그녀에게 내밀며 그것을 삼키지 않으면 강제로 그녀를 취하겠노라고 위협한다. 그녀는 두꺼비를 삼킨다.

대부분 사람들은 르네 비비앙을 여성의 격정에 헌사한 방대한 양의 시로 기억한다. 그녀처럼 레즈비언의 사랑을 공개적으로 한결같이 풍성하게 노래한 시인은 없다. 콜레트는 르네 비비앙을 레스보스의 시인이라 칭하며 다음과 같이 말했다. "르네 비비앙은 고통에 찬 인간의 맥박처럼, 인간의 숨결처럼 불평등한 힘, 권력, 가치에 대한 수많은 시를 남겼다."[28] 이 자리에서 비비앙 시의 전모를 드러내기는 불가능하므로 「친구에게 건네는 말Words to my Friend」 일부를 아래에 선보이는 것으로 대신하고자 한다.

보세요, 나도 이제 처녀의 나약함이 경외하는
남자의 청혼을 받아들일 나이가 되었어요.
나는 아직 여행의 동반자를 택하지 않았어요,
그 길의 모퉁이에서 당신이 나타났기에.

붉은 언덕에서 히아신스가 피를 흘려요.

당신은 에로스와 나란히 걷는 꿈을 꾸었어요.
여자인 나, 아름다울 권리가 없는 나에게,
그들은 남자의 추醜가 되라는 선고를 내렸어요.

빛나는 순결로 채운 자매애를 바란 나는,
용서받지 못할 만큼 대담했어요,
풀잎 하나 상하지 않게 조심스레 딛는 발걸음,
저녁과 하나로 녹아드는 부드러운 목소리.

그들은 내게 당신의 머리카락과 눈동자를 금했어요.
당신의 머리카락은 길고 향기롭기에,
당신의 눈동자에는 낯선 정열이 담겨 있기에,
성난 파도처럼 일렁여요.

그들은 노기 어린 몸짓으로 내게 손가락질했어요.
내가 당신의 부드러운 눈길을 찾아 헤매었기에…
지나가는 우리 모습을 보고 아무도 이해하길 원하지 않아요,
추호의 망설임 없이 내가 당신을 선택했음을.

내가 위반한 악법을 생각하고서
악과는 무관한 내 사랑을 심판하세요,
그 남자의 연인을 내 사랑으로 삼으려는
솔직하고 절실하고 치명적인 욕망을.[29]

르네 비비앙이 레스보스의 시인이었다면, 나탈리 바니는 뮤즈였다. 바니 역시 작가였고 시인이었으나 작품보다는 그녀의 강렬한 개성, 관습에 아랑곳하지 않는 도도한 태도, 명료한 생각, 유혹하는 놀라운 능력 면에서 큰 영향을 미쳤다. 그녀는 작가들로 에워싸인 채 살았고, 그들 다수는 그녀의 다채로운 성격을 거의 그대로 작중 인물의 모델로 삼았다. 『한 여인이 내게 나타났다』의 밸리Vally 외에도, 바니를 모델로 삼은 가장 인상적인 작중 인물로는 들라뤼마르드뤼Lucie Delarue-Mardrus가 쓴 『천사와 변태L'Ange et les pervers』(1930)의 로레트Laurette, 주나 반스의 『숙녀 연감 The Ladies Almanack』(1928)의 에반젤린 뮈세 여사Dame Evangeline Musset, 푸지의 『사포의 목가』(1901)의 플로랑스 땅쁠르 브라드포드Florence Temple Bradford, 일명 플로시Flossie, 래드클리프 홀의 『고독의 우물The Well of Loneliness』(1959)의 발레리 시모어 Valerie Seymour 등이 있다. 이 인물들은 나탈리를 그녀 자신이 제일 좋아한 역할, 즉 시인들의 뮤즈, 레즈비어니즘의 최고위 여사제, 불신자들의 전도사이자 유혹녀로 묘사한다. 나탈리는 레즈비언 삶의 건강한 이점을 홍보하는 살아 있는 모델이었던 셈이다.

나탈리가 여인들에게만 자신의 매력을 발산한 것은 아니었다. 그녀는 문학 후원가로서 상당한 명망이 있었고, 자콥 가 20번지에 있던 그녀의 살롱은 거의 전설에 가까웠다. 거트루드 스타인의 살롱과는 달리, 나탈리의 살롱은 프랑스 문학의 본거지였다. 살롱의 방문객 명단은 20세기 프랑스와 미국의 문예 명사 인명록에 버금간다.

1920년대 나탈리의 저택은 국제 동성애 지하단체들의 집결 장소이기도 했다. 그 당시에 래드클리프 홀과 우나 트러브리지Una Troubridge는 그녀를 자주 방문했다. 『고독의 우물』에서 홀은 나탈리가 자아낸 분위기를 이렇게 기록했다.

그런 사람들이 발레리 시모어의 집에 자주 왔다. 신의 낙인을 이마에 새겨
야 했던 남자와 여자 말이다. 차분하되 자기 확신에 차 있는 발레리 덕분
에, 용기가 샘솟는 분위기가 조성되어 있었다. 발레리 시모어의 집에 모여
있을 때면, 모두가 지극히 정상이며 스스로 용감하다고 느꼈다. 거기에 그
녀가 있었다. 매력과 교양을 두루 갖춘 이 여인은 폭풍우가 몰아치는 바다
의 등대 같은 존재였다. 파도가 그녀의 발치를 후려쳤지만, 이내 물거품이
되어 사라졌다. … 폭풍우가 위세를 몰아 모든 것을 산산이 부수어 휩쓸고
간 후, 난파선의 파편들과 사람들만이 둥둥 떠다녔다. 그 불쌍한 조난자들
이 캑캑거리며 간신히 고개를 들었을 때, 그들의 시야에는 오직 발레리 시
모어만이 있었다! 파괴될 리 없는 이 창조물을 보았기에, 몇몇은 용감하게
해안을 향해 헤엄쳐 갔으리라.[30]

20세기 내내 재능 있고 명석한 수많은 여성이 나탈리 바니 주위로
계속 몰려 들었다. 몇몇은 동시에 혹은 차례로 그녀의 연인이 되었다. 뤼
시 들라뤼마르드뤼, 엘리자베스 드 그라몽 Elizabeth de Gramont[Duchess de Clermont-
Tonnerre], 오스카 와일드의 조카 돌리 와일드 Dolly Wild, 로메인 브룩스 등이
그러했다. 그녀들은 서로에 대한 글을 썼고, 서로의 초상화를 그렸으며,
서로에게 보내는 시를 지었고, 복잡 미묘하고 은밀한 성관계를 즐겼다.
그녀들이 남긴 진귀한 문화 유산들은 현재 여러 박물관과 도서관에 보
관되어 있다. 그중 많은 유품이 유명세를 탄 덕에 1920년대 파리의 역사
는 비교적 잘 알려지게 되었다. 그러나 잊지 말아야 할 것은 이러한 여성

들이 르네 비비앙과 나탈리 바니가 1900년 무렵에 일찍이 확립해놓은 전통을 계속 실천하고 있었다는 사실이다.

III.

> 뮤세 여사는 말했다. "어떤 여자들이 바다-소라면, 어떤 여
> 자들은 땅-돼지야. 또 다른 이들은 우리의 연감年鑑 언저리를
> 기어 다니는 벌레지. 하지만 어떤 이들은 천국의 자매야. 우
> 리는 이 여인들을 잘 따라가야 해. 곁길로 새면 안 돼."
>
> ─주나 반스, 『숙녀 연감』

르네 비비앙과 나탈리 바니는 이데올로기적인 측면에서는 일치했지만 정서적인 측면으로는 상충했다. 『한 여인이 내게 나타났다』가 그녀들의 공통된 레즈비언 의식을 반영함에도 불구하고, 그 주된 내용은 성격 불일치에 대한 기록에 할애되고 있는 이유는 그 때문이다. 1904년 화해 직전에 르네는 『한 여인이 내게 나타났다』를 썼다.[31] 이 소설의 근간을 이루는 것은 1899년에서 1903년 사이에 그녀의 삶에 일어났던 사건과 관계했던 사람들이다. 그 시기의 미학적 특질은 **세기말**fin de siècle이다. 이 소설은 전기적이지만, 사건 자체를 기록했다기보다 그것에 대한 정서적 반응을 기록한 것이다. 더욱이 르네의 정서 경험은 매우 상징적이었다. 아마도 시적 재능의 일환인 듯한데, 특별한 재능을 지닌 사람은 어떤 단계에서든지 이미지와 의미를 연관 짓는 것 같다. 그녀 내면의 우주

론은 색깔, 꽃, 전형적인 성격의 전설 속 인물들과 연관된다.

『한 여인이 내게 나타났다』의 정서적 근원은 크게 다음 두 가지이다. 하나는 나탈리와의 파경이다. 다른 하나의 위기가 같은 시기에 있었다. 르네의 친구 바이올렛 실레토가 1901년에 세상을 떠났던 것이다. 바이올렛의 죽음은 르네의 남은 생애 내내 그녀의 뇌리에서 떠나지 않았고, 이로 인해 나탈리와의 관계는 더 복잡해졌다.

『한 여인이 내게 나타났다』는 화자(르네 비비앙)와 밸리(나탈리 바니)의 실연에 대한 이야기이다. 소설의 전반부는 1899년부터 1901년까지를 다룬다. 밸리는 사랑을 할 줄도 모르고 신뢰할 수도 없는 인물로 묘사된다. 밸리가 다른 여자들과 저지르는 외도 때문에 화자는 괴로워한다. 특히 밸리에게 구혼한 '남창'으로 인해 그녀의 격노는 최고조에 달한다. 그 당시에 실제로 나탈리에게 구혼하는 남자들이 있었고, 그녀는 그들이 그렇게 하도록 내버려두었다. 하지만 나탈리에게 남자는 성적으로든 낭만적인 사랑으로든 아무 의미가 없었다.

화자는 밸리에 대한 관계에 집착하는 자신의 감정 저변에, 가장 사랑하는 절친한 친구인 이온Ione(바이올렛 실레토)과의 우정이 자리하고 있음을 깨닫는다. 초기에 등장하는 인물들 사이의 경쟁 구도 속에 동양학자 피트러스Petrus(나탈리의 친구이자 『아라비안 나이트』을 영역한 J. C. 마르드뤼Mardrus), 피트러스의 아내(뤼시 들라뤼마르드뤼), 그리고 산 지오바니San Giovanni가 있다.

산 지오바니라는 인물은 화자를 합성 변형한 분신으로 르네의 더 나은 반쪽이자, 그녀의 건전한 분별력이며, 레스보스의 용감한 시인이다. 즉, 밸리를 향한 불행한 열정이 소진된 폐허에서도 여전히 손상되지

않은 채 남아 있는, 르네 정체성의 핵심을 구현한 인물이다. 화자가 1900
년의 순진한 르네라면, 산 지오바니는 1903년의 지혜로운 르네이다. 산
지오바니는 르네만의 개인적인 신화에 전형적으로 등장하는 남녀추니
이기도 하다.

밸리, 화자, 그리고 산 지오바니는 다 함께 미국으로 여행을 떠나는
데, 거기에서 그녀들은 브린모어Bryn Mawr 여자대학을 방문한다. 그리고
그들이 돌아온 직후에 이온은 병들어 세상을 떠난다. 이온을 잃은 화자
는 비탄에 잠겨 외로워하는 한편, 밸리의 외도를 질투한다. 화자의 건전
한 분별력을 상징하는 산 지오바니는 그녀에게 조언한다. "질투 어린 비
애감과 사나운 기세를 떨쳐내지 않으면, 너는 밸리를 잃고 말 거야. 네가
자신을 덮어씌우고 어두운 안개로 무장하고 밸리를 숨 막히게 한다면
밸리는 바로 너를 피하려 들걸. 그녀에게는 신선한 공기와 공간과 햇살
이 필요해."[32] 마침내 밸리는 얼마 지나지 않아 그녀의 신성한 존재였던
화자를 축출하고 만다.

소설의 후반부는 1901년에서 1903년까지를 다룬다. 화자는 위안의
대상으로 대그머Dagmar(올리브 커스턴스Olive Custance)를 유혹하는데, 이 유혹
은 대그머가 그녀의 '왕자님'(앨프리드 더글러스 경Lord Alfred Douglas, 오스카 와
일드의 연인, 1902년에 올리브 커스턴스와 결혼)을 만날 때까지 계속 시도된다.
그 후 화자는 에바Eva를 만나고, 두 여인은 서로 사랑하며 행복한 시절을
보낸다. 산 지오바니의 경우처럼 에바라는 인물이 누구인지 명확히 분
별하기는 어렵다. 에바는 에바 팔머를 부분적으로 착안한 허구적 인물
이다. 르네는 팔머를 향한 사랑에 빠진 적이 있으나, 팔머는 이를 완곡
히 거절한 것 같다.[33] 태고의 여성 인물 전형을 환기하기 위해 르네는 에

바라는 이름의 함축적인 의미를 사용한다. 산 지오바니가 르네의 이상적인 자아이듯이, 에바는 그녀 꿈속의 이상적인 연인이다. 한편, 에바는 헬렌 반 쥘랑 드 니벨르 남작부인 Hélène, Baronne Van Zuylen de Nyevelt을 재현하는 것 같기도 하다. 르네는 나탈리와 헤어진 1901년 이후, 그녀와 연인이 되었다.

에바와 행복하게 지내는 화자와는 달리, 밸리는 그녀를 되찾으려고 돌아온다. 소설의 마지막 부분은 운명의 두 대천사 사이에서 갈등하는 화자의 고뇌를 담고 있다.

『한 여인이 내게 나타났다』는 나탈리 바니와의 관계를 받아들이려고 애쓴 르네 비비앙의 욕망으로 쓰인 소설이다. 르네는 무엇이 잘못인지, 누구를 탓해야 하는지 알고 싶었다. 경우에 따라서 이 소설이 연애와 실연에 대한 나탈리의 분석을 드러내기도 하지만, 내용의 대부분은 르네의 혼란, 고통, 분노, 그리고 죄책감 표현에 주로 할애되고 있다. 나탈리는 그녀의 관점으로 이 관계를 쓴 회고록 『회상과 고백 Souvenirs indiscrets』 (1960)과 『영혼의 모험 Aventures de l'esprit』(1929), 그리고 산문시집 『나는 기억하네 Je me souviens』(1910) 등을 남겼다. 이 모든 것은 한편으로 치우친 해석이므로 실제 있었던 사실에 준하여 평가되어야 할 것이다.

바이올렛 실레토가 르네의 정서적 삶의 한가운데에 여전히 자리하고 있던 1899년에 르네는 나탈리를 만났다. 르네가 나탈리에게 깊이 빠져들수록 바이올렛과의 연락은 뜸해졌다. 1901년 초반에 바이올렛은 르네에게 함께 프랑스 남부로 가자고 청했다. 르네는 나탈리와 파리에 머무는 것을 택했고 바이올렛과는 후일을 기약했다. 바이올렛이 아프다는 전갈을 받았을 때, 르네는 급히 서둘러 프랑스 남부의 피서지로 향했다.

르네가 떠난 후, 나탈리는 올리브 커스턴스와 정사를 시도했으나 미수에 그쳤다. 그러는 사이에 니스에 도착한 르네는 바이올렛이 죽어가고 있으며 가톨릭으로 개종한 사실을 알게 되었다. 바이올렛에 대한 비통한 심정은 친구와 소격하게 지낸 지난날에 대한 죄책감과 뒤섞였다. 그녀는 자신이 육체적 쾌락에 사로잡혀 우정을 배반하기에 이르렀다고 자책했다.

르네의 슬픔은 가시지 않았다. 환경을 바꾸면 르네가 우울증에서 벗어날 수 있지 않을까 하여 나탈리는 르네를 설득하여 함께 미국으로 갔다. 그녀들은 바 하버에서 1901년 여름을 보냈다. 그곳에서 르네는 나탈리의 첫사랑 에바 팔머를 만났다. 에바는 르네의 슬픔을 나탈리보다 훨씬 더 깊이 이해해주었다. 나탈리가 도처의 사교 모임에 다니는 동안, 에바는 르네와 함께 그리스어를 공부했다. 세 여인은 가을에 에바가 다니던 브린모어 여자대학으로 여행을 갔다.[34] 나탈리는 다시 무도회와 파티를 다녔고, 르네는 황폐한 묘지에서 시를 썼다. 마침내 르네는 가족을 방문하기 위해 런던으로 떠났고, 나탈리는 고향 워싱턴으로 출발했다. 둘은 파리로 돌아와서 만나기로 되어 있었다.

회고록에서 나탈리는 그해 겨울 동안 르네 소식을 듣지 못해 몹시 불안했으며, 파리로 돌아갔을 때 르네가 만나지 않으려고 해서 매우 놀랐다고 말한다. 나탈리는 르네가 록쉴드 가문née Rothschild의 헬렌 반 쥘랑드 니벨르 남작부인과 사귀게 된 것을 확인했다. 르네는 나탈리가 달빛 아래에서 부른 세레나데, 정원 담장 너머로 던진 쪽지를 비롯해서, 나탈리가 그녀와 대화하기 위해 취한 모든 시도를 회피했다. 나탈리는 회고록에서, 남작부인이 르네의 가정교사에게 돈을 주고 나탈리의 편지를 가로채게 했으며, 르네가 나탈리에게 버림받았다고 믿도록 부추겼다고 추측한다. 투기가 강한 남작부인이 르네를 옛 애인에게서 떼어놓으려고 부단히 애썼다는 것이다. 그러나 이러한 나탈리의 설명에는 다소 솔직하지 못한 구석이 있다. 오래전부터 둘의 관계에는 문제가 많았고, 나탈리는 남작부인이 꾀할 법한 그 어떤 음모가 아니더라도 르네가 자신을 밀쳐내고 있다는 사실을 이미 알고 있었다.

르네는 정사를 나누기 시작한 초기부터 육체적 욕망과 그것의 파괴력 사이에서 한껏 즐거워하다가도 곧잘 두려움에 사로잡히곤 했다. 나탈리는 꿈의 현신이자 타오르는 열정을 고취하는 연인이었다. 그러나 르네는 그러한 열정에 양가적인 감정이 있었다. 정서적으로 또 육체적으로 그녀에게는 유별난 순결성이 있었다. 바이올렛에게 품었던 르네의 순결한 사랑은 불순함이 섞이지 않은 열정을 구현한 듯했다. 이에 비해, 나탈리와의 경험은 너무나 혼란스러웠고 갈등을 가중시켰다. 다른 한편으로, 사람을 유혹하는 나탈리의 빼어난 능력은 육체적 쾌락에 대한 종교적이라고도 할 만한 탐닉의 성과였다. 처음 사귈 무렵 나탈리는 열정적 실체를 가능한 한 더 많이 원하고 열정적 언사는 가급적 삼가기를 바란다며 불만을 토로했다. 그녀는 르네의 사랑이 대부분 상상 속에 거하고 있다고 확신했다. 그녀는 르네가 사랑을 하기보다 사랑에 대해 말하려고만 한다고 비난했다. 그녀는 이러한 편지를 보내기도 했다. "당신의 용기와 아름다움을, 삶을 위해 남겨놓지 않고 전부 작품 속에 가둬둘 건가요? 독특하고 아름다운 시어들을 쓸 사람은 당신뿐인가요? 그리고 당신이 노래하는 그 세계에서 나는 외로이 홀로 살아야 하나요?"[35]

유년기에 만난 르네와 바이올렛은 죽음과 종교에 매료되어 함께 고민을 나누었다. 르네를 만났을 때 나탈리는 자신의 왕성한 쾌락주의로 인해 르네가 삶에 더 많은 관심을 두게 되리라고 생각했다. 르네는 나탈리의 생명력을 추수하며 매혹되기도 하고 상처를 입기도 했다. 그러던 중에 느닷없이 닥친 바이올렛의 죽음은 르네가 이미 감지하고 있었던 양극성을 심화시켰다. 바이올렛과의 우정을 지키지 못한, 용서받지 못할 과오는 나탈리 – 그리고 섹스 – 탓이라고 르네는 생각했다. 르네의 한없는 애도는 바이올렛을 추억하며 느끼는 죄책감을 대속하려는 노력이기도 했다. 다른 한편, 나탈리는 죽음을 생각하는 것에 질색했고 심지어 장례식에 가는 것조차 꺼렸다. 나탈리에게 르네의 비탄은 예의범절의 한계를 넘어서는 듯 보였다. 르네는 애도할 권리를 주장하며 「죽은 자들이 그들의 죽음을 매장하게 하라 Let the Dead Bury Their Dead」라는 시를 썼다. 나탈리는 여백에다가 이런 촌평을 적었다. "그러나 살아 있는 자들은 말고."[36]

　이 둘의 관계에서 가장 첨예한 쟁점, 그리고 다른 모든 갈등의 결정체는 일대일 관계였다. 나는 여기서 성 역할과 성애 관계에 대한 나탈리의 복잡한 이론을 온전히 다 다룰 수는 없다. 지금은 성애적 정서 구조 비판을 포괄하는 성 역할 비판을 나탈리가 발전시켰다고 말하는 것으로 충분하다. 그녀는 성 역할이 서로에게 상처를 입힌다고 여겼다. 왜냐하면 성 역할은 이성理姓에게 할당된 인격적 특질을 억압하고 지배하라고 지시하기 때문이다. 그녀는 또한 각 개인이 잃어버린 완전성을 이성에게서 찾는 이유는 성애 관계에 인위적인 성별 구분이 있기 때문이라고 생각했다. 나탈리는 질투, 소유욕, 독점욕 등의 정서가 이런 성적 체계로부터 유래했으며, 여성이 부차적인 지위에 머문 것 또한 성적 체계 탓이라고 보았다. 나탈리는 의존성이 아닌 상호 독립성을 바탕으로 관계를 맺어야 하며, 사랑에 정절을 강요해서는 절대로 안 된다고 주장했다. 그녀에게 정절은 사랑과 욕망의 사멸을 의미했다.

나탈리는 가능한 한 그런 이상을 실천하며 살았다. 그녀는 사랑을 바칠 때 영원한 사랑을 바쳤다. 그러나 이것이 다른 사람들을 동시에 사랑하는 데 방해가 되지는 않았다. 더 통상적인 사랑의 관념을 지녔거나 덜 냉혹한 감성 구조를 가진 연인들에게 그러한 방식의 애정이 항상 환영받았던 것은 아니다. 나탈리는 남들의 질투 때문에 괴로워한 적은 있지만, 자신의 질투심으로 고통받은 적은 없다고 주장했다. 그녀의 연인들을 통틀어, 로메인 브룩스만이 관계에 대한 나탈리의 관점을 공유했다. 로메인과 나탈리는 반세기 동안 연인 관계였지만 둘은 따로 떨어져 살았다. 그녀들이 프랑스 남부에 지은 별장에는 휴게실로 연결된 별도의 주택 두 채가 있었다. 나탈리의 다른 연인들 대부분은 그녀의 난삽한 성관계를 달갑게 여기지 않았다.[37] 이상과는 사뭇 다르게도, 나탈리는 망토개코원숭이의 모든 본능을 지녔다. 나탈리의 행동 유형을 가장 잘 포착한 샬롱의 표현을 빌리자면, 통상 그녀의 하렘harem에는 지배하는 '술탄', '제일 총애하는 연인' 두엇, 그리고 덜 좋아하는 연인들의 무리가 있었다.

나탈리와는 달리 르네 비비앙은 자신의 욕구를 체계적인 철학 용어로 표현하려고 하지 않았다. 그녀는 그저 낭만적이었다. 르네에게 사랑은 영원했고, 그 사랑의 영원함이란 정절을 의미했다. 나탈리가 다른 사람들과 희희낙락대면서도 여전히 르네를 사랑한다고 힘주어 말할 때, 르네는 그녀의 진심을 믿을 수 없었다. 그런 르네에게 나탈리는, 만일 자신을 사랑한다면 자신을 이해하려고 노력해야 하고, 만약 그 점을 이해했다면 자신의 매력과 활력을 파괴할지도 모를 수상쩍은 소유욕을 버리는 방향으로 나가야 한다고 답했다. 르네는 이해하려고 애썼다. 그러나 계속되는 나탈리의 외도로 인한 괴로움을 참을 수 없었다. 르네는 나탈리의 활력이 자신에게는 고통의 근원이라는 사실을 깨닫기 시작했다. 바이올렛의 죽음이라는 상황은 나탈리의 관능을 배신과 연결 짓게 했다. 마침내 정서적으로 견딜 수 없는 이런 관계에서 벗어날 수 있도록 절박한 힘을 르네에게 부여한 것은 바로 바이올렛의 죽음이었다. 1901년 말 런던에서 르네는 다음과 같은 편지를 워싱턴에 있는 나탈리에게 보냈다.

떠나기 전에 내게 했던 약속을 그렇게 깨버리다니 마음이 아파요. 심심풀이로 날 부르지 않겠다고, 위로가 필요하거나 나쁜 상황에 처해서 도움이 필요할 때만 날 부르겠다고 약속했잖아요. 심각한 그 어떤 일도 당신 인생에는 일어나지 않았으니 지금 내가 갈 필요는 없어요. … 당신은 그저 쾌락을 위해서만 나를 부르죠. 아니면, 나를 조정하는 힘을 시험 삼아 휘둘러보려고요. 그도 아니면 또다시, 당신 옆에 있는 사람, 고통 속에 있는 사람, 쉽게 속고 마는 사람에게 당신의 모든 애욕을 위한, 예측불허의 작은 계획을 실천해보려고 나를 부르는 게요.

그 모든 걸 감수하면서 여전히 당신을 사랑하는 내가 이런 말을 하게 되다니, 마음속 깊이 슬픔이 차올라요. 하지만 당신의 어떤 점이 날 병들게 했는지, 당신이 내게 가했던 그 고통, 그 모욕, 그 상처를 당신은 망각하고 있어요. 아마도 무의식적이었겠지만, 당신이 가했던 치명적인 고통으로 인해 내가 아직도 피 흘리고 온몸이 멍투성이인 것을 당신은 정녕 잊었나 봐요. 당신에게서 멀리 떠나 있으니, 이제 나는 괴롭지 않아요. 여자든 남자든 가리지 않고 모든 이에게 키스하고 장사꾼처럼 미소 짓고 추파를 던지는 당신을 보면서 견뎌야 했던 그 고통, 그 질투, 그 분노에서 나는 이제 놓여났어요. …

… 나는 언제까지나 당신을 사랑할 거예요. 그러나 더는 예전 같은 눈먼 사랑은 하지 않겠어요. 지금 나는 더 쓰라린, 더 슬픈, 더 의심 많은 사랑으로 당신을 사랑해요. … 이제는 이성을 잃은 채로 무조건 당신을 믿지는 않을 거예요. 그 거짓의 근원에 진실이라는 게 있는지 – 그 진실의 근원에 거짓이라는 게 있는지 – 나는 의심하고 알기를 원해요. 당신이라는 존재는 너무나 복잡해서 온전한 진실도 혹은 온전한 거짓도 있을 리 없으니까요.

… 제발 평화로운 마음 한 조각이라도 내게 남겨줘요. 고독과 침묵에 잠겨 아주 작은 힘이라도 되찾을 수 있게 부디 날 내버려둬요.

… 훗날 다시 헤어지기 위해 당신에게 잠시 돌아가다니, 그건 정말 미친 짓이에요! 나는 도저히 그렇게 할 수 없어요. 다음번에는 이렇게 사라질 엄두조차 내지 못할 거예요. 어떤 희생들은 절대 회복되지 않아요.

당신을 "영원히" 사랑한다는 내 말을 믿어줘요. … 당신을 사랑해요. 나는 언제까지나 당신을 사랑할 거예요.[38]

그러므로 나탈리가 파리로 돌아갔을 때, 반 쥘랑 남작부인을 보고 정말 놀라기는 했지만, 르네가 자신과의 관계를 끝난 것으로 생각하고 있다는 사실은 진작 알고 있었을 것이다. 르네는 남작부인과 새로운 관계를 맺기 전인 1901년 후반에 이미 올리브 커스턴스를 통해 위로를 얻으려 했었다. 나탈리는 르네를 여전히 깊이 사랑하고 있었고 그녀를 되찾기로 마음먹었다. 그러나 나탈리의 그 원대한 포부도 1902년 뤼시 들라뤼마르드뤼와의 정사를 막지는 못했다.[39]

그 당시에 파리에 있었던 에바 팔머는 나탈리가 르네에게 보내는 사랑의 밀사가 되었다. 나탈리가 자신의 바람을 성사시켰을 때는 음악과 에바를 통할 때뿐이었다.[40] 르네가 에바를 오페라 특별석에 초대했을 때, 나탈리는 에바의 좌석에 앉았다. 르네는 그렇게라도 그녀를 보게 되어서 행복한 듯 보였다. 르네는 다시 보자고 나탈리에게 약속했지만, 재회는 이루어지지 않았다. 나탈리가 몬테카를로에 있던 아버지가 위독하다는 전갈을 받고 멀리 떠났기 때문이다. 그녀는 유골을 안고 워싱턴으로 돌아갔고 한동안 그곳에 머문 듯하다.[41]

1904년 여름에 나탈리는 마침내 바이로이트에서 개최되는 바그너 음악제에 르네가 참석할 계획이며, 지속적인 질투 어린 감시로 나탈리의 노력을 방해하던 남작부인이 동행하지 않는다는 소식을 들었다. 나탈리는 에바와 바이로이트로 출발했다. 음악회 좌석을 바꾸어서 나탈리는 르네와 함께할 수 있었다. 나탈리는 르네를 향한 깊고 진실한 사랑을 담은 몇 편의 산문시를 바쳤고, 결국 르네도 확신을 얻었다.[42] 그녀는 관계를 다시 시작하기로 결심했지만, 그저 미틸레네에서뿐이었다.

르네와 나탈리는 미틸레네로 여행을 떠나 과수원에 딸린 별장 두 채를 빌렸고, 사포 추종 집단을 만들자는 두 여인의 오랜 꿈을 이루었다. 그러나 두 사람의 행복한 전원생활은 반 쥘랑 남작부인이 그 섬으로 오고 있다는 전보로 인해 중단되었다. 나탈리는 르네가 남작부인과 결별할 것이며 자신에게 돌아오리라는 확신을 안고 파리로 떠났다. 두 여인 사이에서 르네의 가슴은 찢겼으나, 결국 나탈리를 포기하고 남작부인 곁에 머물기로 결정했다.

1904년에 있었던 나탈리와의 두 번째 이별 후, 르네 비비앙의 족적을 추적하기는 더욱 어려워진다. 나탈리에 대한 감정을 받아들이는 법을 르네가 마침내 터득한 것 같기는 하다. 두 여인은 이전에 르네가 불가능하다고 공언했던 우정을 키워나갔다. 1904년 이후, 르네는 이 까다로운 연인을 더욱 깊이 이해하게 되었다. 그러나 또한 그녀 곁에 머무를 수 없다는 사실도 인정하게 되었다. 옛 애인을 언제나 그리워했지만 르네는 자신의 선택에 만족했고 그것을 유지해갔다. 콜레트는 르네와 대화를 나누던 중에, 옛 애인과의 지난 일에 대해 얼마간의 후회를 내비친 르네의 말을 다음과 같이 전한다. "다른 시대에, 다른 여인을 만났더라면, 그런 후회와 비교로 내가 과연 만족했을지 모를 일이야."[43]

르네는 생애의 끝자락에 세계 곳곳을 누비며 지중해와 중동과 동양 등지를 두루 돌아다녔다. 그리고 여행 중에 사들인 진귀한 예술품으로 뒤부아 23가에 있는 자신의 아파트를 가득 채웠다.[44] 1909년 이전에 르네를 알게 된 로메인 브룩스는 회고록에서 그녀의 아파트를 다음과 같이 묘사했다.[45]

커튼을 드리운 어둡고 무거운 방 전경이 눈앞에 펼쳐진다. 무시무시한 실물 크기의 동양 인물상들이 의자에 기대어 걸터앉아 있고, 주름 잡힌 검은 휘장을 두른 부처상이 인광燐光을 뿜으며 희미하게 빛난다. 모든 것이 차고 넘칠 듯하고 침울한 느낌을 자아낸다. 향을 피운 내음에 방 안 공기가 무겁게 가라앉는다. 커튼을 한쪽으로 젖히자, 루이 14세풍으로 남장한 르네 비비앙이 금발의 생머리를 어깨까지 드리우고 꽃 같은 얼굴을 떨군 채 우리 앞에 서 있다. … 우리는 동양풍으로 바닥에 앉아서 점심을 먹는다. 다소 모자라는 적은 양의 음식이, 금가고 얼룩진 고대 다마스쿠스 그릇에 담겨 제공된다. 식사 도중에 르네는 정원으로 나가더니 애완용 개구리와 뱀을 팔에 감고 들어온다.[46]

마당 하나를 사이에 둔 이웃으로 살던 콜레트는 르네와 친구가 되었다. 콜레트도 르네의 아파트를 묘사했다. "거기 가면 나는 참지 못하고 심술을 부리고 만다. 하지만 부처님에게 사과를 봉헌하는 그 고운 천사의 인내심은 한결같았다. 살랑살랑 불어오는 봄바람에 유다 나무 가로수 나뭇잎이 날리던 어느 날, 장례식에서나 풍길 법한 냄새에 나는 욕지기나게 메스꺼워 창문을 열려고 했다. 하지만 못질이 되어 있어서 열리지 않았다."[47]

1905년 이후 르네의 낭만적인 애착관계에 대한 자료는 확실하지 않다. 그런 혼란의 상당 부분은 반 쥘랑 남작부인이 그다지 유명세를 탄 인물이 아님에도, 대체로는 무분별한 폭로를 일삼는 문학이 그녀의 정체를 잘 숨겨주었기에 비롯된 것이었다. 그녀는 발키리(북유럽 신화에 등장하는 반신녀半神女 - 옮긴이), 라 브리오슈(배가 나온 신체 특징을 놀리기 위한 동음이의어 말장난 - 옮긴이), 혹은 Z부인이라고 불렸다. 콜레트는 남작부인을 묘사하면서도, 르네와 직접 연관 짓지는 않았다. "제이 드 벨륀J. de Bellune이 우리에게 전해준 이야기예요. 니스에서 거행된 야회夜會에서 반 쥘랑 남작부인은 온통 하얀 나비넥타이에다 연미복을 입고 특별좌석에서 으스댔대요. 수염까지 붙이고 있었다죠! 리코이 Ricoy 남작부인이 대동했는데, 비슷하게 연미복을 차려입은 그녀는 코끼리 같은 괴물 옆에서 더욱 야위어 보였다고 해요. 그들은 눈에 띄었고, 자신들의 특별좌석에 침입한 방문객들에게 시달리자, 남작부인은 남자 같은 거친 욕설로 불청객들에게 응수했대요."[48]

비비앙과 남작부인 사이에 있었던 정사의 실상은 여전히 명확하지 않다. 적어도 1905년까지 르네는 그 관계를 통해 마음을 치유받았던 것 같다. 이 시기에 그녀의 걸작이 쏟아져 나왔고 그녀는 행복한 듯 보였다. 남작부인은 그녀를 격려했다. 그리하여 그 둘은 두어 편의 시집을 공동으로 창작해 폴 리버스데일 Paule Riversdale 이라는 공동 필명으로 출간했다.[49] 그러나 1905년 이후에 발생한 어떤 사건으로 인해 그 관계가 끝났거나 혹은 달라졌다.

나탈리 바니는 『회상과 고백』에서, 남작부인의 부정을 알고서 르네가 몹시 격분했고, 그 관계가 끝난 이후에 르네가 급격히 쇠락했다고 말한다. 살로몽 레이나슈 Salomon Reinach 는 르네 비비앙에 관한 주석에서, 남작부인과의 밀회가 1901년부터 1905년까지 지속되었다고 확정한다. 1905년 이후까지 이어졌다는 언질은 없다. 리버스데일이라는 필명의 공저는 1904년을 끝으로 다시는 나오지 않았다. 우리는 르네의 말년에 몇 번의 연애사가 있었다는 사실을 안다. 그러나 1906년에서 1909년 사이에 르네의 최대 관심사가 여전히 남작부인이었는지 여부는 알 수 없다.[50] 1908년 무렵, 르네가 우울하고 불행했으며 그녀의 시가 죽음이라는 주제에 점차 침윤되어갔다는 사실은 분명하다. 그녀는 자신의 무덤에 새길 비문을 썼다. 말년에 쓴 많은 시편들은 바이올렛 실레토의 죽음의 그림자를 환기한다. 콜레트에 따르면, 그 당시에 르네는 신비에 쌓인 '그분 master'과 매우 불안한 관계를 맺고 있었다. 보통 '그분'을 여전히 반 쥘랑 남작부인이리라고 추정한다. "이 '그분'은 여자 이름으로 언급된 적이 전혀 없다. 우리는 '그분'의 정체가 드러나는 대단원을 고대하고 있었지만 '그분'은 옥, 유약, 도료, 편물을 짊어진, 보이지 않는 전령들만 계속 보낼 뿐이었다."[51] 이 '그분'은 르네를 별나게 불러냈고, 그래서 르네는 종종 만찬 도중에 나가야 했다. 한번은 콜레트가 만찬에 초대되어 갔을 때, 문 밖으로 나오는 르네를 발견했다. 르네는 변명조로 속삭였다. "쉿, 나 지금 불려가. 끔찍한 **그녀**가 나타났거든."[52] 또 다른 사례를 들자면, 어느 날 르네는 콜레트에게, 곧 자신은 파리를 떠날 거라고, 애인이 자신을 죽이기 전에 도망치는 거라고 해명했다. "그녀는 자신이 생죽음을 맞게 될지도 모르는 이유를 네 단어로 설명했다. 이 네 단어를 솔직하게 다 말하면 당신은 놀라 자빠질 것이다. 그 말은 전하지 않는 게 좋겠지만, 르네가 그다음에 한 말을 대신 옮긴다. '그녀와 함께 있을 때, 나는 감히 가장하거나 거짓말을 할 수가 없어. 왜냐하면 그 순간 내 심장에 그녀가 귀를 대고 있기 때문이야.'"[53] 이 제왕 같은 연인이 실물인지, 비비앙의 상상이 만든 허상인지 콜레트는 알지 못했다. '그분'은 남작부인일 수도 있고, 어떤 다른 사람일 수도 있고, 아니면 르네가 환상 속에 창조한 최후의 연인일 수도 있다.

그 시절에 르네는 극도로 불행했다. 술을 과도하게 마셨고 음식을 거의 먹지 않았다. 우울증과 알코올 중독과 거식증에 시달리던 그녀는 결국 1909년 11월 8일 유명을 달리했다. 임종을 맞으며 그녀는 가톨릭으로 개종했다. 죽기 바로 몇 년 전에 시인은 다음과 같은 시를 남겼다.

주님이 나의 노정을 굽어보신다면

나는 그에게 말하리. "오, 주여, 나는 당신을 알지 못합니다."

"주여, 당신의 엄한 법은 내 것인 적이 없기에

나는 그저 이교도로 살 수밖에 없었습니다."

"가난하고 헐벗은 순박한 내 영혼을 보십시오.

나는 당신을 알지 못합니다, 나는 당신을 결코 안 적이 없습니다."[54]

그러나 1909년에 이르러 친구 바이올렛을 따라 르네는 가톨릭으로 개종하고서 이른 죽음을 맞이했다. 파시에 있는 르네 비비앙의 무덤은 장식이 많은 고딕 양식의 작은 안치실인데, 참배객들이 가져다놓은 십자가와 조화, 시인의 초상화 등이 그 안에 가득하다.

나탈리 바니는 1972년 2월 2일 이교도로서 세상을 떠났다. 역시 파시에 있는 그녀의 무덤은 작고 장식이 없고 어떤 종교적 상징물도 없이 단출하다. 바니가 죽음을 맞을 무렵은 선구자를 조사하던 차세대 레즈비언 페미니스트들이 이 두 여성의 유업을 막 재발견했을 때였다.

『한 여인이 내게 나타났다』 개정판 후기

이번 『한 여인이 내게 나타났다』 개정판 출간으로 인해 나는 초역판 「서문」의 과오를 바로잡고 문체를 다듬을 절호의 기회를 얻게 되었다. 나는 글을 대폭 수정하고 싶은 충동을 간신히 참아왔다. 그렇게 했다가는 전면 개정을 하거나 아예 새로 논문을 써야 했기 때문이다. 하지만 서문을 쓴 이래 많은 변화가 있었고, 그 변화들에 대한 몇 가지 논평들에 나는 수긍할 수밖에 없었다.

비비앙과 바니에 관한 학술적 성과는 크게 확장되었다. 조지 위크스George Wickes의 『여전사 문예가The Amazon of Letters』는 1976년에 출간되었고 문고판으로도 볼 수 있다. 폴 로렌즈Paul Lorenz의 『사포 1900Sapho 1900』는 1977년에 파리 쥘리아르Julliard 출판사에서 출간되었는데, 이 책 덕분에 그간 소문으로 점철되었던 비비앙의 생애가 명확해졌다. 1977년 나이아드 출판사는 비비앙의 첫 번째 영역 시집 『바이올렛의 뮤즈The Muse of the Violets』을 출간하기도 했다. 국립미술관National Collection of Fine Arts(현 스미스소니언 미술관 – 옮긴이)은 1978년에 바니 가문이 소장하고 있는 예술품 일부를 전시했다. 도널드 맥클러랜드Donald McClelland가 제작한 전시도록 『그림자가 사는 곳: 앨리스 파이크 바니와 그녀의 친구들Where Shadows Live: Alice Pike Barney and Her Friends』에는 앨리스가 어머니의 관점으로 나탈리의 사회문화적 환경을 평가하는 유쾌한 설명이 실려 있다.

모든 빼어난 연구조사에도 불구하고, 이러한 레즈비언 네트워크에 대해 우리가 갖는 주된 이미지는 그녀들이 스스로 자신을 어떻게 생각했는가를 바탕으로 하여 만들어진다. 나탈리 바니는 자신의 전설을 만들어내는 특별한 재능을 지니고 있었다. 이제는 그녀가 남긴 편지와 글들을 연구할 수 있다. 미래의 연구조사는 세부 사항을 수정하는 데 멈추지 말고, 이러한 여성들 사이에서 실제 일어난 일에 대한 더 큰 그림을 그림으로써 변화를 이끌기를 바란다.

조너선 네드 캐츠Jonathan Ned Katz의 『게이 미국사Gay American History』에서 메이블 도지 루언Mabel Dodge Luhan이 회고한 바이올렛 실레토에 대한 글을 우연히 보게 되었을 때, 나는 그러한 관점의 전환을 예상했다. 요절한 바이올렛이 이 집단의 문학적 성취에 직접 공헌한 바가 없었기 때문에, 그녀의 역사적 존재감은 매우 흐릿했다. 문헌상으로는 유령 같은 존재였기에, 나는 실제로 그녀가 끼친 개인적인 영향력을 과소평가했던 것이다. 루언은 다음과 같이 쓴다.

나는 남녀를 통틀어 그녀처럼 지혜롭고 사랑 많은 사람을 결코 만난 적이 없다. 그녀는 모든 것을 직관적으로 알고 있을 뿐 아니라, 매우 독특한 지성을 겸비하고 있었다. 열여섯 살 때 단테를 원서로 읽으려고 재미 삼아 이탈리아어를 독학했다니. …

바이올렛은 내가 만나본 모든 사람 중에서 가장 성숙한 사람이자 가장 먼 곳까지 도달한 사람이다. …

… 그녀는 모든 시대에 속했고, 그래서 마치 과거의 총합처럼 보였다…. 간혹 자연은 기적처럼 믿기 어려울 만치 놀라운 인간을 창조한다.

그러나 아주 드물게. … 아직도 바이올렛은 내 안에서 여전히 위대한 존재로 살아 있다.[55]

루언의 회고는 바이올렛의 카리스마와 그녀의 종교적 신비주의에 대한 증거이다. 이것은 『한 여인이 내게 나타났다』에 등장하는 바이올렛의 이미지를 확증하며, 그녀와 르네의 관계를 더 잘 이해할 수 있게 해준다. 『한 여인이 내게 나타났다』가 주로 르네와 나탈리의 관계를 다루었다고 판단한 초기의 내 생각은 바뀌었다. 르네는 매우 강력한 몇몇 등장인물을 다루고 있었던 것이다.

이 여성들이 침실에서 벌였던 전쟁에 대한 세밀한 연대기는 흥미진진한 역사가 되기에 충분할 것이다. 그러나 최근의 레즈비언과 게이 역사 내부의 발전으로 인해 바니와 비비앙의 중요성이 점차 명확해지고 있다. 게이/레즈비언 역사가 그 체계, 기획, 그리고 실천의 측면에서 혁신을 수행하고 있다는 것은 확실하다. 제프리 윅스의 『커밍아웃』(1977)은 동성애 역사를 편찬하려는, 그리고 동성애 사회사를 구성하려는 추세의 가장 훌륭한 사례일 것이다. '새로운' 게이 역사의 특징은 "유럽 역사를 통틀어 사람들은 언제나 성적인 행위를 해왔지만, 극히 최근에 이르기까지 이성애자와 동성애자의 세계에서 살지 못했다"[56]라는 통찰로 압축된다. 새로운 게이 역사의 목적은 이러한 성적으로 특화된 사람들로 이루어진 세계의 출현과 이에 수반되는 사회학과 정치학을 기술하고, 연대를 확정하고, 설명하는 것이다. 시대 구분이 고정된 것은 아니지만 게이 역사가들은 이러한 근대적 성적 체계가 서유럽의 경우 19세기의 마지막 20년 사이에 강화되었다는 데 점차 합의하고 있다.

게이 역사의 변화는 19세기 말에 일어난 몇 가지 핵심적인 특징을 연구하는 과정에서 광범위하게 발흥되었다. 에드워드 카펜터Edward Carpenter, 존 애딩턴 시먼즈John Addington Symonds, 마그누스 히르슈펠트, 카를 하인리히 울리히 Karl Heinrich Ulrichs, 나탈리 바니, 르네 비비앙, 해브록 엘리스의 연구조사가 새로운 게이 역사의 기반이 되었다. 게이 역사를 상징하는 전형적인 개인들의 행위, 발상, 저작, 그리고 성적 경험을 이해하기 위해서는 새로운 개념적 틀을 개발해야 한다. 비비앙과 바니의 중요성은 그녀들의 정서적이고 성적인 불장난에 있는 것이 아니라, 19세기 말 성적 자유를 외치던 영웅들 가운데 제일 중요한 두 명의 레즈비언이라는 그 위상에 있다.

4장

가죽의 위협

정치와 S/M에 관한 논평

4장은 원래 Samois (ed.), 『권력에 다가가기: 레즈비언 S/M의 글과 그래픽 (Coming to Power: Writing and Graphics on Lesbian S/M)』(San Francisco, Samois, 1981)에 실렸다. 여기에 실린 판본은 이 책의 재판본(Boston: Alyson, 1982, pp. 192~225)에 실렸던 것이다.

사모아는 샌프란시스코에 기반을 둔 레즈비언 페미니스트 BDSM 조직으로서 1978년에서 1983년까지 존재했다. (BDSM은 결박[Bondage], 훈육[Discipline], 사디즘[Sadism], 마조히즘[Masochism]의 약자이다.) 사모아는 미국 최초의 레즈비언 S/M 집단으로서, 공동 창시자는 작가인 패트 칼리피아와 페미니스트 학자인 게일 루빈이다 - 옮긴이.

I.

기독교가 덕의 근원으로서 성적 행위를 부풀리고 강조하게 되자, 우리 문화에서 섹스에 관련된 모든 것이 '특별한 사례'가 되면서 기이하게도 모순적인 태도를 야기하게 되었다.

—수전 손택, 『급진적 의지의 스타일』

성 정치 일반이 우울할 정도로 뒤죽박죽인 마당에 사도마조히즘 정치를 간단히 논의하기란 어렵다. 이런 문제점은 적어도 어느 정도는 한 세기에 걸친 성에 관한 사회적 갈등의 잔재에서 비롯된 것이다. 이 기간 동안 보수적인 입장은 수많은 개별적 투쟁이 얻어낸 성취뿐 아니라 논쟁의 어휘 또한 지배해왔다. 19세기 후반과 20세기 초반 미국과 영국에서 포괄적이면서도 성공적인 도덕적 캠페인이 있었다는 점을 기억하고 알 필요가 있다. 매춘, 외설, 피임, 낙태, 자위에 반대하는 사회운동은 주정부 정책과 사회적 관행으로 확립될 수 있었으며, 성적 경험을 형성하고 그런 경험에 관해 사고하는 우리의 능력에 지금까지도 영향을 미치는 이데올로기에 깊숙이 스며들어 있다. 미국에서 보수 우익의 장기적인 의제는 성 연구와 성교육에 격렬하게 반대하면서 성적 무지와 성적 편견의 깊은 저수지를 유지시켰다. 최근 들어 우파들은 국가권력을 장악함으로써 성애 공포증erotophobia을 유발하는 데 놀랄 만큼 성공해왔다. 이제 우파들은 성애적 행위에 군림하는 힘을 갱신하고 심화시키는 주정부 장치들에 관한 헤게모니를 장악하려 들 것이다.

심지어 가장 초보적인 부르주아 자유마저 섹슈얼리티의 영역에서는 실현된 적이 없었다. 예를 들자면, 성적 발언의 자유는 없다. 1873년 콤스톡법Comstock Act(부도덕한 음란물 판매와 유통 금지령 – 옮긴이)이 통과된 이래, 성에 관한 명시적 발언은 수정헌법 제1조 보호조항에 대한 노골적인 예외가 되었다. 성적 자유의 선을 어디에 그을 것인지 혹은 얼마나 강력하게 확정할 것인지를 두고 수많은 투쟁이 있었지만, 그럼에도 오로지 성적 흥분을 목적으로 하는 이미지, 물품, 글 등의 제작(보여주거나 파는 행위)은 이 나라에서 아직까지 불법으로 남아 있다. 사람들은 휴식을 취하려고 자수를 놓을 수 있고, 스릴을 즐기기 위해 축구경기를 할 수도 있다. 혹은 오로지 아름다움에 취해서 우표를 수집할 수도 있다. 하지만 성 자체는 합법적인 행위나 목표가 아니다. 성은 더 '고차적인' 목표가 있어야 한다. 가능하다면 이런 고차적인 목표는 재생산이 되어야 한다. 그런 목표에 실패하더라도 예술적, 과학적, 문학적 목적에 봉사하는 것은 괜찮다. 성은 적어도 최소한 친밀한 사적 관계의 표현이어야 한다.

계급, 인종, 종족ethnicity, 젠더와는 대조적으로 성 정치는 상대적으로 저개발 상태이다. 성적 자유주의자들은 방어적이고, 성적 급진주의자들은 거의 존재하지 않는다. 성의 정치는 많은 세력에 의해 계속 극우로 나가고 있다. 그들 중에는 테러에 의존하는 세력도 있다. 우리의 성적 체계는 이름 없는 공포의 모호하고 거대한 풀을 형성한다. 러브크래프트

Howard Phillips Lovecraft(공포소설 장르로 유명했던 소설가 - 옮긴이)의 구덩이처럼, 무엇으로도 이름 붙이기 힘든 피조물이 말로 표현하기 힘든 행동을 하는 그런 곳처럼, 이와 같은 공포의 장소는 구체적으로 거의 밝혀진 바가 없지만 언제나 기피해야 할 곳이 된다. 이런 공포의 저수지는 성을 정치적으로 다룰 수 있는 우리의 능력에 여러 가지 악영향을 미치게 되며, 전체 주제를 과민하고 취약하게 만든다. 그것은 성의 희생양sex-baiting을 너무 쉽게 만들어낸다. 그로 인해 이런 분위가 아니었더라면 합리적이었을 사람들이 성급한 결정을 내리게 하는 악마이자 부기맨(어린아이들이 침대 밑에 숨어 있다고 믿는 악마 - 옮긴이)을 끊임없이 제공하게 된다.

20세기 내내 미국에서는 주기적으로 성과 관련된 위협이 있었다. 1940년대 후반과 1950년대 초반 냉전의 시작과 더불어 미국 내의 억압도 급증했다. 반공주의, 국가에 대한 충성 맹세, 전후 젠더 역할 및 가족의 재건과 더불어 섹스 테러리즘의 공공연한 증상들이 동성애에 대한 야만적인 탄압의 발작을 불러일으켰다. 게이들은 정부 부서에서 정화 대상이 되었고, 학교에서 쫓겨났고, (정교수 같은 학계 일자리를 포함해) 직장에서 해고되었다. 신문은 경찰이 의심스러운 변태들을 체포하고 게이 바를 급습하는 장면을 요란스러운 머리기사로 실었다. 정부 기관, 사법부, 대배심원은 청문회를 열고 '성적 일탈 문제'를 심사했다. FBI는 게이들의 감시를 지휘했다. 이 모든 행위는 동성애자들을 사회적 위협으로 만드는 데 봉사했을 뿐 아니라 그런 편견의 구축을 통해 정당화되었다.

냉전 기간 동안 벌어졌던 게이들에 대한 억압은 그 시기 역사에서 완전히 말소되어버렸으며, 1950년대 동성애자로서 겪었던 고통과 학대는 물음의 대상이 된 적도 없었다.[1] 동성애자들의 삶은 지저분하고 위험하고 경멸받는 두려운 것으로 묘사되었으며, 반동성애 억압은 위생 조치로 간주되었다. 사실상 동성애자의 삶은 억압으로 인해 질적으로 추락하게 되었고, 성적으로 다르게 사는 것에 대한 비용은 치솟았다. 1950년대의 공산당 또한 주정부 부처와 마찬가지로 동성애를 정화하려는 경향이 있었다. 미국시민자유연맹ACLU: American Civil Liberties Union은 연방정부, 지방정부로부터 박해받던 동성애자들을 방어해주지 않았다. 프로테스탄트 공화주의자들에서부터 무신론적인 공산주의자에 이르기까지 전체적인 정치적 스펙트럼은 정도의 차이는 있었지만 동성애자들을 쓰레기로 보는 분석을 하나같이 받아들였다. 이 시기는 성적인 마녀사냥의 역학을 잘 보여주는 구체적 사례이므로 좀 더 잘 알아둘 필요가 있다.[2]

1970년 후반과 1980년 초반은 여러 가지 면에서 냉전이 시작되었던 시기와 흡사하다는 점이 꽤나 분명해졌다. 무슨 연유였든지 간에 하여튼 군비 증강, 가족 재구성, 반공주의, 강제된 성적 순응주의가 우익의 프로그램으로 수렴되었다. 하지만 역사는 단순히 그대로 반복되지 않는다. 그런 변화 가운데 하나가 표적으로 삼은 성적 인구집단의 위상이 극적으로 바뀌었다는 점이다. 게이 공동체는 여전히 공격받고 취약하지만 동성애자들을 공격하면 무탈하게 넘어갔던 1950년대와는 달리 공동체 규모가 커지고 잘 조직되어 있다. 예전에는 매터친 소사이어티Mattachine Society(로스앤젤레스 레즈비언들이 설립한 단체 – 옮긴이)처럼 조직의 성격이 잘 드러나지 않는 이름을 가진 극소수 게이 단체가 있었다면, 이제는 게이 정치조직임을 분명히 밝히는 단체가 수백 개에 이른다. 그보다 더 중요한 점은 동성애자에 반대하는 전쟁을 문건화하고 공론화하는 데 효과적이고 영향력 있는 동성애 신문이 있다는 것이다. 게이들은 상당한 정치적 합법성을 누리고 있으며, 비非게이 인구집단으로부터 지지도 받고 있다. 이런 현상에 의기양양해도 좋다는 뜻이 아니다. 제2차 세계대전 이전에 폴란드의 유대인 공동체는 대규모였고, 학식도 있고, 번창하던 신문사를 소유했음에도 불구하고 나치에 의해 말살되었다. 하지만 이것이 의미하는 바는 사람들이 무슨 일이 일어나고 있는지를 알고 있으며 따라서 저항을 시작할 수 있다는 뜻이다. 이것이 뜻하는 바는 동성애자에 반대하면서 박해하기가 좀 더 어려워졌으며 그러려면 정치적으로 대가를 치러야 한다는 것이다.

하지만 더 소규모이고, 더 많이 낙인찍히고, 덜 조직화된 성애 공동체들이 있다. 이 공동체들은 무차별적인 공격의 대상이 된다. 다른 급진적 소수 민족지학적 집단이 흑인들의 정치적 운동을 모방했던 것과 마찬가지로, 동성애 운동 방식 또한 여타 소수 성애 집단에게 이데올로기와 조직적인 테크놀로지의 목록을 제공해주게 되었다. 규모도 더 작고 지하로 들어간 집단은 법적 권리와 사회적 수용의 면에서 훨씬 더 형편없는 대접을 받으면서, 현재의 성적 억압의 날카로운 예봉을 견디고 있다. 게다가 이런 공동체들 중에서도 특히 소년성애자들과 사도마조히스트들은 더 큰 게이 공동체 집단을 탄압하는 핑계로 이용되고 있다.

세대 간 섹스cross-generational sex의 문제를 자세하고 충분히 분석하는 것은 이 논문의 범위를 훌쩍 뛰어넘는다. 하지만 여태까지 볼 때, 세대 간 섹스는 가장 전략적인 위치에 있었으므로, 제대로 된 몇 가지 논평이 필요하다. 미국에서 소년성애 동성애자gay lovers of youth는 게이 공동체에 반대하는 우파의 전투에서 **그야말로** 최전선에 서 있다. 우파들은 1977년 봄 이후부터 게이 공동체에 반대하는 전투에 박차를 가하고 있었다.[3] 사실상 소년성애자들은 법적인 보호를 전혀 받지 못한다. 왜냐하면 성인과 미성년 사이의 어떤 성적 접촉도 불법이기 때문이다. 이것은 충분히 합의한 성관계마저 법의 눈으로 볼 때는 강간과 다를 바가 없다는 뜻이다. 게다가 미성년과 합의한 섹스에 대한 형량은 성인 여성에 대한 폭력적인 강간, 성폭력, 구타, 심지어 살인보다도 통상적으로 더 길고 더 가혹하다. 둘째, 소년성애자들은 선동적인 화법의 가장 값싼 표적이다. 가능한 가장 추악한 언어로 성인-소년 관계를 묘사하는 상투적인 표현을 제거할 수 있는 공중 교육이 실시된 적은 거의 없었다. 군침을 질질 흘리는 늙고 병든 노친네가 꽃봉오리 같은 순진한 아동을 타락시키고 훼손하는 것으로 전형화된 이미지는 대중의 히스테리에 불을 지피는 확실한 수단이 될 수 있다. 그런 상투적 이미지는 미성년자의제강간법statutory-rape laws'이 작동하는 복잡한 방식, 청소년들을 학대로부터 보호하는 것뿐만이 아니라 성적인 지식을 획득하지 못하도록 방해하고 또한 청소년들의 성적인 탐구를 방해하는 것과 같은 여러 가지 복잡한 문제에 대한 논의를 묵살시켜버린다. 나이 대가 다른 사람들끼리의 섹스는 게이에게서만 찾아볼 수 있는 현상이 아니다. 그와는 달리 세대 간 섹스에 관한 모든 통계로 보건대, 이런 사례의 다수와, 합의하지 않은 사건들의 절대 다수가 이성애자이다(나이 많은 남자와 어린 여자). 그럼에도 불구하고 대다수 미디어의 보도 범위와 법적인 관심은 게이 남성에게 쏠려 있다. 나이 위반으로 게이 남성이 체포될 때마다 신문의 머리기사는 그것이 주로 게이 관행이라는 식의 상투적 이미지를 강화하는 데 한몫한다.

　이같이 폐쇄공포증적이고 악마화된 담론, 성적 관행의 불법성, 다른 게이들을 탄압하는 데 이용될 수 있는 편리함 때문에, 소년성애자는 주정부의 억압 대상으로서 손쉬운 표적이 된다. 세대 간 섹스에 연루된 남성 공동체는 4년 동안 포위되어왔고, 1950년대 동성애자들에게 향했던 종류의 정치적 공세와 미디어의 선전 선동에 구속당하지 않을 수 없었다. 최근 들어 북미성인남성/소년사랑협회 NAMBLA: North American Man/Boy Love Association 는 일탈적 섹슈얼리티에 대한 주정부의 억압이라는 현재의 물결 속에서 정부로부터 직접적인 탄압을 받음으로써 최초의 게이 민권운동 조직이 되는 기막힌 영광을 누리게 되었다. 안타깝게도 이 공동체는 좌파와 여성운동으로부터도 마찬가지 취급을 당했다. 그들은 소위 1950년대 진보주의자들로부터 동성애자들이 취급받았던 것과 마찬가지 취급을 당했다. 게이운동은 계속해서 이런 문제에 미끼가 되어왔다. 동성애자들이 하나같이 '아동 성추행범 child molesters'이라고 비난받는 마당에, 모든 혹은 심지어 대다수 게이들이 세대 간 섹스에 가담하고 있다는 주장을 부인하는 것은 정당하다. 하지만 미성년과 섹스하는 모든 성인이 미성년들에게 해를 끼치는 것은 아니라는 점 또한 덧붙이는 것이 중요하다. 동성애자들은 빈번히 모든 성인-소년 섹스에 관한 통상적인 규탄에 합류하고 그런 신화를 영속화함으로써, 아이들을 꼬셔낸다 child-stealing 는 비난에 대항하여 스스로를 방어해왔다. 다수의 레즈비언들은 이중적인 미끼가 될 수 있었는데, 왜냐하면 한편으로는 그런 관행으로부터 자신을 분리시켜야 하고, 다른 한편으로 모든 소년성애자들은 강간범이고 게이 남성은 소년성애의 경향이 있다는 상투적인 이미지를 받아들여야 하기 때문이다.

사도마조히즘은 지금껏 게이 공동체를 공격하는 데 가장 성공적으로 이용되었을 뿐 아니라 실제로 그것을 실행하는 사람들에게 최악의 대가를 지불하게 만들었던 또 다른 성적 관행이다. 성인과 미성년 사이의 섹스와는 달리 S/M은 그 자체로 불법은 아니다. 그럼에도 불구하고 S/M 성적 접촉과 사회적 사건에 적용될 수 있도록 해석되어왔던 다양한 법들이 존재한다. 기존의 법을 응용하여 적당히 적용하는 것은 손쉬운 편이다. 왜냐하면 S/M은 너무나 전형화되어 있고 너무나 낙인이 찍혀 있어서 충격적이고 두려운 것으로 이미지화되어 있기 때문이다. S/M 충격 효과는 언론과 경찰에 의해 무자비하게 이용되었다.

1976년 로스앤젤레스 경찰은 게이 목욕탕bathhouse에서 거행되었던 '노예 경매'를 습격하면서 애매모호한 19세기 반노예법을 적용했다. 그 다음 날 아침 언론은 주먹만 한 머리기사로 "경찰이 게이 노예를 해방시키다"라고 부르짖었다. 물론 노예들은 자원자였으며 경매 수익금은 게이 자선기금에 보태기 위한 것이었다. 이 사건은 라이언스 클럽 떨이 판매(지역사회 복지 명목으로 라이언스 클럽 회원들이 내놓은 물건들을 팔아서 모금하는 행사 – 옮긴이)만큼이나 음흉한 것이었다. 이 사건은 65명의 정복 경찰관, 두 대의 헬리콥터, 열두 대의 경찰 차량, 적어도 두 대의 도청 전화기, 지역 게이 잡지 직원에 대한 몇 주에 걸친 미행과 감시 등 10만 달러가 넘는 비용을 들여 게이 파티를 습격함으로써 대략 40명을 체포하는 것으로 확대되었다. 일단 체포된 사람들은 완전 알몸 수색을 받았고 수갑을 찬 채 화장실도 못 가고 몇 시간 동안 감금되었다. 반-S/M 태도를 지닌 도덕적 멍청이들만이 경매에 나선 자원자 노예가 구조되었다고 믿거나 아니면 로스앤젤레스 경찰의 부드러운 자비가 연출된 (노예) 주인들의 자비보다 좋다고 생각할 것이다. 여기에 적용된 법은 실제로 강제 매춘을 겨냥한 반매춘법이었다. 반매춘법이 적용된 모든 처벌은 기각되었지만 그중 핵심적인 네 명은 중죄에 해당하는 포주 행위로 기소되었고 마침내 경범죄가 선고되었다.

S/M 섹스는 종종 폭행법이 적용되어 기소되기도 했다. 폭행은 중범죄에 해당하기 때문에 주정부는 '희생자'의 이의 제기로 인한 항의 없이 혹은 이의 제기에도 불구하고 기소를 감행할 수 있기 때문이다. 일단 성적인 행위가 폭력으로 구성되면 파트너의 동의는 아무런 상관이 없게 된다. 왜냐하면 법적으로 폭력은 동의할 수 있는 것이 아니기 때문이다. 판사나 배심원 중에서는 어떤 이유로 사람들이 S/M을 행하려 하는가를 상상할 수 있는 사람이 거의 없기 때문에, 유죄 선고와 가혹한 형량을 얻어내기가 쉬워진다. 매사추세츠에서 있었던 최근의 소송 사례의 경우, 케네스 애플비Kenneth Appleby는 합의한 S/M 관계 중에 채찍으로 가볍게 자기 애인을 때렸다는 이유로 10년 수감형을 선고받았다.[4] 애플비의 사례는 상당히 수상쩍은 측면이 있다. 어쨌거나 이런 사례는 두려운 선례로 남게 된다. S/M 커플이 사랑을 나눌 때 그런 일이 발생할 수도 있었다. 소란스러운 소리에 놀란 이웃집 사람에게 걸려온 전화를 받고 달려온 경찰은 현장에 당도하여 당사자 중 한 명을 체포할 핑계를 찾을 수도 있다. 경찰은 탑top을 체포하고, 그/녀를 폭력 혐의로 기소한다. 바텀bottom은 자기 연인이 감옥으로 끌려가는 것을 보면서 자기네들은 그저 사랑을 나눴을 뿐이라고 항의할 수 있다. 그 커플이 게이나 비혼일 경우라면, 서브submissive는 법정에서 증인으로 소환되어 파트너에게 불리한 증언을 하도록 강요받는다. 바텀이 항의한다고 하여 탑이 감방으로 가는 것을 구해줄 수 없을 뿐 아니라, 다른 한편으로 경찰들은 그것을 바텀이 정신적으로 불완전한 상태라고 주장할 근거로 이용할 수 있었다. 이런 시나리

오에서 S/M 관계에 간섭하는 외부자가 권력 남용을 하는 것이 아니라 S/M 관계 안에서 권력 남용이 일어난다고 보는 것이야말로 극도의 반-S/M 편견에서 비롯된 것일 수 있다.[5]

S/M의 법적인 취약성은 캐나다에서 있었던 일련의 경찰 행동에서도 잘 드러난다. 1978년 토론토 경찰은 그 지역의 가죽 지향 게이 목욕탕인 배러크Barracks를 습격했다. 경찰은 매춘업소법bawdy-house laws 위반으로 그중 여러 명을 기소했으며, 섹스 장난감을 다수 압수했다. 압수한 장난감 중에는 딜도, 항문 딜도butt plug(항문으로 삽입하게 되어 있는 고무 제품 - 옮긴이), 가죽 마구들, 채찍이 포함되었다. 매춘업소법은 원래 반매춘 법안measure으로 통과되었다. 하지만 배러크에서 매춘 행위가 있었다고 추정할 만한 것은 전혀 없었다. 그럼에도 매춘업소법에는 '사고 행위가 일어날 만한 장소'라는 모호한 구절이 포함되어 있었다. 경찰은 게이 S/M 섹스가 음란하고 그런 행위가 일어나는 곳은 어김없이 매춘업소라고 우겼다. 이런 해석이 법정에서 분명히 옹호될 수는 없었지만, 체포와 재판은 계속되었고 그사이에 엄청난 피해가 야기되었다.

배러크 급습에 대한 언론 보도는 선정적이었다. 뉴스 미디어들은 압수된 장비들을 아주 상세하게 보여줄 절호의 기회라고 여겼다. 토론토 게이 공동체는 기소, 습격, 신문 보도의 성격에 관해서 항의했다. 그 결과, 수호위원회defense committee가 결성되었다.

1979년 6월 수호위원회의 회원 중 한 사람이 자기 집에서 '공동매춘업소common bawdy house'를 경영했다는 이유로 체포되었다. 또 다시 말하지만 매춘 행위로 추정할 만한 일은 없었다. 매춘업소의 재정의에 따르면 매춘업소란 음란한 행위가 일어나고 있는 곳이고 S/M이 그런 음란한 행위로 지목되었기 때문에 경찰은 그 남성의 S/M 놀이방playroom에 근거하여 그들을 기소할 수 있었다. 배러크 수호위원회 회원 및 정당의 게이 간부 명단과 더불어 그 사람의 섹스 장난감, 장비, 심지어 가죽 재킷과 모자까지 증거로 압수되었다.

1981년 2월 토론토 소재의 핵심적인 네 군데 게이 목욕탕이 대규모 습격을 당했다. 300명이 넘는 사람들이 동일한 매춘업소법에 의해 기소되었으며 수건으로 몸을 가린 채 겨울 눈밭을 걸어서 끌려갔다. 이 배러크는 두 번째로 습격을 당했지만, 다른 세 군데 목욕탕이 주류 게이 고객의 요구에 부응했다. 게이 S/M과 관련하여 처음으로 재정의된 매춘업소법에 의거하여 경찰은 이제 보통의 게이 섹스로까지 이 법안을 포괄적으로 적용하는 쪽으로 확대했다. 이처럼 캐나다에서는 합의에 따른 성인법을 말끔하게 피해나감으로써 결과적으로 게이 폭동을 야기하게 되었다.

그해(1982년) 4월 14일 탄압의 범위는 엄청나게 재확대되었다. 로버트 몽고메리Robert Montgomery는 맞춤형 가죽 장비custom leather gear와 섹스 장난감을 제조하는 소규모 사업체를 운영하고 있었는데, 그는 열다섯 가지에 이르는 별개의 죄목으로 기소되었다. 그의 아파트와 관련해 적용된 매춘업소법에 덧붙여, 그는 음란물을 배포하려고 제작하고, 팔고, 유통하고, 소유했다는 여러 가지 죄목으로 기소되었다. 문제의 음란물에는 가죽 제품들과 섹스 장난감이 포함되었다. 실제로 캐나다 경찰은 이제 섹스 장난감과 가죽 장비 등을 포르노그래피로 재분류했으며, 따라서 음란법으로 기소 가능하게 되었다.

몽고메리의 체포 이면에 있었던 이유가 그로부터 일주일 뒤에 밝혀졌다. 토론토에서 게이 목욕탕에 관심을 가졌거나 소유하고 있었던 여섯 명의 남자들이 공동 매춘업소를 운영했다는 죄목으로, 그리고 음란 물건들의 분배와 판매, 범죄 수익금을 나누고자 공모했다는 죄목을 포함한 일련의 위반 행위로 기소되었다. 기소당한 사람들 중에는 게이 정치인인 조지 히슬롭George Hislop을 비롯해 저명한 게이 사업가, 변호사, 게이 정치활동가가 포함되었다. 경찰은 3년 동안 차근차근 준비하여 재정비한 성법sex law 전체를 조심스럽게 구성함으로써 그것에 의거하여 그들을 기소했다. 어떤 게이 목욕탕이든 매춘업소로 기소되었다. 섹스 장난감, 가죽 아이템, 관장 백, 딜도, 심지어 윤활유마저 밀수품으로 간주될 수 있다. 이런 경우 게이 목욕탕에 딸린 가게에서 (몽고메리가 제작한 물품을 포함해) 섹스 도구를 판매한 행위는 음란죄로 기소될 여지가 있었다. 만약 이런 기소가 인정된다면 게이 목욕탕에 관심을 갖고 있거나 소유하고 있는 사람이나 섹스와 관련된 사업에 관계된 사람은 누구든지 범죄 수익금으로 먹고살려고 공모했다는 이유로 기소될 수 있었다.

5월 30일 에드먼턴(캐나다 앨버타 주의 주도-옮긴이)에서 게이 목욕탕이 습격당했다. 6월 12일 애초의 배러크 사건으로 기소된 두 사람에게 유죄 확정 판결이 내려졌다. 캐나다에서 무슨 일이 벌어지고 있는지가 분명히 드러난 것이다. S/M은 주류 게이 시설을 말살하고 게이들의 주요 정치적, 경제적 요새들을 말살하는 데 지금 현재 이용되고 있는 여러 가지 법적 선례의 제시에 동원되었다. 경찰은 단 한 건의 법안도 통과시키지 않았지만 언론을 이용하여 성애적 행동의 전체 범주를 범죄화하는 데 얼마든지 성적인 편견과 무지를 동원하고 조작할 수 있었다.

미국에서는 그처럼 노골적이고 뻔뻔한 일이 그다지 발생하지 않았지만, 그와 유사한 법이 이미 법전에 들어 있다. 가령 캘리포니아에서 매춘업소는 '매춘을 목적으로 하거나 **음란성**'(나의 강조)을 목적으로 하는 장소로 정의된다. '밀회를 목적으로 하는' 업소를 운영하지 못하도록 한다는 조항 또한 있다. 의회가 10대들의 순결을 증진시킬 목적으로 20억 달러 예산을 책정하는 현재 미국의 성적인 분위기로 볼 때, 자기 거실에서 밀회를 했다는 이유만으로 사람들이 체포되는 장면을 상상하는 것이 그다지 억지처럼 느껴지지 않는다. 앞으로 다가올 몇 년 안에 취약한 성적 인구집단을 절멸시키려는 도덕적 캠페인이 쏟아져 나오리라는 것은 그다지 대단한 예지력이 없더라도 충분히 예측 가능하다. 여차하면 S/M이 그런 캠페인의 직접적인 표적이 될 것이라는 조짐이 상당히 많다.

경찰은 상당한 면책권을 부여받고서 가죽 공동체 시설들에 이미 고삐를 조이고 있다. 과거 5년 동안 풍기문란 단속반vice squad과 주류 단속위원회ABC: Alcoholic Beverage Commission가 샌프란시스코에 있는 사실상 거의 모든 가죽 바bar의 면허를 취소하거나 아니면 가죽 바 영업에 반대하는 정지 절차를 경고하고 습격하고 정지시켰다. 1970년 이후로는 이성애 술집 시설이야 말할 것도 없지만 가죽 바를 제외하고는 심지어 다른 어떤 게이 집단도 이처럼 철저하게 주류법을 강제당한 경우는 없었다. 가죽 바에 대한 이처럼 혹독한 탄압으로 인해 이 도시의 나머지 지역의 게이 공동체들은 찍소리도 하지 못했다. 사실상 지역 게이 신문을 읽어본다면, 그런 일들이 실제로 일어나고 있는지조차 알기 힘들었다. 그와는 대조적으로 재규어Jaguar 서점과 같은 주류 게이 공동체들이 들볶였을 때에는 신문 보도도 늘고 게이 공동체 지원도 확대되었다.[6]

그러는 동안 이성애 매체들은 동성애자들을 미끼로 삼고 사도마조히스트들을 뭉갬으로써 일시에 구독률이나 유통 부수를 엄청나게 증가시킬 수 있다는 사실을 알게 되었다. 악명 높은 CBS 다큐멘터리 〈게이 파워, 게이 정치Gay Power, Gay Politics〉는 게이들의 정치적 갈망의 신뢰성에 의문을 제기하는 데 S/M을 이용했다. 이 프로그램은 만약 게이들이 정치적 힘을 획득하도록 내버려둔다면 S/M이 설치게 될 것이고, 그 짓을 하다가 사람들은 죽어나갈 것이라고 넌지시 말했다. 이런 분석은 세 가지 서로 다른 문제를 완전히 엉터리로 연결시키는 데서 비롯되었다.

이 프로그램은 S/M이 샌프란시스코에 특히 만연해 있으며, 이처럼 높은 S/M 비율은 결과적으로 게이들의 정치적 영향력을 증폭시키게 될 것이라는 잘못된 인상을 심어주었다. 뉴욕 본사 기자들은 거의 모든 주요 도시에 S/M 시설이 있으며 샌프란시스코의 S/M 집단이 특별히 더 대규모는 아니고 S/M 시설은 뉴욕에 훨씬 더 많고 더 발달되어 있지만, 뉴욕은 게이 권리 조례를 통과시키는 데 실패한 반면 샌프란시스코는 통과시켰다는 점을 알려주지 않았다.

둘째, 이 프로그램은 S/M이 특히 게이(남성)들의 관행이라는 잘못된 인상을 심어주었다. 기자들은 대부분의 사도마조히스트들이 이성애자들이며 대다수 게이 남성들은 S/M을 하지 않는다는 사실을 알려주지 않았다. 실제로 이 프로그램에서 S/M이 나온 대부분은 샤토Chateau에서 촬영되었는데, 그곳은 이성애 성향의 시설이다.

셋째, S/M은 위험하고 종종 치명적인 행위인 것처럼 재현되었다. 이런 주장에 대한 대다수 증거는 기자인 조지 크라일George Crile이 인터뷰 상대에게 자신의 편견을 확인하는 방식의 유도 질문으로 구성되었다.[7] 그 다큐멘터리에서 크라일은 어떤 장소에 관해 다음과 같이 이야기했다. "그곳에는 사람들이 어딘가 터지면 꿰매주기 위해 의사와 간호사, 그리고 산부인과 수술대가 있다죠."[8] 과도하게 많은 병원 장비가 있는 곳에서 섹스를 하는 사람이 분명히 있고 어떤 시설에는 의사들이 대기 중인 곳이 있기는 하지만, 샌프란시스코에 그런 장소는 없다. 이것은 책임 있는 태도이다. 왜냐하면 건강 문제는 성행위 중에 언제든 발생할 수 있기 때문이다. 그런 건강상의 문제는 다른 스포츠 이벤트, 학술 강연이나 오페라에서도 일어날 수 있는 것이나 마찬가지이다. 하지만 이것은 완전히 불길한 관점에서 제시되었다.

크라일은 보이드 스티븐스Boyd Stephens 박사와 인터뷰를 했는데, 박사는 샌프란시스코 검시관이었다. 그는 샌프란시스코에서 일어나는 살인 중 10퍼센트가 게이와 관련된 것이며, 그중 일부는 S/M과 관련된 것이라고 추산했다. 나중에 스티븐스 박사는 기자인 랜디 앨프리드Randy Alfred에게 이 10퍼센트라는 수치는 이성애자에게 살해당한 동성애자의 죽음까지 포함된 것이라고 말했다. 앨프리드는 그 수치가 샌프란시스코 인구 중 동성애자들의 수치와 비슷하거나 그보다 적은 수치라고 지적했다.[9] 또 다른 경우, 스티븐 박사는 이 도시에서 발생하는 살인의 10퍼센트는 섹스와 관련된 것(발생하는 섹스의 양으로 볼 때 이 수치는 놀랄 만큼 안전한 기록으로 보일 수 있다)이라고 말했다. 하지만 이 검시관의 말은 샌프란시스코에서 발생하는 살인의 10퍼센트가 S/M에 의해서 일어난 것처럼 보이게 만드는 완전히 조작된 통계 수치로 잘못 인용되었다(《타임스》, 《피오리아 저널 스타Peoria Journal Star》, 《샌프란시스코 크로니클》과 다른 곳에서도 여러 번 잘못 인용되었다).

〈게이 파워, 게이 정치〉가 방영되고 난 뒤, CBS 지역 계열회사인

KPIX는 반응을 보려고 그 지역의 대표적인 동성애자들을 패널로 불렀다. 그들 대다수는 S/M 자체에 관한 왜곡된 이미지를 제공한 것에 도전하기보다 황급히 자신들과 S/M을 분리시켰고, S/M 문제에 있어 그들은 성공적인 미끼가 되었다. 게이 감독위원회 회원인 해리 브리트Harry Britt만이 유일하게 동성애 보도 태도뿐 아니라 S/M 보도에 관해 비판한 패널이었다. CBS 스페셜의 동성애 보도는 널리 비난의 대상이 되었다. 하지만 S/M에 관한 보도는 아무런 정밀한 조사도 없이 넘어갔으며, 언론 매체에서 S/M을 다루는 저급한 새로운 기준이 되었다.

1981년 3월 KPIX는 11시 뉴스에서 S/M에 관한 네 편의 시리즈를 방영했다. 〈사랑과 고통Love and Pain〉이라는 제목의 이 시리즈는 선정적이고 실체 없는 주장에 이용되었으며, S/M을 공공의 위협으로 제시함으로써 반포르노 운동 진영의 분석이 보여주었던 설익은 판본을 되풀이했다. 이 프로그램은 S/M을 끊임없이 폭력과 동일시했으며, 섹스 장난감을 위험한 무기라고 일컫고 이 도시의 응급실에는 S/M 행위를 하다가 다쳐서 실려 온 사람들로 넘쳐난다는 터무니없는 주장을 했다.

상처와 사고는 성행위 과정에서 분명 발생하기도 하며, S/M이라고 하여 예외는 아니다. 하지만 대체로 S/M 공동체와 접촉하는 사람들이 특히 실천하는 S/M 행위는 안정성 기록에서 스포츠 팀들이 부러워할 정도이다. 내가 아는 사람들 가운데는 채찍질, 결박, 주먹성교 등으로 건강상의 문제가 생기기보다는 오히려 소프트볼이나 장거리 경주로 건강상의 문제가 발생한 사례가 더 많다. S/M 공동체는 안전 문제에 강박적이기 때문에 감각을 최대화하면서도 위험을 최소화하는 방법에 관한 정교한 전승 기술을 갖고 있다. 이런 기술들은 나이 많고 경험 많은 회원들이 신참들에게 전수하는 것이므로, S/M을 탄압하게 되면 이런 전수가 힘들어지게 된다. 사람들에게 겁을 줘서 S/M 공동체에 접근하는 것을 막아버리면 방법을 모르는 사람들이 그런 행위를 하다가 정말로 위험에 처하게 된다.

탑, 사디스트, 돔dominant, 여주인Mistress, 주인Master 사이의 경쟁은 누가 가장 안전한가(그뿐 아니라 누가 가장 상상력이 있고, 가장 뜨겁고, 가장 능숙한가)라는 지점에서 끝난다. 어떤 사람이 안전하게 놀이하지 않는 자 - 술을 너무 많이 마시는 탑, 너무 조심성 없는 바텀 - 라는 사실이 밝혀지면 그들을 상대하지 말라는 경고가 주어진다. 가십거리로 넘쳐나고 수적으로 소수인 공동체에서 명성은 언제나 허약한 것이므로, 사실 놀이 패턴에는 사회적으로 많은 통제가 가해진다. 겁에 질려서 이 작은 공동체를 위험한 것으로 보는 사람들은 사실 이 공동체가 그들에게 제공할 수 있는 보호를 받지 못하게 된다.

어떤 공동체도 구성원들을 사고로부터, 혹은 무슨 연유에서든지 간에 정말로 폭력적이거나 위험한 인물들로부터 완벽하게 보호해줄 수는 없다. S/M 공동체에도 여타 다른 공동체와 마찬가지로 어느 정도의 사이코패스와 범죄자가 있다. S/M공동체 또한 그들을 우려하고 활동하지 못하도록 하기 위해 여느 공동체나 마찬가지로 염려한다. 하지만 스포츠 경기를 하다가, 자동차를 몰다가, 혹은 임신으로 병원 신세를 지는 것이 S/M 행위를 하다가 병원 신세를 지는 것보다는 훨씬 더 많다. 지금 현재 샌프란시스코에서 상해를 입히는 가장 큰 원인은 퀴어 혐오queer-bashing로서, 그중 일부는 반-S/M 히스테리로 인한 것이다. 내가 들은 것 중에서 S/M에게 일어난 최악의 사례는 가죽 바에서 나오던 게이 남성이

한 무리의 게이 혐오자들에게 공격당한 경우다. 그는 심각한 머리 부상을 입었고 한쪽 눈을 잃었다.

S/M이 위험하다는 생각은 저절로 굴러가면서 눈덩이처럼 불어난다. 내 친구 중 한 사람이 최근에 죽었다. 그는 멋진 조립식 놀이방built playroom에서 섹스를 하던 도중 심장마비로 죽었다. S/M 도구들을 발견한 경찰은 그의 애인을 살인죄로 기소하겠다고 위협했다. 경찰이 언론에 알렸고, 언론은 "의례적인 사도마조히즘적 죽음"이라는 무시무시한 스토리를 방영했다. 그의 죽음이 사고로 밝혀지자, 그런 스토리는 슬그머니 자취를 감췄지만, S/M이 그런 죽음을 유발했다는 인상은 여전히 남았고 그런 인상을 철회할 만한 추후의 어떤 정정 기사도 실리지 않았다. 어떤 남자가 관상동맥 질환이 있었는데 그런 와중에 자기 아내와 관계했다면, 언론 매체는 성교로 인해 죽음에 이르렀다는 스토리를 싣지는 않았을 것이다. 뒤에 남은 그의 아내를 범죄행위로 기소하겠다고 위협하지도 않았을 것이다. 내 친구의 죽음을 성적인 경향성으로 연결시킨 유일한 이유는 S/M이 죽음에 이르게 한다는 선입견 때문이다. 이런 선입견은 새로운 이야기를 지어내게 된다. 새로운 이야기들은 선입견을 강화시킨다. 대다수 사람들은 오도된 '뉴스' 보도로 인해 S/M에 관한 이런 선입견을 확신하게 될 것이다.

S/M이 그런 성행위 실행자들에게 위험하다는 생각을 퍼뜨리는 것이외에도 KPIX 프로그램은 그것을 행하지 않는 사람에게도 유해하다고 추정한다. 이 프로그램은 언론에서 보여준 S/M 이미지가 누구도 피할 수 없는 일종의 독소라고 주장한다. 따라서 S/M은 '사회의 가닥을 부패시키고' 있으며, 그것이 모든 사람들에게 영향을 끼치므로 그에 대한 조치

가 필요하다고 주장한다. 역사적으로 S/M에 연루된 자들에게 영향을 끼친 행위를 탄압하면서 주로 들이대는 핑계는 사회적 퇴락이라는 얄팍한 연관성이다. 모호한 메커니즘을 동원함으로써 마리화나, 매춘, 동성애가 폭력적인 범죄, 질병으로 나아가거나 혹은 슬금슬금 공산주의가 되도록 유도한다는 생각은 그렇지 않았더라면 무해한 행위에 가해진 사회적 혹은 법적인 처벌과 조치를 합리화하는 데 이용된다.

〈사랑과 고통〉은 S/M 행위를 범죄화하기 위한 새로운 법을 제정하자고 요구하지 않았다. 하지만 기자인 그레그 리시Gregg Risch는 S/M을 행하는 부모에게서 자녀 양육권을 박탈해야 한다고 제안했다. 이 프로그램은 섹션 전체를 멘도시노Mendocino 카운티 소재 농촌 지역 S/M 공동체에서 두 살짜리 아이와 함께 애인과 살고 있는 여성에게 할애했다. 기자는 아이의 할머니와 인터뷰를 했고, 할머니는 겁에 질려서 아이를 데려가고 싶다고 말했다. 기자는 또한 엄마의 성적 성향에 노출되면 아이가 상처 입을 수도 있다고 거들먹거리며 말하는 치료사를 인터뷰했다. 그는 멘도시노 카운티 당국에 전화를 걸어 그곳으로 와서 아이를 엄마에게서 빼앗아 가도록 요청했다.

양육법은 다르다는 이유만으로 온갖 종류의 성적 일탈자들을 악랄하게 처벌하는 법 중 하나다. 레즈비언과 게이 남성만이 후손을 유지하고 양육할 권리를 철저히 제한받는 유일한 집단은 아니다. 주정부는 창녀, 프리섹스주의자swinger, 심지어 '문란한' 여성의 아이들을 빼앗아 갈 수도 있다. 사회는 성 일탈자들로부터 다음 세대뿐 아니라 그들의 자녀들까지 떼어놓을 수 있는 엄청난 힘을 갖고 있다. 섹스 사회학의 대략적인 규칙에 따르면 낙인찍힌 섹슈얼리티일수록 그런 공동체로 들어가는 방법을 찾을 수 있는 장벽이 점점 더 높아지고, 마침내 진입 장벽을 극복하게 될 때 사람들의 나이는 점점 더 많아지게 된다.

리시는 많은 S/M 행위자들이 아이를 양육할 나이라는 점에 무척 당혹감을 표현했다. 이것이 의미하는 바는 S/M 공동체가 성인으로 가득 차 있으며, 따라서 경계 대상이 전혀 아니라는 뜻이다. 그는 S/M 행위자들이 자신의 섹슈얼리티를 자녀들에게 감춘다면 자녀들을 양육하도록 허락해줄 수 있다는 선까지 양보했다. 하지만 그는 S/M이라고 커밍아웃하는 자들은 자녀를 포기해야 한다고 생각했다. 양육법과 실천의 기능 중 하나는 관습적인 가치를 재생산하는 것이다. 레즈비언 엄마가 애인과 더불어 살지 않는다는 조건 아래 양육권을 인정받는다면, 프리섹스 주의자가 프리섹스를 포기하도록 요구받는다면, S/M 행위자들이 그런 성행위를 감추도록 요구받는다면, 성 일탈자들은 자신들의 가치 체계에 따라서 아이들을 양육할 권리를 부정당하는 것이다. 이것은 성적 도착자들이 자녀를 갖고 양육한다고 할지라도 그들의 아이들에게는 섹스에 관한 지배적인 사회적 신화를 주입할 수 있도록 확실히 보장하려는 것이다.

〈게이 파워, 게이 정치〉와 〈사랑과 고통〉의 궤적을 따라가면서 S/M에 대한 지역 뉴스 보도는 점점 더 악화되었다. KPIX 시리즈가 방영된 지 채 2주가 지나지 않아 《샌프란시스코 크로니클》은 그 검시관이 S/M 안전에 관한 워크숍을 열었으며, "사도마조히즘 섹스로 인한 부상과 사망이 놀랄 만큼 급증했다"[10]고 보도했다. 이 도시의 살인 중 10퍼센트가 S/M과 관련되었다는 엉터리 통계가 또다시 인용되었다. 검시관인 스티븐스 박사는 현재 이 신문을 명예훼손으로 고소 중이다. 이 기사의 부정확성을 차치한다면, 스티븐스 검시관이 샌프란시스코의 성적 소수자 인구집단을 다루는 데 놀랄 만큼 프로 의식을 발휘했다는 점은 사실이다. 그는 S/M 공동체에 관해 배우려는 수고를 아끼지 않았고 그들을 대하면서 훌륭한 판단을 보여줌으로써 그들의 존경을 받았다. 그런 수고와 프로 의식으로 인해 검시관은 신문에서 혹독한 대접을 받았으며, 파인스타인Feinstein 시장으로부터 응징을 받았다. 시장은 이렇게 말했다고 한다. "S/M은 사회에 위험한 존재이며 그들이 샌프란시스코에 매력을 느끼게 하고 싶지 않다는 것이 나의 신념이다."[11]

1981년 7월 사우스 마켓 스트리트 지역에 큰 화재가 일어나 넓은 지역을 불태웠다. 신문은 완전히 선정적인 기사로 채워졌다. 그 화재는 과거 한때 게이와 가죽 성향 목욕탕이었던 폴섬 스트리트의 배러크Folsom Street Barracks가 있었던 곳에서 시작되었다. 하지만 배러크는 몇 년 동안 폐쇄되어 있었고, 건물들은 호텔로 리모델링되었다. 그런데도 신문은 화재가 '게이 목욕탕'에서부터 시작되었다고 보도했다. 불탄 지역은 가죽 바들이 모여 있는 한가운데 있었으므로 많은 게이 남성과 S/M 행위자들이 그 근처에 살고 있었다. 하지만 그 동네는 여러 부류가 혼재되어 있었다. 노인, 예술가, 필리핀인, 온갖 형태의 저소득층 가족들이 뒤섞여 살고 있었다. 다섯 명의 희생자를 낸 최대의 단일 집단은 스무 명이 넘는 난민 아이들로 구성되어 있었다. 그럼에도 미디어들은 그 화재를 게이와 S/M 사건으로 묘사했으며, 마치 희생자들의 성적 성향이 그 화재와 다소 관련이 있는 것처럼 보도했다.

불탄 건물 중 하나는 포퍼popper(화학물질인 아질산아밀의 속어로서 섹스하기 전에 흡입하는 흥분제-옮긴이) 브랜드의 일종인 러시Rush를 제조하는 사람의 소유였다. 소방서는 러시가 화재의 원인이거나 화재를 부채질한 것으로 보고, 다량의 러시를 수색했다. 하지만 러시는 어디서도 발견되지 않았다. 소방서는 또한 S/M 행위자들이 그 근방에 살고 있다고 알려졌으므로 화재의 잔해 더미 속에서 침대에 묶여 있는 노예의 시신이 발견될 수 있을 것이라고 추정했다. 하지만 어떤 시신도 발견되지 않았다.

화재에 대한 언론의 보도 태도는 악의적이었다. 그들은 마조히스트는 응급 사태가 발생했을 때, 침대에 묶인 채로 냉담한 간수들에게 속수무책으로 버림받는 것처럼 보도했다. 3일째 되던 날 이웃 주민이 했던 말은 신문 귀퉁이에 파묻혀 있었다. 그 주민은 화재가 발생했는데 누군가가 묶여 있었다면 그들의 애인이든 친구든 혹은 손님trick이든 그들을 구하기 위해서라면 무슨 짓이든 했을 것이라고 말했다. 불이 났을 때 부모가 아이를 구하지 못했다고 해서 가족이 아이의 죽음을 초래했다고 생각하는 사람은 아무도 없을 것이다. 만약 우연한 사고로 S/M 도구 근처에서 혹은 S/M 공간에서 불이 났다고 한다면, 이런 참사는 S/M들이 비인간적인 섬뜩한 괴물임을 증명하는 것으로 해석되었을 것이다. 화재에 대한 언론 보도 행태를 보면 S/M들은 서로를 전혀 배려하지 않는다는 생각이 이미 깔려 있다. 이성애 언론들은 엄청난 공동체 위기 앞에 인간적 차원의 노력에 관해서는 전혀 보도하지 않았다.[12]

가령 신문들은 최초의 구조 노력이 게이 남성 가죽 공동체에 영합하는 빠구리 천국인 폴섬 스트리트 호텔에서부터 시작되었다는 사실을 언급하지 않았다. 신문들은 가죽 성향 목욕탕인 핫하우스Hothouse가 희생자들을 위한 자선 모임을 즉각 열었다는 것은 보도하지 않았다. 모든 사우스 마켓 바들과 목욕탕이 구조 물품을 내놓았으며 모든 가죽 바들이 화재 희생자, 게이, 이성애자를 위한 장비와 식량, 의복을 기부하는 구호품 전달 장소를 마련했다는 소문은 한마디도 전하지 않았다.《샌프란시스코 크로니클》은 죽은 노예가 잔해 더미 속에서 불탄 시신으로 누워 있을지도 모른다는 스토리 옆에다 불탄 S/M 놀이방 사진을 실었다. 신문은 가죽 바인 골드코스트Gold Coast에서 집을 잃은 사람들을 위한 기금을 마련하려고 거행된 국부 보호대 경매에 관해서는 일체 보도하지 않았다.

편견에 가득 찬 모든 보도는 S/M을 새롭게 악마화하고 그들을 말살할 정화 캠페인을 예고한 것인지도 모른다. 이런 현상은 1950년대 동성애자들에게 일어났던 일들과 대단히 유사하다. 이미 수많은 반동성애 생각과 구조와 관행이 있었다. 하지만 10년에 걸친 뉴스 머리기사, 체포, 심문, 법률 제정 기간 동안에 호모포비아에 관한 과거의 요소들이 동성애는 실질적인 위협이므로 새롭게 적극적으로 척결할 필요가 있다는 새롭고 좀 더 악질적인 이데올로기로 재구성되었다. 지금 현재 이미 수많은 반-S/M 생각, 구조, 관행이 있으며, S/M에 맞서 보다 적극적인 말살 캠페인을 요구하게 될 새로운 이데올로기적 구성체를 창조하는 방향으로 유도되고 있다. 다수의 사도마조히스트들은 제 발로 찾아와서 묶여 있고 싶어 할 만큼 극악무도한 사상 범죄로 체포되고 투옥될 것처럼 보인다.

종종 그런 캠페인이 일어날 때마다 경찰은 캐나다에서 그랬던 것처럼 낡은 법을 이용하여 거창한 체포 장면을 연출한다. 언론은 화재를 보도했던 방식으로 혹은 내 친구의 죽음을 보도했던 방식으로 체포 장면을 보도함으로써, 비극적인 사건의 희생자들과 그들의 공동체를 더욱더 옥죄는 핑계로 이용한다. 어느 지점에 이르면 새로운 법을 제정하여 경찰에게 이런 '위협적인 존재'들을 통제하는 데 필요한 더 많은 권한을 부여하자는 아우성이 터져 나올 것이다. 그와 같은 새로운 법들은 경찰에게 표적 대상을 제압할 즉결 권한을 더 많이 부여해주게 될 것이고, 그로 인해 더 많은 체포, 더 많은 머리기사, 더 많은 법이 또다시 제정될 것이다. 이런 도륙 행위를 멈출 수 있는 방법을 S/M 공동체가 찾아내거나 아니면 억압의 광기가 진정될 때까지 이런 악순환은 계속될 것이다.

화재의 궤적을 뒤따라, 벌써 샌프란시스코의 한 경찰 감독관은 이 도시에서 S/M 기구의 판매금지법을 도입하려고 고려했다. 많은 반포르노 '페미니즘' 집단은 다른 이유로 S/M 물품에 반대하는 입법안을 지지할 것이다. 우리의 읽을거리와 성적인 테크놀로지가 밀수품이 된다면, 우리 공동체는 경찰에 의해 섬멸될 것이다. 이런 형태의 캠페인은 30년 전 동성애자들에게 그랬던 것처럼 위생 조치로 여겨질 것이고, 보수주의자와 급진주의자들 모두가 하나같이 지지할 것이다. 이런 캠페인은 죄목이라고는 낯선 성적 취향을 가진 것밖에 없는 한 무리의 사람들을 희생양으로 삼게 될 것이다. 이 모든 일이 구체적 형태로 드러나고 있는 동안 여성운동은 무엇을 하고 있었던가? 왜 여성운동은 한 줌의 S/M 인구집단에 반대하는 정화운동을 수행해오고 있는가? 대다수 페미니스트들이 이런 정화운동의 수사학을 'S/M 정치'로 여기고 있다.

II.

동성애는 – 의식적이든 무의식적이든 – 남성 우월주의 사회에 대한 대응이다. 동성애는 억압적인 제도와 억압적인 관계에 대한 응전이기 때문에, 반드시 진보적인 반응이라거나 반드시 독점자본주의 권력에 대한 도전이라고 볼 수 없다. 자본주의 사회가 개인들에게 가하는 압력은 이루 말할 수 없이 엄청나다. … 오늘날 사람들은 생소한 종교적인 종파, 신비주의, 성적 난교, 트로츠키주의와 같이 온갖 종류의 지푸라기라도 잡고 있다.

—혁명연합Revolutionary Union, 『동성애에 관하여On Homosexuality』[13]

우리는 게이들이 반제국주의자들일 수는 있지만, 공산주의자는 될 수는 없다고 생각한다. 공산주의자가 되려면, 우리 삶의 전체 분야, 즉 정치적 영역뿐 아니라 개인적 영역 전체에 걸쳐 투쟁을 받아들이고 환영해야 한다. 우리는 남성 우월주의자들과 집 안에서는 투쟁하지 않으면서 공장에서만 투쟁할 수는 없다. 우리의 개인적인 삶에서 초래하는 그런 모순과 투쟁하는 최선의 방법은 남자와 여자 사이에 안정적인 일대일 관계를 유지하는 것이라고 생각한다. … 동성애자는 남녀 사이의 가장 은밀한 관계로까지 투쟁을 수행하지 않으므로, 그들은 계급 변혁이라는 고된 과제를 위한 준비가 원칙적으로 되어 있지 않다.

—혁명연합, 『동성애에 관하여』

나는 사도마조히즘을 이성애의 돔-서브의 역할 놀이가 어느 정도 내면화된 것으로 간주한다. 나는 사도마조히즘을 레즈비언들 중에서 호모포비아적인 이성애주의자들이 보는 레즈비언의 관점을 내면화하여 부착한 것으로 간주한다. 사도마조히즘적인 행위를 건강하고 페미니즘과 양립 가능할 뿐 아니라 심지어는 그것을 선호하여 전향하려는 것은 내가 상상할 수 있는 한 최고로 반페미니즘적이고 반정치적이며 부르주아적인 자세다.

—다이애나 러셀, 「반페미니즘 행위로서의 사도마조히즘Sadomasochism as a Contra-feminist Activity」

둘 혹은 그 이상의 레즈비언들 사이에서 사도마조히즘적 행위는 가부장적인 사디즘적인 문화와 마조히즘적 문화의 결과물이자 그것을 영속시키는 행위다.

—ry, 「S/M은 레즈비언을 가부장제에 속박시킨다S/M Keeps Lesbians Bound to the Patriarchy」

사실 우리의 문화 전체가 S/M이므로, 우리 모두는 사도마조히스트들이다. 가죽을 입는 사모아SAMOIS 구성원이나 게이 남성들은 이런 질병의 보다 더 심각한 형태다.

—수전 그리핀Susan Griffin [14]

사모아는 S/M에 헌신한 집단으로 존재할 만한 자격이 있다. 하지만 우리는 왜 그들이 자신들을 레즈비언-페미니스트라고 일컬으면서 그 이름을 찬탈해가도록 내버려두어야 하는가?

— 테이시 디재니커스Tacie Dejanikus, 「우리의 유산Our Legacy」

스무 살의 나이에 내가 레즈비언이라는 사실을 깨닫고 처음으로 커밍아웃을 한 것이 10년 전이었다. 그로부터 몇 년이 지나 나는 사도마조히스트로서 다시 한 번 커밍아웃을 해야만 했다. 이 두 가지 커밍아웃 사이에서 내가 경험했던 유사성과 차이점은 대단히 교훈적이었다. 두 가지 경우 모두 내가 이 지상에서 그런 유일한 사람이라고 고민하면서 몇 개월을 보냈다. 하지만 커밍아웃을 하고 보니까 나와 같은 성적 경향성을 가진 여성들이 엄청 많다는 사실이 즐겁고 놀라웠다. 두 가지 커밍아웃 데뷔 모두 긴장과 흥분으로 가득 차 있었다. 하지만 두 번째 커밍아웃은 첫 번째 커밍아웃과는 상당히 달랐다.

나는 1950년대의 반동성애 전쟁의 산물인, 동성애자들을 향한 혐오 담론들이 깨져나가던 시기에 레즈비언으로 커밍아웃했다. 나는 동성애 공포증의 막강한 힘들을 오롯이 경험하지는 않았다. 그와는 반대로 오히려 1970년대 새내기 레즈비언으로서 나는 도덕적 자기 확신으로 충만했다. 어떤 사람이 자신이 징그러운 변태가 아니라 정치적 이유로 특히 축복받은 섹슈얼리티라는 사실을 알게 된다면 그것은 정말 즐거운 일이 아닐 수 없다. 결과적으로 나는 가혹한 경멸에 직면했던 게이의 경험을 제대로 이해한 적이 없었다.

나는 S/M으로 커밍아웃을 했을 때 나의 게이 조상들이 어떤 느낌으로 살았던가에 관한 예기치 못한 교훈을 경험했다. 사도마조히스트로서 지냈던 나의 새내기 시절은 반섹스와 반게이 이데올로기가 더 전반적으로 재통합되면서 S/M에 대한 새로운 악마화 작업이 구체화되고 있던 때였다. 이같은 재통합 작업은 크게는 사회 전반에, 작게는 여성운동 진영에서 일어나고 있다. 내 사랑의 이미지가 하루하루 추해지는 걸 지켜보고, 체포를 두려워하고, 앞으로 얼마나 나쁜 일이 일어날 것인지 불안해하는 것은 1970년대와는 상관없는 것처럼 보일지 모른다. 하지만 성인이 된 이후로 당신이 모든 것을 바쳐 헌신했을 만큼 한때는 진보적이었던 운동이 당신에게 공격을 가해온다면 더더욱 낙담할 수밖에 없다. 1980년대 사도마조히스트 페미니스트로서의 경험은 1950년대 공산주의 동성애자들의 경험과 유사할 것이다. 좌파 이데올로기가 동성애를 부르주아적 퇴폐라고 비난했을 때, 많은 동성애자가 진보적인 정치조직에서 탈퇴하지 않을 수 없었다. 그들 중 몇 사람이 매터친 소사이어티를 설립했다. 페미니즘 운동의 대부분이 S/M을 가부장제의 사악한 산물로 간주하고 있기 때문에, S/M 페미니스트들이 여성 공동체에서 회원권을 유지하는 것이 점점 더 힘들어지고 있었다.

일부 페미니즘 서점은 사모아 출판물 전시를 거부하거나 S/M에 우호적인 태도를 보이는 책을 거부했다.[15] 그런 자료들을 거부하지 않은 일부 서점마저 그런 자료들을 잘 보이지 않는 서가에 놓아두거나 고객들에게 책 내용을 조심하라는 경고 카드와 함께 놓아두었다. 어떤 서점은 친-S/M 책들을 구입하는 사람들에게 끼워 팔 반-S/M 책들을 패키지로 준비해두기도 했다. '사도마조히즘'이라는 말은 통상적으로 일종의 욕설로 이용되고 있다. 어떤 집단은 『사도마조히즘에 반대하며Against Sadomasochism』라는 책을 내놓고 있으며, 사모아의 존재가 제기한 '위협'에 대처하겠는 약속을 광고하고 있다. 그 책의 광고 전단지는 우리 중 일부가 실제로 "대학 강의실에 연사로 초청되어" "사도마조히즘을 정상"으로 만들려고 노력한다면서 공포심을 표현한다.

나는 페미니즘 신문을 열광적으로 읽고는 했다. 이제 나는 내가 좋아했던 정기간행물에 실린 새로운 이슈들을 두려워하고, 이달에는 나의 섹슈얼리티가 어떤 사악한 모습으로 그려지고 있는지를 의심스러워한다. 신문과 저널은 친-S/M 기사들의 활자화를 꺼리고, 수많은 비판자들의 글과 더불어, 적어도 하나의 반-S/M 글이 동반되어야만 S/M 기사를 실었다. 하지만 S/M을 쓰레기 취급하는 글들은 그런 잡지들이 긍정적인 관점을 간청할 때까지는 결코 멈추지 않을 것이다.

최근 들어 샌프란시스코 여성회관위원회는 사모아에게 공간을 임대해줄 수 없다는 결정을 내렸다. 여성회관은 성적 경향성에 바탕을 둔 억압을 종식시키고 개별 여성의 다양성이 존중받도록 헌신하겠다는 목적을 내세우고 있다. 여성회관은 대단히 열린 정책을 실시한다. 혼성 집단, 남성 집단, 공동체 집단, 비페미니스트 집단, 개인적인 파티를 열고자 하는 이들이 정기적으로 그곳을 빌린다. 그 건물은 결혼식 공간으로도 자주 사용된다. 이것은 종교가 승인하고 주정부가 규정한 이성애 결혼이 한 무리의 레즈비언 성도착자들의 행위보다는 오히려 낫다고 여기는 페미니즘의 태도를 보여주는 서글픈 실제 상황이다.[16]

1980년 전미여성연맹NOW: National Organization of Women은 '레즈비언 게이 권리'라는 잘못된 명칭의 결의안을 통과시켰다. 이 결의안이 실제로 행했던 것은 S/M, 세대 간 섹스, 포르노그래피, 공공장소 섹스public sex에 대한 비난이었다. 결의안은 이것이 성적 선호이거나 애정상의 선호 문제라는 점을 부인했으며, NOW의 의도는 성적 선호의 개념 정의를 수용하지 않는 게이 레즈비언 집단과 결별하는 것이라고 선언했다. 10년 전에 NOW가 레즈비언 회원들을 정화하고 솎아내려고 했을 때에도 NOW는 게이 권리의 정당성 자체를 부인하지는 않았다. 가죽 위협에 반대하는 캠페인은 라벤더 위협lavender menace(페미니즘 운동에서 레즈비언이나 레즈비언 이슈를 배제하려는 경향에 반대하는 운동 – 옮긴이)에 대한 공격이 실패했던 곳에서 성공했다. 이제 NOW는 성적 자유와 성애적 소수자들의 시민권에 반대한다고 공식적으로 밝히고 있다.[17]

여성운동이 S/M을 그처럼 싫어한 이유는 여러 가지다. 그 이유 중 대부분은 페미니즘 바깥에서 유래한 것이다. 일대일 레즈비어니즘과 같은 특별한 예외를 제외한다면, 여성운동은 대체로 사회에 만연해 있는 성적 편견을 반영하고 있다. 페미니스트들만이 배타적으로 반-S/M 태도를 보인 것은 아니다. 의료 시설 및 정신과 시설 들은 동성애의 경우에 대해서는 한발 물러났지만, 그럼에도 사실상 19세기적 관점을 거의 그대로 유지한 채 다른 모든 성적 일탈로 옮겨갔다. 그다음 수순으로 정신과 이론은 사회에 존재하는 성적 위계질서를 반영한다. 성 사회학의 또 다른 일반적 규칙 중 하나는 박해받는 섹슈얼리티일수록 더욱더 악명이 자자해진다는 점이다.

여성운동에 책임을 물을 수 없는 두 번째 세력은 성 연구와 성교육의 상태state이다. 여성운동이 성 연구로부터 최악의 요소를 채택하는 통탄할 만한 경향이 있다면, 다른 한편 성 연구 분야는 전체적으로 미개발 상태이다. 성 자체가 서구 문화에서는 그처럼 부담스럽고 논란이 분분한 것이다 보니, 성 연구 또한 부담스럽고 논란이 분분할 수밖에 없다. 성 연구는 성적 행동을 조직하는 권력관계 안에 각인된다. 새로운 자료를 가지고 기존의 권력관계에 도전하거나 원래의 가설에 도전하게 되면, 성에 관한 뿌리 깊은 대중적 이론과 갈등을 초래하게 된다.

성 분야 또한 주변성을 반영한다. 거의 모든 고등 학문 기관에는 심리학과가 있지만, 성과학 학과는 사실상 거의 전무하다. 성 연구가 수행되고 있는 학계 사이트는 미국에서 열두 개도 채 되지 않는다. 대학 수준에서 성을 가르치는 과목은 거의 없으며, 대학 이전 단계에서의 성교육은 여전히 보잘것없다. 성에 관한 지식은 제한적이다. 성 연구 기관으로 진입하는 것은 녹스 요새 Fort Knox[18]로 진입하는 것만큼이나 힘들다. 거의 모든 도서관은 성적인 자료들을 잠가놓은 상자에 보관하거나 특별 컬렉션이나 괴상한 목록으로 분류한다. 나이가 어릴수록 성 정보에 접근하기가 힘들다. 성에 관한 호기심을 체계적으로 제약함으로써 성적인 무지 상태가 유지된다. 그리고 사람들이 무식하면 조종하기 쉬워진다.

S/M 논쟁과 관련하여 여성운동과 여성운동 역사에 좀 더 내재적인 여러 가지 다른 이유가 있다. 이 중 하나가 성적 경향성과 정치적 신념을 잘못 혼동하는 것이다. 이런 혼동은 페미니즘은 이론이고 레즈비어니즘은 실천이라는 생각에서 유래했다. 레즈비언이 된다는 것은 젠더 위계 질서의 기본적 요소들과 상당히 갈등할 수 있다는 생각에는 일말의 진실이 있다. 여러 훌륭한 생각들과 마찬가지로, 이런 통찰은 오용되었고 과도하게 적용되었다. 이런 생각은 페미니스트인 이성애자가 있고, 페미니스트가 아닌 레즈비언이 있을 수 있다는 점을 받아들이기 어렵게 만

든다. 이것은 레즈비언 정치와 레즈비언 의식을 발전시키는 데 사실상 장애가 된다. 그로 인해 레즈비어니즘은 페미니즘인 한에서만 정치적으로 정당화될 수 있다는 믿음으로 나가게 된다. 그다음 수순으로 이런 생각은 페미니스트 레즈비언들이 비여성운동 다이크_{dyke}(여성 동성애자를 가리키는 용어로, 흔히 능동적인 역할을 맡는 여성을 일컫는다-옮긴이)들을 깔보도록 만든다. 이런 생각은 레즈비언들이 레즈비언 공동체와 동일시하기보다는 페미니스트와 좀 더 동일시하도록 이끈다. 여성들에게 성적 매력을 느끼지 않는 많은 여성이 자신을 레즈비언으로 간주하도록 권장한다. 그로 인해 레즈비언 운동이 여성에 대한 우리의 욕망이 페미니즘 정치 이데올로기에서 비롯된 것인지 아닌지에 따라 정당화된다는 주장에서 벗어나지 못하게 된다. 이것은 레즈비언 욕망을 수치스러워하고 레즈비언 섹슈얼리티를 인정하지 않음으로써 페미니즘의 벽장 안에 그것을 감춰두는 레즈비언 정치를 생산했다.[19]

만약 페미니즘 정치가 특정한 성애적 행위의 형태나 성적 위치를 요구하거나 동반한다면, 그 밖의 다른 성적 행위는 특히 반페미니즘적이라는 결론이 뒤따르게 된다. 페미니즘에 합당한 성적 행위가 있다는 만연된 생각으로 볼 때, S/M은 그와는 완전히 정반대 이미지처럼 보인다. S/M은 어둡고, 양극화되어 있고, 극단적이며, 의례적이고, 무엇보다 차이와 권력을 환영한다는 점이다. 만약 S/M이 행복하고 건강한 레즈비어니즘과는 상반된 어두운 이미지로 받아들이게 된다면, 건강하고 행복한 레즈비언 또한 S/M을 행한다는 생각을 받아들이는 것은 이런 이분법을 만들어낸 신념 체계의 논리를 위협하는 것이다. 하지만 이런 분석은 성행위의 현실에 바탕을 둔 것이 아니다. 그것은 레즈비어니즘과 S/M 모두의 상징적 기본가라는 제한된 개념에 근거한 것이다. 현실적인 사회적 맥락으로부터 떨어져 나온 성적인 차이는 정치적 차이를 포함하여 모든 종류의 차이를 상징할 수 있다. 이렇게 본다면 어떤 사람들에게 동성애는 파시스트이고 나머지 사람들에게 동성애는 공산주의자이기도 하다. 레즈비어니즘은 나르시시즘이자 자기 숭배로, 혹은 결코 충족될 수 없는 갈망으로 이해되기도 한다. 많은 우익에게 게이성gayness은 어떤 형태든지 간에 제국의 몰락과 쇠퇴를 상징한다.

S/M은 본질적으로 페미니즘적인 것도 비페미니즘적인 것도 아니다. 사도마조히스트 또한 레즈비언, 게이 남성, 이성애자 등과 마찬가지로 무정부주의자, 파시스트, 민주주의자, 공화주의자, 공산주의자, 페미니스트, 게이 해방주의자, 성적 보수주의자일 수 있다. 성적 선호와 정치적 신념이 자동적으로 상응한다는 생각은 오래전에 유통기간이 지난 것이다.

이 말은 그렇다고 성적 행동을 평가하지 말아야 한다는 뜻이 아니다. 성적인 맥락에서 사람들이 서로를 어떻게 대우하는지는 중요한 문제이다. 이것은 성적 행동에는 본질적으로 문화적 차이가 있다고 판단하는 것과 똑같은 문제가 아니다. 장기적인 일대일 레즈비언 관계도 무수히 많다. 그 경우 양쪽 파트너가 서로 역할을 바꾸거나 같은 역할을 고수하기도 하고, 모든 접촉이 부드러울 수도 있다. 혹은 그런 경우 일상생활에서 상대 파트너에게 비열하고 못되게 구는 사람도 있다. 페미니스트가 실행하는 레즈비어니즘이야말로 가장 우월한 형태라는 생각은 실제 사람들 사이의 상호 관계의 역동성을 무시한 것이다. 거꾸로 S/M이 본질적으로 왜곡된 것이라는 생각은 S/M 사이의 사랑, 우정, 애정을 제대로 인식하지 못하도록 만든다. S/M 파트너들은 극단적인 역할을 담당하고 상호 간의 접촉이 거칠 수도 있지만, 그럼에도 서로를 애정과 존경으로 대할 수 있다. 모든 섹슈얼리티에서 그렇다시피, 사람들이 서로를 대하는 방식에는 편차가 있다. 최선에서 최악에 이르기까지, 다른 섹슈얼리티에 등급을 매기는 것은 특수한 상황을 판단 행위로 단순히 대체해버린 것이다.

S/M이 페미니즘 진영의 적그리스도를 상징한다는 편리한 생각은 페미니즘 이데올로기의 장기적 변화에 의해 악화되어왔다. 지금 현재 급진적 페미니즘으로 통하는 것이 초기 여성운동의 전제와 그다지 상관이 없다는 것을 알고 있는 페미니스트는 거의 없는 것 같다. 지금은 강령처럼 통하고 있는 가정이 1970년대 활동가들에게는 두렵게 느껴질 수 있다. 많은 측면에서 사회 전반의 상황과 마찬가지로 여성운동 또한 살금살금 우익으로 넘어가고 있다.

1970년대 페미니스트들이 분노했던 이유는 여성, 여성이 하는 일, 여성의 인격적 특성들이 하나같이 평가절하되었기 때문이었다. 우리는 또한 여성적인 행동에 부과된 제약에 분노했다. 여성들은 남성적인 것으로 간주되는 광범한 활동에 참여하지 말아야 한다고 여겨졌다. 자동차를 수리하고, 화끈한 섹스를 원하고, 바이크를 몰고, 스포츠 경기를 하고, 박사학위를 따고 싶어 하는 여성이 있다면 사회로부터는 비판받을 각오를 해야 했고, 여성운동으로부터는 지지를 기대할 수 있었다. **남성 동일시**male identified라는 용어는 여성 억압에 관한 의식이 부족한 여성을 의미했다.

하지만 1980년대에 이르면 '남성과 동일시하는'이라는 용어는 그런 의미(정치의식의 결여)를 상실하고 '남성적인 것masculine'과 비슷한 말이 되었다. 이제 남성적인 것을 행하는 여성은 가족, 교회, 언론뿐 아니라 페미니즘 운동[20]에 의해서도 남성을 모방하는 것으로 비난받는다. 오늘날 상당수 페미니즘 이데올로기는 여성적인 모든 것 - 개인, 활동, 가치, 인격적 특징 - 은 좋은 것인 반면, 남성적인 것은 무엇이든 나쁜 것이라고 주장한다. 이런 분석에 따르면 페미니즘의 과업은 남성적 가치를 여성적 가치로 대체한 것이며, 남성적 문화를 여성적 문화로 치환한 것이다. 이런 사상 노선은 여성들에게 남성적 활동, 특권, 영토에 접근하도록 권장하지 않는다. 그 대신 이런 노선은 훌륭한 페미니스트는 '남성적인' 활동과는 아무런 상관이 없다고 말한다. 여성성을 찬양하는 이 모든 사고는 전통적인 젠더 역할과 여성에게 적절한 행동 가치를 강화하는 경향이 있다. 초기 페미니스트들이 반발했던 성 역할의 분리와 전적으로 다르지 않다. 나 자신은 착한 여자가 되는 법을 알려주는 여성운동에 가담하지 않았다. 이런 유형의 페미니즘을 일컫는 수많은 명칭이 있지만 내가 선호하는 명칭은 **여성성주의**femininism이다.[21]

여성성주의는 섹슈얼리티와 폭력의 문제와 관련하여 특히 강력해졌는데, 이 양자가 서로 결합하는 것은 그다지 놀라운 일이 아니다. 섹슈얼리티는 남성적인 가치이자 활동으로 간주된다. 섹스에 관한 페미니즘 관점은 착하고/단정한 여자들은 섹스를 그다지 좋아하지 않는 것으로 간주한다. 이런 관점에 따르면 섹스는 여성의 행동을 추진하는 추동력이 아니다. 여성은 섹스를 친밀성의 표현으로 간주하는 반면, 남성은 섹스를 오르가즘의 추구로 여긴다. 섹슈얼리티란 흔히 남성이 여성에게 강요하는 것이라는 생각은 섹스를 폭력과 동일시하고, 섹스를 강간으로 접합시켜버린다. 내가 성장하면서 배웠던 것들이 이런 성 이론들이었다. 나는 여성운동이 이런 이론들을 내게 강요할 것이라고 상상하지 못했다. 남성은 본능을 따르고 여성은 정숙해야 한다는 생각은 페미니즘적인 것이 아니라 빅토리아 시대적인 것이다.[22]

　여성적 가치, 그중에서도 특히 성적인 정숙의 재강조는 페미니즘의 목표를 위한 논쟁의 양식에 변동을 초래했다. 정의와 사회적인 평등을 주장하는 대신, 많은 페미니즘 논쟁은 이제 여성적인 도덕적 우월성을 주장하는 방향으로 나가고 있다. 이런 주장에 따르면 여성이 사회에서 지금보다 더 많은 권력 혹은 전체 권력을 장악해야 하는데, 왜냐하면 여성들이 남성에 비해 주로 재생산의 역할을 통해, 권력을 장악할 준비가 비교적 잘되어 있기 때문이라는 것이다. 나는 사회에서의 내 위상이 아이를 낳는 능력에 달려 있다고 주장하는 그런 여성운동에 합류하지 않았다.

　나는 여성운동이 한 세기 이전에 범했던 최악의 잘못을 되풀이하고 있다는 사실이 두렵다. 19세기 페미니즘 운동은 여성의 역할과 위상에 대한 급진적 비판으로 시작되었다. 하지만 이제 그것은 점점 더 보수화되고 그와 유사하게 여성이 도덕적으로 우월하다는 추정의 형태로 여성성을 재구성하는 부담스러운 주장으로 이동하고 있다. 19세기 운동의 대다수가 다양한 도덕성 십자군 운동으로 퇴행함과 더불어 보수적 페미니스트들은 여성의 의제로서 반매춘, 반자위, 반외설, 반-풍기문란anti-vice 캠페인을 추구하고 있다. 부활한 페미니즘 운동이 오락적 섹스, 대중음악, 명백한 성적인 자료들에 반대하는 일련의 캠페인으로 소멸되어버린다면 이것은 역사적으로 상상하기조차 힘든 비극이 될 것이다. 하지만

페미니즘은 이런 방향으로 움직이고 있는 것처럼 보인다.[23]

일련의 사고를 통해, 포르노그래피 이슈라는 매개를 통해, S/M은 이런 전반적인 정치적 경향에 도전하고 있다. 이런 정치적 경향은 섹스와 폭력을 둘러싼 여성들의 공포심을 조장함으로써 권력을 작동시켜왔다. 따라서 페미니스트들이 S/M에 관해 논쟁할 때, 단지 성적인 관행보다는 훨씬 더 많은 문제가 걸려 있다. 일부 여성은 그들의 정치적 신념의 논리적 일관성을 요구하고 있다. 그 밖의 여성들은 섹스에 관한 정치적 이론이 더 세련된 성 사회학에 기초한 정밀한 점검이 필요하다고 주장하고 있다. 하지만 여기서 가장 관건처럼 보이는 것은 페미니즘 이데올로기란 무엇인지, 그리고 페미니즘 운동은 어디를 향해 나아가야 하는지일 것이다. S/M을 '여성성주의' 및 그에 수반된 정치적 프로그램과 양립할 수 있는 것으로 이해하는 방식에는 여러 가지가 있다. 이런 프로그램이 보다 더 명료해지게 되면(지나치게 먼 미래는 아닐 것이다), S/M은 여성운동의 패권 이데올로기에 덜 위협적으로 보일 것이다. 하지만 지금 현재 S/M에 대한 싸움은 여성운동에서의 심각한 정치적 차이를 둘러싼 투쟁의 장소가 되고 있다.

S/M이 획득했던 엄청난 상징적 부담으로 보건대, 이 논쟁의 참가자들이 페미니즘 이론, 이데올로기, 정치 장르들이 구축해온 전제들을 허물어내고 있는 S/M에 관한 정보를 소화시키기 힘들다는 점은 놀랍지 않다. 그럼에도 불구하고 현재의 비판이 가정하고 있는 S/M의 이미지는 그것에 연루된 사람들의 실제 경험과는 그다지 관련성이 없다.

III.

'합의'가 의미 있는 기준이 되려면 관련 당사자 모두가 실제로 선택권을 어느 정도 가지고 있어야 한다. 예를 들어, 여성은 수세기 동안 결혼에 '합의'해왔다. 중국 여성들은 자기 딸들에게 전족을 하는 것에 '합의'했다. 이와 같이 강제된 합의는 진짜 자유라고 하기 힘들다. 가장 '심각한' 마조히스트는 자기 손발을 받침대에 결박하도록 허락하고, 자기 몸을 집단 구타에, 주먹성교에, 자기 몸에다 오줌을 갈기도록 내맡긴다. 그는 '합의한다.' 하지만 만약 그에 대한 사회의 증오를 철저히 내재화하여 자기 몸을 구타에 내맡길 정도라면, 그의 '합의'는 그야말로 조건반사인 것이다.

— 닐 글릭먼Neil Glickman, 「편집자에게 보낸 편지」,
《게이 커뮤니티 뉴스》(1981. 8. 22)

커밍아웃에는 여러 가지 의미가 있다. 종종 커밍아웃은 사람들이 자신을 게이 혹은 다른 변이 섹슈얼리티를 가지고 있다는 사실을 깨닫는 지점을 지칭한다. 이런 의미에서 커밍아웃은 자기 인식의 한 형태이다. 커밍아웃의 또 다른 의미는 다른 사람들에게 기꺼이 알리는 공적 선언의 한 형태이다. 또 다른 의미에서 커밍아웃은 그들이 처음 삶을 시작했던 이성애 세계에서부터 그들이 살고 싶어 하는 게이나 다른 변이 세계로 떠나는 일종의 여정이다. 우리 중 거의 절대다수는 이성애 가족에게서 태어나 양육받고 이성애 학교에서 교육받고 이성애 또래집단에 의해서 사회화된다. 양육 과정에서 우리는 비관습적인 성적 생활 방식에 접근하는 방법, 정보, 사회적 기술을 제공받지 못한다. 우리가 파트너를 만날 수 있고 친구를 발견하고 인정받을 수 있는 사회적 공간으로 들어가는 방법을 우리 스스로 찾아야 한다. 말하자면 우리가 이성애자라고 당연히 전제하지 않는 공동체 생활에 참여할 수 있는 방법을 찾아야 한다. 종종 이런 여정은 대도시의 교외에서 도심의 게이 바를 찾아가는 정도로 비교적 짧을 수도 있다. 소도시에서 이런 여정은 통상적으로 지하 네트워크를 알아내거나 더 공적인 공동체를 구축한다는 의미다. 이것은 흔히 미국 중부에서 더 대도시인 뉴욕, 로스앤젤레스, 시카고, 샌프란시스코와 같은 곳으로 이주한다는 의미이기도 하다. 이런 형태의 커밍아웃에 대한 고전적인 설명은 1950년대의 값싼 대중소설인 『나는 여자다 I Am a Woman』[24]가 보여준 방식이다. 이 소설의 여주인공인 로라는 미국 중서부에서 딱 꼬집어 말할 수 없는 증상에 시달리다가 뉴욕행 버스에 몸을 싣는다. 그녀는 그리니치 빌리지를 헤매다가 마침내 레즈비언 바에 들어가게 된다. 그녀는 즉각적으로 자신이 누구인지 깨닫게 되고 자신과 같은 사람들이 그곳에 있다는 것을 알아봤으며 그곳을 집처럼 느끼게 된다. 로라는 애인을 만나고 동성애 정체성을 발전시키고 성인이 되면서 레즈비언으로 살게 된다.

이런 종류의 이주 행위는 성적 소수자들의 특징이다. 이 과정을 가로막는 장벽은 수없이 많다. 그런 장벽에는 일탈적인 성적 공동체가 대단히 주변화되어 있다는 점도 포함된다. 그들을 통제하려고 만든 법적인 장치들, 그런 구성원들이 복종하지 않을 수 없는 사회적 처벌, 그들을 위험하고 추잡스럽고 끔찍한 사람들이자 불특정한 위험으로 가득 찬 두려운 곳에 몰려 있는 사람들로 묘사하는 가혹한 선전 선동들이 그런 장벽에 포함된다. 그럼에도 젊은 도착자들이 물살을 거슬러 헤엄치는 연어들처럼 지속적으로 거대한 무리가 되어 이런 여정에 가담한다는 것은 놀라운 일이다. 통상적인 성의 정치는 그런 공동체에 속한 대가를 치르도록 결정하는 전투와 그런 공동체에 입성하는 것의 어려움을 포함한다.

나는 눈에 띄는 레즈비언 공동체가 전혀 없었던 작은 대학촌에서 레즈비언으로 커밍아웃을 했다. 우리 집단은 급진적인 레즈비언 공동체를 형성하고 마침내 상당히 큰 집단으로 성장하게 되면서 비교적 연륜이 짧은 공적인 레즈비언 공동체가 되었다. 여성운동 이전pre-movement에 가장 가까운 레즈비언 공동체는 30마일 떨어진 곳에 있었다. 그곳에는 실제로 레즈비언 바가 몇 군데 있었다. 하지만 인근 지역에는 주로 남성 게이들이 모이는 바가 하나 있었는데, 그 바의 이름이 '플레임Flame'이었다. 나는 수년간 그곳이 피해야 할 곳이라는 소문을 들었다. 그곳에 발을 디디면 뭔가 나쁜 일이 일어날 것이라는 막연한 암시가 있었다. 하지만 그곳은 도심에 있는 유일한 게이 바였고 그곳이 나를 끌어당겼다. 술집 정문을 들어서는 순간 나는 긴장이 풀렸다. 그곳에는 무해한 얼굴로 쳐다보는 다수의 게이들과 몇몇 레즈비언으로 차 있었다. 그 순간 나는 이들이 나의 동족이며, 나 자신이 접촉하지 말라고 경고받는 바로 그런 사람들 중 하나임을 알게 되었다.

플레임으로 걸어 들어가기 이전에 나는 게이들이 희귀하고 드물다는 생각에 여전히 사로잡혀 있었다. 술집 문으로 걸어 들어가는 것은 마치 거울 속으로 걸어 들어가는 것만 같았다. 금지된 입구의 반대편은 공포의 장소가 아니라 북적거리면서 엄청난 사람들로 넘쳐나는 동성애자들의 세계였다. 이 전체 경험을 통틀어 가장 믿기 힘들었던 것은 실제로 존재하는 이 많은 사람이 그토록 많은 이에게 그토록 장구한 세월 동안 보이지 않았다는 점이었다. 마치 미국 사회에서 이탈리아인, 유대인 혹은 중국인이 전혀 없는 것 같은 인상을 받으면서 성장한 기분이었다.

7년 후 나는 금지된 또 다른 문지방 앞에 서서 진땀을 흘리고 있었다. 이번에는 뉴욕 시 소재의 '플레저 체스트Pleasure Chest'로 들어가는 문 앞에 서 있었다. 나와 함께 마침내 그곳으로 같이 들어가줄 친구를 찾으려고 7번가를 스무 번도 넘게 오르락내리락 했었을 것이다. S/M 세계에 익숙해지는 데에는 게이 세계에 익숙해지는 것보다 조금 더 시간이 걸렸다. 하지만 이제 나는 레즈비언 바와 게이 레스토랑에서 그랬던 것처럼 가죽 바와 섹스 장난감 가게에서 편안함을 느낀다. 내가 마주치게 될 것으로 예상했던 괴물이자 징그러운 변태들 대신에, 나는 감춰져 있었던 또 다른 세계를 그곳에서 발견했다. S/M 공동체는 게이 공동체만큼 크지는 않지만 복합적이고 사람도 많고 상당히 교양 있는 곳이다. S/M 공동체 대부분은 책임 있는 태도로 신참들에게 S/M을 안전하게 행하는 법과 S/M 예의를 가르쳐준다. 신참들은 그곳에서 지혜를 습득하게 된다. 실제로 그곳 사회의 관행과 만나게 되면서 그들을 키메라(그리스 신화에 등장하는 머리는 사자, 몸통은 염소, 꼬리는 뱀으로 이뤄진 괴물 - 옮긴이)로 여겼던 신참들의 선입견은 사라지게 된다. 나는 나의 성애로 인해서 내 삶의 통제권을 포기하거나 혹은 어리석고 멍청한 약골이 될까 봐 염려했었다. 내가 배웠던 최초의 교훈은 S/M은 합의에 따라 행할 수 있으며, **그리고** 성적 흥분 유발자turn-on가 될 수 있다는 점이다. 이성애, 게이, 레즈비언 S/M 공동체는 서로 엄청나게 분리되어 있다. 그럼에도 범-S/M 의식

pan-S/M conscious 또한 있다. 여러 해 동안 S/M을 행한 현명한 여성이 말하다시피, "가죽은 피보다 진하다."

사도마조히스트의 최대 하위 인구집단은 이성애자들이다. 이들 중 대다수는 남성 서브/여성 돔처럼 보인다. 이성애자 S/M 세계의 대다수는 전문적인 여성 돔과 그들의 고객인 서브 위주로 되어 있다. 상당수 혹은 절대다수가 이성애 사도마조히스트들로서 그들이 서로 만날 수 있는 이성애 사교 클럽과 정치조직 또한 있다. 몇 년 전 뉴욕 소재 이성애 S/M 공동체는 바에서 정기적인 만남의 밤을 가지기 시작했다. 더 최근에는 절대다수가 이성애 고객인 S/M 섹스 클럽이 문을 열었다.

페미니즘 신문에서 이성애 S/M에 관해 말하는 것과는 반대로 이성애 S/M은 표준적 이성애 섹슈얼리티가 **아니**라는 점을 지적해야겠다. 이성애 S/M은 추문거리이자 박해의 대상이다. 정상적인 섹스와 S/M 사이의 은유적 유사성이 무엇이든지 간에, 일단 누군가가 채찍, 밧줄, 연극적인 장치들all the associated theatre을 사용하기 시작하면, 그들은 정상이 아니라 변태로 간주된다. 이성애 S/M과 '정상적' 이성애자의 관계는 기껏해야 고등학생 남성 동성애자faggot와 고등학교 미식축구팀 사이의 유사성과 비슷하다. 일부 겹치는 사람들도 있지만 대부분의 경우 엉덩이를 두드린다거나 심지어는 간혹 구강성교를 한다고 해서 운동선수jock들이 동성애자fag로 바뀌는 것은 아니다. 덩치jock들은 가장 근처의 게이 바로 동성애자를 데리고 가기보다는 두들겨 패기를 흔히 더 즐길 것이다.

게이 남성 사도마조히스트들은 이성애 사도마조히스트들보다 수적으로 적지만 훨씬 잘 조직되어 있다. 게이 남성은 성적 불법에 맞서는 공적인 제도를 구축하는 정교한 테크놀로지를 개발해왔다. 게이 남성 가죽 공동체가 출현했을 때, 그런 공동체는 규모가 더 큰 동성애 공동체의 조직 패턴을 따랐다. 동성애 공동체에서는 바와 목욕탕이 핵심 시설이었다. 1955년 무렵 최초의 게이 남성 가죽 바가 뉴욕에서 문을 열었다. 샌프란시스코에서 최초의 가죽 바는 그로부터 약 5년 뒤에 생겼다. 1970년대 무렵 일반적인 게이 바(레즈비언 바를 포함하여)와 더불어 가죽 바의 인구가 폭발적으로 늘어났다. 오늘날 샌프란시스코에는 게이 가죽 공동체로 안내해줄 다섯 개에서 열 개가량의 가죽 바와 다섯 개의 목욕탕, 섹스 클럽이 있다. 또한 여러 가지 사교 조직이나 자선 조직, 바이크 클럽, 공연 공간, 부속 가게, 사우스 마켓 군중들을 위한 서너 개의 레스토랑이 있다. 게이 공동체 집단 안에서는 가죽 스타일이 몇 년 동안 유행하기도 했고 가죽/마초가 드랙 퀸drag queen fluff을 압도하는 게이 상투형으로서 대체되기는 했어도 가죽 공동체는 더 큰 게이 집단과는 엄연히 구분되는 하위 집단이다. 보통의 게이 남성은 가죽 공동체나 혹은 S/M에 관심이 없다. 하지만 보통의 게이 남성들은 아마도 성적 다양성과 성애 가능성을 대다수 이성애자들이나 레즈비언들보다 훨씬 더 잘 의식하고 있을 것이다.

레즈비언 사회조직은 규모가 훨씬 작지만 제도적으로 게이 남성들과 비슷하다. 여러 해 동안 바는 가장 중요한 공적인 레즈비언 공동체 공간이 되어왔다. 1970년대 이후 페미니즘 정치조직과 문화제도는 레즈비언 사회 생활에 또 다른 주요한 맥락을 제공해주었다. 게이 남성들과는 달리 레즈비언들은 전문화된 성적 하위 집단을 아직 개발하지 않았다. 게이 남성과 이성애자들이 하는 성행위를 전부 다하는 레즈비언도 있다. 그중에는 소녀성애자, 사도마조히스트, 그리고 (아마도 플란넬 셔츠, 하이킹 부츠, 고양이, 소프트볼, 유니폼, 알팔파 새싹, 페미니스트 트랙을 포함한) 페티시스트도 있다. 복장 전환자transvestite, (특히 FTM 성전환 남성을 포함해) 트랜스섹슈얼도 있다. 하지만 레즈비언의 성적 다양성은 비교적 잘 드러나지 않았으며 무의식적이고 조직화되어 있지 않다.

레즈비언 사도마조히스트로서 커밍아웃을 했을 때, 나는 갈 곳이 없었다. 내가 지역 페미니즘 서점에 가져다놓았던 쪽지는 찢겨버렸다. S/M으로 들어간 다른 여성들의 족적을 찾아내려고 탐정처럼 수색하는 작업에 몇 개월이 걸렸다. 공적인 레즈비언 S/M 공동체는 없었다. 그래서 나는 레즈비언 S/M 공동체를 설립해야만 했다. 지금은 적어도 샌프란시스코의 레즈비언들에게는 S/M 맥락에 입문하는 길을 찾을 수 있는 가시적이고 접근 가능한 거리가 있다. 사모아는 잡다한 사람들이 뒤섞여 있다. 사모아에는 레즈비언 세계에서 피난 온 피난민도 많고, 바 다이크bar dyke나 성 산업에 종사하는 여성들도 상당히 많다. 돌이켜 보건대, 지난 서너 해 동안 분명 대규모의 커밍아웃이 일어났다. 레즈비언 공동체 내부에는 1970년대 급진적인 페미니스트 레즈비언 숫자만큼이나 많은 레즈비언 사도마조히스트들이 있다. 만약 커밍아웃을 그토록 방해하면서 괴롭히지 않았더라면 사실상 미국의 모든 레즈비언 공동체에는 사모아 같은 집단이 있었을 것이다. 사모아 공동체는 사람들이 기꺼이 말을 꺼내도록 해주고 다른 다이크 도착자들이 스스럼없이 커밍아웃을 시작하도록 하는 데 이바지하고 있다. 하지만 대다수 여성은 사모아가 쓰레기로 간주되는 것을 지켜봤고 그렇게 취급당할까 봐 두려워한다.

S/M 공동체는 더 지하에 숨어 있어서 레즈비언 공동체보다 더욱 찾기 어렵고 접근하는 통로는 심지어 훨씬 더 은밀히 감춰져 있다. 공포

분위기도 훨씬 더 심하다. 사회적 처벌, 낙인, 합법성의 결여가 훨씬 크기 때문이다. 나 역시 S/M이라고 커밍아웃을 했을 때만큼 독립적인 정신을 발휘하려고 노력했던 적은 거의 없었다. 나는 그 이전에 S/M에 관해 들었던 거의 모든 것을 거부해야만 했다. 낙인찍힌 정체성(《그들은 나에게 경멸을 가르쳤네》[자메이카 출신 미셸 클리프의 사진 제목 ─ 옮긴이])이라는 가정과 힘들게 싸워나갔다. 내가 얼마나 얼토당토않은 생각에 세뇌당했던지를 알게 되면서 분노가 치밀었다. 사디스트는 위험한 성격으로 쉽사리 간주된다. 탑은 법적인 기소에 취약하다. 현재의 S/M 논쟁에서 탑은 자신의 증언이 기각될 위험을 감수한다. 마조히스트는 S/M을 옹호할 때 좀 더 신빙성을 갖지만 경멸받을 각오를 해야 한다. 나를 사디스트로부터 보호해주려는 사람들보다는 탑과 사디스트들이 나를 위험에서부터 더 잘 보호해주고 그들보다 덜 위험하다.

사람들은 자신들이 좋아하지 않는 것은 남들도 그들과 마찬가지로 좋아하지 않을 것이라고 너무 쉽게 가정하는데, 이런 성적인 사유는 불편한 습관이다. 나는 달리기를 싫어한다. 언젠가 마음이 변할지는 모르겠지만, 지금 현재 시점에서 5마일 달리기는 말할 것도 없고, 내게 한 블록을 걷도록 하려면 엄청난 강제력이 동원되어야 한다. 그렇다고 이것이 마라톤을 하는 내 친구가 병들었다거나 세뇌당했다거나 누군가 총을 겨누고 있어서 강제로 달리고 있다는 것을 뜻하지는 않는다.

항문성교에 관심 없는 사람은 남들이 그것을 즐긴다는 사실을 이해할 수가 없다. 구강성교를 한다는 상상만으로도 숨이 막히는 사람들은 남들이 실제로 좆을 핥고 보지 빨기를 즐긴다는 사실에 곤혹스러워한다. 그렇다 하더라도 헤아릴 수도 없이 수많은 사람들이 항문성교와 구강성교를 섬세하게 즐긴다는 사실은 여전히 그대로다. 모든 사람이 다 같은 성행위를 하는 것은 아니며, 성적 다양성이 존재한다. 남들과 다른 성적 취향을 가졌다고 하여 그들이 병들고 멍청하고 뒤틀리고 세뇌되었거나, 협박을 받았거나, 가부장제의 호구이거나, 부르주아 퇴폐의 산물이거나, 나쁜 양육 습관으로 인해 피난민이 된 것은 아니다. 성적 다양성을 억압해놓고 그것을 설명으로 해결하려는 습관은 깨져야 한다.

마조히스트가 사디스트의 희생양이라는 생각이 많은 S/M 논쟁의 바탕에 깔려 있다. 하지만 탑과 바텀은 서로 뚜렷이 구별되는 두 집단이 아니다. 어떤 개인은 강하고 그래서 이런 역할이나 저런 역할을 지속적으로 선호할 수 있다. 대다수 S/M들은 두 가지 역할을 서로 다 하며, 많은 사람이 상황이나 변덕에 따라서 다른 때에는 다른 파트너와 역할을 바꾸기도 한다.

탑과 바텀의 사회적 관계는 남자와 여자, 흑인과 백인, 이성애자와 퀴어 사이의 사회적 관계와 유사한 것이 아니다. 사디스트는 마조히스트를 체계적으로 억압하지 않는다. 물론 S/M 세계에 들어왔다고 하여 계급적인 특권, 인종, 젠더가 사라지는 것은 아니다. 한 개인이 S/M 세계로 가지고 온 사회적 권력은 탑이든 바텀이든 간에 그 안에서 협상할 수 있는 능력에 영향을 미친다. 하지만 계급, 인종, 젠더는 S/M 역할 놀이를 하는 데 있어 결정적인 것도 아니고 상응하는 것도 아니다. S/M과 관련한 가장 흔한 억압은 사람들에게 비관습적인 섹스를 하지 못하도록 금지하고, 금했음에도 불구하고 그런 섹스를 했을 때 처벌하는 사회로부터 나온다.

S/M에 관한 가장 터무니없는 주장은 사람들이 정말로 그것을 하는

데 합의하는 것이 불가능하다는 주장이었다. 합의의 문제는 성법과 실천에 관한 부르주아 계약 이론에 대한 마르크스주의자들의 비판을 지나치게 서둘러 적용함으로써 모호해져버렸다. 마르크스주의자들은 어떤 사람이 자발적으로 무엇을 하겠다고 합의를 했다고 하여, 그런 결정에 영향을 미치는 세력에 의해 침해당하지 않았다는 뜻은 아니라고 주장한다. 계급, 젠더, 인종 등등의 사회적 관계가 사실상 선택할 수 있는 가능한 결정 범위에 제약을 가하기 때문에 이런 구분은 유용하다. 섹슈얼리티의 사회적 관계에도 이런 구분이 유용할 수는 있지만, 강제적 힘에 의해 어떤 사람을 도착으로 만들 수는 없다.

같은 단어이지만 성법에서 합의의 의미는 계약 이론 비판과 관련된 합의와는 다르게 구별된다. 성법에서 합의는 섹스와 강간을 구분하는 것이다. 하지만 합의는 모든 섹슈얼리티가 똑같이 누릴 수 없는 특권이다. 비록 주州에 따라 다양하지만, 대부분의 성적 행위는 불법이다. 성인 이성애자들에게는 거의 제약이 없다. 하지만 성인 근친상간은 대부분의 주에서 불법이다. 간통 또한 많은 주에서는 여전히 중범죄에 해당한다. 일부 주에서 소도미법은 심지어 이성애자들에게도 해당된다. 그래서 구강성교나 항문성교로 기소될 수도 있다. 동성애는 이성애보다 훨씬 더 제약을 받는다. 동성애를 탈범죄화하는 합의에 따른 성인 법률 consenting adult statute을 통과시킨 주들을 제외하면, 게이 섹스는 여전히 불법이다. (2003년 소도미법 위헌 판정 이후, 2011년 오바마 대통령이 동성결혼을 인정하지 않는 결혼보호법을 옹호하지 않겠다고 선언했으며, 2015년 6월 연방 대법원이 동성결혼에 대한 합헌 판결을 내렸다 – 옮긴이.) 1976년 이전에 캘리포니아에서 게이들은 자기 애인과 구강성교를 할 수 있는 법적 권리가 없었다. 구강성교를 했을 경우 기소될 수 있었다. 성적으로 활발한 청소년들은 소년원에 송치될 수도, 다른 처벌을 받을 수도 있다.

　분명히 정의된 법적인 제약에 덧붙여, 성법은 불공평하게 강제된다. 경찰 활동에 더하여 종교, 의학, 언론, 교육, 가족, 주정부와 같은 세력들은 한결같이 사람들에게 결혼하여 이성애 일부일처 관습에 따라 살도록 모든 압력을 가한다. 그렇다면 어떤 사람이 어떤 방식으로든지 간에 이성애에 진정으로 '합의'할 수 있는지 당연히 물어볼 수 있을 것이다. 모든 성적인 맥락에서 그렇다시피 성적 일탈자들 사이에서도 강압은 발생한다. 그렇다고 할지라도 합의의 상황에서 발생한 학대abuse와 강간은 여전히 구별할 필요가 있다. 하지만 S/M과 관련된 지나친 강압은 S/M들에게 S/M을 하지 못하도록 막는 것이다. 우리는 간섭이나 처벌받지 않고 우리의 섹슈얼리티에 합의할 자유를 쟁취하기 위해 투쟁하고 있다.

IV.

　　우리는 일탈의 대혼란에 접근 중인 어떤 소년 소녀도 다시는 홀로 두려움에 떨며 어둠 속에서 그곳을 건너가게 하지 않을 것을 맹세한다.

　　　　　　　　　　　　　　　　　　—매터친 소사이어티, 1951년[25]

　S/M에 관한 현재의 급진적(주로 페미니즘) 저술은 그릇된 가정, 부정확한 정보, 선입견에 반反하는 증거가 드러남에도 그런 증거를 터무니없

이 부인하는 것으로 넘쳐나서 절망적일 만큼 뒤죽박죽이다. 그것은 하나하나 따로 분리해서 설명할 필요가 있다. 하지만 편견은 히드라와 흡사하다. 극심한 성적 편견의 통로 중 하나를 차단하는 순간, 또 다른 통로가 등장한다. 궁극적으로 합리적 논쟁만큼이나 정치적 권력도 성적 수용을 가능하게 만든다. S/M에 대한 극심한 편견은 그것을 포기하는 것보다 유지하는 것이 더 비싼 대가를 치를 때까지 번창할 것이다. 동성애에 관한 사회적 담론과 마찬가지로 S/M에 관한 담론은 엉터리 문제를 설정하고 엉터리 질문을 제기한다. 어떤 지점에서 우리는 이런 프레임에서 벗어나 섹슈얼리티에 관해 생각하고 섹슈얼리티 정책을 이해하는 대안적인 방식을 발전시켜야 한다.

성적인 소수자 공동체는 종교적인 이단과 비슷하다. 우리는 주정부, 정신 건강 시설, 사회복지 기관, 언론에 의해 박해당한다. 당신이 성도착자일 때 사회제도는 당신 편이 아니며 종종 당신에게 적대적이다. 성적 일탈자들은 그들에 대한 학대를 합리화하고, 그들의 자존감을 훼손시키고, 그들의 섹슈얼리티를 전향하라고 권장하는 끝없는 선전 선동의 흐름과 마주쳐야 한다.

계급, 인종, 젠더, 종족의 사회적 위계질서에 덧붙여 성적 행위에 바탕을 둔 위계질서가 있다. 가장 축복받는 성적 계약의 형태는 이성애, 기혼, 일부일처, 재생산에 바탕을 둔 것이다. 비혼, 비일부일처, 비재생산적이고, 두 사람 이상의 파트너가 연루된 다자 결합은 동성애이거나, 성적 괴짜kink나 페티시와 연루된 성애는 열등한 것으로 평가되므로 따라서 처벌받아야 한다. 게이운동을 제외한다면 이성애, 일부일처, 재생산을 중심으로 하는 성적 위계질서는 출현 이후 한 번도 도전받은 적이 없었다. 하지만 이것은 거대한 권력이 행사되는 사회 생활 영역이다. '저속한' 성적인 질서는 감옥과 정신병 시설에 인간 먹잇감을 제공한다.

급진주의자들, 진보주의자들, 페미니스트들, 좌파들은 그들의 이데올로기 안에서 억압적 구조를 재생산하는 대신 그것이 억압적인 구조를 위한 위계질서라는 점을 이제 인정해야 한다. 섹스는 문화적 제국주의가 급진적 자세를 취할 수 있는 몇 안 되는 영역 중 하나다. 치유 전문직이든 여성운동이든 좌파든 모두 온건한 성적 변이의 개념조차 소화시킬 수 없었다. 섹스를 하는 데 가장 좋은 방법이 단 한 가지만 있다는 생각은 이 주제에 관한 보수주의자들의 사고뿐 아니라 급진주의자들에게도 영향을 미치고 있다. 문화적 상대주의와 다양성을 존중할 수 있는 능력은 자유주의와는 다른 것이다.

여성운동에서 진행되고 있는 현재의 섹스 논쟁에서 서글픈 것은 그런 논쟁들이 너무나 멍청하고 퇴행적이라는 점이다. 페미니즘 조직에서 모든 섹스 변태 괴물들을 정화시키려는 충동이 일단 사라지게 되면, 우리는 좀 더 지적인 논쟁과 대면하게 될 것이다. 그런 지적인 논쟁들 가운데 신-라이히주의의 입장이 있다. 신-라이히주의는 더 섹스-친화적이지만 더 낙인찍힌 섹슈얼리티와 그것의 실천(포르노그래피, S/M, 페티시즘)을 성적인 억압의 증상으로 해석한다. 라이히 Wilhelm Reich 와는 달리, 신-라이히주의 입장은 동성애를 건강하거나 자연스러운 성애로 받아들일 수 있다.

여기서 흥미로운 것은 섹스-단지 젠더가 아니라, 단지 동성애가 아니라-가 궁극적으로 정치적 질문을 제기해왔다는 점이다. 성 정치에 대한 재사유는 1970년 이후 가장 창조적인 정치적 담론을 생산해왔다. 성적인 불법 – 여러 가지 중에서도 소년성애자, 사도마조히스트, 창녀, 트랜스들 – 은 특히 만연된 성적 위계질서 체계와 성적인 통제가 어떻게 행사되고 있는지에 관한 풍부한 지식을 제공해준다. 성애적 일탈자들의 인구집단은 섹슈얼리티에 관한 급진적인 논쟁을 부활시키는 데 대단히 이바지한다.

진정한 위험은 S/M 레즈비언이 여성운동을 불편하게 할 것이라는 점에 있는 것이 아니다. 진정한 위험은 우파들, 종교적 광신도들, 그리고 우파가 장악한 주들이 우리 모두를 산 채로 먹어치우게 될 것이라는 점에 있다. 파시즘에 대항하여 광범한 연대가 절실히 요청되는 시기에 여성운동의 회원권을 유지하려고 이전투구하는 것이 안타깝다. S/M을 둘러싼 내부적 갈등의 수위는 페미니즘의 목표에 진정한 위협 세력과 맞서기 위해 비축해두어야 한다. 만약 우리가 충분히 오래 살아남게 된다면, 페미니스트들과 다른 진보주의자들은 마침내 성적 다양성을 더 이상 두려워하지 않고 그로부터 배우기 시작할 것이다.

5장

성을 사유하기

급진적 섹슈얼리티
정치 이론을 위한 노트

5장은 원래 1982년 4월 뉴욕 시 바너드 대학(Barnard College)에서 개최된 '학자와 페미니스트 제9차 회의(The Scholar and the Feminist 9 Conference)'에서 발표했던 논문이다. 이후 캐럴 S. 밴스(Carole S. Vance)가 엮은 『쾌락과 위험: 여성 섹슈얼리티 탐구(Pleasure and Danger: Exploring Female Sexuality)』(Boston: Routledge and Kegan Paul, 1984, pp. 267~319)에 수록되면서 처음으로 출판되었다.

성 전쟁

조언을 요청받은 게랭 박사Dr. J. Guerin는 자위행위라는 사악한 병에 걸린 소녀를 고치려고 온갖 방법을 다 써보았지만 소용이 없었고, 결국 뜨거운 인두로 클리토리스를 지져 태움으로써 치료에 성공할 수 있었다고 단호히 말했다. … "대음순 두 곳과 클리토리스에 인두를 각각 세 차례씩 갖다 댔습니다. … 하루에 40회에서 50회에 달했던 관능적 발작이 첫 번째 시술 후 서너 번으로 줄었습니다. … 그러므로 여러분이 다루고 있는 이와 비슷한 사례에 최후의 수단이라고 할 수 있는 인두 치료의 적용을 주저해서는 안 되며, 어린 소녀들이 클리토리스와 질을 가지고 자위하지 않게, 될 수 있는 한 이른 시기에 조처해야 한다고 생각합니다."
　　　　　—드미트리우스 잠바코Demetrius Zambaco, 「어린 두 소녀의 자위행위와 신경 질환Onanism and Nervous Disorders in Two Little Girls」

성sex을 사유할 때가 왔다. 어떤 사람에게는 섹슈얼리티가 가난, 전쟁, 질병, 인종주의, 굶주림, 핵 전멸 같은 중대 사안으로부터 주의를 돌리기 위한 하찮고 미미한 주제일지 모른다. 그러나 상상조차 할 수 없는 파괴의 가능성 속에서 살아가는 바로 이러한 시대에, 사람들은 위태로울 정도로 쉽게 섹슈얼리티에 열광한다. 현대의 성 가치와 성애 행위를 둘러싼 갈등은 지난 세기의 종교 분쟁과 유사한 점이 많다. 여기에는 크나큰 상징적 무게가 실려 있다. 대개 성행위에 관한 분쟁은 사회 곳곳에 만연한 불안을 대체하고 이에 수반되는 강렬한 정서를 방출하기 위한 보조 수단이 되곤 한다. 이렇듯 거대한 사회적 부담에 시달리는 시대이기에, 특수한 관점에서 섹슈얼리티를 다룰 필요가 있다.

섹슈얼리티의 영역 내부에도 그 자체의 정치, 불평등, 탄압의 방식이 있다. 인간 행동의 다른 측면들과 마찬가지로, 어떤 시간과 장소에서건 섹슈얼리티의 구체적인 제도적 형태들은 인간 행위의 산물이다. 그것들에는 계획적인 동시에 부수적인, 이해관계로 얽힌 갈등과 정치적 술책으로 가득 차 있다. 그런 의미에서 성은 언제나 정치적이다. 하지만 과거 역사를 돌이켜 보면, 섹슈얼리티가 더욱더 날카롭게 경합을 벌이고 훨씬 더 정치적이던 시대가 있었다. 바로 그런 시대에 성애적 생활 영역은 재조정되었다.

영국과 미국의 경우 19세기 후반이 그러했다. 그 시기에 순결을 장려하고 매춘을 소탕하고 젊은 층의 자위를 금지하기 위한 교육 및 정치 관련 운동 같은 강력한 사회적 운동이 온갖 종류의 '부도덕vices'에 집중되었다. 도덕성 십자군 대원들Morality crusaders은 외설 문학, 누드화, 뮤직홀, 낙태, 피임 정보, 거리의 춤 공연에 맹비난을 퍼부었다.[1] 빅토리아 시대의 도덕성 강화, 그리고 그것을 위한 사회적, 의학적, 법적 집행 장치들은 그들이 이전부터 격렬하게 싸워서 쟁취해온 오랜 투쟁의 성과물이었다.

이러한 19세기 도덕성 발작의 결과물은 여전히 우리 곁에 있다. 성행위, 의술, 자녀 양육, 부모 불안, 경찰 수사, 성법에 대한 사고방식에 깊이 각인되어 있다.

자위가 건강에 해롭다는 인식은 그러한 관습적 사고방식의 일부에 해당된다. 성행위, 성적 흥분, 그리고 무엇보다도 성적 자유에 대한 '조숙한' 관심이 아동의 건강과 성장에 방해된다는 생각은 19세기의 상식이었다. 이론가들 사이에서는 성 조숙의 실제 결과에 대한 의견이 갈렸다. 한쪽에서는 정신이상이 될 소인이라고 보았지만, 다른 쪽에서는 단지 성장에 지장을 줄 뿐이라고 예측했다. 조숙한 성적 흥분으로부터 아동을 보호한다는 미명하에, 부모들은 아이들이 자기 몸을 만지지 못하게 밤새 묶어두었고, 의사는 자위하는 어린 소녀들의 클리토리스를 잘라냈다.[2] 그보다 더 무시무시하고 역겨운 기술들은 이미 파기되었지만, 그런 기술들을 산출시킨 사고방식은 여전히 지속되고 있다. 성 자체가 아동에게 해가 된다는 개념은, 성에 대한 지식과 경험으로부터 미성년자들을 격리하기 위한 광범위한 사회적, 법적 구조물들을 산출시켰다.[3]

현재 유통되는 서적에 적용되는 성법은 대부분 19세기 도덕성 십자군에서 유래했다. 첫 번째 미연방 반외설법anti-obscenity law은 1873년에 통과되었다. 초기 반포르노 활동가이자 뉴욕 성범죄규제협회 New York Society for the Suppression of Vice 창립자인 앤서니 콤스톡Anthony Comstock의 이름을 딴 콤스톡법Comstock Act은, 음란하다고 판단되는 그림이나 서적을 제작하거나 광고하거나 팔거나 소지하거나 송부하거나 수입하는 행위 일체를 연방 범죄로 규정했다. 콤스톡법은 피임이나 낙태를 위한 약이나 기구, 그리고 이에 관한 정보 일체를 금지했다.[4] 연방 법률이 파급되자 대부분의 다른 주에서도 반외설법을 자체적으로 제정했다.

1950년대에 와서야 연방 대법원은 연방정부와 주정부의 콤스톡법을 완화하기 시작했다. 피임과 낙태를 위한 자료와 정보에 대한 금지가 헌법에 위배된다는 판결이 난 해는 1975년이었다. 외설음란 관련 규정들은 수정되었지만, 그럼에도 불구하고 근저의 합헌성은 유지되었다. 그리하여 성적 흥분을 목적으로 물품을 제조하여 팔거나 송부하거나 수입하는 것은 여전히 범죄행위이다.[5]

소도미법은 더 오래된 법적 층위에 기원을 두고 있지만, 교회법의 요소가 민법에 수용되자 빅토리아 시대에 '백인 노예'에 반대했던 많은 캠페인에서 비롯한 창녀 및 동성애자 체포에 그 법의 대부분 조항이 적용되었다.[6] 이러한 캠페인은 창녀의 호객 행위, 음란 행위, 부도덕한 목적의 배회, 연령 제한 위반, 그리고 사창가와 매음굴에 반대하는 무수히 많은 금지조항을 만들어냈다.

주디스 왈코위츠는 영국의 '백인 노예' 공포를 논하며 다음과 같이 말했다. "최근에 조사한 바에 따르면, 언론의 선정적인 보도와 매춘의 실상 사이에 심각한 불일치가 존재한다. 런던과 그 밖의 나라들에서 영국 소녀들에 대해 광범위하게 벌인 함정수사가 내놓은 증거는 빈약하다."[7] 그러나 이 조작된 사회문제를 둘러싼 대중적 광기로 인해

일괄 입법 가운데 최악의 사례인 '1885년 개정 형법Criminal Law Amendment Act of 1885'이 통과되었다. 1885년 조항은 소녀들의 성관계 동의 연령을 13세에서 16세로 올려놓긴 했어도, 가난한 노동계급 여성과 아동에 대한 훨씬 더 강력한 즉결 심판권을 경찰에 부여했다. … 그 법은 성인 남성들이

합의하에 행한 외설적 행위를 범죄로 간주하는 조항을 포함하고 있어서, 1967년까지 영국 남성 동성애자를 기소하는 법적 근거가 되었다. … 그 새 법안의 조항들은 주로 노동계급 여성들에게 집행되었으며, 나이 어린 사람들의 성행위보다는 성인들을 규제하는 데 쓰였다.[8]

미국에서도 '백인 노예매매' 금지법, 즉 맨법이 1910년에 통과되었다. 이어서 미 연방의 모든 주에서 반매춘법이 제정되었다.[9]

1950년대에 들어서 미국의 섹슈얼리티 조직에 매우 중대한 변화가 일어났다. 1950년대 미국 사회의 불안은 매춘이나 자위행위에 집중하는 대신에 '성범죄자'라는 의심쩍은 망령과 '위험한 동성애자'라는 허상 주변으로 모여들었다. 2차 세계대전 전후로 '성범죄자'는 대중의 공포와 경계의 대상이 되었다. 매사추세츠, 뉴햄프셔, 뉴저지, 뉴욕 주, 뉴욕 시, 미시간 등을 포함한 많은 주와 도시에서 공공 안전 위협 사례에 대한 정보 수집 조사가 착수되었다.[10] **성범죄자**sex offender라는 용어는 강간범에, 때로는 '아동 성추행범'에 적용되다가 급기야 동성애자를 상징하는 기호로 기능하게 되었다. 관료적, 의학적, 대중적 문헌의 성범죄자 담론들은 난폭한 성폭행, 그리고 소도미처럼 불법이긴 하지만 합의에 의한 행위 사이의 구별을 흐리게 하는 경향이 있었다. 이러한 개념들은 성적 사이코패스 규제법이 주 입법부를 휩쓸고 지나가면서 형사 사법 체계에 포함되었다.[11] 이러한 법은 심리학계에 동성애자와 다른 '성적 일탈자sexual deviants'에 대한 경찰권을 더 많이 부여했다.

1940년 후반부터 1960년대 초반까지, 전후 아메리칸 드림에 맞지 않는 활동을 하던 성애 공동체는 극심한 박해를 받았다. 연방정부는 공산주의자와 동성애자를 대상으로 마녀사냥과 숙청을 자행했다. 의회 조사, 행정명령, 언론의 선정적인 폭로 기사는 정부 기관에 종사하는 동성애자 소탕에 주력했다. 수천 명이 직장을 잃었다.[12] FBI는 동성애자를 조직적으로 사찰하고 탄압하기 시작했는데, 그것은 1970년대까지 계속되었다.[13]

수많은 주와 도시에서 자체 조사를 시행했고 연방정부의 마녀사냥은 다양한 형태로 지역의 일제 단속에 반영되었다. 1955년 아이다호의 주도州都 보이시의 한 교사는 신문을 보며 아침을 먹다가 아이다호 제일은행 부회장이 중범죄인 소도미 혐의로 체포되었다는 기사를 읽었다. 사건 담당 지방 검사는 지역사회의 모든 동성애자를 소탕하겠노라 의지를 표명했다는 것이다. 그 교사는 아침을 마저 먹을 수 없었다. "그는 벌떡 일어나 되도록 빨리 짐을 챙겨서 곧장 차를 끌고 샌프란시스코로 도망쳤다. … 이틀 후, 동료 교사가 무슨 일이 일어났는지 확인차 방문했을 때, 차갑게 식은 달걀과 커피와 토스트 빵이 식탁 위에 그대로 있었다."[14]

샌프란시스코 경찰과 언론은 1950년대 내내 동성애자와 전쟁을 벌였다. 경찰은 게이 바를 급습하고, 동성애 파트너 물색 장소를 순찰하고, 거리 정화를 지휘하고, 샌프란시스코에서 퀴어를 추방하겠다는 의지를 천명했다.[15] 게이, 게이 바, 게이 밀집 지역에 대한 단속이 전국적으로 시행되었다. 반동성애 십자군이 1950년대 성애 탄압의 대표적인 사례이긴 해도, 후속 연구는 포르노그래피 자료와 매춘과 온갖 종류의 성애 일탈자를 광범위하게 탄압했던 유사 형태를 규명해야 한다. 경찰 박해와 규제 개혁의 전모를 밝히기 위한 연구조사가 절실히 요청된다.[16]

오늘날은 1880년대, 그리고 1950년대와 불편한 유사성을 품고 있다. 플로리다 데이드 카운티에 도입되었던 게이 인권조례gay-rights ordinance를 폐지하기 위해 벌였던 1977년 캠페인은 성 소수자 및 상업적 성 산업을 표적으로 삼는 폭력, 주정부의 박해, 주민들의 법안 발의라는 새로운 흐름의 시작을 알렸다. 지난 6년 동안 심리적인 차원이 아닌 정치적인 차원에서 미국과 캐나다에 대규모의 성적 탄압이 있었다. 데이드 카운티 투표가 시행되기 몇 주 전인 1977년 봄에, 언론 매체는 갑자기 게이 파트너 물색 장소를 급습하고, 매춘을 단속하고, 포르노그래피 자료 제작과 유통을 조사하는 기사를 대거 방출했다. 그때부터 게이 공동체에 대한 경찰 진압 활동이 기하급수적으로 증가했다. 게이 언론은 보스턴 도서관, 휴스턴의 거리들, 샌프란시스코 해변에서 자행된 수백 건의 체포를 보도했다. 큰 규모로 조직된, 비교적 영향력 있다는 도시 게이 공동체들조차 이러한 습격을 멈출 수 없었다. 게이 바와 대중탕에 대한 불시단속이 빈발했고 경찰은 더 대담해졌다. 아주 극적인 사례를 하나 들자면, 토론토 경찰이 시내 게이 목욕탕 네 곳을 모두 급습했는데 그들은 쇠몽둥이로 샤워 박스를 부수고 진입하여 달랑 수건만 걸친 약 300명에 달하는 남자들을 겨울철 길거리로 끌고 나갔다. 심지어 '해방된' 샌프란시스코에서도 예외가 아니었다. 몇몇 바에 조처가 내려졌고 수많은 사람들이 공원에서 체포되었다. 1981년 가을에는 번화한 게이 야간 유흥가인 포크Polk 스트리트를 정화한다며 400명이 넘는 사람들을 체포했다. 도시 청년들에게 퀴어 혐오는 일종의 의미 있는 여가 활동이 되었다. 어른들이 암묵적으로 찬성하거나 못 본 척하리라는 것을 알고서, 그들은 야구 방망이로 무장한 채 게이 거주지로 침입해서 말썽을 일으켰다.

경찰의 일제 단속 대상은 동성애자만이 아니었다. 1977년부터 매춘과 외설을 규제하는 현행법 집행이 한층 더 강화되었다. 게다가 주정부와 지방자치정부 당국은 상업적 성을 엄격히 규제했다. 새로운 규제 조례가 통과되었고, 토지이용 규제법이 바뀌었고, 주류 판매법과 보안법이 개정되었고, 형벌 선고 건수가 증가했고, 입증 요건이 허술해졌다. 게이 언론 말고는 성인의 성 행동을 더 엄중히 규제하기 위한 이러한 법제화를 눈치채지 못했다.

지난 100여 년간 성애에 대한 히스테리를 선동했던 가장 효과적인 책략은 아동 보호에 대한 호소였다. 단지 상징적인 수준에 불과할지라도, 성애에 대한 공포라는 현재 진행 중인 흐름은 젊은 층의 섹슈얼리티 경계 영역에까지 깊이 파고들었다. 데이드 카운티 조례 폐지를 위한 캠페인 표어는 동성애자가 되지 않도록 '우리 아이들을 구하자Save Our Children'였다. 1977년 2월 데이드 카운티 조례에 대한 투표 직전에 별안간 '아동 포르노그래피'에 대한 우려가 전국의 언론 매체를 휩쓸었다. 5월에 《시카고 트리뷴》은 3인치짜리 헤드라인을 단 충격적인 기사를 4일간 연재하며, 어린 소년들을 매춘과 포르노그래피로 꾀어내는 전국 규모의 성범죄 조직을 폭로한다고 주장했다.[17] 미국 각지의 신문들도 유사 사례를 보도했다. 대부분은 《내셔널 인콰이어러》에나 실릴 만한 이야기였다. 5월 말에 의회 조사가 착수되었다. 몇 주 만에 연방정부가 '아동 포르노그래피' 근절을 위한 대대적인 법안을 제정했고 많은 주정부가 자체 법안으로 그 뒤를 따랐다. 대법원의 몇몇 중대 결정으로 느슨해졌던 성 관련 자료에 대한 규제는 이러한 법들로 인해 원상 복구되었다. 예를 들어, 법원은 누드나 성행위 그 자체는 외설적이지 않다고 규정했다. 그러나 아동-포르노그래피법은 미성년자의 누드나 성행위에 관한 모든 묘사를 외설로 정의한다. 이는 인류학 교과서에 실린 벌거숭이 아이 사진이나 강의 시간에 상영되는 많은 민족지학적 영화가 어떤 주에서는 원칙상 불법임을 의미한다. 실제로 그런 이미지를 18세 미만 학생들에게 보여주는 강사는 중범죄로 기소될 수 있다. 연방 대법원도 개인적인 용도로 외설 자료를 소지하는 것을 헌법이 보장하는 권리로 규정했지만, 아동-포르노그래피법은 미성년자가 포함된 그 어떤 성 관련 자료라도 개인적인 소장조차 불허한다.[18]

아동-포르노 공황이 양산한 법들은 잘못 기획되었고 그릇된 방향으로 나아갔다. 그런 법들은 성 행동의 규제에 막대한 영향을 미치는 수정조항을 기술하며 시민의 중요한 성적 자유를 폐기한다. 그런 법들이 의회와 주 입법부를 휩쓰는 동안 이런 상황을 정확하게 인식한 이는 거의 없었다. 북미성인남성/소년사랑협회NAMBLA와 미국시민자유연맹ACLU를 제외하고는 끽소리 하나 없었다.[19]

아동-포르노그래피에 관한 새롭고 더 강도 높은 연방정부 법안이 상하 양원 회의에 상정되었다. 그 법안에서 아동 포르노그래피가 상업적 판매를 목적으로 배포되었다는 혐의를 검사가 입증해야 한다는 의무조항이 삭제되었다. 새 법안이 법률로 제정되면, 열일곱 살 된 연인이나 친구의 누드 사진을 소지한 사람은 15년의 징역 혹은 10만 달러의 벌금형을 선고받게 된다. 그 법안은 400대 1로 통과되었다.[20]

예술 사진작가 재클린 리빙스턴Jacqueline Livingston의 사례는 아동-포르노 공황이 자아낸 분위기를 전형적으로 보여준다. 코넬 대학 사진학과 조교수 리빙스턴은 1978년에 해고되었다. 일곱 살짜리 아들이 자위하는 사진을 비롯한 남자 누드 사진을 전시한 직후였다.《미즈 매거진Ms.

Magazine》,《크리설리스Chrysalis》,《아트 뉴스Art News》 같은 잡지들은 남자 누드를 찍은 리빙스턴의 대형 사진 작품에 대한 광고 게재를 일제히 거부했다. 코닥Kodak은 돌연히 그녀의 필름 일부를 압수하고서 그녀를 아동-포르노그래피법 위반으로 고발하겠다고 수개월 동안 협박했다. 톰킨스Tompkins 카운티 복지국은 그녀에게 부모 자격이 있는지를 조사했다. 뉴욕현대미술관, 메트로폴리탄 미술관 및 기타 주요 미술관 등은 리빙스턴의 대형 사진 작품들을 수집했다. 하지만 검열을 거치지 않은 여러 연령대의 남자 신체 사진을 찍기까지 그녀는 희롱과 우려 어린 시선을 견뎌야 했다.[21]

리빙스턴처럼 아동-포르노 전쟁에 희생된 사람들이 많다. 실제로 소년성애자를 동정하는 사람은 거의 없다. 1950년대의 공산주의자와 동성애자처럼 소년성애자는 지독하게 지탄받는 대상이어서, 성애 성향은 커녕 그들의 인권을 옹호하는 사람조차 찾기 힘들다. 이런 까닭에 경찰은 그들을 실컷 유린할 수 있었다. 지역 경찰, FBI, 우편 조사 감시단 등은 미성년자 성애 남성들을 지역사회에서 싹쓸이할 목적으로 거대한 기구를 조직했다. 20년 정도 지난 후에 포연이 걷히면, 이런 남성들이 야만적이고 부당한 마녀사냥의 희생자였다는 사실을 밝히기가 훨씬 더 수월해질 것이다. 그때쯤이면 수많은 사람이 이러한 박해에 공모했던 자기 자신을 부끄러워하겠지만, 이 뒤늦은 깨달음은 이미 감옥에서 인생을 허비한 이들에게는 아무런 도움도 되지 않을 것이다.[22]

소년성애자의 불행이 끼치는 영향력은 미미했지만, 데이드 카운티 조례 폐지의 경우는 장기간에 걸쳐 거의 모든 사람에게 영향을 미쳤다. 게이 반대 캠페인의 성공은 미국 우익의 뜨거운 열정에 불을 지폈고, 용인될 만한 성 행동의 경계를 명확히 설정하기 위한 대규모 운동을 촉발시켰다.

낯선 성행위에다가 공산주의와 정치적 취약성을 연결하는 우익 이데올로기는 새로울 것이 없다. 매카시 시절에 앨프리드 킨제이Alfred Kinsey와 그의 성 연구소Institute for Sex Research는 미국인의 도덕심을 약화시키고 공산주의 사상에 더 쉽게 물들인다는 이유로 공격당했다. 의회 조사와 흑색선전으로 인해 킨제이에 대한 록펠러 재단의 후원은 1954년에 중단되었다.[23]

극우 세력은 1969년 무렵에 미국성정보교육위원회SIECUS: Sex Information and Education Council of the United States를 색출했다. 『성교육 소동The Sex Education Racket』, 『학교와 SIECUS의 포르노그래피Pornography in the Schools and SIEUS』, 『젊은이를 타락시키는 것Corrupter of Youth』 등의 서적과 소책자에서 우익은 SIECUS와 성교육이 가족을 파괴하고 국민 의식을 좀먹는 공산주의자의 기획이라며 공격을 가했다.[24] 또 다른 소책자 『파블로프의 아이들Pavlov's Children: They May Be Yours』(1969)에서는 국제연합 교육과학문화기구UNESCO가 SIECUS와 공모하여 종교적 금기를 깨뜨리고, 비정상적 성관계 허용을 고취하고, 확고한 도덕규범을 훼손하고, 이른바 '더 낮은' 흑인의 성 규범에 백인(특히 백인 여성)을 노출시켜서 "인종적 결집력을 파괴한다"고 주장했다.[25]

뉴라이트와 신보수주의 이데올로기는 이러한 주제를 강화하여 '부도덕한' 성 행동과 미국의 국력 쇠퇴를 연관 짓는 데 주력한다. 1977년에는 노먼 포도레츠Norman Podhoretz가 러시아에 맞서지 못하는 이른바 미국의 무능을 동성애자 탓으로 돌리는 논문을 한 편 썼다.[26] 그리하여 그는 "국내 무대에서의 반-게이 투쟁과 외교 정책에서의 반-공산주의 전투"[27]를 깔끔하게 연결시켰다.

우익 전략가와 근본주의 종교의 십자군이 성교육, 동성애, 포르노그래피, 낙태, 혼전 성관계 등에 대중이 크게 호응한다는 사실을 깨닫게 된 1977년 이후로 이 사안들에 대한 우익의 반대운동은 정치적 주변부에서 중심부로 떠올랐다. 성에 대한 반작용은 1980년 선거를 우익의 승리로 이끈 주요 요인이었다.[28] '도덕적 다수파Moral Majority'와 '도덕규범을 준수하는 시민모임Citizens for Decency' 같은 조직들이 대중의 추종과 더불어 막대한 재정적 지원과 예상치 못한 정치적 영향력을 얻게 되었다. 양성평등 헌법 수정조항ERA: Equal Rights Amendment이 무산되었고, 낙태에 대한 새로운 규제를 지정한 법안이 통과되었고, 부모 교실이나 성교육 강좌를 위한 예산이 대폭 삭감되었다. 10대 소녀의 피임이나 낙태를 더욱 어렵게 하는 법과 규제들이 반포되었다. 롱비치에 있는 캘리포니아 주립대학 여성학 강좌를 공격하기 위해서 성에 대한 반발이 부당하게 이용되기도 했다.

1979년 의회에 제출한 가족보호법FPA: Family Protection Act은 가장 야심 찬 우익의 입법안으로서 페미니즘, 동성애자, 전통을 벗어난 가족, 10대의 성생활을 광범위하게 공격했다.[29] FPA는 통과되지 않았고 앞으로도 통과되지 않을 테지만, 의회의 보수주의 의원들은 산발적인 방식으로 이 의제를 계속 밀어붙이고 있다. 한편, '청소년 가족생활 프로그램Adolescent Family Life Program', 일명 '10대 순결 프로그램Teen Chastity Program'은 이 시대를 상징적으로 가장 잘 보여주는 사례일 것이다. 10대들이 성관계를 삼가도록, 성관계를 갖는다면 피임하지 못하도록, 임신한다면 낙태하지 못하도록 하는 이 사업에 연방정부 예산 1500만 달러 정도가 집행된다. 최근

2~3년간 게이 인권, 성교육, 낙태권, 성인물 서점, 공립학교 교수안을 둘러싼 수많은 지역 갈등이 있었다. 성에 반대하는 반동은 끝나지 않은 것 같다. 아니, 아직 정점에 이르지 않은 것 같다. 극적 반전이 일어나지 않는 한, 다음 몇 년 동안 이와 똑같은 상황이 더 많이 벌어질 것이다.[30]

영국은 1880년대에, 미국은 1950년대에 섹슈얼리티 관계들을 새로이 법제화했다. 법적 형태, 사회적 관습, 이데올로기에 흔적을 남긴 싸움과 투쟁의 잔여물은 목전의 갈등이 사라지고 난 먼 훗날에도 섹슈얼리티를 체득하는 방식에 영향을 끼칠 것이다. 오늘날의 시대가 성 정치의 주요한 분기점이라는 사실을 이런 모든 신호가 말해주고 있다. 1980년대부터 등장한 해결안들은 먼 미래에까지 파급력을 미칠 것이다. 그러므로 어떤 정책이 지지를 얻고 반대에 부딪치는지를 정확히 숙지하고 판단하기 위해서는 무슨 일이 벌어지고 있으며 무엇이 위태로운 지경에 이르렀는지를 파악하는 것이 급선무이다.

성에 대한 급진적 사유의 일관된 지적 작업이 부재하는 상황에서 그러한 판단을 내리기는 어렵다. 유감스럽게도 섹슈얼리티에 대한 진보 성향의 정치적 분석은 상대적으로 발전이 더딘 편이다. 페미니즘 운동에서 차용한 많은 연구는 문제를 덮어버리고 신비화를 조장할 뿐이었다. 섹슈얼리티에 대한 급진적 관점의 개발이 시급하다.

역설적이게도 이렇게 삭막한 시대에 성에 대한 흥미로운 연구와 정치적 저술이 폭발적으로 쏟아져 나왔다. 초기 게이 인권운동이 촉발되어 활발하게 전개되던 1950년대는 게이 바가 피습되고 게이-반대법이 통과되던 때이기도 했다. 지난 6년간 억압의 한가운데서 새로운 성애 공동체, 정치 동맹, 분석 연구 등이 성장했다. 나는 이 논문에서 성과 성 정치를 사유하기 위한 기술적, 개념적 체계의 요소들을 제안하려고 한다. 이로써 정확하고 인간미 있고 진정으로 자유로운 연구의 창안이라는, 섹슈얼리티 사유의 긴급한 과제에 기여하게 되기를 희망한다.

성에 대한 사유

"이봐, 팀." 갑자기 필립이 말했다. "네 논리는 맞지 않아. 어떤 경우에는 그리고 특정 조건에서는 동성애가 정당화될 수 있다는 네 말을 내가 인정한다고 치자. 거기에는 이런 문제가 숨어 있어. 도대체 어디까지가 괜찮은 거고 어디서부터가 타락인 거야? 사회는 보호한다고 하면서 비난하잖아. 지적인 동성애자를 존중하는 자리를 허용한다면서 첫 번째 빗장을 쳤어. 그러고 나서 다음 빗장이 생기고 또 그다음 빗장이 생기고, 사디스트, 채찍 애호가, 정신장애 범죄자가 자기들의 자리를 요구할 때까지 계속되는 거야. 나중에는 사회가 끝장나버리지. 자, 내가 다시 물어볼게. 선을 어디에다 그어야 해? 이런 문제에서 개인의 자유가 시작되는 지점이 아니라면 어디서부터가 타락인 거야?

—제임스 바James Barr의 1950년 출간 소설 『네 잎Quatrefoil』에서,
서로 사랑해도 되는지 결정하기 위해서 고민하는
두 게이의 대화 가운데 한 대목

급진적인 성 이론은 성애 불평등과 성 억압을 식별하고 서술하고 설명하고 알려야 한다. 그러한 이론에는 문제를 파악하고 그것을 드러내 보일 수 있는 치밀한 개념적 도구들이 요구된다. 그것은 사회와 역사에 존재하는 섹슈얼리티에 대한 풍부한 서술을 구축해야 한다. 그것은 잔학한 성적 학대를 전달할 수 있는 설득적이고 비판적인 언어를 필요로 한다.

성에 대한 사유의 몇 가지 고질적인 특성들이 급진적인 성 이론의 발전을 저해한다. 이러한 전제들은 서구 문화에 깊이 스며들어 있어서 거의 의심받지 않는다. 그리하여 이 전제들은 새로운 수사적 표현을 달고는 있지만 여러 다른 정치적 맥락에서 동일한 근본적 공리를 재생산하며 반복해서 출현하는 경향이 있다.

그러한 공리들 가운데 하나가 '성 본질주의sexual essentialism', 즉 성은 사회 생활 이전에 존재하여 관습을 생성하는 자연적 힘이라는 신념이다. 성 본질주의는 성이 영구불변하고 비사회적이며 초역사적이라고 여기는 서구 사회의 민간 통념에 스며 있다. 100여 년 동안 의학, 정신의학, 심리학이 주도해온 성에 대한 학술연구는 본질주의를 재생산해왔다. 이러한 학문 분야들은 성을 개인의 고유한 특성으로 분류한다. 성이 호르몬이나 정신에 귀속되는 것일지 모른다. 물리적 혹은 심리적으로 해석될 수도 있다. 그러나 이러한 민족과학의 범주 안에서 섹슈얼리티는 역사를 가질 수도 없고 주요한 사회문제를 결정하는 요인도 될 수 없다.

지난 5년간 역사와 이론 분야의 수준 높은 연구는 명시적으로, 때로는 함축적으로 성 본질주의에 도전했다. 제프리 웍스의 작업을 비롯한 게이 역사 연구는 우리가 아는 동성애가 비교적 근대에 등장한 제도적 합성물임을 규명함으로써 그러한 도전을 이끌었다.[31] 이제 이성애라는 현대의 제도적 형태가 심지어 최근에 개발된 것이라고 보는 역사가들이 많다.[32] 새로운 연구 경향에 크게 이바지한 주디스 왈코위츠는 세기 전환기 무렵에 매춘이 변형된 정도를 증명했다. 그녀는 이데올로기, 공포, 소요 사태, 법 개혁, 의술 같은 사회 권력의 상호작용이 어떻게 성 행동의 구조를 변화시킬 수 있는지, 그 결과를 바꿀 수 있는지를 자세히 설명해주었다.[33]

미셸 푸코의 『성의 역사』는 성에 대한 새로운 연구 경향 가운데 가장 큰 영향력을 미친 상징적인 저작이다. 푸코는 섹슈얼리티가 사회의 구속에서 벗어나고자 하는 본능적 리비도라고 한 전통적인 이해 방식을 비판한다. 그는 욕망이 선험적으로 존재하는 생물학적 실체가 아니라 특수한 사회적 실천 과정에서 역사적으로 구성되는 것이라고 주장한다. 끊임없이 생겨나는 새로운 섹슈얼리티들을 제시하면서, 그는 성을 억압하는 요소들보다 성을 사회적으로 조직하는 발생적 양상들을 강조한다. 그리고 그는 섹슈얼리티의 친족 기반 체계와 근대적인 양식들 사이에 큰 단절이 있음을 지적한다.[34]

성 행동에 관한 새로운 연구 경향은 성에 역사를 부여하고 성 본질주의에 대한 구성주의적 대안을 만들어냈다. 이러한 연구 작업의 저변에는 섹슈얼리티가 생물학적으로 정해지는 것이 아니라 사회와 역사 속에서 구성된다는 전제가 깔려 있다.[35] 그렇다고 생물학적 능력이 인간의 섹슈얼리티에 대한 필수 선행조건임을 부인하는 것은 아니다. 그보다는 인간의 섹슈얼리티가 생물학적 용어들만으로는 이해될 수 없다는 것을 뜻한다. 인간의 문화를 위해서는 인간의 뇌를 소유한 인간 유기체가 필요하다. 그러나 신체 혹은 신체 각 부분에 대한 그 어떤 검사로도 인간 사회 체계의 본질적인 속성과 다양성을 설명할 수 없다. 복부의 허기는 복잡한 요리법을 짐작할 아무런 실마리도 제공하지 않는다. 인간의 섹슈얼리티를 위해서 신체, 뇌, 성기, 언어 능력 모두가 필요하다. 그러나 이것들이 각각의 내용, 경험, 제도적 형태 등을 결정하지는 않는다. 게다가 우리는 문화가 부여하는 의미에 영향받지 않은 신체를 결코 본 적이 없다. 레비스트로스 식으로 말하자면, 생물학과 섹슈얼리티 사이의 관계에서 나의 입장이란 '선험적 리비도를 소거한 칸트주의'이다.[36]

인종 정치나 젠더 정치를 사회적 구성물이 아닌 생물학적 실체로 여기는 한, 그것들을 명료하게 사유할 수 없다. 이와 비슷하게, 섹슈얼리티가 본질 차원에서 생물학적 현상이나 개인의 심리학적 양상으로 인식되는 한, 정치적 분석이 스며들 수 없다. 식이요법, 이동 수단, 예법 체계, 노동 형태, 오락 유형, 생산과정, 억압 방식처럼 섹슈얼리티 역시 인간의 생산물이다. 성을 사회적 분석과 역사적 해석의 관점으로 이해하면 더욱 현실적인 성 정치가 가능해진다. 그렇게 되면 인구, 근린近隣, 정착 유형, 이주, 도시 갈등, 역학疫瘤, 경찰 장비와 같은 현상을 대하는 관점으로 성 정치를 사유할 수 있게 된다. 이러한 사유 범주들은 죄, 질병, 신경증, 병리학, 퇴폐, 오염, 제국의 쇠망 같은 전통적인 범주들보다 더 유용하다.

낙인찍힌 성애 집단과 그들을 규제하는 사회 권력과의 관계를 상술하는 앨런 베루베, 존 디밀리오, 제프리 윅스, 주디스 왈코위츠 등의 작업에는 정치 분석과 비평이라는 함축적 범주가 들어 있다. 그럼에도 불구하고 구성주의적 관점은 약간의 정치적 취약성을 드러낸다. 이것은 푸코의 입장을 완전히 오해하고 있는 대목에서 가장 두드러진다.

섹슈얼리티가 만들어지는 방식에 대한 푸코의 강조로 인해, 그가 정치적인 의미에서 성 억압의 현실을 부인하거나 축소한다는 해석이 제기되어왔다. 푸코는 더 큰 규모의 역학 내에 성 억압을 새겨 넣은 것이지 성 억압의 존재를 부정한 것이 아니라고 누차 명확히 밝혔다.[37] 서구 사회의 섹슈얼리티는 극단적인 사회 형벌 체계 내에서 구조화되어왔고, 아주 지독한 공식적, 비공식적 통제를 받아왔다. 리비도의 언어라는 본질주의적 전제에 기대지 말고 억압적 현상을 인식해야 한다. 다른 총체성과 더욱 세련된 학술용어를 고려할 때에도 성에 대한 억압의 실제 사례에 주의를 기울이는 것이 중요하다.[38]

성에 대한 가장 급진적인 사유는 본능과 본능 억제 모델 속에 스며 있다. 그리고 성 억압이라는 개념은 섹슈얼리티에 대한 생물학적인 이해 내부에 있다. 잔혹한 탄압 아래 놓인 본능적 리비도 개념에 기대는 것은 구성주의적 체계 안에서 성 불평등이라는 개념을 재설정하는 것보다 쉬운 일이다. 그러나 우리는 반드시 구성주의적 체계 안에서 성 불평등이라는 개념을 재설정해야 한다. 성적 배치에 관한 푸코의 개념적 정밀함과 빌헬름 라이히의 선동적 열정을 겸비한 급진적 비평이 절실하다.

성에 대한 새로운 연구 경향은 성에 관한 용어들이 각각 고유한 역사적, 사회적 맥락에 한정되어 있다는 달가운 주장과 전면적 일반화를 경계하는 회의론을 동시에 몰고 왔다. 그렇지만 성애 담론 내부에서 성애 행동과 일반 경향을 나누어 표현할 수 있다는 것은 중요하다. 성 본질주의 외에도 성을 사유할 때 매우 강력하게 작용하는 적어도 다섯 가지 서로 다른 이데올로기적 형태들이 있는데, 그것들을 논의하지 않으면 그 안에서 옴짝달싹하지 못하는 곤란한 상황에 놓이게 된다. 성 부정성

sex negativity, 부적절한 척도의 오류fallacy of misplaced scale, 성행위에 대한 위계적 가치 평가hierarchical valuation of sex acts, 성 유해성에 관한 도미노 이론domino theory of sexual peril, 온건한 성 변이 개념의 결핍lack of a concept of being sexual variation 이 바로 그것이다.

이 다섯 가지 중에서 성 부정성이 제일 중요하다. 일반적으로 서구 문화에서는 성을 위험하고 파괴적이며 부정적인 힘으로 간주한다.[39] 바울Paul을 추종하는 대부분의 기독교 전통에서 성은 본디 죄악이다.[40] 혼인 관계 내에서 생식을 목적으로 하고 과도한 쾌락을 즐기지 않는다면, 성은 구원받을 수도 있다. 이러한 사고방식은 생식기가 본질적으로 신체의 열등한 부위이며 정신, '영혼', '마음', 심지어 상부 소화기관보다 신성하지 않다(배설기관의 지위는 생식기의 그것과 비슷하다)는 가정에 기초하고 있다.[41] 그러한 개념은 그 자체로 생명을 지니게 되었고, 이제 그것을 유지하기 위해 더 이상 종교에만 매달릴 필요가 없게 되었다.

이러한 문화에서 성행위는 늘 혐의를 받는다. 어떤 성 경험이든 가능한 한 최악의 표현으로 해석되고 판단된다. 결백이 증명되기 전까지 성행위는 유죄로 추정된다. 면죄될 만한 특정한 사유가 입증되지 않으면 모든 성애 행동은 도덕적으로 옳지 않다고 여겨진다. 제일 용인되기 쉬운 사유로는 결혼, 출산 그리고 사랑 등이 있다. 간혹 과학적 호기심, 심미적 경험이나 장기간의 친밀한 관계 등이 해당될 수도 있다. 그러나 이를 위해서는 다른 종류의 쾌락, 즉 음식이나 소설 혹은 천문학을 즐길 때와는 달리, 성애 능력, 지성, 호기심, 창조성 등등의 온갖 구실이 요구된다.

내가 부적절한 척도의 오류라고 칭한 것은 성 부정성의 필연적 결과이다. 수전 손택은 기독교가 "도덕의 근원으로서 성 행동에 집중한 이래, 성과 관련된 모든 것이 우리 문화에서 '특별한 경우'가 되었다"[42]고 말한 바 있다. 성법에는 이교도의 성이 가장 혹독한 벌을 받을 중죄라는 종교적 태도가 스며 있다. 유럽과 미국의 역사를 보면, 서로 합의한 단 한 번의 항문 삽입 행위가 사형 집행의 사유가 되는 사례가 많았다. 몇몇 주에서는 여전히 소도미에 20년 형을 선고한다.[43] 법의 테두리 바깥에서도 성은 주의를 요하는 범주이다. 가치나 행동 상의 작은 차이가 거대한 위협이 되어 돌아오는 경우가 많다. 적절한 식이요법이라고 여기는 것에 대해 사람들이 견딜 수 없어 하거나 어리석게 굴거나 억지를 부릴 수는 있어도, 식단 상의 차이로 인해, 성애 취향의 차이가 으레 수반하는 분노나 불안이나 극심한 공포를 느끼지는 않는다. 성행위에 너무 과도한 의미 부여를 하고 있다.

근대 서구 사회는 성행위를 성적 가치의 위계질서에 따라 평가한다. 결혼하고 출산하는 이성애자가 성애 피라미드의 꼭대기에 단독으로 위치한다. 비혼 일대일 관계의 이성애 커플이 그 아래에서 아우성치고, 다른 이성애자 대부분은 그 아래에 있다. 혼자 하는 성행위는 규정되지 않은 채 부유한다. 자위행위에 대한 19세기의 강력한 낙인은 다소 누그러들어 변형된 형태로 유지되는데, 혼자 하는 성행위는 우연히 만난 상대와의 성행위에서 느끼는 쾌락에 못 미치는 대체물쯤이 된다. 장기간의 안정된 관계를 유지하는 레즈비언과 게이 남성 커플은 간신히 체면은 유지하지만, 바에서 섹스 파트너를 물색하는 바 다이크와 문란한 성생활을 즐기는 게이는 피라미드의 최하위 집단 바로 위에서 떠돈다. 트랜스섹슈얼, 복장 전환자, 페티시스트, 사도마조히스트, 창녀와 포르노 모델 같은 성 노동자, 그리고 이들 중에서도 맨 밑바닥에 있는 세대 간 성애자 등이 현재 제일 심한 경멸을 받는 성적 카스트 계급이다.

이러한 위계질서의 상층부에 해당하는 성 행동을 하는 사람들은 정신 건강 인증, 존경심, 합법성, 사회적·신체적 이동성, 제도적 지원, 물질적 혜택을 보상받는다. 이 척도의 하층부에 해당하는 성 행동이나 직무를 수행하는 사람들은 정신질환, 불명예, 범죄성, 사회적·신체적 이동 제약, 제도적 지원 상실, 경제적 제재 조치, 성범죄 기소를 당한다.

처벌에 가까운 극단적인 낙인은 특정한 성 행동을 낮은 지위에 묶어두고 관련자들을 제재하는 효과적인 방식이다. 이러한 가혹한 낙인의 근원에는 서구의 종교적 전통이 있다. 그러나 낙인의 현대적 의미는 대개 의학과 정신의학이 가한 비난에서 유래한 것들이다.

옛 종교적 금기는 본질적으로 사회조직의 친족 형태를 기반으로 하여, 부적절한 결합을 막고 적절한 친족을 형성하기 위한 것이었다. 성경에 근거한다는 구실로 정당화한 성법은 잘못된 종류의 친인척 성적 상대, 즉 같은 핏줄의 친족(근친상간), 같은 성별(동성애), 다른 종(수간獸姦)을 취하지 못하도록 하는 것이 목적이었다. 의학과 정신의학이 섹슈얼리티에 대한 막강한 통제력을 획득했을 때에는 병적 욕망의 형태에 관심을 두었지, 부적절한 성교 상대에는 별 관심을 두지 않았다. 근친상간 금기가 성으로 엮인 친족 체계를 가장 잘 보여준다면, 자위행위 금기를 강조하는 쪽으로의 변화는 성애 경험의 질을 둘러싼 새로운 조직 체계를 보여주기에 더 적합하다.[44]

의학과 정신의학은 성 비행의 범주를 크게 확대했다. 미국정신의학회APA: American Psychiatric Association가 발행한 『정신질환 진단 및 통계 편람

DSM』의 성 심리 장애 부분을 보면, 현재의 도덕적 위계질서의 지도를 확인할 수 있다. 매춘, 소도미, 간통에 대한 구래의 비난에 비하면 APA 목록은 매우 정교하다. 오랜 정치적 투쟁 끝에, 최근 발행된 『DSM-III』의 정신질환 명단에서 동성애 항목이 삭제되었다. 하지만 여전히 페티시즘, 사디즘, 마조히즘, 트랜스섹슈얼리티, 복장 전환증, 노출증, 관음증, 소아성애 등은 심리적 기능 이상으로 기재되어 있다.[45] 지금도 이런 잡다한 '병리 현상들'의 기원, 병인病因, 치료, 교정에 관한 책들이 저술되고 있다.

성 행동에 대한 정신의학의 선고는 성을 죄라고 간주하는 범주보다 정신적, 정서적으로 열등하기 때문이라는 개념을 들먹인다. 지위가 낮은 성 경험을 정신병 혹은 인격 통합 결함defective personality integration의 징후라고 비방하는 것이다. 더구나 각종 심리학 용어들은 성애 행동 양식을 정신역동 기능장애difficulties of psycodynamic functioning에 결부한다. 예를 들어, 마조히즘은 자아 파괴적 인격 유형, 사디즘은 정서적 공격성, 동성성애homoeroticism는 미성숙과 동일시한다. 이러한 혼란스러운 용어 남용은 성적 성향을 근거로 삼아 개인에게 무지막지하게 적용되는 강력한 고정관념이 되었다.

성애 다양성이 위험하고, 건강에 해롭고, 사악하고, 아동에서 국가 안보에 이르기까지 모든 것에 위협 요소가 된다는 인식이 대중문화에 스며들어 있다. 대중적 성 이데올로기는 성적 죄의식, 심리적 열등감, 반공주의, 군중 히스테리, 주술 혐의, 외국인 혐오증 등을 마구잡이로 뒤섞어 끓인 유독한 스튜이다. 대중매체는 무차별적으로 남발하는 유언비어로써 이런 태도를 부추긴다. 만일 오래된 편견들이 그렇게 왕성한 생기를 보이지 않고 새로운 편견들이 계속 가시화되지 않는다면, 나는 이러한 성애 낙인 체계를 사회가 마지막으로 인정하는 편견 양식이라고 부르고자 한다.

종교적, 정신의학적, 대중적 차원에서 성적 가치에 관한 이러한 모든 위계질서는 인종주의, 자민족주의, 종교적 쇼비니즘과 같은 이데올로기 체계와 똑같은 방식으로 기능한다. 이것은 성적 상층민의 호강과 성적 하층민의 역경을 합리화한다.

〈도표 1〉의 그림은 성 가치 체계의 일반 판이다. 이 체계에 의하면, 이론상 '좋은', '정상적인', '자연스러운' 섹슈얼리티는 이성애이어야 하고, 결혼 제도 내부에 있어야 하고, 일대일 관계이어야 하며, 출산해야 하고, 비상업적이어야 한다. 같은 세대에 속한 두 사람이 관계를 가지되 집에서 해야 한다. 포르노그래피, 페티시 대상, 그 어떤 성인 용품, 남녀 역할이 아닌 다른 배역 등이 결부되어서는 안 된다. 이러한 규칙을 어기면 '나쁜', '비정상적인', '부자연스러운' 성교가 된다. 나쁜 성교란 동성애, 혼인 관계가 아닌, 문란한, 출산하지 않는, 상업적인 성교일 것이다. 자위 혹은 난교 파티에서 일어나는, 세대 경계를 넘는, '공공' 장소, 적어도 덤불숲이나 목욕탕에서 하는 성교일 것이다. 여기에는 포르노그래피, 페티시 대상, 성인 용품, 특수한 배역 등이 결부되어 있을 것이다.

〈도표 2〉의 그림들은 다른 양상의 성 위계질서이다. 좋은 성교와 나쁜 성교의 가상 경계에 대한 주장을 도식화할 필요가 있기에 제시한다. 대부분의 종교적, 정신의학적, 대중적 성 담론은 인간의 성 능력 범위를 신성한, 안전한, 건강한, 성숙한, 합법적인, 정치적으로 올바른 아주 작은 부분으로 제한한다. '경계선'은 악마의 농간이거나 위험하거나 정신 병리적이거나 유아적이거나 정치적으로 비난받아 마땅하다고 생각되는

도표 1. 성 위계질서: 특권 집단 대 소외 집단

© 게일 루빈, 1982. 4.

1-1. 1982년 바너드 회의 루빈 워크숍에서 배포한 유인물 버전

저주받은, 금지된 주변부

동성애의
혼인 관계가 아닌
출산하지 않는
문란한
공개적인
공원에서
집단으로 하거나 자위하는
페티시 도구를 쓰는
기계 정벌을 써서 '부자연스러운'
아무래나 만난 사람과
세대를 넘어서
돈이 목적인
여성적인
S/M
포르노그래피

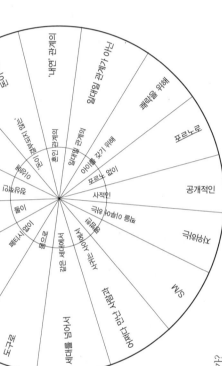

축복받은, 인기된 중심

이성애의
혼인 관계의
출산하는
일대일 관계의
사적인
집에서
'자연스러운'
상대방과
사귀는 사이에서
'돈이 결부되지 않는'
같은 세대에서

안쪽 원은 '경계'이다.
어디에 경계선을 그을 것인가?
무엇이 존중받을 행동으로 넘어올 수 있는가?

1-2: 1984년 출판물 버전

© 게일 루빈. 1984.

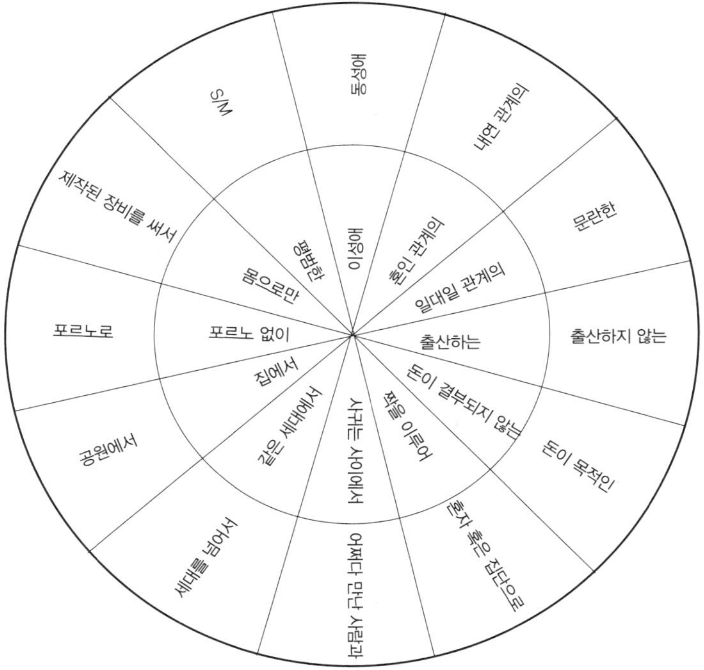

소외 집단

나쁜, 비정상의,
부자연스러운.
저주받은 섹슈얼리티

동성애의
혼인 관계가 아닌
문란한
출신하지 않는
상업적인
혼자 혹은 집단으로
어쩌다 만난 사람과
세대를 넘어서
공개적인
포르노그래피로
제작된 장비를 써서
S/M

특권 집단

좋은, 정상의,
자연스러운.
축복받은 섹슈얼리티

이성애의
혼인 관계의
일대일 관계의
출신하는
비상업적인
짝을 이루어
사귀는 사이에서
같은 세대에서
사적인
포르노그래피 없이
몸으로만
평범한

(다이어그램 내부 텍스트)
문란한 / 출신하지 않는 / 돈이 목적인 / 혼자 혹은 집단으로 / 어쩌다 만난 사람과 / 세대를 넘어서 / 문란한 / 혼인 관계가 아닌 / 출신하는 / 돈이 결부되지 않는 / 짝을 이루어 / 사귀는 사이에서 / 혼인 관계의 / 이성애의 / 동성애 / 평범한 / 공개 세대에서 / 같은 세대에서 / 몸으로만 / 포르노 없이 / 사적인 / S/M / 포르노로 / 제작된 장비를 써서

도표 2. 성 위계질서: 경계선 위치 설정을 둘러싼 투쟁

2-1. 1982년 바너드 회의 루빈 워크숍에서 배포한 유인물 버전

© 게일 루빈. 1982.4.

'좋은' 성
정상적인
자연스러운

'나쁜' 성
비정상적인
부자연스러운
'괴상한'

경합의 주 영역

이성애:
혼인 관계의
일대일 관계의
출산하는
집에서

레즈비언/동성애:
일대일 관계의
장기간 안정된
집에서
문란한 이성애자?
자위?

동성애:
문란한
목욕탕에서
공원에서

레즈비언:
바에서

돈이 목적인
세대 간
S/M
페티시스트
T/S(트랜스섹슈얼)
T/V(복장 전환자)

최선 ——————————————————— 최악

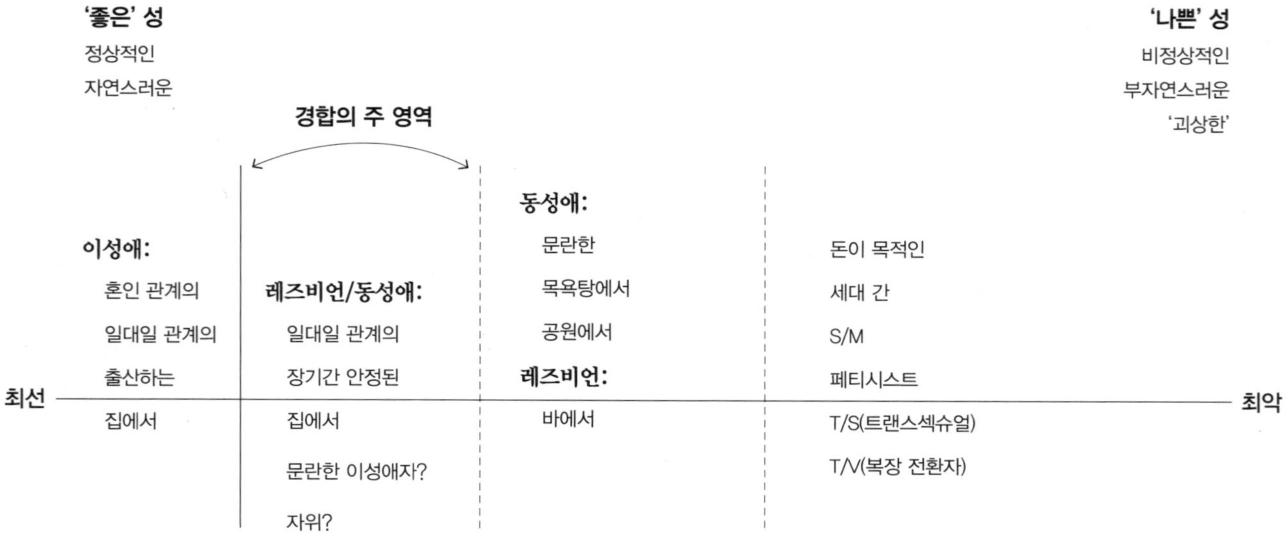

주석. 다른 하위 인구집단은 아주 다른 가치를 지닌다.
예를 들어, 금진주의자들 사이의 성에 관한 가치는
역합의 유무와 같은 경점에서 일반 체계를 벗어난다.

2-2. 1984년 출판물 버전
ⓒ 게일 루빈. 1984.

'좋은' 섬:

정상적인, 자연스러운,
건강한, 신성한

이성애의
혼인 관계의
일대일 관계의
출산하는
집에서 하는

'경계선'

경합의 주 영역

혼인 관계가 아닌 이성애 커플
문란한 이성애자
자위
장기간 안정된 레즈비언과 게이 커플
바에 있는 레즈비언
목욕탕이나 공원에 있는
문란한 게이

'나쁜' 섬:

비정상적인, 부자연스러운,
병든, 죄 많은, '괴상한'

복장 전환자
트랜스섹슈얼
페티시스트
사도마조히스트
돈이 목적인
세대 간의

좌익 ──────

──────── 좌선

다른 모든 성애 행동을 그것과 구분 짓는다. 그러고 나서 '어디에 경계선을 그을 것인가', 그리고 만일 다른 행위들이 있다면 용인 가능한 영역으로 넘어오게 허용할 것인가를 결정하는 논쟁이 시행된다.[46]

이상의 모형들은 성 유해성 도미노 이론을 상정한다. 경계선은 성적 질서와 혼란 사이에 있는 듯하다. 이 경계선은, 무엇이든 이러한 성애 비무장 지대를 가로지르도록 허용된다면 무시무시한 성교에 대한 방어벽이 무너지고 무언가 형언할 수 없는 것들이 날뛰게 되리라는 두려움을 시사한다.

성 판단 체계 대부분 – 종교적인, 심리학적인, 페미니즘적인, 또는 사회주의적인 – 은 특정 행위가 경계선의 어느 쪽으로 떨어지는지를 가늠하려고 한다. 경계선의 '좋은 쪽'에 놓이는 성행위에만 복잡한 도덕적 상황이 허용된다. 일례를 들자면, 이성애적 우연한 만남은 숭고하거나 역겹거나, 자유의사로 하거나 억지로 강제되거나, 치유하거나 파괴하거나, 애정이 목적이거나 돈이 목적일 수 있다. 다른 규범을 위반하지 않는 한, 이성애는 인간 경험의 전 범위를 드러낸다고 인정받는다. 반면에, 경계선의 '나쁜 쪽'에 놓이는 모든 성행위는 완전히 혐오스럽고, 섬세한 감정이 결여된 것으로 간주된다. 특정 성행위가 경계선으로부터 멀리 떨어져 있을수록, 더 나쁜 경험으로 한결같이 묘사된다.

지난 10년간 벌였던 성 투쟁의 결과, 경계선 근방에 있던 몇몇 행위들이 그 너머로 조금씩 넘어가고 있다. 동거하는 비혼 커플, 자위행위, 동성애의 일부 형태는 인정받는 추세다(〈도표2〉 참고). 대부분의 동성애는 여전히 경계선의 '나쁜 쪽'에 있지만, 일대일 관계의 커플인 경우에는 인간 상호 관계의 전 범위 안에 속하는 것으로 이제 막 인정받기 시작했다. 그러나 문란한 동성애, 사도마조히즘, 페티시즘, 트랜스섹슈얼리티, 세대 간 만남 등은 여전히 애정, 사랑, 자유 선택, 다정함, 초월성 등이 있을 리 없는, 통제 불능의 두려움으로 치부된다.

이런 종류의 성도덕은 진정한 윤리학보다는 인종주의 이데올로기와 더 많은 공통점을 지닌다. 그것은 선을 지배 집단에 부여하고 악을 하층민들에게 몰아넣는다. 민주적인 도덕이라면 파트너를 대하는 방식, 상호 배려 수준, 강제력 유무, 제공하는 쾌락의 양과 질로써 성행위를 평가해야 한다. 성행위가 동성애냐 이성애냐, 둘이 하느냐 집단으로 하느냐, 속옷을 벗느냐 입느냐, 상업적이냐 비상업적이냐, 비디오를 쓰느냐 안 쓰느냐 따위가 윤리적인 고려 사항이 되어서는 안 된다.

온건한 성 변이 개념 없이는 다원주의 성 윤리학을 발전시키기 어렵다. 가장 단순한 생물체에서부터 가장 복잡한 인간 사회조직에 이르기까지 변이란 모든 삶의 근본적인 특질이다. 그러나 섹슈얼리티는 단일 기준을 따르게 되어 있다. 성행위에 관한 가장 고질적인 생각은 최상의 유일한 성교 방식이 있으며 모든 사람이 그 방식을 따라야 한다는 것이다.

대부분의 사람들은 그들이 성적으로 무엇을 좋아하건 간에 어떤 다른 사람에게는 무척 혐오스러울 것이고, 그들이 성적으로 무엇을 혐오하건 간에 어떤 다른 사람이나 다른 장소에서는 가장 소중한 희열이 되리라는 것을 받아들이기가 상당히 어렵다는 것을 깨닫는다. 다른 사람의 성행위를 인정하기 위해서 특정 성행위를 좋아하거나 수행할 필요는 없다. 그리고 그 차이가 건전한 취향, 정신 건강, 지성의 그 어떤 결여를 지시하는 것도 아니다. 대부분의 사람들은 자신의 성적 취향이 보편적인 체계로서 모든 사람에게 작동할 것이고 작동해야 한다고 착각하는 실수를 범한다.

단일한 이상적인 섹슈얼리티라는 개념은 성행위를 둘러싼 대부분의 사유 체계를 특징적으로 보여준다. 종교적 차원에서 이상적인 성행위는 아이를 낳는 결혼이다. 심리학에서는 성숙한 이성애이다. 비록 그내용이 달라지지만, 성에 대한 단일 기준의 판형은 페미니즘과 사회주의를 포함한 다른 수사 체계 내부에서 끊임없이 재구성된다. 모든 사람이 레즈비언, 비-일부일처주의자, 특이 성향이 되어야 한다는 주장은 불쾌하다. 그러나 모든 사람이 이성애자, 기혼자, 평범한 성향이 되어야 한다고 믿는 것도 마찬가지다. 전자보다 후자의 견해가 상당히 많은 강제력으로 뒷받침되기는 하지만 말이다.

다른 분야에서는 문화적 쇼비니즘의 표명을 부끄럽게 여길 법한 진보주의자들이 성적 차이에 대해서는 일상적으로 그것을 드러낸다. 다른 문화란 열등하거나 역겨운 야만의 관습이 아닌 인간 독창성의 고유한 표현이므로 그것을 소중히 아껴야 한다고 우리는 배웠다. 이와 마찬가지로 다른 성 문화에 대한 인류학적 이해가 필요하다.

실증적 성 조사연구는 성 변이의 긍정적인 개념을 창립한 하나의 분야이다. 앨프리드 킨제이는 말벌의 유형 연구에 적용했던 기탄없는 호기심을 가지고 성과학에 접근했다. 도덕주의자들을 격분시키며 막대한 논쟁을 야기한 그 작업에, 그의 과학적 객관성은 참신한 중립성을 제공했다.[47] 킨제이에 이어 존 가뇽John Gagnon과 윌리엄 사이먼William Simon은 성애 다양성에 대한 사회 이해의 적용 분야를 개척했다.[48] 옛 성과학의 일정 부분은 지금도 유용하다. 대부분의 초기 성과학은 당대의 과학 언어 환경 아래에서 표현되었기 때문에 사회 진화론, 인종주의, 우생학 등을 거론한다. 그럼에도 불구하고 크라프트에빙, 해브록 엘리스, 마그누스 히르슈펠트의 매우 치밀한 저작들은 눈부신 업적이라 할 만하다. 특히 엘리스는 빈틈없는 논리로 성 행동과 정서에 대한 호의적인 논평을 펼쳤다. 히르슈펠트와 엘리스는 그들 각자의 저서에서 유창한 웅변으로 동성애가 범죄와 관련 있다는 오명을 벗겨냈다.[49]

섹슈얼리티와 관련된 정치적 저작물의 상당수는 전통적인 성과학과 근대적인 성 연구를 둘 다 깡그리 무시한다. 아마도 인간 섹슈얼리티 강좌를 군이 개설하려 드는 대학이 거의 없고 성행위에 대한 학술조사에 심한 낙인이 찍혀 있기 때문일 것이다. 이미 널리 퍼진 성 가치 체계에 대한 면역력이 성과학에도, 성 연구에도 없다. 두 분야에는 비판 없이 받아들여서는 안 될 전제와 정보가 포함되어 있다. 그러나 성과학이나 성 연구는 풍부한 세부 사항, 침착함을 환영하는 태도, 성적 다양성을 박멸할 대상이 아니라 존재 그 자체로 다루는 우수한 능력을 제공한다. 그토록 많은 책에서 호소했던 정신분석과 페미니즘의 기본 원칙의 조합보다 훨씬 유용한, 급진적인 섹슈얼리티 이론을 위한 경험주의적 기반을 이 두 분야에서 얻을 수 있다.

성의 변형

고대 민법이나 교회법에서 소도미는 금지된 행위 범주에 있었다. 그때는 소도미 위반자가 사법 대상에 불과했다. 19세기에 들어서 동성애자는 유명 인사, 과거, 사례사, 유년기가 되었고, 게다가 무분별한 해부학과 아마도 불가사의한 생리학과 함께, 생명의 한 유형, 생물 형태, 형태학이 되었다. … 소도마이트는 일시적 정신이상자가 되었다. 이제 동성애자는 하나의 종이다.

—푸코, 『성의 역사』

이전 시대와의 많은 형태적 연관성에도 불구하고, 근대적 성 배치는 기존 체계와 구별되는 뚜렷한 특징을 지닌다. 유럽과 미국의 산업화 및 도시화로 인해 전통적인 시골과 농촌의 인구는 새로운 도시산업과 서비스 부문의 노동력으로 재구성되었다. 그들은 새로운 형태의 국가기구를 탄생시켰고, 가족 관계를 재편시켰고, 젠더 역할을 변화시켰고, 새로운 형태의 정체성을 가능하게 만들었으며, 다양한 사회적 불평등을 새로이 산출시켰고, 정치와 이데올로기로 인한 갈등의 새로운 판형을 짜게 했다. 이들은 또한 성적 개인, 인구집단, 계층화, 정치투쟁이라는 뚜렷이 다른 유형들로 특성화된 새로운 성 체계sexual system를 양산했다.

19세기 성과학 저술들은 일종의 성애적 종 분화erotic speciation가 등장했음을 알렸다. 설명 방식이 좀 희한하기는 해도, 초기 성과학자들은 새로운 종류의 성애적 개인들이 등장하고 그들이 신생 공동체를 만들어가는 현상을 증언하고 있었다. 근대적 성 체계는 이러한 성적 인구집단으로 구성되는데, 이들은 이데올로기적이고 사회적인 위계질서의 작동으로 해당 층에 각각 배속된다. 사회적 가치의 차이들은 이러한 집단 간의 충돌을 일으키는데, 이는 각 집단의 순위를 변경하거나 유지하기 위한 정치적 경합과 관련이 있다. 이러한 체계의 등장과 발전, 그것의 사회적 관계, 그것을 해석하는 이데올로기, 갈등 양식의 특징 등의 관점에서 현대 성 정치의 개념을 재설정해야 한다.

동성애는 성애적 종 분화 과정의 가장 적합한 사례이다. 동성애 행동은 사람들 사이에서 늘 존재해왔다. 다만 시대나 사회에 따라 동성애는 보상받거나 처벌되고, 요구되거나 금지되고, 일시적 경험이거나 일생에 걸친 소명일 수 있다. 예를 들어, 뉴기니의 어떤 사회에서는 모든 남자가 마땅히 동성애 성행위를 이행해야 한다. 동성애 성교는 완벽히 사내다운 행위로 인식되는데, 나이에 따라 역할이 부여되고 친족 지위에 따라 상대가 결정된다.[50] 비록 이 남성들이 광의의 동성애와 소아성애 행위에 관여하고 있지만, 그들은 동성애자도, 소아성애자도 아니다.

16세기에 소도마이트sodomite는 동성애자가 아니었다. 그런데 1631년에 이르러 캐슬헤이븐Castlehaven 백작 머빈 투셰Mervyn Touchet가 소도미로 재판받고 처형당했다. 소송 과정을 보건대, 그를 두고 왜 별난 성 취향을 가진 사람이라고 하는지 백작 자신은 물론 그 누구도 이해하지 못했음이 분명하다. "20세기 관점으로 볼 때 캐슬헤이븐 경은 명백히 분석가의 도움이 필요한 성 심리 질환을 앓았다고 볼 수 있지만, 17세기 관점으로 볼 때 그는 신의 법과 영국 법을 고의로 위반한 것이므로 사형 집행인의 단순한 처리가 필요할 뿐이었다."[51] 백작은 몸에 꽉 끼는 더블릿을 후다닥 입지 않았고, 상대 소도마이트들을 만나려고 인근 게이 선술집에 가서 왈츠를 추지도 않았다. 그는 자신의 장원 저택에 머물면서 하인과 항문성교를 했다. 백작의 세계에는 게이로서의 자의식, 게이 술집, 집단 동질성에 대한 지각, 심지어 동성애라는 용어조차 없었다.

뉴기니의 미혼 남성과 귀족 소도마이트는 근대 게이 남성과 아주 약간의 관계가 있을 뿐이다. 근대 게이 남성은 게이 이웃들과 살고, 게이 사업 분야에서 일하고, 자의식 강한 정체성, 집단 연대, 인쇄물, 출판사, 그리고 수준 높은 정치적 활동을 포함하는 복잡한 경험에 참여하고 싶어서 시골인 콜로라도에서 샌프란시스코로 이주하기도 한다. 근대 서구 산업사회의 동성애는 종족 집단의 제도적 구조로부터 상당 부분을 취해 왔다.[52]

이러한 유사-종족적인 성 공동체들로 동성애가 응집되고 재배치된 원인 중의 하나는 산업화로 인한 인구 이동이다. 노동자들이 일자리를 찾아 도시로 이주함에 따라 자발적인 공동체 형성의 기회가 늘어났다. 대부분의 미개발 시골 마을에서 공격에 쉽게 노출될까 봐 고립된 채 지내던 동성애 성향의 여성들과 남성들이 대도시의 작은 모퉁이에 모이기 시작했다. 19세기 서유럽과 북미 지역의 거대 도시 대부분에는 남성들이 성교 상대 남성들을 물색할 수 있는 구역이 따로 있었다. 레즈비언 공동체들은 좀 더 작은 규모로 느리게 형성된 것 같다. 그렇기는 하지만 파리의 피갈 광장 근처에는 1890년대까지 레즈비언 단골에게 서비스를 제공하던 몇몇 카페가 있었고, 서유럽의 다른 주요 수도에도 이와 비슷한 장소가 있었을 공산이 크다.

이런 구역에 대한 평판은 안 좋았고, 그들의 존재와 거주 구역에 관심을 둔 사람들의 주의를 끌었다. 미국에서는 1950년대에 레즈비언과 게이 남성 특별지구가 뉴욕, 시카고, 샌프란시스코, 로스앤젤레스에 마련되었다.[53] 성적인 동기로 그리니치 빌리지 같은 장소로 이주하는 동향은 상당한 규모의 사회학적 현상이 되었다. 1970년대 후반까지 널리 발생한 성적 동기로 인한 이주가 미국 도시 정치에 가시적인 영향을 미치기 시작했는데, 샌프란시스코는 제일 주목할 만한 악명 높은 사례이다.[54]

매춘은 이와 비슷한 변형 과정을 거쳤다. 19세기의 정치적 소요와 법 개정 및 경찰 박해의 결과, 매춘은 일시적인 직종이라기보다 영구적인 직업으로 변모하기 시작했다. 창녀는 일반 노동계급 인구의 한 부분이었다가 점차 낙오 집단의 일부로 격리되었다.[55] 창녀와 성 노동자는 동성애자 및 다른 성 소수자와 구분된다. 성 노동은 직업인 반면, 성적 일탈은 성애적 취향이다. 그렇지만 그들은 사회조직화의 측면에서 비슷한 특징을 지닌다. 동성애자처럼 창녀도 성행위에 근거한 성범죄 인구집단으로 낙인찍혀 있다. 창녀와 남자 동성애자는 어디에서나 '마약 및 성범죄 전담 경찰vice police'의 일차 먹잇감이다.[56] 게이처럼 창녀는 확실히 구획된 도시의 특별지구를 점령하고, 그러한 특별지구를 방어하고 유지하기 위해 경찰과 싸운다. 두 집단에 대한 사법적 박해는 그들을 평화롭게 살 자격이 없는 위험하고 열등한 유해 인자들로 분류하는 정교한 이데올로기로 정당화된다.

'성의 근대화'는 동성애자와 창녀를 지역 인구로 조직화할 뿐 아니라 지속적인 성적 종족 형성 체계를 만들어냈다. 보통 '도착perversions' 혹은 '성도착증paraphilias'이라고 알려진 다른 성애적 반체제 집단들도 한데 모이기 시작했다. 섹슈얼리티는 『DSM』 바깥으로, 사회적 역사의 장으로 계속 진군한다.[57] 현재 몇몇 다른 집단은 동성애자의 성공을 추수하려고 노력한다. 양성애자, 사도마조히스트, 세대 간 만남 선호자, 트랜스섹슈얼, 복장 전환자 등은 모두 공동체 형성과 정체성 획득의 다양한 상태에 놓여 있다. 사회적 공간, 소상공업, 정치적 자원, 성적 이단 처벌에서 벗어날 방법 등을 확보하려고 애쓰는 만큼 도착이 확산되고 있지는 않다.

성의 계층화

친족 관계가 있음에도 불구하고 하위 인종은 과거의 방탕아와는 다르게 탄생했다. 18세기 말부터 오늘에 이르기까지 그들은 사회의 작은 구멍들을 따라 돌아다녔다. 항상 쫓겼지만 늘 법에 쫓겼던 것은 아니다. 가끔 갇히기도 했지만 항상 감옥에 갇혔던 것은 아니다. 아마도 병들었겠지만 수치스럽고 위험한 희생자였을 테고, 부도덕이나 범죄라는 이름을 품은 낯선 악마의 먹잇감이었을 것이다. 그들은 나이에 비해 영리한 어린이, 조숙한 소녀, 애매한 남학생, 수상한 하인과 교사, 잔인하거나 정신이 돈 것 같은 남편, 외로운 수집가, 기괴한 충동에 사로잡힌 떠돌이였고, 감화원, 유형지, 법정, 정신병원에서 출몰했고, 악행을 의사에게, 질병을 판사에게 가져갔다. 이것이 바로 무수히 많은 도착자 가족이다. 그들은 비행을 일삼는 미치광이 같은 사람들이다.

—푸코, 『성의 역사』

서유럽과 북미의 산업화는 새로운 형태의 사회적 계층화를 초래했다. 그에 따른 계급 불평등은 잘 알려진 사실로서, 학계에서는 한 세기에 걸쳐 이를 상세히 탐구해왔다. 인종주의와 종족 불평등이라는 근대적 체계의 구성에 관한 많은 증거가 제기되었고 비판적인 평가가 이루어졌다. 페미니즘 연구는 젠더 억압의 확산 구조를 분석했다. 과격한 동성애자와 성 노동자 같은 특정 성애 집단이 부당한 처사에 반하여 분기했지만, 유난히 다양한 사례의 성적 박해를 성의 계층화라는 일반 체계 내부에 비등하게 위치 지우려는 시도는 한 번도 없었다. 그럼에도 불구하고 그러한 체계는 존재한다. 그것은 서구 산업화의 결과로서 현대적 형태로 존재한다.

성법은 성적 계층화와 성애적 박해의 가장 견고한 도구이다. 주정부는 다른 사회 생활 분야에서는 용인될 리 없는 수준으로 성 행동에 일상적으로 개입한다. 사람들 대부분은 성법의 적용 범위가 어디까지인지, 어떤 성 행동이 어느 정도까지 불법인지, 법률적 제재가 어떤 처벌을 가하는지 알지 못한다. 외설과 매춘 사건에 연방정부 기관이 관여해도 되는데도, 대부분의 성법은 주정부와 지방자치단체 차원에서 제정되고 지역 경찰의 광범위한 재량에 따라 집행된다. 그리하여 그 법은 어마어마한 규모로 변주되어 모든 현장에 적용될 수 있다. 더군다나 성법의 집행은 지역 경찰의 분위기에 따라 매우 달라진다. 이러한 조밀한 법망에도 불구하고 그 누구든 잠정적이고 제한적으로 어느 정도는 일반화할 수 있다. 성법에 관한 나의 논의는 성적 강제나 성폭행 혹은 강간 등에 적용되지 않는다. 합의에 의한 성관계에 관한 무수한 금지, 그리고 미성년자 의제강간 같은 '위계·위력을 이용한 성범죄'에 적용된다.

성법은 무참하다. 그저 사회적 혹은 개인적 피해라고만 보기에는 성법률 위반에 대한 처벌이 너무나 가혹하다. 많은 주에서, 상호 합의했지만 불법적인 단 한 번의 성교만으로, 예를 들어 정염에 사로잡힌 파트너의 생식기에 입술을 갖다 대면 강간, 구타, 살인보다 훨씬 더 혹독한 처벌을 받는다. 생식기에 키스할 때마다, 외설스럽게 애무할 때마다, 각각의 행위가 모두 범죄가 된다. 그리하여 불법적인 열정에 휩싸인 하룻밤의 성교만으로도 수많은 중범죄를 저지르는 셈이 된다. 성법률 위반으로 유죄 판결을 받으면 그와 똑같은 행위를 다시 할 경우 상습범으로 기소되는 근거가 되고 가중 처벌을 받게 된다. 몇몇 주에서는 각 개인들이 두 가지 개별 사건에 동성애로 연루되었다는 이유로 중범죄 처벌을 반복해서 받기도 한다. 성법에 의거하여 어떤 성애 행위가 금지되면, 주 정부의 모든 권력은 그 법이 구현한 가치에 따라 유사 사건들을 집행한다. 국회의원들은 부도덕에 관대한 태도를 꺼림칙하게 여기기 때문에, 악명 높은 성법이 쉽게 통과된다. 한번 성문화되면 삭제는 극히 어렵다.

성법이 성행위를 평가하는 지배적 도덕을 완벽하게 반영하는 것은 아니다. 성적 변이는 그 자체로 정신 건강 업종, 대중적 이데올로기 그리고 초법적인 사회 관습에 의해 유독 더 심한 감시를 받는다. 제일 혐오스러운 성애 행동 중에서도 페티시즘과 사도마조히즘 같은 것들은, 동성애처럼 그나마 덜 낙인찍힌 행위가 규제받듯이 형사 사법 체계로써 엄밀하게 혹은 전적으로 규제받지는 않는다. 성 행동 분야는 사회적 우려와 정치적 소요의 대상이 될 때 법적 권역 안에 놓이게 된다. 성 공황이나 도덕성 캠페인 각각은 그 활동 흔적이 기록되는 화석 유적처럼 새로운 규제들을 쌓아간다. 외설, 자본, 소수자, 동성애 관련 분야의 법적 퇴적물이 제일 두껍다. 그중에서 성법이 가장 강력한 효력을 지닌다.

외설법 Obscenity laws은 성애 행위를 직접 재현하지 못하도록 막강한 터부를 작동시킨다. 섹슈얼리티가 초미의 사회적 관심사가 되어온 방식들을 강조하는 최근의 경향을 가지고 이러한 금지를 비판하는 토대를 허무는 데 악용해서는 안 된다. 그 방식 중 하나가 정신분석의 형태로 혹은 도덕성 십자군 운동의 일환으로 성 담론을 만들어내는 것이다. 다른 하나는 성행위 혹은 생식기를 그림으로 묘사하는 것이다. 전자는 사회적으로 허용되지만, 후자는 그렇지 않다. 성을 말할 때는 침묵, 완곡어법, 간접화법이 강요된다. 성을 말할 자유는 수정헌법 제1조에서 보장하는 표현의 자유에서도 확연히 제외되는데, 순전히 성적인 진술은 해당 여부조차 고려되지 않는다.

반외설법은 거의 모든 성 상업을 불법으로 규정하는 일단의 법률에 속해 있다. 성법은 결혼을 제외한, 성과 자본의 융합에 반대하는 매우 강한 금지조항을 포함한다. 외설 법률 외에 성 상업에 지장을 주는 다른 법으로는 반매춘법, 주류 규제법 그리고 '성인' 사업의 위치와 영업을 규정한 조례 등이 있다. 성 산업과 게이 경제는 몇 가지 법규를 피하여 간신히 운영해갔지만, 그 과정이 쉽거나 간단하지는 않았다. 성 지향 사업sex oriented business에 도사린 범죄성은 계속 이 분야의 사업을 보잘것없고 성장이 부진하고 뒤틀려 보이게 한다. 성 사업은 법의 사각지대에서만 운영할 수 있을 뿐이다. 이러한 경향은 투자를 감소시키고, 영리 활동의 방향을 상품과 서비스 제공보다 감옥에 가지 않기 위한 목적에 두게 한다. 이로써 성 노동자 착취가 더 쉬워지고 그 업무 환경이 더 열악해진다. 성 상업이 합법이라면, 성 노동자는 노조를 조직하여 임금 인상, 업무 환경 개선, 관리 능력 확대, 오명 불식 등을 주장할 수 있을 것이다.

자본주의적 상업의 한계를 고려하든 하지 않든 간에, 시판 과정에서 일어나는 그런 극단적인 배제는 다른 사회 활동 영역에서 용납되기 힘든 일이다. 예를 들어, 의료 행위, 약리학적 조언, 심리 상담의 대가로 돈을 내는 것이 불법이라고 상상해보자. 그 지역 '보건국'이 마음 내키는 대로 의사, 간호사, 약제사, 치료사를 감옥에 집어넣을 수 있다면, 제대로 된 의료 행위를 기대할 수 없을 것이다. 그러나 그러한 상황은 창녀, 성 노동자, 그리고 성 관련 사업가에게만 일어날 뿐이다.

진보주의자들은 자본주의 상업의 유일한 대안이 사회주의인 양 논하는 경향이 있다. 그들은 경제적으로 이익을 뽑아내고 정치적으로 지배하는 데 별 이득이 없는, 수없이 다양한 봉건주의와 전근대 전제주의 같은 체제와 자본주의를 비교하는 것에 실패하곤 한다. 마르크스 그 자신도, 비록 제한적이기는 하지만 자본주의 시장에 혁명적인 기운이 있다고 생각했다. 그는 자본주의 도래 이전의 미신, 편견, 그리고 전통적 생활 방식이라는 족쇄를 끊는다는 점에서 자본주의가 진보적이라고 주장했다. "그리하여 자본의 위대한 교화력, 사회 상태의 자본 산출은 단지 국지적 진전과 자연숭배인 듯 보이던 전 단계 모든 시대에 비견되었다."[58] 성이 시장경제의 긍정적인 효과를 실현시키지 못하게 한다면 그것을 사회주의적이게 만들기는 어렵다. 법적 한계성은 성 상업을 반대 방향으로, 즉 전제적이고 봉건적인 것들과 더 가깝게 몰고 가는 경향이 있다.

법은 유년의 '천진무구함'과 '성인'의 섹슈얼리티 사이에 놓인 경계를 유지하는 데 특히 흉포하다. 우리 문화는 젊은이들의 섹슈얼리티를 인정하기보다, 그리고 배려하고 책임지는 태도로 그것에 대비하기보다, 지역마다 다르게 지정된, 합법적 성관계 동의 연령에 미치지 못하는 법적 미성년들의 성애에 대한 관심과 행위를 부정하고 처벌한다. 섹슈얼리티에 미리 노출되지 않게 나이 어린 사람들을 보호하기 위하여 마련된 법이 얼마나 많은지 깜짝 놀랄 지경이다.

성 허용 세대sexual generation와의 분리를 보장하는 주된 기제는 '성적 동의 연령에 관한 법들age-of-consent laws'이다. 이 법은 지극히 잔혹한 강간과 지극히 온화한 연애를 구분하지 않는다. 17세와 성적 접촉을 했다는 죄목으로 유죄 판결을 받은 20세는 두 사람 관계의 속성이 어떻든 상관없이 거의 모든 주에서 중형을 선고받을 것이다.[59] 미성년자 쪽도 '성인' 섹슈얼리티에 접근할 수 없다. 섹슈얼리티가 '너무 지나치게 많이' 그림이나 영상으로 표현된 책이나 영화 혹은 텔레비전은 미성년자 관람 금지다. 나이 어린 사람들이 극악무도한 폭력 장면을 보는 것은 합법이지만, 노골적인 생식기 그림을 보는 것은 불법이다. 왕성한 성 행동을 하는 나이 어린 사람들은 대개 소년원에 투옥되거나 다른 방식으로 그들의 '조숙증'을 처벌받는다.

전통적인 성행위 기준에서 너무 많이 벗어난 성인들은 나이 어린 사람, 심지어 자식과의 접촉조차 거부당하곤 한다. 양육법Custody law은 주 정부가 성애 행위가 의심스러워 보이는 사람의 자식을 빼앗아서 사건 담당 가정법원 판사의 재량에 맡기도록 허용한다. 그러한 조항에 따라 수많은 레즈비언, 게이, 창녀, 프리섹스주의자, 성 노동자와 '문란한' 여성이 자격 없는 부모라고 공언되었다. 교사들도 성적 비행을 저지르는 기미가 있는지 바싹 감시당한다. 대다수 주에서 자격법certification laws은 성 범죄로 체포된 교사의 직장과 자격을 박탈한다. 몇몇 사례에서 교사는 관습에 얽매이지 않는 생활방식이 학교 당국자들에게 알려졌다는 이유만으로 해고되었다. 도덕적으로 파렴치한 행위는 대학 교수의 종신 재직권을 파기시킬 몇 가지 법적 근거 가운데 하나다.[60] 다음 세대에 미치는 영향력이 클수록 그 사람의 행위와 의견에 대한 허용 범위가 좁다. 부모와 교사를 통제하는 법의 강제력은 이러한 보수적인 성 가치의 전수를 보장한다.

모든 주에서 합법적인 성인의 성행위란, 결혼한 두 남녀 사이에서 남자의 성기가 여자의 질에 삽입될 때뿐이다. 절반이 채 안 되는 주에서 통과된 '합의에 의한 성인 동성애 합법화 법률Consenting-Adults Statute'은 이러한 상황을 개선한다. 대부분 주에서는 합의에 의한 소도미, 소도미가 아닌 동성애 신체 접촉, 간통, 유혹, 성인들의 근친상간 등에 엄중한 형벌을 선고한다. 소도미법은 주마다 다르다. 어떤 주에서는 결혼 여부와 상관없이 동성애자나 이성애자 모두에게 똑같이 적용한다. 어떤 주 법원에서는 결혼한 남녀에게 사적인 소도미 권리가 있다고 규정했다. 어떤 주에서는 동성애 소도미만 불법이다. 어떤 소도미법은 항문성교와 구강-성기 접촉 모두를 금지한다. 다른 주에서는 항문 삽입에만 소도미가 적용되고 구강성교는 별개의 법률로 다룬다.[61]

이 같은 법들은 특정 성행위를 제멋대로 선택해서는 열심히 찾아내어 범죄로 만든다. 법으로 체현된 이데올로기는 앞서 논의한 가치의 위계질서를 반영한다. 즉 어떤 성행위는 본래 너무 역겨운 것이어서 그 누구에게도 어떤 조건에서도 용납되어서는 안 된다. 개인들이 서로 합의했거나 심지어 그런 성행위를 선호했다는 사실은 타락의 추가 증거로 채택될 뿐이다. 성법의 이러한 체계는 합법적인 인종주의와 유사하다. 동성끼리의 신체 접촉, 항문 삽입과 구강성교를 금지하는 주정부의 규정은 동성애자들을 온전한 시민권 혜택이 박탈된 범죄자 집단으로 만든다. 그런 법에 의한 기소는 박해다. 그 법이 엄중히 집행되지 않을 때 조차 범인 취급을 받는 성 공동체 일원들이 있기 마련이지만, 임의 취체를 당하거나 사회적 공황의 원인으로 몰리는 시기에는 더 쉽게 피해를 본다. 그러한 일이 일어날 때, 법은 준비되어 있고, 경찰은 신속하게 대처한다. 산발적인 법 집행도 각 개인이 지배를 받는 인구집단의 구성원이라는 사실을 상기시키곤 한다. 소도미, 외설적 행위, 창녀의 호객 행위, 혹은 구강성교로 체포되는 사건이 생겼을 때, 다른 모든 이들도 덩달아 두려워지고, 신경은 예민해지고, 행동은 더 조심스러워진다.[62]

주정부는 또한 관료제적 규제를 통해서 성 위계질서를 뒷받침한다. 이민 정책은 여전히 동성애자(그리고 다른 '성적 일탈자')의 미국 입국을 불허한다. 군대 규정은 동성애자의 군 복무를 금지한다(미국 국방부는 2011년 9월에 동성애자 군복무 금지 정책인 DADT를 18년 만에 공식적으로 폐지했고, 2015년 6월에 '기회균등 정책'에 '성적 지향성'을 추가한다고 발표했다 - 옮긴이).[63] 게이가 법적으로 결혼할 수 없다는 사실은 그들이 유산 상속, 조세 징수, 법정 증인 보호, 외국인 반려자의 시민권 취득 등과 같은 많은 사안에 있어서 이성애자와 동등한 법적 권리를 누리지 못한다는 의미이다.[64] 이러한 것들은 주정부가 섹슈얼리티의 사회적 관계를 반영하고 유지하는 몇 가지 방식일 뿐이다. 법은 권력 구조, 행동 규범, 편견의 형태 등을 강화한다. 그 가운데 최악의 사례가 성법과 성 규제인데, 사실상 이는 성에 대한 아파르트헤이트이다.

성에 대한 법적 장치가 휘청거리는 와중에도 거의 매일 일어나는 사회적 통제는 초법적이다. 형태는 덜 갖추었지만 매우 효과적인 사회적 제재가 '열등한' 성적 인구집단 구성원에게 부과된다.

1960년대 게이 일상에 대한 민족지학적 연구를 훌륭히 수행한 에스터 뉴턴은 동성애 인구집단이 그녀가 명명한 '드러낸 자overts'와 '감춘 자coverts'라는 두 그룹으로 나뉜다는 사실을 밝혔다. "드러낸 자들은 생활 전체를 게이 공동체 맥락 안에서 살아간다. 반면에 감춘 자들은 일하지 않을 때만 동성애 공동체 맥락 안에서 살아간다."[65] 뉴턴이 연구할 당시에 게이 공동체는 지금보다 훨씬 적은 취업 기회를 제공했고 바깥의 직업 세계는 거의 전적으로 동성애를 배척했다. 게이라고 공개하고서도 상당한 봉급을 받을 수 있었던 몇 안 되는 행운아가 있었는가 하면, 동성애자 대다수는 정직하되 가난하게 사느냐, 거짓된 정체성을 연기하며 소진되느냐를 두고 선택을 해야만 했다.

이러한 상황이 대거 변하긴 했어도 게이에 대한 차별이 여전히 횡행한다. 대부분 게이 인구집단의 경우 아직도 공동체 바깥에서는 취업할 수가 없다. 보통은 전문직일수록 보수가 높지만 그런 자리일수록 공개된 성애 일탈을 용인하지 않는다. 게이가 아닌 척 가장할 필요가 없는 곳에서 게이가 직업을 구하기 어렵다면, 더 이질적인 성적 특징을 가진 사람들의 경우는 두세 배 더 어려울 것이다. 사도마조히스트들은 페티시 복장을 집에 두고 나온다. 그들은 자신의 진짜 정체성을 각별히 조심스럽게 숨겨야 한다. 소아성애자임이 발각된 사람은 사무실 직원들에게 돌팔매질 당할지 모른다.[66] 그러한 철저한 비밀 유지는 상당한 부담이다. 비밀에 부치는 것에 만족하는 사람들도 어떤 우연한 사건으로 노출될 수 있다. 비관습적인 성애 성향이 있는 사람들은 고용되지 않거나 원하는 직업을 갖지 못할 불리함을 감수한다.

공무원과 사회 요직에 있는 사람들이 특히 취약하다. 성 추문은 누군가를 사무실 밖으로 몰아내거나 정치 경력을 끝장내는 가장 확실한 방법이다. 주요 인사들에게 가장 엄정한 성행위 기준을 준수하도록 기대한다는 사실은 그러한 자리에 올라서기를 열망하는 온갖 종류의 도착자들을 좌절시킨다. 그 대신에 성애적 반체제 인사들은 주류 사회의 활동이나 의견에 영향을 덜 미치는 자리로 관심을 돌린다.

지난 10년간 게이 경제가 확장된 덕분에 대안적 고용과 동성애자 직업 차별 철폐가 이루어졌다. 그러나 게이 경제가 창출한 직종 대부분은 사회적 지위가 낮고 보수가 적다. 바텐더, 목욕탕 접객원, 디제이는 은행 사무원이나 기업 임원이 아니다. 샌프란시스코 같은 곳으로 몰려든 성적 이주자들은 대부분 하향 이동을 한다. 그들은 원하는 지위를 얻기 위해서 치열하게 경쟁한다. 쇄도하는 성적 이주로 인해 많은 도시 사업장에는 게이든 이성애자든 착취 가능한 저임금 노동력이 늘어났다.

가족은 성적 순응을 강제하는 데 중요한 역할을 한다. 성애적 반체제 인사들에게 가해지는 심각한 사회적 압력은 그들이 어쩔 수 없이 가족이 주는 위안과 자원을 거부하게 만든다. 대중적 이데올로기는 가족이 성애적 불응을 조장하거나 숨겨주면 안 된다는 생각을 품고 있다. 많은 가족이 성적으로 문제가 있는 식구를 교정하거나 벌주거나 내쫓으려고 함으로써 이에 부응한다. 많은 성적 이주자가 가족에게 쫓겨났거나, 보호시설로 보내겠다는 위협으로부터 도망치고 있다. 동성애자, 성 노동자, 갖가지 도착자 가운데 누구에게서든지, 겁에 질린 가족들의 거부반응과 학대에 관한 충격적인 이야기를 흔히 들을 수 있다.

경제적 제재와 가족 관계에 대한 부담감에 외에도, 성애적 반체제 인사라는 낙인은 매일 매사에 갈등을 일으킨다. 일반 대중은 그들이 배운 대로 성애적 불응에 대한 처벌에 일조한다. 집주인은 임대를 거부하고, 이웃은 경찰서에 신고하고, 불량배들은 인허된 폭행을 일삼는다. 성애적 열등성과 성적 유해성에 대한 이데올로기는 모든 종류의 사회적 교류에서 성도착자와 성 노동자의 권리를 축소한다. 그들은 비양심적인 범죄행위로부터 보호받지 못하고, 경찰에 신변 보호를 요구하지 못하며, 법정에 상환 청구를 제기할 수 없다. 병원, 경찰, 검시관, 은행, 관공서 같은 기관과 관료제를 상대하기는 더욱 힘들다.

성은 탄압의 벡터다. 성 탄압 체계는 사회적 불평등의 다른 유형들을 가로질러 개인과 집단을 그 자체의 고유한 역동성에 따라 솎아낸다. 성은 계급, 인종, 종족, 젠더 관점으로 축소되거나 파악될 수 없다. 부유함, 백색 피부, 남자, 그리고 종족적 특권 등은 성 계층화의 영향력을 약화시킬 수 있다. 일반적으로 부유한 백인 남자 도착자는 가난한 흑인 여자 도착자보다 영향을 덜 받을 것이다. 그러나 가장 이득을 많이 보는 사람도 성 탄압의 영향을 받지 않을 수는 없다. 성 위계질서의 어떤 결과는 그저 불쾌한 정도에 그친다. 다른 결과는 심상치 않다. 가장 심각한 성적 체계의 재현은 불행한 희생자들이 그저 한 무리의 소 떼가 되는 카프카적 악몽이다. 그 희생자들을 확인하고 감시하고 체포하고 처치하고 투옥하고 처벌하는 과정에서 성범죄 전담 경찰, 교도관, 정신의학자, 사회복지사 같은 수많은 직업이 창출되고 그들의 자기만족이 양산된다.[67]

성을 둘러싼 갈등

> 도덕적 공황은 널리 퍼져 있는 두려움과 불안을 구체화한다.
> 사람들은 문제의 진짜 이유, 그러한 두려움과 불안의 근본적
> 인 원인을 찾는 대신에, (주로 '부도덕한' 혹은 '타락한') 사회
> 집단 내부에 있는 '공공의 적Folk Devil'에게 모든 탓을 돌리곤
> 한다. 섹슈얼리티는 그러한 공황의 기이한 중심축이었고 희
> 생되는 제물은 언제나 성적 '일탈자'였다.
>
> ─제프리 윅스, 『성, 정치 그리고 사회Sex, Politics, and Society』

성 체계는 하나로 통일된 전능한 구조가 아니다. 성행위에 대한 정
의, 평가, 배치, 특권, 대가를 둘러싼 끊임없는 투쟁이 존재한다. 성에 관
한 정치적 분투는 독특한 형식을 취한다.

성 이데올로기는 성 경험에 중요한 역할을 담당한다. 그리하여 성
행위의 정의와 평가는 격렬한 경합의 대상이 된다. 초기 게이 해방과 정
신의학계의 대치가 이런 싸움의 독보적인 사례이지만, 거기에는 사소한
논쟁이 끊이질 않았다. 성 이데올로기의 일차 산출지인 교회, 가족, 언론
과 그들에게 호명되고 왜곡되고 위험에 빠졌던 집단 간에 주기적인 전
투가 벌어진다.

성행위에 대한 법적 규제는 또 다른 전장이다. 100여 년 전 라이샌
더 스푸너Lysander Spooner는 금주 캠페인에서 착안한 글에서 주정부 승인
을 받은 도덕적 탄압 체계를 해부했다. 스푸너는 『부도덕은 범죄가 아니
다: 도덕적 자유의 옹호Vices Are Not Crimes: A Vindication of Moral Liberty』(1877: 원문의

1977은 저자의 실수. 이 책의 초판은 1875년에 출간되었다 – 옮긴이)에서 정부는 범죄로부터 시민들을 보호해야 하지만, 부도덕에 반하는 법을 제정하는 것은 어리석고 정의롭지 못하고 압제적인 일이라고 주장했다. 법제화된 도덕론을 변호하는 합리화가 여전히 통용된다고 그는 논한다. '부도덕'(스푸너는 이 용어를 음주와 관련하여 쓰고 있지만, 그 자리에 동성애, 매춘, 기분 전환용 마약 복용을 대입할 수 있다)은 범죄로 이어지므로 예방해야 하고, '부도덕'을 행하는 이들은 **심신 상실 상태**non compos mentis이므로 그들이 자해하여 완전한 파멸 상태에 이르지 않도록 보호해야 하며, 해로울 것 같은 정보로부터 반드시 아동을 격리해야 한다는 것이 그 도덕론의 내용이다. '희생자는 없다'는 범죄 관련 담론은 거의 변하지 않았다. 성행위와 표현의 기본적인 자유가 보장될 때까지 성법을 둘러싼 법제 투쟁은 계속될 것이다. 이러한 투쟁은, 법률적 의미로가 아니라 실제로 일어나는 성 강요 관련 몇 개 조항을 제외한 모든 성법 폐지를 주장한다. 또한 법제화된 도덕론 집행이 주 업무인 '풍기문란 단속반' 철폐를 요청한다.[68]

개념 정의나 법을 두고 벌인 전쟁 말고도, 다소 불분명한 성 정치 갈등의 다른 형태가 있다. 나는 그것을 '영토 경계 전쟁territorial and border wars'이라 부른다. 성애 소수자들이 공동체를 형성했던 과정과 그들을 저지하려던 세력 간에, 성 구역의 성격과 경계선을 둘러싸고 분투가 일어난다.

반체제 섹슈얼리티는 소도시와 시골에서 더 드물고 더 근접 감시를 당한다. 그런 까닭에 나이 어린 도착자들은 대도시의 삶을 동경한다. 성적 이주는 잠재적 파트너, 친구, 동료로 구성된 밀집 지구를 만든다. 그것은 가족 같은 성인 관계망을 형성하여 거기에서 살 수 있도록 한다.

그러나 성적 이주민들이 극복해야 할 많은 장애물이 있다.

주류 언론과 대중의 편견에 따르자면, 주변부 성적 세계는 을씨년 스럽고 위태롭다. 그 세계는 가난하고 추한 사이코패스와 범죄자들로 득시글거린다고 묘사된다. 기운 빠지게 하는 그런 이미지가 주는 충격을 떨쳐내기 위해서 새로 온 이주민들은 의욕적인 동기로 충만해야 한다. 더욱 실제적인 정보를 가지고 부정적인 선전 선동에 대항하고 도전함으로써 검열과 맞서야 하며, 성 공동체의 재현을 대중매체에 띄우기 위한 지속적인 이데올로기 투쟁을 전개해야 한다.

주변부 성적 세계를 어떻게 찾아내어 점거하여 살 수 있는지 알려주는 정보도 막혀 있다. 지침서도 없을뿐더러 있더라도 부정확하다. 과거에는 조각난 소문, 왜곡된 뒷말, 악의적인 선전 등이 성애 지하 공동체의 위치를 짐작하게끔 하는 유용한 실마리였다. 1960년대 말과 1970년대 초에는 좀 더 유용한 정보를 접할 수 있게 되었다.[69] 현재 '도덕적 다수파' 같은 집단들은 성적 지하 단체를 에워싸는 이데올로기 장벽을 재건하여 왕래할 수 없게 만들려고 한다.

이주에는 돈이 많이 든다. 교통비, 이사 비용, 새 직장과 거처를 구해야 하는 상황 등이 성적 이주민들이 극복해야 할 경제적 난관이다. 이러한 어려움은 이주가 제일 절박한, 나이 어린 사람들에게 큰 부담이 된다. 그러나 성애 공동체로 향하는 길은 있다. 어지러운 선전 선동을 헤치고 흔적을 따라 걷다 보면 도중에 경제적 도움을 제공하는 쉼터를 만나기도 한다. 부유한 집안 출신의 젊은이에게는 고등교육이 하나의 방편일 수 있다. 심한 제약이 따르기는 해도, 대학은 성적 행동에 대한 정보 접근성 면에서 다른 데보다는 낫다. 그리고 대부분의 대학은 각종 소규모 성애 네트워크의 쉼터가 되기도 한다.

가난한 청년들의 경우 그들이 어디에 있건 간에 군대가 탈출의 첩경이 될 수 있다. 그러나 군대는 동성애를 금지하므로 이 방법은 매우 위험하다. 계속해서 젊은 퀴어들이 견디기 힘든 고향 집에서 탈출하기 위해, 그리고 게이 공동체에 접근하기 위해 군대를 활용하려고 하지만, 예기치 않게 노출될 위험, 군법회의, 불명예제대 등에 직면하기도 한다.

도시에서는 성애 인구집단이 응집하여 정연하고 가시적인 영토를 점거하려는 경향이 있다. 교회와 부도덕 반대 세력은 지역 행정기관에 계속 압력을 가하여 그 지역을 봉쇄하거나, 보이지 않게 하거나, 거주민들을 도시 밖으로 내쫓으려고 한다. 그들의 통제권에 있는 인구집단에 그 지역의 풍기문란 단속반을 풀어서 주기적으로 일제 단속을 시행한다. 게이, 창녀 혹은 복장 전환자는 영역권을 주장하고, 특정 거리, 공원 혹은 뒷골목에서 경찰과 격렬한 전투를 벌일 만큼 충분히 수가 많다. 보통 승패가 나지 않는 그러한 경계 전쟁에 많은 사상자가 발생한다.

이번 세기 대부분 동안 성적 지하 세계는 주변부로 내몰렸고, 빈곤에 처했고, 거주민들은 억압과 착취에 시달렸다. 다양한 게이 경제를 만드는 데 엄청난 성공을 거둔 게이 사업가는 게이 게토 내부 삶의 질에 변화를 가져왔다. 지난 15년 동안 게이 공동체가 이루어낸 물질적 안락과 사회적 정교화의 수준은 전례가 없는 것이다. 그러나 이와 유사한 경이로운 사례에 무슨 일이 일어났었는지 상기해봐야 한다. 20세기 초반 뉴욕 흑인 사회의 성장은 할렘 르네상스로 이어졌으나 그 활력의 시기는 대공황과 함께 시들었다. 게이 '게토'의 상대적 번영과 문화적 융성도 그처럼 쉽게 무너질지 모른다. 남부에서 북부 대도시로 도망 나온 흑인처럼, 동성애자도 시골 문제를 도시문제로 맞바꾼 것인지 모른다.

　게이 개척자들은 도심의 쇠락한 지역을 점거했다. 그 결과, 그들은 가난한 사람들과 이웃하게 되었다. 게이, 특히 수입이 적은 게이는 싸고 괜찮은 몇 안 되는 집을 놓고 다른 저임금 집단과 경쟁하게 된다. 샌프란시스코에서 세가 싼 집을 구하기 위한 경쟁은 인종주의와 동성애 혐오를 심화시켰고, 동성애자를 대상으로 하는 거리 폭력을 확산시켰다. 고립되어 눈에 띄지 않은 채 시골에 사는 대신, 밀집되어 확연하게 눈에 띄는 도시 게이들은 이제 도시 생활에 수반되는 욕구불만의 화풀이 대상이 되었다.

　샌프란시스코 도심에 초고층 건물과 고가 아파트가 우후죽순으로 건설되면서, 입주할 만한 적당한 가격대의 집이 사라지고 있다. 100만 달러짜리 건설이 모든 도시 거주민에게 압박을 가한다. 저소득 지역에서 빈곤한 동성애자 세입자는 눈에 띄지만, 억만장자 건설업자는 그렇지 않다. '동성애자의 침략'이라는 공포는 은행, 도시계획위원회, 정치 기관, 대기업 건설회사의 관심을 돌리기 위한 편리한 속죄양일 뿐이다. 도시 부동산 중개업의 거대 이권이 걸린 정치판에, 샌프란시스코 게이 공동체의 복지가 휘말려 들어가고 있다.

　도심 확장은 동성애자 세력권에 있는 지하세계의 성애 생활 전반에 영향을 끼친다. 샌프란시스코와 뉴욕의 고비용 투자 건설과 도시 재개발은 매춘, 포르노그래피, 가죽 바 집중 지구를 침범했다. 개발업자들은 뉴욕의 타임스퀘어, 샌프란시스코의 텐더로인Tenderloin, 그리고 미개발된 노스 비치North Beach, 소마South of Market에 군침을 흘리고 있다. 성 반대 이데올로기, 외설법, 매춘 규제, 그리고 주류법 등은 모두 보기 흉한 성

인용품 사업과 성 노동자 및 가죽족을 몰아내는 데 쓰인다. 이 지역 대부분은 10년 이내에 싹쓸이되어 컨벤션 센터, 국제 호텔, 기업 본사, 그리고 부자들을 위한 주택만 있는 안전한 거리가 될 것이다.[70]

가장 중요하고 결정적인 성적 갈등은 제프리 윅스가 말한 '도덕적 공황'이다. 도덕적 공황은 산만하게 흩어진 성에 대한 각각의 입장이 정치적 실천으로 집결되어 사회 변혁을 일으키는 '정치적 순간'이다.[71] 1880년대의 백인 노예 히스테리, 1950년대의 동성애 반대 캠페인, 1970년대의 아동-포르노그래피 공황이 바로 이러한 도덕적 공황의 전형적인 사례이다.

서구 사회에서 섹슈얼리티는 심각한 혼돈에 빠져 있어서, 섹슈얼리티를 둘러싼 전쟁은 대체로 불안정한 싸움이 되고, 허위 표적에 조준되고, 부적절한 열정에 이끌리고, 매우 강렬한 상징이 되고 만다. 성적 행위들은 대개 아무런 내재적 관련성이 없는 개인적이고 사회적인 불안을 표상하는 기표로 기능한다. 도덕적 공황에 빠져 있을 때 그러한 공포는 억세게 운 나쁜 어떤 성행위나 성적 인구집단에 부착된다. 언론은 분노로 치를 떨고, 대중은 과격한 폭도처럼 달려 들고, 경찰은 활동을 전격 개시하며, 주정부는 새로운 법과 규제를 제정한다. 격노 어린 폭풍이 휩쓸고 지나가면, 무구한 성애 집단은 대거 훼손되고, 주정부는 성애 행위의 새로운 영역에까지 권력의 마수를 뻗치게 된다.

성 계층화 체계는 자기방어력이 결여된 희생자들을 공급하고, 그들의 운동을 통제하고, 그들의 자유를 축소하기 위한 기존 장치들을 제공한다. 성적 반체제 인사들에 대한 낙인은 그들을 도덕적 무방비 상태로 만든다. 모든 도덕적 공황은 두 단계로 중대한 결과를 초래한다. 표적이 된 인구집단이 가장 괴롭다. 그러나 모든 이가 사회적, 법적 변화에 영향을 받는다.

도덕적 공황은 근거 없는 망상과 기표를 표적으로 삼기에, 그 어떤 실질적인 문제도 거의 해결하지 못한다. 그것은 '부도덕'을 범죄로 처리하는 것을 정당화하려고, 희생자를 날조하는 기존 담론 구조에 의지한다. 동성애, 매춘, 외설, 기분 전환용 마약 복용 같은 악의 없는 행위들이 건강과 안전, 여성과 아동, 국가 안보, 가족 혹은 문명 그 자체를 위협한다고 묘사함으로써 그것들을 범죄시하는 것을 합리화한다. 어떤 행위가 해될 바 없다고 인정될 때조차 겉으로 보기에 더 나쁜 것으로 '변질' 혐의가 있다는 이유로 금지된다(도미노 이론의 또 다른 현시).[72] 그런 환영을 기반으로 하여 거대하고 막강한 체계가 수립되었다. 일반적으로 도덕적 공황이 발생하기 이전에 그런 책임 전가가 강화된다.

예언에는 언제나 위험이 따른다. 그러나 현재 전개되고 있는 두 가지 국면에 도사린 도덕적 공황의 가능성을 간파하는 데까지는 그다지 심오한 혜안이 요구되지 않는다. 일부 페미니즘 진영의 사도마조히스트를 향한 공격, 그리고 치명적인 동성애 혐오증을 자극하는 우파 진영의 에이즈 남용이 바로 그것이다.

반포르노그래피 페미니즘 이데올로기에는 사도마조히즘을 향한 함축적인, 때로는 노골적인 비난이 노상 포함되어 있다. 포르노그래피의 대부분을 차지하는 빨고 성교하는 그림들은 그런 것에 익숙하지 않은 사람들을 불안하게 만들지도 모른다. 하지만 그러한 이미지가 폭력적이라고 분명히 입증하기는 어렵다. 설득력 없는 분석 연구를 납득시키기 위해, 초기 반포르노 슬라이드는 모두 S/M 이미지에서 취사선택한 표본들을 사용하였다. 맥락을 소거한 그런 이미지는 충격을 안겨주었다. 이러한 충격요법은 관중들을 질겁하게 하여 반포르노 관점을 수용하도록 막무가내로 사용되었다. 반포르노 담론상의 S/M 이미지 활용은 선동적이다. 그것은 여성에게 안전한 세상을 만드는 방법이 사도마조히즘을 제거하는 것이라고 넌지시 내비친다.

막대한 양의 반포르노 프로파간다는 모든 포르노그래피가 지향하는 근원적이자 본질적인 '진실'이 사도마조히즘이라고 암시한다. 포르노는 S/M 포르노로 연결되고, S/M 포르노는 결국 강간에 이르고야 만다는 것이다. 이것은 일종의 유언비어로서, 성범죄자는 정상인이 아닌 성도착자라는 개념을 되살린다. S/M 성애물 독자나 사도마조히스트가 성범죄를 저지른다는 증거는 전혀 없을뿐더러, 그들은 성범죄 사건 건수와 비례하지도 않는다. 반포르노 인쇄물들은 평판이 나쁜 성 소수자와 그들의 애독서에 그들이 일으키지 않은 사회문제의 책임이 있다며 희생양으로 삼는다.

반동적인 맥락에서 재등장한 페미니즘의 수사는 위태로운 경향을 띤다. 예를 들어, 1980년과 1981년에 교황 요한 바오로 2세는 극단적 보수주의를 향한 그의 헌신과 인간 섹슈얼리티에 대한 사도 바울의 해석을 재확인하는 일련의 선언들을 발표했다. 교황은 이혼, 낙태, 계약 결혼, 포르노그래피, 매춘, 산아제한, 무절제한 쾌락주의, 욕정 등을 비난하면서, 성적 대상화에 관한 페미니즘의 수사들을 잔뜩 이용했다. 신성한 교황께서 하신 다음과 같은 말씀은 레즈비언 페미니스트 논객 줄리아 페넬로페Julia Penelope가 말했다고 해도 믿길 정도이다. "욕정 어린 시선으로 사람을 보면, 그 사람은 존엄성을 지닌 인간이 아닌, 한갓 성적 대상이 되고 만다."[73]

우익은 포르노그래피를 반대하면서 이미 반포르노 페미니즘의 수사를 차용해왔다. 여성운동이 개발한 반-S/M 담론은 도덕적 마녀사냥의 수단이 되기에 십상이다. 그 담론은 미리 만들어놓은 무방비의 표적 집단을 공급하고, 현행 외설법 망을 벗어난 성적 자료들을 다시 범죄시할 논리적 근거를 제공한다. 아동-포르노그래피법 제정 당시와 비슷한 논리적 근거를 들어, S/M 성애물 반대 법안이 아주 쉽게 통과될지 모른다. 실제적 혹은 잠재적 해악으로부터 사람들을 보호한다는 구실로 그러한 법안은 정당화된다. S/M 이미지를 반대하는 새 법안의 표면적인 목적은 소위 폭력적인 포르노를 금지함으로써 폭력 사건을 감소시킨다는 것이다. 가죽족의 위협에 반대하는 집중 캠페인 역시, 현재는 불법이 아닌 S/M 행동을 범죄로 지정하기 위한 법안 통과로 귀결될지 모른다. 무해한 성도착자 공동체에 대한 합법적인 침략이 그러한 도덕적 공황의 최종 결과일 수 있다. 그러한 성적 마녀사냥이 여성에 대한 폭력 사건을 감소시키는 데 크게 기여할 것 같지는 않다.

에이즈 공황이 일어날 개연성은 훨씬 더 높다. 불치병에 대한 두려움이 성적 공포와 뒤섞이면, 그 혼합 결과는 일촉즉발의 극단적 불안을 유발하게 된다. 1세기 전 영국의 매독 통제 시도는 '전염성 질병에 관한 법 the Contagious Disease Act' 가결로 이어졌다. 그 법은 잘못된 의학 이론에 기초했고 질병 확산을 저지하는 데 아무런 역할도 하지 못했다. 그러나 그 법은 수백 명의 여성들을 감금하여 강제로 질 검사를 받게 했으며, 평생 창녀로 낙인찍힌 채 비참하게 살게 했다.[74]

무슨 일이 일어나든지 에이즈는 일반적인 성행위, 특히 동성애에 광범위한 결과를 초래할 것이다. 이 질병은 게이들의 선택에 심대한 영향을 미칠 것이다. 그 질병에 대한 공포로 인해서 게이 메카로 이주하는 사람들이 줄어들 것이다. 게이 마을의 기존 거주자들은 자신들이 노출되는 상황을 두려워하며 피하려고 할 것이다. 게이 경제, 그리고 게이가 지지하는 정치기구들이 사라질지 모른다. 에이즈 공포는 이미 성 이데올로기에 영향을 끼쳤다. 동성애가 정신병이라는 오명을 벗어던지는 미력한 성공을 거두던 바로 그때, 게이들은 치명적인 육체적 퇴화라는 이미지에 자신들이 비유적으로 접합되었다는 사실을 깨달았다. 에이즈 증후군, 그 특성과 전염성이 활용되어 성행위, 동성애, 난교가 질병과 죽음으로 이어진다는 오래된 공포가 강화되고 있다.

에이즈는 그 증후군에 걸린 사람들의 개인적인 비극일 뿐 아니라 게이 공동체의 참사다. 동성애 혐오자는 서둘러 에이즈 희생자의 비극에 기꺼이 관심을 돌렸다. 한 칼럼니스트는 에이즈가 늘 존재해왔고, 성경의 소도미 금지가 에이즈로부터 사람들을 보호하기 위한 장치였으며, 그러므로 에이즈는 레위기 율법 위반에 대한 정당한 처벌이라는 의견을 내놓았다. 감염 공포를 명분으로 삼아, 지방의 우익 세력들은 네바다 주 리노에서 개최되던 게이 로데오 경기를 금지하려고 했다.《도덕적 다수파 보고서 Moral Majority Report》 최신호는 "에이즈: 동성애자의 질병이 미국 가정을 위협한다"는 표제 아래, 외과 수술용 마스크를 쓴 '전형적인' 4인 백인 가족사진을 실었다.[75] 필리스 슐래플리 Phylis Schlafly는 양성평등 헌법 수정조항이 가결되면 "동성애자가 전염시키는 에이즈와 그 밖의 다른 질병으로부터 우리 자신을 합법적으로 보호할" 수 없게 된다는 주장을 담은 소책자를 최근에 발간했다.[76] 요즘 나오는 우익 인쇄물에는 게이 목욕탕 폐쇄, 식품을 취급하는 업종에서의 동성애자 고용금지령, 주정부 권한에 의한 게이 헌혈 금지 규정 등의 요구사항이 담겨 있다. 이러한 정책들은 정부가 모든 동성애자의 신원을 파악하여 식별하기 쉽게 법적, 사회적 표시를 그들에게 부착하게 만들 것이다.

게이 공동체는 치사율 높은 질병이 처음으로 확산되어 가시화된 인구집단이 되었다. 이 의학적 불운을 처리해야 하는 상황은 충분히 불리하다. 이보다 더 안 좋은 상황은, 이에 따른 사회적 결과들 또한 해결해야 하는 실정이라는 것이다. 그리스는 심지어 에이즈 공포 이전에 동성애자로 의심되는 사람들을 경찰이 체포하여 강제로 성병 검사를 받게 하는 법을 통과시켰다. 에이즈와 그 전염 체계가 규명될 때까지, 게이 공동체를 처벌하고 관련 단체를 공격함으로써 그것을 통제하고자 하는 온갖 방안들이 발의될 것이다. 재향군인병의 원인을 미처 밝히지 못했을 때, 미국 재향군인회 회원들을 격리하거나 그들의 회합 장소를 폐쇄하라는 요구는 없었다. 영국의 '전염성 질병에 관한 법'은 매독 통제에 별 효과가 없었지만, 그 법망 아래 놓인 여성들에게 극심한 고통을 주었다. 새로운 전염병이 몰고 온 공황이 어떻게 전개되었고 희생양으로 몰린 사상자 수가 얼마나 많았는지를 고려한다면, 모든 사람들은 이제 잠시 멈추어 서서, 에이즈에 기반을 두고 있는 반게이 정책 발의에 대한 정당화 시도를 진지하게 회의하고 숙고해야 할 것이다.[77]

페미니즘의 한계

> 수많은 사례를 통해서 우리는 성범죄가 포르노그래피와 연관되어 있다는 사실을 알고 있다. 우리는 성범죄자들이 포르노그래피를 읽었고 분명히 그것에 영향을 받았다는 사실을 알고 있다. 외부 영향에 쉽게 좌우되는 아이들에게 그런 물건이 유통될 가능성을 없앨 수 있다면, 끔찍한 성범죄율을 크게 줄일 수 있으리라고 나는 확신한다.
>
> —J. 에드거 후버J. Edgar Hoover, 하이드Hyde의 『포르노그래피의 역사A History of Pornography』에서 인용

좀 더 정연하게 짜여진 급진적인 성 이론이 부재한 까닭에, 대부분의 진보주의자는 방향을 바꾸어 페미니즘이 안내하는 바를 따랐다. 그러나 페미니즘이 성과 맺고 있는 관계는 복잡하다. 왜냐하면 섹슈얼리티는 젠더들 간의 관계의 접점이며, 여성 억압의 상당 부분이 섹슈얼리티로 인해 발생했고, 그것을 통해 매개되었으며, 그 내부에서 구성되었기 때문이다. 페미니즘은 본래의 속성대로 늘 성에 관심을 기울여왔다. 그런데 이 주제에 관한 페미니즘 사유에는 두 가지 계보가 있다. 첫 번째 경향은 여성의 성 행동을 제약하는 것에 비판을 제기하고, 성적으로 자유분방한 여성이 비싼 대가를 감수해야 하는 것에 대해 맹렬히 비난을 가한다. 성에 관한 페미니즘 사유의 이러한 전통은 남성뿐 아니라 여성도 성 해방을 이루어야 한다고 주장한다. 두 번째 경향은 성 해방이 본질적으로 남성 특권의 단순한 확장이라고 간주한다. 이러한 전통은 성을 반대

하는 보수주의 담론과 공명한다. 반포르노그래피 운동의 출현으로 이러한 사유 경향은 페미니즘 분석 너머의 헤게모니를 일시적으로 획득했다.

반포르노그래피 운동과 문헌은 이러한 담론을 가장 광대한 범위까지 표출한 사례이다.[78] 게다가 이 관점을 지지하는 이들은 페미니즘을 반대하는 세력이 그러하듯이 성 표현의 거의 모든 변이를 비난해왔다. 이러한 틀 안에서 장기간 친밀한 관계를 유지하고 양극화된 성 역할에 결부되지 않은 일대일 관계의 레즈비어니즘은, 가치 위계질서의 최상위층인, 결혼하여 출산하는 이성애를 대체했다. 이성애 지위는 중간층 어딘가로 강등되었다. 이러한 변화와는 별개로, 다른 것들은 모두 그대로인 것 같다. 밑바닥은 으레 그러하듯 매춘, 트랜스섹슈얼리티, 사도마조히즘, 세대 간 행위가 차지하고 있다.[79] 대부분의 게이 남성 행위, 모든 일상적인 성교, 난교, 그리고 양극화된 성 역할이 결부되거나 뒤틀려 있거나 일대일 관계가 아닌 레즈비언 행위 역시 질책을 당한다.[80] 심지어 자위하는 도중에 떠오르는 성적 환상도 남근 중심적인 잔재라고 맹비난을 받는다.[81]

이러한 섹슈얼리티 담론은 성과학이 아니라 악마학이다. 그것은 대부분의 성행위를 가장 추악하게 현시한다. 그것은 성애 행위 묘사에 가능한 한 최악의 사례를 노상 갖다 쓰고, 마치 그것이 전체를 대표라도 하는 양 활용한다. 그것은 제일 역겨운 포르노그래피, 제일 착취당하는 매춘 유형, 제일 밥맛없고 제일 망측한 성 변이 표현을 제시한다. 이러한 수사적 술책은 끊임없이 인간 섹슈얼리티를 각종 유형으로 왜곡한다. 이러한 문헌에 등장하는 인간 섹슈얼리티의 그림은 한없이 추하다.

더군다나 이러한 반포르노 수사는 희생양 색출과 책임 전가로 귀결되는 대규모 활동이다. 그것은 탄압이나 착취, 혹은 폭력을 행사하는 일상적 행위보다 사랑을 나누는 비일상적 행위를 비판한다. 이 악마적 성과학은 여성이 안전하지 못하다는 공분을 겨냥하여 무고한 개인과 관습과 공동체에 불리하게 작동한다. 반포르노 프로파간다는 종종 성차별이 상업적인 성 산업 내부에서 발생하여 사회의 나머지 부분까지 오염시킨다고 암시한다. 이것은 사회학적으로 얼토당토않다. 성 산업은 성차별주의자가 만연한 사회의 일부분이며 그런 문화의 성차별주의를 반영한다. 성 산업이 페미니즘적 이상향은 결코 아니다. 우리는 성 산업 특유의 젠더 불평등 표현들을 분석하고 그것에 반대할 필요가 있다. 그러나 이것이 상업적인 성을 일소하려는 획책이나 여성들을 괴롭히는 모든 해악의 원인이라는 비난과 똑같지는 않다.

이와 유사하게 사도마조히스트와 트랜스섹슈얼 등의 성애 소수자들은 성차별주의자 같은 태도를 보이거나, 다른 어떤 정치적 목표가 없는 무작위 사회집단처럼 행동하는 듯하다. 그러나 그들이 태생적으로 반페미니즘적이라는 주장은 환상일 뿐이다. 현재 많은 페미니즘 문헌이 여성 탄압의 원인을 성교, 매춘, 성교육, 사도마조히즘, 남성 동성애, 트랜스섹슈얼리즘에 대한 생생한 묘사 탓으로 돌린다. 가족, 종교, 교육, 자녀 양육 관습, 언론, 주정부, 정신의학, 고용 차별, 불공정 임금에 도대체 무슨 일이 일어난 것인가?

결국, 이른바 페미니즘 담론이라는 것이 극보수주의 성도덕을 다시 창조한다. 성행위로 인한 수치, 고통, 처벌을 얼마나 감수해야 하는가를 놓고 한 세기 넘게 싸움이 지속되어왔다. 보수주의 전통은 포르노그래피, 매춘, 동성애, 모든 성애적 변이, 성교육, 성 연구, 낙태, 피임에 대한 반대운동을 촉진했다. 이에 대항하여 성을 찬성하는pro-sex 전통은 해브록 엘리스, 마그누스 히르슈펠트, 앨프리드 킨제이, 빅토리아 우드헐Victoria Woodhull 같은 사람들뿐 아니라 성교육 운동, 호전적인 창녀와 동성애자 단체, 재생산권 운동reproductive rights movement('재생산권'이란 출산할 권리 [강제 불임 거부권] 및 출산하지 않을 권리[피임 또는 낙태 결정권], 사적 영역으로 보호받을 권리, 의료 혜택을 받을 권리, 가족계획과 피임의 권리, 이러한 결정으로 인한 차별과 위협으로부터 보호받을 권리 등을 포함하는 정치적 용어다 – 옮긴이), 1960년대의 '성개혁연맹Sexual Reform League' 같은 단체를 영입했다. 성 개혁가, 교육가, 투사 등이 뒤죽박죽 모인 이 무리는 성 관련 쟁점과 페미니즘 쟁점에 대한 기록들을 마구 뒤섞어놓았다. 하지만 그들은 분명히 도덕적 십자군 대원이나 사회 순결 운동, 풍기문란 단속 단체보다 근대 페미니즘 정신에 더 가깝다. 그럼에도 불구하고 오늘날 페미니즘의 성 악마학은 한층 더 해방적인 전통을 싸잡아서 페미니즘에 대한 반동이라고 비난하면서, 풍기문란 단속 십자군 대원들anti-vice crusades을 자신들의 선조로, 영예로운 지위로 승격시킨다. 이러한 경향을 예시하는 한 논문에서 실라 제프리스Sheila Jeffreys는 해브록 엘리스, 에드워드 카펜터, 알렉산드라 콜론타이Alexandra Kollantai 등이 "가능한 모든 정치적 신조 가운데 성 쾌락을 신봉하는 자들"이며, 이러한 사람들과 '세계성개혁연맹World League for Sex Reform'의 1929년 회의가 "호전적인 페미니즘이 패배하는 데 결정적인 역할"을 했다면서 그 책임을 돌렸다.[82]

반포르노그래피 운동과 그 운동의 화신들은 자신들이 모든 페미니즘을 대변한다고 주장해왔다. 다행히도, 그렇지 않다. 성 해방은 애초부터 페미니즘의 목표였고 지금도 여전히 그러하다. 여성운동이 바티칸에서 나왔을 법한, 가장 퇴행적인 성에 대한 사유를 얼마간 내놓기는 했어도, 다른 한편으로 성적 쾌락과 성애적 정의를 옹호하기 위한 흥미롭고 혁명적이고 정교한 반론 역시 생산해왔다. 이러한 '성을 찬성하는' 페미니즘의 선봉에는, 순결 운동 기준에 반하는 섹슈얼리티를 지닌 레즈비언(주로 레즈비언 사도마조히스트와 부치/펨 다이크), 잘못을 뉘우칠 의사가 추호도 없는 이성애자, 이제는 너무 흔한 여성성 찬양 일색의 수정주의가 아닌 고전적인 급진주의 페미니즘을 지지하는 여성들이 서 있었다.[83] 반포르노 세력들이, 반대 의견을 가진 사람이라면 누구든지 간에 운동에서 색출하여 제거하려 했음에도 불구하고, 페미니즘 진영의 성에 대한 사유가 완전히 양극화되었다는 것만은 부인할 수 없는 사실이다.[84]

양극화 현상이 출현할 때마다, 진실이 그 사이 어딘가에 존재한다고 생각하는 불행한 경향이 있다. 엘런 윌리스Ellen Willis는 빈정대는 투로 다음과 같이 논평했다. "페미니즘의 편견은 여성이 남성과 동등하다는 것이고 남성 우월주의자의 편견은 여성이 열등하다는 것이다. 편견 없는 관점은 진실이 그 사이 어딘가에 존재한다는 것이다."[85] 페미니즘 성전쟁에 최근 등장한 신제품은, 한편으로 반포르노 파시즘의 위험을 피하고자 애쓰고, 다른 한편으로 소위 '무엇이든 상관없다'는 자유방임주의를 피하고자 애쓰는 '중도파'의 출현이다.[86] 아직 완전한 형태를 갖추지 않은 입장이라 비판에 어려움이 따르지만, 조짐이 보이는 몇 가지 문제에 주의를 기울이고자 한다.[87]

중도파의 출현은, 양측 논쟁의 성격을 잘못 파악하여 쌍방 모두가 똑같이 극단주의자라고 하는 해석에 근거한다. B. 루비 리치B. Ruby Rich에 따르면, "섹슈얼리티의 언어에 대한 욕망이, 유익한 토론이 되기에는 너무 협소하거나 지나치게 단호한 위치(포르노그래피, 사도마조히즘)로 페미니스트를 이끌었다. 논쟁은 패싸움이 되고 만다."[88] 실제로 포르노그래피에 반대하는 여성WAP: Women Against Pornography과 레즈비언 사도마조히스트 사이의 싸움은 흡사 갱 전쟁을 닮았다. 그러나 그 주된 책임은 원칙에 입각한 토론 참가 권유를 거절했던 반포르노 운동 진영에 있다. 운동에 참여할 자격을 유지하기 위해, 그리고 모함당하지 않기 위해 S/M 레즈비언은 투쟁으로 내몰렸다. 레즈비언 S/M을 위한 그 어떤 주요 대변자도 특정 종류의 S/M이 우월하다거나 모든 사람이 사도마조히스트가 되어야 한다고 주장하지 않았다. 자기방어에서 한 걸음 더 나아가 S/M 레즈비언은 성애적 다양성에 대한 이해, 그리고 섹슈얼리티에 대한 보다 개방적인 토론을 요구했다.[89] WAP와 사모아Samois 사이에서 중도를 찾아낸다는 것은 동성애에 대한 진실이 '도덕적 다수파'와 게이운동 사이의 어딘가에 존재한다고 이야기하는 것과 어느 정도 일맥상통한다.

정치판에서 급진주의자를 주변으로 내몰기는 쉽다. 타인을 극단주의자로 묘사함으로써 중도 입장을 취하려는 시도는 너무나 손쉽다. 자유주의자는 공산주의자를 대상으로 수년간 이런 짓을 해왔다. 성 급진주의자는 성 논쟁의 문을 활짝 열어놓았다. 그들의 공로를 부정하고, 그들의 입장, 나아가 그들의 오명을 잘못 전달하는 것은 부끄러운 일이다.

문화적 페미니스트는 단순히 성적 반체제 인사들을 몰아내기만을 원한다. 이와는 달리, 성적 중도주의자sexual moderates는 성애적 이교도erotic nonconformist의 참정권을 기꺼이 옹호한다. 그러나 이러한 정치적 권리에 대한 옹호는 이데올로기적 위선ideological condescension이라는 암묵적 체계와 연결되어 있다.[90] 논쟁은 크게 두 부분으로 나뉜다. 첫 번째는 성적 반체제 인사들이 본인의 섹슈얼리티의 의미, 근원, 혹은 역사적 구성 과정에 대해 충분한 관심을 기울이지 못했다는 비난이다. 의미에 대한 이러한 강조는 동성애 논쟁에서 병인病因 문제를 다루었던 똑같은 방식으로 작동하는 듯하다. 즉 동성애, 사도마조히즘, 매춘, 소년애 등이 비밀스럽고 문제가 많으며, 어떤 방식이든 더 바람직한 섹슈얼리티는 아니라고 치부한다. 원인에 대한 조사연구는 이런 '문제가 많은' 에로티시즘이 단지 발생하지만 않게 변화시킬 수 있는 무언가를 찾는 작업이다. 성적 투사들은, 병인 혹은 원인의 문제가 지적 관심사라 할지라도, 그것은 긴급을 요하는 정치적 의제가 아니며, 그 문제에 특전을 부여하는 것 자체가 정치적 선택의 퇴행이기도 하다는 입장을 유지하는 방식으로 그런 활동에 대응했다.

두 번째는 합의의 문제에 주력하는 '중도주의' 입장이다. 다양한 성 급진주의자들 모두는 합의에 의한 성행위의 법적, 사회적 정당화를 요구해왔다. 페미니스트들은 그들이 원칙을 들먹이며 '합의의 범위'와 합의에 관한 '구조적 제약 조건' 같은 문제들을 교묘히 처리한다고 비판했다.[91] 합의를 다루는 정치 담론에 심각한 문제가 있지만, 그리고 분명히 구조적인 제약 조건들이 존재하지만, 이러한 비판은 계속해서 성 논쟁에 잘못 적용되었다. 그것은 성법과 성 관습상 합의가 갖는 매우 특수한 의미론적 개념을 고려하지 않는다.

앞에서 언급한 바와 같이, 수많은 성법이 합의에 의한 성행위와 강제에 의한 성행위를 구분하지 않는다. 그러한 구분은 강간법에만 존재한다. 내 생각이 옳다면, 강간법은 이성애 행위가 자유롭게 선택되거나 억지로 강제될 수 있다는 전제를 기초로 한다. 다른 법률에 저촉되지 않는 한, 그리고 쌍방이 동의하는 한, 어떤 사람에게는 이성애 행위에 가담할 법적 권리가 부여된다.

이것이 대부분의 다른 성행위 사례에는 적용되지 않는다. 위에서 언급한 소도미법은 금지된 행위가 '자연을 거스르는 끔찍하고 혐오스러운 범죄'라는 전제에 기초한다. 가담한 사람들의 욕망이 어떠하든 "강간과는 달리, 소도미 혹은 기괴한 도착적 성행위는 두 사람이 합의했어도, 그리고 어느 쪽이 먼저 시도했든지 간에, 두 사람 모두 기소될 수 있다."[92] '합의에 의한 성인 동성애 합법화 법률'이 1976년 캘리포니아에서 통과되기 전에 레즈비언 연인들은 구강성교를 범했다는 죄목으로 기소될 수 있었다. 두 사람이 서로 합의했더라도, 둘 다 똑같이 유죄였다.[93]

'성인-근친상간 법률Adult-incest statutes'도 비슷하게 작동한다. 대중들의 바람과는 달리, 이 근친상간 법률은 가까운 친척에게 강간당하지 않도록 아동을 보호하는 것과 거의 관련이 없다. 근친상간 법률 그 자체가 가까운 친척 관계인 성인들의 결혼이나 성교를 금지한다. 기소의 사례가 거의 없다가 최근에 두 가지 사건이 보도되었다. 1979년에 19세의 해병이 출생 당시에 헤어졌던 42세의 어머니를 만났다. 두 사람은 사랑하여 결혼했다. 그들은 고발되었고 근친상간으로 유죄 판결을 받았다. 버지니아 주 법에서는 근친상간에 최대 10년 형을 선고한다. 재판 도중에 그 해병은 증언했다. "나는 그녀를 매우 사랑합니다. 서로 사랑하는 두 사람은 함께 살 수 있어야 한다고 생각합니다."[94] 또 다른 사례로, 각자 다른 곳에서 자란 남매가 만나서 결혼을 결심했다. 그들은 체포되었고, 보호관찰의 대가로 근친상간 중범죄를 인정했다. 부부로서 함께 살지 않는다는 것이 보호관찰의 조건이었다. 만일 그들이 그 조건을 받아들

이지 않았다면, 그들은 감옥에서 20년을 복역해야 했을 것이다.[95]

널리 알려진 S/M 사례로, 한 남자가 S/M 연출 장면scene에서 집행된 채찍질로 인해서 가중처벌 대상 폭행죄를 선고받았다. 항의하는 희생자는 없었다. 그 장면은 영상으로 담겼고, 그 필름은 기소의 근거로 쓰였다. 그 남자는 자신이 합의에 의한 성 경험에 참여한 것이며 그 누구도 폭행하지 않았다고 주장함으로써 유죄 선고에 항소했다. 법원은 "일상적인 육체 접촉이나 축구, 권투, 레슬링 같은 스포츠가 수반하는 주먹 타격의 경우가 아닌" 폭행이나 구타는 합의한 것이 아닐 수 있다며 그의 항소를 기각했다.[96] 법원은 계속해서 "아동이나 정신병자 같은, 합의할 법적 능력이 없는 사람의 합의는 효력이 없다." 그리고 "온전한 지능을 가진 정상인이라면 자신에게 막대한 신체적 상해를 초래할지 모르는 무력 사용에 기꺼이 합의하지 않으리라는 것은 상식이다"라고 언급했다.[97] 그러므로 채찍질에 동의하는 사람이라면 누구든 **심신상실 상태**인 사람, 그리고, 법적으로 합의할 권한이 없는 사람으로 간주되고 만다. S/M 성교는 일반적으로 축구 경기를 할 때보다 훨씬 더 낮은 수준의 폭력과 상관있을 뿐이며 대부분의 스포츠에서보다 훨씬 더 가벼운 부상을 입는다. 그러나 법원은, 축구 선수는 정상이지만 마조히스트는 정상이 아니라고 판결을 내렸다.

소도미법, 성인-근친상간 법률, 그리고 위의 법적 해석들은 합의에 의한 행위를 조작하고, 그것에 형사처분을 내린다. 법적 합의는 최고 지위의 성적 행동을 하는 사람들만 즐길 수 있는 특권이다. 낮은 지위의 성적 행동을 즐기는 사람들에게는 합의할 법적 권리가 없다. 게다가 경제 제재, 가족의 압력, 성애적 낙인, 사회적 차별, 부정적 이데올로기, 성애 행동 정보 부족 등은 모두, 사람들의 비관습적인 성적 선택을 어렵게 만든다. 자유로운 성적 선택을 방해하는 구조적 제약 조건들이 분명히 있지만, 그것들이 어떤 사람을 도착자가 되게 강제하도록 작동하지는 않는다. 그와는 반대로, 그것들은 모든 사람이 정상성을 지향하게 강제하도록 작동한다.

'세뇌 이론'은 어떤 성행위는 너무 역겨워서 기꺼이 그 짓을 할 사람이 아무도 없다는 전제를 깔고서 성애적 다양성을 설명한다. 따라서 이어지는 추론은 이렇다. 그 짓을 누군가 한다면 그 사람은 강제로 하는 것이거나 속아서 하는 것이다. 심지어 구성주의 성 이론까지도 평소에는 이성적인 사람들이 왜 성 변이 행위에 관여하는지를 설명하는 데 동원되었다. 아직 충분히 완성되지 않은 또 다른 입장은, '도착'이 특히 근대적 섹슈얼리티를 구성하는, 불쾌하거나 문제가 많은 측면이라고 암시하기 위해 푸코와 윅스의 착상을 활용한다.[98] 이것은 아직도 성적 반체제 인사가 사회 체계의 교묘한 음모의 희생자라는 개념을 담은 또 다른 판본이다. 윅스와 푸코는 그러한 해석을 수용하지 않을 것이다. 왜냐하면 그들은 일탈적인 것이든 관습적인 것이든 모든 섹슈얼리티는 구성된다고 생각하기 때문이다.

성적 반체제 인사들이 여타의 성행위자 집단과 마찬가지로 정신이 말짱하고 자유롭다는 사실을 인정하지 않으려 하는 사람들에게 있어 최후의 수단은 심리학이다. 만약 일탈자들이 사회 체계의 조작에 응하지 않는다면, 그들의 이해 불가능한 선택의 근원에는 불우한 어린 시절, 성공적이지 못한 사회화, 부적절한 정체성 형성 등이 있을 것이라는 논리다. 성애적 주도권에 관한 논문에서 제시카 벤자민Jessica Benjamin은 그녀가 '사도마조히즘'이라고 부르는 것이 소외되고 왜곡되고 불만족스럽고, 무감각하고 목적이 없으며 "차별화 실패를 만회하려는 애초의 노력을 경감하려는" 시도인 이유를 설명하기 위해서 정신분석학과 철학을 끌어온다.[99] 이 논문은 심리철학적 열등성으로 일탈적 성애를 깎아내리는 더 일반적인 수단들을 대체한다. 벤자민의 논의는 사도마조히즘이 단지 "유아기 권력 투쟁의 강박적 재연"[100]일 뿐임을 보여준다고 어느 비평가는 해석하기도 했다.

성도착자의 정치적 권리를 옹호하면서도, 동시에 그들의 '소외된' 섹슈얼리티를 애써 이해하려는 입장은 WAP 식의 대학살에 비하면 확실히 낫다. 하지만 대부분의 경우 성적 중도주의자는 자신의 취향과 다른 성애 선택이 주는 심리적 불편함을 직시한 적이 없다. 구태의연한 마르크스주의 운동이나 세련된 구성주의 이론, 혹은 복고풍 심리학 용어의 남발로 아무리 치장해봤자, 성애 쇼비니즘이라는 오명은 씻기지 않는다.

섹슈얼리티에 대한 페미니즘의 입장 가운데 결국 주도권을 획득하는 쪽이 우파건 좌파건 중도파건 간에, 그토록 논의가 풍부하다는 것은 페미니즘 운동이 언제까지나 성에 대한 흥미로운 사유의 원천이 되리라는 증거다. 그럼에도 불구하고 나는 섹슈얼리티 이론에서 페미니즘이 특권적인 위치에 있다거나, 그러한 위치를 점해야 한다는 전제에 도전하고자 한다. 페미니즘은 젠더 억압에 관한 이론이다. 이러한 사실이 자동으로 페미니즘을 성 억압의 이론이 되게 한다고 추정해버리면, 한편의 젠더와 다른 한편의 성애 욕망을 분간하지 못하게 된다.

영어로 **섹스**sex라는 단어에는 매우 상이한 두 가지 의미가 있다. 섹스는 생식과 관련된 해부학적 신체 차이, 젠더, 젠더 정체성을 의미한다.

'여성female sex'과 '남성male sex' 같은 예가 그에 해당한다. 그러나 섹스는 또한 성행위, 욕정, 성교, 흥분 등과 관련된다. '성관계를 갖다to have sex'가 그 예다. 이러한 의미들의 융합에는 '섹슈얼리티가 성교로 수렴되며, 여성과 남성 사이에서 일어나는 관계들의 기능이 섹슈얼리티다'라는 문화적 전제가 반영되어 있다. 젠더와 섹슈얼리티의 문화적 혼용으로, 섹슈얼리티 이론이 젠더 이론으로부터 직접 도출될지 모른다는 착상이 고안되었다.

이전에 발표했던 논문 「여성 거래」에서 나는 섹스/젠더 체계라는 개념을 "사회가 생물학적 섹슈얼리티를 인간 행위의 산물로 변형시키는 일련의 제도"라고 정의하며 사용했다.[101] 계속해서 나는 "우리가 알고 있는 그런 섹스(젠더 정체성, 성적 욕망과 환상, 아동기의 개념)는 그 자체가 하나의 사회적 산물이다"라고 주장했다.[102] 그 논문에서 나는 욕정lust과 젠더를 구분하지 못했고, 이 둘을 똑같이 근원적인 사회적 과정의 양상들로 다루었다.

「여성 거래」는 친족에 기반한 사회조직 체계를 다룬 문헌에서 착안하여 쓴 것이다. 그때는 젠더와 욕망desire이 그런 사회적 형태로 체계적이고 밀접하게 연관되어 있다고 생각했다. 이것이 부족 내부 조직의 섹스와 젠더 관계에 대한 정확한 평가일 수도 있고 아닐 수도 있다. 그러나 서구 산업사회의 섹슈얼리티에 대한 적절하고 명확한 표현은 단연코 아니다. 푸코의 지적대로 섹슈얼리티 체계는 초기 친족 형태에서 등장하여 의미 있는 자율성을 획득했다. "특히 18세기 이래로 서구 사회는 기존 장치와 겹쳐지는 새로운 장치를 창조하고 알맞게 배치했다. 이 새로운 장치는 기존의 혼인 장치를 완전히 대체하지 않으면서도 그것의 중요성을 감소시키는 데 일조했다. 나는 지금 **섹슈얼리티 장치**를 말하고 있는 것이다. … 전자(친족)는 파트너와 확실한 법규 사이의 결합과 관련되지만, 후자(섹슈얼리티)는 육체의 감각, 쾌락의 질, 지각 인상들 사이의 결합과 관련된다."[103]

이러한 성 체계의 발전은 역사적으로 특수한 젠더 관계들의 맥락에서 이루어졌다. 성에 관한 근대적 이데올로기의 일부에 욕정은 남성의 영역이고 순결은 여성의 영역이라는 것이 있다. 포르노그래피와 도착이 남성 전용이라는 생각은 우연이 아니다. 성 산업에서 여성은 대부분의 생산과 소비 영역에서 배제되었고, 노동자로서의 참여가 주로 허용되었다. 여성이 '도착 행위'에 참여하기 위해서는 사회적 이동성, 재정적 형편, 성적 자유에 관한 극심한 제약 등을 극복했어야 했다. 젠더는 성 체계의 작용에 영향을 미치고 성 체계는 젠더 특유의 징후를 보인다. 그러나 섹스와 젠더가 연관되어 있음에도 불구하고, 이 둘은 같은 것이 아니며, 뚜렷이 변별되는 두 가지 사회적 관습계의 기초를 형성한다.

나는 지금, 「여성 거래」에서 취했던 관점과는 달리, 젠더와 섹슈얼리티의 독립된 사회적 존재를 한층 더 정확하게 반영하기 위해, 젠더와 섹슈얼리티를 분석적으로 분리하는 것이 긴요하다고 주장하는 바이다. 이것은 젠더의 파생물로서 섹슈얼리티를 다루는 최근 페미니즘 사유의 흐름에 반하는 것이다. 예를 들어, 레즈비언 페미니즘 이데올로기는 대개 여성 억압의 관점으로 레즈비언 억압을 분석해왔다. 그러나 레즈비언은 젠더가 아닌 성의 계층화 작용으로 인해, 퀴어이자 도착자라는 관점으로도 탄압받아왔다. 그것에 대해 생각하는 것은 많은 레즈비언에게 고통을 안겼지만, 사실 레즈비언은 게이 남성, 사도마조히스트, 복장 전환자, 창녀가 지닌 사회학적 특질을 많은 부분 공유해왔고, 그들이 받는 똑같은 사회적 처벌을 함께 받아왔다.

캐서린 매키넌Catharine MacKinnon은 페미니즘 사상 안에 섹슈얼리티를 포괄하려는 가장 명확한 이론적 시도를 꾀했다. 매키넌에 따르면 "섹슈얼리티가 페미니즘과 맺고 있는 관계는 노동이 마르크스주의와 맺고 있는 관계와 같다. … 섹슈얼리티의 형태와 방향과 표현은 사회를 여성과 남성이라는 두 개의 성으로 조직한다."[104] 이러한 분석적 전략은 결국 "섹스와 젠더를 상관적으로 상호 교환할 수 있게 활용하자"는 결정으로 귀결된다.[105] 내가 도전하고자 하는 것은 바로 이러한 정의상의 혼선이다.[106]

현대 페미니즘 사유를 마르크스주의와 구별해온 역사에 하나의 유사한 교훈이 있다. 마르크스주의는 사회 불평등 분석을 위한, 현존하는 가장 유연하고도 강력한 개념 체계일 것이다. 그러나 마르크스주의를 모든 사회 불평등을 설명하는 유일한 체계로 만들려던 시도는 어리석은 활동이었다. 마르크스주의는 사회 생활 영역, 즉 본래에 목적했던 자본주의하의 계급 관계를 설명할 때 가장 유용하다.

현대 여성운동의 초창기에, 젠더 계층화에 마르크스주의 적용 가능성을 두고 이론적 갈등이 있었다. 마르크스주의 이론은 상대적으로 강력하다. 실제로 젠더 억압의 중요하고 흥미로운 측면들을 밝혀낸다. 그것은 계급과 노동 조직에 대한 쟁점과 밀접한 연관이 있는 젠더 쟁점일 때 가장 큰 효과를 본다. 그러나 마르크스주의적 분석으로 젠더의 사회적 구조라는 더욱 특수한 쟁점을 다룰 수는 없었다.

성 억압에 대한 급진 이론과 페미니즘의 관계도 이와 비슷하다. 페미니즘의 개념적 도구들은 젠더 기반의 위계질서를 밝혀내어 분석하도록 개발되었다. 이러한 것들이 성애적 계층화와 겹쳐 쌓인 결과, 페미니즘 이론은 다소간 영향력을 갖게 되었다. 하지만 젠더가 아닌 섹슈얼리티가 쟁점이 될 때, 페미니즘 분석은 잘못된 방향으로 전개되거나 아예 상관없는 것이 되어버린다. 페미니즘 사유에는 섹슈얼리티의 사회적 조직을 온전히 망라할 만한 관점이 없다. 페미니즘 사유의 적절성 준거는 섹슈얼리티 영역에서 주요 권력관계를 인식하거나 평가하도록 허용하지 않는다.

따라서 페미니즘의 젠더 위계질서에 대한 비판은 급진적 성 이론에 통합되어야 하고, 성 억압에 대한 비판은 페미니즘을 풍성하게 해야 한다. 그러나 섹슈얼리티 특유의 자체 이론과 정치는 새로이 개발되어야 한다.

사회 이론의 결정판으로서 마르크스주의를 페미니즘으로 대체하는 것은 판단 착오다. 마르크스주의가 모든 사회적 불평등을 궁극적으로 완벽하게 설명하지 못했듯 페미니즘도 그러하다. 페미니즘은 마르크스주의가 관심을 기울이지 않은 모든 것을 처리할 수 있는 잔여 이론도 아니다. 이러한 비판적 도구들은 사회적 행위의 매우 특수한 영역을 다루기 위하여 고안된 것이다. 사회 생활의 다른 영역, 그것의 권력 형태, 그것의 특징적인 억압 양식은 그 자체의 개념적 도구가 필요하다. 이 논문으로 나는 성적 다원주의뿐 아니라 이론적 다원주의 또한 주장하는 바이다.

결론

> … 육체적이라고 가벼이 일컫는 이 쾌락들 …
>
> ──콜레트, 『영그는 씨앗The Ripening Seed』[107]

젠더처럼 섹슈얼리티는 정치적이다. 섹슈얼리티는 권력 체계를 조직한다. 이 권력 체계는 어떤 개인이나 행위에 대해서는 보상하고 격려하는 반면, 다른 개인이나 행위에 대해서는 처벌하고 탄압한다. 자본주의가 노동과 보상과 권력의 분배를 조직하듯이, 등장 이래로 진화해온 근대적 성 체계는 정치적 투쟁의 대상이 되어왔다. 그런데 노동과 자본 사이의 분쟁이 미궁에 빠진다면, 성적 갈등은 완벽하게 감추어진다.

19세기 말과 20세기 초반에 재구성된 일련의 법령들은 근대적 성애 체계 등장에 대한 굴절된 반응이었다. 그 시기에 새로운 성애 공동체들이 생겨났다. 그리하여 이전에는 불가능했던 방식으로 남성 동성애자나 레즈비언이 될 수 있었다. 대량 생산된 성인 용품을 이용할 수 있게 되었고 성적 상업의 가능성이 확장되었다. 동성애자 권리를 옹호하는 최초의 조직이 생겨났고 성적 억압을 분석한 논문이 처음으로 발표되었다.[108]

1950년대의 탄압은 성 공동체 확장에 대한 일종의 반발이었고, 2차 세계대전 중에 성적 가능성이 확장된 데 대한 반동이었다.[109] 1950년대에 게이 권리 조직들이 설립되었고, 『킨제이 보고서』가 출간되었으며, 레즈비언 인쇄물이 쏟아져 나왔다. 1950년대는 억압의 시대였을 뿐 아니라 형성의 시대이기도 했다.

현대 우익의 성 반격은 1960년대와 1970년대 초기의 성 자유화에 대한 일종의 반작용이다. 더구나 이것은 성 급진주의자들의 의식적인 연합 제휴를 초래했다. 어떤 의미에서 보면, 지금 일어나고 있는 현상은 새로운 쟁점을 인식하고 새로운 이론적 기반을 찾는 새로운 성 운동의 출현으로 볼 수도 있다. 거리에서 치른 성 전쟁으로 인해 섹슈얼리티에 대한 새로운 지적인 관심사가 일정 부분 촉발되기도 했다. 성 체계는 다시 한 번 변하고 있다. 우리는 변화의 많은 징후를 목도한다.

서구 문화는 성을 너무 심각하게 취급한다. 어떤 사람이 매운 요리를 즐긴다고 해서 부도덕하다고 여기거나 감옥에 보내거나 집에서 쫓아내지 않는다. 하지만 어떤 사람이 구두 가죽을 즐긴다고 하면 세 가지를 다, 아니 이보다 더한 것을 겪게 될 수도 있다. 어떤 사람이 신발 위에서 자위하는 것을 좋아한다면, 그것은 가능한 사회적 의미 가운데 결국 무엇일 수 있을까? 심지어 그것이 합의에 의한 행위가 아닐 수도 있다. 그러나 신발한테 신어도 되느냐고 묻지 않듯이, 절정을 느끼기 위해 신발한테 특별 인가를 받을 필요는 없을 것 같다.

성을 너무 심각하게 취급하면, 정작 성적 박해는 심각하게 취급하지 않는다. 성애 취향이나 행동을 트집 잡아서 개인과 공동체를 조직적으로 학대한다. 다양한 성적 카스트 계급에 각각 해당하는 심각한 처벌이 있다. 나이 어린 사람들의 섹슈얼리티를 부정하고, 성인 섹슈얼리티를 핵폐기물처럼 다루고, 법과 사회가 남발하는 완곡어의 진창 속에 불쾌하리만큼 생생한 성적 재현을 쏟아낸다. 성애적 권력의 현행 체계는 표적으로 삼은 특정 인구집단에 큰 타격을 가하고 있다. 그들을 박해함으로써 모든 사람들에게 영향을 미치는 하나의 시스템을 유지하는 것이다.

성에 관한 한 1980년대는 이미 극심한 고통의 시대가 되었지만, 또한 변화와 새로운 가능성의 시대이기도 하다. 진보주의자임을 자처하는 사람들은 각자 자신의 선입견을 점검하고, 성교육을 다시 받고, 성 위계질서의 존재와 그 작용을 숙지할 필요가 있다. 이제는 성애적 삶의 정치적 차원을 인정해야 한다.

6장

「성을 사유하기: 급진적 섹슈얼리티
정치 이론을 위한 노트」 후기

6장은 본래 『세기말 미국 페미니즘 사상(American Feminist Thought at Century's End: A Reader)』(ed. LInada S. Kauffman, Oxford: Blackwell, 1993, pp. 1~64)에 수록되었던 논문이다.

「성을 사유하기」가 출판된 1984년 이후에 세상은 엄청나게 변했다. 그 논문이 품고 있던 맥락은 지각변동이라도 겪은 것처럼 크게 달라졌다. 이 글을 쓰고 있는 1992년 현재, 섹슈얼리티와 관련해 좀 더 정치적인 사유와 학술적인 연구를 요구하는 것은 시대착오처럼 보인다. 요즘에는 성을 지나치게 염려하고 그에 대해 글을 쓸 뿐만 아니라 그 문제를 법제화하고 거리로 가져가면서 결국은 법정에서 성을 다루는 일들이 일어나고 있기 때문이다. 「성을 사유하기」를 쓸 당시에는 액트 업Act Up, 퀴어 네이션Queer Nation, 포모 호모스PoMo Homos, 보이 위드 암스 아킴보 Boy with Arms Akimbo 같은 단체나 "나쁜 여자!"를 부르짖는 젊은 레즈비언들을 전혀 볼 수 없었다. 당시에도 게이 학자와 게이 학문이 있긴 했지만, 게이 연구의 폭발과 게이 정체성 정치에 관한 비판 연구, 그리고 그 외의 포스트모던 성 정치, 스타일, 학술연구는 아직 도래하지 않은 상황이었다.[1]

다른 한편, 「성을 사유하기」를 쓸 당시에는 법무장관 산하의 포르노그래피 위원회(미즈 위원회Meese Commission), 국가예술기금NEA: National Endowment for the Art 지원을 제한하는 헬름스 수정조항Helms Amendment, 소도미법을 유지하겠다는 대법원의 결정 같은 것은 존재하지도 않았다. 게다가 '로 대 웨이드 판례'(1973년)에서 볼 수 있듯이 원치 않는 임신을 중단

할 여성의 권리를 보장했었다. 로큰롤 가사 내용을 비난하는 학부모 음악자료 센터Parents Music Resource Center도 없었다. 주다스 프리스트Judas Priest가 고소당하는 사건도 없었다. 투 라이브 크루2 Live Crew 멤버가 체포된 적도 없었고, 그들의 랩 앨범이 외설적으로 보일 일도 없었다. 당시라면 로버트 메이플소프Robert Mapplethorpe의 사진을 전시했다는 이유로 외설 시비에 휘말리며 신시내티 미술관과 예술감독이 비난받지도 않았을 것이다. 미니애폴리스 시장은 캐서린 매키넌과 안드레아 드워킨Andrea Dworkin이 공동 작성한 '시민권 반포르노그래피 조례'를 기각시켰었다.[2] 그러나 인디애나폴리스 시장은 1984년 5월에 이와 유사한 법을 통과시켰다.[3]

질병관리센터CDS: Centers for Disease Control가 에이즈 교육 문건에서 '노골적인 성행위'를 금지한 일도 없었고, 제시 헬름스Jesse Helms가 동성애자와 관련된 안전한 섹스 홍보물을 위한 연방기금을 금지하는 수정조항을 통과시키는 일도 없었다. HIV 양성인 의료 인력이 외과적인 시술을 집도하는 행위를 연방 범죄로 규정하는 안을 상원이 표결에 부치는 일도 없었다. 당시는 게이 목욕탕의 폐쇄를 목적으로 하는 캠페인이 분출되기 전이었다.

지금은 내가 두려워했던 많은 사안이 행정상 통과되었을 뿐 아니라 흔하게 볼 수 있는 정치사회적 풍경의 특징이 되어 있다. 현재 미국의 섹슈얼리티 정치는 우파가 약 10년간 이어온 확고부동한 결집력과 종교 근본주의의 압력 때문에 완전히 우편향되었다. 보수파의 연방정부 장악으로 인한 여파는 과히 지독하고 압도적이다. 섹스의 대가는, 특히 이성애 결혼 가족 밖에 있는 이들에게 엄청나게 큰 압박이 되고 있다.

파멸로 가는 길

포르노그래피, 아동, 동성애, 에이즈, 대중음악, 사도마조히즘을 둘러싼 성 공황 상태는 지난 10년간 지속적으로 불안감을 조성해왔다. 이러한 극심한 공황을 상징하는 주제들은 한데 얽혀 있으면서 서로를 강화시킨다. 포르노그래피는 아동에 대한 위협으로 취급되며, 동성애는 에이즈와 혼동되고, 사도마조히즘은 에이즈 및 동성애와 하나로 여겨지고, 로큰롤과 랩은 섹스, 에이즈, 사도마조히즘과 아동 포르노그래피로 묘사된다. 이런 마녀 놀음은 대중적인 히스테리, 법 개정, 규제 조정에 불을 붙였다. 이러한 변화가 사회와 개인에게 어떤 반향을 가져올지에 대해서는 아직 정리되지도 않았다.

포르노그래피는 뜨거운 논쟁거리 가운데 가장 상징적인 에이즈와 함께 거론되어왔다. 우익 정치인, 공무원, 종교 근본주의자들은 반포르노그래피 활동에 기름을 붓는 주축이 되었다. 1985년 레이건 정부의 법무장관 에드윈 미즈Edwin Meese는 포르노그래피를 연구하고 연방 정책과 법률 제정을 위한 권고안을 만들기 위한 위원회 위원을 임명했다. 미즈 위원회는 어김없이 포르노그래피를 유해한 사회악이라고 결론짓는 보수파들로 가득 차 있었다. 이 보고서는 외설에 대한 기소 건수를 늘릴 것을 권고했다. 또한 이 보고서의 결론은 매우 엄격한 법제화, 정책, 기금에 대한 야심 찬 소망 목록을 포함하고 있다.[4]

미즈 위원회는 연방 외설법이 외설로 유죄를 받은 개인에 대해 몰수 조항을 시행하는 방향으로 수정되어야 한다고 권고했다. 또한 연방 재판을 위한 요건으로 각 주의 상호 교류를 입증할 필요가 있다는 조항

을 삭제하고, 케이블 텔레비전의 외설적인 프로그램을 금지하고, 외설이
포함된 모든 전화 전송을 금지해야 한다고 권고했다. 이 보고서는 주 입
법부가 밀러Miller 연방 표준안을 따라 주 외설법을 엄격하게 적용해야 하
고, 재범인 경우 어떤 종류든 상관없이 경범죄 대신 중죄로 처리해야 하
고, 외설죄에 대해서는 몰수 조항을 시행해야 하며, 외설 사건에 대해서
는 공갈매수 및 부패조직방지법RICO: Racketeer Influenced Corrupt Organization 조항
을 시행해야 한다고 권고했다.

이 보고서는 미국 법무부가 외설 기소 건수를 높이기 위해 검사를
관리·감독하며, 외설대책본부를 세우고, 연방·주·지방의 법 집행 기
관을 연계하는 외설법 집행 데이터베이스를 만들고, 외설 사건에 연방
RICO 조항을 적용하고, 외설과 관련한 기소 성공률을 높이기 위해 검사
들에게 법적 절차를 교육해야 한다고 권고했다. 이 위원회는 계속해서
연방통신위원회가 전화, 케이블 텔레비전, 위성 텔레비전을 통제해야 한
다고 주장하기도 했다.[5]

1986년까지는 미국에 상업적인 아동 포르노그래피가 존재하지 않
았다는 사실에도 불구하고, 이 보고서는 아동 포르노그래피를 통제하기
위한 55개 권고안을 포함시켰다. 이 보고서는 또한 주정부가 아동 포르
노그래피 소지를 중범죄로 처리할 것을 권고했다. 아동 포르노그래피는
이제 아동, 즉 18세 이하의 노골적인 성적 시각 묘사가 포함된 경우로 정
의된다.[6]

미즈 위원회의 권고안 중 엄청난 수의 안건이 실제로 실행되었다.
미국 법무부는 외설 부서Obscenity Unit를 만들고 외설 사건 기소에 복무하
는 검사를 늘렸다(우리의 세금이 여기로 몰리고 있다).[7] 정부는 외설로 유죄

선고를 받은 개인의 자산을 동결하기 위해 RICO의 몰수 권한을 사용해 왔다.[8] 연방 대법원은 노골적인 성적 언어가 포함된 전화 전송을 제한하는 법안을 확정했다(최근에 있었던 '다이얼 포르노Dial-A-Porn'). 새로 통과된 케이블 텔레비전 규제 법안은 노골적인 성적 내용이 들어 있는 케이블 텔레비전 프로그램을 금하는 헬름스 수정조항을 포함하고 있다.[9] 많은 주가 밀러 표준안을 따르기 위해 외설법을 개정했다.

아동 포르노그래피와 아동 성폭행에 대한 공포의 해일이 끝없이 몰려오면서 학대로부터 아동을 보호하는 진짜 문제에 접근하는 길이 가로막히고 있다. 아동 성적 학대의 대부분에 책임이 있는 성인 이성애 남성과 대부분의 아동 학대가 발생하는 일반적인 가족은 대중의 관심과 법 집행의 우선순위에서 빗겨나 있다. 그 대신에 경찰, 미디어, 대중의 히스테리는 실제와 상상을 뒤섞은 채 보육 종사자, 동성애 남성, 소아성애자, 포르노그래피 독자, 악마 숭배자 같은 낯설고 별난 이들에게 맞춰져 있다.[10]

대다수 주는 '아동 포르노그래피'를 단순히 소지하고 있는 것만으로도 범죄화한다. 연방법은 현재 18세 이하 아동의 노골적인 성적 이미지를 담은 비디오나 출판물을 세 개 이상 소지하면 중범죄로 처리한다.[11] 이제 외설법은 일상적으로 아동 포르노그래피법으로 불린다. 예를 들면, '1988년 제정된 아동 포르노그래피 및 외설 집행법'은 기존 범죄에 대한 처벌 수위를 높이긴 했어도, 실제 아동 포르노그래피는 이 법의 주요 관심사가 아니다. 이 법은 일차적으로 외설 사건에서 몰수 조항을 확장해 적용하는 데 관심이 있었다. 이 법안은 또한 케이블이나 유료 텔레비전의 외설물 배급을 금지하고 외설 영상물의 소유를 중범죄로 처리하려는 재빠른 조치를 포함하고 있다. 1991년 법무부 외설 부서는 실제로는 기소할 만한 아동 포르노그래피가 없는데도 '아동착취 및 외설 부서Child Exploitation and Obscenity Section'로 이름을 바꿨다.[12]

반포르노그래피 법제화와 집행의 결과가 빨리 보이자, 반포르노그래피 정치는 페미니스트들의 지지를 잃게 되었다. 반면에 반포르노그래피 페미니스트들의 수사는 완전히 보수 성 담론에 동화되었다. 여전히 반포르노그래피 의제를 밀어붙였던 페미니스트들은 우익 정치인 및 소위 십자군과 협력하면서 노골적인 성을 담은 미디어를 제한하거나 제거하는 것을 공통된 목적으로 추구하고 있다.

캐서린 매키넌, 안드레아 드워킨, 도르첸 라이트홀트Dorchen Leidholdt는 미즈 위원회 앞에서 증언했던 저명한 반포르노그래피 페미니스트들이다. 라이트홀트는 심지어 위원회 위원들의 선언을 위해 '포르노그래피에 반대하는 여성WAP'이 제작한 슬라이드쇼를 가져왔다. 위원 가운데 한 명인 파크 데이츠Park Deitz는 드워킨의 증언에 눈물을 흘리며 감동하기도 했다.[13]

1986년 반포르노그래피 페미니즘 전략은 매키넌과 드워킨의 시민권 반포르노그래피 조례에 구체화된 두 가지 법제화에 목적을 두고 있었다. 첫 번째 목표는 '포르노그래피'를 민사소송의 근거로 삼는 것이었다. 두 번째 목표는 포르노그래피가 성차별적 실천이라는, 외관상으로는 '페미니즘적인' 정의를 법으로 성문화하는 것이었다. 그렇게 되면 '포르노그래피'는 현재 성인이 출현하는 노골적 성적 표현물의 금지 범주일 뿐인 '외설'과 구분되는 법적 실체가 된다. 반포르노그래피 페미니즘 활동가들은 불법 성적 표현물의 새로운 범주를 만들고자 했다.

미국 대법원은 외설과 달리 포르노그래피라는 이 새로운 법적 정의를 위헌으로 선고했다. 미즈 위원회는 합헌 검토를 견뎌낼 수 있는 민사소송 접근방식을 지지했다. 이 보고서는 포르노그래피를 그 표현물이 법적으로 외설적이기만 하다면 민사소송을 걸 근거로 삼아야 한다고 권고하고 있다.[14] 매키넌, 드워킨, 포르노그래피에 반대하는 여성WAP은 모두 미즈 위원회를 찬양했지만 위원회가 외설법을 지지한 것에 대해서는 비난했다.[15]

현재에는 많은 반포르노그래피 페미니스트가 미즈 위원회의 입장을 채택하고 있다. 이들이 여전히 포르노그래피를 민사소송의 타당한 근거로 삼으려 하고 있긴 하지만, 대부분 법적으로 취약한 성적 표현물의 새로운 범주를 만들려는 시도는 포기했다. 그들은 기존의 법적 범주인 외설과 아동 포르노그래피에 의존하고 있다. 법원이 이 범주는 수정헌법 제1조에 의해 보호되지 않는다는 의견을 유지했기 때문이다.

이런 전략은 현재 상원 사법위원회 통과를 기다리며 전체 상원에 상정할 준비를 하고 있는 상원 법안 제1521번Senate Bill 1521, 포르노그래피 피해자 보상법Pornography Victims Compensation Act에 명문화되어 있다. 우익 보수주의자들과 반포르노그래피 페미니스트 모두가 이 법안을 지지하고 있다. 이 법안은 외설물을 민사소송의 타당한 근거로 보고 있다. 이 법안에 따르면 원고가 외설물이 그 범죄를 '야기'했다는 근거를 보여줄 수 있는 경우 성범죄 피해자가 손해배상으로 외설물 생산자와 배급업자에 대해 소송을 걸 수 있다. 이 법안은 외설물에 대한 제3자 책임을 묻고 있다. 그리고 피해자가 범죄 가해자가 아닌 제3자를 고소할 수 있게 한다. 이 제3자는 실제 가해자가 영감을 받았을지도 모르는 서적이나 영상물의 생산과 배포에 연루되었을 뿐인데도 말이다.

　이 같은 책임은 법적으로 외설이 될 수 있는 성애물이나 아동 포르노그래피의 정의에 부합하는 것에만 적용된다. 똑같이 폭력 범죄를 일으킬 수도 있는 슬래셔 무비slasher movies(공포영화의 하위 장르로 사이코 킬러 등이 희생자를 칼이나 도끼 등으로 난도질하는 폭력적 장면이 나오는 영화 – 옮긴이), 탐정 소설, 종교물, 로맨스 소설, 주류 광고, 군대 훈련 지침서에는 적용되지 않는다. 반포르노그래피 페미니스트들은 이 법안이 시대에 뒤처진 데다 전혀 페미니즘적이지 않은, 불법 재현의 범주에 불과한 외설에 의존하고 있음에도 불구하고 그것을 지지하고 있다.[16]

상상하기 힘든 시대의 삶

　성 정치가 저지른 많은 오류에 대해 페미니스트들을 비난하는 것이 마치 유행처럼 번지고 있긴 하지만, 페미니스트들도 1970년대 후반에서 1980년대 초반 이후 잘못된 방향으로 가고 있던 성 공황과 성 정치가 일으킨 위험이 급증하는 현상에 대해 주의를 준 바 있다. 많은 페미니스트들이 진보주의자들에게 트로이 목마를 남겨두고 떠나라고 지속적으로 경고했다. 그러나 트로이의 카산드라 예언과는 달리, 우리의 경고는 광란과 열병의 악몽이자, 연속극 〈환상 특급Twilight Zone〉처럼 보였다. 어느 누가 잇따른 사건을 예측할 수 있었을까?

　1989년 극우파였던 제시 헬름스 상원의원은 미국 국가예술기금NEA의 기금 지원을 제한하는 수정조항을 통과시키는 데 성공해 예술계를 놀라게 했다. 이 악명 높은 '헬름스 수정조항'은 "성행위에 참여하는 개인, 아동 성 착취, 동성애, 사도마조히즘 묘사를 포함하지만, 꼭 이것들에만 국한되지 않는 〔모든〕 외설물"에 국가예술기금NEA을 지원하는 것을 금지했다. 이 제약 조건의 통과가 이끈 난국은 에이즈로 죽은 게이 사진작가 로버트 메이플소프의 회고전으로 촉발되었다. 그의 작품에는 동성애 남성, 사도마조히즘 성애 행위, 다수의 아름다운 흑인 남성 누드, 부분적으로 옷을 걸치지 않은 어린아이들 사진 몇 점, 수십 점의 꽃 이미지가 포함되어 있었다. 국가예술기금 논란은 성 공황의 강화, 시대에 뒤떨어진 인종주의, 우익 정치인의 오랜 편향이 중층적으로 연쇄 작용해 벌어진 것이었다. 그들은 이를 통해 예술을 위한 공적 기금을 줄이거나 아예 없애버리려 했다.[17]

1990년 4월 예술계를 뒤흔든 또 다른 사건이 일어났다. 경찰은 어린아이들의 누드 사진을 찍었던 훌륭한 샌프란시스코 사진작가 조크 스터지스Jock Sturges를 습격했다. 현재 법조계와 FBI 경찰은 사진 연구소에 '아동 포르노그래피'로 평가할 수 있는 사진이 있는 경우, 보고할 것을 요청하고 있다. 그 보고서에 근거해 FBI 요원과 샌프란시스코 경찰은 스터지스의 집을 습격했던 것이다. 그들은 컴퓨터, 사진 장비, 수천 장의 음화와 인화된 사진들을 가져갔다. 스터지스는 한 번도 기소된 적이 없는데도 언론은 그를 '아동 포르노그래피 사진작가'로 비난했으며, 그의 집은 파괴되었고 생계는 힘들어졌으며, 1991년 2월 연방 판사가 정부에게 그의 재산을 돌려줄 것을 명령할 때까지 장비도 돌려받지 못했다.[18]

1991년 1월 한 부모였던 데니즈 페리고Denise Perrigo는 두 살 난 아이의 양육권을 잃었다. 지역의 모유 수유 옹호단체인 라 레체 리그La Leche

League의 전화번호를 물어보려고 커뮤니티 센터에 전화한 뒤에 일어난 일이었다. 그녀는 아이에게 수유하는 동안 흥분되는 게 흔한 일인지도 물었다. 라 레체 리그에 따르면 그런 느낌은 특별한 일이 아니었다. 그러나 페리고는 강간위기센터에 보고되었고, 그녀의 질문은 성적 학대의 증거로 해석되었다. 페리고는 체포된 데다가 딸까지 빼앗겼다.

어떤 형사고발도 없었지만 사회복지국은 페리고를 성적 학대로 고소하고 가정법원에 페리고에 대한 혐의를 걸어두고서 딸을 돌려보내는 것을 거부했다. 페리고의 부모가 양육권 소송을 제기했지만, 사회복지국은 부모도 "학대가 일어났다는 것을 믿지 않고 있어서" 요청을 수용할 수 없다고 재결했다.[19] 가정법원 판사가 성적 학대가 일어나지 않았다고 판결하자, 그 후 지방정부는 새로운 혐의를 제기했다. "제기된 혐의 가운데는 페리고가 이상한 물체를 딸의 질에 넣었다는 주장도 있었다. 이 주장은 결국 온도를 재기 위해 직장에 온도계를 넣은 것에 대한 아이의 묘사였던 것으로 결론이 났다."[20] 두 번째 판사도 학대가 없었다고 판단했지만, 아이가 방치되어 있었다고 판결했다. 페리고가 커뮤니티 센터에 전화해서 딸을 주정부의 간섭 아래 두게 했다는 것이 주요 이유였다. 아이는 1992년 1월에서야 집으로 돌아왔다. 이때는 이미 엄마와의 분리로 인해 트라우마를 갖게 된 후였다.

1990년대 초 게이 및 레즈비언 서적 출판사와 유통사는 큰 걸림돌을 만나게 된다. 동성애 서적과 성 관련 서적의 제작을 거부하는 인쇄소가 점점 더 늘어났기 때문이다. 18개 인쇄소가 앨리슨 출판사Alyson Publication의 『게이 섹스: 남자를 사랑하는 남자를 위한 안내서Gay Sex: A Manual for Men Who Love Men』 인쇄를 거부했다. 한 인쇄소는 레즈비언 성애 시집인

『여자를 원하다Wanting Women』인쇄를 거부했다. 몇몇 인쇄소는 영화 속 게이와 레즈비언 이미지를 모은 사진집인 『나 어때?How Do I Look?』의 인쇄를 거부했다.[21] 심지어 역사적으로 중요한, 동성애 남성 포르노그래피 역사에 대한 학술연구도 노골적인 성적 사진이 포함되어 있다는 이유로 출판되지 못했다.[22]

1991년 미국 세관은 영국에서 출판되어 미국 유통사로 배달 중이던 레즈비언 성애 사진집인 『러브 바이츠Love Bites』를 몰수했다. 세관은 이 책이 외설적이라며 모든 책을 폐기하려고 했다.《퍼블리셔스 위클리Publishers Weekly》가 출판업을 대표해서 미국 법무부를 접촉한 후에야 이 책에 대한 모든 혐의가 기각되면서 해금되었다.[23]

1992년 오리건 시민연대Oregon Citizens Alliance는 오리건 주에서 동성애, 사도마조히즘, 소아성애를 위헌으로 선고하려는 주민 투표를 발안했다.

1991년 미국 정부는 10대의 성적 행동에 대해 5년간 조사를 수행할 준비를 하고 있었다. 이 연구는 "청소년들을 임신의 위험이나 성행위로 전염되는 질병, 특히 에이즈의 위험에 처하게 하는" 요인을 조사하는 데 초점을 맞추고 있었다. 보수주의자들, 특히 제시 헬름스의 압력으로 보건복지부 장관인 루이스 설리번Louis Sullivan은 이 연구를 유예해야 했다. 헬름스와 보수주의자들은 이 연구가 "동성애 라이프 스타일을 합법화" 할 거라고 비난했다. 미국심리학회American Psychological Association 대변인은 "이 사건은 (1987년 에이즈) 교육 프로그램에서 '동성애 관련 활동'을 (금한) 첫 번째 헬름스 수정조항 이후 에이즈를 막기 위한 노력의 가장 치명적인 패배일 것"이라고 말했다. 성 연구 기금은 결국 10대들의 성적 금욕을 북돋는 프로그램으로 이전되었다.[24]

성에 대한 정보의 축적과 활용을 통제하려는 정책은 결코 사소한 문제가 아니다. 에이즈 교육 자료에서 성에 대한 정보를 억제하고 실제 에이즈 교육이 될 수도 있는 성에 대한 정보를 금기시하는 것은 냉혹한 살인 정책이다. 아직 태어나지도 않은 아기의 생명을 보호해야 한다고 역설하는 정치인들이 동성애자, 성적으로 활발한 10대, 약물 중독자를 살해하는 정책을 추진한다는 사실이 정말 놀랍다.

우리는 그럴 것이라고 말했다

지난 10년간 성 정치의 사건사고와 결과로부터 우리는 몇 점의 그림을 얻었다. 그 그림들은 어둡기 그지없다. 반포르노그래피와 반-성 정치의 위험을 경고했던 우리 중 누군가는 우리가 누누이 말해왔던 것이 입증되었기에 희미하게나마 기쁨을 느낄지도 모르겠다. 하지만 크게 보면, 내가 틀렸기를 바란다.

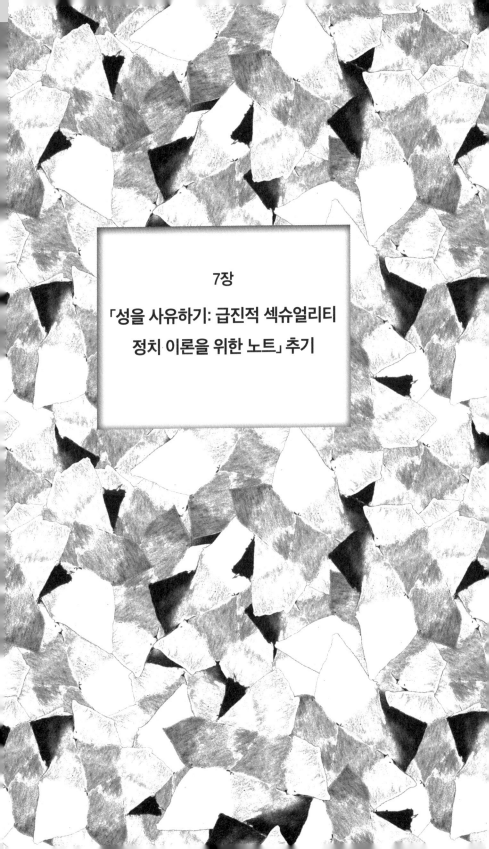

7장

「성을 사유하기: 급진적 섹슈얼리티
정치 이론을 위한 노트」 추기

7장은 본래 『레즈비언 및 게이 연구 선집(The Lesbian and Gay Studies Reader)』(Henry Abelove, Michél Aina Barale, and David M. Halperin, ed., New York: Routledge, 1993, pp. 41~44)에 실렸던 글이다.

4개월 전 나는 「성을 사유하기」를 린다 카우프만Linda Kauffman이 엮은 『1982~1992년 미국 페미니즘 사상American Feminist Thought, 1982-1992』(Oxford: Basil Blackwell, 1993)에 재수록하면서 꽤 긴 후기를 준비한 적이 있었다.[1] 그 후기에서 나는 「성을 사유하기」 출판 이후 성 정치에 관한 사유들이 어떻게 변화되었는지를 상세하게 기술한 바 있다. 그러므로 여기서 그 내용을 반복할 필요는 없을 것 같다. 그러나 후기를 보낸 2월 중순 이후 짧은 기간 동안에 성을 둘러싼 분쟁과 관련해 기술할 만한 중요한 변화와 사건들이 발생했기에 이 글을 덧붙인다. 세 영역에서 중요한 활동이 있었다. 반포르노그래피 주장의 법적 성문화, 사도마조히즘 재현과 실천을 범죄화하는 사례 증가, 1992년 미국 선거에서 발생한 동성애자에 대한 우려할 만한 수준의 정치적 맹공격이 그것이다.

　2월 말 캐나다 대법원은 1970년대 후반 이후 반포르노그래피 페미니스트들이 밀어붙였던 전선을 따라 외설의 정의를 정교화하면서 캐나다의 외설법을 유지했다(버틀러 대 연방정부 판례Butler vs. Her Majesty the Queen).[2] 캐나다 법정은 매키넌-드워킨의 '시민권 반포르노그래피' 조례의 정의와 유사한 언어를 채택했다. 현재 캐나다는 외설에 대한 법적 정의를 '인간 비하와 인간성 말살degrading and dehumanizing'로 보일 만한 성적 행위가 일부 묘사된 경우라고 기술하고 있다. 미국 대법원은 수정헌법 제1조 침해를 근거로 이러한 접근방식을 거부한 바 있다. 캐나다는 권리장전에 해당하는 법이나 정치적 표현과 발언에 대한 법적 보호가 거의 없다.

비록 캐나다의 법적 상황이 미국과 다르긴 하지만, 극우파인 미국 대법원이 이후 유사한 법적 용어의 선택을 고려한 것으로 보면 캐나다의 결정에 영향을 받은 것으로 보인다. 상원법안 제1521번(포르노그래피 피해자 보상법)의 논리는 버틀러 판례의 판결과 같은 가정에 근거한다. 따라서 같은 결함을 갖고 있다. 이 법안은 6월 말에 상원 법사위원회를 통과했고, 지금은 상원에 상정 중이다.[3]

더구나 사소한 사건들의 법적 판례가 서서히 쌓이면서 버틀러 판례의 판결이 가능했던 것으로 보인다. 미국의 반포르노그래피 활동가들과 검사들은 처음에는 외설법과 별로 관계가 없어 보일 수 있는 사건들에서 유사한 판례를 만들려고 했다. 예를 들면, 검열에 반대하는 페미니스트와 시민권 변호사들은 성희롱 사건에서 포르노그래피를 본질적으로 '해로운' 것 혹은 '반여성'적인 것으로 칭하는 언어적 사용을 경계해야 한다(코카콜라 캔이나 다른 사물들처럼 포르노그래피도 누군가를 괴롭히는 데 사용될 수 있다. 그러나 사람들은 포르노그래피를 덜 악마화된 물건과 유사하다고 가정해보는 것보다, 맥락에 상관없이 무조건 유해하다고 생각하는 것을 훨씬 더 솔깃해 한다).

캐나다의 여러 동성애 활동가는 외설의 새로운 정의가 게이와 레즈비언 매체를 반대하는 데 사용될 수 있다고 경고했다. 토론토에 있는 게이와 레즈비언 서점인 '글래드 데이 북스Glad Day Books'는 거의 10년 이상 경찰에게 괴롭힘을 당하며 고통받아왔고, 세관 몰수 때문에 캐나다에서는 다수의 게이와 레즈비언 출판물을 구하기가 힘들어졌다. 버틀러 판례의 외설 정의로 대담해진 경찰은 4월 30일 신체 결박과 삽입 묘사가 포함된 미국 레즈비언 섹스 잡지 《나쁜 태도_Bad Attitude_》의 판매를 외설법 위반으로 보아 '글래드 데이 북스'를 급습하고 서점 매니저를 기소했다. 5월 4일에는 서점 사장과 회사도 외설로 기소되었다.[4]

외설의 새로운 기준 때문에 캐나다에서 S/M 성애물은 불법이 되었다. 그런 성애물은 대부분 '인간 비하와 인간성 말살'이라는 포르노그래피의 범주와 매우 닮았기 때문이다.[5] 더 나아가 동성애 남성 S/M 성애물은 법원이 새로운 외설 기준을 적용하도록 설득하는 데 핵심적인 역할을 한 것으로 보인다. 캐나다의 판결을 찬양하는 한 뉴스 기사는 승리를 거둔 검사의 충격적인 주장을 담고 있다. "폭력적이고 비하적인 **게이** 영화"를 재판부에 보여준 덕분에 소송에서 이겼다고 그 검사는 언론에 말한 바 있다. "우리는 이 영화에 등장하는 학대당한 남성들이 여자처럼 다뤄졌다는 주장이 타당했음을 보여줬다. **그리고 판사도 그 사실을 인정했다.** 그렇지 않다면(학대당한 게 아니라면) 남자들이 자신을 우리(여성들)의 처지에 놓을 수 없었을 것이다."[6] 이 기사가 정확하다면 페미니스트 검사는 이성애 남성이 게이 영화에 대해 느낄 수 있는 방어적인 반응과 동성애 혐오의 반감을 이끌어내기 위해 게이 남성의 섹스를 묘사해 자신들의 분석을 이해시켰던 것이다. 오랜 세월 동안 반포르노그래피 페미니즘 활동가들은 증거 부족을 대체하기 위해 사도마조히즘에 대한 무지와 편협함을 이용했다. 남성 동성애에 대한 무지와 편협함을 이용하면서 그들은 정치적 무책임과 기회주의라는 새로운 차원을 보여주었다.

이것은 특히 최근 영국의 법적 결정의 결과와 1992년 미국 선거의 의미심장한 동성애 맹공격이라는 맥락에서 볼 때 괴로운 일이었다.

1990년 영국에서 16명의 남성이 서로 합의된 동성애 사도마조히즘 행위로 인해 기소되었고 유죄 판결을 받았다. 다수가 징역형을 받았으며, 몇몇은 4년 6개월 형을 받기도 했다. 참여자 중 어느 누구도 이의를 제기하지 않았다. 그런데도 경찰은 그들의 행위를 집에서 기록한 섹스 비디오를 몰수하고 그들을 체포했다.[7] 그들은 항소했지만 2월 말에 상소 법원은 "합의 유무는 중요하지 않다"고 판결하며 S/M 성행위가 영국에서 불법이라는 것을 실질적으로 확증하고 유죄판결을 확정했다.[8] 이 결정이 이전 판결에 근거한 것이긴 하지만 이런 기소는 지극히 드문 일이었다. 그렇게 많은 성인 남성 동성애자의 합의에 의한 성행위에 대해 그렇게 긴 징역형을 선고했다는 사실은 불길하기 그지없다.

동성애 혐오는 올해 미국 선거의 주요 정치 전략이 되었다. 2월 대통령 예비 선거철이 되자 열기가 달아올랐다. 선거가 진행될수록 국가예술기금NEA, 미국공영방송PBS, 동성애 재현, 동성애 그 자체는 모두 뜨거운 감자와 뜨거운 표적이 되었다. (헌법과 권리장전을 믿었다는 이유로) PBS 기금은 공격을 받았고, NEA 전임 이사장은 자리에서 물러나야 했다. 패트릭 뷰캐넌Patrick Buchanan의 신나치주의적 폭언에서 댄 퀘일Dan Quayle의 '가족의 가치'에 대한 완곡한 강조에 이르기까지, 동성애에 대한 공공연하면서도 은밀한 공격은 1992년 선거 캠페인에서 두드러진 전략이었다.[9]

오리건의 우익 단체인 오리건 시민연대는 주 헌법을 개정하여 동성애, 사도마조히즘, 소아성애, 수간, 시체애호증을 "비정상적이고, 잘못되었으며, 자연스럽지 못한 변태 같은" 행위로 정의하는 두 개의 발의안을 통과시키려 하고 있다. 이 발의안이 통과된다면, 그런 집단은 공공시설을 사용하지 못하게 되고, 그 어떤 시민권 제정법으로도 성적 소수자를 보호하지 못하게 되며, 주정부 기금으로 운영되는 학교, 전문대학, 종합대학에서 그런 행위에 대한 긍정적인 견해를 가르치지 못하게 될 것이었다.[10] 오리건 시민연대는 이 발의 때문에 형법이 바뀌거나 그런 행위에 대한 형사 처분이 증가되는 일은 없을 것이라고 주장하지만, 이 발의안은 몇 가지 측면에서 나치법National Socialist legislation을 연상시킨다. 오리건 시민연대 발의안이 통과된다면 성적 소수자에게서 동등한 시민권을 앗아갈 것이며, 그들을 법과 공공 정책에서 '열등한' 시민으로 만들고, 모든 국가 지원 교육기관에서 그런 열등함을 가르치라고 명령할 것이며, 그렇게 법적으로 명시된 열등함에 대해 반박하는 의견이나 증거의 공표를 억누르려 할 것이다.[11]

나는 7월 초에 이 추기를 보내려고 한다. 1992년 선거까지 4개월이 남았다. 어떤 히스테리 발작이 일어날지, 어떤 공포가 울려 퍼질지, 어떤 적개심과 적대가 부추겨질지, 가능한 계속해서 권력, 부, 특권을 한곳에 집중시키기 위해 정치적 과정이 어디까지 추락하게 될지 누가 알겠는가? 얼마나 더 많은 무고한 이들이 갇히고, 배척당하고, 괴롭힘을 당하고, 재정적으로 파멸에 이르고, 정신적으로 피해를 입을지 누가 알겠는가? 표면상 진보적이고 선의로 가득 찬 사람들이 계속해서 위험하고 파괴적인 결과를 불러올 퇴행적인 정책을 반대하는 데 실패하는 이유를 누가 알겠는가? 이제 그들 모두가 이 상황을 더 잘 알아야 한다.

8장

과거가 된 혈전

「성을 사유하기」를 반추하며

8장은 본래《GLQ》의 '성을 사유하기' 특집호(eds. Heather Love, Ann Cvetkovich and Annamarie Jagose, 17, no.1, November 2010, pp. 15~48)에 실렸던 글이다.

어느 누구와도 비교할 수 없는 이브 세즈윅에게 바친다.
그녀의 부재가 통렬한 슬픔으로 다가온다.

망각과의 싸움

출판된 지 25년이 지난 논문 「성을 사유하기」를 반추해달라는 원고 청탁을 받았다. 사반세기는 긴 시간이다. 텍스트 작성 기술은 시간이 흘렀다는 것을 보여주는 한 가지 지표가 된다. 나는 「성을 사유하기」를 출판사에 보내고 1년 뒤 처음으로 컴퓨터를 구입했다. 「성을 사유하기」는 구시대 방식인 타자기로 작성되었다. 당시는 편집할 때 '잘라내고 붙이기'가 여전히 실제로 가위로 자르고 풀로 그 조각들을 다시 붙이는 것을 의미하던 시절이었다.[1] 나는 페미니즘 성 전쟁 논란의 초기에 나온 자료들을 다시 읽어봤다. 그러면서 수없이 많은 전단, 기사, 비판문, 편집자에게 보내는 편지들 대부분이 컴퓨터 없이 작성되었다는 사실을 떠올리게 되었다. 1980년대 초에도 인터넷이 있기는 했지만, 대부분은 군 관계자나 과학자, 컴퓨터 프로그래머의 전유물이었다. 대부분의 통신은 여전히 일반 전화나 재래식 우편제도를 통해 이루어졌다.

변화를 보여주는 또 하나의 지표는 이 논문 자체의 위치이다. 이 논문은 여러 다른 학문적 의제와 정치적 고민을 횡단하면서 나온 결과물인데, 처음 발표되었을 때는 페미니즘 성 전쟁의 신랄한 논쟁에 그 모든 것이 다 묻히고 말았다. 당시의 그런 갈등은 본 논문의 지적 고민과 학문적 기여를 흐려버렸다. 그 결과 「성을 사유하기」가 나왔을 때 초기 반응은 대체로 생색을 내며 지지하는 듯한 태도와 적대적인 분개 사이를 오락가락했다.[2] 페미니즘 내부의 이런 갈등이 식으면서 이 논문의 학술적 측면도 좀 더 가시화되고 분명해졌다. 이렇게 봤을 때 이 논문의 수용은 학문적인 것에서 커다란 추문으로, 그리고 다시 학문적인 것으로 변화해왔다고 할 수 있다.

「성을 사유하기」는 캐럴 밴스의 1984년 책 『쾌락과 위험』에 처음 실렸다. 이 책은 「성을 사유하기」를 워크숍 형식으로 발표했던 바너드 성 회의Barnard Sex Conference의 논문 모음집이었다.[3] 바너드 회의는 페미니즘 성 전쟁에서 가장 격렬한 전투였던 사건이 일어난 곳으로 유명하다. 바너드에서 실제 어떤 일이 벌어졌느냐에 대해선 오해가 많다. '성을 재사유하기Rethinking Sex'라는 제목의 회의 개회사에서 바너드에 참석하지 않았던 헤더 러브Heather Love는 자신이 무언가를 놓쳐버린 듯한 두려움을 느꼈다고 말했다. 하지만 내 경우에는 오히려 그곳에 있었기 때문에 공포심을 품게 되었다. 유감스럽게도 바너드 회의에 대한 공격은 당시 반복되던 패턴의 행동 중에서도 특히 불쾌한 에피소드였다. 반포르노그래피 옹호자 몇몇은 실질적인 문제를 논쟁하지 않고 끊임없이 중상모략과 인신공격을 퍼부었다. 그들은 판에 박힌 태도로 자신들에게 동의하지 않으면 누구든지 간에 페미니즘 운동에서 제명하려 들었고, 반포르노그래피 전선을 고수하지 않는 행사들에 공격적으로 사보타주를 벌였다. 그들의 행동은 페미니즘에 쓰라린 유산을 남겼다. 성 전쟁에 연루된 다른 많은 이들처럼 나 또한 페미니즘 시민 의식이 붕괴한 것과 반포르노 신념을 지닌 반대자들이 하나같이 앙심을 품고 대처한 것에 큰 정신적 외상을 입게 되었다.[4]

나는 이미 그 회의 이전부터 바너드 워크숍에서 발표한 아이디어로 수년간 연구를 해오고 있었다. 캘리포니아 대학의 버클리 캠퍼스, 로스앤젤레스 캠퍼스, 산타크루즈 캠퍼스, 뉴욕 인문학연구소New York Institute for the Humanities에서 이 주제로 강의한 적도 있었다. 이 모든 곳의 청중 반응은 지극히 평범했고, 학술행사에서 흔히 볼 수 있는 토론이 이어졌다. 활발하고 참여적이고 때로는 논쟁적이었지만, 늘 예의를 지켰다.

그러나 내가 일단 초창기 반포르노 페미니즘 활동가들의 공공의 적으로 인식되자, 내 출현 자체가 항의시위의 빌미가 되었다. 그들은 포르노그래피뿐 아니라 모든 주제에 대해 내가 말하는 것이 무엇이든지 간에 반대시위를 벌였다. 내가 바너드 회의에 참석하는 것을 항의하는 시위는 내 입을 막고 나를 위협하려는 시도 가운데서도 가장 큰 압박으로 다가왔다. 그러나 그 사건은 처음도 마지막도 아니었다. 이 대립은 바너드 회의가 개최되기 2~3년 전에 시작되어 그 후로도 10년 이상 이어졌다. 이 대립이 시작되던 1970년대 후반에도 베이 에어리어Bay Area에서 몇몇 에피소드가 있긴 했지만 이후에 일어난 사건들과 비교할 때 그 에피소드들은 상대적으로 가벼운 편이었다. 그것들은 더 큰 지각변동의 전조가 되는 소규모의 전진前震 같은 것이었다.

예를 들면, 나는 1979년 무렵에 버클리의 비공식적인 마르크스주의-페미니즘 토론 그룹에서 미셸 푸코에 대해 발표를 하려고 했던 적이 있었다. 그런데 이 그룹의 몇몇 반포르노 단체 회원이 내가 발표를 하면 안 된다고 생각했다. 내 참석을 반대하던 이들은 나를 패널에서 빼는 데 실패하자 이 토론회를 보이콧했다. 또 다른 사례로, 게이 및 레즈비언 좌파 지역단체가 레즈비언과 게이 남성 간의 정치적 차이 및 유사성을 논하는 토론회 패널로 나를 초청한 것을 취소하게 만들려 했다. 이런 상황은 늘어갔을 뿐 아니라 점점 더 악랄해져갔다.

내가 유일한 목표물은 아니었다. 시간이 지나면서 원칙상 용인할 수 없는 페미니스트 목록이 늘어갔다. 나중에는 도로시 앨리슨Dorothy Allison, 패트 칼리피아Pat Califia, 리사 두건Lisa Duggan, 디어드리 잉글리쉬Deirdre English, 앰버 홀리보Amber Hollibaugh, 낸 헌터Nan Hunter, 조앤 네슬Joan Nestle, 신디 패튼Cindy Patton, 캐럴 밴스, 엘런 윌리스 같은 이들이 이 목록에 포함되었다. 이 시절을 되새기는 일은 기껏해야 달콤 씁쓸한 일이 될 터이다. 그런데도 이러한 반추는 내 논문을 형성한 역사적 조건을 기억하고 그것이 나온 맥락에 논문을 위치시켜준다. 게이, 레즈비언, 양성애, 트랜스젠더 역사의 현대적 장의 기초를 세운 이들 가운데 한 명인 조너선 네드 캐츠는 자신의 이메일 끝에 늘 '망각과의 싸움'이라는 구호를 붙인다.[5] 이 기억이 고통스럽긴 하지만 망각과의 싸움에서 한 명의 보병이 될 수 있어 행복하다.

성 패러다임의 변화

'성을 재사유하기' 회의의 주최자들에게는 외람된 말이지만 나는 내 논문이 "현대 섹슈얼리티 연구를 개시했다"고 믿지 않는다.[6] 내 연구는 1970년대에 이미 잘 진행되고 있었던 젠더 및 섹슈얼리티 연구에서 일어난 폭넓은 지적 변화가 만들어낸 생산물이었다. 내 연구는 이후에 게이 및 레즈비언 연구라고 명명되었던 분야에서 일하던 이들에게도 동일하게 영향을 주었던 수많은 성장 속에서 나온 결과물이었다. 그들 중 소수만 이름을 대자면, 앨런 베루베, 조지 촌시George Chauncey, 매들린 데이비스Madeline Davis, 존 디밀리오, 마틴 두버먼Martin Duberman, 제프리 에스코피어, 에스텔 프리드먼, 에릭 가버Eric Garber, 조너선 네드 캐츠, 리즈 케네디, 조앤 네슬, 에스터 뉴턴, 짐 스테이클리Jim Steakley, 마사 비시너스, 제프리 윅스 같은 학자와 저자들이 있다. 이 학문적 활동은 상당 부분 학교 안팎에서 형성된 페미니즘 및 게이 해방운동 같은 사회운동에서 영향을 받아 부흥했다. 1970년대 초반은 버크셔 여성사 회의Berkshire Conference on the History of Women와 게이학술연합GAU 회의가 처음 열리고 《페미니즘 연구Feminist Studies》와 《기호들Signs》 같은 학술지가 만들어지던 흥분된 시기였다. 1970년대 중반에는 인류학, 사회학, 역사학의 개념과 정보들이 서로 교류하고 영향을 주고받으며 새로운 이론적 형성물을 낳았다. 1977년에 윅스는 '성의 사회적 구성social construction of sex'이라고 이름 붙여지게 될 동성애사의 연구 프레임을 절합하기 위해 자신이 사회학과 역사학에서 받은 교육을 활용했다.[7]

많은 이가 '성의 사회적 구성' 패러다임에 대해 터무니없는 글들을 무진장 써댔다. 비판자들은 종종 과장되거나 희화화된 모습을 상정해 그에 반대하는 주장을 펼쳤다. 비판자들은 사회구성주의자들이 1980년 대 이전에는 동성을 욕망하거나 오르가즘을 느끼거나 교차 성행동cross-gender 참여자가 존재하지 않았다고 주장하는 듯 여겼다.[8] 나는 그런 말도 안 되는 주장을 하는 사회구성주의자를 본 적이 없다.

사회구성주의는 동성애와 섹슈얼리티를 결혼, 아동기, 식사 예절 같은 친밀한 일상의 생활사 안에 위치시킨다. 어느 누구도 아동기를 연구하는 역사학자가 신체적인 미성숙 그 자체를 근대적 발명으로 생각한다고 가정하지 않는다. 결혼을 연구하는 역사학자는 **결혼**도 동성애처럼 보편적인 용어나 개념이 아니라는 점에 주목한다. 그렇다고 그들이 짝짓고, 동거하고, 아이를 낳고, 재산을 소유하고, 특별한 법적 지위를 부여받은 커플이 이전에는 없었다고 주장하는 것은 아니다. 사회구성주의자들은 다만 결혼 같은 어떤 행위를 하는 방식과 그에 연루된 행동, 관습, 강점이 시대와 장소에 따라 구분되며 불연속적이라는 것을 지적할 따름이다.[9]

사회구성주의는 역사학자와 인류학자들이 오랫동안 다른 사회적 현상을 다뤄왔던 것과 같은 방식으로 성적 행위를 다룬다. 예를 들어, 똑같이 땅을 경작하고 작물을 키울지라도 20세기 네브라스카의 농부와 차르 치하의 러시아 소작농이 같지는 않다. 텍사스의 소 떼는 누어족의 소 떼와 다르다. 양쪽 모두 소고기 경제에 연루되어 있더라도 말이다. 고대 아테네의 노예는 남북전쟁 전 미국 남부의 재산으로 취급받던 노예와 같지 않다.[10] 재산은 사회적으로 구성되며 천차만별이다. 그리고 재산은 인류학, 역사, 법 문헌 전반에서 언급되는 여러 항목의 권리와 소유권의 다양한 형식이다. 왜 섹슈얼리티만 이런 평범한 사회과학적 질문과 법률사의 과정에서 예외가 되어야 하는가?

사회구성주의는 섹슈얼리티도 인간 행동에 대한 다른 주제나 양상처럼 동일한 방법론적 전략과 이론적 원칙에 종속되어 있다고 간단히 주장한다. 사회구성주의가 급진적으로 보였던 이유는 상당 부분 과도하게 낙인찍힌 비관습적 주체에게 관습적 접근을 적용했기 때문이다. 밴스가 종종 대화 중에 주시했던 것처럼, 가장 이상한 점은 사회구성주의 섹슈얼리티 이론이 발전했다는 것이 아니라 그렇게 되는 데까지 긴 시간이 걸렸다는 것이다. 동성 에로티시즘과 교차 성행동이 역사적이고 문화적으로 특정적이었다는 것을 보여줌으로써 사회구성주의는 시대에 뒤떨어진 가정들을 제거했으며, 새로운 연구 프로그램을 만들고 새로운 주제들의 타당함을 밝혔다. 초기에 있었던 논쟁과 끈질긴 주장에도 불구하고, 사회구성주의의 주요 전제는 이제 대다수 퀴어 학문이 발생하는 데 익숙한 장을 형성한다. 퀴어 학문에서 이렇게 패러다임이 이동하기 이전에, 무엇보다도 동성애 역사가 영광스러운 선조를 찾는 데 집중하고 있을 때, 그리고 남성 동성애와 레즈비어니즘이 안정적이고 대부분 변화하지 않는 현상으로 이해되었던 시절에 현장이 어땠었는지는 쉽게 잊히곤 한다. 그러나 예전 패러다임이 축적해둔 자료들은 엄청난 가치를 갖고 있으며 사회구성주의가 부상하는 토대를 제공했다. 「성을 사유하기」는 1970년대 후반 섹슈얼리티 연구를 재구성하여 지적으로 발효시키는 데 한몫했다.[11] 사회구성주의의 틀과 처음 조우했을 때 나는 완전히 흥분했다. 「성을 사유하기」는 특히 도시의 성적 인구구성과 지역에 대한 나의 민족지학 연구에 사회구성주의의 영향을 쏟아붓는 시도였다.

나는 이전에 한 출판물에서 동성애를 지지하고 게이 해방을 시도했던 학문의 초기 지층을 알기 어렵게 만든 기억상실에 대해 불평한 적이 있다.[12] 나는 지나가는 말로라도 이런 연구가 무시된 것은 제도적 지원이 일부 부족했기 때문이라는 점을 지적하고 싶다. 이런 연구를 했던 학자들은 어떤 대학에도 소속되어 있지 않았다.[13] 동성애 주제를 연구했던 학계의 학자들은 온건하게 표현하면, 제대로 보상받지 못했다.[14] 그들 중 다수는 당시 대학원생이었다. 그들의 지도교수는 그들이 학문적 자살을 저지르고 있으며 이런 경고는 완전히 현실에 근거한 것이라고 직설적으로 말했다. 초기에 퀴어 학문을 연구했던 많은 이가 학계에서 조직적인 실업이나 불완전 고용을 감내해야 했다.

이런 유의 주제와 그 주제를 연구한 학자들은 일반적으로 학과 내에서 평판이 좋지 못했다. 그런 연구는 권위 있는 학술지에 실리기에 적절하지 않은 것으로 취급되었다. 디밀리오의 동성애 옹호 운동 연구, 스테이클리의 나치의 동성애 박해에 대한 폭로, 베루베의 게이 샌프란시스코에 대한 초기 연구 같은, 게이 역사에 대한 가장 중요한 몇몇 연구는 학술지가 아니라 게이 프라이드를 기념하기 위해 출간된 프로그램 책자, 캐나다 게이 해방신문인 《몸의 정치》, 보스턴 게이 해방신문인 《게이 커뮤니티 뉴스Gay Community News》에 실렸다.[15] 제2차 세계대전 시기 게이 남성 및 레즈비언에 관한 베루베의 논문 중 하나는 《마더 존스Mother Jones》에 실렸다.[16] 그 신문과 잡지들은 훌륭한 정기간행물이었지만 종신 교수직을 받기 위한 실적 평가에는 들어가지 못했다. 그러다가 1990년에 커다란 변화가 생겼다. 퀴어 및 섹슈얼리티 학문은 (특히 몇몇 분야의 신진 학자들에게는) 더 이상 경력을 망치는 분야가 아니었다. 이 변화는 인문학에서 먼저 일어났으며, LGBTQ 연구를 지속하기 위한 제도적 토대를 수립하기 위해 여전히 분투하고 있던 사회과학에서는 좀 더 천천히 이루어졌다.

초창기 게이 및 섹슈얼리티 학문을 육성한 것은 학계가 아니라 사회적으로 촘촘하게 형성되어 있던 지적 네트워크였다. 관련 학과가 없던 시절, 커뮤니티 기반의 대학 소속 연구자들은 자신의 발견을 공유할 수 있는 연구 집단을 만들었다. 그 가운데 두 정보 집단이 나에게 너무나 중요한 역할을 했다. 하나는 낸시 초도로Nancy Chodorow, 엘런 뒤부아, 바버라 엡스테인, 미셸 로살도Michelle Rosaldo, 메리 라이언Mary Ryan, 주디스 스테이시Judith Stacey, 엘런 케이 트림버거E. Kay Trimberger, 마사 비시너스 같은 이들과 함께했던 '페미니즘과 성의 역사' 스터디 그룹이었다. 이 연구 집단은 열정적인 교육과 자극으로 가득 차 있었다. 다른 하나는 샌프란시스코 레즈비언 게이 역사 프로젝트San Francisco Lesbian and Gay History Project라는 집단이었다. 이 프로젝트는 베루베, 에스코피어, 가버가 세운 연구 집단이었다. 앰버 홀리보, 에스텔 프리드먼에 뒤이어 내가 합류하게 되었다. 프리드먼은 다음과 같이 회상한다. "1978년 무렵 나는 샌프란시스코 레즈비언 게이 역사 프로젝트라는 이제 막 출범한, 엄청난 자극을 주는 소규모의 학자 집단에 가입했다. 게이 역사를 대중에게 알리는 데 헌신하던 역사학자와 영화감독 들이 그곳에 있었다."[17] 구성원들은 유동적이었고 시간이 지나면서 바뀌기도 했다. 그중 베루베, 가버, 에스코피어, 프리드먼, 홀리보, 디밀리오와 나는 가장 오랫동안 적극적으로 참여한 회원이었다. 버트 핸슨Bert Hansen과 주디스 슈워츠Judith Schwartz처럼 샌프란시스코에 왔을 때 방문회원이 된 사람도 많았다.[18] 베루베의 연구는 일종의 지주 역할을 했다. 그는 초창기에 샌프란시스코에서 남성으로 통했던 여성들에 대한 아카이브 자료를 발견했다.[19] 그는 공공장소에서 동성애자들이 술을 마실 법적 권리를 만든 법정 사건뿐 아니라 알콜중독위원회 Alcoholic Beverage Commission에서 지시한 캘리포니아 게이 바 감시에 대한 서류를 발견했다.[20] 베루베가 제2차 세계대전 중에 게이 남성들이 쓴 편지가 담긴 상자 하나를 찾았다고 처음 말하던 때가 기억난다. 그 편지들을 기점으로 베루베의 프로젝트가 시작되었고, 연구 결과물로서 그의 선구적인 책 『포화 속의 커밍아웃 Coming Out Under Fire』[21]이 나왔다. 나는 가버가 아프리카계 미국 게이 남성과 20세기 초 할렘의 레즈비언들에 대한 연구를 그 역사 프로젝트 모임에서 처음으로 말하던 순간을 기억한다.[22]

역사 프로젝트의 지적 흥분과 영향에 대해서는 아무리 말해도 모자람이 없다. 그렇지만 역사 프로젝트 역시 성 전쟁의 초기 국면과 떼려야 뗄 수 없다. 1979년 "앨런 베루베는 여성회관 Women's Building에 꽉 들어찬 청중 앞에서 '레즈비언의 가장 무도회'라는 제목으로 초기 샌프란시스코에서 남성으로 통했던 여성들에 대한 첫 슬라이드 쇼를 발표했다. 이 발표는 야심 찬 축하 행사가 되었으며, 곧 역사 프로젝트는 우리의 집단적 문화 기획에 참여할 신입회원을 건지게 되었다."[23] 유감스럽게도 그 새로운 신입회원들 중 일부는 이념적 헌신을 이유로, 가죽옷을 입는 S/M 게이 남성 구성원들에 대한 내 연구와 당시에는 완전히 시작 단계에 머물러 있었던 레즈비언 S/M 공동체에 내가 참여한 것 때문에 나를 축출하려고 했다. 결국 나는 머물 수 있게 되었고, 나를 쫓아내려던 이들이 역사 프로젝트를 떠났다. 나는 회원 자격을 유지했지만, 어빙 고프먼

Erving Goffman의 용어를 따르자면, 이미 상황은 "망가졌다."[24] 나는 그 후 수년 동안이나 어떤 공적인 발표에서도 내 연구를 공유해달라는 요청을 받은 적이 없을 정도로 충분히 위험인물이 되었다.

비통함에 대해 말하기: 페미니즘 성 전쟁

'바너드 성 회의'라는 명칭은 실제로는 1974년 이후 바너드 대학에서 매년 열렸던 '학자와 페미니스트'의 아홉 번째 회의였던 '학자와 페미니스트 제9차 회의: 성 정치를 향하여The Scholar and the Feminist IX: Towards a Politics of Sexuality'의 약칭이었다. 바너드 성 회의의 주제 논문 제목은 '성 정치를 향하여'였다. 회의 기획위원회는 참석을 요청하는 공개서한에 응답한 바너드 대학 교수, 컬럼비아 대학 대학원생, 뉴욕 페미니스트 지식인과 활동가 들로 구성되었다. 회의의 학계 쪽 진행자였던 밴스가 쓴 초청 서한은 바너드 대학 교수들과 과거 '학자와 페미니스트' 기획위원회 위원들, 섹슈얼리티를 연구하고 있던 학자들과 활동가들에게 보내졌다.[25] 기획위원회는 여덟 달 동안 2주에 한 번씩 만났으며, 이 모임은 섹슈얼리티 스터디 그룹의 기능도 했다. 기획위원회 모임의 회의록과 각 위원의 논평이 72쪽으로 제작된 책자 『섹슈얼리티 회의 일지Diary of a Conference on Sexuality』(이하 『일지』)에 실렸다.

회의가 그러했듯이 이 책자도 혁신적이고 야심찼으며 새로웠다. 그 책자는 참석자들에게 배포해 회의 프로그램 책자의 기능을 할 요량으로 만들어졌기 때문에 행사 일정과 발표자 목록이 포함되어 있었다.

그러나 그것은 프로그램 책자 이상이었다. 그 책자는 기획 과정뿐 아니라 회의가 열리는 날을 기록한 아카이브 문서가 될 수 있도록 디자인되었다. 심지어 그 책자에는 참석자들이 메모할 수 있는 빈 페이지가 있었다. 각 워크숍에는 워크숍에 대한 설명, 발표자 목록, 그리고 제시된 서지가 포함된 페이지가 종종 할당되어 있었다. 워크숍 소개 부분에는 회의 발표자 신임장으로 쓰기 위해 제작된 엽서 형식의 페이지가 특별히 포함되었다. 편집진은 발표자들에게 엽서 앞면의 이미지로 사용될 그림 이미지를 보내달라고 요청했다. 그 이미지는 워크숍 주제를 지시하는 것일 수도 있었지만, 일지 분위기를 자아내는 사적 내용이거나 심지어 단지 개별 발표자에게만 의미 있고 흥미로운 것, 아니면 그저 시각적으로 눈을 뗄 수 없고 즐거운 것으로 보일 수도 있었다.[26]

개회와 폐회의 본회 발표자에는 엘런 뒤부아, 앨리스 에컬스Alice Echols, 린다 고든Linda Gordon, 홀리보, 호텐스 스필러스Hortense Spillers가 있었고, 시인으로는 해티 고세트hattie gossett, 체리 모라가Cherrie Moraga, 샤론 올즈Sharon Olds 등이 있었다. 18개의 오후 워크숍은 다양한 주제와 다양한 발표자가 특징적이었다. 도로시 앨리슨, 메릴 올트먼Meryl Altman, 데일 번스타인Dale Bernstein, 메리 칼더론Mary Calderone, 알린 카르멘Arlene Carmen, 뮤리엘 디멘Muriel Dimen, 올리바 에스핀Oliva Espin, 엘사 퍼스트Elsa First, 로버타 갤러Roberta Galler, 페이 긴즈버그Faye Ginsburg, 벳 고든Bette Gordon, 다이앤 해리퍼드Diane Harriford, 수전 힐Susan Hill, 셜리 캐플런Shirley Kaplan, 바버라 크루거Barbara Kruger, 마리 쿠릭Maire Kurrik, 케이트 밀렛Kate Millett, 캐럴 문터Carole Munter, 네슬, 뉴턴, 머사 퀸타날레스Mirtha Quintanales, 패트 로빈슨Pat Robinson, 카자 실버먼Kaja Silverman, 샤론 톰슨Sharon Thompson, 셜리 월튼Shirley Walton, 폴라 웹스터Paula

Webster가 워크숍 좌장을 맡았다. 워크숍에서 언급된 주제들로는 자크 라캉, 낙태권, 게이와 레즈비언의 권리, 포르노그래피, 10대 로맨스, 대중을 위한 섹스 지침 문헌, 창조성과 연극, 예술적 비전, 동성애와 이성애 관계에서의 부치/펨 역할, 계급, 인종, 심리 치료, 정치적으로 올바른 성과 올바르지 않은 성, 몸 이미지, 장애, 유아와 아동기의 섹슈얼리티, 매춘, 정신분석학 등이 있었다. 내가 참여한 워크숍은 '급진적인 성 정치를 위한 개념들Concepts for a Radical Politics of Sex'이었다.

그러나 이 회의의 명성은 이 워크숍의 요지와는 거의 아무런 관계가 없었다. 뉴욕에서 온 소수의 반포르노 활동가들이 이 회의에 혹은 그들이 그럴 것이라고 상상한 것에 격노했다. 『쾌락과 위험』의 에필로그에서 밴스가 다시 상세하게 설명했듯이, 이 적대자들은 회의 바깥에서 소란스럽게 시위를 벌였으며, 회의가 반페미니즘적이라고 맹렬히 비난하는 전단을 배포하고, 바너드 대학 행정실을 완전히 겁먹게 했다.[27] 밴스가 주목했듯이 그 전단은 "회의를 반대하는 이후의 반발을 위한 본보기로서" 기능한 "오보의 걸작"이었다.[28] 밴스는 당시에 목격한 상황을 다음과 같이 말한다. "그 전단은 그것이 고취한 소문 및 왜곡된 뉴스 보도와 함께 상상 속에서 회의를 그려냈으며, 섹슈얼리티에 대한 고민을 우물 안 개구리 같은 반포르노그래피 주창자들의 관점에만 부응하는 아주 소수의 쟁점으로 제한하게 만들었다. … 사유와 경험의 다양성을 포르노그래피, S/M, 부치/펨 - 뉴라이트의 불경스러운 삼위일체인 섹스, 마약, 로큰롤과 대응 관계에 있는 반포르노그래피 주창자들의 세 가지 반대 요소 - 으로 환원한 것은 성 공포증을 부추기는 상징을 효과적으로 사용한 사례이다."[29]

역설적이게도 워크숍, 주제 논문, 그리고 회의의 결과물로 나온 선집에 반영된 회의의 주요 주제는 여성에게 섹슈얼리티는 쾌락의 수단이기도 하지만 위험의 근원이기도 하다는 것이었다. 말할 것도 없이 바너드에서 반포르노그래피 페미니즘의 특정 주장에 대한 존중은 찾아볼 수 없었다. 포르노그래피에 대한 워크숍이 있기는 했다. 『일지』에 실린 포르노그래피 워크숍 소개는 다음과 같다. "본 워크숍은 포르노그래피를, 성적 차이를 구성하고 마찬가지로 여성 주체를 구성하는 무수한 담론의 맥락 내에, 특히 흔히 볼 수 있는 광고와 지배 영화의 담론 내에 포르노그래피를 위치시킬 것이다. 우리는 또한 포르노그래피가 기존의 상징 질서에 대한 더 일반적인 비판, 혹은 가족이나 교회와 같은 다양해 보이는 구조와 분리될 수 없다고 주장할 것이다."[30] 이 소개글은 반포르노그래피 운동 지도부를 절대적으로 반대한다는 뉘앙스를 풍기고 있었다. 반포르노 운동의 이데올로기는 포르노그래피를 여성 종속의 주요 동력이자 남성 우월의 독특한 치명적인 제도로 보고 있기 때문이다.

바너드 시위를 기획한 이들 중에 뉴욕의 '포르노그래피에 반대하는 여성 WAP' 소속인 도르첸 라이트홀트가 있었다. 반포르노 운동 동료인 수전 브라운밀러 Susan Brownmiller는 당시 라이트홀트의 반응을 다음과 같이 포착한다. "'바너드 회의에 갔던' 당시를 회상하며 도르첸은 진저리를 쳤다."[31] 브라운밀러의 묘사는 반포르노 진영이 바너드 회의에 대해 어떤 설명을 제시했는지를 전형적으로 보여준다.

1982년 4월 24일 토요일 바너드 대학에서 열린 제9회 '학자와 페미니스트' 연례회의는 '성 정치를 향하여'를 자신들의 획기적인 주제로 선언했다. 컬럼비아 대학의 인류학자인 캐럴 밴스와 그녀가 선택한 고문위원들이 몇 개월 동안 기획하며 보낸 행적은 당시 회의록에 적혀 있다. 그들은 '정치적으로 올바르지 않은' 성적 행위를 즐겁게 탐험하고, '파시스트'적이고 '도덕주의자'처럼 구는 WAP의 경향에 대항하고자 했다. 그 결실은 기묘했다. 그들은 s/m의 쾌락에 대해 약간 불안하면서도, 어느 정도는 들뜬, 자주 울먹이는 발표를 했다. … 그날 바너드의 모든 발표자가 s/m이나 부치-펨 역할을 언급한 것은 아니었다. 몇몇 초청자는 학술 원고를 읽었다.[32]

현실에서는 18개 팀의 워크숍 중 어느 팀도 특별히 S/M에 초점을 두지 않았다. 그리고 한 팀만이 부치/펨에 대해 발표했다. 이 주제들이 분명 다양한 논의 중에 나오긴 했지만 - 참석자들이 특별히 그 주제를 맹렬히 비난하는 전단을 받은 후에 아마도 더 관심을 끌었을 것이다 - 주요한 초점은 거의 아니었다. 세 팀의 워크숍이 다뤘던 심리 치료와 정신분석이 S/M보다 훨씬 더 많은 관심을 받았고, 낙태권은 부치/펨과는 비교도 안 될 만큼 더 많이 강조되었다. 사실 학술 원고를 읽은 이들이야말로 이 워크숍들의 공통분모였다. 반포르노그래피 십자군들이 퍼트린 회의에 대한 설명은 현실의 작은 낟알 몇 개가 과장과 오보의 유독한 혼합물 속에서 소용돌이치는 형상이었다. 밴스는 '그녀가 선택한 고문위원' 집단을 조직한 적이 없다. 그녀는 공개 모집을 공표했고 이에 관심이 있는 팀들이 답해 왔을 뿐이다. 이 모든 것이 『일지』에 기록되어 있다. 그러나 완전히 겁에 질린 바너드 행정실이 『일지』를 압수했기 때문에 회의 당일에 어느 누구도 『일지』를 볼 수 없었다.[33]

대신에 바너드 대학 정문에 도착한 800여 명의 참석자들은 앞판에는 '페미니즘 섹슈얼리티를 위하여 For a Feminist Sexuality', 뒤판에는 'S/M 반대Against S/M'라고 새긴 티셔츠를 입은 소규모 시위자들을 마주치게 되었다.[34] 그들은 "급진적인 페미니즘에 대한 반발"을 옹호하고 "모든 여성을 억압하는 성적 제도와 가치를 지지하는"[35] 회의 주최자를 비난하는 전단을 배포했다. 그 전단은 이른바 '페미니즘적이지 않은' 성적 행위 혹은 정치적 견해로 예닐곱 명의 참석자들을 특별히 지목해 비난했다. 앨리슨과 '부치 펨 역할'을 지지한 익명의 두 사람이 거기에 포함되었다. 그 둘은 아마도 네슬, 홀리보, 아니면 모라가였을 것이다. 그 전단은 브렛 하비Brett Harvey의 참석을 비난했는데, 그녀가 《빌리지 보이스Village Voice》에 포르노그래피 해방을 주장하는 글을 게재한 여성작가 그룹'으로 여겨지는 재생산권 단체 '착한 여자는 이제 그만No More Nice Girls'에 연루되어 있었기 때문이다. 그 전단이 '착한 여자는 이제 그만'에 반대하는 논리는 《빌리지 보이스》에 글을 써서 반포르노그래피 분석 연구와 공개적으로 대립각을 세운 첫 페미니스트들 중 하나인 윌리스가 그 단체의 설립자 중 한 명이라는 것이었다.[36] 내가 샌프란시스코의 레즈비언 S/M 단체인 사모아에 소속되어 있다는 이유로 나의 참석도 공격받았다. 사모아 회원인 패트 칼리피아 또한 단순 참석 외에 회의에서 어떤 역할을 하지 않았는데도 비난을 받았다. 그 전단은 내가 회의에 사모아를 '대표해서' 나왔다고 주장했지만, 그것은 전혀 사실이 아니었다.[37] 라이트홀트는 나중에 《우리를 내버려둬Off Our Backs》에서 다음과 같이 주장했다. "우리는 WAP가 배제되었기 때문이 아니라 이 운동에 담긴 성폭력 부분이 완전히 빠졌기 때문에 항의한 것이다. 게일 루빈 같은 이가 포함될 때 이런 운동은 특히 더 위험해진다."[38]

실제로 WAP의 항의에는 두 가지 모순된 입장이 공존한다. 바너드 회의가 S/M을 노골적으로 찬양했다는 입장과 도착적인 어젠다가 감춰져 있어 더 은밀하게 퍼지리라는 입장이 공존한다. 라이트홀트는《우리를 내버려둬》의 기자에게 "바너드 회의의 편향된 성격이 너무나 잘 숨겨져 있었다"고 말하면서 "프로그램 어디에도 워크숍 대표가 사모아나 뉴욕 레즈비언 섹스 마피아LSM: New York's Lesbian Sex Mafia 소속이라는 정보가 없었다"고 항의했다.[39] 이런 불만은 철저한 검토를 바탕으로 한다. 거의 40명이나 되는 발표자와 워크숍 대표 가운데 오직 두 명만이 위에 언급된 단체 회원이었다. 그러나 어느 경우든 그곳의 회원이라는 것이 무슨 관련이 있는가? 학술행사의 모든 참석자가 자신의 여가 활동이나 사회적이고 정치적인 소속을 일일이 열거해야 하는가? 나는 학술회의에서 발표하기로 되어 있는 미시간 대학 대학원생이었기 때문에 내 소속을 학교로 했고, 그것은 너무나 적절한 처사였다. 아무래도 내가 눈에 띄게 검은 가죽으로 삼각형 표식이나 주홍글씨를 달아서 품위를 갖췄어야 했던 것 같다.

회의의 목표를 지지하든지 아니면 반대하든지 간에 당일에 배포된 전단과 뒤이어 나온 언론 보도들이 퍼트린 과장되고 부정확한 특징 묘사는 이날을 회의의 독보적인 전설로 만들었다. 회의의 타당성에 대한 주장이 있었지만, 그 논쟁들은 상상 속에서 그려낸 그 회의에 대한 서사가 얼마나 정확한지에 대해서는 거의 이의를 제기하지 못했다. 예를 들면, 바너드 사건이 있은 지 10년이 지나서도 라이트홀트는 여전히 "급진 페미니스트와 우리의 정치에 대한 공격은 전혀 막으려 하지 않은 채, 회의 발표자와 주최자, 워크숍 대표 들은 지배와 종속의 섹슈얼리티를 촉진하고 옹호했다. 그리고 어떤 때에는 얄팍하게 가면을 쓰고, 어떤 때에는 공공연하게 옹호했기 때문에 겉으로는 잘 드러나지 않았지만, 사도마조히즘이 이면에 깔린 주제였다"고 주창하고 있다.[40] 심지어 제인 게르하트Jane Gerhard는 회의에 대해 상당 부분 호의적으로 설명하면서도 그 회의가 "성적 실천, S/M, 부치/펨 역할, 포르노그래피, 아동 섹슈얼리티, 성적 치료에 대한 세션들"[41]로 구성되어 있었다고 묘사했다.

회의의 이미지가 계속해서 도착적 섹스를 찬양한 장소로 고착된 데는 많은 이유가 있다. 밴스가 주목했던 것처럼, "그날 〔회의에〕 등록한 참석자들이 『일지』를 볼 수 없었기 때문에 회의의 목적은 한층 더 왜곡되기 쉬웠다. 논문이나 발표가 이루어지기도 전에 전단이 먼저 뿌려졌고, 전단에 쓰여 있던 선동적이고 선정적인 비난은 등록자들이 색안경을 쓰고 그곳에서 일어난 일을 바라보게 만들었다."[42] 결국 몇 주 후에 『일지』가 재인쇄되어 참석자들에게 제공되었다. 그러나 그사이에 이미 반포르노그래피 대표단이 만든 서사의 기이한 주장과 과열된 묘사가 뿌리를 내렸다.

밴스는 그 회의가 개최되기 바로 전 주에 있었던 일에 대해 다음과 같이 술회한다.

반포르노그래피 페미니스트들은 지역의 유명 페미니스트뿐 아니라 바너드 대학 사무실과 이사들에게 전화를 걸어 회의가 반페미니즘 관점을 촉진하고 있으며 '성적 변태들'이 회의를 탈취하고 있다고 항의했다. 이 주장들이 너무 정신 나간 것이었기 때문에 성적인 측면에서 보수적이었던 여자대학 대표직에 있던 이들은 큰 충격을 받았다. … 그사이에 바너드 대학 총장인 엘런 V. 퍼터Ellen V. Futter는 여성센터 직원들을 추궁하고, 기금 제공자들이 성적 주제와 이미지에 어떻게 반응할까를 걱정하며 프로그램을 면밀히 조사하고 회의 책자를 전량 몰수했다.[43]

바너드 여성센터Barnard Women's Center 소장인 제인 굴드Jane Gould는 회의 바로 직전에 총장실에 불려갔다고 술회한다. 굴드는 다음과 같은 사실을 나중에야 알게 되었다. "총장실은 회의를 포르노그래피라고 부르고 회의 당일에 피켓을 들고 자신들의 의도를 알리겠다며 회의를 공격하는 WAP으로부터 감당 못 할 정도의 전화를 받았다. 그중 한 명은 총장에게 전화를 걸어 사도마조히즘을 지지하는 사모아라는 캘리포니아 레즈비언 단체가 회의 기획을 지배하고 있다고 알렸다."[44] 사모아에서 온 어느 누구도 기획단에 포함되지 않았다는 사실은 분명히 해두어야겠다. 샌프란시스코에 있는 단체가 여덟 달 동안 2주마다 한 번씩 꼬박꼬박 뉴욕에 있는 모임에 참석하기 위해 이동한다는 주장은 얼마나 억지스러운가? 게르하르트는 심지어 나를 회의 기획자의 목록에 포함시켰다. 그것은 사실이 아니었다. 그녀는 그렇게 함으로써 서사가 사실을 이기는 경우를 실례로 보여주었다.[45]

총장실에 들어갔을 때 굴드는 "『일지』를 한 권씩 들고 있는 퍼터 총장, 홍보실장, 대학 변호사"를 보았다. "퍼터 총장의 표현이 모든 것을 말해주었다. 그녀는 그 출판물을 포르노그래피로 간주했다. 그녀는 회의 참석자와 대중에게 그 책을 배포하는 것을 용인하지 않겠다고 말하면서 일을 밀어붙였다. … 그녀는 그 책자를 즉각 파기하고 파쇄해야 한다고 주장했다."[46] 밴스는 바너드 행정부가 회의 이틀 전에 1500부 모두를 압수하는 동안 그녀와 기획위원회 위원들은 회의가 24시간이 채 남지 않았을 때까지도 어떤 고지도 받지 못했다고 적고 있다.[47] 바너드 행정실 관리자들은 밴스에게 『일지』가 "인쇄기 때문에 지연되고" 있다고 말하라고 지시했다. 그녀는 이런 명령을 무시하고 바너드 대학 총장이 『일지』를 압수하고 검열했다고 참석자들에게 알렸다. 바너드 대학은 상당한 압력과 법적 위협을 받은 후에야 바너드 대학과 회의 기금 제공자인 헬렌 B. 루빈스타인 재단Helen B. Rubinstein Foundation의 이름 두 줄을 지운 『일지』의 재인쇄 비용을 지불하고 회의 참석자에게 재인쇄본을 배포하기로 동의했다.[48]

마침내 6월이 되어서야 『일지』가 재인쇄되어 참석자들에게 우편으로 발송되었다. 8월 안드레아 드워킨은 『일지』를 다음과 같이 적힌 첨부 편지와 함께 보냈다.

이것은 최근에 바너드 대학에서 열린 섹슈얼리티에 관한 회의의 기획자들이 함께 만든 『일지』라 불린 책자다. … 이 『일지』를 처음부터 끝까지 읽어보라. 어떤 부분도 빼놓고 넘어가지 말 것을 당부한다. 이 사진들을 보라. 이 책을 즉각 읽어보라. 아무리 바빠도 이 책을 읽는 것을 미루면 안 된다. 이 일지는 S&M과 친포르노그래피 활동가들이 얼마나 지적이며 정치적으로 정당화되고 지지받고 있는지를 보여준다. 또한 급진적인 페미니즘 이론과 운동, 그리고 페미니즘 효용의 기반을 심각하게 약화하고 왜곡하는 개념틀을 보여준다. 나는 전체적으로 볼 때 페미니즘의 표준에 따르면 당연하게도 이런 책자와 주장은 해롭기 그지없는 반여성적, 반페미니즘적이라고 믿는다. 나는 페미니즘 운동이 근본적이고 필수적인 전제에 반대하는 이런 종류의 공격을 내부로부터 받는다면 그 정치적 진실성과 도덕적 권

위를 유지하기 어려울 것이라고 생각한다.[49]

바너드 회의를 보도했던 뉴스들은 상상 속에서 만들어낸 회의에 대한 환영을 신주 모시듯이 했다. 《우리를 내버려둬》는 페미니즘 운동을 기록하는 신문과 흡사한 매체였다. 그래서 그 신문이 WAP의 설명을 그대로 반영해 보도했다는 것은 극도로 괴로운 일이었다. 우리는 각기 다른 관점에서 편집자에게 물밀듯이 편지를 보내기도 했다. 나를 포함해 프란시스 다우티Frances Doughty, 바버라 그리어, 홀리보, 네슬, 뉴턴, 밴스, 월튼, 윌리스가 편지를 보냈다. 사모아에서도 편지를 보냈다. 심지어 그 시위 전단과 거리가 먼 단체인 '여성 폭력에 반대하는 클리블랜드 여성 Cleveland Women Against Violence Against Women'이 보낸 편지도 있었다.[50] 그러나 《우리를 내버려둬》의 기사는 온라인에서 쉽게 볼 수 있는 반면, 그 편지들은 그렇지 않았다. 《우리를 내버려둬》의 전산화된 버전은 학술자료검색 서비스인 프로퀘스트Proquest를 통해 접할 수 있지만 그 편지들은 전산화된 자료 목록에 없다. 《우리를 내버려둬》의 불완전한 전산화는 그 사건의 편향되고 왜곡된 그림이 정본이라고 보이게 만든다. 《우리를 내버려둬》의 전체 논의를 엿보려면 바스러지는 신문 인쇄 용지를 찾아봐야 한다. 아직 페미니즘 성 전쟁을 전반적으로 이해할 수 있는 포괄적인 역사서는 없다. 그리고 여기서 한 가지 문제는 너무나 많은 1차 문서들을 쉽게 볼 수 없다는 것이다.[51]

서부 해안 전쟁: WAVPM과 사모아

바너드 회의의 실제 행사 내용은 이 회의가 S/M, 부치/펨, 포르노그래피에 대한 무비판적 옹호로 점철되어 있었다는 주장이 얼마나 부조리한지를 증명한다. 그런 왜곡된 주장을 신뢰할 만하다고 본 안일함과 그들의 놀랍도록 집요한 주장은 분석적 관심과 역사적 맥락화를 요청한다. 왜 몇몇 페미니스트들은 페미니즘 회의에 항의했는가? 그리고 왜 그들은 'S/M 반대'라는 구호를 새긴 티셔츠를 입었는가? 당시에는 작고 이름 없는 샌프란시스코 레즈비언 S/M 단체였던 사모아가 별다른 책임이 없는데도 불구하고 수천 마일이나 떨어진 곳에서 개최된 회의에 연루되었는가? 이에 대한 설명은 바너드 성 회의 이전에 뉴욕에서 멀리 떨어진 곳에서 일어났던 사건에서 일부분 찾아볼 수 있다. 많은 사람은, 특히 동부 해안 지역에서 온 이들은 바너드 회의가 페미니즘 성 전쟁의 발단이 되었다고 생각한다. 그러나 그보다 앞선 사건들이 있다. 1978년 샌프란시스코 베이 에어리어에 중요한 전투 지대가 먼저 형성되었다. 이런 전사前史에 대한 지식은 바너드 회의를 휩쓸었던 논쟁을 더 잘 이해할 수 있게 해준다.

서부 해안 지역의 전투는 최초의 반포르노그래피 페미니즘 조직인 '포르노그래피 및 미디어의 폭력에 반대하는 여성WAVPM: Women Against Violence in Pornography and Media'과 최초의 레즈비언 S/M 조직인 '사모아' 사이에서 벌어졌다. 두 단체 모두 1970년대 후반 샌프란시스코 베이 에어리어에서 활발하게 활동하고 있었다. 그들의 소규모 접전은 성 전쟁의 초기 국면을 특징짓는 수많은 본보기와 주제를 생산했다. 미디어 장르인 '포르노그래피'와 성적 기호이자 실천인 '사도마조히즘'은 종류가 다르다. 그러나 급격히 두 용어는 등가 관계로 해석되었고 다양한 정치적 차이를 설명하는 데 사용되었다. 포르노그래피와 사도마조히즘이 구분 불가능한 것, 혹은 적어도 표면적으로는 동일한 해로운 현상의 양상으로 취급되기 시작하자, 반포르노그래피와 사도마조히즘은 반대 극에 있는 것으로 여겨졌다. 그것은 물질과 반물질처럼 절대 양립할 수 없는, 그리고 동일한 정치적 혹은 도덕적 공간을 결코 점유할 수 없는 존재론적 대립이었다. WAVPM과 사모아 사이의 갈등은 '반포르노그래피'와 '사도마조히즘'을 비판적 입장, 이데올로기적 체계, 상반된 세계관이 되게 만들었다. 그리고 이 대립 체계는 성 전쟁 내내 이용되었다.

1976년 샌프란시스코 베이 에어리어에 설립된 WAVPM은 1978년 처음으로 포르노그래피에 대한 전국 페미니스트 회의를 개최했다.[52] 그 회의에 영감을 받은 뉴욕의 반포르노 활동가들은 1979년 '포르노그래피에 반대하는 여성WAP'을 만들었다.[53] WAP의 명성이 이 운동의 초점을 더 분명히 드러내긴 했지만 두 단체는 이데올로기적으로 유사했다.

반포르노그래피 페미니즘 운동이 그 시작부터 실제로 S/M 이미지 및 실천에 반대하는 전쟁이었다는 사실은 그리 널리 알려지지 않았다. WAVPM 설립자 중 한 명인 다이애나 러셀Diana Russell은 페미니즘 잡지인 《번데기Chrysalis》에 실린 1977년 기사에서 이런 결합(과 혼동)에 대해 설명한 적이 있다. 러셀은 반포르노 운동에 상당한 기여를 했지만 그녀가 응당 받았어야 할 인정을 거의 받지 못했다. 그 인정은 대신 캐서린 매키넌과 드워킨에게 돌아갔다.[54] 그러나 반포르노 운동 초기의 지적 통솔력, 분석적 언어, 이데올로기적 일관성의 대부분은 러셀의 공이었다.

《번데기》에서 그녀는 포르노그래피는 본성적으로 여성을 '비하'하며, 본질적으로 여성 혐오적이고 악랄하고 반여성적인 프로파간다라고 주장한다. 더 나아가 그녀는 포르노그래피에서 대단히 불쾌하다고 생각되는 모든 것을 대표하는 것으로 S/M 포르노를 이용했다. "이 주장에 반대하기 전에 우선 그 영화들을 보라! 아마도 샌프란시스코 커니 영화관 Kearny Cinema에 가면 정기 상영되는 영화들을 볼 수 있을 것이다. 따로 설명을 할 필요 없이 제목이 모든 것을 말해준다. 〈고통 속의 배움Lesson in Pain〉, 〈신체적 처벌Corporal Punishment〉, 〈노예 소녀Slave Girl〉, 〈황금 같은 고통Golden Pain〉, 〈무제한 폭력 클럽Club Brute Force〉, 〈수력Water Power〉."[55] 이 글을 쓸 당시에 샌프란시스코에는 약 20개의 포르노 영화관이 있었다. 그중 커니와 노스 비치에 있는 두 극장에서만 신체 결박이나 S/M 주제를 다루는 영화들이 상영되고 있었다. 그러나 이 두 영화관이 반복적으로 샌프란시스코 반포르노 문헌들에서 지목되었다. 마찬가지로 정기적으로 상영되는 수백 수천의 포르노 영화가 있었지만, 소수의 튀는 영화가 전체 포르노그래피 영화를 대표하는 것처럼 이용되었다. 러셀의 글에 등장하는 S/M 영화들은 독자들에게 포르노그래피에 대한 고발장이 진실이라고 설득하는 데 사용되었다. 그 영화들의 존재는 모든 포르노의 대표로, 그리고 포르노가 본질적으로 천박하다는 것을 확증하는 증거로 이용되었다.

러셀은 이어서 다음과 같이 말한다.

포르노그래피는 교육이 아니라 판매를 위해 제작되었다. 그리고 성차별적인 사회에서 팔고 있는 것은 대개 성과 여성에 대한 수많은 거짓말이다. 여성은 강간당하고, 엉덩이를 맞고, 구타당하고, 묶이고, 절단당하고, 노예화되는 것을 즐기는 것으로 그려지거나 그런 경험 속에서 희생자가 되는 것이 여성으로서 받아야 할 몫이라고 받아들인다. 덜 가학적인 영화에서도 여성은 남성이 원하는 모든 것 혹은 그녀에게 하라고 명령하는 어떤 것에도 성적으로 만족하거나 흥분하는 듯이 그려진다. … 최근에 본 어떤 포르노그래피는 심지어 섹스 장면을 넣지도 않았다. 여성들은 납치되고, 두들겨 맞고, 묶이고, 그러고 난 다음엔 고깃덩어리처럼 거꾸로 매달린다. 그것이 그 영화의 끝이다. 지배와 고문이 그 영화가 보여주고자 하는 바이다.[56]

반포르노그래피 수사학으로 인식될 수 있는 몇 가지 특징이 이런 글들을 통해 명백하게 드러난다. 한 가지 공통된 전략은 강간과 같은 분명히 끔찍한 것들과, 엉덩이 때리기 같은 쾌락이 될 수도 있는 것들을 뒤섞어 목록을 만드는 것이다. 예를 들면, 경악할 만한 이미지를 전면에 포진시켜 유발한 혐오감은 이성애 성교에서 쾌락을 찾는 여성들에 대해서는 보통 그다지 큰 문제라고 생각하지 않는 이들을 겨냥한 것이었다.[57]
또 다른 영화를 묘사하면서 러셀은 이렇게 외친다. "내가 본 또 다른 영화에서는 묶인 여자의 가슴에 펄펄 끓는 촛농이 떨어진다. 그녀는 과연 사전에 동의했을까? 그렇다 해도 이것은 폭력적인 행위다. 그녀가 자신을 고문하는 자를 흠모하고 그의 행위에 기꺼이 참여하는 연인을 연기한 후에 그 행위가 잇따른다. 그래서 배우들이 그 행위에 참여하는 데 동의하는 장면에서도, 그들은 그들이 겪게 될 일을 반드시 알았던 것은 아니며 종종 제어할 만한 위치에 있지도 못했다."[58] 러셀은 어느 누구도 꼼짝 못 하는 상황에서 가슴에 떨어지는 뜨거운 촛농을 즐길 수는 없다고 가정한다. 그런 경험은 타당한 사랑의 행위가 될 수 없으며 그 행동은 본질적으로 폭력적이라고 생각한다. 여기에 함축된 한 가지 의미는 실제로 그런 실천을 즐기는 여성은 모두 뭔가 잘못되었다는 것이다. 그런 전략은 이 글의 반복된 틀이다. 그러나 어떤 기준으로 어떤 성애적 행위나 욕망이 본질적으로 즐길 만한 것이 되거나 아니면 예외 없이 불쾌한 것이 되는지에 대해서는 결코 어떤 설명도 하지 않는다. 대신 저자의 성애적 선호를 보편적인 것으로 추정하는 듯하다. 러셀의 분석은 인간의 성적 다양성에 대한 제한된 생각과 S/M이 본질적으로 모멸적이며 역겨운 것이라는 가정을 무심코 드러낸다.

그런 전제는 또한 그녀가 그 배우들이 제대로 정보를 제공받지 못하고, 속아 넘어가고, 협박 끝에 강제로 그런 영화에 참여하기로 동의했다는 주장을 더 노골적으로 하게 만든다. 다시 말하자면, 그 이미지의 내용과 러셀 자신의 혐오감이 누군가 실제로 사기당하고, 학대받고, 협박에 못 이겨 그 영화에 참여하게 됐다는 증거를 대체한다. 내가 다른 어딘가에서 지적한 것처럼, 이 경우는 이미지의 내용과 생산 조건 사이를 혼동하는 것이다. 만약 그런 기준이 일관되게 적용되려면 우리는 영화에서 얻어터지고, 살해당하고, 총에 맞고, 불에 타고, 물에 빠지고, 죽는 모든 배우가 실제로 그런 치명적 운명에 직면해 있다고 가정해야만 한다.[59]

러셀의 주장, 가정, 언어, 수사적 전략은 모두 초기 WAVPM의 글에 담겨 있다. 예를 들면, WAVPM 소식지인《뉴스 페이지 Newspage》는 매호에 「우리가 누구? Who Are We?」라는 성명서를 실었다. 1977년 9월호에 실린 성명서는 다음과 같다.

'포르노그래피 및 미디어의 폭력에 반대하는 여성WAVPM'은 여성에 대한 폭력 범죄가 걱정스러울 정도로 증가하고 있는 것에 대한 공통된 우려 때문에 모이게 되었다. 우리는 약 35명의 베이 에어리어 지역 여성들로 구성된 핵심 단체다. 포르노그래피를 포함한 미디어가 우리의 주요 초점이다. 우리는 미디어에서 보고 듣는 것과 생각하는 방식 및 그 결과로 행동하게 되는 방식 사이에 관계가 있다고 믿는다. 우리는 성적 혹은 성애적 자극을 위해 결박당하고, 강간당하고, 고문당하고, 훼손되고, 학대받고, 비하되는 여성 묘사가 모두 사라지기를 바란다.[60]

러셀처럼 WAVPM은 여성에 대한 폭력에 있어 포르노그래피, 그리고 특히 S/M 이미지에 책임을 물었다. 러셀과 WAVPM 모두 타당한 S/M 성애물의 가능성을 완전히 배제했다. 이런 성애물의 제거는 분명 이 조직의 명백한 정치적 목적으로 선언된다. 그 폐지의 방법은 명시되지 않는다.

이후 WAVPM은 잦은 질문에 대한 답변 목록을 《뉴스페이지》에 실었다. 이 단체가 주장한 목적이 "포르노그래피 및 여타 미디어의 여성에 대한 폭력으로 표현된 여성 증오에 대해 여성과 남성을 교육하는 것"임에도 불구하고, 이 글의 전체 내용은 포르노그래피에 초점을 맞추고 있다. WAVPM와 관련된 문헌에서 다른 형식의 '미디어의 폭력'은 곧 포르노그래피에 반대할 만한 근거를 찾을 수 없어서 비난할 수 없는 경우에 부수적으로 언급되는 주제가 되거나 종종 덧붙이는 생각 정도가 되어버렸다.

Q: '포르노그래피와 미디어의 폭력'에 반대한다고 할 때 어떤 종류의 이미지를 말하는 겁니까?

A: 묶이고 맞고 학대당하는 여성을 묘사하는 책이나 잡지를 말합니다. 우리는 이런 이미지 - 맞고 강간당하는 여성들, 여성에게 오줌을 싸고 배변을 하는 것이 남성에게 성애적이고 쾌락을 준다고 하는 이미지 - 의 메시지에 저항합니다. 그리고 여성들이 이런 종류의 대우를 욕망하거나, 적어도 그것을 기대한다고 하는 메시지에 저항합니다. 여성들이 묶이고, 입에 재갈을 물리고, 맞고, 채찍질당하고, 쇠사슬에 묶여 있는 이미지를 보여주는 레코드 앨범 사진, 패션과 남성 잡지의 배치, 백화점 윈도우 디스플레이, 광고판을 말합니다.

Q: 그러나 모든 포르노그래피가 폭력적인 건 아닙니다. 그런데 WAVPM은 폭력적이지 않은 포르노그래피도 반대합니다.

A: 맞습니다. 모든 포르노그래피가 폭력적인 것은 아닙니다. 그러나 대부분의 평범한 포르노그래피도 여성의 몸을 대상화합니다.[61]

WAVPM의 비판은 표면적으로는 포르노그래피 반대를 향하고 있지만 단어, 행동, 재현에 있어서는 사도마조히즘에 대한 가정을 그 분석에 내장하고 있었다. WAVPM은 모든 S/M 성애물을 존재해서는 안 되는 이미지의 범주로 쓸어 넣었으며, 그 프로그램은 모든 S/M 이미지를 제거하거나 적어도 대중적 가시권 밖으로 추방하기를 요구했다. WAVPM이 1977년 봄에 대중 시위를 벌이기 시작하자 그 초점이 포르노만큼이나 S/M 혹은 더 정확히는 포르노, S/M, 여성 폭력, 여성 종속으로 구성된 혼란스러운 합성 표적에 맞춰졌다.

WAVPM의 수사학, 프로그램, 시위의 표적은 지역 S/M 활동가, 특히 S/M 페미니스트 활동가들을 불안하게 만들었다. S/M 액티비즘은 1971년 뉴욕에서 오일렌슈피겔 소사이어티Eulenspiegel Society가 창설됨으로써 그 시작을 알렸다. 뒤이어 1974년 샌프란시스코에 소사이어티 오브 야누스Society of Janus가 만들어졌다. 오일렌슈피겔과 야누스는 처음에는 여러 성별과 성적 지향이 섞여 있는 단체였으나 1970년대 말에 와서는 이성애자가 주를 이루게 되었다. S/M에 대한 혼란이 1970년대 중반 레즈비언 페미니즘 언론에 등장하기 시작했다. 1975년 즈음에도 레즈비언 S/M 단체를 만들려는 시도들이 있었다. 그러나 1978년 세워진 사모아가 지속성을 가진 첫 레즈비언 S/M 단체였다. 이 단체는 S/M이 심지어 페미니스트들에게도 타당한 에로티시즘이라고 이데올로기적으로 옹호했다. 사모아는 결코 S/M이 특별히 페미니즘적이라고 주장하지 않았다. 단지 페미니즘 정치와 S/M 실천 사이에 본질적인 모순이 존재하지 않는다고 주장했을 뿐이다. 사모아는 결코 S/M이 본질적으로 해방적인 실천이라고 주장하지 않았다. 다만 S/M이 본질적으로 억압적인 것은 아니라고 주장했다.[62]

사모아는 나를 포함한 회원 상당수가 이미 여성운동에서 적극적인 활동을 하고 있던 레즈비언 단체였기 때문에 좀 더 이성애적인 성향의 오일렌슈피겔과 야누스가 하지 않았던 방식인 페미니즘에서의 S/M 발전에 맞춰 행보를 이어나갔다. 우리 중 몇몇이 곧 WAVPM의 프로그램이 포르노그래피에 반대하는 만큼이나 S/M에 반대한다는 것을 알아차렸다. 우리는 순진하게 WAVPM 회원들이 S/M에 대해 교육을 받지 못했기 때문이라고 생각했다. 따라서 우리는 그들이 대화와 토론을 환영하리라고 생각했다. 나중에 알고 보니 WAVPM은 그들이 최악의 가부장제 표현이라고 느끼는 섹슈얼리티 형식에 어떤 죄책감도 없이 참여한 사람들은 말할 것도 없고, 그들에게 동의하지 않는 페미니스트와는 그 어느 누구와도 이 문제를 토론할 생각이 없었다.[63]

사모아가 만들어진 직후 우리는 WAVPM에 편지를 보내 만나서 S/M에 대한 그들의 입장에 대해 논의하자고 했다. 이런 요청은 계속해서 묵살당했다. 그러나 1980년 4월에 갑자기 베이 에어리어 주변에 WAVPM 모금 행사로 열린 포럼에서 '레즈비언 공동체의 사도마조히즘'에 대해 다룬다는 내용을 알리는 전단이 등장하면서 이 두 단체 간의 긴장이 고조되었다.[64] WAVPM이 S/M에 대해 토론하려는 이전의 모든 노력을 거절했기 때문에 사모아는 포럼에 반대하는 전단으로 그 행사에 응답했다. WAVPM이 좋아하는 구호 중 하나는 "포르노그래피는 여성에 대한 거짓말이다"였다. 사모아는 "이 포럼은 S/M에 대한 거짓말이다"라는 제목이 붙은 전단을 만들어 포럼에 반대하는 세 가지 이유를 적었다.

1. WAVPM은 S/M에 대한 어떤 '공식적인' 입장도 취하지도 않으면서 S/M 섹슈얼리티의 거짓 이미지를 고취하고 S/M 정체성을 지닌 사람들에게 억압적이고 위험한 분위기를 만드는 데 일조하고 있다. WAVPM의 가장 명백한 실수는 합의한 S/M을 폭력과 등가 관계로 놓는 것이다. …

2. 발표자들은 … 대중 앞에서 S/M이 자기 파괴, 남성 우월, 파시즘, 여성 혐오, 정신병과 일치한다는 선언을 했다. 이 포럼에서 듣게 될 반-S/M 주장은 레즈비언과 게이 남성에 대한 동성애 혐오적인 공격이나 독립

적인 페미니스트 여성에 대한 우파의 공격만큼이나 편향되고 편협하다. 이 주장들은 생물학적 결정주의, 관습적 도덕, 성적 도착에 대한 심리적 통념에 기반을 둔다. 우리는 S/M에 대한 부정적인 고정관념을 유포하는 행위에 저항한다.

3. 합의에 입각한 S/M은 반페미니즘적이거나 반여성적이지 않다. S/M을 실천하는 사람들은 낙인찍힌 성적 소수자이며, 거리에서 괴롭힘을 당하거나 직업과 주택에 차별을 받고, 폭력과 여러 다른 형태의 박해를 받는다.[65]

이 포럼의 모든 발표자는 S/M을 맹렬히 비난했다. 그리고 여기서 발표된 원고 대다수가 실린 논문 선집 『사도마조히즘에 반대하며: 급진적 페미니즘 분석Against Sadomasochism: A Radical Feminist Analysis』이 출판되었다.[66] 포럼 이후 WAVPM은 S/M에 대한 공식적 견해를 밝힐지에 대해 내부 논쟁을 벌였다. 단체가 공식적 견해를 밝히지 않기로 결정하자 불만을 품은 회원들 예닐곱이 반-S/M 선집을 편집해서 출판하기로 결정을 내린 것이었다.

반포르노그래피 페미니즘 운동의 가장 큰 성과 중 하나는 법적이고 사회적인 우려의 중심이 얼마나 근거리에서 성기를 보여주느냐에서 변태스러움kinkiness으로 이동하는 것을 강화해왔다는 것이다. 반포르노 운동은 '하드코어'에 대한 대중적 인식을 바꾸는 데 일조했으며, 법적 정의 또한 변화시켰다. 하드코어 포르노와 소프트코어 포르노 사이의 구분은 한때는 주로 성기 노출과 접촉 여부에 따라 이뤄졌다. 점점 더 '하드코어'는 관람자가 혐오스럽다고 느끼거나 '너무 지나치다'고 여기는,

그리고 너무 자주 도착적인 혹은 S/M 섹슈얼리티의 묘사가 포함된 이미지들을 지시하게 되었다. 린다 윌리엄스Linda Williams가 주목하듯, 이 변화는 외설법 시행에 반영되었다. 그녀는 "미국 외설법의 주요한 변화와 노골적인 섹스라는 통념 속에서 희생양이 된 '일탈자'로 표적을 바꾼 성범죄 기소"를 추적한다. "… 외설을 정의함에 있어 노골성 대신 '타자'의 일탈적 섹슈얼리티가 부각되었으며, '타자'는 구강성교와 여성 성기를 애무하는 성행위 모두를 배제한 당연히 이성애적이고 비-사도마조히즘적이라고 여겨지는 규범과의 관계 속에서 정의된다."[67]

　페미니즘 성 전쟁이 계속되는 동안 S/M이 강력한 발화점이 된 이유는 부분적으로 반포르노그래피 주장이 S/M의 폐단을 고발하고, 포르노그래피가 압도적으로 S/M을 포함한다고 주장하고, S/M 이미지를 효과적인 설득의 도구로 사용하는 것을 옹호했기 때문이다. WAVPM은 특유의 반-S/M 명제와 반포르노 명제의 결합을 개척했으며, 이 결합은 이후의 반포르노 페미니즘 이데올로기와 활동을 양산했다. S/M에 대한 반대는 늘 반포르노 페미니즘 운동의 숨겨진 주요 동기였다. 그것은 분석적 일관성, 가장 강력한 수사적 사례들의 출처가 되는 자료, 사회 변화를 위한 처방의 일차적 표적에 있어 필수 불가결한 것이었다. 사모아는 WAVPM의 포르노 반대의 논리적 구조와 경험적 주장 모두의 근본적인 신뢰성에 대해 문제를 제기했다. 따라서 사모아와 WAVPM 간의 분쟁은 차후에 일어날 성적 실천과 성적 재현에 대한 페미니즘 진영 내부의 싸움을 상당 부분 앞서 보여주었다. 그 분쟁은 왜 (페미니스트든 아니든 상대적으로 인구 비율에서 적은 수인) S/M이 그렇게 활활 타오르는 화제였는지, 그리고 사모아의 이름이 왜 그토록 의미 있는 부적이 되었는지를 설명해준다.

바너드 회의가 개최되면서 WAVPM과 사모아 사이의 특정 대립이 일반화되었다. S/M은 반포르노그래피 교리와 대립하는 페미니즘의 약호가 되었다. 반포르노 페미니스트들이 자신들과 다른 의견에도 합당한 근거가 있을 수 있다는 것을 도저히 받아들일 수 없다는 듯이 행동했기 때문에, S/M은 또한 반포르노 페미니스트들이 명백히 이해할 수 없고 야비하다고 생각하는 행동에 대한 설명으로 기능했다. S/M에 낙인이 찍히면서 그것은 또한 모든 반대 의견의 신빙성을 떨어뜨리려고 할 때 편리하게 사용하는 중상모략이 되었다. 반포르노 프로그램을 따르지 않았던 페미니스트들은 가부장제의 도구이며, 포르노 제작자, 사도마조히스트, 여타의 성도착자, 좌파, 마르크스주의자, 부르주아 학자, 자유주의자, 자유의지론자, 이성애자, 레즈비언, 반페미니스트들에게 속아 넘어간 이들이라고 비난받았다. 이런 특징 중 일부는 물론 사실이었다. 우리 중 몇몇은 어쨌거나 대학의 학자들이고, 이성애자고, 레즈비언이고, 자유주의자이고, 좌파이며, 심지어 사도마조히스트였다. 그러나 어떻게 정체성, 신념, 행동의 이러한 범주가 우리의 논쟁과 경험적 주장을 무효화시키는지는 분명하지 않았다. 그저 이름을 부르고 그것을 더럽히는 전략이 토론, 논리. 증거를 대체했다. 몇몇 특징 묘사는 잘못된 것이었고, 몇몇은 논란의 여지가 있었으며, 대다수는 완전히 말도 안 되는 것이었다. 그 모든 특징 묘사가 그 문제에 대해 말할 우리의 권리에 의문을 제기하고 정당한 페미니스트의 지위에서 우리를 제명하는 데 이용되었다. 반포르노 도그마에 반대하는 페미니스트들은 그들의 실제 성적 선호가 무엇이든지 상관없이 종종 사도마조히스트 혹은 사도마조히스트 지지자들로 불렸다.[68] 이 모든 역사가 바너드에 한정되지 않고 널리 작동하기 시작했다. 이 유산이 여전히 우리의 발목을 붙잡고 있다.

바너드의 귀환

바너드 성 회의는 일련의 유사한 갈등의 서막이었음이 판명되었다. 밴스가 바너드의 여파에 대해 통찰력 있게 포착했듯이 "몇몇 페미니스트는 이런 전략을 매도해버렸지만 그 전략을 이용했던 이들이 완전히 신용을 잃은 것은 아니라는 사실은 그 전략이 반복되리라는 것을 보증했다. 다음과 같은 원칙이 세워졌다. 과하게 열성적이고 원칙 없는 행동이 여성을 '보호한다'는 명분으로 용인되었다."[69] 1986년 실제로 '5개 대학 여성학 프로젝트Five College Women's Studies Project'가 마운트 홀리오크Mount Holyoke에서 '페미니즘, 섹슈얼리티, 그리고 권력'이라는 회의를 열었을 때 그런 전략이 반복해서 사용되었다. 나는 섹슈얼리티의 새로운 이론에 대한 기조 연설자로 초청되었다. 마거릿 헌트Margaret Hunt가 《게이 커뮤니티 뉴스》에 기고한 것처럼 주최자들은 그들이 계획했던 것과 아주 다른 어떤 것을 경험했다.

역사, 문화, 정치가 성적 실천에 미치는 영향에 대한 다양한 생각을 탐구한다는 목적으로 … 100명 이상의 페미니스트 활동가들이 심포지엄에 참석하기 위해 마운트 홀리오크 대학에 모였다. … 회의 주최자들은 섹슈얼리티의 권력에 접근하는 방법과 관련해 아주 폭넓은 관점을 갖고 있었다.

그들은 섹슈얼리티가 조직될 때 계급과 인종이 젠더와 상호작용하는 방식에 대한 상당한 양의 자료를 포괄하는 프로그램을 계획했으며, 섹슈얼리티를 연구하는 많은 학문이 일반적으로 갖고 있는 서구 편향성을 피하기 위해 다양한 성애적 삶의 방식을 재현하도록 신경 썼다. 그러나 레즈비언 SM에 대한 질문이 쏟아져 나오면서 대격전이 벌어졌고, 그 사안이 회의를 지배하게 되었다. 그 결과, 모든 다른 논제들은 광을 낸 네오고딕의 마운트 홀리오크 목조 건축물로 사라져버렸다.[70]

이 큰 낭패 이후 주최자 중 한 명인 메릴 핀그루트Meryl Fingrudt는 이렇게 한탄했다.

급진 페미니즘은 우리 회의에서 발표되었듯이 매우 좁은 시야를 갖고 있었다. … 지적 자유 및 개인적 자유와 관련해 이 급진 페미니스트들의 수준은 나를 체념하게 만들었다. 발표자들은 포르노그래피와 SM 문제에서 물러서기를 거부했으며, 그들은 그들의 자매들에게 지독히도 심술궂게 굴었다. … 그들은 다른 관점을 가진 어느 누구와도 같은 패널로 앉아 토론하는 것을 거부했다. … 무엇보다, 각 발표가 잇따르면서 성적 실천과 관련해 허용 가능한 영역으로 매우 좁고 특정적인 선을 그어놓고 그 안에 들어와야만 진짜 페미니스트가 될 수 있다고 주장하는 것을 보면서 불안해졌다. … 이 범주의 내용에 대해 의문을 제기하거나 심지어 이런 것들이 너무 제한적이라는 점에서 위험하다고 주장하는 모든 질문에 비페미니스트, 반페미니스트, 혹은 파시스트라는 딱지가 붙었다.[71]

결국 5개 대학 회의는 바너드 제2막 같은 느낌을 주며 끝났다.[72]

3막은 1993년 오스트레일리아에서 벌어졌다. 섹슈얼리티와 LGBT 연구를 다루던 미국 학자 몇몇이 오스트레일리아 국립대학 인문학연구소에 초청받았다. 미국에서 온 학자 중에 헨리 에이브러브Henry Abelove, 디밀리오, 두건, 데이비드 핼퍼린, 패튼, 밴스, 비시너스, 그리고 내가 포함되어 있었다. 실라 제프리스, 데니즈 톰슨Denise Thompson, 레나테 클라인Renate Klein을 포함한 몇몇 오스트레일리아 급진 페미니스트들이 우리의 참석에 항의하고 우리를 초청한 인문학연구소를 공격하기 위해 대학 부총장에게 편지를 보냈다. 그 편지에는 이렇게 적혀 있었다. "초청된 몇몇 여성들은 반페미니즘 입장이라고 할 수 있는 의견을 갖고 있습니다. … 특히 우리는 게일 루빈, 신디 패튼, 캐럴 밴스를 회의 참석자로 초청한 인문학연구소의 편향에 반대하기 위해 온 힘을 다해 이의를 제기하고 합니다. … 미국에서 온 이 여성들의 연구는 노골적인 반페미니즘으로 보이는 남성 우월론적 의미와 가치를 옹호하는 데 전력을 다하고 있습니다."[73]

며칠 후 《시드니 스타 옵저버Sydney Star Observer》는 "오스트레일리아 국립대학, 회의가 반페미니즘 공개 행사라는 것을 부인하다"라는 헤드라인이 붙은 기사를 실었다. 톰슨의 말이 그 기사에 인용되었다. "미국에서 온 이 여성들은 성과 권력에 대한 질문을 사유할 능력이 부족할 뿐 아니라 그들은 반페미니스트입니다." 톰슨은 또한 오스트레일리아 국립대학이 "최저질의 양키들을 수입했다"며 맹비난했다.[74] 인문학연구소와 오스트레일리아 국립대학은 정중하지만 확고하게 우리의 초청을 변함없이 지지했으며, 그들의 계획을 계속 진행해나갔다. 초청된 이들 중 몇몇은 자신을 스스로 최저질의 양키Tenth-Rate yanks라고 칭했다. 그것은 훌륭한 이름이 되었다.

해가 흘러가면서 소규모의 수많은 제2의 바너드 사건이 있었다. 바너드, 5개 대학 회의, 인문학연구소에서의 공격에 가담했던 많은 이들은 여전히 같은 혹은 그와 밀접하게 관련된 어젠다를 추구하며 활발하게 연구하고 있다. 급진 페미니스트들은 그들에게 동의하지 않는 이들을 계속해서 반페미니스트, 사도마조히스트, 가부장적 폭력의 옹호자로 부당하게 취급해버린다.[75] 현재는 그들 중 다수가 여성운동 판을 떠나 대단한 대중적 영향력을 갖고 결정에 영향을 미치는 연방정부와 국제적인 비정부기구에서 일하고 있기 때문에 오늘날에 와서는 그들이 하는 말을 덜 듣게 된 편이다. 이제 그들 대다수는 과거 포르노그래피에 동원했던 어젠다를 그대로 가져와서 '성매매sex trafficking'를 타도 대상으로 삼고, 국제법과 정책을 성문화하려고 한다.[76] 예를 들면 도르첸 라이트홀트는 '여성 인신매매 반대연합CATW'을 세우는 데 도움을 줬으며 그 단체의 공동위원장으로 재직 중이다. WAVPM의 초기 운영자 중 한 명인 로라 레더러Laura Lederer는 부시 행정부에서 주州 국장이 되어 인신매매 수석 고문으로 일했다. 급진 페미니스트들은 페미니즘 학술회의보다 훨씬 더 넓은 영역으로 나가 그들의 영향력을 확장해나가고 있다.

「성을 사유하기」를 다시 사유하기

나는 논문을 쓰고 나면 대체로 다시 읽지 않는다. 그러나 '성을 재사유하기' 회의는 「성을 사유하기」를 다시 읽게 해준 좋은 시간이 된 것 같다. 나는 종종 내가 그 글을 다르게 쓴다면 어떻게 쓸 것인지에 대해 질문을 받곤 한다. 내 안의 일부는 늘 다시 돌아가서 손에 들려진 논문을 다르게 편집하고 있지만, 정말로 진지하게 수정한다면 달라진 시대의 배경에 맞춰 완전히 또 다른 글을 써야 할 것이다. 그러나 내가 지금 아는 것을 그때 알았다면 분명 다르게 썼을 부분이 있다. 트랜스섹슈얼리티, 성 노동, 청소년의 섹슈얼리티에 대한 내 발언은 그런 복잡한 주제를 다루기에는 수박 겉핥기 식이었다. 빈틈을 완전히 바로잡기란 불가능하다. 여기선 몇 가지 짧은 논평으로 족하다.

모든 이론은 막스 베버가 '불편한 사실inconvenient facts'이라고 부른 것을 갖고 있다.[77] '불편한 사실'이란 기존에 주어진 지적 도식의 역량으로는 처리하기 힘든 범례나 자료를 가리킨다. 「성을 사유하기」에서 발전시킨 이론적 모델과 개념적 구분에 한계가 있다는 것을 드러낸다는 점에서 성 노동과 트랜스섹슈얼리티는 모두 베버가 말한 '불편한 사실'이다. 「성을 사유하기」에는 분명 성 노동과 트랜스섹슈얼을 논할 때 도움이 되는 부분들이 있으며, 두 사안이 그 논의 틀에 완전히 들어맞지는 않는다는 점을 논문에서 강조하려 했다.[78] 그럼에도 불구하고 두 현상은 이 논문이 상당히 신경을 써서 구성했던 한도를 초과한다.

수전 스트라이커Susan Stryker는 「성을 사유하기」가 "트랜스젠더 실천을 자아의 의미나 젠더 정체성의 표현보다는 성적 혹은 성애적 행위로 범주화"한 것에 대해 부드러운 어조로 비판한다. 현대 성 연구 분류 체계들이 자리를 잡아나갈 때 트랜스젠더 실천이 처음에는 성도착sexual perversion으로 묶이긴 했지만 이것은 타당한 비판이다. 20세기 초 '성적 도착$_{sexual\ inversion}$' 범주는 성적 선호와 젠더 행동 모두를 나타냈다. 이후 수십 년에 걸쳐 젠더 정체성과 성적 지향은 비균질적으로 서서히 구분되었다.[79] 1952년에 『정신질환 진단 및 통계 편람$_{DSM}$』 첫 판본이 출판되었을 때 성적 일탈$_{sexual\ deviation}$의 범주에 특히 동성애, 소아성애, 물신주의, 성적 가학증과 함께 복장 전환이 포함되었다.[80] 1968년 나온 『DSM-II』는 노출증, 관음증, 피학증을 추가했지만, 여전히 '복장 전환'을 성적 일탈 중 하나로 분류했다.[81] 1980년이 되어서야 『DSM-III』는 '성도착증$_{paraphilias}$'과 구분시켜 '젠더 정체성 장애'라는 새로운 분류를 만들었다(낡은 개념인 성적 일탈의 새로운 꼬리표이다).

더 나아가 젠더 전환은 시간이 지나면서 여러 요소로 나뉘었다. 성변경$_{sex\ change}$ 기술이 이용 가능해지면서 새로운 정체성도 가능하게 되었다. 그리고 '트랜스섹슈얼리티'는 점점 '복장 전환'과 구별되었다. '트랜스섹슈얼리즘'은 『DSM-III』에 등장한다. 여기서 트랜스섹슈얼리즘은 새로운 '젠더 정체성 장애'로 분류된다. 동시에 '복장 전환'은 여전히 '성도착증' 중 하나로 분류되면서 별개의 진단 항목으로 남아 있게 된다.[82]

그러나 스트라이커가 주시하듯 「성을 사유하기」는 트랜스젠더 이론이 극복했어야 했던 분석적 틀에 무심코 기여했다. "트랜스젠더 운동이 1990년대 초반에 다시 힘을 모으기 시작할 때 섹슈얼리티가 페미니즘에 제기한 것과 유사하게 그것은 새로운 퀴어 이론에 도전했다. 트랜스젠더 운동은 퀴어 섹슈얼리티의 틀이 트랜스젠더 현상을 적절하게 설명할 수 있는지, 혹은 새로운 분석 틀이 필요한지를 질문했다. 그 질문들은 그 후로 몇 년 동안 트랜스젠더 연구의 새로운 간학제적인 학문적 장의 발전을 이끌었다."[83]

물론 스트라이커가 "(성관계를 하는 여러 자유분방한 방식보다는 신체적 온전함, 시각적 일관성, 관료적 명료성의 규제적 도식과 더 관련이 있다는 점에서) 트랜스젠더 현상은 본질적으로 성적인 것은 아니다"[84]라고 논평한 것은 완전히 옳다. 오늘날의 트랜스젠더 연구와 1980년대 초에 이용할 수 있었던 거친 도구 사이의 대조는 그 사이에 매우 긍정적 변화가 일어났음을 알려준다.

내가 「성을 사유하기」를 쓸 때는 트랜스젠더 연구가 아직 존재하지 않았기 때문에 1970년대 페미니즘 안에서 형성되었던, 그리고 제니스 레이먼드Janice Raymond가 가장 철저하게 분석했던 반反트랜스섹슈얼리티 정서의 형편없는 태도에 대응하기에는 자료가 부족했다.[85] 나 역시 반트랜스 장광설들이 생산되는 근거를 허물기를 원하기는 했었다. 아마도 내가 사용할 수 있었을 많은 대안적 전략이 있었을 것이다. 그중 한 가지 접근법은 이렇다. 비록 내 논문의 다른 어젠다를 지나치게 복잡하게 만들지라도 젠더 역할과 해부학적 결정주의에 대한 페미니즘 스스로의 핵심적 비판에 근거해 내 주장을 펼칠 수도 있었을 것이다.

나는 반페미니즘이 내 목적이 아니라는 점을 반복해서 말해야 한다. 「성을 사유하기」는 때때로 페미니즘을 거부한다고 해석되었지만 내가 생각하기에 그 논문은 페미니즘 담론이 가진 최고의 전통, 특히 불평등과 부당함에 대해 더 분석적인 명징함과 서술적 정밀함을 갖고 접근하려는 끊임없는 자기 비판적 노력의 성과였다. 안타깝게도 시간이 지나고 맥락의 세부 사항들이 부식되면서 페미니즘 내부에서 있었던 그러한 대화들은 종종 의도했던 것보다 더 대립적인 것처럼 보인다.

게다가 성 전쟁의 신랄한 정치는 이 논문의 해석을 굴절시켰다. 나는 「성을 사유하기」의 결론에서 섹슈얼리티와 젠더는 분석적으로 분리되어야 한다고 제안한 바 있다. 그 당시에는 보통 젠더와 섹슈얼리티가 융합되거나 혹은 섹슈얼리티를 단지 젠더 관계의 파생으로만 보곤 했다. 페미니즘은 모든 것을 성적인 것으로 분석하는 이론적이고 정치적인 특권 체계를 갖고 있다는 가정으로 귀결되곤 한다. 나는 그런 가정에 이의를 제기하며 섹슈얼리티에 특화된 이론적 도구가 개발되어야 한다고 생각했다. 「성을 사유하기」가 발표되기 10년 전에 쓴 「여성 거래」에서 제시한 '섹스/젠더 체계'의 개념에서는 그런 구분을 짓지 않았었다.

　몇몇 반포르노 페미니스트들은 나에 대한 평판을 깎아내리려고 이런 논평에 뛰어들었다. 그들은 「성을 사유하기」가 그 논문 이전의 작업들, 즉 아마도 적당하다고 생각되는 나의 페미니즘적인 기여와 급격히 단절되어 있다고 생각하는 것 같았다. 이전의 연구들이라면 내가 안전하게 격리될 수 있다고 생각했던 듯싶다. 이런 이유로 그들은 내가 「성을 사유하기」 이전 작업과 페미니즘을 모두 '거부했다'고 주장하곤 했다.[86]

　나는 늘 누군가의 마음을 변화시키고 끊임없이 우리의 주제에 대해 더 나은 방식으로 생각하게 만드는 것은 학자가 해야 할 일일 뿐 아니라 특정 기술의 도덕적 임무 같은 것이라고 생각해왔다. 우리가 더 배울 때, 우리의 분석을 다듬게 되리라는 것은 당연하다. 더 나아가 내가 섹스와 젠더 사이의 관계에 대해 「성을 사유하기」에서 제안한 수정은 사회이론의 주류 전통을 제대로 따르고 있다. 막스 베버가 서로 다른 종류의 사회적 계층화와 드잡이하기 위해 사용한 분석 전략과 동일한 철학을 따랐다.

베버는 종족ethnicity과 카스트뿐 아니라 계급, 지위, 정당을 구분했다. 그는 다음과 같이 논평했다.

공동체에서 우리가 '사회적 질서'라고 부르는 이런 분배에 참여하는 전형적인 집단들 간에 사회적 명예가 분배되는 방식이 있다. 물론 그와 유사하게 사회적 질서와 경제적 질서는 '법적 질서'와 연관되어 있다. 그러나 사회적 질서와 경제적 질서는 동일하지 않다. 경제적 질서는 단지 경제적 상품과 서비스가 우리에게 분배되고 사용되는 방식이다. 사회적 질서는 물론 상당 부분 경제적 질서에 따라 좌우된다. 그리고 결국 경제적 질서는 사회적 질서에 반응한다.[87]

베버는 더 나아가 "실제로 지위에 따른 계층화가 심지어 물질적이고 이상적인 상품이나 기회의 독점과 함께 간다고 할지라도" 계급과 "지위 집단"을 구분했다.[88]

어쨌거나 지위와 계급은 구분 가능하다. "조금 과도하게 단순화해보자면 '계급은 상품의 생산 및 획득과의 관계에 따라 계층화된다고 하면, '지위 집단'은 특별한 '삶의 방식'에 의해 재현된 상품 **소비**의 원칙에 따라 계층화된다고 말할 수 있을 것이다."[89] 베버는 계급의 위치와 지위가 상호 연결되어 있지만 동일하지는 않고, 관련되어 있지만 구분 가능하다고 이해했다. 나는 젠더와 섹슈얼리티에 대해 베버가 지위와 계급의 위계에 적용했던 이런 종류의 미묘한 구분을 발전시킬 것을 제안했다. 이런 제안은 분명 거의 논쟁적일 구석이 없으며, 만약 페미니즘이 개선의 여지가 없을 정도로 화석화된 교조주의의 법전이 되고자 한다면,

그것은 더 이상 페미니즘이기를 '거부'하는 것일 수 있다. 누군가는 그것을 독단적인 교리라고 부를 것이다.

그다음으로 아이들에 관한 문제가 있다. 나는 분명 나이 어린 사람들의 섹슈얼리티와 관련하여 덮쳐올 해일의 충격적인 규모를 너무 가볍게 추산했다. 1983년 「성을 사유하기」 원고를 마쳤을 당시 나는 아이들과 관련된 공황 상태의 윤곽을 분명히 그릴 수 있었다. 그러나 그런 공황 상태의 규모가 어느 정도이며, 그것이 얼만큼 지속될 것인지는 전혀 알지 못했다.[90] 1983년 단편적으로 발생한 것처럼 보였던 공황 상태는 지금 우리의 사회적, 정치적 풍경에 영속적인 큰 특징이 되었다. 누군가 20세기 마지막 사반세기에 대한 역사를 쓴다면, 나이 어린 사람들의 성적 복지에 관한 적법한 관심이 명시적 목적을 훨씬 넘어선 결과를 초래했던 정치적 동원과 정책을 위한 수단이 되었고, 그중 몇몇 정책은 도움을 주려고 했던 아이들에게 오히려 해를 끼치는 지경에 이르게 되었다는 점을 이 시기의 두드러진 특징으로 잡아낼 것이다.

분명 아이들을 보호하고 그들의 삶을 더 개선하려는 운동에는 긍정적인 측면이 많다. 그러나 성적으로 유해하고 낯선 사람은 위험하다는 점만을 오로지 강조하는, 그런 흐름은 많은 부작용을 초래했다. 그리고 그 영향은 아직 충분히 인지되지도 못했다. 히스테리아, 공포, 정치적 기회주의는 신중한 분석과 경험적인 조사를 억제했다. 대신에 섹슈얼리티와 아이들에 관한 수많은 쟁점들은 제대로 검토되지 않은 추정, 검증되지 않은 주장, 정의의 비일관성, 혼란스러운 범주로 구멍투성이가 되었다.[91] 형편없는 선정적 저널리즘이 균형 잡힌 학술연구를 너무나 빈번히 대체해버렸다. 그 결과 아동 보호의 수사학이 수많은 보수적 어젠다에 묶이게 되었다. 여성의 종속적 지위를 심화시키고, 위계적 가족 구조를 강화하고, 게이 시민권을 축소하고, 포괄적인 성교육에 반대하고, 피임의 이용 가능성을 제한하고, 특히 젊은 여성과 소녀들의 낙태를 제한하는 캠페인에 이용되었다.[92]

아동을 보호한다고 생각되는 법과 정책은 아이들이 간절히 원하는 자기 나이에 알맞은 성적 정보와 서비스를 앗아갔다. 법은 아동 포르노그래피의 범주를 매우 폭넓게 규정하는 것과 같은 일을 하며 아동과 청소년들을 보호하려고 한다. 그런데 (미성년자가 자신의 누드 이미지를 문자로 보낸 것에 대해 법을 어겼다며 기소되는 사건들에서처럼) 법은 오히려 아이들을 기소하는 데 그것을 사용한다. 금욕을 홍보하는 것에서부터 동성결혼과 입양을 금지하는 것까지 거의 모든 것이 아동 안전과 복지 증진이라는 관점으로 틀 지어져왔다.[93] 아동 보호법과 정책의 세부 항목, 영향, 영역에 대한 비판적 평가는 이미 한참 전에 행해졌어야 했다. 그러나 그런 분석에 참여하려고 했던 이들은 종종 아동 학대를 지지한다고 비난받거나 공격받는다.

1980년대 초만 해도 여전히 아이들의 섹슈얼리티에 대해 사려 깊은 토론을 할 수 있었다. 철저히 논의해야 하고 신중히 검토되어야 할 아동과 성에 대한 수많은 복잡한 질문들을 제기하는 것이 점점 더 위태로워졌다. 다음과 같은 질문들이 이런 논의에 해당한다. 어떤 종류의 성적 정보와 서비스, 성적 행위가 아이들에게 적당하며 몇 살 정도면 적당한지, 성적 학대를 구성하는 것은 무엇인지, 그리고 어떻게 성적 학대를 막고 최소화할 수 있는지, 어떤 방식으로 아이들이 성에 대해 배워야 하는지, 성적인 삶과 아이들의 교육에서 성인의 적절한 역할은 무엇인지, 미성년자에게는 어떤 종류의 섹슈얼리티 재현을 이용할 수 있게 해야 하는지, 그리고 어느 정도 나이가 되어야 섹슈얼리티 재현을 이용할 수 있는지, 성적으로 적극적인 미성년자를 징벌의 방식으로 다뤄야 하는지, 보호와 처벌의 선은 어디인지, 지난 수십 년간 만들어온 정책, 법적 기구와 공포의 구조가 어떤 방식으로 성장의 경험을 강화하거나 혹은 그것에 위해를 가했는지, 소아성애란 무엇이고 아동 추행은 무엇인지, 누가 아이들을 학대하는지, 아동 포르노그래피란 무엇인지, 어떤 공격을 했을 때 '성범죄자'라고 이름 붙이는지 등이 그 질문들이다. 내가 이 모든 질문에 답할 필요는 없지만, 이런 질문들에 대한 대다수 논의가 대중과 정치인에게 미성년자를 위한 더 안전한 장소를 만들어주지도 못하고, 그렇다고 그들의 발전에 좋은 방향이 되지도 못한 신중하지 않은 정책 및 법 개정을 하도록 몰아붙이며, 냉소적으로 조종해온 어설픈 인상적인 어구나 고정된 이미지, 공포 분위기를 조성하는 전술로만 환원되어온 것은 비극적이다.

1994년에 캘리포니아에서 발의된 법안인 '삼진아웃Three Strikes and You're Out'이 바로 그런 예 중 하나다. 어린 소녀들에 대한 유괴, 강간, 살인 같은 끔찍한 범죄에 대해 감정적으로 격하게 대응하는 상황에서 이 법이 통과되었다. 그러나 이 법은 전형적인 미끼 상술이었다. 이 법의 일차적 효과는 연쇄 강간범으로부터 어린이들을 보호하는 것이 아니라 수만 명의 캘리포니아 주민들을 감금하는 것으로 나타났다. 그중 다수는 좀 도둑, 약물 사용, 약물 소지 등과 같은 상대적으로 경미한 범죄에 해당했다. 삼진아웃 법은 교도소의 방대한 교정국 확장에 기여했다. 제어할 수 없을 정도로 교정국은 확장해나갔다. 이 같은 교정국 확장은 아이들에게 가장 중요한 것 중 하나인 초등교육, 중등교육, 고등교육을 포함해 여타의 필수 사항에 사용되어야 하는 중대한 자원을 전용했다.[94]

낯선 이들에 의한 아이들의 성적 유괴, 강간, 살인에 대한 공포는 사회의 많은 영역을 근본적으로 개조했다. 이 공포는 부모들의 주요한 염려이자 어린이들을 끈질기게 괴롭히는 것이다. 그러나 그런 일이 실제로 일어나는 경우는 상대적으로 드물다. 《뉴스위크》에 따르면 매해 낯선 이들에게 유괴당하는 것보다 수영장에 빠져 죽는 아이들이 훨씬 더 많다.[95] 10대의 주요한 치사율은 교통사고가 월등히 더 높다.[96] 그러나 대부분 사람들은 차는 무서워하지 않는다. 그리고 모든 덤불과 가로등 뒤에 잠복해 있을 것이라고 생각하는 '성범죄자'만큼 수영장을 두려워하는 부모는 거의 없다. 대부분의 성 학대가 가정에서 가족 구성원에 의해 자행되며, 살해된 대다수 아이들이 부모에 의해 살해되고, 대부분의 유괴가 양육권이 없는 부모에 의해 저질러짐에도 불구하고, 가정은 안정한 장소인데 그곳이 낯선 사람에게 위협받는다는 식으로 묘사된다. '성범죄자' 그물망이 너무 커서 가족 구성원뿐 아니라 심지어 점점 더 많은 미성년자들까지도 이 그물망에 걸려 들고 있음에도 불구하고 점점 더 비대해지고 있는 규제 및 통제 기구는 이런 문제들이 일차적으로 그런 낯선 이들을 향해 있다는 태도를 보였다.[97] '아동 보호'는 어찌 보면 국방예산, 정보국, 끊임없는 테러에 대한 전쟁처럼 보인다. 이런 기구들은 진짜 쟁점과 실제 문제를 다루지만, 그에 대한 대부분의 대처는 제어되지 않는 제도적 확장, 높아지는 자원 낭비, 형편없이 지정된 목표물, 그다지 효과적이지 않은 성공의 측정 방식으로 버무려진다.[98]

이에 대해 스티븐 앤젤리데스Steven Angelides는 "아동 성 학대 담론은 아동 섹슈얼리티 담론을 대가로 확장되었다"고 유려하게 주장한 바 있다.[99] 케이트 밀렛은 유아와 아동기의 섹슈얼리티 주제로 열렸던 자신의 바너드 워크숍에 대해 언급하면서 이렇게 말한 바 있다. "요약하자면 아동과 청소년의 성적 표현을 좌절시키는 수많은 성 정치가 있다. 여러분과 나는 이것이 역사에서 거의 처음으로 논의되는 것을 보게 될 것이다. 우리 모두 한때는 어린아이였고 기분이 좋을 때면 여전히 어린아이가 된다는 점을 생각해보면, 우리 모두 이 문제와 관련이 있다. 아동 해방은 회고적으로 볼 때에도, 미래의 측면에서 볼 때에도 우리의 해방이 된다."[100] 밀렛의 논평(과 「성을 사유하기」에서의 나의 논평)은 지금 보면 속수무책으로 순진해 보이고 비현실적으로 낙관적이다. 그러나 성인기에 도달한 우리 모두가 과거 한때 아이였다는 점을 강조한 부분은 옳았다. 이 영역에 대해 내가 관심이 많은 이유는 나도 한때 1950년대를 거치며 성장한 아이였기 때문이다. 과거는 나에게 어린이들의 더 나은 성적인 미래를 위해 일하고 그것을 희망하도록 북돋아주었다.

대다수 다른 소녀들과 마찬가지로 나는 '쾌락과 위험' 둘 다에 대한 수많은 경험을 갖고 있다. 나는 원하지 않는 섹스에 동의해야 했고, 또한 내가 탐욕스럽게 찾아다녔던 성적 경험과 정보에 접근하는 데 있어 장애물과 부딪혀야 했다. 피임은 이용 가능하지 않았고(그리고 대부분 불법이었다), 낙태는 불법이었고, 성적으로 적극적인 젊은 여성에 대한 낙인은 흉포했다. 학교의 성교육은 생리에 대한 영화를 보여주는 것에 불과했으며, 『호밀밭의 파수꾼』 같은 평판 나쁜 소설을 은밀하게 읽거나 『웹스터 사전』에 드물게 원문 그대로가 실린 구절에서 성적 단어들을 주워 모으는 것으로 성교육을 향상시켰다. 임신했다가는 끝장이었다. 고등학교 시절, 임신한 친구들은 별 절차도 없이 퇴학당했다. 그녀들은 상급 교육의 기회를 잃었고 최하층민이 되었다.

동성애에 대한 지식과 동성애자의 삶에 대한 조건은 지역 정치, 경찰 지도, 도시의 크기 같은 요소에 따라 매우 다양했다. 내가 어린 시절을 보낸 시골 남부보다는 뉴욕 시에서 동성애자들이 더 가시화되었다. 그래서 오히려 뉴욕 시조차 안전하지 않게 되었다. 이 시기는 동성애자 시민들을 상대로 전례 없는 지속적이고 체계적인 전쟁이 일어나던 때였다. 동성애자는 연방정부에 고용이 차단되었고, 군대에서는 금지되었고, 국회와 FBI로부터 수사를 받고, 경찰에게 괴롭힘을 당하고, 감옥에 투옥되고, 성범죄자로 등록되고, 성적 사이코패스로 다뤄졌다.[101] 퀴어들은 그런 억압에도 독자적으로 생존 가능한 삶과 번영을 꾀하는 공동체를 건설했지만, 상당수는 잠자코 있으면서 주목의 레이더망에 걸려 들지 않도록 피하려 했다. 내가 자란 곳의 게이 남성과 여성들은 극도로 조심스러웠다. 후일에 그때를 되돌아보면 내 고향에도 수많은 게이 남성과 레즈비언들이 있었으며, 사서와 교사 중 내가 만난 이들 중에도 동성애자가 있었던 것은 분명하다. 그러나 동성애와 관련된 언어가 결핍되어 있었기 때문에 나는 그 신호를 해석하지 못했다. 나는 다만 공산주의자, 빨갱이, 무신론자, 퀴어 같은 일부 별칭들로 동성애와 관련된 언급을 들을 수 있었다. 그런 단어들에 성적 함의가 포함되어 있었지만 성적, 정치적, 종교적 반대 의견이 서로 모호하게 구분되어 있을 뿐이었다.

제2의 물결 페미니즘과 동성애 해방은 부분적으로 이런 처벌적인 성적 제도에 대한 대응이었다. 한편으로 사회적 보수파들은 억압적 체제를 재구성하거나 심지어 더욱 악화된 체제를 구성해왔다. 그들은 종종 자신들의 프로그램을 아동기 순수성에 대한 감상적 통념을 보호하는 데 필수적인 것으로 정당화한다.

섹슈얼리티와 청소년에 대한 다양하고 폭넓은 대화를 재개하고 이런 쟁점의 복잡한 분규에 대해 진지하게 모여서 30년간의 불협화음의 유산을 가늠해보는 것은 이미 오래전 일이 되어버렸다. 조엘 베스트가 논평했듯이 "순수한 아이들에게서 아동 성추행범, 유괴범, 악마 숭배자들을 멀리 떼어놓는 데 모든 자원을 쏟아붓는 사회라고 해서 아이들을 무지, 빈곤, 열악한 건강으로부터 지켜줄 준비가 반드시 되어 있는 것은 아니다. 몇 가지 캠페인은 사회문제가 전시된 시장에서 분명 성공하기도 했다. 하지만 무엇을 가장 중요한 쟁점으로 부각해야 하는가 하는 것은 또 다른 문제다."[102] 「성을 사유하기」를 쓰면서 나는 앞으로 전개될 양상에 대해 희미하게 윤곽 정도는 볼 수 있었다. 그러나 그것의 범위, 지속성, 결과는 완전히 잘못 계산했다. 성과 아이들에 대한 내 논평은 다른 맥락에서 이뤄진 것이었다. 내가 사춘기 이전의 아이들에 대한 강간을 지지한다고 상상할 것이라고는 전혀 예상하지 못했다(결국 내 예상은 틀린 것으로 판명되었다). 심지어 이 글을 쓰는 지금까지도 나는 내가 말하는 것이 무엇이든 누군가에 의해 최악의 방식으로 해석될 것이며, 오해는 불가피하다는 점을 의식하고 있다. 사실 아이들은 내 관심사나 전문 분야가 아니었다. 그러나 왜 그런 쟁점의 탐구는 그렇게 조심조심 행해져야 하며 그렇게까지 위험스럽게 느껴져야 하는가? 그 연구를 하는 것은 무언가 크게 잘못된 것이라는 암시가 된다.

「성을 사유하기」에서 나의 현재 작업과 가장 밀접한 관련이 있는 부분은 도시 공간과 관련된 사안들이다. 도시 공간의 문제는 내 연구에서 가장 오래 지속해온 주제이다. 나는 샌프란시스코 게이 남성에 대한 장기적인 민족지학 프로젝트를 완성하고 있다. 그리고 당시 내가 성적 장소의 지리학과 게이 동네의 형성 및 소멸과 같은 주제에 초점을 맞추고 있었을 때보다도 지금 더 그 주제에 집중하고 있다. 고급 주택화 gentrification라는 용어가 1960년대에 만들어지긴 했지만, 그것에 대한 연구는 1970년대 후반, 1980년대 초에 와서야 논리 정연한 연구 분야가 되었다. 그리고 재개발, 게이 주민, 게이 영토성의 관계를 탐구한 연구는 한 줌밖에 되지 않았었다.[103] 그러나 나의 현장조사는 게이 주민들의 위치와 기관의 위치가 토지 사용을 둘러싸고 갈등을 겪으면서 동성애가 샌프란시스코의 주택 위기와 관련해 손쉬운 희생양이 되었다는 것을 분명하게 보여준다.[104]

심지어 대규모의 재개발 프로젝트가 기존의 게이 집단 거주지를 위협했으며 성적 낙인이 자본 집중적인 개발에 이용 가능한 토지를 마련하기 위한 손쉬운 착취의 자원이 되었다는 것은 더 분명하다. 1984년 나는 뉴욕의 타임스퀘어, 샌프란시스코의 텐더로인, 노스 비치, 소마 같은 지역에 대해 "컨벤션 센터, 국제 호텔, 기업 본사, 부자들을 위한 주택을 위해서 안전하게 만드는"[105] 작업이 막 시작되었다고 지적한 바 있다. 지금은 새뮤얼 딜레이니Samuel Delany의 비가 『붉은 타임스퀘어, 푸른 타임스퀘어Times Square Red, Times Square Blue』를 포함해 타임스 광장의 변형에 대한 꽤 많은 문헌이 있다.[106] 샌프란시스코에서 텐더로인과 노스 비치는 아직 정복되지 않았지만, 내 연구 장소인 소마는 상당 부분 재건설되고 사회적으로 재구성되었다. 한때 해양회관과 게이 남성들이 모이는 장소들이 자리 잡고 있던 구역은 이제 호화로운 콘도미니엄 타워가 있는 곳이 되었다. 내 소마 연구는 체스터 하트먼Chester Hartman, 폴 그로스Paul Groth가 훌륭하게 연대기를 기록하고 아이라 노윈스키Ira Nowinski가 감동적으로 사진을 찍은 동네 변형의 이야기에 근거하고 있으며, 또한 그것에 성적 차원을 추가했다.[107]

더 나아가 1960년대와 1970년대부터 샌프란시스코의 또 다른 게이 동네들은 사라지거나 줄어들었다. 「성을 사유하기」에서 나는 우리가 1980년대 초에는 당연하게 받아들일 수 있었던 게이 동네가 일시적일 수도 있다는 점을 주시한 바 있다.[108] 21세기 초 도시 동성애자 집결지의 축소는 동성애자의 사회적 삶과 정치적 열망에 대한 심각한 도전이 되었으며, 그것의 잠재적 결론은 아직 충분히 분석되지 못했다.

내가 가장 자부심을 느끼는 이 논문의 한 가지 측면은 '원형적 퀴어성protoqueerness'이다. 나는 단일한 쟁점과 단일한 독자층을 넘어서 성 정치에 대한 토론을 여성, 레즈비언, 게이 남성으로부터 우리 대부분이 점유하고 있는 정체성 횡단과 복수적인 주체 위치를 좀 더 복잡하게 다루고 융합할 수 있는 분석으로 이동하고 싶었다. 그동안 내 모든 예측을 넘어서 탁월한 학문적 연구가 쏟아져 나왔다. 우리가 얼마나 멀리 왔든지 간에 나의 기쁨은 특히 페미니즘의 가장 불운한 유산 중 하나인 페미니즘 성 전쟁 탓에 씁쓸함으로 변해버린다. 성 전쟁은 페미니스트들이 사회적 보수의 반동적인 성과 젠더 어젠다에 맞서 단결하여 저항하는 것을 어렵게 만들었다. 등사판 기계는 사라진 지 오래이고 트위터가 전단을 대체하고 있는 것처럼 보인다. 그러나 1980년대 초의 전투는 여전히 연기를 피워 올리고 있다. 수많은 현대의 갈등은 바너드 회의를 압도하면서 「성을 사유하기」를 형성했던 논쟁들 속에 뿌리를 두고 있다. 그러나 나는 미래를 위한 우리의 최선의 정치적 희망은 상호 존중과 차이에 대한 공감에 근거해 연대를 형성하고 공통 근거를 찾는 데 있으며, 최선의 지적 연구는 복잡성을 수용하고, 뉘앙스를 소중히 여기며, 교조와 지나친 단순화의 유혹에 저항하는 것이라고 계속해서 믿고 있다.

9장

카타콤

똥구멍 사원

9장은 마크 톰슨(Mark Thompson)이 편집한 『가죽족: 급진적 성, 종족, 정치와 실천(Leatherfolk: Radical Sex, People, Politics and Practice)』(Boston: Alyson, 1991, pp.119~141)에 실렸던 논문이다.

처음 '카타콤Catacombs'에 대해 들었을 때 그 이름 때문에 초기 기독교인들이 국가의 박해를 피하고 불법인 자신들의 종교를 가능한 한 비밀리에 실천하기 위해 피신해 있었던 고대 로마의 지하 묘지 이미지가 떠올랐다. 샌프란시스코의 카타콤도 그와 비슷하게 지하에 세워졌다. 20세기 이단자들은 그곳에서 호기심 많은 이들과 적대자들로부터 가능한 한 격리된 채로 자신들의 의식과 의례를 실천할 수 있었다.[1]

카타콤은 샌프란시스코의 성의 역사에서 주목할 만한 역할을 했다. 가죽 세계의 '수도'라 할 수 있는 샌프란시스코는 출발은 다소 늦었다. 1950년대 중반, 뉴욕, 로스앤젤레스, 시카고에 가장 먼저 게이 남성 가죽 바와 모터바이크 클럽이 등장했다. 샌프란시스코의 첫 번째 가죽 바인 와이낫Why Not은 1962년 텐더로인 지역에 문을 열었다가 얼마 못 가 문을 닫았다. 샌프란시스코 지역에서 진짜로 성공한 첫 번째 가죽 바는 역시 1960년대 초에 개장한 툴박스Tool Box였다. 해리슨 4번가 399번지에 위치해 있던 툴박스는 소마South of Market에 문을 연 첫 번째 샌프란시스코 가죽 바이기도 했다.

샌프란시스코는 뉴욕, 로스앤젤레스, 시카고같이 좀 더 큰 도시들만큼 가죽족이 많은 것은 결코 아니었다. 그러나 우연히 – 성 관련 면허증의 전통, 사회적 관용, 도시 선거의 인구통계, 그리고 특정 동네들의 경제적이고 물리

적인 특이한 특징을 포함하는 - 지역적 요소들이 결합되면서 샌프란시스코
는 세계에서 가장 넓고 다양하며 가시적인 가죽 영토 중 하나로 부상하
게 되었다.

1960년대 중반에 다른 가죽 바들이 툴박스를 따라 소마 지역으로
들어왔다. 예닐곱 개의 바들이 폴섬 스트리트의 세 블록에 줄 이어 문을
열었다. 그곳은 1970년대 꾸준한 성장과 확장을 거듭하며 가죽족의 경
제를 지탱하는 핵심 지역이 되었다. 다른 동네에도 중요한 가죽 공동체
시설들이 있긴 했지만, 업소 몇 개가 아주 먼 거리를 두고 띄엄띄엄 문을
연 정도였다. 반면에 소마는 지역의 가죽족을 위한 '주민 광장'으로 기능
했다.[2]

가죽족은 1970년대에 급성장했다. 스톤월 이후부터 에이즈 사태
발생 전까지 10여 년간, 게이 공동체는 전반적으로 인구, 경제적 힘, 정
치적 자신감의 측면에서 폭발적인 성장을 경험했다. 마찬가지로 가죽
공동체도 단단해졌다. 1970년대 후반에서 1980년대 초까지, 샌프란시
스코 소마의 가죽족 점유율은 밀집도나 확장 면에서도 최고치에 다다랐
다. 가죽 관련 시설은 하워드 스트리트와 브라이언트 스트리트 사이, 즉
6번가에서 12번가까지 걸쳐 있던 지역에서 번성했다. 밤에는 가죽족 남
성들이 바, 섹스 클럽, 목욕탕, 뒷골목을 배회하며 그 거리를 점령했다.

1970년대에 새로운 종류의 가죽족/S/M 사회구조가 부상하면서 더
오래된 조직 형태들에 신선한 활기를 불어넣었다. 명실공히 정치적이라
고 할 수 있는 첫 번째 S/M 조직이 1970년대에 형성되었다. 이성애 지향
의 S/M과 가죽족 남녀들이 대중적으로 접근할 수 있는 단체들이 처음으
로 등장했다. 1971년에 오일렌슈피겔 소사이어티가 뉴욕에서 첫 번째

모임을 가졌고, 소사이어티 오브 야누스는 1974년에 샌프란시스코에서 회합을 시작했다.[3] S/M 레즈비언 간의 네트워크는 1970년대 중반에 시작되었다. 성공적인 첫 번째 레즈비언 S/M 단체인 사모아는 1978년 설립되었다.[4] 그러나 1970년대 10년간 가장 눈에 띄는 특징은 뛰어난 파티들의 개화였다.

1940년대 후반까지만 거슬러 올라가봐도 알 수 있듯이 섹스 파티는 가죽족의 사교 생활이 발전하는 데 매우 중요한 역할을 했다. 가죽 바들이 있기 전에는 S/M 파티가 열렸었다. 이런 파티는 늘 개인의 집이나 아파트에서 열리곤 했다. 대개 한두 명이 주최하고, 소개 같은 비공식적 네트워크를 통해서만 참석할 수 있는 파티였다. 결과적으로 이 파티는 초기 게이 S/M 네트워크가 다양해지고 성장하도록 도와줬다. 1940년대 후반에서 1950년대 초반에, 이런 네트워크를 통해 이뤄진 접촉은 첫 번째 가죽 바를 등장시킨 동력이 되었다. 파티는 계속해서 S/M과 가죽 공동체를 형성하고 유지하는 데 중요한 메커니즘이 되었다.

1970년대에 게이 남성의 S/M과 가죽 파티는 조직, 정교화, 자본 투자의 측면에서 새로운 절정에 도달했다. 1970년대 대형 파티들은 충분한 이해 속에 기획되었으며, 숙련된 솜씨로 실행되었고, 그래서 오랜 시간에 걸쳐 지속될 수 있었다. 이 파티들은 지역 차원에서 운영되었지만, 국제적인 명성을 얻게 되면서 파티에 참석하러 온 이들이 전 세계에서 몰려 들었다. 이 1970년대 대형 파티 중 특히 예닐곱 개가 큰 영향을 미쳤다. 매일 밤 가게 문을 닫고 나면 열렸던 뉴욕의 마인셰프트Mineshaft는 가장 잘 알려진 곳 중 하나였다. 마인셰프트는 처음 문을 연 1976년부터 문을 닫은 1985년까지 지속된 우수한 가죽 섹스 시설이었다.[5] 1976년 이후 시카고 헬파이어 클럽Chicago Hellfire Club이 매년 주최한 S/M 플레이를 위한 주말 캠프였던 인페르노Inferno 역시 유명한 파티 중 하나였다. 인페르노에 참석하려면 꼭 초청을 받아야만 했고, 그런 소중한 초청은 높이 존경받는 플레이어들에게만 연장되었다. 마침내 카타콤이 1975년에 문을 열었고, 카타콤은 곧 주먹성교 파티 장소로 유명해졌다.[6] 카타콤은 주먹치기handballing의 메카였다. 서구 세계 도처에서 온 주먹성교자들은 카타콤 파티에 참석하기 위해 샌프란시스코까지 순례를 왔다.

카타콤은 일차적으로는 게이 남성 주먹성교 파티를 위한 장소였다. 그곳은 또한 S/M을 위한 장소이기도 했다. 그리고 시간이 지나면서 다른 무리들 – 도착적인 레즈비언, 이성애자, 양성애자 – 도 카타콤을 공유했다. 카타콤은 주먹성교자들의 천국으로서 정체성을 결코 잃지 않으면서도 수년간 지역 S/M인들을 위한 커뮤니티 센터로서의 역할을 점차 늘려나갔다. 그곳은 사랑받는 시설이었다. 카타콤이 에이즈의 원인일 뿐 아니라 에이즈 히스테리가 잘못 겨냥한 마녀사냥의 목표물이 되면서 문을 닫자 애도의 물결이 넘쳐흐르기도 했다.

카타콤은 처음에는 그 세계 최고의 섹스 클럽은 아니었다. 그보다 카타콤은 스티브 매키천Steve McEachern이 자신의 연인에게 준 생일선물로서 소박하게 시작했다. 스티브가 샌프란시스코의 빅토리아식 건물의 지하실 뒤쪽을 던전dungeon으로 바꾸기로 결심하면서 카타콤이 그 모양새를 잡아나가기 시작했다.

스티브는 대담하고, 밝고, 기분 변화가 심하고, 고집 세고, 상대하기 어렵고, 성미 급하고, 정말로 사랑스러운 사람이었다. 그는 자기가 좋아했던 종류의 성적 강도에 스스로가 편안하게 탐닉할 수 있는 환경을 조성하는 것을 자신의 인생 사업으로 삼았던 성적 선구자였다. 스티브는 자신이 원하는 것을 하고자 하는 이기적 결심이 주변 사람들을 위한 쾌락의 세계를 창조하게 한 보기 드문 사람이었다.[7]

10대에 샌프란시스코에 입성한 스티브는 1960년대 가죽족에게서 자신의 길을 찾았다. 아직 미성년이었던 시절에 그는 툴박스에 숨어들곤 했다. 그는 잠깐 운영되던 와이낫을 관리했고, 거기서 훗날 카타콤의 단골손님이 될 토니 타바로시Tony Tavarossi를 만났다. 스티브는 지역단체인 미국 주먹성교자 모임 FFA: Fist Fuckers of America에 참여했다. 창조적인 자금 조달을 구상한 그는 세금 경매로 나온 미션 디스트릭트Mission District에 있는 2층짜리 빅토리아식 건물을 사들였다.

그 집은 발렌시아Valencia와 게레로Guerrero 사이의 21번가 남쪽에 위치해 있었다. 나중에 카타콤이 된 던전을 만들기 전에 스티브는 1층에 살면서 지하실에서 타자 쳐주는 사업을 운영했다. 1970년대 중반에 스티브의 지하실은 지역의 주먹성교자 마니아 집단을 위한 모임 장소가 되었다. 카타콤은 공식적으로는 1975년 5월 매주 토요일 밤에 열리는 주먹성교자 파티로 시작되었다. 그 후 스티브는 매년 클럽 창립을 축하하는 기념 파티를 열었다.

카타콤이 동지애와 클럽에 대한 충성심을 형성하긴 했지만 그곳은 일반적 의미에서의 클럽이 아니었다. 그곳은 사적 소유 공간이었으며, 사적인 파티가 열리던 행사 공간이었다. 스티브는 예리한 눈과 장악력을 갖고 카타콤을 운영했다. 그는 섹스 파티를 일거리로 만들고, 파티가 뜨거운 인기를 얻게 하기 위해 상당한 정보와 지식을 적용했다. 그가 발전시킨 파티 기술은 너무나 성공적이어서 다른 곳에서도 따라했다. 성적 취향이 별난 샌프란시스코의 대다수 파티는 여전히 카타콤과 유사한 노선을 지키며 운영되고 있다.

카타콤에 들어가는 것은 쉽지 않았다. 훌륭한 파티 주최자로서 스티브는 파티의 성공 여부는 '딱 맞는 사람들'이 있느냐 없느냐로 판가름 난다는 걸 알고 있었다. 시카고 헬 파이어 클럽의 인페르노처럼 카타콤도 배타적인 전용 클럽이었다. 파티에 초청받기 위해선 스티브의 초청 명단에 들어가야만 했다. 스티브의 명단에 이름을 올리기 위해선 스티브가 아는 누군가가 추천을 해줘야 했고, 스티브가 직접 인터뷰를 하기도 했다.

스티브의 명단에 이름을 올리기 위해 대물 성기나 넋을 잃을 만한 가슴을 가진, 잘생기고 섹시한 남자일 필요는 없었다. 그곳에선 외모의 아름다움은 딱히 인정받지 못했다. 카타콤은 예쁜 것과는 거리가 멀었다. 그보다는 강렬한 몸의 경험, 친밀한 정교, 남성 동료애, 그리고 즐기는 것이 더 중요했다. 파티에 들어가기 위해서는 진지한 플레이어이거나 진지하게 관심을 갖는 초보자여야 했다. 그리고 섹스 파티에서 어떻게 행동해야 하는지, 어떤 능력을 보여야 하는지 알고 있어야 하며, 적절한 에티켓을 배울 의지를 갖고 있어야 했다. 스티브는 무례하거나, 약을 다룰 능력이 없거나, 즐기고 있는 다른 사람의 능력을 지나치게 침해하는 사람은 어느 누구라도 가차 없이 추방했다.

스티브의 명단에 올라가 있다 해도 카타콤에 막 나타나서는 안 되었다. 파티에 입장하려면 사전 예약을 해야 했다. 문 앞에는 다음과 같은 표지판이 있었다. "사전에 전화를 하지 않은 경우에는 벨을 울리지 마시오." 손님들은 밤 9시에서 11시 사이나 그로부터 몇 분이 지니서야 입장이 되었다. 스티브는 모든 사람들이 11시 30분까지는 들어와 앉아 있어야 흥에 겨워 함께 들뜨는 파티 분위기를 만들 수 있을 것이라고 생각했다. 그는 밤새 현관 벨이 울리는 통에 참석자들이 불안해하거나, 낯선 기운을 지닌 새로운 사람들이 도착하고 서로 다른 시간대에 축제 기분에 젖게 되어 산만해지는 것을 원치 않았다.

한번 카타콤에 발을 들였다면 강렬한 성적 경험과 긍정적인 안락함이 공존하는 환경에 들어서게 된 것이다. 웃고 있는 나체의 남자가 늘 그 문을 열어주곤 했다. 그는 싸늘한 공기와 호기심 어린 시선들로부터 메인 룸을 보호하는 작은 대기실로 손님을 들여보냈다. 그리고 메인 룸에 들어가 바 끝에 있는 스티브의 사령부로 걸어가, 그곳에서 확인받고 돈을 지불한 후 스티브에게 경의를 표하면 된다.

그다음에는 당신의 장비, 섹스 장난감, 복장을 넣어둘 의자 아래쪽 공간을 찾는다. 나체는 카타콤의 규범이었다. 사람들은 가죽 벨트, 팔 밴드, 국부보호대, 양말, 성기 장식물 cockring을 입고 채우거나 아니면 아예 아무것도 걸치지 않았다. 스티브는 난방을 올렸다. 그는 벌거벗은 사람들에게는 편안하고, 옷을 입은 사람들은 오히려 지독하게 덥게 느낄 정도로 의도적으로 온도를 따뜻하게 유지했다. 스티브 자신은 늘 떼었다 붙였다 할 수 있는 코드피스 codpiece (샅에 차는 주머니로 15~16세기 유럽 남자들이 바지 앞 샅 부분에 차던 장식용 천 - 옮긴이)가 달린 짧은 가죽 바지를 입고 저녁을 시작했다. 나는 딱 붙는 짧은 가죽 바지를 입고 바 끝에 앉아 포퍼를 흡입하면서 사람들을 즐겁게 해주고 있던, 매우 마르고 각진 큰 키의 그를 생생히 기억한다.

응접실은 카타콤의 사교장이었다. 그곳은 좀 더 친밀하고 모두가 나체라는 것만을 제외하면 가죽 바와 비슷하게 느껴졌다. 남성의 성애와 관련된 뛰어난 예술 소장품이 벽을 화려하게 장식하고 있었다. 그 작품들은 주로 지역 가죽 공동체의 역사와 주먹성교를 주제로 한 것들이었다. 다수의 작품들은 당시에도 이미 오래된 것들이었고, 사라진 가죽 바 - 와이낫, 툴박스, 레드 스타 살롱Red Star Saloon - 에 있던 공예품이었다. 스티브는 공동체 역사가 가진 깊은 의미를 알고 있었다. 내가 관심을 보이자 그는 나를 그곳으로 데려가서 유물 하나하나의 중요성에 대해 사랑스럽게 설명해주었다.

카타콤에서는 술을 전혀 팔지 않았는데도 응접실에는 '바'가 있었다. 후원자들은 맥주를 냉장고에 넣어두고 바 뒤에 있는 얼음, 소다수, 커피 머신 등을 알아서들 이용했다. 빛은 낮게 깔렸고, 음악은 부드러웠으며, 사람들로 가득 차 있었다. 응접실은 사람들이 들어오고, 앉고, 친구들을 맞이하고, 약을 하고, 손톱을 다듬고, 일상 세계에서 '플레이 공간'으로 전환하는 공간이었다.

'앞쪽의 응접실'은 '뒤쪽'과 구분되었다. 사람들은 응접실에서 어울리고, 담배 피우고, 술 마시고, 추파를 던지고, 간을 보고, 바람을 쐬러 나왔다. 때때로 섹스 플레이가 응접실에서 이루어지기도 했지만 흔한 일은 아니었고, 그렇다 해도 일반적으로는 뒤쪽의 섹스보다는 편하고 가볍게 이뤄졌다. 둘 이상이 연결되어 진지한 플레이를 할 준비가 되면 뒤쪽으로 향했다. 뒷방에는 담배, 음식, 술이 모두 금지되었다. 뒤쪽은 가벼운 사교를 위한 곳이 아니었다. 뒷방은 섹스를 위한 곳이었다.

뒤쪽에는 '신부의 스위트룸'과 던전으로 구성된 두 개의 방이 있었다. 신부의 스위트룸에는 네 개의 커다란 기둥과 덮개가 있는 거대한 물침대가 있었다. 방의 이름은 그 방을 거의 다 차지하고 있는 침대에서 유명한 커플의 첫 섹스가 성사되고 나서 붙여진 것이었다. 그 후 방에는 놋으로 된 기념 명판이 붙었다. 많은 연애가 그 침대에서 성사되었다. 혹은 그렇다고 알려졌다. 침대 쪽으로 음악이 바로 들리도록 스테레오 스피커가 설치되어 있었다. 많은 파티에서 물침대를 쉽게 볼 수 있긴 했지만, 특히 신부의 스위트룸 침대는 어마어마한 크기 덕택에 사용자와 다른 이들 간에 물리적 거리가 꽤 확보되었다. 그래서 그 침대는 특별한 친밀감을 공개적으로 전시하는 이상적 자리가 되었다.

신부의 스위트룸의 다른 쪽 벽들에는 붙박이 벤치가 줄지어 설치되어 있었다. 이 벤치들은 3피트 정도 되는 너비에 푹신푹신한 패드로 덮여 있어서 플레이를 하기에 편안했다. 물침대를 지나면 스티브가 선호하는 장비 중 하나가 놓여 있었다. 그것은 환자 이송용 침대의 윗부분이었는데, 푹신한 매트리스로 덮여 있으며, 천장에서 늘어뜨려진 체인과 거대한 스프링에 매달려 있었다. 가죽으로 된 발걸이는 바텀의 다리를 올려놓는 데 사용할 수 있었고, 전체를 위아래로 튕기며 앞뒤로 흔들 수 있었다. 스티브는 당시 가장 맘에 들어하는 사람의 엉덩이에 손을 넣고 그곳에 앉아 큰소리를 질러대고 웃으면서 위아래로 흔들어댔다.

마지막으로 뒤쪽으로 오면 던전이 있었다. 그 방으로 걸어 들어가는 것만으로도 가죽 분위기에 젖을 수 있다. 던전에는 거대한 나무 기둥과 지주가 그대로 노출되어 있었다. 목재 널빤지 마루에는 아기 피부처럼 부드러운 모래가 깔려 있었고, 항상 크리스코Crisco 쇼트닝 기름이 얇고 윤기 나게 발라져 있었다. 벽과 천장에는 거울이 있었다. 빅토리아식 가스등은 평범한 분위기를 신비로운 19세기 스타일로 바꿔주었다.

7피트 길이에 2피트 너비 정도 되는 검은색 철제 우리가 던전의 출입구 쪽과 정반대 방향에 세워져 있었다. 그 우리는 던전 마루에 볼트로 부착되어 있었으며 자물쇠로 잠글 수 있었다. 열쇠는 바 프론트에 보관되어 있어서 요청하면 사용할 수 있었다. 우리의 왼쪽에는 매달릴 수 있는 승강 장치가 있었다. 스티브는 안전하게 사용하는 방법을 충분히 안다고 인정하기 전까지는 승강 장치 사용을 허락하지 않았다.

그 방 중간에는 신체 결박을 위한 커다란 나무 십자가가 있었는데, 건물의 설주 중 하나에 가로 막대를 얹어 만든 것이었다. 그 십자가는 채찍질하기에 좋은 곳이었다. 독특하게 디자인된 푹신푹신한 결박 탁자가 오른쪽 벽을 따라 세워져 있었다. 탁자의 발치 부분은 U자형으로 잘려 있어 탑이 바텀의 성기와 엉덩이 바로 앞으로 다가갈 수 있게 되어 있었다. 바텀의 다리를 공중에 떠 있게 만들 수 있도록 조금 위쪽으로 흔히 볼 수 있는 가죽 발걸이가 달려 있었다.

더 뒤쪽에는 두 개의 수술용 탁자가 있었다. 이 탁자들은 의학적 장면을 연출하거나 신중한 고문을 하기에 완벽했다. 매트리스 패드가 바깥쪽 벽에 이어져 붙어 있었다. 던전의 뒤쪽 반은 널찍한 검정색 가죽 슬링(무거운 것을 들어 올리거나 튕겨내기 위한 긴 줄로 된 장치 – 옮긴이) 두 줄이 차지하고 있었다. 슬링은 각각 방의 양쪽을 따라 이어져 있었다. 스티브는 이 띠들을 대부분 직접 만들었다. 띠 각각은 어디서나 흔히 볼 수 있는 가죽 걸이로 부착되어 있었다. 크리스코 기름이 담겨 있는 캔을 고정시켜놓기 위한 커다란 빈 커피통이 각각의 띠 옆에 있는 체인에 매달려 있었다.

던전 입구 쪽에서 옆쪽으로 가면 있는 욕실에는 문이 없었다. 긴 수

건걸이가 설치되어 있고 샤워기에는 관수용 호스가 부착되어 있었다. 손님들은 집에서 관수 세척을 하고 와야 했지만, 호스는 애무를 하거나 응급 상황에도 이용 가능했다. 종종 예닐곱의 사람들이 욕실에 동시에 있기도 했다. 한 사람은 호스에 앉아 있고, 또 한 사람은 변기를 사용하고, 다른 이는 손과 팔뚝을 씻고, 몇몇 이들은 기다리고 이야기하면서 주변에 서 있었다. 그 결과 화장실은 때때로 '뒷방' 화장실이라기보다는 더 가볍고 사교적인 분위기가 조성되는 곳이 되었다.

마찰 없는 섹스

주먹성교는 몸에서 가장 예민하고 조이는 근육을 유혹하는 기술이다. 카타콤은 항문을 열고, 이완하고, 기분 좋게 만들 수 있도록 고안되었다. 그 공간은 깊은 삽입이나 다른 극단적인 육체의 쾌락을 위한 탐험을 산만하게 만들 수 있는 모든 요소를 최소화하게끔 디자인되어 있었다. 그곳은 강렬한 육체적 감각에 집중하는 능력을 높일 수 있도록 사려 깊게 구성되어 있었다. 카타콤에서 사람들은 엉덩이 속에 손이 들어가는 것을 체험하거나 완전히 절대적으로 편안한 분위기 속에서 S/M의 정교한 고통을 경험할 수 있었다.

그곳의 환경은 최대한 깨끗하고, 안전하며, 따뜻하게 유지되었다. 장비들은 튼튼하고 견고했다. 표면은 부드러웠다. 마루는 전혀 걸리는 부분이 없었다. 어느 누구도 장비 가방에 발가락을 부딪치거나, 나무가시에 찔리거나, 장비가 몸무게를 지탱할 수 있을까를 걱정할 필요가 없었다. 한번 문이 닫히고 나서 더 이상 벨이 울리지 않으면, 바깥 세계에 대한 생각이나 그곳의 문제들은 마음에서 완전히 멀어져 사라져버렸다.

플레이 장소는 신체에 대한 불필요한 스트레스를 줄일 수 있게 설계되었다. 대부분의 표면은 부드럽거나 푹신한 패드가 깔려 있었다. 다리를 거는 가죽 발걸이는 플레이어가 뒤로 누워 그의 (그리고 나중에는 그녀의) 다리가 장시간 공중에 매달려 있을 수 있게 설계되었다. 허벅지에 쥐가 나거나 요추에 압박이 가해지거나 하는 일 없이 항문, 성기, 젖꼭지 혹은 파트너에 집중할 수 있었다.

많은 장비가 이동할 수 있게 만들어져 있었다. 슬링, 물침대, 환자 이송용 침대, 서스펜션 승강 장치 모든 것이 유동적이고 거의 무게가 느껴지지 않았다. 이런 운동성 덕택에 많은 에너지나 힘을 쓰지 않고도 매달려 흔들거나, 꿈틀꿈틀 움직이거나, 튕기거나, 바닥에 내칠 수 있었다. 이런 움직임 덕분에 팔에 손상이 가거나 근육이 찢기는 사고를 상당수 막을 수 있었다.

카타콤에서 엄청난 양의 크리스코 기름은 빠질 수 없는 경험 중 하나였다. 크리스코는 선택된 윤활유였다. 어떤 것으로도 표면 구석구석까지 전면에 코팅된 크리스코 기름 층을 제거할 수 없었다. 모든 파티가 시작되기 전에 매번 새로운 크리스코 깡통을 따서 부었고, 특히 플레이 장소에는 어디서도 손이 쉽게 닿을 수 있게 프리스코 깡통을 전략적으로 배치해두었다. 때때로 스티브는 파티의 긴장을 풀기 위해 크리스코 싸움을 열기도 했다. 크리스코로 항문에 기름칠을 하고, 몸 전체에도 크리스코로 기름칠을 했다. 마지막으로 모든 길을 크리스코 기름으로 덮어 부드럽고 쉽게 접촉할 수 있게 했다.

윤활유는 마찰을 줄여준다. 먼지와 모래는 원치 않는 찰과상이 생기게 했다. 그것들은 절대적으로 싫은 것이었다. 스티브는 청결함에 대한 고집으로 부드러운 환경을 유지할 수 있었다. 단골 하나가 말했듯이 카타콤에서의 섹스는 "딱 맞아 떨어지고, 편안하고, 리듬과 기름"이 충만한 것이었다. 카타콤에서의 섹스는 다른 시간대에 다른 사람들과 다른 것을 하는 것을 의미했다. 카타콤은 성인의 유희와 즐거운 시간을 갖는 것에 전념했다. 그러나 참여한 활동의 순도 높은 강렬함은 많은 이들이 전혀 다른 차원을 경험할 수 있게 해주었다. 좋은 주먹성교와 S/M은 엄청난 집중, 친밀감, 신뢰를 요구한다. 이 때문에 심지어 가벼운 만남도 깊은 애정과 오랜 우정으로 이어질 수 있었다. 더 나아가 여러 문화에서 신중하게 선택된 물리적 압박을 가하는 행위는 초월적인 정신 상태와 감정 상태에 진입하는 방법으로 이용되어왔다. 사람들은 자신의 신체와 마음에 굉장히 놀라운 일이 일어나는 것을 경험하기 위해 카타콤에 왔고, 단골 몇몇은 생각보다 더 자주 정신적 훈련과 연관된 변신transformational을 경험했다고 말했다.

카타콤 섹스는 자주 강렬하고 진지하지만, 또한 모래를 갖고 노는 장난기 많은 아이와 같은 성질을 띠기도 했다. 크리스코 싸움부터 포퍼 흡입하기 콘테스트, 스티브가 좋아했던 끝없는 짓궂은 장난들까지, 파티는 유머로 넘쳐났다. 카타콤은 많은 사회적, 물리적 안전망의 보호를 제공함으로써 소위 도를 넘는 대담한 행위들을 탐닉할 수 있게 했다. 화려한 표면의 방탕함은 낙하를 막거나 그 속도를 늦추기 위해 디자인된 수많은 체계에 의해 지탱되었다. 카타콤의 환경은 성인들이 거의 아이처럼 자신의 신체에 대해 경이를 느낄 수 있게 해주었다. 카타콤은 서구 근대사회에서는 거의 사용해볼 수 없는 육체의 오감 능력을 탐험할 수 있게 해주었다.

섹스하기에 좋은 음악

음악은 카타콤 경험의 필수적인 요소였다. 훌륭한 사운드 시스템 덕분에 카타콤의 구석구석에서도 음악을 들을 수 있었다. 스티브는 뛰어난 디제이였다. 그는 일련의 음악 테이프를 만들어서 파티 분위기를 띄우고, 격렬하게 만들고, 조종하는 데 사용했다. 스티브는 음악을 바꿔 파티 분위기를 끌어올리거나 방향을 바꾸거나 가라앉혔다.

문이 열려 있고 손님들이 계속 도착하는 초반 시간대의 커플을 위해 스티브는 느긋하면서도 들뜨게 만드는 다양한 노래를 틀었다. 문이 닫히고 파티가 시작될 준비가 끝나면 일반적으로 고조된 기운과 성적인 암시를 풍기는 디스코를 특별히 선별해 틀었다. 이런 종류의 음악은 사람들이 계속되는 감각적인 박자에 맞춰 신나게 위아래로 몸을 튕기고 휘리릭 몸을 돌리면서 '뒷방'으로 향하게 만들었다. 늦은 저녁이 되면 보통 천천히 깊은 성교를 하고 강도 높은 고통의 여행을 하는데, 그때는 더 좋은, 좀 더 분위기 있는, 어두우면서도 위협적인 느낌이 드는 일렉트로닉 음악으로 바뀌었다.

스티브는 플레이어들의 경험과 직접적으로 연관되는 가사가 있는 음악을 찾아내는 데 재능이 있었다. 실제로는 대다수가 다른 맥락으로 쓰인 노래였지만 카타콤 파티 중에 그런 노래가 나오면 모두가 게이 남성 섹스 클럽을 위해 쓰인 곡처럼 느꼈다(하지만 그중 몇 곡은 명백히 게이 남성을 위해 쓰인 것이었다). 한 남자가 슬링 앞에 서서 자신의 팔로 목숨 줄을 쥐고 있는 남자를 부드럽게 흔들고 있는 것을 상상해보라. 탑인 남자는 바텀인 남자를 그의 젖꼭지 링에 연결된 체인을 사용해 손으로 끌어내린다. 슬링에 누워 있는 남자를 상상해보라. 포퍼가 효과를 내면서 그의 저항은 용해된다. 이런 노래 구절이 머리를 스치고 서로의 인식을 깨운다. "이제 나는 너를 천국으로 데려갈 거야." "욕구를 느껴봐, 내 안의 욕구를 느껴봐." "너는 강한 사랑을 원해, 그게 널 따뜻하게 만들 거야, 너는 남자의 사랑을 원해." "안과 밖, 안과 밖, 안과 밖." "난 널 사랑하게 됐어, 베이비." "수영하는 법을 배우는 데 20년이 걸렸어. 그리고 비행의 두려움이 나를 덮칠 거야." "그걸 느낄 수 있니, 네 몸 안에서 그걸 느낄 수 있니, 네 몸을 움직여봐." "나는 네가 필요해, 나는 네가 필요해, 나는 네가 필요해, 나는 지금 당장 네가 필요해."

카타콤을 강타한 노래 중에는 베트 미들러Bette Midler의 〈검은 가죽을 입은 기사Knight in Black Leather〉나 스캣 브라더스Skatt Brothers의 〈밤에 걸어요 Walk the Night〉 같은 게이 가죽족 찬가가 있었다. 때때로 스티브는 사악한 유머 감각을 쏟아내기도 했다. 테이프 중간에 어떤 예고도 없이 갑자기 변기 물 내리는 소리를 집어넣은 적도 있었다. 스티브는 생일이나 새해 같은 특별한 파티를 위해 창작 노래를 의뢰하기도 했다. 그중 올드 랭 사인 Auld Lang Syne의 곡에 "네 뒤로 들어간 주먹, 나의 사랑, 네 뒤로 들어간 주먹"이라는 가사를 붙인 세레나데를 새해로 넘어가는 자정 종소리에 맞춰 손님들이 함께 불렀던 게 기억에 남는다.

변태들의 오아시스

토요일 밤마다 정기적으로 열린 카타콤 파티에서 주먹성교와 S/M
은 서로 어긋나 있었다. 이런 현상은 전체 남성 가죽 공동체의 분열을 반
영했다. 주먹성교자와 사도마조히스트는 겹치는 부분이 상당히 있었지
만, 1970년대를 지나오며 그들은 변별적인 사회 패턴을 지닌 분리된 집
단을 구성했다.

다수의 진지한 사도마조히스트는 크리스코 기름이 가죽을 망가뜨
린다고 생각했고, 몇몇은 주먹성교자들이 예의와 격식이 부족하다고 느
끼며 분개했다. 한편, 다수의 주먹성교자들은 S/M에 관심이 없었고, 몇
몇은 공개적으로 적대적인 태도를 보였다. 다수의 주먹성교자들에게 S/
M은 최악의 경우에는 야만성의 형식이고, 좋게 봐준다고 해봤자 그들이
추구하는 평화로운 명상적 분위기를 시끄럽게 방해하는 행위였다.

카타콤의 많은 이가 일차적으로 주먹성교에 관심이 있었지만, 스
티브 자신은 주먹성교와 S/M 둘 다에 전념했다. S/M은 늘 카타콤의 일
부였고, 그 공간이 여성에게 개방되고 성별이 섞이면서 S/M은 점점 더
많은 부분을 차지하게 되었다.

신시아 슬레이터 Cynthia Slater는 카타콤에 접근 가능한 여타의 집단들
을 책임지고 관리하던 사람이다. 1989년 10월 에이즈로 죽을 때까지 신
시아는 샌프란시스코 가죽 공동체의 형태를 변화시켰다.[8] 1974년에 신
시아는 소사이어티 오브 야누스를 만들었고, 이 협회는 곧 베이 에어리
어의 이성애, 양성애, 동성애 사도마조히스트의 연결점이 되었다. 야누
스를 통해 성적으로 별난 수많은 서로 다른 종류의 사람들이 공통 기반

을 찾았다.

신시아는 또한 야누스를 통해 스티브 및 카타콤과 연락하게 되었다. 1977년 신시아와 스티브는 연인이 되었다. 스티브는 결국 신시아의 토요일 밤 파티 입장을 허락하기로 결정했다. 몇몇 단골은 여성의 존재에 질겁했지만, 스티브는 이 사태와 다른 많은 상황에 대해 "그 사람들도 극복하게 될 거야"라는 태도를 취했다. 신시아는 양성애자였다. 그녀는 그 공간에 자신의 여자 애인 두 명을 소개했고, 그들은 다시 다른 애인과 친구들을 데리고 왔다. 1978년 여름에는 60~80명 정도의 남자들 중에 1~5명 정도의 여자들이 섞여 있는 것을 늘 볼 수 있었다. 스티브가 예측했던 것처럼 대부분의 남자들이 그 상황을 극복했고, 많은 이가 이미 거칠 것 없이 휘몰아치는 상황의 또 다른 반전으로 여기며 두서넛 여자들의 존재를 즐기게 되었다.

패트 칼리피아는 신시아가 카타콤에 데려온 이들 중 한 사람이었다.[9] 패트는 카타콤이 금요일 밤에는 사용되지 않는다는 것을 알아차렸다. 그녀는 금요일 밤에 카타콤을 빌려서 여성들의 S/M 파티를 여는 탁월한 아이디어를 스티브에게 제안했고, 패트의 제안에 스티브도 동의했다. 1979년 6월 1일 카타콤에서 여성들의 첫 파티가 열렸다. 이후 수많은 여성들의 파티가 열렸다. 스티브는 보통 그 여성들의 파티에 참석했고, 그의 연인인 프레드 허램Fred Heramb도 참석했다. 그는 신시아의 뒤를 이어 스티브의 파트너가 되었다. 그래서 여성들의 파티는 주로 30여 명의 여성과 20여 명의 남성으로 구성되었다.[10]

사실 S/M 레즈비언들은 카타콤에서 파티 여는 법을 배웠다. 레즈비언 사도마조히스트들은 이제 막 조직을 갖춘 상태였고, 스티브의 관대함 덕택에 파티의 세계와 조우하고 그곳이 아니었다면 접근하기 어려웠을 기술을 플레이했다. 카타콤은 곧 신생 샌프란시스코 레즈비언 S/M 공동체에게 집이자 클럽하우스가 되었다. 샌프란시스코 지역단체는 레즈비언 S/M의 전국 조직이 부상하는 데 중요한 역할을 했고, 카타콤의 수업이 별난 성적 취향을 지닌 동성애 여성들에게 전수되었다.[11]

1980년 신시아 슬레이터와 신시아의 친구인 수전 소너Susan Thorner는 여러 성별과 성적 취향이 섞인 S/M 파티를 위해 금요일 밤 카타콤을 빌리기로 결정했다. 3월 21일에 열린 그 행사는 별난 성적 취향을 지닌 상당수의 게이 남성, 레즈비언, 양성애, 이성애자가 베이 에어리어에서 함께한 첫 번째 파티였다. 파티는 너무나 성공적이었다. 신시아와 공동 기획자들은 고무되었고, 또 다른 게이 남성 가죽 섹스 파티 장소인 핫하우스의 꼭대기 두 개 층을 빌려 두 개의 거대한 혼성 파티를 열었다.[12] 신시아의 집과 개인 소유의 던전에서도 더 작은 규모의 혼성 파티가 열렸다.

이러한 초기 혼성 파티를 계승한 파티는 결국 지역 전통이 되었다. 혼성 파티는 남성과 여성 모두를 포괄했고, 그 파티에는 '이성애자'가 된 너무 많은 동성애 남성과 여성, 그리고 동성애자가 된 너무 많은 이성애자가 있었다. 그런 파티들이 실험을 위한 기회를 제공해주긴 했지만, 그렇다고 그 행위들이 사람들의 다른 성적 취향을 포기하도록 만들지는 않았다. 반대로 차이를 존중하는 태도를 기르면서 그 파티들은 다양한 사람들이 서로를 관찰하고, 별난 성적 취향에 대한 서로의 관심을 감상하고, 그들의 공통점들을 발견할 수 있는 편안한 분위기를 조성했다.

끝의 시작

카타콤의 황금시대는 1981년 8월 28일 이른 아침에 갑자기 끝났다. 스티브와 프레드는 신부의 스위트룸에 있는 물침대에서 신이 나서 행복하게 뛰고 있었다. 그때 스티브에게 갑자기 심장마비가 왔고, 그는 프레드의 팔에 안겨 죽었다. 프레드는 충격과 슬픔의 비탄에 잠겼다. 카타콤은 실리적 이유로 인해 문을 닫게 되었다.

스티브는 어떤 유언도 남기지 않았다. 그 집은 건물을 사는 데 재정적으로 도움을 주었던 친한 친구인 이성애 커플의 명의로 되어 있었다. 다른 소유물은 스티브의 친족에게 넘어갔다. 그들은 카타콤에 전혀 관심이 없었고, 가능한 한 빨리 카타콤이 사라지기를 바라는 것 같았다. 그들은 프레드에게 이동 가능한 장비를 팔 권한을 주었다. 오래된 단골 하나가 슬링, 탁자, 가죽 발걸이, 우리, 승강 장치, 환자용 이동 침대 모두를 500달러에 샀다. 다양한 친구들이 집에 들려 예술품에 대한 자기 권리를 주장했다. 나는 프레드에게 역사적으로 중요한 수집품이 여기저기 흩어져 추적할 수 없게 될까 봐 염려스럽다고 말했다. 그는 나머지 예술품을 가져가라고 말했고, 결국 수개월간 그것들을 내 아파트에 보관하게 되었다. 음악 테이프를 갖기 위해 프레드는 스티브 가족에게서 그것들을 구매했다. 스티브가 죽고 채 이틀도 지나지 않아 그 지하에는 카타콤과 관련된 그 어떤 것도 남아 있지 않게 되었다. 지하는 카타콤의 모습을 완전히 벗어냈다.

카타콤 사람들은 함께 모일 장소가 여전히 필요했다. 장비를 샀던 남자가 동업자 몇몇을 구해서 1981년 10월 30일 라킨 736번지에 샌프란시스코 카타콤-II를 열었다. 샌프란시스코 카타콤-II는 개막식에 여성들을 초청했지만, 그 이후로는 여자들을 배제했다. 그곳에는 유명 디자이너의 회색 벽과 뜨거운 물이 나오는 욕조가 있었다. 단골 여럿이 크리스코 기름이 벽에 묻고 욕조를 더럽힌다고 투덜댔다. 샌프란시스코 카타콤-II는 결코 인기를 얻지 못했고, 석 달 만에 문을 닫고 말았다.

1982년 1월, 프레드는 완전히 흥분해서 내게 전화를 걸어왔다. 그는 쇼트웰 스트리트에 있는 집을 샀고, 그곳은 가죽 거리 중심에서 몇 블록밖에 떨어지지 않은 미션 디스트릭트 지역이며 폴섬에서 약간 벗어난 곳에 있다고 말했다. 프레드는 그곳을 파티 장소이자 거주 공간으로 바꿀 계획을 갖고 있었다. 그는 음악 테이프를 갖고 있었고, 파티 명단도 있었다. 또 두 명의 동업자가 있었다. 그중 한 명은 스티브의 장비를 산 남자였다. 그들은 쇼트웰에 카타콤을 재개장했다.

쇼트웰 집은 예전 카타콤 건물보다 더 작았다. 그곳은 넓은 차고와 지하실이 있는 단층짜리 건물이었다. 프레드와 친구들은 작업에 착수했다. 그들은 차고 문을 벽으로 마감하고, 나무 바닥을 깔았다. 그곳에 난방과 배관, 음향 시스템을 설치했다. 프레드는 내게 맡겨두었던 예술품들을 도로 가져갔다. 그는 마침내 남아 있던 예술품 중 하나만을 제외하고 모두 되돌려놓을 수 있었다. 카타콤은 1982년 2월 13일에 재개장했다.

프레드는 세세한 부분까지 정확하고 꼼꼼하게 카타콤을 복구했다. 쇼트웰의 평면도는 이전과 달랐기 때문에 던전의 배치도 변화될 수밖에 없었다. 물침대를 놓을 장소는 없었지만 추가로 예닐곱 개의 슬링을 설치한 방이 생겼다. 프레드는 어쨌든 예전 카타콤의 이동 가능한 모든 물품들 – 장비, 예술품, 음악 테이프, 심지어 키 큰 사람(주로 남자들)에 맞게 설계된 기구에 키 작은 사람(주로 여자들)이 들어가고 나올 수 있게 사용됐던 금속 의자까지 -을 사실상 재배치해놓았다. 쇼트웰 카타콤은 스티브에게 주는 프레드의 작별 선물이었다. 프레드는 스티브가 만들고 사랑했던 환경을 공들여 재구성해서 스티브를 위한 기념비를 세웠다.

프레드는 또한 자신만의 방식으로 쇄신을 꾀했다. 가장 인기 있었던 것 중 하나는 바닥에 나사로 부착되어 있던 오토바이였다. 그는 새로운 예술품을 추가했고, 새로운 음악 테이프를 만들 사람을 찾았다. 마크 조플린Mark Joplin이 음악을 책임지면서 사운드트랙이 변했다. 뉴웨이브, 유로 락, 일렉트로닉 음악이 더 많아졌고, 디스코는 줄어들었다. 그러나 쇼트웰 카타콤의 찬가였던 헨델의 할렐루야 합창의 매우 긴 디스코 버전이 있었다. 주로 자정에 할렐루야 합창이 시작되면 사람들은 모두 함께 할렐루야를 소리쳐 부르고 자신들의 황홀경과 자유, 그리고 서로 공유한 성찬식을 찬양하면서 철썩철썩 때리고, 몸을 빠르게 돌리고, 아래위로 흔들기 시작했다. 부활한 카타콤은 자신만의 방식을 가진 독자적이고 멋진 뛰어난 클럽이었다.

쇼트웰에선 카타콤의 사회구성도 변했다. 궁극적으로는 서로 다른 성별과 성적인 구성원들이 본래 카타콤보다 더 성공적으로 섞였다. 역설적이게도 이것은 부분적으로 일어났다. 여성들은 다시 토요일 파티에서 배제되었기 때문이다.

쇼트웰의 처음 두서너 달 파티에는 여성들도 입장이 가능했다. 그러나 오직 칼라Carla라는 한 여성만이 그 파티에 꾸준히 참석했다. 칼라는 마크 조플린의 애인으로, 그가 카타콤에 소개했다. 7~8개월 후에는 반여성파가 프레드를 설득해 토요일 밤에는 여성 입장을 금지하게 되었다. 여성들은 화요일 파티에는 여전히 입장이 가능했지만 주중이었기 때문에 이 파티는 상당히 분위기가 가라앉아 있을 수밖에 없었다.

마크와 칼라는 한 달에 한 번 '다운 앤 더티Down and Dirty'라는 금요일 혼성 파티를 정기적으로 열기로 결정했다. 결과적으로 혼성 파티는 지속적이고 안정적으로 시행되었다. 이 혼성 파티는 그 이후로 지속되었고, 지역 S/M 공동체에서 소중한 유산으로 여겨졌다. 그 파티는 한 집단에서 다른 집단으로 전해지며 에이즈, 목욕탕의 폐점, (프레드와 마크를 포함한) 무수한 죽음, 최종적으로는 카타콤의 소멸을 거치면서도 살아남았다. 이 파티들은 여전히 운영되고 있으며, 15년 전에 카타콤에서 스티브가, 10년 전에는 신시아가 혼성 파티에서 세운 전통을 계승했다.

쓰디쓴 결말

카타콤을 궁극적으로 파괴한 것이 무엇이냐고 내게 묻는다면 에이즈라고 답할 것이다. 물론 이 대답이 너무 단순하지만 말이다. 다른 요인들이 있긴 했지만, 에이즈의 영향은 복잡하고 예기치 못한 방식으로 느껴졌다. 그러나 직간접적으로 에이즈는 카타콤과 그곳을 집이라 부르던 수많은 사람들의 삶을 앗아갔다.

스티브가 심장마비로 죽기 한 달 전쯤인 1981년 여름에 앞으로 닥쳐올 일에 대한 첫 기미가 보였다. 토니 타바로시가 갑자기 폐렴으로 죽었다. 나는 토니의 친구들이 어리둥절해했던 것을 기억한다. 보통 폐렴으로 죽는 일은 없거나, 죽는다 해도 토니처럼 그렇게 빠르게 떠나지는 않기 때문이었다. 되돌아보면 토니가 발생 초기 샌프란시스코 폐렴 희생자 가운데 한 명이었다는 것은 분명했다. 당시에 카타콤 주변 사람들에게 건강 문제가 있기는 했지만 장내 기생충이나 간염 같은 익숙한 것들이었다. 그러나 당시에는 어느 누구도 에이즈의 존재에 대해 알지 못했다.

카타콤이 1982년에 재개장할 때에도 에이즈는 여전히 저 멀리 있는 자욱한 안개 같은 것이었다. 에이즈가 근접해 왔을 당시에는 정보가 드물었을 뿐 아니라 있다 해도 어떤 결론도 내릴 수 없는 것들뿐이었다. 어떤 일이 일어나고 있고 그것을 어떻게 다뤄야 하는지에 대해서는 혼란 그 자체였다. 전염병 학자들은 에이즈의 원인이 미생물이며, 성적으로 옮겨진다고 이론화했다. 그러나 어느 누구도 그 미생물이 무엇인지, 혹은 그 전염 수단이 실제로 무엇인지 몰랐다.

1983년에 처음으로 안전한 섹스를 위한 지침이 등장했다. 이 초기 권고는 경험에서 우러나온 어림짐작에 근거했다. 안전한 섹스 실천은 처음에는 느리게 퍼져나갔다. 그리고 1984년 게이 남성들이 안전한 섹스 교육을 장악하기 시작했다. 안전한 섹스 실천을 채택하는 데 카타콤 사람들이 직면한 문제 중 하나는 모든 지침이 주먹성교를 안전하지 않은 섹스 목록에 올려놓았으며, 주먹성교자는 그들이 하던 행위를 포기하는 것 외에는 다른 어떤 대안도 없었다는 것이었다.

안전한 섹스 권고에서 주먹성교가 다뤄지는 방식은 심히 비합리적이다. 건강 전문가들은 에이즈와의 관계와 상관없이 단순히 주먹성교가 본질적으로 '안전하지 않다'고 가정했다. 이 추정은 에이즈 교육 관련 자료에서 주먹성교를 안전하지 않은 행위 범주에 넣게 만들었고, 그로 인해 주먹성교를 하면서도 에이즈의 위험을 줄여나갈 지침서의 개발이 저해되었다.

에이즈를 연구한 첫 대상 집단 가운데 주먹성교자가 많았다는 것은 사실이다. 또 주먹성교와 에이즈가 통계적으로 상관관계가 있었다는 것 또한 사실이다. 그럼에도 불구하고 에이즈와 주먹성교 간의 상관관계는 납득할 수 있을 만큼 인과적으로 설명되지는 못했다. 한 가지 공통된 설명은 주먹성교가 직장에 미세하게 찢어진 상처를 유발시켜 에이즈에 감염된 정액이 항문성교를 통해 혈관으로 들어갈 수도 있다는 것이었다. 그러나 만약 그런 경우라면 미생물의 전염은 주먹성교 그 자체보다는 항문성교가 더 원인이 될 수 있다.

초기의 전염병학 데이터는 에이즈에 걸리는 것이 까다롭다는 점을 지적했으며, 두 사람 사이의 혈액이나 점막 사이의 직접적인 접촉 같은 것이 필요하다고 보았다. 피부에 손상이 가든 그렇지 않든 간에 손이 어떻게 추정 미생물을 유효하게 전염시키거나 받아들일 수 있는지에 대해서는 불분명하다. 그런 상황이라면 고무장갑을 감염 방지용으로 추천하는 것이 논리적일 것이다. 혼란스러웠던 초기의 같은 기간에, 질병 전염의 매개체로서 가능성이 훨씬 더 높은 것처럼 보이는 항문성교의 경우에는 때때로 콘돔 사용을 권고하는 정도였다.

좀 더 많은 데이터가 축적되고 에이즈와 주먹성교 간의 상관관계가 약화되었을 때에도 주먹성교는 안전하지 않은 성 실천 목록에 계속해서 포함되었다. 항문성교가 에이즈와 연관된 주요 위험 요인으로 알려지게 되면서 무방비의 항문성교도 안전하지 않은 성행위 목록에 올라가게 되었지만, 콘돔을 사용한 항문성교는 가능한 한 (혹은 아마도) 안전한 것으로 여겨졌다. 왜 동일한 시기에 만들어진 건강 지침이 주먹성교에는 팔꿈치까지 오는 길이의 고무장갑을 위험 감소의 방법으로 제안하지 않았는지 여전히 수수께끼다. 주먹성교를 위한 위험 감소 지침 개발의 실패는 실제로 성적 실천에 참여한 사람들을 위험에 처하게 했다.[13]

1983년과 1984년에 에이즈에 대한 정보가 흘러들어오면서 카타콤도 가능한 빠르고 책임감 있게 반응했다. 프레드는 질병관리센터CDC 대표단의 방문을 환영했다. 프레드에 따르면, 그들은 여태까지 본 섹스 클럽 중에서 카타콤이 가장 청결하다고 했다고 한다. 치명적인 전염병의 존재가 점점 더 명백해질수록 청결 규정은 점점 더 면밀해졌다. 모든 파티가 끝날 때마다 매번 강한 공업용 소독약으로 카타콤을 씻어냈다. 수건은 살균약에 넣어 세탁했다. 외과 수술용 세정제와 구강 청결제가 세면대 옆에 놓여 있었다. "모든 성교 후에는 손을 씻으세요"라는 알림판이 눈에 띄게 붙어 있어서 손님들에게 청결에 신경 쓸 것을 권장했다.

CDC가 콘돔 사용을 권장하자 프레드는 즉각적으로 콘돔을 공급했다. 한 남자가 프레드를 바라보며 이렇게 물은 적이 있다. "콘돔으로 뭘 해야 하는 거죠, 손가락에 하나씩 끼워야 하는 겁니까?" 이후 파티에서 프레드는 팔까지 올라오는 어깨 길이의 수의사 장갑을 나눠주었다.

1984년 봄, 목욕탕과 섹스 클럽을 폐쇄시키려는 일촉즉발의 정치적 캠페인이 몰아쳤다. 안전한 섹스 캠페인은 어디에서 그것을 하고 있는지가 아니라 무엇을 하는지가 중요하다는 전제에 공을 들이고 있었다. 몇몇 지역 목욕탕과 섹스 클럽은 에이즈에 대처하는 것에 저항했고, 안전한 섹스를 위한 물품을 배포하는 것을 거부했지만, 다른 곳들은 적극적으로 안전한 섹스를 위한 정보를 홍보했다. 콜드론Cauldron은 안전한 섹스를 위한 프로그램을 주최했고, 콜드론과 카타콤 모두 각자의 고객들에게 안전한 섹스와 관련된 업데이트된 정보를 제공했다.

목욕탕을 폐쇄하려는 시도는 에이즈에 대처하는 또 다른 전략을 대표했다. 목욕탕을 문 닫게 하려는 움직임은 전염 위험을 감소시키기 위해 성행위에서의 변화를 촉진하기보다는 게이 남성들이 섹스할 기회 자체를 줄이는 것에 주력했다. 폐점 지지자들은 그들의 프로그램이 생명을 살리는 명백한 척도라고 주장했다. 그들은 목욕탕 폐점에 대한 논쟁을 공중위생의 필요와 시민권에 대한 관심이 서로 겨루는 것으로 서술했다.

이러한 관점은 상황을 과도하게 단순화하고 왜곡했다. 폐점을 위한 노력은 주정부 차원에서 게이 사업과 게이 행위를 차별적으로 괴롭히는 위험한 선례가 되었다. 대대적인 폐점은 섹스할 기회와 함께 성교육의 기회도 제거해버렸다. 폐점은 남성들이 거리, 골목, 공원으로 나가게 만들었으며, 그런 곳은 확실히 그들이 잃어버린 클럽보다 덜 안전하고 덜 청결했다.

더 나아가 목욕탕을 폐쇄해 얻는 이점은 그로 인해 초래된 현실적인 손실 평가와 맞춰보더라도 균형이 맞지 않았다. 폐점을 밀어붙인 이들은 섹스 궁전에서는 결코 중요하거나 좋은 일이 일어나지 않는다고 생각하고 있는 것 같았다. 그들은 목욕탕과 클럽에 어떤 가치도 두지 않았고, 그것들이 게이 남성 공동체의 많은 요구를 충족시켜준 중요한 시설이었다는 점을 인식하지 못했다.[14]

목욕탕에 반대하는 운동을 위한 관료적이고 법적인 책략을 만들기까지는 1년이 더 걸렸다. 그럼에도 벽에 써 갈긴 낙서는 크고 확연하게

도드라졌다. 많은 클럽 주인은 강제로 쫓겨나기 전에 이 사업에서 벗어날 수 있는 기회를 잡았다.

프레드는 카타콤을 닫기로 결정했다. 그는 다른 이가 와서 무엇을 할지 정하고 감시하는 것을 원하지 않았다. 그는 법원 명령에 의해 문 닫는 것을 원치 않았다. 1984년 당시, 그는 무엇보다 암울한 현실을 보았다. 게이 섹스 클럽 운영은 앞으로 불확실한 사업이 될 것이었다. 그는 클럽에 있던 물건을 판매할 창고 세일과 마지막 파티를 계획했다. 스티브가 죽고 나서 카타콤은 자신의 모습을 벗겨내야 했다. 스티브의 죽음 이후 카타콤은 다시 한 번 해체되었다. 그리고 이번에는 재건되지 못했다. 카타콤 물품을 집으로 가져가서 보관하거나 간직하기 위해, 카타콤을 사랑한 많은 이가 창고 세일을 찾았다.

마지막 파티에는 "카타콤, 안녕. 뒈져라, 이 세상^{Farewell Catacombs, Fuck You World}"이라고 쓰인 커다란 케이크가 있었다. 마지막 카타콤 파티는 1984년 4월 21일 토요일 밤에 열렸다. 인체 면역 결핍 바이러스_{HIV}(당시에는 HTLV-3라고 불렸다)의 발견이 그다음 월요일 아침 신문에 공식적으로 발표되었다.

잊히지 않기

카타콤은 비록 사라졌지만 상당한 유산을 남겼다. 현재 널리 퍼져 있는 '성공적인 섹스 파티를 위한 레시피' 외에 카타콤의 태도는 많은 공동체에 깊게 뿌리 내렸다. 카타콤은 육체적 몸에 대한 매우 깊은 사랑을 표현했다. 항문 쾌락을 가능하게 했던 장소였던 만큼 어떤 신체 부위도 기분 좋게 만들 수 있었다. 대부분 우리 사회는 육체적 쾌락에 대한 추구를 쓰레기를 갖다 버리는 것과 유사하게 본다. 카타콤은 신체와 감각적 경험에 대한 신체의 능력을 가치 있게 생각하고 찬양하며 사랑한다. 나는 그곳에서 소중한 배움을 얻었고, 그 경험을 나눌 특권을 누려서 너무나 운이 좋았다고 생각한다. 카타콤이 분명 남성의 몸에 집중했지만, 그곳은 여자인 나 자신의 몸 역시 더 잘 느낄 수 있도록 해주었다.

게이 섹스, 주먹성교, S/M이 행해지는 장소에 대한 이성애 언론(과 종종 게이 언론)의 묘사를 읽을 때면, 나는 때때로 그들이 보여준 이해 부족에 망연자실하곤 한다. 섹스에 전념하는 장소는 오직 이용만 해먹고 착취하는 관계만을 갖는, 냉혹하고 고립되어 있으며 무서운 환경으로 주로 묘사되곤 한다. 카타콤은 완전히 달랐다. 그곳이 어떤 나쁜 일도 일어나지 않는 유토피아는 아니었다. 그곳도 멜로드라마와 심적 고통, 그리고 인간적인 조건을 갖고 있었다. 그러나 카타콤은 본질적으로 우호적인 곳이었다. 그곳은 서로에게 상호적 존중을 갖고 대하는, 성스러운 혼인 없이 성적으로 사랑하는, 성적으로 조직된 환경이었다.

카타콤에서는 심지어 짧은 만남도 정중함과 관심을 갖고 이루어졌다. 그리고 슬링에서 만들어진 특별한 종류의 사랑이 있었다. 때때로 그 사랑은 오직 '뒷방'에서만 일어났다. 그러나 그 사랑은 자주 일상 세계로 연장되었다. 카타콤은 중요한 우정과 지속적인 지지의 네트워크의 형성을 가능하게 해주었다. 카타콤에 자주 들렀던 많은 남성들은 그곳에서 시간을 보내며 서로를 지지하고, 애정을 키워나가고, 아플 때 돌봐주고, 슬픔 속에서 자신을 묻어줄 우정을 찾아냈다.

잘 설계된 데다 솜씨 좋게 관리된 성적 환경의 조성은 흔히 '존중받는' 시설의 건물만큼이나 많은 성취를 이뤄냈다. 그곳을 세운 사람들은 그들의 성취를 인정받아야 한다. 마인섀프트, 인페르노, 카타콤은 자신들의 지역 공동체를 훨씬 뛰어넘는 영향력을 미쳤다. 그곳은 모두 성공적인 가죽 섹스 파티 운영을 위한 유명한 모델이 되었다. 그곳은 계속해서 다른 시간대와 다른 장소에 영감을 줄 것이다.

에이즈는 영원히 지속되지 않을 것이다. 게이 공동체는 이미 그 균형과 힘을 회복하고 있다. 섹스의 르네상스가 다시 올 것이다. 새로운 클럽, 새로운 파티, 새로운 지평이 세워질 것이다. 그리고 최고의 클럽과 파티는 카타콤의 우아함, 활기, 섹시함을 가질 것이다.

10장

미소년과 왕에 대하여

부치, 젠더, 경계에 대한 성찰

10장은 본래 『끊임없는 욕망(The Persistent Desire)』(ed. Joan Nestle, Boston: Alyson, 1992, pp. 466~482)에 실렸던 글이다.

부치란 무엇인가? 레즈비언 젠더의 개념과 오해

부치와 펨이라는 용어를 정의하려는 시도는 레즈비언 토론에 선동적으로 불을 붙이는 가장 확실한 방법 중 하나다. 부치와 펨은 레즈비언에게 중요한 범주이고, 그런 만큼이나 여러 결의 의미를 쌓아왔다. 대부분의 레즈비언은 『여왕의 언어: 동성애 어휘집 The Queen's Vernacular』에 실린 정의에 동의한다. 그 책에 따르면 부치는 "남성적인 특징을 지닌 레즈비언"[1]이다. 그러나 이 기본 전제를 채택하고 있는 많은 용어집은 부치 경험을 너무 단순화하거나 잘못 전달한다. 이 글에서 나는 부치란 무엇인가라는 질문과 관련된 레즈비언 문화의 지배적인 가설들을 논의하고, 명징하게 하고, 그 가설에 도전하기 위해 부치를 젠더의 관점에서 접근하고자 한다.

다수의 논자들은 부치와 펨이라는 범주가 레즈비언 세계에서 역사적으로 무수히 많은 기능을 수행해왔다는 점에 주목했다. 1930년대부터 1950년대까지 버팔로 레즈비언 공동체를 기술하면서 리즈 케네디 Elizabeth Kennedy와 매들린 데이비스는 다음과 같이 언급한다.

이 역할은 두 가지 차원을 갖는다. 첫째, 그 역할은 특히 이미지와 섹슈얼리티의 영역에서 개인적 행위의 약호를 구성했다. 부치는 남성적인 스타일로 꾸미고 다니는 반면, 펨은 여성적 특징을 보였다. 또한 부치와 펨은 성애적 체계에서 서로를 보완했다. 부치는 행동을 하고 주는 사람으로 여겨졌다. 그리고 펨은 부치를 만족시키는 데 열정을 보일 것이라 기대되었다. 둘째, 부치-펨 역할은 우리가 사회적 명령이라고 부르는 것이었다. 그 역할은 이들 공동체가 바깥 세계와 맺는 관계 및 구성원 상호 간 관계를 위한 조직적 원칙이었다.[2]

부치 기능의 복잡성을 부인하거나 과소평가하지 않길 바라지만, 그럼에도 나는 가장 단순한 정의가 가장 도움이 된다고 생각한다. 부치는 남성적인 젠더 약호 및 상징의 배치와 정교한 조작을 통해 구성되는 레즈비언 젠더의 범주로서 볼 때 가장 유용하게 이해된다.

부치와 펨은 남성과 여성을 위한 표준 및 사회적 역할과 연결되기도 하고 그것으로부터 거리를 두기도 하는, 정체성과 행위를 약호화하는 방식이다.[3] 레즈비언과 양성애 여성 가운데는 일반적인 사람들과 마찬가지로 젠더 선호가 좀 더 유연하거나 유동적인 사람들도 있고, 아니면 남성적이거나 여성적인 것 중 어느 하나로 맹렬하게 정체화하는 사람들도 있다. 펨은 대개 여성적이라고 정체화하거나 더 일반적인 문화 내에서 여성적이라고 정의되는 행위와 징후를 선호한다. 부치는 일차적으로 남성적이라고 정체화하거나 남성적인 암시, 외양, 스타일을 선호한다. 그 중간을 취하거나 잘 표시가 나지 않는 젠더 스타일을 지닌 레즈비언(과 양성애 여성)도 많다. 예전에는 그 중간을 가리키거나 젠더 스타일이나 정체성이 결정되지 않은 이들을 지칭하는 용어로 **키-키**ki-ki라는 단어를 쓰기도 했다. 지금은 젠더를 전달하는 데 부치나 펨의 정체성을 특별히 드러내지 않는 여성을 가리킬 때 레즈비언과 다이크가 사용되긴 하지만, 현재는 그에 해당되는 적절한 용어가 없는 것처럼 보인다.[4]

부치는 여성적인 것보다는 남성적 젠더 약호, 스타일, 정체성에 더 편안한 여성들을 위한 레즈비언 어휘이다. 이 용어는 광범위하게 '남성성'에 투자하고 있는 사람들을 아우른다. 예를 들면, 이 용어는 남성 젠더 역할에 전혀 관심이 없지만 레즈비언 정체성의 신호를 보내기 위해 남성성과 연관된 속성들을 사용하거나 사회가 남성에게 허락하거나 기대하는, 적극적이고 먼저 접근하는 성적 행위들 같은 것에 참여하려는 욕망을 보이는 여성을 포함한다. 부치는 '남성'의 스타일을 채택하고 주로 남성에게 해당하는 특권이나 존중을 요구하는 방식으로 틀에 박힌 태도를 보이는 여성들을 포함한다. 이 용어는 남성의 옷이 더 좋다고 보거나 일반적인 여성의 옷이 너무 꽉 끼고 불편하다고 여기고, 그 옷을 입으면 취약해지고 노출되어 있다고 느끼는 여성들을 포함한다.[5]

부치는 또한 젠더 **위화감**dysphoric을 느끼는 여성들을 위한 생득적인 indigenous 레즈비언의 범주이기도 하다. 젠더 위화gender dysphoria는 해부학적 성(주로 출생 시)에 근거해 부여받은 젠더에 불만족을 느끼는 이들을 가리키는 기술적 용어이다. 미국정신의학회APA가 1973년 정신질환 공식 목록에서 여성 동성애와 남성 동성애를 삭제하기 이전에는 둘 모두 정신병으로 취급받았던 것처럼, 심리학계와 의학계 내에서 젠더 위화감은 질병으로 간주된다.[6] 나는 신경증이나 심리학적 장애의 함의를 가진 임상적 의미에서 젠더 위화감이라는 용어를 사용하고 있지는 않다. 나는 순전히 그것을 육체적 신체나 부여된 젠더 지위status와 불화하는 성별 느낌과 정체성을 가진 사람들을 기술하는 용어로 사용하고 있다. 강한 젠더 위화감을 가진 사람들, 특히 자신의 몸을 자신이 선호하는 젠더 정체성에 맞게 바꾸고자 하는 강한 욕동을 가진 이들은 트랜스섹슈얼이라고 불린다.[7]

레즈비언 공동체는 성적 지향의 축을 따라 조직되며, 다른 여성과 성적 관계, 성애적 관계, 애정 관계, 친밀한 관계를 갖는 여성들로 이뤄져 있다. 그럼에도 이 공동체에는 수많은 젠더 위화감이 존재한다.[8] 레즈비언 중에서도, 특히 정치적 미덕이라는 협소한 기준에 부합하려고 애쓰지 않는 레즈비언 집단이라면 모두 공통적으로 드랙, 크로스 드레싱, 패싱, 복장 전환을 포함한다.[9]

젠더 변이는 흔히 볼 수 있는 문제임에도 불구하고, 이상하게 레즈비언에 관한 사유, 분석, 용어법의 초점에서 벗어나 있다. 레즈비언 젠더의 복잡함은 부정확하게 그리고 어쩌다 한 번 언급될 뿐이다. **부치**는 현재 레즈비언들이 남성적인 젠더 선호를 표현하거나 나타내는 데 이용되는 몇 안 되는 용어 중 하나다. 이 용어는 무겁고 미분화되지 않았다는 부담을 지니고 있다.[10] 부치라는 범주는 레즈비언 문화 내에서 폭넓은 젠더 변주를 아우른다.

여성 집단 내에는 부치라 이름 붙여진, 각기 다른 정도로 젠더 위화감을 지닌 수많은 이들이 있다. 다수의 부치는 부분적으로 남성 젠더 정체성을 갖고 있다. 많은 레즈비언과 FTM 트랜스섹슈얼FTM: female-to-male transsexual이 부치성과 트랜스섹슈얼리즘이 중첩되는 영역을 못마땅해하기는 하지만, 어떤 이들은 거의 FTM에 가깝고 또 어떤 이들은 FTM이다.[11] 많은 부치가 어느 정도 남성적인 것에 정체화한다고 해서 모두가,

심지어 가장 부치스러운 레즈비언도 '남자가 되기를 원한다'는 것을 의미하지는 않는다. 비록 몇몇은 의심할 여지 없이 그렇게 되기를 원하지만 말이다. 가장 부치스러운 이들은 여성적 신체에 남성성을 표현하는 조합을 즐긴다. 남성적 속성과 여성적 해부학의 공존은 '부치'의 근본적인 특징이며, 고도로 정열적이고 성애적이고 의미심장한 레즈비언 암시이다.[12]

많은 레즈비언이 부분적으로 아니면 상당히 남성적인 것에 정체화한다고 말한다고 해서, 내가 그런 개인들이 정치적 의미에서 '남성 동일시'를 한다고 말하는 것은 아니다. **남성 동일시**male identified라는 용어가 본래 1970년대 초반 제2의 물결 페미니즘에서 사용되었을 때, 그 용어는 젠더 정체성과 관련된 어떤 것도 지시하지 않았다. 그 용어는 일반적으로 억압된 이(여성들)의 범주에 속하는 사람들이 여성으로서 자신의 이익과 동일시하는 데 실패하고, 그 대신 일반적으로 특권을 가진 억압자(남성들) 집단에 이익이 되는 목표, 정책, 태도와 동일시하는 정치적 태도를 가리켰다. 그런 여성들이 때로 부치 혹은 남성적 스타일을 가진 경우도 있었지만, 펨 혹은 여성적인 스타일을 훨씬 더 쉽게 찾아볼 수 있었다. 이런 의미에서의 남성 동일시를 가장 전형적으로 보여주는 한 가지 표현 유형은 전통적인 남성 특권을 지지하는 매우 여성적인 이성애 여성들이다. 좀 더 현대적으로 말하자면, 관습적 가족 배치에서 남성 권위의 강화를 그들의 정치적 목표 중 하나로 생각하는 여성적인 우파 여성들 또한 남성과 동일시한다고 불릴 수 있다.

남성 동일시의 통념에는 많은 문제가 있는데, 그중 가장 중요한 것은 주어진 상황에서 '여성의 이익'이 무엇인지를 누가 정하는지, 동일한 이해관계를 가진 '여성'이라는 단일한 범주가 있는지 하는 것이다. 그러나 남성 동일시의 개념에 대한 정치적 비판은 이 글의 초점이 아니다. 여기서 초점은 단순히 용어법의 유사성 때문에 정치적 입장과 젠더 정체성이 종종 혼동된다는 점을 표명하는 데 있다. 그러나 남성적 면모를 강하게 갖는 부치가 반드시 정치적으로 남성과 동일시하는 것은 아니다. 사실 가장 남성적인 여성들이 때때로 가장 직접적이고 가장 골치 아프게 남성 특권에 정면으로 맞서고 가장 분노한다.[13]

부치의 다양성

많은 현대 레즈비언 정기간행물의 도상학은 부치가 늘 매우 짧은 머리를 하고, 가죽 재킷을 입고, 할리 바이크를 타고, 공사장에서 일한다는 인상을 강하게 준다. 이 부치 전형은 매우 무뚝뚝하게 단답형으로 말하고, 거칠지만 예민하고, 여성들이 거부하기 힘든 매력을 갖고 있으며, 기호학적으로 〈와일드 원The Wild One〉(1954)에 출연한 말론 브란도에서부터 〈트윈 픽스Twin Peaks〉(1990)의 캐릭터 제임스 헐리까지 이어져 내려오는 젊고 반항적이며 섹시한 백인 노동계급 남성성의 이미지의 긴 역사와 연관되어 있다. 그런 부치 전형은 주로 자신의 부츠, 오토바이, 혹은 문신이 새겨진 남성적인 팔뚝에, 아름답게 치장을 하고 옷을 반쯤 걸친 과도하게 여성적인 인물을 그려 넣는다.[14]

이 이미지는 1950년대 초반 폭주족과 거리의 갱들에게서 유래된 것이다. 그 이미지는 그 이후 강력한 성애적인 도상이 되었다. 그 이미지가 매력적이고 섹시하다고 느끼는 것은 레즈비언만이 아니다. 게이 남성들 사이에서 종종 보이는 (주로 금색의 하트 무늬가 있는) 무법자 가죽 바이커 형상은 상징적으로 전체 하위문화에 단단한 기반을 두고 있다. 1970년대 후반 유사한 이미지들이 심지어 주류 남성 동성애 문화와 패션을 지배하기도 했다. 고전적 바이커(초기 브루스 스프링스틴Bruce Springsteen)에서부터 미래파적인 길 위의 전사(주다스 프리스트, 빌리 아이돌Billy Idol), 포스트모던 펑크(섹스 피스톨스Sex Pistols)까지 수많은 로큰롤 변주가 있다. 젊은 동성애 남성과 여성 들 사이에 엄청난 인기를 끌었던 동시대의 액트 업Act-Up과 퀴어 네이션Queer Nation 스타일은 펑크 로커 스타일의 직계 후손이었다. 이들의 찢어진 재킷과 안전핀은 공통된 가죽 미학을 가져와 분화시키고 활용했다.

레즈비언 공동체 내에서 가장 흔하게 인식된 부치 스타일은 백인, 노동계급, 청년 남성성의 모델에 기반했다. 그러나 반항적인 개인주의의 이런 형상이 지닌 화려하고 거부할 수 없는 지속적인 매력에도 불구하고, 그 이미지는 레즈비언 남성성의 실제 스펙트럼을 망라하지 못했다. 부치는 남성성 스타일, 선호하는 성적 표현 양식, 파트너 선택에 있어 매우 다양하다.

남성적이라고 할 때 여기에는 서로 다른, 매우 다양한 방식이 존재한다. 남자들은 남성성을 무수히 많은 다채로운 문화적 약호들을 가지고 표현한다. 따라서 여성이라고 해서 그보다 좁은 표현 양식의 선택에 제한되어 있다고 가정할 근거는 전혀 없다. 남자들이 남성다워지기 위한 여러 방법이 있는 것처럼, 부치가 되는 데도 수많은 방식이 있다. 실제로 여성들이 남성적 스타일을 적용할 때는 모방의 요소가 새로운 중요성과 의미를 발생하기 때문에 부치가 되는 데는 더 여러 가지 방식이 존재한다. 부치는 이용 가능한 수많은 남성성의 약호를 채택하고 변질시킨다.[15]

때때로 레즈비언들은 **부치**라는 용어를 단지 가장 남자 같은 여자들을 지칭하기 위해서만 사용한다.[16] 그러나 초남성적인 여성들과 부치를 등가로 만들면 고정관념에 빠져버리게 된다. 부치들이 각자 자신을 남성적이라고 느끼는 방식과 결과적으로 자신을 지각하고 표현하는 방식은 굉장히 다양하다. 어떤 부치들은 아주 희미하게 남성적이고, 어떤 이들은 부분적으로 남성적이고, 어떤 '전통적 남성성을 가진 부치dag butch' 들은 매우 남자 같고 어떤 '드랙 킹drag king'들은 남자로 패싱한다.

부치들이 자신의 여성 신체와 관계맺는 방법도 각기 다르다. 어떤 부치는 임신하고 아이를 갖는 것에 편안해한다. 반면에 포유류 재생산의 여성적 요소를 겪는다는 생각만으로도 완전히 혐오감을 느끼는 부치도 있다. 어떤 부치는 자신의 젖가슴을 즐기는 한편, 다른 부치는 그것을 경멸한다. 어떤 부치는 자신의 성기를 숨기고 삽입당하기를 거부한다. 심지어 삽입 성교를 떠올리게 한다는 이유로 탐폰을 혐오스러워하는 부치도 있다. 그러나 삽입당하는 것을 좋아하는 부치도 있다. 어떤 부치는 자신의 여성적 몸에 완벽하게 만족하는 반면, 경계에 있거나 트랜스섹슈얼이 되는 부치도 있다.

남성성의 형식은 국적, 계급, 인종, 종족, 종교, 직업, 나이, 하위문화, 개인의 개성에 대한 경험과 기대에 의해 만들어진다. 무엇이 남성성을 구성하는지는 사회적, 문화적 차이에 따라 천차만별이다. 그리고 각 개인들은 '남성성'을 소통하고 부여하기 위한 자신만의 체계를 갖는다.

어떤 문화에서는 물리적 힘과 공격성이 남성성의 특권적 신호다. 다른 문화에선 남자다움은 문해력이나 숫자, 텍스트를 조작할 수 있는 능력에 의해 표현된다. 〈엔틀Yentl〉에서 바브라 스트라이샌드Barbra Streisand의 캐릭터가 경험한 역경은 동유럽의 전통적 정통 유대교에서 학문이 남자들만의 영역으로 여겨지기 때문에 발생한다. 평생의 독서로 얻은 근시와 구부정한 어깨는 남성성의 소중한 특성이다. 어떤 부치들은 럭비를 하지만, 다른 부치들은 정치적 이론을 논쟁하고, 또 다른 부치들은 둘 다를 한다.

남자다움은 또한 출신 계급, 수입 수준, 직업에 따라 서로 다르다. 남성성은 교육 수준, 경력 성취, 정서적 거리, 음악 혹은 예술적 재능, 성적 정복, 지적 스타일, 수중에 들어오는 수입에 의해 표현될 수 있다. 남자뿐 아니라 부치 역시 자신의 남성성을 증명하고자 할 때 빈곤층, 노동계급, 중산층, 부유층이냐에 따라 서로 다른 종류의 기술과 기대를 제공한다.[17]

간부급 전문직 남자들이 선호하는 남성성 스타일은 트럭 운전수나 목수의 남성성 스타일과는 완전히 다르다. 수입이 적은 지식인들의 자기표현은 부유한 변호사 스타일과 다르다. 고전 음악가, 재즈 음악가, 그리고 로큰롤 음악가들의 남성성 표현은 서로 구분된다. 1980년대 펑크 로커들의 짧은 머리, 민머리, 모호크들Mohawks은 오늘날의 긴 머리칼을 가진 헤비메탈 헤드뱅어들만큼이나 남자다운 스타일이었다. 이 모든 것은 남성의 스타일로 인식될 수 있으며, 각 상징적 조합 내에서 자신의 남성성을 표현하는 부치들이 있다.

남성성의 표현 양식에 있어 부치는 온갖 형태와 다양성을 갖는다.

거친 거리파 부치도 있고, 운동을 좋아하는 활동적인 부치도 있고, 학자인 부치도 있고, 예술가 부치도 있고, 로큰롤 부치, 오토바이를 가진 부치, 돈이 있는 부치도 있다. 여성적인 남성, 계집애 같은 남자, 드랙 퀸, 그리고 많은 다른 유형의 남성 동성애자가 있는 것처럼 부치도 다양하다. 모범생 부치, 즉 부드러운 몸과 강한 마음을 가진 부치도 있다.

부치 섹슈얼리티

부치를 젠더 표현의 범주로 생각하는 것은 부치의 성적 변칙들로 보이는 것을 설명하는 데 도움을 준다. 자신의 파트너가 섹스를 주도하는 것을 선호하는 부치는 '침대에서는 펨'이 되는가? 펨 대신 다른 부치와 데이트하는 부치는 '동성애자homosexuals'인가? 펨과 펨이 데이트하면 '레즈비언'인가?

부치성은 종종 펨에 대한 성적 관심과 성적 만남을 조정하려고 하는 욕망 혹은 의지를 시사한다. 그러나 부치가 펨과만 파트너 관계를 갖는다거나 부치는 늘 '탑'(즉 '섹스를 주도한다')이라는 생각은 부치의 성애적 경험의 상당한 차이들을 가려버리는 고정관념이다.[18]

역사적으로 부치는 보통 펨이라고 예상되는 파트너를 유혹하고, 흥분시키고, 성적으로 만족시킬 것으로 예상되었다. 유사한 시대에 남자들은 자신들의 여성 파트너와의 성적 관계를 먼저 시작하고 관리하도록 기대되었다. 두 경우의 기대 모두 젠더 역할, 성적 지향, 성애적 행동은 상호 고정된 어떤 관계에서만 존재한다고 추정되는 체계에 놓여 있었다. 변이가 존재했고 그 변형들을 인식했지만, 그것은 정도에서 벗어난 것으로 여겨졌다.

우리가 여전히 이성애와 젠더 순응을 특권화하는 문화에 살고 있기는 하지만, 많은 낡은 고리가 끊어지고 구부러지고 껄끄러워지고 새로운 대형으로 비틀어지고 있다. 아마도 더 중요하게는, 한때는 드물었던 젠더 역할과 성적 실천의 배치가 점점 더 확산되고 있다. 동시대 레즈비언 인구 구성을 보면 젠더와 욕망의 무수한 조합이 있다.

많은 부치가 여자들을 유혹하고, 성적 만남을 통제하기를 좋아한다. 어떤 부치들은 그들이 성적 상황을 관리하고 있을 때에만 흥분되기도 한다. 반면에 통제하기를 좋아하는 펨도 있고, 자신의 파트너가 잠자리의 방향과 리듬을 결정짓는 것을 선호하는 부치도 있다. 그런 부치들은 성적으로 지배적인 펨이나 성적으로 공격적인 부치를 찾을 것이다. 심지어 거의 인정받지 못하더라도, 부치, 펨, 전천intermediate, 탑, 바텀, 그리고 펨-부치 전환의 모든 상상 가능한 조합이 존재한다. 부치 탑과 부치 바텀, 펨 탑과 펨 바텀이 있다. 부치-펨 커플, 펨-펨 파트너, 부치-부치 짝이 있다.

부치들은 종종 펨과 관련해 정체화된다. 이 틀로 보면 부치와 펨은 서로 떼어놓을 수 없는 단일체로 여겨지고, 각각은 서로에 대한 참조를 통해서만 정의되며, 부치는 변함없이 펨의 파트너가 된다. 부치를 펨의 욕망의 대상으로 정의하거나 펨을 부치의 욕망의 대상으로 정의하는 것은 부치가 다른 부치를 욕망하지 않거나 파트너로 삼지 않는다는 것, 펨은 다른 펨을 욕망하지 않거나 데이트하지 않는다는 것을 상정한다.

부치-부치 에로티시즘은 부치-펨 섹슈얼리티보다 기록이 훨씬 적고, 레즈비언들이 늘 그것을 인식하거나 이해해온 것도 아니다. 그런 관계가 흔하지 않은 것은 아니지만, 레즈비언 문화에는 그런 관계와 관련된 모델이 드물다. 다른 부치를 욕망하는 많은 부치는 게이 남성 문학과 행위를 이미지와 언어의 원천으로 보아왔다. 부치-부치 섹스의 성애적 동학은 때때로 서로 다른 종류의 남성들 사이의 성적 관계를 위한 많은 견본을 발전시켜온 게이 남성의 것과 닮아 있다. 게이 남성은 또한 성적 만남에서 수동적이거나 종속적이지만 자신의 남성성을 유지하는 남성들을 위한 역할 모델을 갖고 있다. 많은 부치-부치 커플은 자신들을 서로에게 남성 동성애 섹스를 하는 여성들로 생각한다. 적극적인 '소도마이트'에게는 종속적이거나 수동적 파트너인 '미소년catamite'이 있다. '아빠daddy'와 '아빠의 아이daddy's boy'가 있다. 서로의 근육을 숭배하고 서로의 땀을 핥는 보디빌더들이 있다. 쾌락에 빠질 '희생자'를 함께 찾아다니는 가죽 친구들이 있다.[19]

경계선의 두려움: 부치, 트랜스섹슈얼, 그리고 공포

어떤 분류 체계도 예측불허로 무한하게 변화하는 인간 다양성을 성공적으로 설명하거나 그 목록을 만드는 것은 불가능하다. 푸코의 말을 빌린다면, 어떤 사유 체계도 결코 "존재하는 사물들의 엄청난 풍성함을 길들일"[20] 수는 없다. 변칙은 늘 발생한다. 변칙은 건강, 안전, 공동체의 생존에 대한 실제적인 위협을 결코 재현하지 않고 사유의 관계 양식에 도전하면서 발생한다. 인간은 '존재하는 것들'이 기존의 범주에 잘 들어맞지 않으면 쉽게 기분이 상한다. 그래서 그것들을 위험하고 오염시키는 것, 그래서 박멸이 필요한 현상으로 대한다.[21] FTM 트랜스섹슈얼은 레즈비언 젠더 범주에 대해 그와 같은 도전을 한다.

레즈비언 부치 경험과 FTM 트랜스섹슈얼의 경험 사이에는 중요한 불연속성이 있어서 그 둘은 분리되기도 하지만, 연결되는 중요한 지점도 있다. 어떤 부치들은 자신이 선택한 정체성과 몸을 바꾸려는 의지, 그리고 그것들을 바꿀 수 있는 정도를 제외하고는 심리적으로 FTM 트랜스섹슈얼과 구분되지 않기도 한다. 많은 FTM들은 트랜스섹슈얼 혹은 남성 정체성을 받아들이기 전에는 부치로 살아간다. 어떤 이들은 자신들에게 좀 더 의미 있는 것을 선택하기 전에 각 정체성을 모두 탐험해본다. 또 다른 이들은 자신의 경험을 해석하고 조직하기 위해 두 범주를 모두 사용한다. 부치와 트랜스섹슈얼 범주 사이의 경계는 침투 가능하다.[22]

역사 속에서 남성으로 패싱되었던 많은 여성들과 디젤 부치diesel butch(주로 펨을 파트너로 동반하고 공사판 스타일이나 부츠, 작업복을 즐겨 입는 여자 — 옮긴이)는 레즈비언의 선조로서 존중받는다. 그러나 FTM 트랜스섹슈얼의 역사적 계보 역시 이들이 자신의 선조라고 주장한다. 레즈비언 문화에는 남성적인 여성들의 미와 영웅주의를 감탄해마지않는 뿌리 깊은 경향이 있다. 부치의 위업에 대한 설명은 레즈비언 이야기와 역사의 상당한 부분을 형성한다. 우리 선조의 가장 두드러진 초상화에는 부치와 남성으로 패싱한 여성들의 이미지가 있다. 그러한 이미지 중에는 근사한 젊은 신사인 래드클리프 홀을 찍은 사진, 정장을 입고 겁을 주듯이 카메라를 주시하며 쏘아보는 제인 히프Jane Heap를 찍은 베러니스 애벗 Berenice Abbott의 사진, 이름을 알 수는 없지만 세련되게 남성 복장을 하고 깔끔하게 손질한, 1930년대 파리의 르 모노클Le Monocle(1930년대 프랑스 파리에서 가장 유명했던 레즈비언 나이트클럽 중 하나 - 옮긴이)을 애용했던 부치들을 찍은 브라사이Brassaï의 사진들.

당시에는 아직 트랜스섹슈얼 정체성이 현대적 형식을 취하지 못하고 있었지만, 이 여성들 중 몇몇은 부치뿐 아니라 트랜스섹슈얼로도 쉽게 정체화될 수 있다. 예를 들면, 7~8년 전에 샌프란시스코 레즈비언 게이 역사 프로젝트는 북미에서 남성으로 패싱하던 여성들의 슬라이드 쇼를 만든 적이 있다.[23] 이 여성들 중 잭 비 갈런드Jack Bee Garland라고도 알려진 베이브 빈Babe Bean이 있었다. 최근 에이즈로 죽기 전까지 FTM 공동체의 대표이자 학자로 활동했던 루이스 설리번은 빈/갈런드의 전기를 썼다. 설리번의 연구는 갈런드를 트랜스젠더 계보 내에 재위치시키면서 그의 성적 일탈보다는 젠더 일탈을 조명했다.[24] 신망받는 다른 레즈비언 선조 중에 트랜스섹슈얼로 여겨질 만한 인물이 누가 있을지를 곰곰이 생각해보는 것은 흥미롭다. 테스토스테론을 이용할 수 있었다면, 어떤 이들은 의심할 여지 없이 그것을 사용할 기회를 놓치지 않았을 것이다.

레즈비언과 트랜스섹슈얼 경험의 몇몇 영역 사이의 중첩과 동류의식에도 불구하고, 많은 레즈비언은 MTFmale-to-female 트랜스섹슈얼을 위협적인 불청객으로, FTM 트랜스섹슈얼을 반역적인 탈영병으로 취급하면서 트랜스섹슈얼에 대해 적대적인 태도를 취한다. 두 성별의 트랜스섹슈얼 모두 공통적으로 경멸적인 정형화된 이미지로 지각되고 묘사된다. 건강하지 않고, 착각에 빠져 있고, 자기혐오를 일삼고, 가부장적 젠더 역할의 노예이고, 아프고, 반페미니즘적이고, 반여성적이고, 자해적이라는 식으로 말이다.

동시대 레즈비언 문화는 이론적으로는 다양성을 껴안으면서도 깊은 외부인 혐오xenophobia의 측면을 갖고 있다. 우리의 범주에 깔끔하게 맞지 않는 현상에 직면할 때, 레즈비언들은 히스테리, 심한 편견, 불쾌하게 만드는 골치 아픈 현실을 밟아 뭉개려는 욕망에 따라 반응하다고 알려져왔다. 때때로 레즈비언 공동체에 '컨트리클럽 신드롬'이 만연하게 된다. 이 경우에 레즈비언 공동체는 체계적으로 잡동사니들을 제거해버리는 배타적인 소수집단으로 치부된다. 그러나 감정과 원칙은 구분해야 한다. '어려운 사건이 나쁜 법을 만든다'는 말처럼, 강렬한 감정이 나쁜 정책을 만든다. 수년에 걸쳐 레즈비언 집단은 MTF 트랜스섹슈얼, 사도마조히스트, 부치-펨 레즈비언, 양성애자, 심지어 분리주의자가 아닌 레즈비언들을 주기적으로 숙청하려는 시도를 해왔다. FTM들은 앞으로 일어날 또 다른 마녀사냥의 대상이다.[25]

수년 동안 MTF 트랜스섹슈얼은 FTM 트랜스섹슈얼의 수를 훨씬 초과했다. MTF 트랜스섹슈얼 중 적은 비율이긴 하지만 어떤 이들은 성적으로 여성과 연루되며 자신들을 레즈비언으로 규정한다. 최근까지 레즈비언의 불편함은 주로 MTF 레즈비언이 도화선이 되어 발생했다. 그들은 논쟁의 초점이 되었고 종종 레즈비언 집단과 사업에서 쫓겨났다. MTF 트랜스섹슈얼에 대한 차별이 더 이상 획일적으로 일어나고 있지는 않다. 그리고 많은 레즈비언 단체들이 MTF 레즈비언들을 인정한다는 생각을 밝혔다.

그러나 그런 차별이 사라진 것은 아니다. 이런 차별은 '비非유전적인 여성'은 참석이 금지되었던 1991년 전미 레즈비언 회의National Lesbian Conference에서 표면화되었다.[26] 트랜스섹슈얼 여성들은 1991년 미시간 여성음악제Michigan Womyn's Music Festival의 유명한 쟁점이 되었다. 축제 주최자는 트랜스섹슈얼 여성들을 쫓아냈고 앞으로 있을 행사에서 '여성으로 태어난 여성'을 제외하고는 들어오지 못하게 하는 정책을 소급적으로 적용했다.[27] 여성은 '만들어지는 것이지, 태어나는 것이 아니다'라는 페미니즘의 주장이 몇십 년이나 흘렀고, '해부학은 운명이 아니다'라는 주장을 수립하기 위해 투쟁한 후에도, 표면적으로는 진보적인 행사들이 재활용된 생물학적 결정주의에 뻔뻔스럽게 근거해 차별 정책을 갖고 갈 수 있다는 것은 놀라운 일이다.

포함과 배제를 둘러싼 다음 논쟁은 FTM 트랜스섹슈얼들을 중심으로 이뤄질 것이다. 트랜스섹슈얼 인구 지도가 변화하고 있다. FTM들이 여전히 가시적인 트랜스섹슈얼 인구의 일부만을 차지하고 있기는 하지만 그 수가 늘어나고 있고, 그 존재에 대한 인식도 증가하고 있다. 레즈비언 공동체에 들어오거나 떠나는 과정에 있는 FTM 트랜스섹슈얼들은 논쟁의 대상이 되고 있으며, 레즈비언 공동체가 다양성을 다루는 방식에 새로운 도전을 제기하고 있다. 부치로서 존중받고 존경받고 사랑받아온 여성은 그/녀가 성전환을 시작하자 갑자기 경멸받고 거부되고 괴롭힘을 당한다.[28]

성전환은 종종 변화를 겪고 있는 당사자뿐 아니라 그 사람이 포함되어 있는 네트워크에도 스트레스를 주는 사건이 된다. 개인과 지역 집단들은 젠더 다양성에 대한 지식의 수준, 관련된 사람과의 관계, 어려운 감정을 직면하려고 하는 의지, 즉각적인 감정적 반응을 넘어서 생각하는 능력, 지역의 역사와 개성에 대한 독특한 세부 사항들에 따라 그런 스트레스를 잘 다루거나 잘못 다루게 된다. 한 공동체가 그 구성원 중 한 명이 성전환을 거치는 과정을 함께 겪게 될 때, 그 경험은 그런 과정을 겪는 일에 대한 기술을 진화시키고 선례를 세우게 된다.

몇몇 레즈비언들은 FTM에 대해 거슬려 하지 않고 그들에게 독특한 매력이 있다고 생각하지만, 다수의 레즈비언들은 그들에 대해 혼란을 느낀다. 여성의 신체가 남성의 신체로 변화하기 시작할 때 '부치'를 구성하는 남성과 여성의 신호가 전치되고 와해되기 시작한다. 남성 복장을 하고 딜도를 부착하고 보디빌딩을 하는 부치는 남자 이름과 남성 대명사를 사용할지도 모르지만, 여전히 부드러운 피부, 수염 없음, 남성 복장에 가려져 있는 가시적으로 보이는 부푼 가슴이나 엉덩이, 작은 손과 발, 그 밖의 여성성을 눈치챌 수 있는 기호들을 갖고 있다. 만약 같은 사람이 턱수염을 기르고, 더 저음의 목소리를 갖게 되고, 가슴을 동여매고, 콧수염을 기르고, 머리가 벗겨지기 시작한다면, 그의 몸은 사회적 신호를 위반하는 어떤 증거도 제공하지 않게 된다. 그가 남자처럼 읽히기 시작한다면 다수의 레즈비언들은 더 이상 그를 매력적이라고 생각하지 않으며, 어떤 레즈비언들은 그를 자신들의 사회적 세계에서 제거해버리기를 원한다. 만약 FTM이 레즈비언 파트너가 있다면(많은 FTM들이 그렇다), 그 파트너 또한 배척을 받을 위험이 있다.

경계 순찰, 감시, 축출의 또 다른 파괴전을 치르는 대신에, 나는 다른 전략을 제안하고자 한다. 레즈비언들은 자신의 정체성을 구분하고, 그들이 사회적으로 어디에 맞는지 결정 중인 개인들에 대해 느긋하게 긴장을 풀고, 기다리고, 지지해야 한다.

성전환은 이행이다. 한 여성이 호르몬을 투여하기 시작했다고 해서 바로 신체적으로 남성이 되지는 않는다. 성을 변화시키는 초기 상태에 있는 상당수의 FTM들이 여성의 세계를 떠날 준비가 되어 있지 않을 것이다. 여성 혹은 남성에 딱 들어맞지 않는 이행 기간을 거치고 있는 그들을 괴롭힐 어떤 타당한 이유도 없다. 성의 재지정을 겪고 있는 대부분의 FTM들은 남자로 정체화하고 가능한 빨리 남자로 살기를 열망한다. 그들은 그렇게 할 수 있는 준비가 되면, 그리고 그들의 지금 환경이 더 이상 편안하지 않을 때면, 스스로 레즈비언의 맥락을 떠날 것이다. 젠더 자경단이 그들을 쫓아낼 필요는 없다. 어떤 FTM들은 성전환을 실험해 보고 그런 노력을 포기하는 쪽으로 선택하기도 한다. 그런 선택권을 탐사해본 것 때문에 레즈비언 자격을 빼앗겨서는 안 된다.

비록 어떤 이들은 결국 자신의 정체성을 협상하기는 하지만, 연인이 성전환을 하기로 결정했다고 해서 FTM 파트너들이 반드시 혹은 갑자기 양성애자가 되거나 이성애자가 되는 것은 아니다. 성전환자 intermediate sex에게 끌린다고 해서 자동적으로 다른 여성에 대한 끌림을 부정하거나 쫓아내야 하는 것은 아니다. 트랜스섹슈얼의 애인인 경우, 자신이 속한 사회적 세계에서 쫓겨날 걱정을 하지 않는다 해도 성을 전환하고 있는 파트너를 대하는 것은 그 자체로 충분히 어렵고 혼란스럽다. FTM 트랜스섹슈얼의 친구와 애인 들은 종종 상실, 슬픔, 버림받음의 강렬한 감정을 갖는다. 그런 감정을 다루고 있는 그들을 위한 지지가 필요하다. 그들에게 비밀로 하라고 협박해서는 안 된다.

과거 대부분의 FTM들은 매우 완벽한 변화에 전념했다. 한 개인이 치료와 의료 시설이 통제하는 성전환 기술에 접근하기 위해서는 엄청난 헌신을 해야 했다. 호르몬 치료 혹은 수술을 하려면 트랜스섹슈얼들(양방향 모두)은 목표하는 성에 완벽하게 부합하는 '정상적인' 구성원(즉 여성적인 이성애 여자와 남성적인 이성애 남자)이 되기로 결심했다는 점을 다수의 전문가들에게 설득할 수 있어야만 했다. 게이 성전환자는 성전환 치료를 하기 위해선 자신의 동성애 성향을 숨겨야만 했다. 이런 상황이 변화하기 시작했다. 이제 트랜스섹슈얼들은 동성애자가 될 자유를 갖게 되었고, 전환 후에도 관습적으로 고정된 젠더 이미지에 덜 얽매여도 되게 되었다.

완전한 변화를 추구하지 않는 트랜스섹슈얼도 더 많아졌다. 이용 가능한 성전환 기술을 모두 사용하지 않는 이들도 점점 더 증가하고 있다. 그 결과 그들은 '중간의' 몸, 남성과 여성 사이 어딘가의 몸을 갖게 된다. 어떤 FTM들은 부분적으로 여성이고, 부분적으로 남성이다. 그런 이들은 남성 신체의 몸매, 여성 성기, 중간의 젠더 정체성을 가진 유전적 여성이라고 할 수 있다. 이들 중 어떤 이들은 자신들의 레즈비언 공동체를 떠나기를 원하지 않을 수도 있으며, 그들을 강제로 쫓아내서도 안 된다. 그들은 몇몇 레즈비언들에게 혐오감을 불러일으킬 수 있으며, 혹은 다른 레즈비언들의 관심을 끌면서 혼란을 야기할 수도 있다. 그러나 공동체 회원 자격이 보편적인 바람직함에 근거한다면 어느 누구도 그 자격을 얻을 수 없을 것이다. 우리의 욕망은 우리가 원한다면 선택적이고, 배타적이고, 고압적일 수 있다. 그러나 우리 사회는 우리가 할 수 있는 한 차별적이지 않고, 인간적이고, 관용적이어야 한다.

천 송이 꽃이 피어나게 하라

이 글을 쓰면서 나는 부치성의 개념을 다각화하고, 레즈비언과 양성애 여성들의 젠더 변주를 개념화하는 데서 좀 더 미묘한 차이를 살리고, 젠더를 관리하는 다른 양식을 사용하는 이들에 대한 편견을 미연에 방지할 수 있기를 원했다. 나는 또한 우리의 차이를 즐기고 찬양하고자 하는 레즈비언들의 경향을 근본적으로 지지한다. 레즈비언 공동체와 개별 구성원들은, 우리 모두 동일해야 한다는 가정이나 모든 차이는 정치적, 도덕적 우월성의 주장에 의해 정당화되어야 한다는 가정 때문에 충분히 고통받아왔다.

우리는 부치-펨 혹은 성전환이 어느 누구에게나 수용 가능한 것인지 아닌지, 혹은 모두가 선호하는 것인지 아닌지를 결정하려 들지 말아야 한다. 개인들은 포스트모던 시대에 삶의 가능성, 복잡성, 어려움을 거치며 각자가 갈 길의 방향을 찾을 수 있어야 한다. 각각의 전략과 각각의 범주는 각자의 능력, 이익, 결점을 갖고 있다. 어떤 것도 완벽하지 않고, 어떤 것도 모든 시대, 모든 이에게 작동하지 않는다.

초기 레즈비언 페미니즘은 부치-펨 역할의 한계가 너무 뻔히 눈에 보였고 역사적 맥락에 대해 무지했기 때문에, 부치-펨 역할을 거부했다. 그러나 부치와 펨은 지배적인 성적 체계의 도구, 소재, 잔해를 가져와 성적 소수자 문화를 만든 훌륭한 각색물이다. 대가는 있다. 레즈비언 각각이 어떤 역할을 선택하게 만들고, 그런 역할이 때때로 펨의 부차적인 위치를 강화하고, 종종 부치가 성적 좌절감을 경험하게 하는 것 모두가 그 대가가 될 수 있다.

부치-펨의 거부 역시 시대의 산물이다. 그런데 페미니즘은 종종 이미 진보하는 중에 있는 것을 단순히 선언해버린다. 그럼으로써 그 진보에 대한 공을 차지하고 자신의 것으로 만든다. 부치-펨 역할은 그 전제의 일부가 시대에 뒤떨어졌고 레즈비언들이 독자적으로 성장 가능한 사회적 세계를 만들 수 있는 다른 도구를 가졌기에 비난받은 측면이 있다. 그러나 부치-펨을 도매금으로 비난하는 것은 레즈비언 젠더에 대한 우리의 이해, 경험, 모델을 빈곤하게 만든다. 이런 처사는 많은 여성을 쓸데없이 괴롭히고 명예를 훼손한다. 그리고 혼란, 쾌락의 상실, 문화적 박탈의 유산을 남기게 된다. 부치-펨을 교정한다면서 또 다른 형태의 정치적 올바름이나 도덕성을 또다시 발명하지 않기를 바란다.

페미니즘과 레즈비언 페미니즘은 엄격한 역할을 부과하고, 개인의 잠재성을 제한하고, 여성들의 신체적이고 감정적인 자원을 착취하고, 성적 다양성과 젠더 다양성을 박해하는 체계와 대립하며 발전했다. 페미니즘과 레즈비언 페미니즘이 새롭지만 엄격하기는 마찬가지인 제한을 부과하는 데, 혹은 취약하고 착취 가능한 새로운 이들을 만드는 변명으로 사용되어서는 안 된다. 레즈비언 공동체는 섹스와 젠더 난민들에 의해 건설되었다. 따라서 레즈비언 세계가 섹스와 젠더 박해를 위한 새로운 근거를 만들어서는 안 된다.

범주는 중요하다. 우리는 그런 범주들 없이는 사회적 삶, 정치적 운동, 혹은 우리 개인의 정체성과 욕망을 조직할 수 없다. 어떤 범주든 새어나갈 수 있는 틈새가 있기 마련이며, 따라서 그와 관련된 '존재하는 사물들'을 전부 다 담을 수는 결코 없다고 해서, 그런 범주 자체가 쓸모없는 것은 아니다. 그것은 단지 한계를 갖고 있을 뿐이다. '여성', '부치', '레즈비언', '트랜스섹슈얼' 같은 범주는 모두 불완전하고, 역사적이고, 임시적이며, 임의적이다. 우리는 범주를 사용하고, 범주는 우리를 사용한다. 우리는 범주를 의미 있는 삶을 구성하기 위해 사용하고, 범주는 우리를 역사적으로 특정한 형식의 인간성으로 본뜨기 위해 사용한다. 오점 하나 없는 분류법과 투과되지 않는 경계를 만들기 위해 싸우는 대신, 다양성을 선물로 이해하고, 변칙을 소중한 것으로 보고, 모든 기본적 원칙을 회의주의라는 센 약으로 다루는 공동체가 되게 하자.

11장

오도된, 위험한, 그리고 잘못된

반포르노그래피 정치에 대한 분석

11장은 본래 『나쁜 여자와 더러운 그림들: 페미니즘을 되찾기 위한 도전(Bad Girls and Dirty Pictures: The Challenge to Reclaim Feminism)』(Alison Assiter and Avedon Carol, eds., London: Pluto, 1993, pp. 18~40)에 수록되어 출판되었다.

신을, 생명의 창조자이자 입법자인 신의 절대적인 우위를, 그가 인간에게 부여한 존엄과 운명을, 성행위를 관장하는 도덕적 관례를 믿는 사람들에게는, 즉 '이런 것들'을 믿는 사람들에게는 포르노그래피에 반대하는 어떤 주장도 필요하지 않다. 포르노그래피의 의미는 대부분이 잘 알고 있지만, 그 용어 자체의 어원을 파고든 참고문헌은 찾아보기 힘들다. 이것은 중요한 문제라고 생각한다. 그리스인들에게는 포르노그래피에 해당하는 단어가 있었다. 심지어는 상당히 많았다. 그리고 포르노그래피에 해당하는 그리스어는 매우 의미심장하다. 포르노그래피는 사실 두 개의 그리스 단어, '창녀'와 '쓰다'에서 유래한다. 그래서 사전의 정의에 따르면, 포르노그래피는 '본래 창녀와 그들의 거래 기술'을 뜻했다. 포르노그래피는 단지 매춘의 역사적 의미와 관계된 것뿐 아니라 사실상 매춘의 한 형태다. 왜냐하면 이것은 '판매를 위한 성', 쾌락에 대해 가격을 지불하는 것을 광고하고 옹호하기 때문이다. … 한 인간은 하나의 육체 이상이다. 오로지 쾌락을 위해서만 자신의 육체를 이용하는 비인간적인 모든 형태의 성행위는 그 인간의 인간적 진실성을 훼손하고, 그를 비이성적이고 책임감 없는 동물 수준으로 떨어뜨린다.

―찰스 H. 키팅 주니어 Charles H. Keating Jr. 의 진술,
「외설 및 포르노그래피 위원회 보고서」

여제는 옷을 입고 있지 않다

포르노그래피를 페미니즘의 분노 및 정치적 노력의 표적으로 삼는 것은 위험하고, 큰 대가를 치르는 일이며, 비극적인 실수가 되어왔다. 페미니스트들은 이 오도된 십자군이 잠재적으로 야기할 처참한 결과를 인식해야만 한다. 페미니스트들이 포르노그래피에 반대하는 주장들이 매우 엉성하고 반포르노 페미니즘의 입장을 정당화할 지적 명분이 거의 없다는 걸 깨닫는 것이 중요하다.

1970년대 후반 미국 여성운동 내에서는 반포르노그래피 정치가 금방이라도 터질 듯한 화약고로 떠올랐다.[1] 이전에도 다른 페미니스트들의 저술에서 포르노그래피에 대한 비판이 이루어진 적이 있었다. 하지만 1976년 '포르노그래피 및 미디어의 폭력에 반대하는 여성WAVPM'이라고 불리는 샌프란시스코 베이 지역의 단체가 등장하기 전까지는 페미니즘 시위에서 포르노그래피는 주요 초점이 아니었다. WAVPM은 1978년 샌프란시스코에서 '포르노그래피에 대한 페미니즘 관점 회의Feminist Perspectives on Pornography Conference'를 열었다. 이 회합은 재빠르게 뉴욕 시의 '포르노그래피에 반대하는 여성WAP'을 형성하는 데 불을 붙였고, 포르노그래피는 인기 있는 페미니즘 쟁점으로 급부상했다.[2]

1978년 당시에는 페미니스트들이 사실상 서구 문학, 고급 예술, 대

중매체, 종교, 교육 등에 스며들어 있던 남성의 우위를 정당화하는 이데 올로기의 정체를 밝히고 비판하는 데 이미 10여 년을 보낸 뒤였다. 남성 지배를 형성한 기본적 개념들은 아이들의 읽을거리, 의약과 정신병리학, 그리고 모든 학제 분과에 깊이 침투해 있었다. 광고, 텔레비전, 영화, 소설에서도 고질적으로 유사한 태도들을 찾아볼 수 있었다. 페미니스트들은 남성 우월주의의 문화적 표현을 고발하고, 다른 가치를 지닌 새로운 예술, 소설, 아동문학, 영화, 학문적 작업들을 생산하기 시작했다. 또한 의료와 심리 치료뿐 아니라 광고, 텔레비전, 영화와 같은 대중매체까지도 변화할 것을 요구했다.[3]

이와 같은 모든 영역에서 페미니스트들은 기존의 관행을 개혁하고 성차별적이지 않은 태도를 관철시키기 위해 앞장섰다. 그러나 어떤 경우에도 문제가 되는 영역이나 활동 분야를 폐지할 것을 요구한 적은 없었다. 대부분의 영화, 텔레비전, 소설이 명백히 성차별적이었음에도 불구하고 영화에 반대하는 여성들이나 텔레비전에 반대하는 여성들, 혹은 소설에 반대하는 여성들이라고 불리는 집단 같은 것은 없었다. 포르노그래피가 도마 위에 올랐을 때, 이것은 전적으로 독특한 방식으로 취급되었다. 포르노를 염려하는 페미니스트들은 성적으로 노골적인 매체의 성차별적 내용을 비판하고 성차별적이지 않은, 여성 친화적인, 혹은 여성에 기반한 성적 매체를 생산할 것을 요청하는 대신에, 단순히 그런 매체 자체를 전부 제거할 것을 요구했다.[4] 미디어나 재현의 다른 범주와 달리, 포르노그래피는 페미니스트들이 회복시킬 수 있는 범위를 넘어선 것으로 취급되었다. 반포르노 입장과 이 입장이 가지고 있는 근본적인 전제의 특이성은 너무 자주 간과되어왔다.

반포르노 입장을 옹호하는 사람들은 보통 반포르노는 자명하고, 따라서 논쟁 대상이 아니라고 선언한다.[5] 그들은 포르노그래피에 대한 반대는 페미니즘에 있어 근본적인 것이고, 페미니스트라는 정의를 고려할 때 페미니스트에게 있어 반포르노 입장은 반론의 여지가 없는 것이라고 고집한다. 이에 동의하지 않는 우리들은 진정한 페미니스트가 아니라고 무시당하거나 여성에 대한 폭력을 조장한다는 비난을 받았다.[6]

별다른 논쟁 없이도, 반포르노 주장은 강제적인 도그마이자 성급한 통설이 되었다. 근거가 없으며 종종 이상하기까지 한 주장들은 의문시되지 않는 가정이 되었다. 성과 폭력, 이미지와 행동, 해가 없는 판타지와 범죄에 해당되는 폭행, 성적으로 노골적인 것과 노골적으로 폭력적인 것 사이의 구분 같은 중요한 차이들이 속수무책으로 흐려졌다. 폭력과 포르노그래피라는 단어가 동의어인 것처럼 상호 교환되며 사용되기 시작했다. 포르노그래피는 종종 단순히 폭력과 동일시되곤 했다. 결과적으로 페미니즘 매체에는 이 뒤죽박죽된 용어와 개념적 혼동이 만연하게 되었다. 반포르노 입장이나 결론에 의구심을 가진 이들도 종종 반포르노 지지자들의 언어에 의해 만들어진 용어들로 표현했다.[7]

수사학을 배운 학생들이라면, 너무 소리를 높이거나 너무 자주 혹은 너무 확신을 갖고 주장한다면 잘못된 전제나 비논리적인 결론을 확신하게 될 수도 있다는 것을 잘 알 것이다. 이런 상황이 포르노 '논쟁'에서 발생했다. 선동가들은 일반적으로 인화성이 높은 이미지를 사용해 사람들을 공포에 몰아넣고 이성적 토론의 범위를 넘어 증오하게 만드는 전략을 사용한다. 이런 상황이 포르노 '논쟁'에서 발생했다. 어떤 담론이 양극화될 때, 이 논쟁에 직접적으로 관련되지 않은 사람들은 표현된 의견의 양극단 사이에 진실이 있을 것이라고 가정하는 경향이 있다. 이는 종종 편견과 증오를 선동하는 이들의 메시지가 그들이 받아야 할 것보다 더 많은 신뢰를 받는 결과를 낳기 때문에 위험하다.[8] 포르노 '논쟁'에서는 이런 일들이 너무 자주 발생한다.

많은 페미니스트는 포르노그래피가 남성 지상주의의 끔찍한 표현이라는 개념을 받아들인다. 즉 포르노그래피는 폭력적이라는, 혹은 포르노그래피는 폭력적인 매체와 동의어라는 개념을 수용하는 것이다. 다만 이에 대해 어떤 조치를 취해야 하는가를 두고 합의에 이르지 못할 뿐이다. 예를 들어, 포르노를 역겨운 성차별적 프로파간다라고 생각하지만, 그럼에도 수정헌법 제1조를 옹호하고, 검열을 적용하는 데는 신중한 입장을 취하는 페미니스트들이 많다. 나는 분명히 검열과 표현의 자유를 염려하는 것이 유효하며 필수적이라는 데 동의한다. 그러나 여기서의 내 목적은 포르노그래피가 유감스럽게도 헌법적 보호를 받을 만한 가치가 있는 반여성적 발화라고 주장하는 것은 아니다. 내 목적은 포르노그래피가 그 자체로 굉장히 성차별적이고, 특히 폭력적이거나 폭력을 암시하고, 본질적으로 여성의 이익에 상반된다는 가정에 도전하는 것이다.

'포르노그래피 문제'는 적어도 통상적으로 제기된 대로라면 거짓된 문제이다. 성적으로 노골적인 매체와 그것들이 생산되는 조건에 대해 염려하는 페미니스트들의 정당한 우려도 있다. 대신에 포르노그래피는 자신의 책임이 아닌 문제에 대한 손쉬운, 순종적인, 과잉 결정된 희생양이 되고 있다. 이러한 주장을 뒷받침하기 위해 나는 반포르노 논쟁의 구조와 근본적인 가정들에 대해 검토할 것이다.

가정들, 예상들, 그리고 정의들

포르노그래피와 폭력의 융합

반포르노 진영의 가장 기본적인 주장은 포르노그래피가 폭력적이며 여성에 대한 폭력을 조장한다는 것이다.[9] 이러한 주장에서는 두 가지 생각이 함축적으로 혹은 노골적으로 나타난다. 하나는 포르노그래피는 무엇을 묘사하든 그 성격상 폭력적이고/이거나 성차별적이라는 것이고, 다른 하나는 포르노그래피는 다른 매체보다 내용상 훨씬 더 폭력적이고/이거나 성차별적이라는 것이다.

사실 폭력 행위를 묘사하는 포르노그래피는 거의 없다. 포르노그래피는 성행위를 묘사하고, 이러한 성행위들은 매우 광범위하게 다양하다. 포르노에서 등장하는 가장 일반적인 행위는 이성애적 삽입성교이다(남성 오르가즘을 반드시 시청자들에게 보여줘야 한다는 포르노 영화의 관습 때문에, 사정은 보통 몸 밖에서 일어난다). 누드, 성기의 클로즈업, 그리고 구강성교는 더 빈번하게 등장한다. 몇몇 잡지와 영화는 일반적이지 않은 항문성교를 묘사하는 것을 전문으로 한다. 잡지와 영화가 '모두를 위한 것'을 담으려고 하는 반면, 다수의 포르노는 거의 특화된 분야를 갖고 있고, 많은 포르노 상점은 구강성교, 항문성교, 혹은 게이 남성 섹스 등 상품에서 나타나는 주요 행위에 따라 섹션을 분류한다.

또한 레즈비언이 아니라 이성애자 남성들을 위해 고안된 '레즈비언'물도 있다. 10년 전까지만 해도 레즈비언 시청자를 위한 포르노는 거의 제작되지 않았다. 그러나 이런 상황은 레즈비언에 의해, 레즈비언을 위해 생산되는 저예산 섹스 잡지 같은 작은 흐름이 등장하면서 변화하고 있다. 얄궂게도 이 태동기의 레즈비언 포르노는 우익과 반포르노 페미니즘 운동에 의해 위협받고 있다.[10]

성적 소수자들에게 공급하기 위해 고안된 포르노의 하위 장르가 몇 개 있다. 가장 성공적인 예는 게이 남성 포르노이다. 게이 남성 시장에 특화된 상점은 많다. 많은 남성 동성애 포르노그래피는 게이 남성들에 의해, 게이 남성들을 위해 생산된다. 그리고 그 질도 비교적 높은 편이다. 반면에 트랜스섹슈얼 포르노는 더욱더 드물고, 상점에서도 거의 찾기 힘들다. 트랜스섹슈얼 포르노는 트랜스섹슈얼과 트랜스섹슈얼을 에로틱하다고 느끼는 사람들을 위한 것이다. 그 포르노에 나오는 많은 이들은 성 산업에서 일하고 있는 트랜스섹슈얼이다. 그들은 차별 때문에 다른 곳에 취업하기 힘들거나 성전환 수술을 받기 위해 돈을 벌어야 하는 터라 성 산업에서 종사한다.

다른 특화된 하위 장르는 S/M 포르노다. S/M물은 포르노 전체를 폭력적이라고 주장하기 위한 주요 '증거'로 사용되어왔다. 그러나 S/M물은 상업적 포르노에서 아주 적은 비율을 차지할 뿐이고, 전체를 대표하지도 못한다. S/M물은 일차적으로는 한정된 소수를 위한 것이며, 다른 포르노물처럼 손쉽게 구할 수도 없다. 예를 들어, 1970년대 후반과 1980년대 초반에 샌프란시스코에는 성인 극장이 10여 곳 있었는데, 그중 두 군데 정도에서만 정기적으로 결박물이나 S/M 영화를 상영했다. 두 곳밖에 안 되는데도 이 극장들은 늘 지역의 반포르노적 비난에서 단골로 거론되었다.[11]

다수의 지역 포르노 상점에는 소규모의 결박물 섹션이 있다. 그러나 겨우 두 곳 정도만 광범위한 컬렉션을 가지고 있고, 이 분야에 감식안이 있는 사람들은 이곳을 선호했다. 《플레이보이》나 《펜트하우스》와 같은 주류 포르노 잡지에는 결박이나 S/M 사진이 거의 없다. 그러나 그들이 그런 사진을 실으면 반포르노 논쟁에서 강조된다. 1984년 12월호 《펜트하우스》의 결박 사진이 바로 그런 경우다. 반포르노 활동가들은 《펜트하우스》에서 이런 사진을 실은 건 극히 드문 일이며 매우 비전형적이라는 점을 언급하지 않은 채, 그 사진들을 종종 슬라이드 쇼에서 사례로 사용해 보여주곤 했다.[12]

S/M물은 해석에 필요한 관습을 이해하고 있는 관객을 대상으로 한다. 사도마조히즘은 폭력이 아니라 서로의 안전과 쾌락을 보장하기 위해서 마니아들이 수행하는 의식이자 계약에 근거한 섹스 플레이의 일종이다. S/M 판타지는 외부인들에게는 폭력적으로 보이는 강압적 이미지나 성행위들을 포함하고 있다. S/M 성애물은 대부분의 참여자들 사이에서 고도의 협상이 벌어진다는 S/M의 본성에 익숙하지 않은 사람들에게는 충격적일 수 있다. 실제로 사도마조히즘을 실천하지 않는 이들이 오히려 가장 상업적인 S/M 포르노를 제작하고 있으며, S/M에 대한 그들의 이해는 반포르노 페미니스트들과 거의 다를 바가 없다는 점 때문에 이런 불행한 일이 일어난다. 따라서 상업적 S/M 포르노는 일반적인 S/M 행위가 아니라 제작자의 편견을 반영하곤 한다.[13]

탈맥락화된 S/M물은 준비되지 않은 관객들에게 불쾌감을 줄 수 있고, 반포르노 진영은 이런 충격을 가차 없이 선전하며 활용했다. S/M 포르노는 그 자체로 잘못 재현되었고, S/M 포르노와 S/M 행위의 관계는 왜곡되었으며, S/M 포르노가 마치 포르노 전체를 대표하는 것처럼 취급되었다.

WAVPM이 가장 먼저 시작하고 WAP가 채택한 슬라이드 쇼는 반포르노 집단의 기본적인 조직 도구가 되어왔다. 이미지 슬라이드는 근거 없이 주장되곤 하는 포르노그래피의 폭력성을 관객들에게 설득하는 데 사용된다. 반포르노 영화인 〈사랑이 아니다Not a love story〉는 슬라이드 쇼와 유사한 구성 방식을 따르고, 같은 기법을 많이 사용한다.[14] 슬라이드 쇼와 영화는 포르노그래피의 표면적 폭력을 '증명하기' 위해 포르노그래피를 대표한다고 볼 수 없는 표본을 전시한다. 〈사랑이 아니다〉의 슬라이드 쇼에서는 S/M 이미지가 훨씬 더 많은 비중을 차지하고 있는데, 이는 실제 성인 서점이나 극장에서 나타나는 것보다 더 많다.

반포르노 재현은 S/M물뿐 아니라 폭력적이고 역겨운 포르노 이미지를 사용한다. 그러나 마찬가지로 그런 이미지가 전체 포르노그래피를 대표할 수는 없다. 한 여성이 고기 분쇄기 안으로 빨려 들어가는 이미지를 사용한《허슬러Hustler》의 악명 높은 표지는 이러한 사례 중 하나다. 이 이미지는 불편하고 역겹지만, 법적으로 봤을 때 심지어 외설에 해당하지도 않는다. 이 역시 흔치 않은 이미지이다.《허슬러》는 나쁜 취향으로 일관하는 잡지다.《내셔널 램푼National Lampoon》(1970년대 인기를 끈 유머 잡지로 패러디와 초현실주의 등을 등장시켰다 – 옮긴이)이《에스콰이어》나《하퍼스》와 다른 것처럼,《허슬러》는 비교 대상이 될 만한 다른 대중용 섹스 잡지들과는 다르다.

나쁜 예를 가지고 논쟁하는 것은 효과적이지만 무책임하다. 이는 부정적인 전형을 널리 알리는 전통적인 방식이며, 다양한 형태의 인종주의, 심한 편견, 증오와 외국인 혐오증을 전파하기 위해 선호되는 수사적 전략이다. 예를 들어, 여성, 게이, 트랜스섹슈얼, 흑인, 유대인, 이탈리아인, 아일랜드인, 이민자, 가난한 사람들에게서 나쁜 예를 찾고, 그 예를 전체 집단이나 활동의 영역을 공격하고 비합법화하기 위한 악의적인 묘사를 하는 데 이용하는 것은 언제나 가능하다.

예를 들어, 1950년대 동성애자들은 일반적으로 범죄 집단으로 여겨졌다. 동성애가 불법이기 때문이 아니라 동성애자들은 (범죄적) 동성애뿐 아니라 범죄행위에 연관되는 경향이 비정상적으로 높다고 인식된 것이다. 폴 캐머론Paul Cameron은 미국 반동성애의 가장 맹렬한 이론적 지도자로서 이러한 전형을 되살렸다. 그의 '과학적 섹슈얼리티 조사연구소ISIS: Institute for the Scientific Investigation of Sexuality'는 독설로 가득 찬 반동성애 소책자를 출판한다.[15]

「살인, 폭력, 그리고 동성애Murder, Violence, and Homosexuality」는 그가 내놓은 가장 놀라운 팸플릿이다. 여기서 캐머론은 동성애가 연쇄 폭력 범죄 성향과 연결되어 있다고 주장한다. 그는 "성적인 살인 행각에서 이성애자보다 게이가 당신을 죽일 확률이 15배 높으며," "성적인 살인자의 희생자는 대부분 게이의 손에서 죽었다"고 주장한다. 캐머론은 자신을 입증하기 위해 상당한 상상적 방종과 창조적 해석에 전념한다. 그는 또한 어찌됐든 존재할 수밖에 없는 동성애자인 살인자의 경우를 두고 "잔인한 살인과 동성애적 습관 사이에는 연관성이 있다"는 말도 안 되고, 악의에 차 있으며, 설득력이 없는 주장으로 비약한다.[16]

반포르노 분석의 많은 부분은 유사한 형태로 논의되고 있다. 반포르노 분석은 부정할 수 없게 혐오스러운 포르노의 예에서 포르노그래피 전체에 대한 부당한 주장들로 비약한다. 선동적인 예와 다른 사람을 조종하는 수사를 기초로 포르노그래피를 공격하는 것은 정치적으로 비난받을 만한 동시에 지적으로 부끄러운 것이다.

포르노그래피가 다른 대중매체보다 더 폭력적인가? 여기에 대해서는 다른 신뢰할 만한 비교연구가 없다. 하지만 나는 전체적으로 볼 때, 포르노그래피에는 다른 주류 영화, 텔레비전 혹은 소설보다 폭력에 관한 이미지나 묘사가 거의 없다고 생각한다. 우리가 접하는 미디어는 모두 극단적으로 폭력적이며 여성에 대한 폭력은 종종 성적인 동시에 젠더 특정적으로 묘사하는 것이 사실이다. 저녁에 텔레비전 앞에서 시간을 보내면, 치명적인 다중추돌 사고, 총격, 주먹다짐, 강간, 그리고 여러 끔찍한 악당들에게 위협받는 여성을 보게 된다. 매춘부들과 성 노동자들은 경찰물과 탐정물에서 종종 폭력의 희생자로 등장한다. 이 프로그램에서 그들은 냉혹하게 방치되고 살해당한다. 여성에 대한 끔찍하고 선정적인 폭력을 특징으로 하는 슬래셔 무비도 수십 편에 달한다.

이러한 미디어의 다수는 성화되어 있지만, 성적으로 노골적이거나 법적으로 외설에 해당하는 것은 거의 없다. 그 결과 이들은 포르노그래피에 대한 새로운 법적 장치의 영향을 거의 받지 않을 것이다. 만약 문제가 폭력이라면, 왜 성적으로 노골적인 미디어들을 지목하는가? 노골적으로 폭력적인 미디어보다 성적으로 노골적인 미디어를 겨냥한 사회운동이나 법적 도구들을 만들어내는 것을 정당화하는 것은 무엇인가?

게다가 포르노그래피를 규탄하려는 노력 속에서 슬라이드 쇼와 〈사랑이 아니다〉와 같은 반포르노 프리젠테이션은 종종 음반 표지나 하이패션 광고와 같은 성적으로 노골적이지 않은 이미지들을 포함한다. 반포르노 프리젠테이션에서 포르노그래피가 아닌 이미지들을 포함시키는 이유들이 언제나 타당한 것은 아니다. 때로 이러한 이미지들은 여성에 대한 '포르노그래피적' 태도를 전시하고 있다는 식으로 암시되거나 언급된다. 반면에 포르노의 몇몇 관습적인 이미지는 대중매체에서 더 흔하게 볼 수 있다는 것이 사실이다. 그렇다고 해서 광고나 다른 대중매체에 드러난 성차별이나 폭력성이 포르노그래피의 책임이라고 비난하는 것은 부조리하다.

반포르노 분석은 여성 종속의 창출, 유지, 재현에 포르노그래피가 기여한다는 과장된 인과론을 암묵적으로 주장한다. 그러나 젠더 불평등과 여성을 업신여기는 태도는 이 사회에 고유한 것이고, 결과적으로 광고와 포르노그래피를 포함한 거의 모든 미디어에 영향을 미치고 있다. 이는 포르노그래피에서 기원하지 않았고, 포르노그래피에서 다른 대중문화로 전이된 것도 아니다. 강간, 여성에 대한 폭력, 억압, 착취, 그리고 이러한 행동을 권장하고 정당화하는 태도가 인간 역사에 존재했으며, 상업적 성애물의 등장보다 수천 년 앞서 존재했다는 것을 상기하는 것이 중요하다.

반포르노 슬라이드 쇼에 포르노그래피가 아닌 이미지를 포함하는 것은 그 이미지를 포르노그래피 혹은 포르노그래피적이라고 재정의함으로써 쉽게 정당화된다. 이는 반포르노 담론을 통해 포르노그래피가 정의된다는 모순적인 방식에 문제를 제기한다.

정의들: 포르노그래피란 무엇인가?

정의의 문제, 즉 포르노그래피란 무엇인가, 그리고 누가 그것을 정의하는가는 전체 논의에서 계속 문제가 되고 있지만, 이 문제가 제기되는 일은 거의 없다. 이는 반포르노 수사학 안에서 사용되는 포르노그래피의 정의가 순환적이고, 모호하고, 임의적이고, 일관성이 없다는 점 때문에 특히 흥미롭다.

포르노그래피를 정확히 정의하는 것은 어렵다. 그러나 적어도 그 복잡성은 더 잘 드러날 수 있다. 『아메리칸 헤리티지 영어사전』(1973)에 따르면, 포르노그래피는 "음탕한 느낌을 자극하기 위한 의도로 쓰여진, 그려진, 혹은 다른 형태의 의사소통"이다. **포르노그래피**라는 용어는 19세기 중반에 재발견된 그리스 로마 시대의 성적으로 노골적인 유물을 범주화하기 위해 도입되었다.[17] 19세기 후반, 성적으로 솔직한 책과 회화 예술은 매우 드물었고, 비쌌고, 부유하고 교육받은 남성들만 접근할 수 있었다. 포르노그래피는 본래 노골적으로 성적인 모든 종류의 글과 그림을 지칭하는 데 사용되어왔음에도 불구하고, 점점 더 값싼 상업적 음란물과 연관되었다. 특히 제2차 세계대전 이래로, 이 용어는 보다 비싸고 예술적이고 정교한 '에로티카'와는 거리가 먼 '싸구려', 대중 시장, 상업물이라는 함의를 획득했다.

이 사전에 의하면, 에로티카는 "성적 욕망에 관련되거나 욕망을 일으키기 위해 고안된 문학이나 예술"이다. 에로티카는 좀 더 표현이 부드럽고 고급스럽고 잘 제작되었으며 덜 노골적이고, 종종 포르노그래피보다 그렇게까지 직접적으로 노골적이지는 않다는 내포를 얻었다.

에로티카와 포르노그래피 둘 다 그 자체로는 불법이 아니다. '외설'은 법적으로 제한되는 성적 발언이나 이미지의 범주다. 최근까지 미국에서 포르노그래피가 법적 범주가 아니었다는 것은 중요한 사실이다. 약 100년간, 성적으로 노골적인 것들은 외설적이라고 판단될 경우에만 불법이 되었다. 외설의 범주는 시간에 따라 변화하고 있음에도 불구하고, 구체적인 법적 한계를 갖고 있다. **포르노그래피**pornographic는 법이 아니라 판단judgement의 용어이다.

현재 외설의 범주가 변화하기 시작했으며, '포르노그래피적'이지만 반드시 '외설적인' 것은 아닌 불법적 성애물이라는 새로운 범주가 진화하고 있다. 예를 들어, '아동 포르노그래피'는 요즘 미국에서 잘 정립된 법적 범주이다. 그리고 판결 범위는 외설의 경우보다 더 넓고 더 엄격하다. 다른 무엇보다, 캐서린 매키넌과 안드레아 드워킨이 작성하고, 인디애나폴리스와 인디애나에서 통과된 반포르노 조례는 '포르노그래피'를 '외설'과 구별하여 새로운 법적 범주로 만들려는 시도였다. 여기서 '포르노그래피'라는 새로운 범주는 반포르노 페미니즘의 기술記述을 법으로 성문화했다.

우익과 반포르노 페미니스트들은 가끔 성적으로 노골적인 매체를 보호하는 외설법의 법정 판결을 피해가는 수단으로서 이 같은 '포르노그래피' 전략을 환영했다. 그러나 미국 대법원이 인디애나폴리스 조례는 헌법에 반한다고 선고한 이래로 포르노그래피를 사회운동의 동력으로 만들려는 차후의 노력은 소위 페미니즘의 정의定義가 아니라 전통적인 외설법의 범주에 의존하게 되었다.[18]

페미니즘 안에서 포르노그래피에 대한 논쟁은 전적으로 포르노그래피의 정의에 따라 움직인다. 더 결정적으로 그 정의는 종종 반포르노 분석에서 주장이나 근거를 대체하는 기능을 했다. 페미니스트들은 다른 미디어에 대해서는 문제가 있다면 그 모든 것을 완전히 제거하려 하기보다는 개선하려는 의도를 가지고 접근해왔다. 포르노그래피를 다른 미디어와 구분하는 것은 그 이미지가 가진 폭력성의 양이나 정치적 올바름의 질이 아니라 성적인 노골성의 정도이다. 그렇다면 왜 포르노그래피만 페미니스트의 구제를 받을 수 없으며, 포르노그래피의 박멸은 여성의 자유를 위한 조건으로 여겨지는가? 이 기막힌 논리의 비약은 단순히 포르노그래피를 다음과 같이 재정의함으로써 가능하다. 즉 포르노그래피는 **정의상** 성차별적이고 폭력적이라고 말이다.

예를 들어, 『밤을 되찾자Take Back the Night』(레더러가 편집한 선집으로, 부제는 '포르노그래피에 나타난 여성'이다. 여성에 대한 성폭력에 항거하는 운동으로 1977년에 시작된 '밤을 되찾자' 행진에서 이루어진 논의들을 모았다 - 옮긴이)에는 다음의 정의가 등장한다.

그러면 포르노그래피는 비하를 지지하는 방식으로서 한 명의 혹은 더 많은 참가자들을 비하하고 학대하는 성적 행동을 재현하거나 묘사하는 언어적이거나 이미지적인 자료이다. … 이것은 묘사된 행위를 지지하고/하거나 권장하기 위해 노골적으로 비하나 학대적 성행위를 재현하거나 묘사한다. 포르노그래피의 문제점은 (그 성적인 내용이 아니라) 여성을 비하하거나 비인간화하는 묘사다. 포르노그래피는 본성적으로 여성들이 남성에게 종속되는 존재이며, 단지 남성 판타지의 충족을 위한 도구일 뿐이라고 주장한다.[19]

이것은 동어반복적인 주장이다. 포르노그래피가 단순히 본래 여성을 비하하는 것으로 정의된다면, 그 정의에 따라 포르노그래피는 교정될 수 없고 제거되어야만 한다. 이러한 전략은 일반적으로 포르노그래피로 여겨지는 것은 그 정의에 따라 정확히 표시되어야 한다고 할 때, 반드시 제공되어야 할 입증 과정을 완벽히 교묘하게 처리해버린다.

　유사한 정의가 매키넌과 드워킨의 소위 '시민권 반포르노그래피 조례'의 핵심에도 있다.[20] 캐서린 매키넌은 그녀가 제안한 시민권 조례가 포르노그래피 내에 폭력적 이미지가 얼마나 팽배해 있느냐에 달려 있는 것이 아니라고 주장했다. 그녀는 법적 정의가 작용하는 방식은 법이 포르노그래피라고 정의한 것은 무엇이든 포르노그래피이며, 그러므로 그녀의 법령은 그 정의에 맞는 것은 무엇이든 다룰 수 있다고 주장한다.[21] 이것은 사실이다. 하지만 또다시 순환논증의 오류가 발생한다. 그 정의가 어떻든지 간에 이 논증은 왜 어떤 조례는 포르노그래피를 다뤄**야만 하는가**, 그러한 정의가 일반적인 의미의 포르노그래피와 어떤 관련을 갖고 있는가, 그리고 무엇보다 애초에 페미니스트가 지원하는 법이 왜 성적으로 노골적인 매체들을 지목해야만 하는가라는 질문을 피하고 있다.

　더구나 반포르노 담론에서 사용하고 있는 포르노에 대한 다양한 정의가 일관성 있게 적용되는 것은 아니다. 반포르노 시위의 표적으로 알려지는 순간, 그것들은 보다 흔히 포르노그래피라는 용어와 연관된 것이 된다. 즉, X등급의 비디오와 영화, 《플레이보이》와 《펜트하우스》, 성인용 서점에서 팔리는 잡지, 레즈비언 섹스 잡지, 게이 남성의 간편한 읽을거리 등 더 일반적 의미에서의 외설물이다. 한마디로 포르노그래피가 폭력적이고/이거나 본질적으로 여성을 비하하는 것이라면, 성적으로 노골적인 대중매체가 실제로는 분명히 폭력적이고/이거나 본질적으로, 그리고 차별적으로 여성을 비하하고 있다는 그럴듯한 주장이 만들어지지 않는 한, 포르노그래피는 성적으로 노골적인 대중매체일 수 없다.

게다가 '포르노그래피'의 범주는 편의에 따라 확장 가능한 것으로 보인다. 위에서 언급했듯이, 성적 도발을 포함하거나 매우 성차별적인 광고와 여타 매체 이미지들은 관례적으로 포르노그래피 범주에 포함되며 포르노그래피적이라고 불린다. 때로 심지어 섹스 장난감들도 그 범주에 포함된다. 예를 들어, 〈사랑이 아니다〉의 오프닝 시퀀스 중 한 장면에서는 내레이터가 포르노 산업의 표면적 성장과 규모를 묘사하는데, 그때 스크린에서는 가죽 손목 밴드와 칼라 같은 수공품 이미지를 보여준다. 어떤 아이템을 떠올리든 간에, 그들은 의상과 전시물이지 미디어가 아니다. 비페미니즘적인 맥락에서, 포르노그래피에 대한 미즈 위원회는 바이브레이터와 딜도 같은 섹스 장난감의 판매를 금지하는 법에 대해 논의해왔다.[22]

성적으로 노골적인 모든 매체를 억압하자고 주장하는 페미니스트는 거의 없기 때문에, 많은 반포르노 진술은 성적으로 노골적인 매체를 모두 포르노그래피라고 하는 건 아니라고 부인하는 성명을 포함하고 있다. 그 나머지 범주는 '에로티카'가 된다. '포르노그래피'(페미니스트들이 마땅히 싸워야만 하는 불쾌한 것들)와 '에로티카'(페미니스트들이 승인할 수 있는 나머지 성적인 것들) 사이의 구분이 이루어지는 것이다. 그러나 이러한 접근방식은 에로티카와 포르노그래피를 구분하는 방법을 정확히 정의하려고 시도하는 순간, 그 문제가 분명해진다. 이 논쟁의 초창기에 엘런 윌리스는 그녀 특유의 건조한 농담을 곁들여 다음과 같이 말했다. 에로티카와 포르노그래피를 정의하려는 대부분의 시도들은 "내가 좋아하는 것은 에로티카이고, 당신이 좋아하는 것은 포르노그래피이다"라는 진술에 이르게 될 것이다.[23]

예를 들어, 잡지 《미즈》의 1978년 11월호의 커버스토리는 "에로티카와 포르노그래피, 당신은 그 차이를 아는가"라고 질문했다. 잡지에서 글로리아 스타이넘Gloria Steinem은 "분명하고 현존하는 차이"를 상세하게 기술할 수 있다고 주장했다. 그녀는 다음과 같이 말한다. 에로티카는 "에로스 혹은 열정적인 사랑에서 유래한 것이다. 따라서 적극적인 선택, 자유 의지, 특정 개인에 대한 열망 속에 있다." 반면에 포르노그래피에서 "주제는 사랑이 아니라 여성에 대한 지배와 폭력이다."[24]

1979년 7월, WAVPM의 《뉴스 페이지》는 이 사안을 해결하고자 씨름했다. "에로티카와 포르노그래피 사이의 차이에 대한 질문은 완전히 해결될 수 없다"는 것을 인정하면서, 《뉴스 페이지》는 일련의 차이들을 게재했다. 무엇보다 에로티카는 다음과 같은 목록으로 특징지어진다. 개인적인, 감정적인, 밝은, 산뜻한, 다시 젊어지는, 창조적인, 자연적인, 충만한, 순환적인, 그리고 '그저 거기에 있는just there'. 포르노그래피의 목록은 다음을 포함한다. 페니스에 의해 정의되는, 남성의 성적 자극을 위한, 권력의 불균형, 폭력을 생산하는, 폭력을 시사하는, 비현실적인, 공포 요소, 무분별함, 가혹한, 왜곡된 몸, 관음증적인, 선형적인linear, 그리고 '당신이 사고파는 것'을 포함한다.[25] 인정하건대 이 목록은 토론을 요약한 것이지 일관성 있는 최종 진술이 아니었다. 그러나 어느 누구도 에로티카와 포르노그래피의 특징에 대해 더 분명하게 묘사하지 못했다. 이 목록은 이러한 구분이 얼마나 임의적인지를 폭로한다. 실제로 안드레아 드워킨과 내가 동의하는 얼마 안 되는 지점들 중 하나는 이러한 논의에 포르노그래피와 에로티카의 구분이 유용하지 않다는 점이다.[26]

몇몇의 반포르노 집단은 성교육 교구를 비난에서 제외하고 있다.

그러나 드워킨은 "교육적 목적으로 만들어진 영화가 특정한 상업적 포르노에서 발견되는 것만큼 공격적인 내용을 포함하고 있는지" 질문한다.[27] 사실 여성을 대하는 태도에 있어서는 성교육 영화의 상당수를 제작하고 있는 이성애 남성들과 상업 포르노 제작의 대부분을 담당하고 있는 이성애 남성이 그다지 다를 바가 없다. 그렇다고 이것이 상업적 포르노와 성교육 영화 모두 폭력을 촉발한다는 것을 의미하지는 않는다. 이는 소수의 성교육 영화만이 페미니즘에 귀감이 된다는 것을 의미한다. 내게 이러한 유사성은 더 많은 여성들이 제작자, 작가와 감독 등의 두 영역 모두에 진입하도록 격려해야 한다는 것을 의미한다. 그러나 몇몇 반포르노 활동가들에게 이러한 유사성은 성교육 영화들을 그들의 일반적인 포르노그래피 검열 대상에 포함시키고, 반포르노 캠페인에서 기인한 법적 처벌과 책임을 묻는 구실이 되었다.

또한 대부분의 유명한 반포르노 입장의 대변인들은《우리의 등 뒤에서On our backs》,《나쁜 태도Bad Attitude》,《격분한 여성Outrageous Women》과 같은 레즈비언 섹스 잡지들이 포르노그래피의 정의에 부합한다고 공개적으로 말했다(실제로 나는 그들이 이 잡지들을 '이성애적'이라고 묘사하는 것을 들은 적이 있다). 이러한 반포르노 논자들의 다수가 포르노그래피를 민사소송 사건으로 만드는 법제화 과정을 지지하고 있기 때문에, 그들이 이러한 잡지에 대한 민사소송을 제기하는 것을 지원할 것이라고 추정할 수 있다.

포르노가 '거대한 사업'이라는 지속적인 주장에도 불구하고, 진짜 흥미로운 포르노들과 레즈비언 출판물들의 대부분은 대개 규모가 작은, 저예산물이다. 그러나《플레이보이》와《펜트하우스》라면 반복되는 소송에서 살아남을 수 있을 테지만, 레즈비언 섹스 잡지들은 소송 때문에 파산하게 될 것이다. 누가 무엇을 '포르노그래피적'이라고 결정하는가, 레즈비언 섹슈얼리티는 어떤 형태를 취해야 하는가, 그리고 레즈비언은 어떤 읽을거리를 선택해야 하는가? '에로티카'가 합의될 수 없다면, 성교육 영화들이 '포르노그래피'의 정의에 부합한다면, 그리고 토착적 레즈비언 섹스 잡지가 '이성애적 포르노그래피'라면, 어떤 성적인 이미지가 페미니스트들에게도 받아들여질 수 있을 만큼, 그리고 법적인 괴롭힘에서 면제될 만큼 '포르노그래피적이지 않은가?'

포르노의 '폐해': 혐의, 주장, 그리고 창조적인 인과론

연구

반포르노 정치를 지지하는 사람들은 최근 실험 심리학 연구를 통해 포르노그래피가 여성에 대한 폭력을 초래한다는 것을 입증했다고 주장한다. 그러나 그 연구는 전혀 그렇지 않다.[28] 반포르노 진영이 기초를 두고 있는 그 연구에는 방법론적으로 주의해야 할 사항이 많다. 이러한 포르노그래피 연구는 기껏해야 실제 상황에서는 행동에 영향을 미칠 수도 있고, 그렇지 않을 수도 있는 인위적 조건 속에서 제시된 몇몇 태도의 변화를 보여줄 뿐이다. 에드워드 도너스타인Edward Donnerstein과 같은 전통적인 실험은 성적으로 노골적이고 폭력적인 자료들을 사용했다. 그러나 이런 자료가 모든 상업적 포르노그래피를 대변하는 것은 아니다. 기껏해야 그 연구의 결론은 오직 해당 자료들에만 적용될 뿐이지, 포르노그

래피 전체와는 상관이 없다.[29]

돌프 질먼Dolf Zillman과 제닝스 브라이언트Jennings Bryant에 의해 수행된 연구를 제외한 최근의 모든 연구는 사실상 비폭력적인 포르노의 무고를 입증하고 있다. 질먼과 브라이언트에 의하면 포르노의 부정적인 효과는 결혼에 대한 믿음을 잃게 되고, 현재의 성생활에 더 큰 불만족을 느끼며, 동성애와 성적 다양성에 대해 더욱 너그러워진다는 것이었다.[30] 이것이 강력한 검열을 정당화하는 근거라면, 페미니즘과 페미니즘 문학 또한 비난받아야 할 것이다.

폭력적인 성애물에 노출된 이후 한층 더 공격적인 행동을 표출하게 된 것으로 나타난 연구에서, 실험 대상은 성적 자료를 본 후 '희생자'에게 충격을 줄 것인지 말 것인지를 선택해야 했다. 그들에게는 다른 선택지가 주어지지 않았다. 예를 들어, 그들은 혼자이기를, 아무것도 하지 않기를, 혹은 자위하는 것을 선택할 수 없다. 실제 상황에서 포르노그래피는 대부분 자위 도구나 파트너가 있는 성행위의 전주로 사용된다. 대안으로 자위가 허락된 상황에서 얼마나 많은 실험 주체가 다른 이에게 충격을 주기로 선택하는지를 비교한다면 흥미로운 사실이 드러날 것이다.

마지막으로, 발표된 연구 중 어떤 것도 폭력적인 성애물을 본 후와 폭력적인 비성애물을 본 후의 공격성 정도를 비교하지 않았다. 그러나 도너스타인은 실험 주체가 성적으로 폭력적인 이미지보다 성적인 내용을 포함하지 않은 매 맞는 여성의 이미지의 경우에 훨씬 더 높은 수준의 공격성을 보여주는 것으로 나타나는 새로운 연구를 진행하고 있음을 밝혔다. 도너스타인은 그의 초기 연구 결과에 대한 과잉 해석을 공개적으로 경고한 바 있으며, 검열에 반대하는 발언을 했고, 섹스보다 폭력이 미디어에서 부정적인 영향력을 갖고 있다고 말했다.[31]

현재 시점에서 이용 가능한 데이터는 결정적인 것이 되지 못하며, 포르노그래피가 여성에 대한 폭력을 조장한다는 일반적인 주장에 대한 독보적인 증거를 구성할 수도 없다.[32] 미디어에서의 폭력이 문제라는 증거는 충분하다. 그럼에도 폭력적인 미디어를 법적으로 통제하려는 시도는 심각한 수정헌법 제1조 관련 문제를 고려해야 한다. 하지만 미디어에서의 폭력에 대한 페미니스트의 염려는 포르노그래피에 대한 염려보다는 정당하다. 현재 미국에서 미디어에서의 섹스 재현에 대한 법적 규제들이 많은 반면, 미디어에서의 폭력에 대한 법적 금지는 없다. 엄청난 양의 미디어 폭력은 손대지 않은 채로 남겨두는 반면, 성적으로 노골적인 재현에 대해서는 많은 제한을 두는 것은 어떻게 정당화될 수 있는가?

포르노는 '학대의 다큐멘터리'인가?

캐서린 매키넌은 포르노그래피는 문자 그대로 학대당하는 여성에 대한 사진 기록이라고 주장한다. 그녀는 묶이고, 고문당하고, 모욕당하고, 구타당하고, 소변을 받고, 대변을 먹도록 강요당하고, 살해당하고, "단지 끌려가서 이용되는" 여성들과 같이 포르노에서 발견되는 다양한 이미지를 열거한다.[33] 매키넌은 포르노그래피 제작을 위해서 여성들이 이러한 일을 당하게 된다고 결론짓는다. 포르노 제작을 위해 여성들은 묶이고, 고문당하고, 모욕당하고, 맞고, 소변을 받고, 대변을 먹도록 강요당하고, 살해되고, "단지 끌려가서 이용된다."[34] 혹은 안드레아 드워킨은 다음과 같이 말한다. "진짜 여성들이 묶이고, 잡아당겨지고, 매달리고, 삽입당하고, 윤간당하고, 채찍을 맞고, 물리고, 더 해달라고 애원한다. 사진과 영화에는 실제 여성들이 이용된다."[35] 이러한 입장에서 포르노그래피는 출연하는 모델과 배우들에게 행해지는 끔찍한 학대에 대한 사진 기록이다. 이처럼 포르노그래피의 폐해를 말하는 이 이론에는 몇 가지 문제가 있다.

이러한 목록에 포함된 행위들은 동등한 가치를 갖는다거나 동일한 빈도로 등장하지 않는다. 나는 묶이고, 고문당하고, 모욕당하고, 맞고, 소변을 받고, 대변을 먹도록 강요당하는 것과 같은 행위들은 변태적 포르노를 가리킬 수도 있지만, 지시적으로 봤을 때 "단순히 끌려가서 이용당한다"는 변태적인 성행위가 아닌 평범한 일상용어라고 생각한다. 대변을 먹는 것이 등장하는 포르노는 극히 드물다. 마찬가지로 결박, 고통, 모욕, 소변의 이미지 들이 포르노에서 발견되기는 하지만, 다수의 포르노그래피에는 부재하다. 나도 여성을 불구로 만들거나 살해하는 장면을 보여주는 포르노가 있다는 언급을 들은 적은 있다. 그러나 미국에서는 구할 수도 없는 아주 희귀한 유럽산 그림, 사진도 아닌 그림을 제외하고는 본 적이 없다. 나는 핵심을 장황하게 늘어놓는 것을 싫어한다. 하지만 매 맞고 살해당하는 여성들은 포르노그래피보다 황금 시간대 텔레비전과 할리우드 영화에서 더 많이 나온다.[36]

더욱 중요한 것은 이러한 포르노에 이미지를 생산하기 위해서 인위적으로 고안된 역할이 있다는 생각을 하지 못한다는 점일 것이다. 우리는 텔레비전에서 일상적인 경찰 추격으로 파괴되는 차량의 승객이 실제로 차와 함께 불타고 있다거나 격투 장면에서 배우가 실제로 늘씬하게 맞고 있다거나 서부 영화에서 실제 카우보이와 원주민 사망자가 나온다고 생각하지 않는다. 이미지에서 나타나는 강압의 정도가 출연 배우들에 대한 대우를 보여주는 지침으로서 신뢰할 만하다고 가정하는 것은 터무니없다.

포르노그래피를 학대의 기록으로 특화하는 과정에서 드워킨과 매키넌은 특정한 성행위들은 너무 근본적으로 불쾌하고 혐오스럽기 때문에 어느 누구도 자의로 그 행위를 해서는 안 되고, 따라서 거기에 출연한 모델들 역시 자신의 의지에 반해 강제로 참여한 것이 분명한 '피해자'라고 생각하는 것처럼 보인다. S/M에는 종종 강제성이 등장하기 때문에, S/M을 하는 사람들은 희생자라고 가정하기가 더욱 쉽다. 그러나 내가 위에서 말한 것처럼 이것은 가짜 스테레오타입이며 사회적이고 성적인 현실을 반영하지 않는다. 사도마조히즘은 성애적 레퍼토리의 일부이며, 많은 사람들은 기꺼이, 또한 열정적으로 S/M 행위에 참여한다.[37]

그러나 사도마조히즘이 업신여기는 듯한 모욕적인 비판의 대상이 되는 유일한 행동은 아니다. 예를 들어, 매키넌은 포르노를 "들어가기도 힘든 목구멍 속에 페니스를 넣으며 강간한다"라고 묘사한다. 많은 게이 남성들과 또 많은 수의 이성애자 여성들이 자지 빨기cock-sucking를 즐긴다.[38] 심지어 딜도를 핥는 것을 즐기는 레즈비언도 있다. 물론 구강성교가 모두를 위한 행위는 아니다. 그러나 그것이 물리적으로 불가능하다거나 반드시 강압적이라고 가정하는 것은 주제넘은 일이다. 포르노를 학대의 다큐멘터리로 보는 생각에는 인간의 섹슈얼리티를 바라보는 편협한 시각이 배태되어 있다. 그리고 이 생각은 성적 다양성에 대한 기본적인 이해조차 결여하고 있다.

매키넌과 드워킨의 접근에 깔려 있는 포르노의 해로움에 대한 통념은 이미지의 내용과 그 생산 조건 사이의 근본적인 혼동을 바탕으로 한다. 어떤 이미지가 시청자에게 매력적이지 않다는 사실이 배우나 모델이 제작 과정에서 혐오감을 경험한다는 것을 의미하지 않는다. 어떤 이미지가 강제성에 대해 다룬다는 사실이 배우나 모델들이 포르노그래피를 만들도록 강요된다는 것을 의미하지 않는다.

이미지의 내용에서는 제작 조건에 관해 아무것도 추론하지 못할 수 있다. 배우와 모델의 보호와 관련된 토론은 관련 이미지의 성격에 관계없이, 제작 과정에서 그들이 강요받고 있는지의 여부에 초점을 맞춰야 한다. 성 산업에서 건강, 안전, 작업 조건의 청결함과 같은 표준들은 패션 모델, 영화 제작, 무대 연기, 혹은 전문 댄서와 같은 유사한 업종의 조건을 따라야 한다. 생산된 이미지의 내용이 성적인지 아닌지, 그리고 시청자들이 보기에 폭력적이거나 역겨운지 여부와는 관계가 없다.

반포르노 활동가들은 종종 성 산업에서 (그리고 성 산업으로부터) 여성을 보호하고 싶다고 주장하지만, 그들이 한 분석의 대부분은 성 노동자들을 향한 거들먹거리는 태도와 멸시에 기반을 두고 있다. 포르노그래피가 성적 학대의 다큐멘터리라는 생각은 성 산업에서 일하는 여성들(스트리퍼, 포르노 모델, 혹은 창녀)은 모두 예외 없이 강요당하고 있고, '포르노 제작자'의 피해자일 뿐이라고 가정한다. 이는 악의에 찬 스테레오타입이고, 특히 페미니스트들이 강화하고 있기에 더 부적절하다.

물론 다른 모든 노동환경에서와 마찬가지로 성 산업에서도 학대와 착취가 있다. 나는 그 누구도 포르노 영화에 출연하도록 강요받은 사람은 없다거나 가해자가 처벌받지 말아야 한다고 주장하는 것이 아니다.

그러한 강압이 산업 규범이 아니라고 말하는 것이다. 더구나 나는 구조적 힘과 제한된 선택이 돈을 벌기 위한 개인의 결정에 전혀 영향을 미치지 않는다는 식의 단순한 고용의 '자유로운 선택' 모델을 선전하려는 것도 아니다. 그러나 성 노동을 선택하는 사람들에게는 복합적인 이유가 있고, 그들의 선택은 덜 낙인찍힌 직종에서 일하는 이들의 선택과 마찬가지로 존중받을 만하다.

실제로 어떤 성 노동자가 더 많은 착취와 위험한 근무 환경에 노출되는가는 낙인, 불법성, 혹은 성 노동의 주변적 합법성marginal legality으로 인한 결과이다. 낙인찍힌 혹은 불법적인 직업을 가진 사람들은 다른 사람과 같은 보호, 특권, 그리고 전직 기회를 획득하기가 어렵다. 창녀, 포르노 모델, 에로 댄서들은 그들이 범죄, 폭력, 부도덕한 행동의 대상이 되었을 때 경찰, 법원, 의료, 법적 보상의 지원이나 공감을 받을 가능성이 적다. 그들이 노동자로서 보호받기 위해 노조를 만들거나 결집하는 것은 더 어렵다.

우리는 어디에서 일하는지에 상관없이 여성들을 지원할 필요가 있다. 더 많은 낙인과 법적 규제는 성 산업 안에 있는 여성들을 취약하게 만들 뿐이라는 것을 깨달아야 한다. 성 노동자를 지원하기를 원하는 페미니스트들은 성 노동을 비범죄화, 합법화하기 위해 노력해야 한다. 스캔들이나 감금의 위협에서 안전한 성 노동자들은 더 나은 지위에서 자신의 일과 작업환경에 대해 더 많은 통제권을 가질 수 있다.[39]

성 노동자를 향한 멸시, 특히 창녀들을 향한 멸시는 반포르노의 비난에서 가장 골치 아픈 측면이다. 자신의 책 『포르노그래피Pornography』를 통해서 드워킨은 포르노그래피를 맹비난하고, 포르노그래피에 반대하는 데 매춘의 낙인을 사용했다. 그녀는 "현재 포르노그래피는 엄격하게 그리고 문자 그대로의 어원적 의미, 즉 **비도덕적인 갈보**, 혹은 우리말로 하면 창녀, **암소**(성적 가축, 성적 소유물이라는 의미에서), **보지**에 대한 적나라한 묘사라는 의미와 일치한다."[40] 이것은 매춘부를 비하하고 모욕하는 서술이다. 페미니스트들은 수사적 이득을 위해 이를 남용할 것이 아니라 매춘의 낙인을 제거하도록 노력해야 한다.

포르노가 여성 종속의 핵심에 있는가?

포르노는 여성 종속의 '중심' 혹은 '핵심'에 있는 것으로 기술되곤 한다. 안드레아 드워킨은 『우익 여성 Right-Wing Women』에서 다음과 같이 진술한 바 있다. "여성 조건의 핵심에 포르노그래피가 있다. **포르노그래피는 다른 모든 것의 원천인 이데올로기이다.** 포르노그래피는 이 체제 속에서 여성이 무엇인지를 정확히 정의한다. 그리고 여성이 어떻게 취급되는가는 이 정의에서 나온다. 포르노그래피는 현재의 여성에 대한 비유가 아니다. 그것은 이론과 실천의 측면에서 현재의 여성이다."[41] 이 기이한 진술은 도표 몇 개와 함께 제시된다. 여성 조건의 근본적인 이데올로기가 도표화되어 있는 그 '중심'에는 문자 그대로 포르노그래피가 놓여 있다. 또한 그 도표는 매춘을 기본 체제의 표면적 현상으로 묘사하고 있다.[42] 이 놀라운 주장들은 뒷받침하는 증거나 단 하나의 인용도 없이 이루어진다.

1960년대 이래로 페미니즘 이론가들과 학자들은 여성 종속과 억압에 대한 다양한 설명을 탐구해왔다. 수백 개의 논문, 에세이, 책 들이 여성 종속의 발생과 유지에 대한 다양한 원인을 논해왔다. 예를 들어, 그 원인에는 사유재산, 국가 사회의 형성, 노동의 성적 분업, 경제적 계급의 출현, 종교, 교육적 배치, 문화적 구조, 가족과 친족 시스템, 심리학적 요소, 그리고 무엇보다도 재생산에 대한 통제 등이 포함된다. 나는 포르노그래피나 매춘에서 여성의 종속이 유래했다는 설명 중에서 포르노 논쟁보다 선행하는 것을 떠올릴 수가 없다. 그런 입장을 지지할 어떤 신뢰할 만한 역사적, 인류학적, 사회학적 논의도 찾아볼 수 없다.

포르노그래피나 매춘이 없는 사회(예를 들어, 남태평양과 남아메리카에 있던 정주형 농업 사회)에서도 여성은 극적으로 억압되어 있기 때문에, 포르노그래피와 매춘이 여성 종속에서 그토록 중요한 역할을 수행한다는 것을 입증하기란 어려울 것이다. 게다가 현재 서구에서 나타나는 것과 같은 포르노그래피와 매춘은 근대적인 현상이다. 예를 들어, 고대 그리스에서 매춘의 제도적 구조는 지금과는 완전히 달랐다.

현대적 의미의 포르노그래피는 19세기 이전에는 존재하지 않았다.[43] 고대 그리스, 이집트인들, 그리고 콜럼버스가 아메리카 대륙을 발견하기 이전에 페루 해안에서 살던 모체 인디언들과 같은 다른 문화들도 분명 생식기와 성행위를 묘사하는 시각 예술과 공예품을 생산했다. 그러나 여성의 낮은 지위와 성적으로 노골적인 시각 이미지가 존재하는 문화 사이에는 어떠한 구조적 연관성도 없다. 혹은 여성의 높은 지위와 성적으로 노골적인 시각 이미지가 존재하지 않는 사회 사이의 연관성도 없다. 더구나 그런 이미지들은 포르노가 성적으로 노골적인 모든 이미지라고 정의되지 않는 한 포르노그래피가 아니다. 이런 정의에서 반포르노 이데올로기는 수용 가능한 노골적인 성 묘사라는 것은 없다고 상정한다. 그리고 아마도 이를 지지할 페미니스트는 거의 없을 것이다.

포르노그래피를 인간의 역사와 문화를 관통해서 존재해온 초역사적 범주로서 개념화하면, 이는 포르노그래피를 여성의 상태에서 핵심에 있는 것으로 생각하는 것이다. 『포르노그래피』에서 드워킨은 포르노그래피라는 말이 "창녀에 대한 글쓰기"를 의미하는 그리스 단어로부터 나왔다고 말한다. 그녀는 그리스 사회에서 '창녀들'의 자리에 대해 논하면서 "포르노그래피라는 말은 여기 언급된 이상의 다른 어떤 의미도 갖지 않는다. 포르노그래피는 가장 지위가 낮은 창녀들에 대한 적나라한 묘사다"라고 결론을 내린다. 이러한 논의와 다른 이들의 유사한 주장을 보면, 포르노그래피라는 용어는 그리스에서 사용되었으며 그리스인의 경험 범주를 지칭한다고 암시한다.[44]

그러나 고대 그리스인들은 포르노그래피라는 용어를 사용하지 않았으며, 포르노그래피는 그리스인들의 그림이 그려진 항아리를 지칭하는 것도 아니다. 이는 또한 그리스인들이 포르노에 대해 드워킨과 같은 식으로 느낀다는 증거로 취급되어서도 안 된다. 그 용어는 19세기에 그리스어를 어원으로 하여 만들어진 단어다. 동성애와 마찬가지로 지금 사용되고 있는 많은 성 관련 용어들이 그리스어와 라틴어를 어원으로 당시 조립되었다. 따라서 그 용어들은 그리스의 편견이 아니라 빅토리아 사람들의 편견을 체현한다.[45]

어떤 의미에서는 포르노그래피가 여성 억압의 "모든 것의 근원이 되는 이데올로기"라고 주장하고 포르노그래피가 여성을 열등하게 생각하는 모든 이데올로기의 정수라고 이해하는 것이 일리가 있을 수도 있다. 그렇다면 우리는 남성 우월의 모든 종교적, 도덕적, 철학적인 버전을 어떻게 이해해야 하는가? 코란은 포르노그래피인가? 성경은? 정신의학은? 그리고 이 모든 것은 현대적인, 동시대의 상업적 포르노와 어떤 관련이 있는가? 성인 서점이나《플레이보이》와는 어떤 관계인가?

왜 포르노그래피에 대한 반대는 페미니즘에서 그토록 수용될 수 있는가

왜 그런 엉성한 정의들, 뒷받침되지 않는 주장들, 그리고 이상한 의견들이 페미니즘 운동에서 그렇게 많은 신뢰를 얻는지 의문이 생길 것이다. 몇 가지 설명이 있다.

1. 포르노그래피는 이 사회에서 이미 깊이 낙인찍혀 있다. 이 낙인은 분명히 포르노그래피에 대한 페미니스트들의 관심보다 먼저 존재했다. 우리 사회에서 대부분의 사람들은 이미 포르노그래피에 대해 불편함을 느끼고 있고, 그 오명의 아우라에 전염되는 것을 두려워한다. 약 100년 이상 동안 성적으로 노골적인 매체에 대한 가장 안전하고 훌륭한 태도는 멸시였다. 낙인은 또한 사람들이 포르노그래피에 대한 잘못된 진술을 더 쉽게 받아들이게 만든다. 가령 누군가가 그로테스크한 슬래셔 무비나 공격적인 페이퍼백 소설책을 모아놓고 그것들을 상영, 전시하는 영화관이나 서점에 반대하는 페미니스트들의 광란을 선동하려 한다고 해도 그러한 캠페인을 진지하게 받아들일 페미니스트는 거의 없을 것이다.

2. 성 산업에서 일하지 않는 대부분의 여성은 포르노물과 그 의미,

해석 관습에 익숙하지 않기 때문에, 포르노그래피에 대한 과장된 기술을 받아들이기 쉽다. 전통적으로 포르노그래피는 남성의 영역이었다. '점잖은' 여성들은 포르노 상점이나 극장에 들어가거나 포르노그래피를 볼 기회가 없었다.

포르노를 둘러싸고 벌어지는 종종 당황스럽고 은밀하며 불편하기도 한 남성들의 행동은 이런 상황을 변화시키거나 남성 집단에서 어떤 일이 벌어지고 있는지에 대해 여성들을 안심시키는 일과는 거의 아무런 관계가 없다. 많은 여성들은 성적으로 노골적인 매체에 대한 남성들의 특권적 접근에 대해 화를 내거나 분개한다. 성 산업에서 일하는 여성들이 더 거침없이 발언하고 산업 자체도 발전함에 따라, 이 모든 것이 변화하고 있다. 비디오 혁명으로 여성들은 영화를 빌려서 자신의 집에서 편안하게 볼 수 있게 되었다. 더 많은 여성들이 성인용 극장과 서점에 익숙해질 것이다.

3. 대부분의 포르노그래피는 성차별적이다. 전통적으로 포르노그래피는 남성 관객과 주류 남성의 가치를 겨냥했다. 결과적으로 가장 상업적인 포르노에서도 여성은 평균적인 남성 소비자들이 자위할 때 생각하고 싶어 하는 것을 재현할 뿐이다. 대다수의 포르노그래피는 여성의 섹슈얼리티를 잘못 재현하며, 남성들이 유혹의 기술을 배우게 하거나, 그들의 섹스 파트너를 욕구를 가진 독립된 인간으로 생각하도록 권장하지 않는다.

그러나 성차별주의가 소설의 고유한 특징이 아닌 것처럼 포르노그래피도 성차별주의를 고유한 특징으로 갖지 않는다. 점점 더 많은 여성들이 포르노 산업에 관계하면서 포르노 산업은 이미 변화하는 중이다.

더구나 포르노 산업은 여성을 잠재적 소비자로서 인지하고 여성 관객에게 호소하기 위한 의도로 상품을 디자인하기 시작했다.

4. 상업적 포르노는 할리우드 영화처럼 아름답게 꾸민 섹스가 아니다. 대부분의 포르노는 염가로 제작되고, 연기는 형편없으며, 불은 너무 밝게 켜져 있고, 매우 적은 예산으로 촬영된다. 이것은 싸 보인다. 포르노가 수십억 달러의 거대 산업이라는 모든 헛소리에도 불구하고, 대부분의 포르노 영화들은 겨우 주류 할리우드 영화의 분장비 정도로 촬영된다. 배우들은 숙련된 것만도 아니며, 주요 영화 스타들처럼 흠잡을 데 없는 미모를 가진 사람은 거의 없다. 사람들은 커다란 스크린에 시각적으로 로맨스가 그려지길 기대하고 포르노를 보러 온다. 그리고 포르노는 빈번하게 그러한 기대를 충족시키는 데 실패한다.

5. 이 사회에서 우리는 나체 상태에 있거나 간음하거나 다른 성행위에 참여하는 사람들을 볼 일이 거의 없다. 결과적으로 대부분의 사람들은 섹스는 뭔가 우스꽝스러워 보인다고 생각하고, 섹스를 할 때 우스워 보일까 봐 두려워한다. 반포르노 이데올로기는 그런 감정을 조작해서 사랑스럽지 않은 섹스는 추하고 존엄하지 않으며 부끄러운 것이라는 메시지를 강화한다.

6. 역사적으로, 성적으로 노골적인 매체들과 관련된 낙인 때문에 우리는 이미 외설과 포르노그래피라는 단어를 많은 종류의 강한 혐오를 표현하는 데 사용한다. 예를 들어, 전쟁은 '외설적'이고 레이건의 정책들은 '포르노그래피적'이다. 그러나 둘 중 어떤 것도 성인 서점에서 쉽게 발견되지 않는다. 그 용어가 일반적으로 깊고 극단적인 반감을 전달하는 데 사용되기 때문에, 포르노그래피를 불안, 혐오, 역겨움을 촉발하는

데 사용하는 것은 너무 쉽다.

　7. 정통파 페미니스트들은 성적으로 노골적인 매체에 대해 염려한다. 포르노그래피만 지목당하지 말아야 함에도 불구하고, 포르노그래피는 늘 페미니스트의 비판에서 면제받지 못한다. 포르노는 분명 한결같이 즐겁게 하거나, 잘 생산되거나, 예술적으로 고양시키거나, 정치적으로 앞선 것은 아니다. 그러나 **포르노에는 발전의 여지가 충분하며**, 잘 만들어지고 창조적인, 더 다양한, 더 여성의 판타지에 맞춰진, 그리고 더 페미니즘 인식에서 우러난 포르노그래피가 나올 여지도 충분하다. 이는 더 많은 여성들과 더 많은 페미니스트들이 성적으로 노골적인 미디어 산업에 관계할 때에만 생길 수 있을 것이다. 페미니즘 정치는 포르노그래피와 관련해 이러한 일이 더욱더 쉽게, 어렵지 않게 일어날 수 있도록 해야 한다.

　내가 위에서 언급했듯이, 성 산업에서 일하는 여성들은 학대, 폭력, 착취에 더 취약하다. 다른 이들은 쉽게 이용할 수 있는 많은 보호 장치로부터 거부당하기 때문이다. 페미니즘 정치는 성 산업과 관련해 매춘과 포르노그래피의 즉각적인 비범죄화, 법률에 의한 성 노동자들의 동등한 보호, 그리고 그 산업의 종사자들에게 가해진 처벌적 낙인에 대한 종결을 요구해야 한다.

반포르노 정치의 대가와 위험

　포르노그래피에 초점을 맞추는 것은 실제 폭력을 하찮아 보이게 만들고, 그 폭력의 심각성을 무시하게 만든다. 강간당하고 공격당하고 얻어맞거나 학대당하는 경험은 극적이고 절망적이며 일상적 억압에서 오는 일반적인 모욕과는 질적으로 다르다. 폭력을 단지 속상하고 즐겁지 않고 짜증나고 불쾌하고 심지어 격분하게 만드는 경험과 혼동해서는 안 된다.

반포르노 운동은 여성에 대한 보다 근본적인 쟁점에서 관심을 딴 데로 돌리게 하고, 여성운동의 힘을 소모시킨다. 포르노는 임금 차별, 직업 차별, 성적 폭력과 학대, 동등하지 않은 양육과 가사 부담, 힘들게 얻은 페미니즘의 성과에 대한 우익의 침해 증가, 그리고 노동, 사랑, 개인적 서비스, 여성의 재산권에 대한 몇백 년간 변하지 않은 남성 특권 같은 다루기 힘든 문제보다 더 섹시한 주제이다. 그러나 안타깝게도 반포르노 캠페인은 오도되었으며, 효과가 없다. 그들은 자신들이 전달하려고 주장하는 문제를 해결할 수 없다.

반포르노 정치가 더 중요한 관심으로부터의 사소한 주의 전환에 불과하다면, 그들에게 그렇게 많은 비판적 관심을 쏟을 필요가 없다. 그러나 불행하게도 그렇지 않다. 이러한 캠페인 때문에 완전히 새로운 계급의 희생자들이 진짜 비용을 치러야 한다. 포르노그래피를 희생양으로 삼는 것은 새로운 문제, 새로운 형태의 법적이고 사회적인 학대, 그리고 새로운 방식의 박해를 낳을 것이다. 책임감 있고 진보적인 정치적 운동은 마녀사냥으로 귀결될 전략을 좇아서는 안 된다.

반포르노 정치는 무고하지만 멸시당하는 행위들, 미디어, 그리고 개인들을 그들의 책임이 아닌 문제들에 대한 희생양으로 삼는다. 반포르노 정치는 포르노그래피, 매춘, 변태(도착)에 대한 낙인과 법적 처벌의 증가라는 결과를 내도록 고안되었다. 그러나 이들은 추상적인 관념이나 괴물이 아니다. 성적으로 노골적인 매체에 대한 범죄화가 늘어나고 성적 다양성에 대한 낙인이 증가한 결과가 바로 현실이다. 인기 없는 욕망을 표현하고 사회 통념에 어긋나는 이미지를 창조하거나 평판이 나쁜 직업에 종사한다는 것 외에는 아무것도 잘못한 것이 없는 여성과 남성에 대한 경찰의 권력 남용과 행정적 학대라는 현실 말이다.

무고한 공동체나 개인들에 대해 경찰, 대중적 증오, 행정적 개입을 불러들이는 것은 끔찍한 일이다. 페미니즘이 무고한 남녀들로부터 그들의 자유, 생계, 마음의 평화를 빼앗는 정책, 태도, 법 들을 설립하는 데 공모하는 것은 부끄러운 일이다. 다른 사람들과 마찬가지로, 페미니스트들은 이상하거나 무섭게 보인다고 해서 그것이 위험하거나 공공 안전에 해를 끼치는 것은 아니라는 사실을 기억해야 할 의무가 있다.

반포르노 페미니스트들은 우익과 그들의 반동적인 정책에 놀아나고 있다. 직접적인 음모는 없을지 몰라도, 분명히 의도와 목적의 융합이 있다. 적어도 반포르노 페미니스트들은 그들이 작동시키고 있는 정치적 맥락에 대해 순진한 것처럼 보인다. 우익은 반포르노 페미니즘의 수사학, 개념, 언어를 차용했으며, 그 언어에서 이미 주변적이었던 진보적 내용은 손쉽게 걷어낼 수 있었다.

여성운동은 지금 현재 포르노그래피에 대한 입법 프로그램을 제정할 정치적 능력을 결여하고 있다. 우파는 그러한 한계로 고생하지 않는다. 현재 우파는 미국의 정치 구조에서 지난 몇십 년보다 더 강고하다. 그들은 어마어마한 주 행정 권력을 행사하고, 정부 입법 행위의 모든 단계에 엄청난 영향력을 미친다. 우리는 몇 년 안에 포르노그래피에 대한 보수적인 입법 물결이 지방, 주, 그리고 연방 단계를 통과할 것이라고 예상할 수 있다. 이 법은 드워킨-매키넌 조례에 따라 느슨하게 만들어졌지만, 전통적인 외설 표준과 결합되어 보편화될 가능성이 매우 높다.[46] 게다가 우리가 지금까지 보아온 모든 것은 미즈 위원회의 포르노그래피 보고서에서 이미 한 번 예상했던 입법 사태의 전주곡이다.[47]

엄청난 위험의 시대이다. 우리는 섹슈얼리티에 대한 사회적 태도와 법적 규제가 거대한 변화를 경험하는 시기에 놓여 있다. 이 시기에 만들어진 법, 정책, 그리고 믿음은 페미니즘, 여성, 성 노동자들, 레즈비언, 게이 남성, 그리고 다른 성 소수자들을 몇십 년간 괴롭힐 것이다.

페미니즘과 성 정치

페미니즘 운동이 다가올 성적 폭풍에 이미 먹이를 주었다는 것은 비극적이다. 반포르노 이데올로기는 자신들의 모든 입장 표명을 통해 성 정치에서 진보적 목소리로서의 여성운동을 훼손했다. 우익의 잠식에 대항하는 페미니스트들의 대응은 너무 자주 무력화되었다. 여성운동이 성적 자유에 대한 더 이상의 침식을 반대한다는 움직임을 만드는 것이 중요하다.

페미니즘은 포르노와 싸우는 대신 검열에 반대하고, 매춘의 비범죄화를 지지하고, 모든 외설법의 폐지를 요청하고, 성 노동자들의 권리와 성 산업에서 관리직에 있는 여성들, 성적으로 노골적인 매체의 가능성, 젊은이들에 대한 성교육을 지지하고, 성적 소수자의 권리와 성적 다양성의 정당성에 동의해야 한다. 그런 방향이 과거의 실수를 바로잡기 시작할 것이다. 이는 페미니즘이 성 정책 문제에 있어 리더십과 신뢰성을 회복하게 해줄 것이다. 그리고 이를 통해 페미니즘은 섹슈얼리티 영역에서 진보적이고 통찰력 있는 힘을 되찾게 될 것이다.

12장

성적 거래

주디스 버틀러의 게일 루빈 인터뷰

12장은 원래 《차이(difference)》 6, no. 2~3, 1994, pp. 62~99에 발표되었다.

주디스 버틀러(이하 버틀러)　　사람들은 당신이 페미니즘 이론, 레즈비언과 게이 연구방법론을 세웠다고들 말하는데요. 저도 그런 이유로 이 인터뷰를 하고 싶었고요. 당신이 어떻게 「여성 거래」에서 「성을 사유하기」로 입장을 바꿨는지를 이해한다면, 페미니즘 이론과 레즈비언, 게이 연구 사이의 관계를 이해하는 흥미로운 방법이 될 것이라고 생각합니다. 그런데 당신이 어떤 작업을 하고 있는지 듣는 것 또한 흥미로울 겁니다. 그래서 저는 당신의 초기작인 「여성 거래」에서부터 시작하고 싶어요. 「여성 거래」를 쓴 맥락에 관해 좀 더 상세히 듣고, 그와 더불어 당신이 「여성 거래」에서 정교화했던 입장과 거리를 두기 시작한 것은 언제부터인지 묻고 싶습니다.

게일 루빈(이하 루빈)　　글쎄요, 저는 페미니즘 사유와 레즈비언 게이 연구가 이들 논문과 맺는 관계에 대해서 조금 다른 의미를 갖고 있다고 생각합니다. 각각의 논문은 그 당시에 발전하고 있던 연구 영역에서 진행된 과정의 일부였습니다. 「여성 거래」는 1960년대 후반, 초창기 제2의 물결이 여성 억압을 생각하고 설명하는 방식에 기원을 두고 있습니다. 많은 사람이 여기에 기대서 여성 억압을 어떻게 생각하고 설명해야 하는지를 이해하려고 노력했지요. 그 당시에 팽배했던 정치적 맥락은 신좌파, 특히 반전운동과 군사화된 미 제국주의에 대한 반대였습니다. 진보적 지식인들 사이에서 지배적인 패러다임은 이런저런 형태의 마르크스주의였지요. 초기 제2의 물결 페미니스트들 중 다수는 신좌파 출신이었고, 일종의 마르크스주의자였습니다. 저는 신좌파와 마르크스주의 체제 사이의 친밀하지만 갈등하는 관계를 이해하지 않고서는 초기 제2의 물결 페미니즘을 완벽하게 이해할 수 없을 것이라고 생각합니다. 페미니즘 안에는 거대한 마르크스주의의 유산이 있고, 페미니즘 사유는 마르크스주의에 많이 빚지고 있습니다. 어떤 면에서 보자면, 마르크스주의는 사람들이 마르크스주의가 만족스럽게 대답할 수 없었던 질문들을 제기할 수 있도록 해주었습니다.

아무리 변형되어도 마르크스주의가 젠더 차이와 여성 억압이라는 문제를 완전히 파악하기란 불가능해 보였습니다. 많은 사람은 지배적인 프레임이 작동하게 하려고, 아니면 왜 작동하지 않는지를 이해하려고 지배적인 프레임과 더불어 혹은 그 프레임 안에서 싸우고 있었습니다. 그때까지 오로지 마르크스주의 패러다임 안에서만 움직여왔던 많은 사람은 마침내 마르크스주의 패러다임이 유용하기는 하지만, 젠더와 섹스에 관해서는 한계가 있다는 결론을 내렸습니다. 저도 그중 한 명이었죠.

다른 종류의 마르크스주의적 접근도 있었다는 점을 덧붙여야겠네요. '여성 문제'에 대해서, 특히 환원주의적인 공식과 여성해방을 위한 꽤 단순한 전략이 있었습니다. '붉은 별 자매들Red Star Sisters'이라고 불리던 앤 아버의 한 그룹이 기억납니다. 그들은 여성해방이 여성 집단을 제국주의와 싸우도록 동원하는 것이라고 생각했습니다. 그들의 접근에는 특별히 젠더 억압이라고 부를 만한 여지가 없었어요. 젠더 억압은 계급 억압의 촉매제일 뿐이었으니까요. 노동자 혁명 이후에는 사라질 것으로 여겨졌죠.

많은 사람이 엥겔스의『가족, 사유재산, 그리고 국가의 기원』을 가지고 작업했습니다. 엥겔스는 마르크스류 정전의 일부였고, 그는 여성에 대해 **정말** 말했으니까요. 그래서 그의 작업은 특별한 지위를 인정받았습니다. 이른바 초기 가모장제에 대한 표면상의 전복과 여성 억압의 원천인 사유재산의 발명에 대한 수십 개의 작은 도식이 있었습니다. 지금 돌이켜 보면 이런 글 중 상당수는 이상해 보입니다. 그러나 당시에는 매우 진지하게 다루어졌어요. 저는 기원적 가모장제의 유무나, 가모장제의 종말이 계급 차이와 여성 억압을 설명할 수 있는지 여부에 관한 논쟁의 강도를 거기에 없었던 사람들이 상상이나 할 수 있을지 의문이에요.

당시 최고의 마르크스주의적 작업조차 마르크스주의의 주요 관심사에 더 가까운 계급, 노동, 생산관계와 같은 이슈들에 초점을 맞추는 경향이 있었어요. 심지어 재생산의 사회적 관계에 관한 가장 창조적인 사유조차 그와 마찬가지였습니다. 예를 들어, 가사 노동을 둘러싸고 매우 놀랍고 흥미로운 문헌이 나왔습니다. 노동의 성별 분업, 노동시장에서 여성의 자리, 노동의 재생산에서 여성의 역할에 관한 훌륭한 작업이었지요. 이런 문헌 중 몇몇은 매우 흥미롭고 유용했지만, 페미니스트들이 관심을 갖는 젠더 차이, 젠더 억압, 섹슈얼리티와 같은 핵심 이슈들을 다룰 수는 없었습니다. 그래서 페미니즘을 정치적 맥락과 지배적인 관심사로부터 구분하려는 노력이 있었습니다. 많은 사람이 여성 억압 문제를 해결할 지렛대를 찾고 있었고, 이 문제를 다른 각도로 볼 수 있는 도구를 찾고 있었지요. 「여성 서래」는 그러한 노력의 일환이며, 일련의 문제들에 대한 고안책이었습니다. 이외에도 유사한 이슈를 다루는 다른 논문들이 많습니다. 그중 제가 좋아하는 것은 하이디 하트만Heidi Hartmann 의 「마르크스주의와 페미니즘의 불행한 결혼」입니다.

「거래」를 쓰도록 만든 직접적인 요인은 1970년 미시간 대학에서 개설된 마셜 살린스 교수의 부족 경제학 수업이었습니다. 그 수업이 제 인생을 바꿨지요. 저는 이미 페미니즘에 관계하고 있었지만, 이 수업은 제 첫 번째 인류학 체험이었습니다. 저는 완전히 빠져들었어요. 인류학적 문헌의 기술적 풍부함뿐 아니라 살린스의 이론적인 접근에 완전히 매료되었지요. 저는 친구 두 명과 부족사회에서의 여성의 지위에 대한 기말 보고서를 작성했습니다. 살린스는 제게 레비스트로스의 『친족의 기본구조』를 읽어보라고 제안했습니다. 그 당시 유행어를 쓰자면, "그건 너무 짜릿했어요." 프랑스 구조주의에 관한 다른 글들도 그랬지요. 『친족의 기본 구조』를 읽고 있을 무렵, 저는 《뉴레프트 리뷰》에 실린 프로이트와 라캉에 관한 알튀세르의 논문을 읽었습니다. 이런 접근들이 관계가 있었다는, 그야말로 계시의 순간이었어요.[1] 그러고 나서 '여성성'에 관한 전통적인 정신분석학 논문들 대부분을 읽었습니다. 이 모든 것이 합류되는 지점에서 「여성 거래」가 나왔어요. 이 모든 관계는 저를 매우 흥분시켰고, 저는 그것을 살린스의 수업에 제출할 기말 보고서로 통합하고 싶었습니다. 공동 저자 중 한 명은 이러한 급진적인 내용을 보고서의 본문에 포함시키는 것을 주저했어요. 그래서 저는 「거래」의 초고를 보고서의 부록으로 작성했습니다. 그런 다음에 이에 관해서 계속 읽고 생각했지요.

그때, 미시간 대학은 우등생 프로그램을 통해 학생들이 독립 전공을 요구할 수 있도록 해주었습니다. 저는 그 프로그램 덕택에 1969년에 여성학 전공을 만들었습니다. 그때 미시간에는 여성학이 없었어요. 그래서 저는 그곳에서 첫 번째 여성학 전공자가 되었습니다. 독립 전공은 졸업논문senior honors thesis(학사를 받기 위한 장기 독립 연구 프로젝트. 석사 학위논문처럼 길거나 새로울 필요는 없고, 교수의 지도 아래 학술적인 논문작성법을 배우는 것을 목적으로 한다 - 옮긴이)을 요구했습니다. 그래서 저는 절반은 레즈비언 문학과 역사를, 절반은 정신분석학과 친족을 분석했습니다. 1972년 졸업논문을 끝내고, 레이나 랩(당시 레이나 R. 라이터)이 『여성주의 인류학을 위하여』에 실릴 최종판을 뽑을 때까지 「거래」의 수정 작업을 계속했어요. 끝에서 두 번째 판본이 1974년 잘 알려져 있지 않은 앤 아버 저널 《전파Dissemination》에 수록되었습니다.

요즘 사람들은 당시에는 영어로 구할 수 있는 프랑스 구조주의자와 포스트구조주의자의 글이 극히 적었다는 점을 잊고 있을 것입니다. 1970년 무렵 레비스트로스, 알튀세르, 푸코는 번역이 잘 되어 있던 반면, 라캉은 쉽게 구할 수가 없었습니다. 알튀세르의 논문을 제외하면, 라캉에 관한 영어 문헌은 앤소니 윌든Anthony Wilden의 『자아의 언어The Language of the Self』와 모드 마노니Maud Mannoni의 책과 같은 몇 권이 대신하곤 했습니다.[2] 데리다의 논문을 한두 편 정도 본 기억이 나기도 하네요. 리오타르, 크리스테바, 이리가레, 부르디외 등과 마찬가지로 데리다 역시 프랑스어에 능숙한 사람들에게만 국한되어 있었습니다. 이런 종류의 사유는 미국에서는 비교적 알려지지 않은 상태였지요. 제가 마침내 출판본 「거래」를 썼을 때, 제 친구 한 명이 편집을 해주었습니다. 그녀는 10명 정도가 이 논문을 읽을 것이라고 생각했죠. 저는 대략 200명 정도라고 생각했어요. 우리는 대략 50명 선에서 동의했던 걸로 기억이 나네요.

버틀러　당신은 어떻게든 마르크스주의 페미니즘에 개입하여 페미니즘을 마르크스주의에 부차적인 운동이 아닌 다른 것으로 만들기를 원했다고 말하고 있습니다. 이에 대해 좀 자세히 설명해주세요.

루빈　저는 사람들이 마르크스주의를 여성 억압에 접근하는 이론으로서 특권화한다면 많은 것을 놓치게 될 것이라고 생각했습니다. 실제로도 그랬고요. 저는 「거래」를 네오 마르크스주의이자 원조 포스트모더니즘 운동으로 생각했습니다. 「거래」는 보편적인 진보적 지성의 사유와 특수한 페미니즘 사유 양자 모두에서 지배적인 패러다임의 이행기가 절정에 이를 무렵에 쓰여졌습니다. 그러나 근본적인 문제는 마르크스주의가 섹스와 젠더에 취약했고, 페미니즘을 위한 이론적 체제로서는 근본적인 한계가 있다는 것이었습니다. 레즈비어니즘을 위한 이론적 토대를 찾아야 한다는 전체적인 문제도 있었죠.

버틀러　제 생각엔 당신이 「여성 거래」에서 섹슈얼리티와 젠더에 관해 말한 것들 중 많은 부분이 레비스트로스로부터 가져온 친족에 대한 이해에 기반을 둔 것으로 보입니다. 친족 관계는 강제적 이성애의 일종이라는 것을 보여주는 한, 당신 또한 젠더 정체성은 어떤 면에서 친족 관계로부터 나온 것이라고 말하는 것인데요. 그렇다면 누군가 친족을 전복하는 것이 가능하다면, 젠더(젠더 정체성이 더 정확한 표현이겠지만)

를 넘어서는 것이 가능할 것이라고 추측할 수 있죠.

루빈　　맞아요. 문화적 잔여 흔적과 상징적 구현, 그런 체계의 다른 측면들 모두, 그리고 사람들 사이에서 구조와 범주의 기입과 설치까지 전복이 가능다면요.

버틀러　　대단한 이상주의적 통찰이었네요.

루빈　　우리는 그때 모두 꽤나 이상주의자였어요. 대략 1969년에서 1974년 사이였는데, 저는 젊었고 사회 변화에 대해 긍정적이었죠. 그때는 유토피아가 바로 목전이라는 것이 일반적인 예상이었어요. 지금은 매우 다르게 느끼지만요. 우리 시대는 오히려 파시즘이 지적인 것 같아 걱정스럽기도 합니다. 그때 낙관주의자였던 만큼이나 지금은 비관적인 거죠.

버틀러　　그렇네요. 그렇다면 당신이 그 특정한 비전으로부터 거리를 둔 것에 대해 말해주시겠습니까? 그리고 「성을 사유하기」를 쓰도록 촉진한 것은 무엇인가요?

루빈　　「성을 사유하기」를 쓰게 된 데는 다른 문제 의식이 있었습니다. 이론적으로 가장 기본적인 차이는 페미니즘이 성적 관습, 특히 다양한 성행위를 부적절하게 다루고 있다는 점이었습니다. 그리고 실천적으로는 정치적 상황이 변했다는 점입니다. 「성을 사유하기」는 미국 정치에서 뉴라이트가 부상하기 시작하면서, 낙인찍힌 성적 관습이 많은 억압적 관심을 받았던 1970년대 후반에 나왔습니다. 1977년은 아니타 브라이언트의 해이자, 데이드 카운티에서 동성애자 인권조례 폐지 캠페인이 벌어진 해였죠. 안타깝게도 그런 캠페인은 이제 동성애자 정치에서 일반적인 것이 되었습니다. 하지만 그때 그 싸움에서 등장한 극심한 편견과 호모포비아는 충격적이었어요. 이 시기에 리처드 비게리Richard Viguerie는 광고우편을 이용한 기금 모금 작전으로 급진적인 우익 정치조직의 새로운 시대를 쓰고 있었습니다. 1980년쯤에는 레이건이 백악관에 있었죠(레이건은 1981년 1월부터 1989년 1월까지 재직했다 - 옮긴이). 이런 일들은 동성애의 지위, 안전, 법적 지위, 성 노동, 성적으로 노골적인 매체, 그리고 많은 다른 형태의 성적 관행에 변화를 초래했습니다.

「성을 사유하기」는 「거래」의 관심사와 동일선상에 있거나 그곳에서 직접적으로 출발한 것으로 생각되지 않았습니다. 저는 뭔가 다른 것을 하려고 시도했고, 그것이 제 이전 주장formulation에 영향을 미친 거죠. 그러나 저는 「성을 사유하기」의 마지막 몇 페이지가 「거래」에 대한 심각한 거부 혹은 반전으로 과잉 해석되었다고 생각합니다. 저는 「거래」를 좀 수정함으로써 또 다른 이슈들을 다룰 수 있는 하나의 방법으로 삼았지요. 「거래」에서 벗어나려고 한 것이 아니었습니다. 성적 차이와 성적 다양성이라는 이슈를 다루려고 한 것뿐이었지요. 저는 당신의 논문 「적절한 대상들을 거슬러Against Proper Objects」를 읽고 난 뒤, 당신이 저와는 매우 다른 방식으로 '성적 차이sexual difference'를 사용한다는 점을 깨달았습니다. 제가 그 용어를 성적 실천의 다양성이라는 의미로 사용하고 있다면, 당신은 젠더와 관련해서 사용하는 것 같아요.

버틀러　　제가 '성적 차이'를 쓸 때 당신이 「여성 거래」에서 '젠더'를 쓰던 방식으로 쓰고 있단 말인가요?

루빈　　음, 그건 나도 잘 모르겠네요. 그 점에 관해서는 분명하지 않기 때문에, 당신이 '성적 차이'를 어떻게 사용하는지 알려주면 좋겠어요.

버틀러　　제 생각에 '성적 차이'의 체계와 더불어 작업하는 사람들은 대부분 남성적인 것과 여성적인 것이라는 일종의 상징적 지위를 믿는 것 같습니다. 아니면 남성적인, 여성적인이라는 말에 따라 이해되는 성적 차이에는 뭔가 변하지 않는 것이 있다고 믿거나요. 동시에 그들은 정신분석이나 상징계 이론을 사용하는 경향이 있죠. 저는 당신이 「여성 거래」에서 젠더라는 용어를 사용하면서 라캉과 레비스트로스에서 나온 같은 종류의 문제를 안고 따라간다는 점이 항상 흥미로웠습니다. 그러나 당신은 실제로 성적 차이를 주장하는 페미니스트들과는 매우 다른 방향으로 나아가죠. 그들은 이제 대부분 정신분석의 영역 안에서만 활동하고 있습니다. 그러나 당신은 미국 사회학 담론에서 나온 용어를 사용하여, 실제로는 젠더를 덜 고정된 것으로 만들었어요. 저는 라캉주의자 체계 안에서는 거의 불가능했던 일종의 이동성을 젠더에 관해 상상해냈다는 점이 흥미롭다고 생각했어요. 그래서 저는 당신이 생산한 성적 지위들 간의 아말감화amalgamation를 매우 감사히 여깁니다. 이것이 제가 『젠더 트러블』에서 젠더를 다루게 된 이유 중 하나이기도 했고요.

루빈   그러니까 저는 라캉주의의 덫에 갇히고 싶지 않았어요. 제가 보기에 라캉의 작업은 덫을 피하거나 조작하도록 숙련된 사람들도 매우 피하기 힘들 만큼 깊은 틈을 만드는 위험한 경향이 있었습니다. 저는 특정 체계의 요구에 갇히지 않는 방법을 찾고 싶었습니다. 라캉주의 정신분석은 지렛대를 제공하면서 새로운 도전을 설정했습니다. 젠더와 욕망의 구조를 다루는 데는 매우 유용했지만 대가가 따랐지요. 저는 라캉의 전체화 경향과 상징계의 비사회적 자질들이 염려됐습니다.

버틀러   그렇습니다. 이게 실제로 흥미로운 문제입니다. 제 생각에, 가령 1970년대 영국 페미니즘에서는 친족 구조를 재형상화하고 변화시킬 수 있다면, 섹슈얼리티와 정신 또한 재형상화할 수 있을 것이라고 생각했습니다. 친족 구조의 사회적 변형으로부터 정신적인 변화가 곧장 뒤따를 수 있을 것이라는 믿음이 있었지요. 그러나 친족 구조가 변화했음에도 사람들의 정신이 여전히 예전과 다름없이 그대로임을 발견했을 때, 라캉주의자의 입장이 대단히 유행하게 되었다고 생각합니다. 사회적, 친족 관계의 변형을 통해 우리가 바꿀 수 있는 것보다 훨씬 더 끈질긴 것처럼 보이는 섹슈얼리티의 제약을 기술하는 방법이 문제입니다. 아마도 완고하고, 아마도 보다 더 끈질긴 것이 있을 수 있다는 거죠….

루빈   이 지점에서 사회적 관계와 친족 관계가 실제로 얼마나 변화했는지, 그런 변화를 형성하는 데 필요한 변화의 크기와 시간의 폭은 얼마인지, 우리 정신의 대부분이 일단 형성되고 나면 오래 지속되고 신속한 재교육에 저항한다는 사실과 같은 문제는 한편으로 접어두더라도, **완고하다**는 것은 무엇인가요? 정신분석학의 훌륭한 점은 변화와 완고함 모두를 설명한다는 것인데요. 그러나 정신분석학에는 상징계라고 불리는 것의 특수한 완고함에 관해 제가 이해할 수 없는 부분이 있는 듯합니다. 뇌 구조의 본성 자체와 뇌가 언어를 창조하는 방식에 무엇인가 있다는 것인가요?

버틀러 저는 언어의 구조, 성적 구분을 통한 말하는 주체의 출현, 그리고 결과적으로 언어가 이해 가능성intelligibility을 창조하는 방식이라고 말하고 싶습니다.

루빈 … 그건 일견 남성적인 것과 여성적인 것이 필요하다는 의미가 되는데요.

버틀러 이미 라캉을 읽어서 알고 있겠지만, 성적 차이를 언어 그 자체와 동연적인coextensive 것으로 이해하는 경향이 있습니다. 최초로 발화자가 언어 안에 설치된다고들 하는 모성적 세계로부터의 분리뿐 아니라, 한걸음 더 나아가 친족 안에 자리한 발화자들 가운데서 이루어지는 구별 짓기 없이 발화자가 언어 안에 자리할 가능성, 즉 발화의 가능성은 없습니다. 이때 친족은 근친상간 금기를 포함하지요. 상징적 위치로서의 어머니-아버지의 배치 안에서 이루어지는 한, 그렇습니다.

루빈 언어 그 자체 혹은 언어 획득 능력이 원초적 구별 짓기로서 성적 구분을 요구한다는 것은 뭔가 문제적입니다. 저는 인간이 양성적이거나 혹은 무성적으로 생식된다고 하더라도, 우리는 여전히 말할 수 있을 것이라고 생각합니다. 즉, 사회적 삶에 선행하는 특정한 상징적 관계가 문제라는 거죠. 제가 라캉에게 제기하는 문제 중 하나는 그의 체계가 상징계의 사회적 구조에 대한 충분한 자유 재량을 허용하지 않는 것처럼 보인다는 점입니다.

버틀러   맞아요. 저도 이 부분에서는 당신에게 동의합니다. 하지만 바로 그런 이유로 인해 사회적인 것이 대단한 이름을 갖지 못하고, 라캉주의적 영역에서 작업하는 많은 사람에게 거의 관심을 끌지 못하지요. 제가 항상 「여성 거래」에 대해 대단하다고 생각하는 것은 「여성 거래」가 실제로 사회적 구조와의 관계에서 정신 구조를 이해할 수 있는 방법을 제공한다는 것입니다.

루빈   그게 제가 하고 싶었던 것입니다. 저는 어떤 방식으로든 사회적으로 접근할 수 없는 상징적인 것에 얽혀들기 싫었어요. 사람들은 뭔가가 사회적이라고 하면, 그것은 또한 잘 깨지고 쉽게 변할 수 있는 것이라고 생각합니다. 예를 들어, 어떤 우익 반동성애 문헌들은 동성애가 사회적으로 구성된 이후로, 사람들은 쉽게 그들의 성적 지향을 바꿀 수 있다고 (그리고 바꿔야 한다고) 주장합니다. 당신이 앞서 지적한 것처럼, 어떤 것들의 지속성으로 인해 좌절한 사람들은 그런 것들이 사회적으로 생겨났을 리 없다고 생각하기에 이르고요. 그러나 우리가 말하고 있는 그런 형태의 사회 변화는 오랜 시간이 걸리는 반면, 그런 변화를 가져오기 위해 우리가 착수해왔던 시간적 프레임은 믿기 힘들 정도로 짧습니다.

게다가 개인의 정신에 미치는 친족 배치의 각인은 매우 지속적입니다. 우리가 성적, 젠더적 프로그래밍을 습득하는 것은 토착적인 문화 체계나 언어를 배우는 것과 비슷합니다. 새로운 언어를 배우거나 그것을 모국어처럼 편안하게 사용하는 것은 훨씬 어렵지요. 캐럴 밴스가 주장하듯, 이 같은 모델은 젠더와 성적 선호를 사고하는 데 유용합니다.[3] 언어를 학습하는 경우와 마찬가지로 어떤 사람들은 다른 사람들보다 젠더와 성애 측면에서 유연성을 보여줍니다. 어떤 사람은 제2의 성적 혹은 젠더적 언어를 획득하지요. 심지어 극소수는 처음 입장보다 더욱 유연하고 능통합니다. 그러나 대다수 사람들은 그다지 변하지 않는 모어母語와 주요한 성, 혹은 젠더의 안락한 지대comfort zone를 가지고 있습니다. 다른 언어를 획득하는 것이 어렵다고 하여 언어가 사회적인 것이 아니라는 의미가 아니듯, 이런 것들이 사회적인 것이 아니라는 의미는 아닙니다. 사회적인 현상은 놀라울 정도로 완고합니다. 그럼에도 불구하고, 저는「거래」에서 젠더와 섹슈얼리티를 사회적인 체제에 집어넣기를 원했습니다. 완전히 라캉주의적 상징계 방향으로 나가서 마치 화강암에 새긴 것 같은 젠더 차이의 원초적 범주에 갇히고 싶지 않았기 때문입니다.

버틀러　　그렇다면, 당신이「성을 사유하기」쪽으로 방향을 바꾸게 된 이론적이고 정치적인 환경에 대해 이야기해볼까요.

루빈　　「성을 사유하기」는 레비스트로스와 라캉에서 쉽게 발견할 수 있는 이항 대립과 같은 언어의 이분법적 측면에 초점을 맞춘 초기 구조주의자들로부터 멀어져서 후기구조주의 혹은 포스트모더니즘의 담론적 모델로 나아가려는 움직임의 일환이었습니다. 누군가 진짜로 진지하게 사회적 삶이 언어처럼 구성된다고 주장하려면, 언어가 어떻게 구조화되는지에 대한 복잡한 모델이 필요합니다. 저는 이분법적 모델이 젠더에서 더 잘 작동하는 것 같다고 생각합니다. 왜냐하면 우리는 일반적으로 젠더를 이분법으로 상정하여 이해하기 때문입니다. 심지어 젠더 차이의 연속체마저 원초적 이항 대립에 의해 종종 구조화되는 것처럼 보입니다. 그러나 이성애라는 가정에서, 혹은 단순한 이성애-동성애 대립에서 벗어나자마자, 성행위에서의 차이는 이분법적 모델로는 파악하기 힘들어집니다. 심지어 연속체 개념마저 성적 변이를 설명해주는 좋은 모델은 아닙니다. 이제 성적 변이를 설명하려면 낯선 위상학과 복잡한 형태를 다룰 수 있는 수학적인 모델이 필요합니다. 성적 변이는 핵심적인 몇 가지뿐 아니라 많은 차이들의 체계이기 때문에 이분법적이지 않은 모델이 필요한 거죠.

우리는 앞서 「성을 사유하기」와 매키넌의 작업 사이의 표면적인 관계에 대해서 이야기했습니다. 돌이켜 보건대, 많은 사람들은 「성을 사유하기」가 포르노에 반대하는 매키넌의 작업에 대한 반박이라고 해석했습니다.

버틀러　　제게도 분명 책임이 있습니다….

루빈　　초기 반포르노그래피 페미니즘 운동은 하나의 이슈였지만, 「성을 사유하기」는 매키넌이 반포르노 운동을 통해 부각되기 이전에 대부분의 작업이 이루어졌습니다. 많은 사람들은 매키넌을 반포르노 페미니즘 운동의 대표 주자로 여겼습니다. 하지만 사실상 그녀는 비교적 후발 주자였죠. 처음 매키넌은 1983년 말 미니애폴리스에서, 그리고 결과적으로 인디애나폴리스에서 소위 '시민권' 반포르노 조례 단계를 지나, 1984년 포르노 전쟁의 중요한 행위자로서 유명해졌습니다. 그녀의 명성으로 인해 반포르노 페미니즘 운동의 초기 역사가 가려지는 경향이 있습니다. 그 점은 『밤을 되찾자』 선집에 잘 드러나 있습니다. 저는 매키넌을 《기호들 signs》에 실린 두 편의 논문을 통해 알고 있었습니다. 첫 번째 논문은 1982년에 출판되었지만, 저는 더 초기본을 보았지요. 그때 저는 이미 「성을 사유하기」에 착수해 있었습니다. 그러나 적어도 이론적인 단계에서 매키넌이 향하는 곳을 볼 수 있었고, 저는 그와는 다른 방향으로 가고 있었습니다. 그녀는 페미니즘을 섹슈얼리티를 분석하는 특권적 장소로 만들고, 성 정치를 특정한 형태의 페미니즘에 종속시키고 싶어 했습니다. 삶이라는 거대한 체스판 위에서, 저는 이 특정한 수를 막고 싶었습니다. 그러나 그것이 이 논문을 추동한 힘은 아니었습니다. 제가 「성을 사유하기」를 생산하는 데 어느 정도 토대가 되었던 사회적, 정치적 흐름은 무엇보다 반포르노 페미니즘 운동, 매키넌의 접근, 동성애와 다른 다양한 성행위에 대한 우익의 집중적 관심이었다고 생각합니다.

버틀러　매키넌의 「마르크스주의, 페미니즘, 방법과 국가 Marxism, Feminism, Method and the State」를 언급하고 있군요.[4]

루빈　　그렇습니다. 「성을 사유하기」는 그 뿌리를 1977~1978년에 두고 있어요. 저는 1979년에 「성을 사유하기」의 강의본을 시작했습니다. 그 강의들 중 하나인 뉴욕 인문학연구소에서 개최된 제2의 성 회의에 당신도 참여했던 것으로 기억하는데요.

버틀러　　맞습니다. 제가 미셸 푸코의 『성의 역사』를 처음 본 날이었죠.

루빈　　제가 그걸 소개하고 있었나요?

버틀러　　맞아요. 당신이 제게 소개해줬죠.

루빈　　저는 정말, 완전히 그 책에 빠져 있었어요.

버틀러　　맞아요. 당신이 나도 빠져들게 만들었죠. (웃음)

루빈　　「성을 사유하기」는 사실 제가 푸코를 만나기 이전에 시작되었습니다. 하지만 푸코의 작업은 논점을 분명히 해주었고, 영감을 주었지요. 하여튼, 이 논문을 집필하는 데 바탕이 된 자료들은 그보다 먼저 있었고 약간 달랐습니다. 무엇보다도 저는 전형적인 페미니스트들이 특정한 성행위들을 설명하는 방식에 점점 더 실망하기 시작했어요. 수많은 논쟁, 사건, 이슈 들은 저로 하여금 특권화된 정치적 운동 혹은 섹슈얼리티와 성적 차이에 관한 정치적 이론으로서 페미니즘의 지혜에 대해 질문하게 만들었습니다. 그중 하나가 트랜스섹슈얼리티에 대한 논쟁입니다. 1970년대 후반을 향해가면서 불티나게 활자화되기 이전부터, 저는 이 논쟁으로 인해 화가 났습니다. 너무나 생물학적인 결정론이었기 때문입니다. 그 논쟁이 마침내 올리비아 레코즈Olivia Records(1973년 설립된 여성 음악 회사로, 페미니즘 조직을 경제적으로 지원하기 위해 생겨났다 - 옮긴이)가 MTF Male to Female 트랜스섹슈얼인 샌디 스톤Sandy Stone(1974~1978년 올리비아 레코즈의 사운드 엔지니어로 근무했다 - 옮긴이)을 고용하는 문제를 둘러싸고 활자로 터져 나왔을 때, 레즈비언 신문에는 여성이 어떻게 태어나고, 만들어지지 않는지에 관련된 많은 기사들이 있었습니다.[5] 그리고 저는 너무…

루빈과 버틀러　　(한 목소리로) 고통스러웠죠.

루빈　　조금도 과장하지 않고, 고통스러웠습니다. 그런 다음에는 다른 이슈들이 튀어나왔지요. 1977~1978년에는 미시간에서 게이 남성의 공공장소 섹스를 반대하는 (낡은 용어를 사용하자면) 탄압이 진행되었습니다. 남성들이 갑작스럽게 공원이나 찻집에서의 섹스를 이유로 매우 폭력적인 방식으로 체포되었습니다. 미시간 캠퍼스에는 유니온 홀과 메이슨 홀 같은 오래된 파트너 물색 장소들이 몇 개 있었는데, 경찰들이 들이닥쳐서 사람들을 체포해 갔죠. 앤 아버와 디트로이트 사이에 있는 I-94라는 트럭 정류장에서도 많은 남자들이 체포당했습니다. 한 공원의 일제 단속에서는 디트로이트 공립학교 시스템의 공무원 한 명이 체포되어 결국 해고되었던 것으로 기억합니다. 그리고 이러한 이야기들이 페미니스트와 레즈비언 공동체에서 퍼지기 시작했습니다. 제가 들은 바로는 끔찍이 남성적이고 가부장적인 짓을 하는 그런 남자들이 있으며, 그들은 아마도 체포되어야 할 것이라는 의견이 가장 지배적이었어요. 이것은 제가 받아들일 수 있는 입장이 아니었습니다. 공원이나 자동차 안에서 섹스하는 이성애자를 체포하려고 돌아다니는 사람은 아무도 없습니다. 저는 합의된 동성애 섹스에 관련된 사람들을 체포하는 것을 지지하거나 정당화하는 데 혐오감을 느꼈습니다.

1970년대 후반 앤 아버에서 다시 한 번 성 노동과 매춘을 둘러싼 일련의 사태들이 발생했습니다. 캐럴 언스트Carol Ernst(1975년 인권당 후보로 앤 아버의 시장 선거에 출마하기도 했다 – 옮긴이)라는 매우 흥미로운 여성이 있었는데요. 우리는 오랜 시간 많은 것에 대해 서로 동의하지 않았습니다. 그녀는 가모장제 이론과 여성 억압에 대한 설명으로서의 가부장제의 반란, 여성 신을 숭배하던 사회에서는 여성이 정치적 힘을 가졌다는 설명에 깊이 빠져 있었습니다. 저는 그런 생각을 견딜 수 없었죠. 그러나 당신도 알다시피, 작은 공동체에서는 사람들이 서로 동의하지 않거나 매우 다른 관점을 가졌더라도 이야기를 나누는 경향이 있습니다. 우리가 바로 그런 경우였고, 친구가 되었지요. 캐럴은 공동체에서 매우 중요한 일들을 많이 했습니다. 한때 그녀는 지역의 마사지 업소에서 일했습니다. 그녀는 성 노동자들을 노조화하려고 애썼고, 1970년대 초반에는 업소 운영에 대항하는 노조 활동에 앞장섰습니다. 앤 아버 시내의 지저분한dirty 서점 앞에 있는 거리에는 피켓을 든 창녀들이 있었습니다. 그 인상적인 성 노동자들은 미시간 노동관계위원회에 부당한 노동 관행이라는 불만을 제기했어요.

그런 다음 캐럴은 마사지 업소를 떠나 버스 회사로 일하러 갔습니다. 그곳에서 그녀는 노동문제와 노조화에 깊게 개입했습니다. 앤 아버의 많은 레즈비언들은 마사지 업소나 버스 회사에서 일하곤 했어요. 우리는 그곳을 '다이크에게 전화하기dial-a-dike'라고 불렀죠. 1970년대 중반, 앤 아버의 레즈비언 공동체에서 주요한 세 고용주는 대학, 버스 회사, 마사지 업소였습니다. 꽤나 코믹하긴 하지만 어쨌거나 일은 그렇게 돌아갔어요.

그러자 많은 다이크들이 일하던 마사지 업소가 단속의 대상이 되었습니다. 체포당한 여성 중에 정말 멋지고 잘생긴 운동선수 부치가 있었는데요. 레즈비언 소프트볼 팀의 스타 레프트 필더였어요. 지역 레즈비언-페미니스트 공동체는 갑자기 많은 친구들과 영웅들이 매춘으로 체포되었다는 사실에 대처해야만 했습니다.

버틀러　　엄청난데요.

루빈　　남은 우리들 중 다수는 처음에는 충격적이라는 반응을 보였어요. 그들은 매춘을 해서는 안 되며, 매춘이 가부장제를 떠받친다는 식이었죠. 체포된 여성들과 그들의 지지자들은 매춘 교육 프로젝트PEP: Prostitution Education Project라고 불리는 조직을 만들었습니다. 그들은 우리들 나머지를 그야말로 교육시켰어요. 그들은 자신들이 했던 일이 다른 사람들이 생계를 위해 하는 일과 어떻게 얼마나 다른지 물었습니다. 자신들이 구할 수 있는 다른 일보다 그 일을 더 좋아한다고도 했죠. 또한 왜 더 장시간 동안 더 적은 돈을 받고 비서로 일하는 것이 더 페미니즘적인지 물었습니다. 상당수는 그들의 근무 환경을 좋아한다고 했어요. 단속된 업소는 고객을 기다리는 동안 운동할 수 있도록 웨이트룸까지 가지고 있었습니다. 그들은 우리에게 매춘을 도덕주의적인 이슈가 아니라 노동 이슈로 다루어야 한다고 요구했습니다. 그들은 마고 세인트 제임스Margo St. James(창녀들의 조합을 만든 성매매 비범죄화 운동가 – 옮긴이)를 데려와서 법적 변호 비용 마련을 위한 성대한 창녀 파티를 열었어요.

캐럴 언스트는 나중에(1980년 – 옮긴이) 자동차 사고로 비극적인 죽음을 맞이했습니다. 그러나 제게는 페미니즘과 노동 정치를 결합한 선지자로 깊은 인상을 남겼습니다. 그녀는 제가 매춘을 여성 억압의 공포에 대한 논쟁점으로 삼아서 수사적으로 사용한다고 문제를 제기했습니다. 저는 결혼한 여성을 매춘과 유사한 성적/경제적 배치에 두고 비교함으로써 사람들이 더욱 도덕적인 분노를 느끼도록 만들곤 했습니다. 캐럴은 제가 매춘의 낙인을 설득의 기술로 사용하고 있으며, 그렇게 함으로써 성 노동자 여성을 희생하고, 그런 낙인을 유지하고 강화한다고 주장했습니다. 그녀가 옳았습니다. 저는 마침내 낙인에서 나오는 수사적 효과를 깨달았습니다. 제가 얻은 수사적 이득이 성 노동자의 처벌을 합리화하는 태도를 강화하는 것을 정당화할 수는 없다고 결심했지요. 이러한 사건들은 권력과 성, 그리고 성 정치를 사유하는 방식에 대한 저의 선입견을 깨주었습니다.

저는 또한 여성과 동일시하는 여성이라는 레즈비언 모델의 논리가 작동해온 방식에 점점 더 경각심을 갖게 되었습니다. 레즈비어니즘을 성적인 내용에 관한 것이라기보다 전적으로 여성들 사이의 지지 관계로 정의함으로써, 여성과 동일시하는 여성이라는 식의 접근은 본질적으로

(유명한 용어를 사용하자면) 성적인 내용을 전부 소거합니다. 이는 레즈비언과 레즈비언이 아닌 사람 사이의 차이를 구분하기 어렵게 만듭니다. 이러한 경향은 지역 레즈비언 공동체에서는 흔히 볼 수 있는 생각이었습니다. 에이드리언 리치Adrienne Rich는 당시에 널리 퍼져 있던 특정한 접근방식을 약호화했습니다. 그때 사람들은 레즈비언과 밀접한 지지 관계에 있는 다른 여성들 사이를 구분하는 것을 원치 않았습니다. 그리고 저는 이것이 지적으로, 정치적으로 문제라고 생각합니다. 상상력을 마음껏 펼침으로써 레즈비언이 아닌 많은 것이 레즈비언의 범주로 통합되고 있습니다. 이러한 접근은 또한 레즈비언에게 있는 흥미롭고 특별한 부분을 제거하는 것이기도 합니다. 처음에 저는 여성과 동일시하는 여성이라는 생각에 믿을 수 없을 정도로 흥분했어요. 하지만 그런 생각의 한계를 느끼기 시작하고 있었습니다.

버틀러 그러면 당신은 여성의 우정 전체를 '레즈비언'이라고 부르는 것에 반대하나요?

루빈 부분적으로는 반대합니다. 레즈비언의 존재에 대한 일종의 이상적 기준으로 19세기적 낭만적 우정이라는 한정된 세계를 택함으로써, 그런 범주들을 특히 더욱 불명료하게 흐리는 것에 반대하는 것입니다. 그런 낭만적 우정은 성 역할을 엄격하게 분리하고 결혼 관계에만 묶여 있도록 만듭니다. 저는 레즈비언 역사기록학에서 발전하고 있는 거대 서사에 반대했습니다. 그런 역사기록학에 따르면, 그 세계를 침식하는 변화는 육체적 욕망에 대해 잘 알고 있는 추잡한 성과학자들이 도모한 것으로써, 은총으로부터의 추락이자, 에덴동산으로부터의 추방으로 해석됩니다. 그러나 저는 그런 변화를 전적으로 부정하는 것에 반대했습니다. 저는 여성에 대해 성적 욕망을 가진 적이 없는 여성들이 더 높은 지위를 얻는 반면, 성욕에 의해 촉발된 레즈비언, 혹은 부치-펨 역할에 몰입하는 레즈비언을 레즈비언 연속체에서 열등한 거주자로 취급하는 것을 좋아하지 않습니다. 이러한 서사와 편견은 낸시 살리Nancy Sahli의 「스매싱: 추락 이전의 여성 관계Smashing: Women's Relationthips before the Fall」라는 논문 제목으로 표현되었죠. 이것은 릴리언 패더먼Lillian Faderman의 『남자의 사랑을 능가하기Surpassing the Love of Men』에도 잘 드러났습니다. 캐럴 스미스로젠버그가 1975년에 쓴 원래 논문은 성적 위상으로서 레즈비언 범주들과 다른 유형의 여성적 친밀성 사이의 몇 가지 구분을 의도적으로 흐려놓았습니다. 그러나 그녀는 낭만적 우정을 레즈비어니즘을 판단하는 기준으로 삼는 것에는 반대했습니다.[6] 저는 레즈비언 역사에서 '실낙원' 서사의 가장 조잡한 축소판을 실라 제프리스의 작업에서 발견할 수 있다고 생각합니다.

버틀러　　그렇지만 연속체에 대한 리치의 언급은, 저는 당신이 그것을…

루빈　　리치의 작품은 역사적 작업에서 나타난 여러 가지 공통 요소와 가정을 공유하고 있습니다. 저는 이런 관계에 대한 역사적 연구에 반대하지 않았습니다. 그러나 역사적으로든 혹은 현대적인 맥락에서든 레즈비언 범주를 정의하는 과정에서 그 관계들에 특권을 주는 것과 다른 형태의 레즈비어니즘을 결핍된, 저급한, 혹은 열등한 것으로 판단하는 것은 실수라고 생각했습니다. 예를 들어, 『남자의 사랑을 능가하기』를 읽은 사람은 '남성적인 레즈비언들'은 성과학자들이 낭만적 우정에 흠집을 내기 위해 만든 플롯을 통해 날조된 것이라고 결론 내릴 것입니다. 게다가 샐리와 패더먼의 분석은 모두 성적으로 자각한 레즈비언, 의식화된 레즈비언 정체성, 그리고 19세기 말 레즈비언 하위문화의 출현을 가능하게 한 조건들이 통탄할 만한 것이라고 암시합니다. 그런 하위문화들이 오래된 순진한 열정과 순수한 우정을 훼손했기 때문이죠. 그런 다음 1970년대 초반에 레즈비언 페미니즘이 출현할 때까지 좋은 것은 아무것도 없었다고 말합니다. 안타깝게도, 이런 표면상의 암흑시대는 레즈비언 문화, 문학, 정체성, 자의식, 그리고 정치의 초기 발전에 있어 많은 부분과 동시적으로 일어났습니다.

이런 서사 구조는 우정의 복잡성을 지나치게 단순화하고, 그들의 계급 구성을 모호하게 하고, 많은 중요한 차이를 삭제해버립니다. 이런 논의는 우리가 지금 여기서 할 수 있는 것보다는 훨씬 더 긴 논의를 필요로 합니다. 하지만 제가 지적하고 싶은 핵심은 이런 범주 체계가 레즈비어니즘에 대한 낭만적인, 정치화된, 그리고 제한적인 개념 안에 많은 역사적, 사회적 복잡성을 감추고 있다는 것입니다. 더 나아가 이것은 성적 지향을 젠더 연대의 형태로 전치합니다. 이런 전치는 도덕적이고 분석적입니다. 여성 친밀성과 연대는 중요하며 레즈비언의 성애적 열정이라는 특정 방식과 겹치는 부분이 있지만, 그렇다고 해서 동일한 구조는 아니므로 더 세밀한 구분을 필요로 합니다.

1970년대 말에 게이 남성 정치는 또 다른 문제를 제시했습니다. 페미니즘 또한 게이 남성 정치의 정치적 이론으로 꽤 많이 사용되었지만 제대로 작동하지는 않았습니다. 게이 남성의 행위는 사실상 페미니스트들의 승인 도장을 받은 적이 거의 없었습니다. 많은 페미니스트에게 게이 남성 문화의 실천 중 대부분은 반대할 만한 것이었습니다. 페미니스트들은 크로스 드레싱, 게이 공공장소 섹스, 게이 남성의 난교, 게이 남성의 남성성, 게이 가죽, 게이 주먹성교, 게이 파트너 물색, 그리고 게이 남성들이 하는 다른 모든 것을 무자비하게 비난했습니다. 이 모든 것이 왜 그토록 끔찍하고, 반페미니즘적이며, 재구성된 호모포비아의 빈번한 표현이었다고 생각하는지, 저는 그런 통상적인 노선을 받아들일 수 없었습니다. 1970년대 말에 이르러, 게이 남성의 성적 실천이라는 이슈에 관한 게이 남성의 정치적 글쓰기 문제가 나타났습니다. 저는 이 글들에 매혹되었고, 또한 이 글들이 게이 남성 섹슈얼리티를 사유하는 데 도움이 될 뿐 아니라 레즈비언 성행위 정치에도 영향이 있을 것이라고 생각했습니다.

그러자 성적 차이라는, 그야말로 전체적인 문제가 있었습니다. 저는 여기서 '성적 차이'라는 용어를 도착, 성적 이상, 성적 변이, 혹은 성적 다양성이라고 불리는 것들을 지칭하는 데 사용하고 있습니다. 1970년대 말, 페미니스트들의 글은 거의 모든 성적 변이를 페미니즘의 합리화와 더불어 부정적인 용어로 기술했습니다. 페미니즘 수사학 안에서 트랜스섹슈얼리티, 남성 동성애, 난교, 공공장소 섹스, 복장 도착, 페티시즘, 사도마조히즘은 비난받았으며, 여성 종속을 창조하고 유지하는 일차적 원인이 전부 이들 각각에서 비롯된 것으로 비난받았습니다. 어찌된 영문인지 이 불쌍한 성적 변이들은 갑자기 가부장제적 지배의 궁극적 표현이 되었죠. 저는 이런 움직임에 당황했습니다. 한편으로는, 이것은 비교적 소수이고, 비교적 힘이 없는 성적 실천과 인구집단이 여성의 자유와 복지를 해치는 주적으로 겨냥된 것이었습니다. 동시에 이것은 남성의 우월성을 유지하는 데 동원된 막강한 제도들과 페미니스트들의 시위 대상이었던 전통적 공간, 즉 가족, 종교, 직업 차별과 경제적 의존, 강요된 재생산, 편향된 교육, 법적 권리와 시민 지위의 결여 들에 면죄부를 주었습니다.

버틀러 그렇군요. 그러면 잠시 되돌아가 보죠. 당신은 앞에서 어떻게 하여 매춘의 개념을 재사유하게 되었는지 말했습니다. 그로 인해 당신이 매우 달라지게 되었다고 생각합니다. 당신은 매춘을 노동문제이자 여성의 노동으로 재사유해야 한다고 말했습니다. 그러면서 레즈비언의 탈성화에 대해 언급했고, 게이 남성 정치는 페미니즘을 자신들의 이론으로 삼았으나 그것이 게이 남성이 가담한 종류의 실천에는 맞지 않았다고 했습니다.

루빈 1970년대 후반과 1980년대 초반에, 즉 에이즈가 덮쳐서 모든 사람의 관심사를 변화시키기 이전에, 게이 남성 섹슈얼리티의 정치적 이론에 관한 문헌이 많이 있었습니다. 대부분은 당시 북미에서 최고였던 두 게이/레즈비언 신문인《몸의 정치》와《게이 커뮤니티 뉴스》에 실렸습니다. 공공장소 섹스, 주먹성교, 성인-소년 간의 사랑, 난교, 파트너 물색과 섹스 광고 등에 관한 글이었습니다. 게이 남성은 자신들의 성적 문화에 관한 토착적 정치 이론을 정교화하는 중이었습니다. 이런 일군의 작업은 게이 남성의 성적 행위를 정당화하거나 혹은 맹비난하는 페미니즘에 호소하는 대신, 자신의 언어로 평가했습니다.

돌이켜 보건대, 많은 것들이 거의 동시에 일어나고 있었음이 분명해 보입니다. 하여튼, 성적 실천의 정치적 조건은 1970년대 후반 이동을 경험했습니다. 창조적인 게이 남성의 성적, 정치적 이론의 출현이 그런 변화의 일부가 되었습니다. 뉴라이트는 현상적으로 성장했고 눈에 띄게 발전했습니다. 1970년대 후반 뉴라이트는 성적 이슈들 주변에 명백히, 성공적으로 집결했습니다. 그들은 강력한 성적 의제를 갖고 있었습니다. 청소년들의 성행위에 대한 처벌 비용 높이기, 동성애자들(남성과 여성)이 사회적, 시민적 평등을 획득하는 것을 가로막기, 여성들에게 출산하도록 강제하기 등의 분명한 의제입니다. 1970년대 후반 반포르노 운동은 페미니즘으로 폭발했습니다. '포르노그래피 및 미디어의 폭력에 반대하는 여성WAVPM'은 1976~1977년 무렵 설립되었고, '포르노그래피에 반대하는 여성WAP'이 1979년에 뒤를 이었습니다. 최초의 레즈비언 S/M 조직인 사모아는 1978년에 설립되었습니다. 뭔가가 깊숙이 진행되고 있었습니다. 섹슈얼리티가 어떻게 경험되고, 개념화되고, 동원되는지, 그 아래를 흐르고 있는 더 큰 변동이 있었지요. 「성을 사유하기」는 이러한 사회적, 정치적 기후변화에 대한 하나의 응답이었습니다. 저는 뭔가 다른 일이 발생하고 있기 때문에 제 작업이 달라졌다고 생각합니다. 저의 작업 가설들과 도구들은 그런 변동을 탐색하는 데 적합하지 않았던 거죠.

버틀러　　저는 당신이 또한 소위 성적 일탈자들을 기술하는 데 사용했던 언어에 반대했던 것으로 이해했는데요.

루빈　　저는 성적 '일탈자들'을 보았지만, 솔직히 말해 그들이 가부장제의 극치처럼 보이지는 않았습니다. 오히려 이 일탈자들은 그들을 부당하게 취급하는 성 정치의 지배체계가 야기한 온갖 문제에 시달리는 쪽으로 보이더군요. 일탈자들이 이 사회의 정치 사회적 권력의 화신이라는 인상은 못 받았어요. 그래서 저는 스스로에게 물었습니다. 이 상황에서 무엇이 문제인가? 많은 페미니스트가 자신의 체제로 재가공할 수 없는 특정 형태의 비정상적 성적 실천에 대한 일상적 낙인과 상식적 증오에 동화되어온 것처럼 보였어요.

　저는 다양한 섹슈얼리티에 대한 특정한 종류의 정신분석학적 해석에 의한 지배, 그리고 정신분석이 성적 행동의 차이를 해석하는 특권화된 장소라는 일반적인 가정에 만족하지 않았습니다. 그 한계와 문제에도 불구하고, 정신분석은 젠더 정체성과 젠더 차이라는 이슈를 사유하는 데 어떤 힘과 유용성을 가지고 있었죠. 그와는 반대로, 상당수의 정신분석학은 도착이라고도 알려진 성적 변이에 대해 믿을 수 없을 만큼 환원주의적이고 지나치게 단순화되어 있다는 것이 충격적이었습니다. 게다가 페미니즘은 이 '도착'에 대한 수많은 전통적 접근에 대해서는 거의 비판하지 않았습니다. 제가 보기에 정신분석의 설명 가능성은 성적 변이에 관해서는 훨씬 제한적이었는데도 말이에요.

　페티시즘과 같은 것을 들여다보면서, 페티시즘이 거세와 결여와 관련되어 있다거나, 아마도 거세에 관한 지식이라거나, 아마도 그 지식에 대한 부인이라거나, 아마도 지식의 폐제라거나, 아마도 지식의 대체라고 말하는 것은 페티시즘에 관해 말해주는 바가 거의 없을 것입니다.

　저는 페티시즘에 관해 생각할 때면, 동시에 다른 많은 것들에 대해서도 알고 싶습니다. 고무의 생산, 말을 제어하고 타는 데 사용되는 도구와 기술, 광택을 낸 군용 신발의 반짝거림, 실크 스타킹의 역사, 의학적 장비들의 차갑고 권위적인 성질, 혹은 오토바이의 유혹과 탁 트인 도로를 달려 도시를 떠나는 이해하기 어려운 자유 등을 생각하지 않고 페티시즘, 사도마조히즘에 대해서 어떻게 말할 수 있는지 모르겠습니다. 도시의 충격, 특정한 거리와 공원들, 홍등가, '싸구려 오락거리'나 갖고 싶은 물건들이 높이 쌓여 있는 백화점 카운터의 유혹을 생각하지 않고 어떻게 페티시즘을 떠올릴 수 있을까요?[7] 제게 페티시즘은 물건의 제작, 통제와 가죽skin, 사회적 에티켓의 역사적이고 사회적인 특성, 혹은 모호하게 경험된 육체의 침입과 면밀히 세분화된 위계의 이동과 관련된 모든 종류의 문제를 불러일으킵니다. 이 모든 복잡한 사회적 정보는 거세 혹은 오이디푸스 콤플렉스로 환원되거나, 혹은 안다고 가정된 것을 안다 혹은 알지 못한다 등으로 축소됩니다. 저는 뭔가 중요한 것이 사라졌다고 생각합니다.

저는 성애적 의미 작용의 지형학과 정치경제에 대해 알고 싶습니다. 저는 우리가 아주 어린 시절부터 일찌감치 많은 에로티시즘의 문법을 획득한다고 생각합니다. 또한 정신분석은 어린아이들이 의미를 적극적으로 습득하고 그 의미를 개별적으로 변형하기 위한 매우 강력한 모델이라고 생각합니다. 그러나 저는 그러한 의미들의 역사적, 사회적 내용 변화와 관련하여 그 모든 이해를 도울 수 있는 정신분석의 관습적인 관심사를 찾아내지 못했습니다. 투입된 많은 것들이 (어떤 구절을 빌리자면) 폐제되고, 부정되고, 전치됩니다. 대단히 흥미롭고 창조적이고 세련된 정신분석학적 작업들은 많습니다. 그러나 저는 성적 다양성에 관해서라면, 정신분석적 작업이 덜 흥미로워 보입니다. 정신분석학적 작업은 성애적 의미와 행동이 가진 풍부한 복잡성을 빈약하게 만들기 십상이기 때문입니다.

더구나 정신분석에 기반을 둔 다수의 접근들은 다양한 특정 성애적 실천이나 선호에 관해 많은 가정을 합니다. 이런 해석은 대부분 기존 문헌에서 선험적으로 이끌어낸 것으로, 살아 있는 개인적 행위자들로서의 인구집단에 그런 해석이 얼마나 관련성이 있고 타당성이 있는지 확인하지 않은 채 적용되고 있습니다.

언어와 개념이 대단히 열광적으로, 무차별적으로 적용될 때, 정신분석은 어느 정도 쇠퇴하게 되었습니다. 조야한 마르크스주의 대신에, 우리는 지금 일종의 조야한 라캉주의를 가지고 있습니다. 진정으로 창조적인 사고로부터 나온 가장 훌륭한 생각들도 과도하게 사용되면 추락할 수 있습니다. 저는 어떤 학회의 청중으로 앉아서 이제 학계 논문의 해결책을 위한 일종의 극적 장치로서 '팔루스 엑스 마키나'가 있다고 생각한 적이 있습니다. 저는 유명한 일본 출판물의 이미지를 떠올렸는데요. 거기서 남자들은 거대한 자지를 가지고 있는데, 한 남자는 그게 너무 커서 수레에 담아서 돌아다녔어요. 저는 팔루스가 카트에 담겨 단상으로 올라오는 그 이미지를 생각했죠. 또 저는 팔루스나 결여를 심오한 분석이나 갑작스러운 섬광처럼 사용하는 논문을 많이 보았습니다. 많은 경우, 팔루스와 결여 둘 다 그렇게 쓰일 수 없었는데도요.

어느 순간, 저는 돌아가서 초기 성과학자들을 읽고, 성적 일탈에 관한 프로이트의 분석이 엄청난 것이었음을 깨달았습니다. 그러나 매우 견고하고, 풍부하고 흥미로운 선행 텍스트에 대한 개입은 제한되어 있었습니다. 프로이트의 지성과 명성, 그리고 정신의학 내에서 정신분석학적 설명의 역할은 성적 변이에 대한 그의 언급을 일종의 정전적 위치에 올려놓았습니다.[8] 많은 후계자가 프로이트의 통찰을 무시하거나 뒤집었음에도 불구하고, 프로이트의 특권은 정신분석학적 텍스트를 '도착'에 대한 특권화된 담론으로 정당화하는 데 사용되었습니다. 그로 인해 프로이트와 동시대였으며, 실제로는 성적 '일탈'에 대해 훨씬 더 직접적, 실질적으로 관심을 가졌던 광범위한 성과학적 기획들이 가려져버렸고요.

초기 성과학은 그 나름대로 많은 문제가 있었습니다. 성차별적이고 반동성애적이라는 점을 차치하더라도, 가장 초기의 성과학은 생식력 있는 이성애를 제외한 모든 성적 실천을 병적인 것으로 취급했습니다. 심지어 구강성교는 도착으로 분류했지요. 성과학의 지배적 모델은 진화론에서 가져왔는데, 그중에서도 특히 백인 유럽 사회의 표면적 우월성이라는 이데올로기에 깊이 침투되어 있는 라마르크Lamarck파의 사회적 진화론으로부터 가져왔습니다. 그러나 성과학자, 특히 크라프트에빙 이후부터 실제로 성적 다양성을 살펴보고, 성적 '일탈' 혹은 '도착'을 주요한 주제로 접근하게 되었습니다.[9] 성과학자들은 사례를 수집하고, 살아서 숨쉬고 말하는 성도착자invert and pervert들에 대한 연구를 기록했습니다. 그들이 수집한 자료들은 몹시 들쭉날쭉했습니다. 어떤 것은 그 점에서 다른 것보다 좀 나았습니다. 많은 역사가들은 그들의 경험적 실천의 한계를 지적하고 있는 중입니다. 예를 들어, 리사 두건은 성과학자들이 앨리스 미첼Alice Mitchell(1892년 자신의 여자친구를 죽인 죄로 수감된 여성 살인범으로, 레즈비언을 '살인적인', '남성적인' 등으로 묘사하는 시발점이 되었다 - 옮긴이) 재판에 관해, 아무런 의심 없이 신문 기사나 다른 성과학자들의 보고서를 1차 자료로 다루었다고 주장했습니다.[10] 로버트 나이Robert Nye와 잔 매트록Jann Matlock은 성적 페티시즘과 도착의 초기 범주 배치를 정교화했는데, 특히 여성과 남성에 대한 가설과 편견을 분석했습니다.[11] 무엇보다 초기 성과학 전서들은 놀라운 출전을 발굴했습니다. 크라프트에빙조차 여전히 유용하죠.[12] 가령, 실제 '도착자'와 '변태' 들은 크라프트에빙의 초기 작업을 읽고 그에게 편지를 썼습니다. 그들은 크라프트에빙에게 자신의 생애사를, 고뇌에 찬 자기 검증을, 분노에 찬 사회 비판을 보냈습니다. 이 가운데 일부는 나중에 편집되어 『성 정신의학Psychopathia Sexualis』으로 정식 출판되었지요. 이처럼 동성애에 대한 사회적, 법적 제재를 웅변적으로 고발하는 초기 성도착invert 행동주의자 같은 놀라운 목소리들이 있었습니다. 혹은 '여성 혐오자'들의 파티라고 불린 파티에 대한 설명도 있습니다. 사실 이것은 세기 초 베를린에서 있었던 드랙 파티였습니다. 세부적인 설명에 따르면, 이 파티에서는 춤을 출 때 '매우 훌륭한 오케스트라' 반주가 뒤따랐으며, 아름답게 꾸민 많은 '여성들'이 갑자기 시가에 불을 붙이거나 낮은 바리톤으로 이야기했다고 전합니다.[13]

버틀러　　생각나는 또 다른 성과학자는 누가 있습니까?

루빈　　해브록 엘리스가 그들 중 최고였습니다. 마그누스 히르슈펠트 또한 무척 중요하고요. 엘리스와 히르슈펠트는 프로이트 이전에 동성애나 다른 성적 변이들에 찍힌 낙인을 제거하고 정상화하려고 가장 노력한 사람들일 것입니다. 논객으로서 엘리스의 힘은 프로이트가 자신의 아이들이 동성애자일까 걱정하는 미국인 어머니에게 쓴 유명한 편지 속에서 나타납니다. 프로이트는 그녀에게 많은 훌륭한 사람들이 동성애자였으며, 그들을 박해하지 말아야 한다고 설득했습니다. 그는 그녀가 자신을 믿지 않는다면 가서 '해브록 엘리스의 책을 읽으라'고 권고합니다.[14]

앨리스와 프로이트는 모두 히르슈펠트에게 상당한 부분을 빚지고 있습니다. 세기 전환기에 동성애에 관해 쓴 사람들은 거의 모두 히르슈펠트의 저널인《간성적인 단계에 관한 일지Jahrbuch fur sexuelle zwischentufen: The Journal for Intermediate Sexual Stages》를 인용합니다. 다른 중요한 성과학자들에는 앨버트 몰Albert Moll, 앨버트 오일렌버그Albert Eulenberg, 이완 블로흐Iwan Bloch 등이 포함됩니다. 성적 일탈에 관해서 쓴 유명한 논문의 첫 번째 주석에서, 프로이트는 가장 많은 영향을 많이 준 성과학자들의 목록을 열거합니다. 이들이 프로이트가 대화하고 있는 작가들입니다. 그들은 각자 자신만의 접근법을 가지고 있지만 그중 몇몇은 다른 사람들보다 더욱 흥미롭습니다. 제한된 이론적 장치에도 불구하고, 대부분의 후기 정신분석적 글쓰기에서는 사라져버린 풍부한 사회적, 역사적, 문화적 다양성이 이 글에는 반영되어 있습니다.[15]

제가 생각하기에 프로이트는 '성도착자들'에 그다지 관심이 없었습니다. 그는 신경증과 성적 '정상성'을 유지하기 위해 치르는 정신적 비용cost에 더 많은 관심을 가졌던 것처럼 보입니다. 그러나 세기 전환기 무렵 프로이트는 성과학에 개입하여 자신이 글을 쓰고 있었던 맥락과 실체적이고 매력적인 문헌의 기억에 어두운 그림자를 드리웠습니다. 어떤 경우든 프로이트나 후기 정신분석학으로부터 출발하는 대신에, 저는 정신분석학이 이토록 지배하기 이전으로 돌아가서 처음에 성적 다양성을 연구의 주요 대상으로 삼았던 사람들이 침묵했던 이슈들이나 자료들로부터 배울 수 있는 것을 살피는 것이 좋은 방법이라고 생각합니다.

버틀러　　그리고 푸코가 있네요. 저는 그가 당신에게 정신분석학의 대안을 제공했다고 짐작하는데요. 당신은 푸코의 『성의 역사』 1권을 그 무렵에 읽고 있었지요.

루빈　　맞습니다. 그 책은 1978년 영어로 출판되었습니다. 저는 즉시 그 책에 빠져들었죠. 제 책을 보면 알겠지만, 표시도 많고, 모서리도 접혀 있습니다. 그것은 중요한 책이었어요. 저는 푸코의 의심할 수 없는 위상 때문에 섹슈얼리티 영역의 다른 작업은 소급적으로 그에게 빚지고 있다고 생각합니다. 최근 인터넷상에서 게이 연구 목록에 관한 논쟁이 있었는데요. 그 목록에 따르면 푸코는 '사회구성주의' 이론의 창시자로 대접받았습니다. 하지만 매리 매킨토시, 제프리 윅스, 케네스 플러머Kenneth Plummer와 일군의 다른 역사가, 인류학자, 사회학자의 핵심 역할은 이 논쟁의 맥락에서 완전히 제거되었습니다. 저는 사람들이 심지어 최근의 역사마저 얼마나 쉽게 잊어버리는지, 허구적인 일련의 연대기적 사건에다 현재 입장을 어떻게 거꾸로 투사하는지를 보면서 놀라지 않을 수 없었습니다. 저는 푸코만큼이나 제프리 윅스에게 영향을 받았습니다. 제가 생각하기에, 윅스는 게이 연구와 섹슈얼리티의 사회적 이론 분야에서 가장 과소평가된 인물 중 한 사람입니다. 그는 1977년 동성애의 사회적 구성에 관한 기본적 진술들을 출판했습니다. 푸코의 『성의 역사』가 번역되기 이전이었습니다.[16]

게이 혹은 레즈비언 역사의 영역에서 활동하고 있는 많은 사람들은 신속하게 동일한 결론에 도달하고 있었습니다. 저는 1970년대 초반 레즈비어니즘의 역사를 연구조사하고 있었습니다. 19세기 말 무렵을 전후하여 '레즈비언'이라고 불린 특징적인 사람들의 유형과 그들에 관해 이용 가능한 자료들의 종류에 단절이 있다는 것을 곧 알게 되었습니다. 여성과 관계를 맺던 여성들, 크로스 드레싱, 혹은 여성으로 패싱하는 사람들에 관한 더 이른 시기의 기록이 있었습니다. 그러나 1900년대 후반까지는 자의식, 자기 정체화한 레즈비언, 혹은 레즈비언 공동체나 레즈비언 정치적 비평과 같은 것이 거의 없는 것처럼 보였습니다.

1973년, 제가 수강한 다른 강의가 제 인생을 바꿨습니다. 그 강의는 '유럽의 도시화, 1500~1900년'이었는데, 찰스 틸리 교수의 수업이었습니다. (이것 또한 미시간 대학에서였고요.) 틸리는 산업화가 어떻게 시골에서 도시로의 거대한 인구 이동을 만들어내는지, 도시 생활이 결과적으로 어떻게 변형되는지, 그리고 자유결사 단체의 형태가 도시 거주자들과 소작인 마을에서 어떻게 다르게 나타나는지를 설명했습니다. 이 수업의 다른 주요 주제는 정치적 행동의 언어와 레퍼토리가 다른 역사적 시기에 따라 어떻게 변화했는가였습니다. 우리는 프랑스에서 일어난 혁명적 행동과 정치적 항의시위의 각기 다른 구조를 연구하는 데 많은 시간을 투자했으며, 이런 구조들이 시간이 경과함에 따라 어떻게 변했으며, 특정한 역사적 환경에 따라 어떻게 특수한 형태로 나타나는지를 연구하는 데 많은 시간을 할애했습니다. 그 수업의 다른 주제는 개인의 의식이 이러한 모든 발전 과정에서 변화하는 형태에 관한 것이었습니다. 우리는 사람들이 시간을 경험하는 바에 따른 변화를 다룬 E.P. 톰슨의 작업에 대해 토론했습니다. 저는 알튀세르와 발리바르를 통해 역사적 개인성의 또 다른 형성이라는 논의 주제와 이미 친숙해져 있었습니다.[17] 이것은 정치적 시위, 시간의 관습, 역사적 개인성의 형성들의 목록과 관련하여 도시화와 산업화의 충격으로부터, 어떻게 다른 형태의 성적 정체성과 주체성이 그와 똑같이 광범위한 사회적 변화로부터 유래하게 되었는지를 생각하도록 해주었던 단숨의 도약이었습니다. 이러한 생각들은 내가 레즈비언 역사를 탐사하면서 찾고자 했던 것과 일맥상통한 것처럼 보였습니다. 저는 이것을 '사회구성주의'라고 이름 붙이지 않았습니다. 그러나 저는 그런 이슈들에 관해 생각하는 방법에 도달하고 있었습니다. 다른 많은 학자들은 사회사, 인류학, 사회학에서 공통된 접근 방법을 취하고, 이런 접근방식을 동성애에 일관된 방식으로 적용했습니다. 남성 동성애와 여성 동성애에 관한 이런 형태의 사유가 널리 수렴되면서, 1970년대 중반 갑작스러운 패러다임의 변동이 일어났습니다.

저는 부상하고 있던 패러다임에 푸코가 얼마나 관련되어 있는지를 의식하지 못했습니다. 그러나 그가 섹슈얼리티와 동성애에 관한 연구를 하고 있다는 생각은 갖고 있었습니다. 저는 그전에 푸코를 만난 적이 있었습니다. 1972년과 1973년 여름 무렵 프랑스에서 공부하고 있을 때였는데요. 래리 실즈Larry Shields라는 놀라운 친구가 있었는데, 우리는 모두 '구조주의'에 완전히 사로잡혀 있었습니다. 구조주의는 우리가 동시대의 프랑스 철학을 거의 아우르는 이름이었죠. 우리는 레비스트로스를 읽었습니다. 라캉이 있었고, 『사물의 질서』와 같은 푸코의 책들도 있었죠. 그러나 우리 주변에는 이런 재료들이 거의 없었고, 우리는 그것을 찾고 싶었습니다. 우리는 파리로 가서 구조주의에 관한 연구를 하겠다고 승낙을 받았습니다. 래리는 충실하게 국립도서관의 열람실에 앉아서 고들리에, 리오타르, 크리스테바, 보드리야르를 읽었습니다.

그러나 저는 제 프랑스어가 이 작업에 부적합하다고 생각했습니다. 국립도서관의 카탈로그 미궁을 통해서 제 길을 찾는 방식으로, 저는 레즈비언 문학에 관한 졸업논문을 위해 제가 볼 수 없었던, 잘 알려져 있지 않은 레즈비언 소설들을 찾기 시작했습니다. 저는 도서관에서 나탈리 바니와 저자 본인인 리안 드 푸지 사이의 연애를 다룬 실화 소설 『사포의 목가』를 찾아냈습니다. 저는 보관실로 올라가서 그 책을 읽었습니다. 그리고 특정 인물에 관한 놀라운 자전적 정보를 포함하고 있는 그다지 중요하지 않은 글들과 함께 나탈리 바니와 르네 비비앙 일행이 쓴 것을 전부 보관하고 있는 도서실을 발견했습니다. 그래서 저는 여름 내내 사전과 동사 책을 손에 쥐고서 음란한 레즈비언 소설들을 읽으면서 보관실에서 보냈지요.

루빈 / 버틀러 (한목소리로) 저의/당신의 프랑스어는 그러기에 충분한 실력이었어요.

루빈　　어느 날 래리가 메인 열람실에서 푸코를 발견했습니다. 우리는 용기를 내어 그에게 다가가 커피를 마시자고 청했죠. 그가 수락했을 때 너무 놀라서 입이 얼어붙었어요. 우리는 커피를 마시러 나갔고, 그는 우리에게 무엇을 하고 있냐고 물었습니다. 래리는 열정적으로 최신 이론가들에 대한 그의 연구에 관해 보고했어요. 푸코가 제게 무엇을 하고 있냐고 물었을 때, 저는 매우 당황해서 위층 보관실에서 레즈비언 소설을 읽고 있다고 인정해버렸어요. 놀랍게도, 그는 당황하는 기색 없이 담담하게 "아, 저는 소도미 판결에 대해 연구하고 있어요"라고 말했습니다. 그는 소도미법은 유럽 역사에 관한 책에 기록되어 있지만, 산발적이고 강제되었을 뿐이라고 설명했습니다. 그는 그러한 강제의 패턴을 결정한 것이 무엇인지 궁금해했어요. 완전히 예상 밖이었기에 저는 정말로 놀랐습니다.

그는 매우 친절하고 다가가기 쉬운 사람이었고, 우리에게 자신의 주소와 전화번호를 알려주었습니다. 1978년 『성의 역사』를 보기 전까지 저는 그 문제에 관해 더 이상 생각하지 않았습니다. 저는 샌프란시스코의 게이 남성 가죽 공동체에 대한 연구를 시작하고 있었습니다. 페미니즘 학회 때문에 프랑스에 갈 일정이 생기자, 저는 푸코에게 제 학위 프로포절의 매우 거친 초안을 보냈고, 제가 그의 새 책을 얼마나 좋아하는지를 말했습니다. 저는 제 작업이 이론적 차원에서는 그의 흥미를 끌 수도 있지만, 그가 게이 남성 S/M과 같은 특정한 것들을 싫어할 것이라고 예상했습니다. 그는 저녁식사에 초대함으로써 다시 한 번 저를 놀라게 만들었습니다. 저는 저녁식사에 도착해서야 비로소 그가 동성애자였으며, S/M에 대해 전적으로 편안했고, 제가 그를 화나게 만들었을까 걱정하지 않아도 된다는 것을 깨달았습니다.

버틀러　　그렇다면 성행위와 섹슈얼리티 일반에 관한 당신의 사유에서 푸코가 유용했던 부분은 무엇인가요.

루빈　　혼인alliance과 섹슈얼리티 체계 사이에서 출현하는 새로운 관계에 대한 그의 논의는 적어도 특정한 서구 산업국가 사회에서는 놀라울 만큼 통찰력이 있다고 생각합니다. 당신도 알다시피, 과거 많은 사람들은 「성을 사유하기」의 마지막 두 페이지를 과잉 해석하는 것처럼 보였습니다. 저는 친족, 젠더, 페미니즘 혹은 정신분석이 더 이상 중요하지 않다고 주장하는 것이 아닙니다. 오히려 어떤 종류의 상대적 자율성을 가정하는 친족이 아닌 다른 체계가 있으며, 적어도 레비스트로스적 의미에서의 친족으로 환원될 수 없는 체계가 있다고 주장하고 있었습니다. 이에 관해 썼을 때, 저는 『성의 역사』에서 푸코가 "특히 18세기 이래로 서구 사회는 기존 장치와 겹쳐지는 새로운 장치를 창조하고 알맞게 배치했다"고 말한 부분을 매우 염두에 두고 있었습니다.[18] 그는 절대 기존 장치를 **대체**한다고 말하지 않았습니다. "겹쳐진다"고 말했죠.

버틀러　　맞아요, 맞아.

루빈　　"이전의 혼인 장치를 완전히 대체하지 않고서도, 그 중요성을 감소시키는 데 도움이 된다." 이것이 실제 구절입니다. 그것은 대체하지 않는다, 단지 그 중요성을 감소시킨다. "나는 섹슈얼리티 장치에 대해 말하고 있다. 혼인 장치와 마찬가지로, 섹슈얼리티 장치는 성적 파트너의 순환회로와 더불어 연결되지만, 다른 방식으로 연결된다. 이들 체계는 서로 조목조목 대비될 수 있다." 푸코는 계속 말합니다. "전자," 즉 혼인 장치에 "적절한 것은 파트너와 확실한 법규로 연결된다. 반면에 섹슈얼리티 장치는 몸의 감각, 쾌락의 질, 그리고 아무리 미약하고 감지하기 힘든 것일지라도 감각 인상의 성질과 관련된다." 그리고 다음 페이지에서 그는 이렇게 설명해요. "섹슈얼리티 장치가 혼인 장치를 대체한다고 말하는 것은 정확하지 않다."[19] 그는 "언젠가 혼인 장치가 대체될 것이라는 점은 상상할 수 있다. 하지만 사물은 현 상태를 유지하므로, 그 사이 섹슈얼리티 장치가 혼인 장치를 덮어버리는 경향이 있다고 하여, **그것이 혼인 장치를 완전히 폐기시키지도, 쓸모없이 만들지도 않는다. 게다가 역 사적으로 보면 섹슈얼리티 장치는 혼인 장치에 기반하여, 그것을 중심으로 구성되 었다"[20]**고 적고 있습니다. 푸코는 계속해서 "그때 이후로, 섹슈얼리티 장 치는 혼인 제도와의 관련 아래 혼인 제도의 지원을 받음으로써 기능했 다"[21]고 씁니다. 그는 심지어 가족이 섹슈얼리티와 혼인의 "상호 교환"이 라고 말합니다. "그것(가족)은 섹슈얼리티 장치 안에 법률적인 차원의 법 을 전달하고, 쾌락의 경제와 감각의 강도를 혼인 체계 속으로 전달한다." 그는 가족을 "섹슈얼리티로 충만한 장소"라고 부릅니다.[22] 이런 논의를 살펴보면서도, 제가 친족이나 가족, 그들 각각의 역학이 서로 아무런 관 련성이 없다고 주장한다고 여길 사람은 결코 없으리라 믿습니다. 푸코 의 말은 제가 다른 역학, 다른 지형학, 다른 세력의 노선을 가진 다른 체 계의 윤곽을 생각하는 데 도움이 되었습니다. 푸코의 이 전체 섹션에서, 그가 레비스트로스, 라캉과 대화하는 것을 들을 수 있을 것입니다. 저는 이런 관계에 대한 푸코의 평가를 새롭고 통찰력 있고 정확한 것이라고 생각했습니다.

제가 이 책에서 좋아했던 부분은 너무도 많습니다. 그의 글이 지닌 탁월함, 진술적 풍부함, 섹슈얼리티의 지배적 개념에 대한 그의 재배치, 프로이트, 라캉, 라이히, 레비스트로스에 대한 해석과 빛나는 통찰들, 사 회 권력에 대한 그의 모델, 저항과 혁명에 대한 그의 사상들, 사회적이고 역사적인 인과성에 대한 깊은 헌신 등 좋아했던 점들은 매우 많아요.

그는 도착의 증식과 확산 같은 놀라운 구절을 많이 생산했습니다. 그것은 제게 새로운 아이디어를 주고, 진정으로 분명하고 생생한 언어를 제공하며, 당시 제 자신의 관심사가 전혀 터무니없는 것은 아니라고 확인해주었습니다. 저는 근대 레즈비어니즘과 동성애의 출현에 대해 몇 마디를 했습니다. 아마도 그 이야기를 들었던 많은 사람은 점잖게 제가 정신이 나갔다고 생각했을 것입니다. 윅스의 『커밍아웃』과 푸코의 『성의 역사』가 이미 유사한 결론에 이르렀다는 점, 그리고 일련의 역사적, 이론적 이슈에서 유사한 결론에 이르렀다는 점을 발견함으로써 저는 대단히 안도했고, 이런 발견은 그 이후 접근방식을 형성하는 데 도움이 되었습니다.

버틀러　　저는 당신이 친족의 힘을 전적으로 깎아내리길 원하지 않는다는 것을 깨달았습니다. 그러나 여기에 또 다른 문제가 있습니다. 말하자면 동시대의 친족 형상화를 정교하게 해줄 어휘를 발전시켜야 한다는 또 다른 이슈입니다. 저는 레즈비언과 게이 공동체 내의 다양한 지원 네트워크를 친족의 동시대적 형태로 이해할 수 없는가 묻고 싶습니다.

루빈　　동성애 네트워크를 그런 식으로 이해할 수 있습니다. 하지만 당신은 친족을 정말 다른 방식으로 사용하고 있는 셈입니다. 가령 사람들이 게이 친족에 대해 이야기할 때, 그들은 친족의 다른 모델을 사용하고 있습니다. 레비스트로스 대신에 데이비드 슈나이더의 작업에 기초한 모델을 사용할 수 있습니다. 슈나이더는 미국의 친족에 대해 썼습니다.[23] 당신은 그 용어가 사용되는 법을 정확히 구분할 필요가 있습니다. 레비스트로스적인 의미에서, 친족은 결혼과 후손을 통제함으로써 사회적이고 정치적인 구조를 생산하는 방식입니다. 더 일상적인 언어로 말하자면, 이와 같이 복잡한 사회에서 친족은 단순히 지원, 친밀성, 지속적인 연결의 사회적 관계를 의미할 수 있습니다. 친족의 이러한 사용은 레비스트로스적인 친족 개념과는 매우 다릅니다.

버틀러 물론 그렇습니다. 그러나 그것은 레비스트로스류의 보수적인 개념을 표시하는 것은 아닐까요?

루빈 물론입니다. 하지만 저는 그 용어가 그다지 통약 가능한 것이 아니라는 점을 말하고 있는 것입니다. 페미니즘 이론에서, 많은 부분은 친족에 대한 레비스트로스주의의 개념에 기대고 있습니다. 그것은 현대 혹은 게이형 친족 체계에 대한 더 융통성 있는 개념으로 바뀔 수 없습니다. 그래서 누군가가 친족에 대해 이처럼 다른 의미로 말하는 것에 주의를 기울여야만 합니다. 자발적인 결사 단체의 체계는 의무적인 결혼이 만들어내는 왕조 체계나 혹은 다른 형태의 정치적 조직과는 대단히 다릅니다.

레비스트로스는 결혼과 후손의 관계가 사회적 구조인 사회에 대해 말하고 있습니다. 그런 관계들은 거의 모든 사회 생활을 조직하거나 혹은 가장 중요하고 가시적인 제도적 장치입니다. 근대 체계에서, 친족은 이미 제도적인 중요성이 줄어든 구조입니다. 인류학에서는 친족이 현대 도시 사회에서 전근대 문화에서 했던 것과 같은 역할을 하지 않는다고 말하는 것이 전혀 과격한 것이 아닙니다. 더구나 게이 친족은 인류학자들이 '허구적 친족' 혹은 '비공식적 친족'이라고 부르는 것과 매우 닮아 있습니다. 그런 비공식적 혹은 허구적 친족 체계는 국가 당국이 강화하는 관계들보다 훨씬 덜 제도화되어 있고 구조적으로 덜 안정적입니다.[24]

버틀러　　그렇습니다. 분명히 친족이 우리가 동시대의 사회적 혹은 성적 생활의 복잡성을 설명하려고 노력하는 지배적인 방식일 리가 없다고 말할 수 있습니다. 내 말은, 즉 그 점은 분명한 것처럼 보인다는 것입니다. 반면에 당신이 방금 언급한 푸코주의적 역사 기록은 친족에 관한 레비스트로스주의적인 설명을 당연한 것으로 받아들이고, 친족의 이런 형태 자체가 과거의 것이라고 가정하는 것으로 보입니다.

루빈　　아닙니다. 저는 그런 뜻이 아니에요. 다시 한 번, 문제는 우리가 친족을 어떻게 정의하느냐 하는 것입니다.

버틀러　　좋아요. 친족을 의무적 관계로 이해한다면, 혹은 의무적 친족 관계에 의해 관장되는 사회에 관해 생각해본다면, 그런 친족 관계는 우리가 살고 있는 사회 생활에 상응하는 것은 분명 아니라고 말할 수 있을 것이기 때문입니다. 반면에 친족 그 자체는 의무적 지위를 상실했고, 혹은 상실하는 과정 중에 있는 것처럼 보입니다. 그리고 저는 특히 섹슈얼리티의 사회 생활이 재형상화되고 유지되는 방식이 변하고 있는 것을 기록하는 데 '친족'이라는 용어에 어떤 가치가 있는지가 의문입니다.
　　저는 특히 정신분석이나 혹은 구조주의적 양식으로서 페미니즘이 친족에 관해 말할 수 있다고 주장하고 싶어 할 때, 이 점이 중요해진다고 생각합니다. 그러나 특정한 담론은 섹슈얼리티를 관장하는 더 근대적인 배치나 규제 권력의 복잡성을 기술할 수 없습니다. 문제는 어떤 사람들은 이런 구분을 페미니즘이 해야만 하는 것들, 즉 그러니까 주로 친족과 젠더와 정신분석을 살펴보는 것과, 섹슈얼리티 연구가 해야 하는 것 사이의 구분에 기초가 되는 것으로 여겨왔다는 점입니다. 그리고 어떤 사람들은 한 발 더 나아가 섹슈얼리티는 게이와 레즈비언 연구의 적합한 '대상'이라고 말했습니다. 그리고 페미니즘과 게이, 레즈비언 연구 사이의 전체 방법론적 구분은 그 두 영역의 분명한 자율성에 기반하고 있다고 생각합니다. 그래서 지금 이 자리에서 그런 질문에 관해 거론해달라고 요구하는 것이 나을 것 같습니다.

루빈   여기에 몇 가지 다른 이슈가 있습니다. 내가 「여성 거래」를 쓰던 당시에 관련된 의문을 들자면, 당시에는 나를 포함한 많은 사람에게 인간의 조건에 관한 일반적인 진술을 하는 순진한 경향이 여전히 있었습니다. 지금이라면 대부분의 사람들이 피하고 싶어 했을 방식이죠. 레비스트로스나 라캉을 보면, 그들은 꽤 거창한 일반화를 하고 있습니다. 여기에 더하여, 그들은 무언가를 이것에 꼭 맞는 바로 그 이론, 저것에도 꼭 맞는 바로 그 이론이라고 부르기를 결코 주저하지 않습니다. 저는 종종 그런 사용법이 더 이상 가능하지 않은 거대함을 반영한 것인지, 혹은 단순히 번역의 산물일 뿐인지 궁금합니다. 프랑스어에서는 모든 사물 앞에 정관사가 붙습니다. 그래서 프랑스어로 '그 이론'은 영어에서의 그 이론과 꽤 다른 것을 의미할 수 있습니다. 「여성 거래」에서 저는 단순하게 그런 상용어와 당시의 순진한 보편주의를 흡수했습니다. 「성을 사유하기」를 쓸 때쯤, 저는 더 겸손한 주장을 하고 싶었습니다. 그래서 「성을 사유하기」에서 레비스트로스주의-라캉주의적 공식이 우리 사회에 제한적이지만 적용 가능성이 있다고 확신하는 그 순간마저도, 다른 사회에는 적합할 수도 적합하지 않을 수도 있다고 언급했습니다. 저는 그런 모델의 보편성에 관해 상당히 회의적이었습니다.

당신이 말하고 있는 페미니즘과 게이/레즈비언 연구 사이의 이 위대한 방법론적 분리에 대해서 말하자면, 저는 제가 흥미, 행위, 대상, 방법의 분리를 받아들여야 한다고 생각하지 않습니다. 저는 왜 페미니즘이 친족과 정신분석에 국한되어야 하는지 그 이유를 모르겠습니다. 저는 그것이 섹슈얼리티에는 작동하지 않는다고 말한 적이 없습니다. 섹슈얼리티뿐 아니라 젠더에도 흥미가 없는 게이와 레즈비언 연구를 상상할 수 없습니다. 당신의 글에서 언급한 것처럼 남성 동성애와 레즈비어니즘 이외에도 탐구해야 할 수많은 섹슈얼리티가 있습니다. 그런 반면에 저는 한편에서는 페미니즘, 다른 한편에서는 게이, 레즈비언 연구라는 지적인 노동 분업이 널리 퍼져 있다는 것을 받아들이기가 힘듭니다. 페미니즘과 게이, 레즈비언 연구 사이에 상호 배타적인 학문적 경계를 만드는 것은 분명 저의 의도가 아니었습니다. 그것은 제가 다루려고 했던 문제가 아닙니다. 저는 페미니즘을 필수적이고 충분한 접근방식으로 가정하지 않는 섹슈얼리티(그리고 심지어 젠더) 연구에 필요한 여유 공간을 만들려고 했습니다. 그러나 저는 하나의 분야를 세우려고 노력하고 있었던 것은 아니었습니다. 무엇보다도 그 당시에 게이와 레즈비언 연구의 제도화는 당장 실현 가능성이 없는 것처럼 보이는 멋진 꿈이었습니다. 그런 반면에 중요한 기획enterprise으로서 게이와 레즈비언 연구는 잘 진행되고 있었습니다. 「성을 사유하기」는 그런 진행 과정의 일부였고요.

「성을 사유하기」의 어떤 맥락은 게이와 레즈비언 연구, 특히 게이와 레즈비언 역사와 인류학에서 개발 중인 프로젝트였습니다. 사람들은 그 분야가 마치 1980년대 초반 혹은 중반에서야 겨우 시작된 것처럼 여기는데, 여기에는 레즈비언과 게이 연구의 초기 작업에 관한 기억상실증이 있는 것 같습니다. 그것은 사실이 아닙니다. 1970년대 초반부터, 게이 해방운동에서 나온 레즈비언과 게이 학자들 전체 층위에 걸친 작업들이 있습니다. 이런 작업들은 심지어 더 이른 시기의 연구들 위에 세워졌지요. 이 연구들은 동성애 옹호 운동에 기반하고 있었죠. 게이 학자들의 작업은 아카데미에서 제도화되지 않았고, 1970년대에 작업을 한 많은 사람은 그들의 학계 경력에 큰 대가를 치러야 했습니다. 그러나 레즈비언과 게이 연구는 저로부터 시작된 것은 아니었고, 그렇게 느지막이 시작된 것도 아니었습니다.

예를 들어, 샌프란시스코 레즈비언 게이 역사 프로젝트는 1978년에 시작했습니다. 당시 많은 작업이 흥분과 함께 시작되었습니다. 앨런 베루베가 진행한 군대 내 게이에 관한 작업, 버팔로 레즈비언 공동체에 관한 리즈 케네디와 매들린 데이비스의 작업, 게이 남성 가죽족에 관한 제 연구 등이 모두 그때 진행되었습니다.[25] 그때까지 연관된 다른 학자들이 많이 있었고, 우리 대부분은 서로 다른 사람의 작업에 대해 소통하거나 대화를 나누었습니다.

조너선 네드 캐츠의 『게이 미국사』, 존 디밀리오의 『성 정치, 성적 공동체Sexual Politics, Sexual Communities』, 짐 스티클리의 『독일에서의 동성애 해방운동The Homosexual Emancipation Movement in Germany』, 그리고 제프리 윅스의『커밍아웃: 19세기부터 현재까지 영국의 동성애 정치』는 훨씬 이른 시기에 나왔습니다. 독일 게이 권익 운동에 관해 존 로릿슨John Lauritsen과 데이비드 소스태드David Thorstad가 1974년에 출판한 다른 책도 있었고요.[26] 1970년대 초반에 저넷 포스터와 바버라 그리어와 같은 레즈비언 학자들은 길을 닦는 서지학 연구의 태동기를 세우려고 시도하고 있었습니다.[27] 저는 이러한 작업을 게이와 레즈비언 연구가 「성을 사유하기」에 앞서 나왔으며 제도화가 시작되기 오래 전부터 번성한 학문적 사업이었다는 점을 말하기 위해 가져왔습니다.

버틀러   하나의 분야로서 섹슈얼리티에 일시적으로 자율적인 지위를 부여하고자 했을 때, 무엇을 염두에 두었는지 알려주세요.

루빈   저는 섹슈얼리티에 대한 더 나은 학문을, 흔히 쉽게 접할 수 있는 것보다 더 풍부한 아이디어들을 갖고 싶었습니다. 페미니즘을 주체에 관한 궁극적인 단어이고 성스러운 경전으로 설정하지 않는 성 정치를 분명히 말하고 싶었던 거죠. 10년 전에 저는 계급 억압과 구분되는 젠더 억압에 대해 사유할 수 있는 방법을 원했습니다. (양자가 반드시 관련이 없다거나 상반된 것은 아님에도 불구하고) 이후에는 젠더 억압과 구분되는 성행위나 사회 통념에 어긋나는 욕망에 기초한 억압에 대해 사유하고 싶었습니다. (또다시, 반드시 관련이 없다거나 상반된 것은 아님에도 불구하고) 저는 우리가 성적 계층화의 구조들을 명료하게 말하고, 그들 사이에서 경합할 수 있도록 가시화해야 한다고 느꼈습니다. 저는 우리가 하지 않으면, 부지불식간에 진보적인 유권자들이 매우 반동적인 성적 의제에 말려 들 것이라고 생각했습니다. 그런 경우는 빈번히 일어났어요. 저는 성적 계층화와 성애적 박해에 관한 독자적인 분석이 없다면, 좋은 의도를 가진 페미니스트들과 다른 진보주의자들이 모욕적이고, 억압적이며, 바람직하지 않은 마녀사냥을 지원하는 꼴이 될까 봐 걱정스러웠습니다.

그 무렵 특정한 페미니즘 정론orthodox이 그 이전에 마르크스주의를 괴롭혔던 것과 똑같은 문제점을 차곡차곡 쌓아올리고 있었다고 생각합니다. 이제 계급 대신에 젠더가 모든 사회적 문제가 흘러나오는 주요 모순으로 흔히 여겨졌습니다. 마르크스주의가 그렇게 원했다고 알려졌던 것과 마찬가지로, 이제 모든 문제에 대해 페미니즘이 해답을 갖고 있는 것처럼 구는 입장이 있었고요. 저는 어떤 마르크스주의 학자가 특정한 형태의 마르크스주의에 대해 내놓은 멋진 논평이 기억납니다. 제가 생각할 때 그것은 특정한 형태의 페미니즘에도 적용 가능해지기 시작했습니다. 그 말을 한 사람이 마틴 니콜라우스Martin Nicolaus였던 것 같은데, 정확히 기억할 수는 없네요. 어쨌거나 그 논평은『자본』을 마치 레몬처럼 여기는 마르크스주의자들을 겨냥한 비판이었습니다. 그들은 충분히 짜기만 하면, 사회 생활의 모든 범주 위로 레몬즙이 떨어질 것처럼『자본』을 다루었습니다. 1980년대 초반까지, 그러한 방식으로 페미니즘에 접근하는 사람들이 많았습니다. 그들에게 페미니즘은 마르크스주의의 계승자가 되었고, 모든 인간의 비참함에 대한 차세대의 거대 이론이 될 것으로 여겨졌습니다. 저는 하나의 분석적 도구를 다른 모든 것에 대해 특권화하는 시도에, 이론적이고 정치적인 전능성을 가진 것으로 여기는 모든 주장에 회의적입니다.

저는 사고의 체계를 사람들이 특정한 문제를 통제하고 해결하는
데 필요한 지렛대를 얻기 위한 도구로서 접근합니다. 저는 모든 보편적
도구들에 대해서는 회의적입니다. 하나의 도구가 어떤 일은 훌륭하게
수행할 수 있지만, 다른 문제에는 그다지 도움이 되지 않을 수도 있습니
다. 저는 페미니즘이 성적 변이와 관련된 이슈들을 해결하는 지렛대로
서는 최고의 도구라고 보지 않습니다.

저는 「거래」를 마르크스주의에 대한 공격으로 의도했던 것만큼이
나 「성을 사유하기」를 페미니즘에 대한 공격으로 결코 의도하지 않았습
니다. 「거래」는 마르크스주의에 흠뻑 젖어 있던 관객들에게 널리 전달되
었으며, 서로의 관심사가 너무나 다른 시대에는 오해받기 십상이었습니
다. 저는 지금처럼 마르크스주의를 무시하는 시대는 비극적이라고 생각
합니다. 마르크스의 작업에 대한 관심이 되살아나는 것을 보고 싶고요.
마르크스는 뛰어난 사회사상가였습니다. 사회적, 정치적 분석은 마르크
스 사상의 중요하고 필수적인 이슈에 관여하는 데 실패하면서 약화되었
습니다.

이와 마찬가지로 「성을 사유하기」는 광범위한 페미니즘 독자층을
상정한 글입니다. 그것은 페미니즘 학술대회에서 발표되었고, 페미니스
트 관객을 조준하였으며, 페미니즘 논의의 맥락 안에서 쓰였습니다. 저
는 페미니즘이 모든 것을 똑같이 잘할 수는 없다고 말함으로써 일군의
페미니즘 작업을 공격하고자 한 것이 아니었습니다.

결론적으로, 저는 사회적 계층화의 방대한 목록에 성적 실천을 하
나 더 얹고 싶었습니다. 섹슈얼리티를 박해와 억압의 벡터로서 정립하
고자 한 것입니다. 1960년대에, 중요한 계층화는 신분, 계급, 인종으로

이해되었습니다. 페미니즘의 위대한 공헌 중 하나는 그 목록에 젠더를 추가한 것입니다. 1980년대 초반에 이르러 저는 젠더를 첨가하는 것만으로는 성적 박해의 문제를 해결할 수 없으며, 섹슈얼리티 또한 포함되어야 한다는 점을 분명히 깨닫게 되었습니다.

버틀러　당신 자신의 작업은 기술적으로 매우 풍부해졌으며, 그중에서도 특히 초기의 성과학자들과 관련된 민족지학적 작업이 특히 그렇습니다. 당신은 그들의 노력에 대해 가치 있는 기술적descriptive 자료로 가득 차 있다고 칭찬했는데요. 당신은 그들이 사례와 실천들을 '보았다'고 언급했습니다. 이 맥락에서 '보고 있다'는 것은 이론적인 활동을 뜻하나요? 달리 말하자면, 우리는 특정한 형태의 이론적 가설을 통해, 혹은 그것을 가지고서 보지 않나요? 특정한 형태의 실천들을 '볼 수 있거나', '볼 수 없거나'는 어떤 이론적 가정이 사용되었느냐에 달린 것이 아닌가요? 아마도 당신은 이 기회를 통해 기술적 작업과 이론적 작업의 관계에 대해 좀 더 말하고 싶었을 것 같습니다.

루빈　물론 그렇습니다. 우리는 어떤 것을 볼 때마다 '볼 수 있는 것'을 구성하는 것이 무엇인지 이미 어느 정도 결정하고 있습니다. 그런 결정은 우리가 '보고' 있는 것을 어떻게 해석할 것인지에 영향을 미칩니다. 초기에 알려진 성과학은 제가 거부하는, 특히 성적 다양성을 성적 병리학과 동일시하는 가정과 같은 그런 일련의 해석과 설명을 생산했습니다. 성과학의 가정은 우리가 오늘날에도 여전히 다루고 있는 범주들과 가정들, 즉 여성은 남성에 비해 성적 도착이 되기 힘들고, 성적 도착이 되는 경향이 적으며, 성적 도착에 능숙하지 않다는 생각들을 생산했습니다. 동시에 성과학자들의 접근 방법이 비록 오해받았다고는 하지만, 그럼에도 그들은 성적 다양성을 그들의 시좌視座에 포함시키도록 만들었습니다. 이를테면 그들은 성적 다양성을 렌즈의 핵심에, 기획의 초점에 둔 것입니다. 프로이트가 더 나은 시야와 더 나은 해상도를 가진 렌즈를 갖고 있다고 해도, 성적 다양성은 그의 시야 너머에 있었습니다. 어떤 면에서 보자면, 그런 시각은 페미니즘의 많은 부분을 포함하여, 이후의 작업에도 여전히 남아 있습니다.

그러나 당신의 질문은 제게 다른 문제를 제기합니다. 그것은 경험적 연구와 기술적 작업이 종종 이론보다 열등하고 저급하며, 심지어 낙인찍힌 행동으로 종종 취급되는 방식입니다. 이것이 오늘날, '이론'이란 정확히 무엇을 의미하는가, '이론'으로서 중요한 것은 무엇인가에 관한 논의가 필요한 이유입니다. 저는 경험적인 작업에 대해 무시하는 태도가 줄어들었으면 합니다. 자료와 힘들게 씨름하는 작업을 멸시하거나 혹은 거들먹거리는 태도로 취급하는 불편한 경향이 있는데요. 부분적으로 이것은 실증주의와 조야한 경험주의에 대한 상당히 정당화된 비평으로부터 나옵니다. 그러나 그러한 비평들은 정보를 수집하는 데 실패한 것을 정당화하기보다는 정보를 수집하고 평가하는 테크닉을 날카롭게 연마해야 합니다.

제 친구 중 한 사람은 "모든 자료는 지저분하다"고 말하길 좋아합니다. 저는 이 말을 자료란 쉽사리 혹은 필연적으로 나타날 수밖에 없는 내재적 의미를 지니고서 저기 저 바깥에서 그저 수확되기만을 기다리고 있는 것이 아니라는 뜻으로 받아들입니다. 자료 또한 사회적으로 구성됩니다. 무엇이 자료로 구성되는가를 결정하고, 자료로부터 무엇을 배울 수 있는가를 평가하는 데 영향을 미치는 관점은 언제나 있습니다. 그렇다고 하여 자료는 원래 불완전하기 때문에 아예 그것과 씨름하는 것을 피하는 것이 상책이라고 결정하는 것은 크나큰 실책입니다. 저는 자료가 아예 없는 것이 자료를 일부 갖고 있는 것보다 더 낫다고 생각하는, 혹은 자료를 다루는 것은 열등하고 믿을 수 없는 행위라는 태도가 커질까 염려스럽습니다. 탄탄하게, 잘 연구된, 주의 깊은 기술적 작업들의 결핍은 엄격한 개념적 검토의 결핍만큼이나 결과적으로 페미니즘과 게이, 레즈비언 연구를 시들게 할 것입니다. 저는 이와 같이 확산되는 관념론이 생각 없는 실증주의만큼이나 심란하다고 생각합니다.

저는 또한 경험주의적 작업이 언제나 쉽고 단순하며 혹은 분석적이지 않다는 생각이 터무니없다고 생각합니다. 불행히도 탁월한 경험주의적 작업은 종종 인정받지 못합니다. 훌륭한 경험주의 연구는 많은 사고와 관련을 맺고, 훌륭한 개념적 분석 작업만큼이나 지적으로 도전적입니다. 많은 면에서, 경험주의적 작업은 훨씬 더 도전적입니다. 저는 이것이 완전히 이단적인 의견이라는 것을 알고 있습니다. 하지만 지금까지 오랫동안 많은 사람들에 의해 경작되어서 이미 널리 소화된 일련의 정전적 텍스트에 대해 작업하는 것보다 1차 자료를 조립하고, 소화하고, 이해하고, 조직하고, 재현하는 것이 더 어렵습니다. 최고의 경험주의적 연구에는 수많은 '이론'이 있습니다. 비록 그들의 연구가 중요하고 권위 있거나 합법적인 '이론가' 25명의 목록을 인용하지 못했다고 할지라도 말이죠.

더욱이 자료를 다루는 사람들은 경험주의적 재료들을 평가하는 법에 관해 세련되도록 훈련받습니다. 이론의 우월성을 주장하는 사람들, 경험주의적 연구를 경멸하는 사람들은 그들 자신의 '이론적' 작업에서 사용하는 자료들에 관해 꽤 순진한 것이 틀림없습니다. 이를테면, 종종 자료는 뒷문으로 들어오기 때문입니다. 경험주의적 연구 혹은 훈련의 부재로 인해, 표면상 이론적인 텍스트들은 가정, 상투형, 일화, 맥락에서 벗어난 자료의 파편들, 부정확한 디테일, 다른 사람들의 연구, 소위 다른 이론적 텍스트로부터 재활용된 재료들에 의존하는 것에 그칩니다. 그래서 극단적으로 지저분한 자료들이 신성한 '이론'으로 모셔지죠. '이론적' 작업과 '경험적' 작업의 대립은 잘못된, 혹은 적어도 왜곡된 것입니다. 개념적 분석과 자료 분석 사이의 불균형은 재단장이 필요합니다. 즉 저는 이론에 관한 동시대적 범주들을 좀 더 '심문'하고, 그런 '이론'과 경험적 혹은 기술적 연구 사이의 관계를 좀 더 살펴보고 싶습니다.

제가 섹슈얼리티와 관련하여 살펴보고 싶은 특정한 문제가 하나 더 있습니다. 해당 개인이나 집단에게 분석의 관련성이나 적용 가능성을 들이대지 않고서도, 특정한 종류의 개념 분석 혹은 문학 비평과 영화 비평은 살아 있는 개인이나 인구집단에 관한 기술이나 설명을 제공한다는 상식적인 가정이 있습니다. 저는 그러한 가정이나 주장에 관해 흥미로운 것들을 말하기 위해서 그러한 일군의 가정들 혹은 텍스트들에 대상으로 현란한 분석을 수행하는 사람들에게 반대하지 않습니다. 저는 철학, 문학 분석 혹은 영화 비평 그 자체에 반대하는 것이 아닙니다. 그러나 살아 있는 인구집단에 대한 기술이나 그들의 행위에 대한 묘사를 무분별하게 사용하는 그런 분석에는 문제가 있다고 생각합니다.

예를 들어, 어떤 것(가령 '마조히즘')이나 그런 인구집단(예컨대 '마조히스트)'에 관한 진술을 생산하기 위해 몇 개의 특권화된 '이론적' 텍스트를 문학이나 영화 비평과 결합하여 성적 변이를 분석하는 경향이 있습니다. 현재 유행하고 있는 사도마조히즘 '이론'은 1971년에 나온 들뢰즈의 '마조히즘'에 관한 긴 논문입니다. 들뢰즈 분석의 대부분이 소설, 주로 자허마조흐의 소설 『모피를 입은 비너스』와 사드의 텍스트에 바탕하고 있다는 사실에도 불구하고, 그는 사디즘과 마조히즘 일반에 대한 권위자로서 여겨집니다. 그가 이론가로 알려져 있기 때문에, 사디즘과 마조히즘에 대한 그의 논평은 '이론'의 반그림자에 둘러싸여 있는 것입니다.

들뢰즈는 사드와 자허마조흐의 문학적 테크닉의 차이를 '사디즘'과 '마조히즘' 사이의 고유한 차이에 대한 증거로서 취급합니다. 그러나 그가 말하는 '사디즘'과 '마조히즘'이 무엇인가요? 문학적 장르인가요? 살아 있는 사디스트와 마조히스트의 욕망인가요? 떠돌고 있는 욕망의 형식인가요? 그는 '사디즘'과 '마조히즘'에 관한 포괄적인 일반화를 만들어냅니다. 예를 들어, "사디즘은 어머니를 부정하고 아버지를 팽창시킨다. 마조히즘은 어머니를 부인하고 아버지를 폐지한다…. 사디즘은 미학적 태도에 적대적인 반면, 마조히즘에는 미학주의가 있다."[28] 저는 이처럼 아동 발달에서 추정되는 보편성을 성적 욕망의 특정한 배치와 동일시하는 정신분석의 전통이 있어야만 이해할 수 있는 그런 진술들이 그다지 의미가 있다고 생각하지 않습니다. 제게 문제가 되는 것은 그런 일반화가 '마조히스트' 혹은 '사디스트'라고 간주될 수 있는 사람들과 인구 집단에 관한 기술적 진술로 여겨질 것이라는 점입니다.

그의 텍스트로 보아 들뢰즈가 매우 빈틈없고, 실제 도착자들과 친숙하다는 점은 분명합니다. 하지만 그의 경험적 지식은 주로 일화 수준입니다. 그는 여성 지배, 특히 전문적인 여주인Mistress에 익숙한 것처럼 보입니다. 더 넓은 문맥의 '마조히즘'과 '사디즘'에 관해 진술하기 위해서 몇몇 문학과 어떤 종류의 개인적 지식으로부터 일반화하는 것 같고요. 이 에세이는 매혹적이지만 거의 아무것도 정의하지 못합니다. 그럼에도 불구하고 이것은 마조히즘과 사디즘에 관한 글쓰기에서 권위적인 텍스트가 되고 있습니다.

들뢰즈를 끌어들여서 '마조히즘적 미학', '마조히즘적 텍스트', '마조히즘의 정신역학' 혹은 '마조히즘적인 서사성'을 분석하는 논의들이 있습니다. 그러한 사용은 마조히즘은 '그것'임을, 특정한 정신역학, 텍스트, 미학, 혹은 서사성이 알 만할 것일 뿐 아니라 알려져 있음을 함축합니다. 이와 유사한 용어가 무엇을 의미하는가는 차치하고, 저는 이런 면에서 '마조히즘은' '~이다' 혹은 '~을 한다', 혹은 '~을 의미한다'가 실제 마조히스트는 누구인가, 무엇을 하는가, 혹은 무엇을 의미하는가에 대한 기술이나 해석으로 여겨질 위험이 있다고 봅니다. 그러나 이러한 진술의 권위는 마조히스트에 의해 실천되는 마조히즘의 구조적 지식으로부터 나오지 않았습니다. 이것은 들뢰즈의 논평, 사드의 소설과 철학적 글쓰기, 자허마조흐의 소설, 마조히즘의 인과관계학에 관한 정신분석학적 글쓰기, 다양한 다른 텍스트와 영화들, 개인적 일화에 근거한 균형 잡힌 분석적 장치로부터 나옵니다.

저는 살아 있는 인구집단에 관한 진술은 추측에 근거한 분석, 문학 텍스트, 영화적 재현, 혹은 예상된 가정이 아니라 그런 인구집단에 관한 지식에 기반을 두어야 한다는 오래된 사회과학적 태도를 갖고 있습니다.

버틀러 그럼 당신이 지금 현재 하고 있는 작업에 대해서 말해주세요. 그리고 어떻게 개념적이고 기술적인 영역 사이의 긴장과 협상하는지도요. 당신은 샌프란시스코의 게이 남성 가죽 공동체에 관한 연구를 막 끝냈는데요. 거기에서 찾은 것은 무엇인가요?

루빈 저는 이 프로젝트를 시작했을 때 성적 민족 집단 형성 ethnogenesis이라는 질문 전체에 관심이 있었습니다. 성적 공동체가 어떻게 형성되는지를 더 잘 이해하고 싶었고요. 이 질문은 제 레즈비언 역사 작업으로부터 나왔습니다. 처음에 저는 레즈비언 공동체가 어디서 왔는지, 혹은 그들이 어떻게 존재했는지를 그려보려고 했습니다. 그러다 레즈비언 공동체뿐 아니라 게이 남성에 관해서도 궁금해졌습니다. 저는 많은 섹슈얼리티가 도시 인구집단으로 조직되었으며, 상당수는 영토적이라는 것을 깨달았습니다. 저는 어떤 황새(아이를 물어 온다고 알려져 있다 - 옮긴이)가 이 모든 성적 인구집단을 탄생시켰는지, 어떻게 이러한 일이 생겨났는지가 궁금해지기 시작했습니다. 이것은 레즈비어니즘, 동성애, 사디즘, 마조히즘, 혹은 페미니즘과 같은 범주에 관한 제 사유 전반에 걸쳐 새로운 방향을 부여했습니다. 이들을 임상적 실체나 혹은 개별 심리학의 범주로 간주하는 대신에, 저는 역사들, 영역들, 제도적 구조들, 의사소통 양식을 가진 사회적 집단으로서 그들에게 접근했습니다.

인류학자로서 저는 무언가 동시대적인 것을 공부하고 싶었습니다. 제가 이 공동체를 고른 이유는 무수히 많지만, 그중 하나는 2차 대전 이후로 이들 집단이 분명해졌다는 점입니다. 1940년대 후반 이후로 이 집단에 쭉 연루된 개인들이 있었습니다. 저는 그들에게 접근해서, 한때 완전히 낙인찍히고, 은폐되고, 멸시받던 성적 실천 혹은 욕망이 특정한 하위문화에서는 정상적이고 바람직한 것으로 제도화될 수 있었던 대단히 매혹적인 과정을 연구할 수 있었습니다. 비규범적인 섹슈얼리티가 용이하도록 고안된 하위문화 체계의 구축은 흥미로운 과정이었습니다.

많은 측면에서 게이 남성 가죽 공동체는 성적 사회구성체 형성에 있어 교과서적인 사례입니다. 물론 제가 처음에 생각했던 것보다 그 내부에서도 섹슈얼리티가 대단히 복잡함에도 불구하고요. 예를 들자면, '가죽'이 항상 'S/M'을 의미하는 것은 아닙니다. 가죽은 S/M을 하는 게이 남성, 주먹성교를 하는 게이 남성, 페티시스트인 게이 남성, 남성적이고 남성적인 파트너를 선호하는 게이 남성을 포함하는 넓은 범주입니다. 가죽은 그런 공동체 안에서 다른 개인들과 그룹들에게 다른 의미를 가진 다면적인 상징이기도 합니다. 게이 남성들 사이에서, 가죽과 남성성의 은어는 1940년대 이래로 게이 남성 S/M을 위한 주요한 체제가 되었습니다. 다른 집단들은 유사한 욕망을 다른 사회적, 상징적인 배치로 조직합니다. 예를 들어, 거의 같은 시기였지만 대부분의 이성애 S/M은 가죽 상징, 남성성의 상용어, 혹은 도시 영토를 중심으로 조직화되지 않았습니다. '가죽'은 게이 남성들 사이에서 특정 형태의 욕망이 사회적으로 조직화되고 구조화되는, 역사적이고 문화적으로 특정한 구조물입니다.

저는 또한 제가 이 연구를 시작할 때에는 적어도 특정한 성적 행위, 즉 주먹성교가 진정으로 독창적인 발명품이라는 점을 알지 못했습니다. 다른 사람들이 지적했듯이, 주먹성교는 아마도 이 세기에 개발된 유일한 성적 행위일 것입니다. 이것은 매우 일찌감치 실천되어왔습니다. 그러나 1960년대 후반과 1970년대 초반에 인기를 얻었고, 그만의 고유한 하위문화적 정교화와 제도화를 낳았습니다.

게이 남성 가죽 공동체 안에서는 이성애자들 혹은 레즈비언들 사이에서 볼 수 없는 방식으로 변태성과 남성성을 통합시킵니다. 이성애자와 레즈비언 사이에서는 그 통일성이 다르게 배치됩니다. 이는 특정한 성적 행위를 통일하는 매우 고유하고 흥미로운 방식입니다.

버틀러   남성성과 변태성kinkiness의 조합은 왜 중요한가요?

루빈   그것은 매우 큰 주제입니다. 우리가 여기서 하고 있는 것보다 훨씬 더 긴 논의를 요구할 텐데요. 게이 남성들 사이에서, 남성성을 채택하는 것은 복잡합니다. 그것은 남성 동성애적 욕망을 전통적으로 계집애같은 것으로 보는 경향에서 벗어나려는 것과 상당한 관련이 있습니다. 19세기 중반 이래로, 동성애적 대상 선택과 크로스젠더 혹은 트랜스젠더 행위 사이의 구분이 서서히 발전해오고 있습니다. 한때 '남성적인 동성애자'('여성적인 레즈비언'과 같이)는 모순 어법으로 간주되었습니다. 그런 사람들이 존재했지만, 섹슈얼리티와 젠더의 헤게모니적 모델로는 "생각할 수 없는" 것이었습니다. 가죽 공동체의 성장은 남성성이 남성 동성애자들에 의해 주장되고, 단언되고, 전유되는 긴 역사적 과정의 일부입니다. 게이 남성 S/M을 포함하여 게이 남성 가죽은 욕망하는/욕망되는 주체들과 욕망되는/욕망하는 대상들 모두를 남성적인 것으로 약호화합니다. 이런 체계에서 남자는 제압되고, 억눌리고, 고통받고, 삽입되더라도 그의 남성성, 바람직함, 주체성을 유지합니다. 여자 같은 동성애자 S/M의 상징도 있습니다. 하지만 이것들은 게이 남성 가죽 공동체의 50년 역사에서 상대적으로 사소한 주제입니다.

다른 공동체들은 이러한 것들을 같은 방식으로 결합하지 않습니다. 같은 시기에 이성애자 S/M은 섹스 광고, 직업적인 프로 돔dominance, 사적인 사교 클럽을 통해서 조직되었습니다. 이성애자 S/M에게 가죽은 페티시였지만, 제도화에 뿌리를 내린 핵심적 상징은 아니었습니다. 이성애자 S/M은 세력을 주장하지 못했고, 그랬다 하더라도 그 지배적인 스타일의 상용어는 여성적이었습니다.

이성애자 S/M과 페티시즘의 이미지는 많은 여성적인 상징주의에 의존했습니다. 남성 이성애자들을 대상으로 한 S/M 에로티카는 종종 거의 여성 캐릭터들이었고, 소수의 남성 캐릭터들은 종종 여성화되기도 합니다. 여기에는 S/M 에로티카의 법적 규제 역사의 특이성을 포함하여, 많은 이유가 있습니다. 그러나 분명히 많은 이성애자 남성은 사랑스러운 젊은 여성이 되는 판타지를 갖고 있습니다. 장비가 잘 갖춰진 돔의 집에는 특별 대우를 위해 후한 돈을 지불하는 크로스 드레싱 남성 고객들을 위한 특별한 방이 있습니다. 이 '판타지' 방은 '던전' 룸이나 '메디컬' 룸과는 구별됩니다. 이 방은 종종 분홍색 프릴과 러플로 장식됩니다. 전형적인 이성애자 S/M 커플은 여성 복장을 한 여성과 공공연하게 혹은 은밀하게 '여성화된' 돔 남성이 관계할 수 있습니다.

'남성적인' 이성애자 남성 마조히스트나 사디스트가 없다는 말이 아닙니다. 더구나 이성애자 S/M에게 이 여성적인 이미지는, 게이 남성 S/M에게 남성적인 이미지처럼 헤게모니적인 것이 아닙니다. 그러나 이성애자 S/M의 가시적이고 일반적인 스타일은 여성적인 여성과 여성화된 남성, 일종의 판타지 '레즈비언' 커플과 관계합니다. 반면에 실제 레즈비언 사도마조히스트들 사이에서 남성적이고 여성적인 스타일, 젠더, 상징들은 꽤 공평하게 분배되는 것으로 보입니다.

버틀러 이제 젠더로 다시 돌아가고 싶은데요….

루빈 당신은 그리고 싶을 거예요! 저는 섹슈얼리티와 젠더가 항상 단절되어 있었다고 주장한 적은 결코 없었습니다. 다만 양자가 동일한 것이 아니라는 점을 지적하고 싶었을 따름이지요. 게다가 섹슈얼리티와 젠더의 관계는 보편적인 것이 아니라 상황적인 것입니다. 반드시 특정한 상황에 의해 결정되었던 것이 틀림없습니다. 젠더에 관한 심화된 논평은 당신에게 맡겨야 할 것이라고 생각합니다. 군림하는 젠더의 '여왕'으로서 당신의 능력에 맡겨두고 싶네요!

13장

성적 하위문화 연구

북미 도시 거주 게이 공동체의
민족지학적 발굴

13장은 원래 엘런 르윈(Ellen Lewin)과 윌리엄 리프(William Leap)가 편집한 『이론 너머에서: 레즈비언 및 게이 인류학의 출현(Out in Theory: The Emergence of Lesbian and Gay Anthropology)』(Urbana: University of Illinois Press, 2002, pp. 17~68)에 실렸던 것이다.

인류학과 동성애

우리 사회는 연령과 남녀를 불문하고 어떤 형태의 동성애 행위도 인정하지 않는다. 이 점에서 우리 사회는 수많은 다른 인간 사회와 구별된다. 이런 관점으로 볼 때, 일부 사회는 우리 사회와 비슷하지만, 대다수 사회는 적어도 일정한 인구집단에게는 동성애를 허용할 뿐 아니라 심지어 권장하기까지 한다. 그런 행위에 대한 사회적, 법적인 장벽에도 불구하고 일부 미국인 남성과 여성들 사이에 동성애 행위가 행해지고 있다.

—클레런 S. 포드와 프랭크 A. 비치, 『성적 행동 패턴』

과거 몇십 년에 걸쳐 인류학은 성적 공동체와 성애 인구집단 연구에 두각을 드러냈지만 그렇다고 일관된 역할을 수행했던 것은 아니다. 인류학은 섹슈얼리티 중에서도 특히 젠더와 이성애를 자연스러운 보편으로 간주하는 것을 비판해온 현대이론의 핵심 세력이 되었다.[1] 비교 민족지학적comparative ethnographic 자료들은 반동성애 편견의 도덕적 정당화를 비판하는 데 도움이 되었다.[2] 인류학자들은 동성애에 관한 사회과학 문헌 생산에 실질적으로 기여했다.[3] 인류학 작업은 성적 변이의 '도착'적 모델의 지적인 토대를 잠식하는 데 도움이 되었다.

20세기 상당 기간, 일반적인 일부일처제와 생식 가능한 기혼 이성애라는 소위 정상적 규범에서 벗어난 성적 관행은 바람직하지 못할 뿐 아니라 육체적으로도 건강하지 못하고 사회적으로 열등하거나 혹은 심리적 장애의 징후라고 취급되었다. 그와 같은 도착 모델은 성적 다양성의 병리학을 가정했다. 성적 다양성이 질병이자 장애라는 가정은 명시적일 수도, 아니면 암묵적일 수도 있었지만, 어쨌거나 그런 가정은 곳곳에 만연해 있었다. 그런 모델은 특히 의학적 문헌과 정신과 문헌에서 두드러졌고, 그다음 수순으로 이런 문헌들이 전문성을 내세워 섹슈얼리티 담론을 장악하기에 이르렀다.

사회과학 – 특히 인류학, 사회학, 역사학 – 은 사회적 다양성을 도덕적으로 동등하게 수용하려는 지적 경향에 반발하는 발언을 종종 할 수 있다. 인류학은 서구 산업 문명을 인류가 성취해온 유일한 척도로 받아들이는 것을 거부하고, 다른 문화 체계들을 똑같이 정당한 것으로 간주하며, 인종적 위계질서와 인종 개념 자체의 토대를 공격하고, 문화적으로 특수한 프레임 안에다 인식론적인 가정을 위치시키며, 도덕적 가치가 어떻게 특정한 사회적 맥락에 의해 산출되는지 보여줌으로써, 성적 영역을 포함하여 많은 등재 기록에 여러 가지 다양한 이데올로기를 동등하게 취급하는 데 강력한 힘을 발휘할 수 있었다. 20세기 전반 50년 동안 인류학과 여타 사회과학은 섹슈얼리티 연구를 통제하는 의학에 저항했으며, 일탈에 기초한 모델을 인간 문화적 관행의 다양성을 인정하는 프레임 모델로 교체하는 데 도움을 주었다.

그런데도 인류학은 자신의 사회적 지위에 휘말려 들어서, 성적인 편견에서 도출된 함의를 스스로 성찰하기보다는 상당히 합리화된 자기만족의 형태로 남아 있었다. 인류학처럼 그렇게 막강한 영향력을 행사한 학문 또한 섹슈얼리티 연구 분야에서는 기이하리만치 편협했다는 점은 아이러니가 아닐 수 없다. 특히 학과 제도는 섹슈얼리티 중에서도 서부 도시지역 동성애 연구조사를 장려하지 못했으며, 심지어 어떤 측면에서는 방해하기까지 했다. 그 결과, 동성애와 그 밖의 다른 성적 인구집단에 관한 현대 학문에 인류학이 끼친 엄청난 지적 기여와 그에 미치지 못하는 빈약한 제도 사이에 벌어진 불일치는 심대한 파급효과를 미쳤다. 가령 게이나 레즈비언 혹은 트랜스젠더 이슈를 연구하는 많은 학자는 그런 연구가 대개 1990년대 프랑스 이론에서 전적으로 기원하여 현대 언어학, 문학, 철학, 영화 연구와 같은 분야에 자리 잡은 것으로 가정한다.[4] 그다음 차례로 많은 인류학자는 사회과학이 섹슈얼리티에 관해 보여주었던 폭넓은 관심사를 알지 못하며, 게이 연구를 주로 미학 비판과 같은 가벼운 영역에서 다뤄온 것으로 간주한다.

그런데도 동성애 연구와 다른 비규범적 섹슈얼리티 연구는 사회과학에서 장기 지속된 뚜렷한 계보를 갖고 있다. 이 논문의 목적은 그런 역사를 발굴하려는 시도이며, 특히 미국 대도시 지역의 게이, 레즈비언, 그밖의 소수 성애자 인구집단에 관한 민족지학적 연구를 발굴하는 데 있다. 나는 1970년대 초중반 섹슈얼리티에 관한 새로운 이론과 패러다임을 명시하는 데 이런 일군의 작업이 기여한 방식을 제시하고자 한다.[5]

도시문제

인류학은 … 지금까지 원시 부족 연구에 주로 관심을 기울였다. 하지만 문명화된 인간 또한 그에 못지않게 흥미로운 탐구 대상이다. 문명화된 인간의 생활은 관찰과 연구에 좀 더 개방적이다. … 보아스Boas와 로이Lowie 같은 인류학자들이 북미 인디언들의 생활과 풍습을 연구하며 확장했던 끈질긴 관찰 방법은 시카고 저지대 북부 지역에 있는 리틀 이탈리아에 만연한 관습, 신앙, 사회적 관행과 전반적인 생활 개념을 탐구하는 데 적용하면 훨씬 더 유익할 수도 있었다. 혹은 그리니치 빌리지 거주민들, 워싱턴스퀘어나 뉴욕 지역 주민들의 더 세련된 사회적 관행을 기록하는 데 유익할 수도 있었다.

—로버트 E. 파크Robert E. Park, 어니스트 W. 버제스Ernest W. Burgess, 로드릭 매켄지Roderick McKenzie, 『도시The City』

1970년대 초반 새내기 대학원생이었던 나는 많은 시간을 미시간 대학 도서관에서 보내면서 동성애에 관한 인류학적 자료를 조사하고 있었다. 동성 접촉에 관한 비서구 사회 자료는 풍부했다. 거기에는 뉴기니와 주변 퍼시픽 아일랜드 문화의 남성 간 제의적 정액 교환이나 북미 토착 원주민의 간성 젠더intermediate gender를 위한 제도화된 역할 등에 대한 방대한 문헌이 포함되어 있었다. 일부 아프리카 사회의 동성애 관행이나 동성 결합에 대한 보고서도 간혹 있었다.[6] 게이 그리니치 빌리지, 파이어 아일랜드, 웨스트 할리우드와 같은 현대 성적 공동체에 관한 자료들은 오히려 희귀했으며 그런 인구집단에 관한 인류학적인 관심사는 찾아내기가 힘들었다.

섹슈얼리티의 인류학에 이용 가능한 두 가지 주요한 전서全書가 포드와 비치Ford and Beach의 『성적 행동 패턴Patterns of Sexual Behavior』(1951)과 마셜과 석스Marshall and Suggs의 『인간의 성적 행동Human Sexual Behavior』(1971)이었다. 『성적 행동 패턴』은 비교 성과학 분야의 필수 교재이다. 이 책은 성적 관행에서 문화적 변이의 범위를 확립할 때 널리 인용되면서 많은 영향을 미쳤다. 포드와 비치는 동성애에 한 장을 할애했는데, 여기에 실린 자료들은 사회가 동성애 행위를 긍정하는가 아니면 부정하는가 하는 관점에서 주로 제시되었다. 1950년대 미국에서 동성애에 가해진 반발의 수준은 보편적인 것이 아니었으며, 심지어 상당히 극단적이었다고 지적함으로써, 포드와 비치는 널리 만연되었던 불관용을 침묵이 강요되는 상황에서도 은근히 암시적으로 비판했다. 그들이 제시한 참고문헌과 개요들은 다른 사회, 특히 인간관계 영역 파일Human Relations Area Files에 필요한 민족지학적인 문헌에 동성 접근 자료들을 접목할 수 있는 대단히 유용한 발견 지침을 제공해주었다.

포드와 비치는 미국에서 그 당시 구할 수 있었던 주요한 섹스 조사연구에 의존했다. 그런 섹스 조사연구가 잘 알려진 킨제이 보고서 제1권(1948), 조지 헨리의 성적 변이에 관한 두 권짜리 저작물(1941), 그리고 캐서린 버먼트 데이비스Katherine Bement Davis의 여성 2200명의 성생활 조사연구 등이었다. 포드와 비치의 논의는 개인과 성행위 유형에 주목함으로써 그런 출전을 반영한다. 예를 들어, 킨제이의 응답자 중 얼마나 많은 사람이 '페니스 상호 수음'을 했는지, 혹은 응답자 중 몇 퍼센트가 항문성교에 가담했는지를 반복 인용한다. 사회집단은 인류학이 관심을 갖는 훨씬 더 통상적인 단위라는 점으로 미뤄볼 때, 미국에서 조직화된 동성애 공동체에 관한 인식이 부재했다는 것은 놀라운 일이다. 포드와 비치는 동성애 연구를 문화적 상대주의의 강력한 수단으로 삼았지만, 도시의 성적 인구집단의 사회적 복잡성을 거의 인식하지 못했다.

반면에 그로부터 20년 후에 출간한 『인간의 성적 행동』에서 마셜과 석스는 도시 동성애자의 사회 생활에는 정통했지만, 민족지학적인 상대주의 자세를 유지하는 데는 미숙했다. "일부 동성애자들은 주거지나 특정한 오락 시설이 있는 곳을 찾아들거나 정기적으로 방문했다. 그런 곳들은 일탈적인 행동에 더 관용적이었기 때문이다. 그리고 서부 동성애자 상당수는 그들 나름의 행동 패턴을 통해 완전히 다른 하위문화를 발전시켰다"[7]고 그들은 말했다.

동성애 사회 생활을 인정하면서도 마셜과 석스는 동성애를 여전히 정신병이자 심각한 심리적 기능장애의 한 증상으로 분류했다. "《버클리 바브Berkeley Barb》의 동성애 광고가 관음증자, 사디스트, 마조히스트, 페티시스트와 더불어 실린 것처럼, 동성애 행위를 도시지역의 '무도회fairy balls'나 복장 전환자들의 '미인대회'로 해석하기는 힘들다. 그것은 **널리 퍼져 있는 하위문화권 구성원들에 의해 복잡다단해진** 인격 장애라는 사이코패스적인 표현 이상으로 볼 수는 없다."[8]

게다가 마셜과 석스에 따르면, "일부 정신분석가의 해석, 그리고 논리에 따른 해석과 함께 의학적, 정신과적인 자료들에서 보다시피, 현대 서구의 성도착자는 사회적, 개인적 부적응자로 간주해야 하며 상당수 사례의 경우 사회에 위험을 미칠 정도의 심각한 질병으로 간주해야 한다."[9] 미국정신의학회가 공식적으로 동성애를 비병리적인 것으로 재분류하여 성심리 장애 목록에서 삭제하기 겨우 2년 전이었으므로, 그들은 "활발한 동성애를 인정하는 것은 사회가 그들에게 관심이 없거나, 혹은 그들의 병을 고치려고 노력하지 않거나, 그런 사회심리적 일탈자들이 심란한 행동 패턴을 퍼뜨리는 것을 방지할 의욕이 없거나, 그것도 아니면 사회가 아예 자기 생존에 전혀 관심이 없다고 선언하는 것과 다를 바 없다"[10]고 분명히 단언할 수 있었다.

마셜과 석스는 섹슈얼리티 연구에 새로운 차원의 민족지학적 객관성과 과학적 중립성을 도입하자고 주장하며 결론을 맺었다. "엘리스, 크라프트에빙, 프로이트, 그리고 그 밖의 사람들이 몇십 년 동안 섹스의 다면적 양상에 관한 연구에 바친 모든 노력과 더불어, **이제 겨우 우리는 인간 행동의 가장 기본적인 측면에서 비교적 문화로부터 자유로운 관점에 이르기 시작했다.**"[11] 성적인 변이에 접근하는 데 있어 열린 마음과 문화적 부담을 최소화하려는 괄목할 만한 노력에도 불구하고, 그들은 동성애가 근본적으로 병리적이라는 가정에 빠진 채 허우적거렸다. 『인간의 성적 행동』은 인간 섹슈얼리티의 비민족지학적 연구를 확립하기는커녕, 1971년이 되도록 민족지학적 성찰이 상식적인 편견과 정신과적인 헤게모니에 얼마나 휘둘렸는지를 잘 보여준다. 이 두 가지 인류학적인 텍스트를 차치한다면, 이 20년 동안 섹스에 대한 사회과학적인 접근을 확립하려는 작업, 당대의 성적인 인구집단에 대한 민족지학적 연구의 생산, 인간 섹슈얼리티 연구에서 정신과가 차지하는 특권적인 역할에 관한 연구가 주로 사회학에 의해서 이뤄졌다는 것은 아이러니가 아닐 수 없다.

시카고 대학과 성적 세계의 발견

> 순전히 심리적 현상이 아닌, 사회적 현상으로 동성애를 재정
> 립하는 작업은 다음 두 가지 방법으로써 확립되었다. 하나
> 는 동성애를 사회적인 문제(동성애자들의 사회 부적응 문제
> 로 이해하거나 그들에 대한 편견을 제거한다는 애매한 틀)로
> 정의함으로써, 다른 하나는 동성애 세계의 존재를 공적으로
> 인정함으로써 확립된 것이다. 2차 대전 직후부터 시작하여
> 1960년대에 이르기까지 사회적 이슈로서의 동성애는 다양
> 한 일군의 담론에서 출현했다.
>
> ─제프리 에스코피어,
> 「사회적인 것을 읽어내기 Reading the Social」

섹슈얼리티가 사회적인 것이며 사회과학적 탐구에 적합한 대상이
라는 생각은 1950년대와 1960년대 동안 일탈의 사회학이라는 소수 문
헌에서부터 강력히 부각되었다.[12] 이런 일군의 작업이 보여준 가정, 질
문, 함의 들은 정신과적인 가정, 질문, 함의에 도전했으며, 개인적인 장
애의 병인론에 관한 관심사를 제도적인 구조와 일탈적 하위문화의 사회
화 기제에 관한 호기심으로 바꿔놓았다. 제프리 에스코피어가 관찰했던
것처럼, 동성애 사회 세계의 '발견'은 동성애를 의학적인 문제라기보다
는 사회적인 문제로 재분류하는 데 핵심적인 역할을 했다. 동성애 하위
문화에 대한 민족지학적 주목으로 인해 동성애자 개인이 아니라 동성애
공동체로, 질병이 아니라 일상적인 것으로 관심의 방향이 이동했다.

이런 방향 전환에 핵심적인 역할을 했던 많은 학자가 시카고 대학 사회학과에서 훈련을 받았다. 그중에는 존 가뇽, 윌리엄 사이먼, 앨버트 라이스Albert Reiss, 윌리엄 웨슬William Westle, 그다지 직접으로 관련된 것은 아니지만 그래도 하워드 베커Howard Becker와 어빙 고프먼 등이 포함된다. 물론 이들 외에도 이런 전환 과정에 기여한 다수의 저명한 연구자들이 있었다. 그중에서도 특히 심리학자인 이블린 후커Evelyn Hooker, 앨프리드 킨제이가 있는데, 킨제이의 배경은 생물학이었다. 시카고 대학 외에는 UCLA 같은 곳에 연구소들이 있었다. 후커는 UCLA 교수였다. 그리고 인디애나 대학이 있었다. 인디애나 대학 소재 킨제이 연구소는 섹슈얼리티를 재정의하고 성적 일탈을 재정립하는 데 이바지했던 주요한 지적 공간이었다.[13] 무엇보다 시카고 대학 사회학과에서 훈련받았던 개인들이 기이하게 집결하여 도시민족지학을 중심으로 일탈의 사회학을 연구했다는 점은 충분히 주목할 만한 현상이었다.

시카고 대학 사회학 연구는 W. I. 토머스와 플로리안 즈나니에츠키Florian Znaniecki의 공저『유럽과 미국의 폴란드 농민들The Polish Peasant in Europe and America』(1918~1920)의 출판 이래, 도시사회학에서 이뤄낸 선구적인 작업으로 유명해졌다. 토머스는 세부적인 현장 관찰 연구에 바탕을 둔 도시 연구 확립이라는 업적으로 잘 알려진 인물이지만, 그뿐만이 아니었다. 그는 1907년 성과학 논문을 출판했다. 토머스의『섹스와 사회: 섹스의 사회심리학에 관한 연구Sex and Society: Studies in the Social Psychology of Sex』(1907)는 신문에 게재된 이전 논문들을 한데 합친 모음집이었다.『섹스와 사회』는 일차 연구에 기초한 것은 아니며 주로 이전에 출판되었던 자료를 기반으로 한 논평인데, 그중 많은 분량이 민족지학적인 것에 할애되었다.

토머스는 20세기로의 전환기 무렵에 잘 알려진 인류학적 저서들을 광범위하게 인용하는데, 웨스터마크Westermarck, 타일러Tyler, 스펜서Spencer, 러벅Lubbock, 모건Morgan 등도 포함되어 있다. 그는 해브록 엘리스의 저작과 같은 초기 성과학 전서에 대한 관심 또한 환기하고 있다. 『섹스와 사회』는 성적 관행에 대한 자료들이 19세기 후반 인류학과 사회이론에 핵심이었음을 상기시킨다. 그와 마찬가지로 인류학적인 관심사, 연구 결과물, 학문 등이 초기 성과학을 강력하게 형성했음을 보여준다. 이런 현상들은 실질적으로 서로 겹쳐져 있어 이들 사이의 구별 짓기는 아직 태동기에 머물러 있었다.

W. I. 토머스는 시카고 풍기문란 단속위원회에 가담하기도 했는데, 이 심사기구는 20세기 초반 미국에서 번창했던 풍기문란 단속 십자군과 상호 밀접한 관계를 맺은 결과 설립된 것이었다. 금주 운동 외에도, 소녀들의 성관계 동의 연령를 높이자는 적극적인 캠페인뿐 아니라 매춘(소위 '사회악')과 '백인 노예'에 반대하는 엄청난 사회적 인력 동원이 있었다.[14] 20세기 초반 미국 도시들에서 일어났던 '풍기문란'에 관해 우리가 알고 있는 대부분이 그런 풍기문란을 제거하려고 수집된 자료에서 기인했다는 사실은 정말로 아이러니가 아닐 수 없다.

더구나 반풍기문란 조직이 매춘을 감시하다 보니, 동성애에 대한 관찰 자료들이 산출되었다. 제15차 뉴욕위원회New York's Committee(1900년 설립)는 제14차 위원회의 후계자들과 마찬가지로 매춘을 문건화했다. "반매춘 협회의 조사관들은 1905년부터 1932년까지 감시하다가 이 도시의 밤 문화와 거리 생활의 상당 부분을 기록하게 되었다. … 매춘을 연구하는 과정에서 그들(제14차 위원회의 조사관)은 정기적으로 게이 남성들과 만났다. … 이런 만남을 통해 기록된 보고서들은 배회하는 게이 남성들, 게이 거리 문화, 게이 남성들이 다른 남자들과 상호작용하는 사회적 관습, 조사관이 그들을 대하는 태도와 반응에 관한 풍부하고 빼어난 증거들을 제공해준다."[15] 뉴욕위원회에 상응하는 시카고 풍기문란 단속위원회는 여성 매춘에 관한 정보를 수집하면서 시카고 동성애 지하 세계의 존재를 파악하고 기록했다.[16]

시카고 풍기문란 단속위원회에 가담한 시카고 대학 교수였음에도 불구하고, W. I. 토머스는 세기말 풍기문란 단속 십자군의 피해자였다. 그는 혼외의 여성과 호텔에 함께 있다가 체포되었고 맨법 위반으로 기소되었다. 맨법은 1910년에 시행된 '백인 노예매매' 금지법이다. 이 법은 여성이나 소녀가 '부도덕한 목적'으로 주 경계를 넘는 것을 금했다. 강압적인 매춘으로부터 여성을 보호한다는 미명 아래, 맨법은 여성의 여행을 제약하고 비혼 이성애 커플들을 괴롭히고 FBI를 영구적인 연방기구로 확립하는 결과를 초래했다.[17]

토머스 기소 사건은 기각되었지만, 도덕성 시비 문제가 공공연하게 노출됨으로써 시카고 대학에서 그의 경력은 끝장이 났다. "해고는 그에게 잔인하고도 심각한 타격이 되었으며 그로 인해 그는 평생 고통을 겪어야 했다. 시카고 대학 출판부는 2권짜리 『폴란드 농부들The Polish Peasant』 초판을 간행했지만, 총장으로부터 출판 계약 취소와 서적 배포 중단 명령을 받았다. … 토머스의 이름은 대학에서 축출되었다."[18] 토머스는 두 번 다시 정규직으로 학계에 임용되지 못했으며 이후 여생을 프리랜서 연구자로서 지냈다.

토머스는 쫓겨났지만, 로버트 E. 파크와 어니스트 버제스의 지도 아래 시카고 대학 도시민족지학은 1920년대와 1930년대 내내 번성했다. 오락과 여가 활동은 도시 풍경에서 빠질 수 없었다. 실제로 1915년 도시 환경에 관한 논문[19]에서 파크는 메트로폴리스 생활과 '풍기문란'의 역학 관계에 관해 상당한 관심을 보여주었으며, "상업화된 풍기문란은 도시 생활에서는 뗄 수 없는 관계이자 도시 생활에 특이한 조건이므로 특히 통제가 힘들다"[20]라고 말했다. 실제로 도시는 작은 소읍과 농촌 지역에서는 잘 어울릴 수 없는 개인들을 끌어당긴다.

메트로폴리스의 매력은 도시 생활의 다양한 부분에서 다양하게 드러나는 환경 속에서 모든 개인이 스스로 편하게 느낄 수 있는 곳을 어디서든 마침내 찾아낼 수 있다는 것에서 부분적으로 기인한다. … 간단히 말해, 자신의 특이한 본성이 자유롭게 충분히 표현될 수 있는 선천적인 경향을 자극하는 그런 도덕적 분위기를 발견할 수 있다는 것이다. 이런 종류의 동기가 많은 사람 중, 전부는 아닐지라도 대부분의 젊은이들과 젊은 여성들이 안전한 시골집에서 벗어나 엄청난 혼란과 흥분으로 북적이는 도시 생활로 이끌리고 있지는 않나 하고 나는 생각한다. 작은 공동체에서는 정상적인 사람, 다시 말해 기벽이나 천재성이 없는 사람이 가장 성공할 확률이 높은 듯 보인다. 그런 소규모 공동체는 대개 기벽을 그냥 참아준다. 그와는 반대로 도시는 그것을 보상해준다. … 이와 같은 일탈적인 유형의 사람들은 이제 좋은 것이든 나쁜 것이든, 자신들의 경향성과 재능이 새로운 결실을 맺도록 해주는 분위기를 도시에서 발견하게 된다.[21]

도시의 크기와 중력에 따라 특수성이 집결한다. 파크는 이제 널리 알려진, 도시의 '불량한 지역 moral region'이라는 표현으로 그것을 명명했다.

그들 인구집단은 관심사뿐 아니라 취향이나 기질의 일치 여부에 따라 스스로를 구별 짓는 경향이 있다. 그 결과로 인한 인구집단의 분포는 직업적인 이해관계나 경제적인 조건에 의한 구별과는 대단히 다른 것처럼 보인다. 도시 인구를 분배하거나 분리하는 경향에 따른 영향력 아래서 모든 이웃은 '불량한 지역'의 성격을 가정할 수 있다. 가령 비행 구역이 있다. 그런 지역은 대부분의 도시에서 찾아볼 수 있다. 불량한 지역이 반드시 주거 공간인 것은 아니다. 그곳은 그저 만남의 장소이거나 휴양지일 수 있다. … 그렇다면 우리는 '불량한 지역'을 받아들여야 하며, 그곳에 사는 어느 정도 괴상하고 예외적인 사람들이 어떤 의미에서 보자면 그냥 자연의 일부이며 정상은 아니라 할지라도 도시 생활의 일부라고 받아들여야 한다. '불량한 지역'이라는 표현을 반드시 범죄자 혹은 비정상인이 모이는 장소나 모임으로 이해해야 할 필요는 없다. 그것은 오히려 다양한 도덕적 코드들이 퍼져 있는 지역에 적용될 수 있는 표현이다. 왜냐하면 그런 지역은 그런 도덕적 코드에 따라서 생활하는 사람들이 지배하기 때문이며, 그곳 사람들은 일상적인 취향이나 열정 혹은 이해관계로 지배되지 않기 때문이다. … 그것은 예술일 수도 있고, 음악 같은 것일 수도 있고, 스포츠 혹은 경마 같은 것일 수 있다. … 그것이 제공하는 기회 때문에, 특히 예외적이고 비정상적인 유형의 사람들의 경우, 더 작은 공동체에서는 억압되거나 대체로 드러나지 않는 모든 인간적 특징과 성격이 도시에서는 방대하게 펼쳐지고 공공의 시선에 그대로 노출되는 경향이 있다.[22]

이런 논평을 통해, 파크는 비규범적인 섹슈얼리티를 중심으로 조직된 인구집단의 존재에 주목하고, 그들이 차지한 공간과 모여드는 구역을 관찰하고, 도덕적 합법성에 대한 기괴한 기준을 인정하고, 그들의 연구에 대한 합리화를 제공한다.

파크와 버제스의 학생들은 살롱, 주류 밀매점, 갱, 슬럼, 부랑자, 광범위한 도시 활동, 생활, 여가를 연구하려고 사방으로 몰려나갔다.[23] 이 기간에 출판된 작업 중 동성애에 주된 초점을 맞춘 것은 전혀 없었지만, 채드 히프Chad Heap가 주목하다시피, "학생들은 또한 도시에서 동성애의 존재가 점점 증가하고 있음에 주목하고, 특수한 도시지역과 인구집단으로 인해 연상되는 광범한 동성 관계와 네트워크를 연대기로 기록했다."[24] 히프는 넬스 앤더슨Nels Anderson의 『부랑자The Hobo』와 조르보Zorbaugh의 『황금 해안과 슬럼The Gold Coast and the Slum』을 동성 행위와 동성애 네트워크의 묘사가 담겨 있는 출판된 두 권의 책으로 선정했다.[25] 다행스럽게도 미간행 동성애 연구의 상당수가 시카고 대학에 버제스 논문들Burgess Papers로 보존되었다. 앨런 드렉셀Allen Drexel, 채드 히프, 데이비드 K. 존슨David K. Johnson, 케빈 멈포드Kevin Mumford와 같은 당대 학자들은 버제스 아카이브를 탐사하고서, 2차 대전 이전 시카고의 동성애자 생활에 관한 엄청나게 많은 자료를 찾아냈다.[26]

2차 대전 이후 도시민족지학의 전통은 시카고 대학에서 계속되었다. 조지프 거스필드Joseph Gusfield는 이러한 작업 정신의 일면을 다음과 같은 논평으로 전한다. "음주에 관한 학위논문 제목으로, 하버드 학생은 '서구 사회 체계에 나타난 문화적 방출 양식'이라고 한다면, 컬럼비아 학생은 '전국적 표본에 나타난 알코올 사용의 잠재적 기능'이라고 할 것이고, 우리 시카고 학생이라면 '55번지 지미 술집에서 일어나는 사회적 상호작용'이라고 달 것이라고 말하곤 했다."[27] 그들은 도시 비행자들의 다양한 집결지에 관한 문헌을 단순히 첨가하는 정도를 넘어서 그 이상의 것을 수행했다. 몇몇 연구자들은 또한 일탈자들과 부적응자들에게는 무언가 본질적으로 잘못된 구석이 있다는, 잘 알려진 가정들 하나하나를 뒤엎는 비판을 발전시키기도 했다. 그들은 그런 인구집단이 어떻게 주류 사회 체계 안에서 도덕적으로 신뢰받지 못하게 되었는가, 그리고 어떻게 그들이 대안적인 공동체 조직을 건설하여 그 안에서 의미 있는 삶을 살아가는가를 보여주었다.

일탈 해체하기

우리 정상인들이 낙인찍힌 사람을 대하는 태도와 그런 사람에게 취하는 행동은 익히 알려져 있다. 이러한 반응은 관대한 사회적 행위를 통해 부드럽게 개선시킬 목적으로 고안된 것이기 때문이다. 우리는 당연히도 낙인찍힌 사람은 인간 축에 들지 못한다고 여긴다. 이런 가정으로 인해 우리는 여러 가지 차별을 행사한다. 우리는 차별을 통해 효과적으로, 종종 아무런 생각 없이 그들이 누려야 할 생활의 기회를 빼앗는다. 우리는 낙인 이론을 지어내고, 그런 사람의 열등성을 설명하는 이데올로기를 만들고, 그가 대변하는 것들이 위험하다고 설명한다. 때로 우리는 사회적 계급 차이 같은, 말하

자면 다른 차이에 바탕을 둔 적대감을 합리화한다. … 우리
는 원래의 불완전함에 그 밖의 온갖 불완전함을 전가하는 경
향이 있다.

—어빙 고프먼, 『낙인』

우리는 언제 우리 자신과 다른 동료 사회학자들을 편견에 사
로잡혀 있다고 비난하는가? 그런 대표적인 사례를 점검해보
면 … 어떤 연구가 위계 관계상 종속 집단에 놓인 사람들의
관점에다 진지한 방식으로 신빙성을 부여하게 될 때 그런 비
난이 나오게 된다. 이런 관계 속에서 지배 집단은 인정된 공
식적 도덕성을 대변하는 사람들이고, 종속 집단은 그런 도덕
성을 위반하는 사람들이라고 추정된다. … 우리는 종속 집단
의 편에 서서 우리가 가진 편견에 의문을 제기한다. … 종속
집단의 관점에서 이야기를 전개하게 될 때 말이다.

—하워드 베커, 「우리는 누구 편인가?Whose Side Are We On?」

「일탈 연구가 보여준 시카고의 두 세계: 그들은 누구 편인가?Chicago's
Two Worlds of Deviance Research: Whose Side Are They On?」라는 논문에서 존 갈리허John
Galliher는, 2차 대전 후 시카고 대학 대학원에서 일탈과 범죄에 관한 연구
에 의미심장한 새로운 국면을 개척하고 진척시킨 일군의 동료 사회학
자들이 보여준 충격을 상세히 기술한다. '일탈deviance'을 재정초시킨 핵
심 인물 중 한 사람이 하워드 베커였다.[28] 베커의 엄청난 영향력은 많은
요인에서 비롯되었다. 연구주제의 선택, 현장에 대한 대담한 재개념화,

1960년대 초반 잡지 《사회문제Social Problems》의 편집장 활동, 사회문제연구학회Society for the Study of Social Problems의 회장직 수행 등이 그러한 요인이다. 1966년 회장 취임 연설은 그 이후 《사회문제》에 실렸는데, 그것이 잘 알려진 「우리는 누구 편인가?」이다.[29]

그 연설에서 베커는 기존의 권위 있는 단체의 관점뿐 아니라 모든 단체의 관점을 포함하기 위해, 사회학 연구자들에게 도전장을 내밀었다. "많은 연구가 책임 있는 담당 행정관리들의 관심사와 부합하는 방향으로 치중하지, 그 반대 방향은 아니라는 점은 쉽게 확신할 수 있다."[30] 여기서 핵심 개념은 베커가 "신뢰도의 위계질서hierarchy of credibility"라고 부른 것이었다. 그는 "그 어떤 고위 집단 체계에서든, 참가자들은 사태를 있는 그대로 정의할 수 있는 권리가 최고위 집단 구성원들에게 있다고 여긴다. … 그리하여 신뢰성과 들을 권리right to be heard는 그 체계의 지위에 따라 달리 분배된다. 사회학자로서 우리는, 기존 질서에 신빙성을 부여하거나 경의를 표하는 복종을 거부함으로써 … 편견에 대한 고발을 선동한다. 기존 질서에서는 진실한 지식과 들을 권리가 동등하게 분배되지 않기 때문이다."[31]

베커는 자신의 연구와 이론적인 저술을 통해, 다양한 방법으로 도덕적 위계질서를 관찰하는 경향이 있으며, 그런 위계질서 대신에 '도덕적 평준화moral leveling' 기획이라고 부를 만한 것에 헌신한다."[32] 가령 그는 다음과 같이 말한다. "연구하는 과정 중에 우리는 연구대상자들과 깊이 공감하게 된다. 외부 사회 전체가 그들을 이런저런 이유로 다 같은 시민으로서 으레 합당한 경의를 표하기에는 적합하지 않다고 볼 때에도, 우리는 그들이 다른 사람들과 마찬가지로 적어도 선량하다고 믿는다."[33]

이처럼 존중받지 못하는 일탈자들, 존중할 만한 시민, 권위 있는 관리들의 의견을 똑같이 동등하게 고려하는 것은 정말로 전복적이었다.

'아웃사이더'에 대한 베커의 초기 연구가 주로 마리화나 사용자와 재즈 뮤지션을 중심으로 이뤄졌지만, 그는 일탈과 '일탈적 생애'[34]라는 맥락에서 동성애 또한 논의했다. 『낙인: 얼룩진 정체성의 관리에 관한 기록Stigma: Notes on the Management of Spoiled Identity』(1963)에서 어빙 고프먼도 광범한 낙인이 작동하는 예로서 동성애를 꼽았다. 그의 관심은 어떻게 개인과 집단이 불신에 빠지고 더럽혀지고 무시당하게 되는가, 그런 낙인들이 어떻게 구성되는가 혹은 대안적 가치, 사회적 연대, '도덕적인 사회생활'에 참여하는 법을 어떻게 배우게 되는가에 집중되었다.

존 가뇽, 윌리엄 사이먼, 그리고 시카고 대학 사회학과에서 훈련받은 다른 두 명의 사회학자들은 동성애에 대한 전면적 재평가를 포함하여, 특히 성적 일탈을 가장 포괄적으로 재사유하는 작업에 착수했다. 대학원에서의 연구를 마친 후 그들은 인디애나 주 블루밍턴 소재 성 연구소Institute for Sex Research에서 연구를 수행하게 되었다. 가뇽은 1959년에 도착했고 사이먼은 1964년에 뒤따라왔다. 시카고 대학의 사회적 조사연구라는 지적 유산과 섹슈얼리티에 집중한 킨제이 연구소의 지적 유산이 상호 조응한 것은 예기치 않은 행운이었다. 가뇽과 사이먼은 성 연구의 수행과 성 이론의 재형성에 대한 그들의 사회학적인 관점이 의미하는 바를 재빨리 포착했다. 1960년대와 1970년대 초반을 거치면서 그들은 사실상 사회과학으로서 성 연구를 재발명한 일군의 작업을 산출했다. 그들은 성 연구 분야의 주도권을 놓고, 그것에 관심이 희박한 정신의학과 적극적으로 경쟁했다. 몇 년 후 이 시기를 되돌아보면서 가뇽은 말했다. "(그들이 수행했던) 각각의 연구 프로젝트는 섹슈얼리티의 장을 사회학적인 경향성의 통제 아래 두려는 시도였다. 그 당시 우리의 연구는 생물학이나 심리학이 결정하는 듯 보였던 사회 생활의 일면에 사회학의 권리를 강조했다는 점에서 신선했다. … 게이 남성에 관한 연구 프로젝트는 … 병인론적 이론에 대한 불신과 사회적 요인으로 결정되는 성 생활에 대한 전망과 더불어 시작되었다."[35]

온갖 형태의 섹슈얼리티를 사회과학으로 접근 가능한 사회 현상으로 다뤄야 한다는 주장은 아마도 가장 영향력 있고 경이로운 성취였을 것이다. 사이먼과 가뇽은 일상적인 사회학적 질문과 기술을 동성애 연구에 적용했을 뿐 아니라 여타 성적 인구집단과 주제의 범위에도 적용하도록 추진했다. 케네스 플러머는 "그들(사이먼과 가뇽)의 저술에서 가장 핵심적인 이데올로기적 추진력은, 인간 섹슈얼리티 연구를 예외적인 영역에서 끌어내서 그들이 생각하기에 마땅히 속해야 할 곳으로 되돌려놓으려는 소망이었다. 그리고 섹슈얼리티가 속할 곳은 다름 아닌 일상의 세계였다"[36]라고 말했다. 사이먼과 가뇽은 연구 프로젝트를 재정식화하면서 특정한 개인이 왜 동성애자가 되었는가를 묻지 말고 그 개인이 어떻게 동성애 생활 속에서 사회화되었으며 특별한 '일탈적 생애'라는 사회적 내용으로 들어가게 되었는가를 물어야 한다고 보았다.

연구자들은 병인론적인 강박과 이성애의 자연화에 비판적이었다.

오늘날 동성애 연구는 몇 가지 희귀한 비교적 최근의 사례를 제외하면, 두 가지 주요한 결함을 갖고 있다. 오늘날 동성애 연구는 (1) '동성애자' 범주를 심리적, 사회적 내용이라는 단순하고 동질적인 관점으로 파악하려고 한다. (2) 그와 동시에 이 모든 질문과 관련하여 대답하기 가장 힘들고 정말 부질없는 병인론에 거의 전적으로 기대고 있다. … 그런 연구는 동성애자를 향한 신념과 태도에 관한 우리의 관심사를 구성하는 데 중요한 역할을 해왔던 성인 조건의 궁극적인 원인에 거의 강박적인 관심을 둔다. 병인론적 이론을 구성하는 특별한 요소들이 무엇이든지 간에, 병인학 탐구는 연구방법론과 행동에 관한 이론 구성에 제 나름의 영향을 미친다. … 사람들이 어떻게 동성애자가 되는가를 찾아내는 문제는 그들이 어떻게 이성애자가 되는가에 관한 적절한 이론을 요구한다. 말하자면, 동성애를 한 가지 방식으로 설명하고서, 이성애를 "그 밖의 나머지"라는 거대한 잔여 범주에 둘 수는 없는 노릇이다.[37]

그들은 동성애 병리학이 가정하는 임의적인 성격을 밝히고자 한다.

실제로 거의 모든 경우에서 동성애라는 존재는 언뜻 보기에 주류 정신병리학의 진정한 증거처럼 보인다. 이성애자는 정신 건강의 최소 정의에 부응하면 무죄 방면이 된다. 반면에 동성애자는 비성적인 일상생활 영역에서 아무리 잘 적응하더라도 여전히 의심쩍은 대상이 된다. … 확실히 동성애 실천의 목적은 다른 대부분 형태의 일탈과 마찬가지로 사회 적응 과정에서 더 문제시된다. 동성애자들은 관행대로 살아가는 인구집단에 비해서 훨씬 더 문제가 많다고 취급받는다. 이와 같은 성적 관행의 결과가 반드시 그런 관행의 직접적 결과는 아니라는 점을 이해하는 것이 중요하다. 개인의 섹슈얼리티에 관련된 강박에서 벗어나야 하며, 동성애자들을 둘러싼 세계에서 그들이 살기 위해 행하는, 더 폭넓은 실천과 관련하여 그들을 살펴봐야 한다. 동성애자들 또한 이성애자들과 마찬가지로 사회의 구성원이 되는 과정에서 발생하는 문제점과 씨름해야 한다. 동성애자들도 직장을 구해야 하고 가족과 함께 혹은 가족 없이 혼자 사는 법을 배워야 한다. 정치 생활에 참여하거나 혹은 무관심할 수 있으며, 함께 살고 이야기할 친구 집단을 발견해야 하고, 여가를 유용하게 혹은 재밌게 채울 수 있다. 그들 또한 이성애자와 같은 혹은 다른 문제를 처리해야 한다. … 어떤 방식으로든 자신의 성적 관심사를 사회화한다.[38]

요약하자면, 동성애에 대한 사회학적 접근방식은 "겉보기에 낯선 측면뿐 아니라 일상적인 측면에서 그들 삶의 패턴을 그려나가는 것이다."[39]

가뇽과 사이먼은 또한 민족지학적 연구를 포함하여 다른 성적인 인구집단에 관한 사회적 연구를 추진하고 수행했다. 그들은 포르노그래피, 레즈비어니즘을 비롯한, 다양한 성적 주제에 관한 글을 많이 썼는데, 다음과 같은 두 권의 영향력 있는 선집을 공저했다. 그것이 『성적 일탈Sexual Deviance』(1967)과 『성적 장면The Sexual Scene』(1970)이다. 그리고 『성적 행동Sexual Conduct』(1973)에서 그들은 섹슈얼리티에 대한 사회적, 이론적 접근 방법을 집대성했다.[40]

『성적 일탈』은 거의 소멸되다시피 한 고전들을 모아놓은 탁월한 선집인데, 다시 출판할 필요가 있다. 『성적 일탈』은 성범죄, 레즈비언, 창녀를 다룬 부분 외에도, 현대 동성애 생활의 민족지학 연구에서 핵심적이고 독창적인 거의 모든 논문을 수록하고 있다. 이런 논문들 가운데 이블린 후커의 「동성애 공동체The Homosexual Community」(1961년에 논문으로 처음 발표되었다)가 있다. 모리스 레즈노프Morice Leznoff와 윌리엄 A. 웨슬리William A. Westley가 공저한 동명 논문도 있다(1956년《사회문제》에 처음 실렸다). 앨버트 라이스의 10대 매춘부에 관한 연구인 「피어들과 퀴어들의 사회적 통합The Social Integration of Peers and Queers」(이 논문 또한 원래《사회문제》에 1961년에 실렸다)과 낸시 아킬레스Nancy Achilles의 샌프란시스코 게이 바에 관한 우수한 논문인 「동성애 바 시설의 발전The Development of the Homosexual Bar as an Institution」 (시카고 대학 인간발달위원회Committee on Human Development에서 발표한, 1964년 미출간 석사학위 논문에 바탕을 둔 것이다)도 실려 있다.

이 가운데 세 편의 논문은 도시 게이 인구집단에 관한 개관을 제시한 것인데, 관찰 기간은 대략 1950년대 중반에서부터 1960년대 초반에 이르며, 로스앤젤레스, 샌프란시스코, 구체적으로 밝히지 않은 '캐나다의 대도시'(아마도 몬트리올인 듯싶다) 등의 세 도시를 관찰한 것이다. 가장 초기에 나온 레즈노프와 웨슬리의 연구는 어떤 면에서 보면 가장 초보적인 것이었다. 이 논문은 도시에서 동성애자들이 만나는 장소로 알려진 곳들, 즉 특정 바, 호텔 로비, 거리 모퉁이, 공중화장실 등을 기록해 두었다. 그리고 '퀸'(동성애를 공개하고 다소 노골적으로 드러내는)이 사교적인 리더 기능을 행사하는 방식을 논의했다.[41]

이 논문에서 가장 흥미로운 측면은 사회적 위상, 경제적 지역, 공동체 참여, 동성애 노출이 맺는 다양한 관계를 주목했다는 점이다. 레즈노프와 웨슬리는 동성애 낙인과 그에 수반되는 법적, 사회적 승인과 제재를 관리하는 두 가지 기본적인 전략을 관찰했다. 그들이 연구한 집단의 상당수는 직장과 사회관계에서 이성애자로 '통했다passed.' 1950년대 중반 캐나다에서 동성애자라고 공개했던 사람들은 "동성애자를 봐주는 직종에서 일하며, 비타협적인 이성애자 집단에서 물러나서, 거의 모든 사회 생활을 동성애 서클로 제한하는"[42] 경향이 있었다.

레즈노프와 웨슬리는 두 집단을 '은밀한secret' 집단과 '드러낸overt' 집단으로 구분했다. 그들은 낙인찍힌 동성애 정체성의 공개 노출과 사회적 계급 지위 이동성 간의 반비례 관계에 주목했다. "공개한 동성애자는 낮은 신분 지위의 직종에 적응하는 경향이 있다. 은밀한 동성애자는 비교적 높은 신분 지위의 직종에 종사하는 경향이 있다."[43] 여기서 더 나아가 "동성애자들은 신분 상승으로 지위가 바뀌면 '드러낸overt' 정체성에서 '감춘covert' 정체성으로 전환하는 경향이 있다."[44] 그 사이 몇십 년 동안 드러낸 동성애자의 처벌 대가가 줄어들었고, 이런 관계 또한 분명히 변화되었음에도 불구하고 암묵적이고 변화된 형태로 여전히 남아 식별된다. 동성애가 알려진 경우 아직도 개인 각각의 경력과 직위에 위험이 따를 수 있다. 가령 군인, 정치가, 법관, 연예인, 프로 운동선수, 교사, 교육자, 대다수 교파의 목사인 경우 여전히 위험을 감수해야 하지만, 이제 경제적, 사회적 관행이라는 더욱 큰 영역에서 동성애 공개가 공공연히 허용된다.

이보다 조금 나중에 진행된 후커의 연구는 좀 더 크고 더 세분된, 확실히 덜 불안해하는 공동체를 묘사한다. 그녀는 훨씬 더 발전된 영토성에 주목했다. 비록 1950년대 후반과 1960년대 초반의 로스앤젤레스 동성애자 공동체에는 "거주민들에게 기초 시설을 제공할 수 있는 영토적 토대가 부족했지만, 동성애자들이 그 도시에 제멋대로 산재해 있었던 것은 아니었다. 핵심적인 집결 장소로서 그들에게 필요한 서비스와 기능을 제공하는 편의 시설이 없었던 것은 아니었다. … 동성애자들이 밀집하여 커다란 무리가 형성되었다. 이러한 구역 내부의, 특정 거리에 있는 아파트는 동성애자들이 독점적으로 소유하거나 세 들어 살 수 있었다. … 이런 지역의 집결지 특징은 동성애 공동체를 제외하고는 대체로 알려진 바 없다. 많은 경우 경찰에게도 알려진 바가 없다."[45]

후커는 또한 동성애 사회 생활에 중요한 역할을 하는 대중 시설 가운데 '게이 바'에 주목하고, 게이 바의 이런 중요성이 반게이 낙인과 맺는 관계를 고찰했다. 대다수 동성애자는 직장에서, 그리고 이성애자에게, 자신의 동성애 섹슈얼리티를 감추려고 모든 노력을 다하기 때문에, 공동체 활동은 여가나 오락 활동이 주가 된다. 이런 공동체 집합 장소 중에 가장 중요한 곳이 '게이 바'다. … 이외에도 동성애자 전용 증기 사우나, '게이' 거리, 공원, 공중화장실, 해변, 체육관, 커피 전문점, 레스토랑 등이 있다. 신문 가판대, 서점, 레코드 가게, 옷가게, 이발소, 식료품점, 빨래방 등이 만남의 장소로 선호되는 서비스 시설이 될 수도 있다. 하지만 이런 장소들은 중요도에 있어서 부차적이다."[46] 후커는 1960년 무렵 60개의 게이 바가 있던 로스앤젤레스에서 경찰과 음주 단속반이 이런 바들을 단속하고 박해하는 것을 관찰했다.[47]

낸시 아킬레스의 논문은 1960년대 초반 게이 바 시설이 수행한 핵심 역할을 심도 있게 다룬다. 게이 바의 가장 중요한 서비스는 다음과 같다.

상호작용이 일어날 수 있는 환경을 제공한다. 그 집단은 그런 장소가 없으면 집단으로 존재할 수 없었을 것이다. … 더 큰 사회집단의 다양한 상업적, 정치적 시설과 마찬가지로 게이 바는 합법적, 불법적 상품과 서비스를 고객에게 제공할 수 있다. 각각의 바들은 자기 나름의 '개성'을 발전시키고 그 나름이 시설이 된다. 이런 바들은 더 전문화된, 내부 충족적인 사회적 기능을 갖추고 있다. 가령 어떤 특정한 바는 임대 사무실, 식당, 마사지 접수 센터, 전화 교환 등등을 해줄 수 있다. … 동성애 집단에서 바의 기능은 USO(미군과 그 가족들에게 여러 가지 프로그램과 서비스와 오락을 제공하는 비영리조직 - 옮긴이)나 유스 클럽의 기능에 해당한다.[48]

경찰과 주정부 주류 담당국의 게이 바 통제는 그 시설의 중요성으로 말미암아 정치적으로 중차대한 문제가 되었다. "동성애 공동체의 합동 시위를 초래하는 특정한 하나의 쟁점이 있다면, 그것은 다름 아닌 경찰 활동이다. 경찰이 단골 바나 절친한 친구들을 위협하지 않으면, 많은 동성애자들은 적극적으로 나서지 않았다. … 동성애 공동체를 집단적으로 가장 강하게 뭉치도록 해주는 것이 경찰에 대한 반발심이다."[49]

여기에 덧붙여, 아킬레스가 지적한 것처럼, 동성애자 권리를 확립하기 위해 공적으로 모여서 치른 주요한 법적 전쟁은, 주류 판매 허가증에 대한 규제를 두고 벌어진 싸움이었다. 결국 이런 바들은 허가권을 유지하고 동성애자 고객에게 서비스를 제공하려는 과정에서 "동성애자 시민권을 탄원하는 최전선에 서게 되었다. 법과 연루되었을 경우 방어를 해야 하는 곳이 대부분 이런 바들이기 때문이었다."[50]

1960년 초반 무렵에 이런 바들은 상당히 특화되었음이 분명했다.

게이 세계는 확연히 눈에 띄는 사회적 유형으로 표시된다. 각각의 유형은 공동체 안에서 하위 집단을 구성한다. 종종 바는 어떤 특정 하위 집단의 요구에 부응할 것이며, 바텐더는 그런 사회적 유형을 대변하게 될 것이다.

예를 들어, 어떤 바가 '가죽 바'로 알려지게 되면 그곳의 고객들은 전형적인 바이크 재킷을 입고 부츠를 신은, 남성 과잉 유형이 될 것이다. 또 다른 바는 여성적인 '퀸'들로 들끓을 수 있다. … 바 뒤에 앉아 있는 여자들은 주로 레즈비언 단골일 것이다. 더 미묘한 차이에도 똑같이 적용할 수 있다. 금융가의 진중한 금박과 마호가니로 치장된 바에서, 바텐더는 검은 타이를 매고 고급스러운 영국식 영어로 말한다.[51]

게이 장소에 어느 정도로 공간적 분배가 일어난 것은 1960년대 초반까지였다고 명시할 수 있다. 아킬레스는 "몇 군데 바는 샌프란시스코 텐더로인 지구에, 다른 몇 군데 바는 부두에 인접한 공업 지역에 자리 잡았다"고 기록했다. 사우스 마켓과 흡사하게 이 지역은 주로 산업 지대이고 오래된 앰바카데로(샌프란시스코의 선창가 – 옮긴이)였다. 그곳 게이 남성들은 선창을 따라 들어선 많은 시설의 주요 고객이었다.[52] 10년간 수행된 아킬레스의 연구는 카스트로Castro 지역이 이 도시의 동성애 지리학에서 의미심장한 위치를 차지하기 전에 이루어진 것이었다. 그때 지역 게이 장소는 실제로 텐더로인/폴크 지역, 항만, 사우스 마켓에 밀집되어 있었다.

마지막으로 아킬레스는 '게이 바 체계gay bar system'라는 개념을 활용하면서 "개별 바들은 신속하게 개업과 폐업을 주기적으로 되풀이했지만 그런 체계와 단골들은 전과 다름없이 남아 있었다"[53]고 말했다. 아킬레스의 연구는 비교적 체계가 안정적이었던 기간에 수행된 것이 분명했고 그로 인해 체계의 영속성을 과대평가하기에 이른 모양이었다. "바들은 나타나고 사라진다. 마치 도시의 지도 위에 점멸하기를 반복하는 불빛의 연쇄처럼, 바들은 나타나고 사라지지만, 체계는 계속 남아 있다."[54]

이런 관찰은 과도하게 기능주의적이고 다른 시기까지 지나치게 일반화되는 감이 있지만, 그래도 통찰력을 제시해준다. 아킬레스가 연구를 진행했던 10년 사이 북미의 메트로폴리스 게이 정착지는 영토, 경제적 다양화, 제도적인 증식 등, 실질적으로 눈에 띌 만큼 팽창하고 있었다. 샌프란시스코에서 '게이 바 체계'는 확실히 안정적이지 않았다. 그곳의 게이 바는 폭발적으로 성장했다가 1980년 중반에 줄어들면서 쇠퇴했다. 그런 흥망성쇠는 도시환경의 변화의 결과이자 새로운 형태의 시설 형성이나 도시 게이 인구집단 감소를 가리키는 지표이므로 중요한 의미가 있다.[55] 그렇지만 아킬레스의 연구는 사라진 시대에 대한 소중한 기록이다. 어제의 사회학은 오늘의 역사가 되었다.

1950년대와 1960년대 게이 공동체에 관한 민족지학적인 작업이 보인 정말 심각한 문제점(같은 기간에 다른 대다수 민족지학이 보인 공통된 문제점)은 시간 요인을 고려하지 않음으로써 과도기적인 조건을 마치 보편적인 조건인 양 잘못 동일시했다는 점이었다. 예를 들어, 사이먼과 가뇽은 "민족적, 직업적 하위문화와는 달리 동성애 공동체-다른 일탈적 하위 공동체와 마찬가지로-는 내용이 대단히 제한적이었다"[56]고 진술했다. 그 당시에 흔히 볼 수 있었던 그런 입장은 1970년대와 비교해본다면 게이 생활이 더 비밀스럽고 시설도 훨씬 허술했던 시절에는 그야말로 타당했다. 그 이후 유리한 관점에서 관찰하면서, 해리와 디발Harry and DeVall은 이렇게 말할 수 있었다. "문화적 빈곤에 관한 가뇽과 사이먼의 논문은 이전 몇십 년 동안 특정 게이 환경에서 유용한 타당성 척도를 지닌 한시적인 가설이다. 하지만 마지막 15년 동안 게이 시설의 성장, 집단적 정체성의 부상, 세련된 정치적 문화의 창조, 다양한 게이 오락 스타일의 백화만발

이 게이 문화적 내용을 엄청나게 팽창시켰다."[57]

그런 논쟁은 종적인 관찰의 중요성, 사회구조의 통시적 차원에 대한 감수성, 우발적인 사건을 법칙으로 치켜세우는 위험성을 시사해준다. 이런 논의와 그 결과 이루어진 개선은 『성적 일탈』에서 찾아낸 동성애 정착에 관한 그런 자료가 없었더라면 전혀 가능하지 않았을 것이다. 『성적 일탈』에는 또한 스스로를 '퀴어'라고 여기지 않는 어린 '매춘부hustlers' 와 성인 동성애자 사이의 상업적인 성 거래에 관한 앨버트 라이스의 매력적인 논문이 실려 있다. 성인 남성 고객은 비행 소년 매춘부와 구강성교하는 대가로 일정한 돈을 지불한다. 거래는 구강성교로 한정하며, 상대하는 성인 남성 고객(구매자)을 성적 일탈자, '퀴어' '게이 남성'으로 간주하더라도, 소년 자신(매수인)은 동성애자이거나 성적 일탈자라는 자기기만을 하지 않아도 된다.[58] 이런 성적 행동 패턴은 라이스에게 '동성애 행위'와 '동성애 역할'을 구분하도록 해주었으며, '동성애 행위'와 '동성애 정체성' 사이의 경계가 이런 거래를 지배하는 규칙으로 유지되는 메커니즘을 생각하게 했다.[59]

가령 돈의 교환으로 '퀴어queers'(성인 남성은 돈을 지불한다)와 '피어peers'(소년의 이성애 남성성은 돈을 받음으로써 보장된다)의 경계가 정해진다. 성행위는 적어도 원칙상 구강성교로 한정된다. 소년은 삽입하는 자이고, 동성애자는 삽입당하는 자이다. 성행위는 '감정적으로 중립적'이어야 한다. 이런 성행위에서는 동성애자만이 성적 만족이 목적이라고 인정할 수 있었다. "자기만족은 성행위에서만 허용된다는 점을 명심해야 한다. 거래에서 성적 만족을 유일한 동기로 삼는 것은 금지된다. 성적인 자기충족이 일어나더라도 긍정적이든 부정적이든 그런 감정을 퀴어에게 드러내지 말아야 한다. 규정된 역할 관계의 형식에서, 소년(피어)은 돈을 위해 서비스를 팔고 퀴어는 서비스를 받아들이지만, 어떤 감정을 드러내서는 안 된다."[60]

마지막으로, 그런 기대에 어느 것이라도 어긋날 경우 경계를 재확립하기 위해 폭력이 사용될 수도 있다. '퀴어'가 돈을 지불하지 않거나 '소년'에게 과도한 애정을 보이거나 삽입을 시도하려 할 경우 소년은 고객을 구타함으로써 자신의 남성성과 이성애를 방어할 자격이 있고 심지어 그렇게 하도록 요구되기도 한다.

> 달리 말한다면, 소년은 구강성교자에게 폭력을 행사하지 않는 한 그런 거래에서 돈을 받아낼 수 없었고, 따라서 그런 행위를 성적 만족의 수단으로 추구했다는 점을 받아들일 수 없다. … 피어에게 폭력은 그 바닥의 사업상 거래 규범을 강제하는 수단이다. … 소년이 동성애자일 수 있다거나 마치 그런 것처럼 취급함으로써 소년의 자아 개념을 위협했을 경우 구강성교자는 폭력을 감수해야 한다. 목표는 돈이며, 관계에서 성적 만족을 목적으로 추구해서는 안 되며, 구강성교자에 대한 감정적 중립이 유지되어야 하며, 오로지 입과 성기의 구강성교만이 허용된다는 이 모든 규범은 소년을 동성애의 자기 정의로부터 차단하는 경향이 있다. 그가 거래 규범의 기대에 순응하는 한 그의 '주요한 타자들'은 소년을 동성애자로 정의하지 않을 것이다. 이것은 아마도 소년 자신의 자기 정의에서 가장 결정적인 요소일 것이다.[61]

이와 같은 성적 의미화 체계에서, 개인은 동성애 정체성을 가정하지 않고서도 동성애 행위에 참여할 수 있었다. 게다가 '게이'와 '게이가 아닌 자'의 경계는 돈, 성적인 위치, 정서적 효과, 물리적 폭력 등과 관련된 관습적인 일련의 기대를 포함하여 순전히 관행적인 수단에 의해서 유지되었다. 돌이켜 보건대, '퀴어 이론'이 나오기 몇십 년 전이었던 1961년의 설명에서 보다시피 동성애와 이성애의 범주는 대단히 자의적이고 철저히 불안정한 것이다. 라이스의 논문은 '성적 일탈'이라고 일컬어지는 것이 어떻게 작동하고 있는지에 관한 또 다른 사례이며, 성적 일탈이 섹슈얼리티 연구를 지배하고 있는 이론적 패러다임의 주요한 변동에 마침내 기여할 수 있었던 여러 가지 개념적인 혁신과 함의로 이미 통합되고 있음을 보여준다.[62]

일탈 일반과 특정한 성적 일탈을 해체함으로써, 도시 게이 생활의 민족지학적 연구를 산출함으로써, 이런 소수의 사회적 문헌들은 많은 반향을 불러일으킬 수 있었다. 이들 문헌은 북미 도시 게이 공동체에 관해 인류학자들이 수행했던 가장 초기의 민족지학적 연구에 심대한 영향을 미칠 수 있었다. 1970년대 중반에 이르러 이런 연구는 사회학자, 역사학자, 인류학자 들이 섹슈얼리티를 논문 주제로 삼아 깊이 있고 포괄적이고 적극적으로 재전유할 수 있도록 해주었다.

성적 일탈에서 사회구성주의로

동성애 역사에 관한 사회구성주의 해석의 발전은 스톤월 세대의 게이 레즈비언 학자들이 거둔 주요한 지적 성취 중 하나다.

마이클 J. 스위트Michael J. Sweet: 하지만 대다수 보스웰John Boswell 비판가들의 사회구성주의는 정말로 독단적이지요. … 광분한 사회구성주의자들의 반응은 그들의 도식에 맞지 않는 것은 무엇이든 무시하는 것처럼 보이거든요. …

게일 루빈: '광분한 구성주의자'라고 하셨는데, 구체적으로 누구를 예로 들 수 있을까요?

마이클 J. 스위트: 그러니까, '광분'이라는 말은 물론 논쟁적이었죠. 푸코가 처음에 시작했는데 그의 추종자들인 - 영미 학자들만 꼽자면, 제프리 윅스, 데이비드 그린버그David Greenberg, 켄 플러머, 데이비드 핼퍼린 등 - 전부 훌륭한 연구 성과를 이루기는 했어도, 집요한 이론적 편견을 가진 것처럼 보입니다.

—1994년 7월 28~29일에 버팔로 뉴욕 주립대학에서

있었던 퀴어 연구 목록 후기

1960년대에 막 들어서서부터 1970년대에 이르기까지 이러한 특별한 포도밭에서 고생해온 우리가 … 후기 푸코주의적 관념을 통과하며 … 섹슈얼리티 일반, 특히 동성애를 이해하려는 초기 노력을 굴절시키고 … 마치 이런 생각이 새로이 생겨난 듯 굴다니, 실망스럽다. 나는 퀴어 이론가들이 수용

되는 모습에 … 깜짝 놀란다. 영미 세계에서의 몸과 섹슈얼리티에 관한 최근의 저술(특히 문학 연구)에서, 그들은 우리중 상당수가 25년 남짓 말해오고 있는 것과 근본적으로 다른 것을 말하고 있는 것이 아니다. … 그중 대부분은 1968년에 초판이 나온 메리 매킨토시의 「동성애 역할The Homosexual Role」을 읽고 영감을 얻었는데도 말이다.

—제프리 윅스, 「30년 후의 '동성애 역할'」

상당한 논란에도 불구하고 '성이론에 관한 사회구성주의'는 20세기의 마지막 몇십 년 동안 섹슈얼리티에 관한 사회과학 연구에 필수불가결한 패러다임이 되었다.[63] 초기 사회구성주의 학자들을 이전의 사회학, 인류학, 사회역사학과 연결하는 선명한 계보와 인용의 흔적이 있음에도 불구하고, 사회구성주의가 주로 미셸 푸코의 저술, 특히 『성의 역사』 1권에서 비롯되었다고 고집하는 사람들을 보면 실망스러울 뿐 아니라 당혹스럽다. 두 명의 사회학자 케네스 플러머와 메리 매킨토시Mary McIntosh는 성적인 일탈의 사회학이 게이 역사학의 최근 작업으로 수렴되도록 중요한 다리를 놓아준 학자들이었다.

플러머는 중요한 인물이다. 『성적 낙인: 상호주의적 설명Sexual Stigma: An Interactionist Account』이 1975년에 출판되었을 때, 이 책은 성의 사회학을 재평가한 결정판으로서, 가뇽과 사이먼의 『성적 행동』과 합류했다. 플러머가 직접 영향을 받고 통찰을 얻었던 저서들은 블루머Herbert Blumer의 『상징적 상호작용주의Symbolic Interactionism』(1969), 버거Peter Berger와 루크만 Thomas Luckmann의 『현실의 사회구성 The Social Construction of Reality』(1967), 고프먼의 『낙인』이었지만, 그는 자신보다 앞섰던 모든 사람의 논의를 익히 잘 알고 있었고 일일이 인용했다. 플러머는 그들의 접근방식을 섹슈얼리티에 직접 적용했으며, 특히 남성 동성애에 적용했다. 그는 나중에 두 권의 중요한 인류학 저서를 편집했다. 『현대 동성애의 형성 The Making of the Modern Homosexual』(1981)과 『현대 동성애 Modern Homosexualities』(1992)를 펴냈다. 그리고 지금 현재 그는 《섹슈얼리티 Sexualities》라는 저널을 펴내고 있다. 그의 초기 논문인 『현대 동성애의 형성』에서 플러머는 킨제이, 사이먼과 가뇽, 메리 매킨토시와 같은 초기 형성 단계 이론가들의 작업을 중심으로, 사회구성주의의 핵심 사상에 관한 간략한 역사를 제공한다. 매킨토시의 논문의 재판은 1968년 《사회문제》에 처음 실렸다.

메리 매킨토시의 「동성애 역할」은 발전하는 게이 역사, 사회 이론, 그리고 성 정치 운동에 관한 사회학 분야의 선행 연구를 연결하는 핵심적인 논문이다.[64] 매킨토시는 성적 일탈에 관한 킨제이의 연구, 동성애에 관한 인류학의 문화 횡단적 데이터, 성적 일탈에 대한 사회학적 문헌 등의 이론적 함의를 현란하게 종합해 보여주었다. 예를 들어, 그녀는 동성애 연구가 어려운 것은 "행동 패턴은 이성애와 동성애로 편리하게 이분화할 수 없기" 때문이라고 설명한다. 이런 관점은 킨제이가 『인간 남성 사회에서의 성행위 Sexual Behavior in the Human Male』를 통해 눈부시게 보여준 관점인데, 특히 남성 동성애에 관한 포괄적이고 전복적인 장에서 탁월하게 설명한 것이다.[65] 게다가 동성애는 '조건'으로 이해되기 때문에, "주요한 연구과제는 병인론 연구로 간주되어왔다." 특히 기억할 만한 정식화에서 매킨토시는 이렇게 논평했다. "사람들은 동성애자의 병인론을 추적하는 것을 '위원회 의장'이나 '제7일 예수 재림교'의 병인론을 추적하는 것과 마찬가지라고 여길 수 있다. 우리는 비교사회학이라는 유리한 입장을 통해서 동성애를 조건으로 보는 인식 그 자체가 연구대상이 될 수 있다는 것을 알 수 있다."[66]

매킨토시는 "동성애자는 조건이라기보다는 사회적 역할을 담당하는 것으로 봐야 한다"[67]고 제안한다. 여기에 덧붙여 사회적 역할 자체는 문화적, 역사적으로 특수한 것이다. 매킨토시는 '동성애 역할'의 문화적 특수성을 정립하기 위해 동성애에 관한 민족지학적 자료들(주로 인간관계 영역 파일과 포드와 비치의 『성적 행동 패턴』에서 논의된 다른 문화 횡단적 데이터로부터 이끌어낸)을 검토한다. "이 모든 사회에서는 많은 동성애 행위가 있지만, 동성애자는 없다"[68]고 그녀는 말한다.

매킨토시의 가장 큰 기여는 '동성애 역할'을 역사화한 것이다. 우리가 '동성애자'라고 부르는 유형의 사람들과 관련된 사회적 역할은 상당히 최근에 일어난 현상이라고 그녀는 주장한다. "따라서 뚜렷이 분리되고 세분화된 동성애 역할은 17세기 말에 영국에서 출현했으며 다른 사람들이 아니라 특정한 개인을 특징 조건으로서 삼는 동성애의 개념은 이제 우리 사회에 이르러 분명히 확립된다."[69] 이런 주장은 성적 관행, 정체성, 의미와 같은 새로운 유형으로 발전하는 조건, 메커니즘, 전문화라는 새로운 역사적 탐구의 장을 열었다. 이와 같은 핵심적 통찰―동성애 자체가 역사를 가진다는 통찰―은 깊은 함의를 지녔다. 동성애 사회 세계의 '발견'은 동성애를 의료상의 문제가 아니라 사회적 존재로서 재고하도록 해주었다. 그와 유사하게 역사적 변화 범위의 '발견'은 우리가 생각하기에 동성애라고 여겼던 것이 새로운 이론적 프레임의 명료화를 가속화하도록 해주었으며, 오늘날 우리가 '섹슈얼리티의 사회구성주의'라고 부르는 프레임이 출현하도록 해주었다.

제프리 윅스는 플러머, 가뇽, 사이먼의 작업에서 발전시켰던 아이디어뿐 아니라 매킨토시가 개괄한 역사적 윤곽의 함의를 재빨리 포착했다. 게이 역사가들과 인류학자 세대는 이런 사상가들을 만나고 윅스의 초기 논문들과 그의 첫 저서인 『커밍아웃: 19세기부터 현재까지 영국의 동성애 정치』(1977)를 통해 그들의 작품에 담겨 있는 관점과 만나게 되었다. 『커밍아웃』의 제일 첫 번째 참고문헌 기재 사항은 이렇게 말하고 있다. "나의 일반적 접근 방법은 다음에서 영향을 받았다. 메리 매킨토시의 「동성애 역할」(《사회문제》, vol. 16. no. 2, 가을호, 1968), 케네스 플러머의 『사회적 낙인』(런던: 1975), J. J. 가뇽과 윌리엄 사이먼의 『성적 행동: 인간 섹슈얼리티의 사회적 자원』(런던: 1973)이다."[70]

『커밍아웃』은 동성애에 관한 최초의 주요 사회적 역사이자 섹스 패러다임의 사회구성주의의 전제를 가장 초기에 구체화한 것이었다. 이것은 동성애가 초역사적 범주가 아니라 오히려 동성 성행위의 한 형태였다는 입장을 가장 포괄적으로 다룬 것이었다. 여기서 동성은 역사적으로 특정한 사람, 정체성, 공동체를 가진 특정한 유형과 연루된 것이었다. 윅스는 서문에서 이렇게 말했다.

우리는 '동성애'라는 단어가 시간과 역사를 초월하여 한결같은 의미를 가진다고 생각하는 경향이 있다. 사실상 동성애라는 단어는 역사적 산물이며 특정한 개념을 표현하려고 고안된 문화적 인공물이다. … '동성애'라는 용어는 1869년에 이르기까지 심지어 발명조차 되지 않았다. … 1890년까지 당대 시사 영어에는 들어 있지 않았다. 그런 용어들(동성애, '게이'와 같은 새로운 용어들)은 오래된 현실을 표현하는 단지 새로운 라벨이 아니다. 그것은 변화하는 현실을 가리킨다.[71]

그와 같은 변동은 도시 동성애 하위문화로부터 출현되었다. 『커밍아웃』은 그런 발전의 역사적, 이론적 의미를 강조했다.

동성애는 곳곳에 존재하지만, 오직 일부 문화에서만 하위문화로 구성되었다. … 하위문화는 진공 상태에서 성장하지 않는다. 어떤 문제(이 경우 섹슈얼리티에 집단으로 접근하는 것)를 집단적으로 해결하려는 절박한 요구와 그런 요구를 만족시켜줄 가능성 모두가 필요하다. 대규모 집단의 사람들과 더불어 도시의 성장과, 두 가지 가능성을 만족시켜줄 수 있는 비교적 익명의 집단이 있어야 한다. … 19세기 중반에 이르면 하위문화는 좀 더 많이 복잡해지고 다종다양해진다. 이 시기에 나온 법원 사례 기록에 의하면 주요 도시(특히 런던과 더블린)에 동성애자들의 지하 세계가 널리 퍼져 있었고 군사 기지와 해군 도시에서 형성되었다. 1840년대 런던에는 여자뿐 아니라 남자를 제공하는 사창가가 있었다. … 19세기 후반 이후 만남의 장소를 위한 네트워크가 발전하는데, 종종 공중화장실 주변, 때로는 공중목욕탕, 사적인 만남의 장소, 클럽, 노골적으로 물색하는 지역으로 이뤄졌다. 런던에서 리전트 스트리트 쿼드런트, 헤이마켓과 트라팔가 광장으로 향하는 지역, 스트랜드 지역은 (여자 행세를 하는) 남자 창부를 물색하기에 좋은 곳이었다. 반면 1880년대에 이르면 엠파이어 뮤직홀, 파빌리언, 세인트존스 바, 킹스브리지 스케이트장이 그랬던 것처럼 알함브라 극장 주변이 잘 알려진 물색 지역이었다.[72]

동성애가 역사를 가진다는 개념은 초기에 사회구성주의 프레임을 명료화하는 데 핵심적인 통찰이 되었다. 게이 역사에서 이전의 작업은 변화무쌍한 법적 제재와 다양한 문화적 접근에도 불구하고 동성애는 한결같이 일관된 것으로 가정하는 경향이 있었다. 제프리 윅스가 탁월하게 보여주었다시피, 새로운 게이 역사는 오히려 동성애가 변화무쌍한 것임을 찾아냈다. 말하자면 다른 역사적 시기나 문화적 맥락에 속한 사람들을 '레즈비언', '게이' 혹은 '동성애자'라는 동일한 명칭을 적용하는 것이 문제가 될 정도로 그 사이에 엄청난 단절이 있었다. 그들을 똑같은 '동성애자'로 정체화하고 싶은 유혹이 있다면, 그것은 '동성애' 행위는 말할 것도 없거니와 성적인 것에 대한 서구적인 개념 혹은 근대적 개념에 생소한 제도적 요소와 사회적 관계의 조합을 뭉뚱그려 지칭하고 싶어 하기 때문이다.

게이 역사는 유일한 동성애 역사, 심지어 동성애라는 단일한 개념으로부터 동성애나 동성애 관행의 다양한 역사로 재구성되었다. 동성애자들의 정밀한 사회적, 문화적 관계와 기본가는 근대 서구의 산업화 사회를 토대로 가정하기보다는 특정한 맥락에서 결정되는 것으로 봐야 한다. 여기에 덧붙여 동성애가 역사적으로 변화무쌍한 문화로 실현되었다는 것은 폭넓은 함의를 가진다. 그런 함의에 따라 다른 섹슈얼리티 또한 역사를 가진다는 논리적 귀결에 이르게 된다.[73] '서론'이라는 제목이 붙은 미셸 푸코의 『성의 역사』1권은 프랑스에서 1976년에 출판되었고 영역본은 미국에서 1978년에 출판되었다. 이 책에서 푸코는 성적인 도착의 개념뿐 아니라 모든 성적 '도착들'이 역사를 가진다는 포괄적인 모델을 제시했다. 이전에 게이 역사를 발굴하는 데 선구적이었던 조너선 네

드 캐츠가 마침내 '이성애의 발명'에 관한 책과 논문을 출판했다.[74]

윅스와 마찬가지로 나는 푸코의 작업에 깊이 공감했다. 나는 푸코의 작업이 보여준 독창성과 탁월성에 의문을 제기하거나 혹은 그가 보여준 혁신을 영미 사회학의 계보 속에 위치하려는 것이 아니다. 프랑스 학계와 정치계 안에는 푸코의 지적인 맥락을 구성해준 수많은 이론적 흐름이 있었다.[75] 나는 프랑스, 영국, 미국에서 전개된 학문적 발전을 엄격하게 분리하고 싶지 않다. 이들 학문은 상호 수렴하면서 이론적으로 진화해왔을 뿐 아니라 서로 넘나들면서 엄청나게 풍부해졌기 때문이다. 게다가 1960년대와 1970년대 많은 프랑스 '이론'이 보여준 사상들이 철학이나 문학 비평을 통해 가장 성공적으로 미국적인 맥락에 도입되었다 할지라도 그런 이론 중 상당 부분이 인류학, 언어학, 역사학과 같은 학과에 뿌리를 두고 있었다.[76]

하지만 섹슈얼리티의 사회구성주의를 포함하여 많은 사상이 대략 1978년 갑작스럽게 출현한 것처럼 과도한 공통점을 찾아내고 과잉 단순화하여 한 줌도 안 되는 프랑스 사상가들의 공으로 돌리는 것을 경계하고 싶다. 사회구성주의와 퀴어 이론으로 이끈 수많은 구성 요소는 학계의 경계를 넘어서 몇십 년 동안 상호 유통되어왔다. 하지만 그런 역사 중 많은 부분은 잊히거나 혹은 소수의 사회학자에 의해서 겨우 기억되고 있는 것처럼 보인다. 이런 관점에서 최근에 출판된 퀴어 이론 저서인 애너메리 야고스Annamarie Jagose의 『퀴어 이론: 입문Queer Theory: An Introduction』(1996)과 윌리엄 터너William Turner의 『퀴어 이론의 계보학A Genealogy of Queer Theory』(2000)에 실린 인용과 색인 목록을 살펴보는 작업은 흥미롭다.

두 권의 책 모두 퀴어 이론의 기원, 출전, 발전을 설명하고 있다. 하지만 터너의 저서는 분명히 더 역사적이고, 퀴어 이론의 개념적 장치의 진화 과정에 보여준 게이 역사의 역할에 더 정통하다. 두 저서 모두 푸코에게 훨씬 더 많은 관심을 보이고 있지만, 두 저서 모두에서 제프리 윅스가 인용되고 있다. 터너의 색인에서 제프리 윅스 아래 기재된 항목은 단 한 줄이지만, 푸코에게는 거의 한 페이지를 할애하고 있다. 두 권 모두 참고문헌에 케네스 플러머와 메리 매킨토시를 포함했지만 플러머는 본문에서는 논의되고 있지 않다. 매킨토시는 단 한 번 간략히 언급되고 있다.[77] 존 가뇽과 윌리엄 사이먼은 두 저서의 참고문헌에 들어 있지 않고, 그들의 저서 『성적 일탈』에 등장했던 다른 저자 가운데 그 누구도 언급되지 않았다. 윅스와 플러머가 매킨토시에게 진 빚은 퀴어 이론의 계보에 그들을 포함한 것으로 청산하고 그다음부터는 완전히 무시해버렸다. 그녀 자신의 작업이 위치하고 있는 전체 사회학 전통은 완전히 사라져 버린다.[78]

터너는 다음과 같이 평했다. "푸코는 섹스의 사회적 구성에 관한 작업의 창시자로서 불로소득의 명성을 얻었다. 왜냐하면 『성의 역사』는 섹스에 대한 역사적 연구를 정당화하는 것을 돕는 데 효과적이었기 때문이었다."[79] 나는 이런 평가에 동의한다. 푸코의 정당화 효과는 그의 작업이 보여준 의심의 여지 없는 탁월한 질적 수준에 기인할 뿐 아니라 주요한 사상가로서 그가 누린 명성에 기인한 것이기도 했다. 왜냐하면 1970년대 중반과 후반까지 푸코의 동성애 연구는 미국에서 거의 알려지지 않았기 때문이었다. 게이 역사에서 동시적으로 일어난 흐름은 주류 학계 학자들 사이에서는 성적으로 낙인찍히고 지적으로 분리되어 손쉽게 무시되었기 때문이다.

터너는 예리하게 관찰했다. "윅스와 푸코의 설명이 보여준 유사성은 윅스가 푸코의 뒤를 따라갔던 것이 아니라 같은 방향에서 동시적인 운동으로부터 기인한다. 윅스, 캐츠, 푸코의 저술 사이의 관계에서 보다시피 별개의 학자들이 별개의 지역에서 유사한 결과를 산출함으로써 인식론적인 변화, 지적인 구현, 사회적, 정치적, 경제적 영속화가 있었음을 함축한다."[80] 많은 학자들은 1970년 중반을 중심으로 단기간에, 섹슈얼리티에 대한 기존의 이론적 프레임을 적용하고 구할 수 있는 자료에서부터 이끌어낸 유사한 정식화에 제각기 독자적으로 도달하게 되었다. 사이먼과 가뇽이 10년 먼저 사회학에서 그랬던 것처럼, '사회구성주의'의 이론적 동기는 섹슈얼리티를 평범한 것으로 취급하고 사회역사학과 문화인류학에서 잘 알려진 관습적인 도구를 사용함으로써 생산적으로 그런 가정을 할 수 있었다. 몇 가지 간단한 사례를 덧붙이는 것만으로도 '사회구성주의적인 섹슈얼리티 이론'이 가능할 뿐 아니라 대단히 그럴듯한 이론으로 부상하도록 해준다. 문제는 왜 많은 사람들이 당시에 섹슈얼리티 연구에 이런 식으로 접근하기 시작했느냐가 아니라, 왜 좀 더 일찌감치 덜 논쟁적인 방식으로 그렇게 하지 못했던가 하는 점이다. 캐럴 밴스가 말했다시피, "섹스의 특수성 specialness이 이런 비교 때문에 강조된다. 인간생활의 대부분 영역에서 문화적 구성에 관한 통상적인 기존의 통찰들을 섹슈얼리티에 적용했을 때 왜곡하지 않고서는 제대로 이해할 수 없기 때문이다."[81]

섹슈얼리티에 관한 사회구성주의 대 본질주의 사이의 논쟁은 경제인류학에서 물질주의 대 형식주의 논쟁과 개념적으로 비슷하다. 1950년대에 폴라니 Karl Polanyi가 주장했던 것처럼, 경제적 형식주의는 모든 인간 사회에서 발견될 수 있는 일관된 경제적 행위자를 가정했으므로, 경제적 동기의 보편적인 집합이 언제나 경제적 행동을 형성하고 어떠한 경우에도 자신이 위치한 사회에 영향을 미치는 경제적 영역이 있다는 것이었다. "사회과학자들은 엄청나게 광범위하고 다양한 영역에 접근하려고 하지만, 하나를 다른 하나로 거래하고 바꾸고 교환하려는 선천적인 경향을 가진 실체인 인간의 지적 유산은 이를 여전히 방해한다. 이런 경향은 '경제적 인간'에 맞서려는 모든 저항에도 불구하고, 경제를 위한 사회적 프레임을 제공하려는 간헐적인 시도에도 불구하고, 여전히 남아 있다."[82]

폴라니는 경제적 행동에 관한 그런 가정은 특정한 사회적 형태의 특수한 산물이었음을 규명했다. "경제에 관한 이런 관점은 18세기 서구의 분위기 속에서 … 형성된 것이었다. 공언하건대, 그것은 시장 체계의 제도적 배치 아래에서만 관련성이 있다. 여기서 실제적 조건이 경제적 공리가 요구하는 집합을 대충 만족하게 해주기 때문이다. 하지만 이런 경제적 공리가 경험적 사실의 영역에서 시장 체계의 보편성을 추론하도록 해주는가? 역사적으로 보편적인 적용 가능성을 주장하는 형식주의 경제학은 이런 물음에 그렇다, 라고 대답한다."[83]

폴라니는 그런 질문에 아니다, 라고 대답한다. 그는 경제적 동기는 사회적 제도의 산물이었으며 그런 동기에 따라 다양했다고 제시했다. 게다가 경제학은 그의 표현으로 유명해진 '제도화된 과정instituted process' 이다. 말하자면 인간 경제는 "제도적, 경제적 … 비경제적인 것 속에 착근되고 얽혀 있다. … 사회에서 경제가 차지한 변동하는 장소에 관한 연구는 따라서 경제적 과정이 다른 시대와 장소에서 제도화된 관행을 연구하는 것과 다르지 않다"고 그는 주장했다.[84] '경제적 인간'의 탈중심화와 더불어 경제적 동기가 구조적으로 산출되며 그것이 자리한 사회에 특수하다는 것은, 섹슈얼리티가 어떻게 사회적으로 구성되고 제도적으로 형성되며 그에 따라 어떻게 대단히 다양해지는가라는 일련의 사고 과정과 개념적으로 유사하다. 경제적인 정책 결정의 심리가 보편적인 것이 아니라면, 욕망의 심리학이라고 하여 그러지 못할 이유가 무엇인가? 만약 '경제'가 제도화된 과정이라면, 섹슈얼리티 또한 그런 과정이지 못할 이유가 없잖은가?

마르크스주의로 기울어진 영국의 사회학 이론 또한 처음에는 젠더, 나중에는 섹슈얼리티에 적용되었던 사상을 형성하는 방식에 영향을 미쳤다. E. P. 톰슨은 『영국 노동계급의 형성』의 서문에서 이렇게 말한다.

> 이 책의 제목은 어색하지만, 목적에는 부합한다. 『영국 노동계급의 형성』은 실질적 과정에 관한 연구인데, 조건화뿐 아니라 행위자성agency에 빚지고 있기 때문이다. 노동계급은 정해진 시간에 해가 떠오르는 것처럼 떠오르지 않았다. 노동계급은 스스로 만들어나감으로써 존재했다. 여러 계급들이 아니라 대문자 계급이다. … 나는 계급을 매개로 역사적 현상을 이해한다. 계급은 경험이라는 원자재와 의식의 차원 모두에서 외관상 별개로 분리되어 있고, 전혀 연관이 없어 보이는 무수한 사건을 통합시키는 것이다. 나는 계급이 역사적 현상이라는 점을 강조한다. 나는 계급을 '구조'나 '범주'가 아니라 사실상 인간관계에서 … 일어나는 어떤 것으로 간주한다.[85]

계급은 보편적인 계급화라기보다 역사적으로 구성된 구성체이며, 외관상 변함없는 것처럼 보이는 인간 경험의 만들어진 특질에 대한 톰슨의 강조는 젠더와 섹슈얼리티에 대한 차후의 접근방식을 예견한 것이다. 그의 논문 중에서 탁월한 사례가 「시간, 노동 훈련, 그리고 산업자본주의 Time, Work-Discipline, and Industrial Capitalism」인데, 이 논문은 1967년에 처음 출판되었다. 거기서 톰슨은 현대적인 시간 경험을 '해체'하면서 산업화의 요구와 성취가 '시간'[86]을 영원한 어떤 것으로 심오하게 재형성하는 방식을 보여주었다.

1970년 초반 무렵에 페미니즘 인류학자와 역사가 들은 그와 유사한 노선을 따라 만연된 젠더의 개념을 적극적으로 해체하려는 사람들에 속했으며, 그런 분석을 섹슈얼리티로 확장하려는 경향이 자료들의 많은 부분에 편재해 있었다.[87] 그런 사례 중 하나가 빅토리아 시대 매춘의 사회사를 연구한 주디스 왈코위츠의 작업이다. 그녀의 저술에서 매춘은 더 이상 영속적인 '가장 오래된 직업'으로서 보편적인 악이 아니라 오히려 변화하는 제도적 복합체이다. 『매춘과 빅토리아 사회 Prostitution and Victorian Society』의 전체 장은 「추방된 집단 형성하기: 플리머스와 사우샘프턴에서 창녀와 노동자 여성 The Making of an Outcast Group: Prostitutes and Working Women in Plymouth and Southampton」에 바쳐진 것이다.[88] 변화하는 사회구성체를 강조하면서 그런 사회구성체가 특수한 역사적 조건과 문화적 변수 가운데서 사회적 행위로 어떻게 산출되는가에 집중한 것이다.

이런 사례들은 쉽사리 증폭될 수 있었다. 1970년대를 통틀어 수많은 작업들이 점점 더 일관성과 효율성을 지니게 되면서 역사학, 인류학, 사회학의 일상적인 도구를 섹슈얼리티에 적용함으로써, 새로운 이론적 패러다임을 창출했다. 1979년 여름 무렵《진보적 역사 리뷰Radical History Review》는 '역사에서 섹슈얼리티 Sexuality in History'라는 특별호를 펴냈다. 이 특별호에는 부상하는 '사회구성주의'를 명시하고 있는 두 개의 이론적 논문이 포함되었다. 버트 핸슨의 「동성애의 역사적 구성The Historical Construction of Homosexuality」과 로버트 퍼드구그Robert Padgug의 「성적인 문제들: 역사에서 섹슈얼리티의 개념화에 관한 연구Sexual Matters: On Conceptualizing Sexuality in History」가 그 두 논문이다.[89] 캐럴 밴스가 지적했던 것처럼, "섹슈얼리티의 장에서 사회구성주의 이론은 극도로 충격적인 아이디어를 제시했다. 그것은 우리의 생각 중에서 '자연적인' 것으로 남아 있는 마지막 전진 기지 중 하나가 사실은 유동적이고 변화 가능한 것이며, 몸, 생물학, 혹은 선천적인 성 충동의 변함없는 결과라기보다 인간 행동과 역사의 산물이라고 제시했다."[90] 사회구성주의 작업은 성행위를 다루는 사회적 접근방식을 위한 이론적 토대를 정련했다. 비록 역사학, 인류학, 사회학의 발전에 기초하고 있다고 할지라도, 사회구성주의는 그들의 전임자들에 비해서 훨씬 더 철저하게 사회학적 접근방식을 고수했다.[91]

이와 같은 새로운 이론적 고려는 보편적인 성적 범주를 지속적으로 탈안정화했으며 점차 섹슈얼리티를 역사, 사회, 문화 속에 위치시키는 방대한 작업을 쏟아내도록 고무했다.[92] 하지만 그런 관점이 더 오래된 문헌에 근거했으며 그다음 수순으로 오늘날 우리가 퀴어 이론이라고 부르는 것을 포함하는 더 새로운 일군의 작업에 근거하게 되었다는 사실을 기억하는 것이 중요하다.

사회학에서 인류학으로

> 인류학자들은 서구 사회에서의 동성애를 무시해왔다. 그보
> 다 더욱더 나빴던 것은 동성애가 원시 집단에서나 자기 모
> 습을 드러낸 것처럼 그것에 거의 주목하지 않았다. … 포드
> 와 비치(1951)는 인류학자들의 보고서에서 사회를 전반적으
> 로 정화시켰을 따름이었다. 그런 사회에서 동성애는 (1) 단순
> 히 존재하거나 존재하지 않거나 (2) 용인되었거나 비난받았
> 다. 인간 과학이 인간 행동 중에서 가장 명백한 측면에 관심
> 을 두는 방식이 그런 식이었다.
>
> —데이비드 소넨샤인,
>
> 「인류학적 탐구 주제로서의 동성애」

존 가뇽과 윌리엄 사이먼이 1960년대 인디애나 대학에 있었을 때,
두 사람은 시카고 게이 남성 공동체에 관한 연구를 수행하도록 데이비
드 소넨샤인David Sonenschein을 채용했다. 그 당시 소넨샤인은 인류학과 대
학원생이었다. 소넨샤인은 산업화된 국가에서의 현대 동성애 인구집단
에 관한 연구를 수행해야 할 필요성을 인류학과 안에서 지적한 이 분야
최초의 논문을 썼다. 「인류학적 탐구 주제로서의 동성애Homosexuality as a
Subject of Anthropological Inquiry」라는 그의 논문은 1961년에 작성되었는데, 이 논
문은 놀랄 만한 선견지명을 가진 기록물이다. 그의 논문은 이 주제에 관
한 인류학적인 연구의 상태를 검토했으며, 미래의 작업을 위해 프로그
램의 개요를 제시하고 이 분야에서 민족지학적인 작업을 괴롭혀왔던 수

없이 반복된 주제와 문제들을 요약했다. 일찌감치 1970년대 이전에 성의 영역으로 과감하게 들어왔던 사실상 거의 모든 사회과학자와 마찬가지로, 소넨샤인은 군림하던 기존 모델과 맞서야만 했다.

인류학이 동성애라는 주제에 전문적으로 접근할 수 있도록 만드는 타당성이나 근거를 확립하려고 하기보다(혹은 그렇게 하는 데 있어 좀 더 편안하게 해주는), 이 논문은 연구를 위한 단순한 간청이자 논의를 위한 출발점에서 더 나아간 것이다. … 동성애는 전통적으로 심리학을 위한 연구과제인 것으로 주로 간주되었다는 점은 상당히 분명해졌다. … 심리학자들이 동성애를 다루는 세 가지 주요 고려 사항이 있었다. (1) 동성애의 기원이나 원인 (2) 진행 중인 가설operation (3) 치료와 궁극적인 치유이다. 모든 연구는 개인이라는 공간을 기본적이고 궁극적이며 배타적인 연구단위로 상정했다.[93]

소넨샤인은 1960년대 중반 출현했던 작지만 중요한 사회학 문헌들의 존재를 계속하여 관찰했다. 그 문헌들은 사이먼과 가뇽의 최초 선집인 『성적 일탈』에 수록되었는데, 이것은 소넨샤인의 논문이 나온 지 한 해 뒤에 출판되었다.

비행에 관한 최근의 주목과 불량한 행동에 관한 사회학의 발전을 근간으로 하여, 가령 다양한 저자가 동성애를 소수집단의 형성으로 간주하고 참조 집단행동과 관련된 이론들을 종종 이용하게 되었다. … 이처럼 새로운 방식을 고려하게 됨에 따라 이후의 저술들은 연구 범위의 깊이와 넓이가 어느 정도 깊어지고 넓어진 것으로 가정하게 되었다. … 동성애 공동체 가운데서 그리고 내부에서 사회적 역할과 상호작용의 역학이 소집단과 … 방법론의 적용에 있어 훌륭한 기회를 제공한다.[94]

소넨샤인은 인류학 내부에서 이 주제를 상대적으로 무시했다고 지적했다. 이 주제와 관련하여 이용 가능한 문헌을 검토하면서 그는 비서구 문화에 나타난 '동성애와 유사한' 혹은 '우리 사회에서 동성애 경향으로 보일 수 있는' 행동에 주목했다. 하지만 그는 샤먼이나 버다시(북미 원주민 부족 중에서 여자의 옷을 입고 여자처럼 행동하는 남자를 보고 인류학자들이 붙인 명칭 - 옮긴이)를 동성애자로 기술하기에는 부족한 점이 있다고 보았다. 그는 동성애 행동과 (샤먼과 버다시의) 교차 성행동 관행을 구분했다. 이런 구분은 현재까지도 흔히 무시된다.

소넨샤인은 "동성애가 한 개인으로서뿐 아니라 현실적인 집단 현상으로서 부상했다"는 점에 주목하면서 이렇게 요청한다.

현대 서구 사회에서 동성애에 관한 인류학적인 탐구방식을 적용할 때 … 인류학적인 접근방식은 동성애 집단과 개인이 비교적 구별되는 '문화'라고 부를 만한 것을 확립하고 유지하기 위해서 다양한 형식의 내용(발화, 옷, 행동, 공예품)을 전달하고, 배우고, 공유하고, 창조하고 변화시킨다고 상정한다. … 여기서 문화적, 사회적 인류학자들의 모든 관심 - 사회적 조직, 경제학, 의사소통, 사회적 통제와 규범, 세계관과 신화, 인구학, 사회적·문화적 변화, 물질적인 문화, 문화화와 사회화 등 - 이 우세할 수 있다.[95]

소넨샤인은 동성애에 관한 초기의 사료들이 **환자** 인구집단에 기초했고, 그들 중 다수는 법원 명령에 따라서 치료를 받았으며, 따라서 인류학적 연구는 동성애에 관해 다른 관점에 도달할 수 있다는 관찰로 결론을 맺었다. 그는 동성애 하위문화에 주목하도록 권장한다. "사람들 사이에서, 적어도 서구의 도시 전통에서 동성애 행위는 그 자체로 문화적으로 구별되는 특수한 유형의 집단이자 인위적 작품artifact"[96]이라고 기록했다.

사실상 동성애와 관련하여 이 논문이 지적한 모든 주요 요점은 현대의 성애적 다양성의 수많은 형태에 적용할 수 있다. 1960년대에 소넨샤인은 동성애에 대한 인류학적 연구와 이를 확대하여 현대 서구 도시 사회집단에서 다른 성적 인구집단 연구를 위한 프로그램에 착수했다. 대단히 탁월하고 예외적인 인물인 에스터 뉴턴의 『마더 캠프』와 더불어 인류학의 장에서 소넨샤인의 통찰이 영향을 미치기까지 꽤나 상당한 시간이 걸리게 되었다.

『마더 캠프』

'여성'이라고 할 때, 내가 의미하는 바는 미국 문화에서 사회적으로 정의된, 어떤 부분은 확실하지만 어떤 부분은 미묘한 그런 기호와 상징이라는 점에 주목해야 했다. 교차 문화적인 차원에서 볼 때, 여장남자female impersonator는 호피 인디언 '여성'처럼 보이거나 중국 농촌 '여성'처럼 보이는 것이 아니라 미국 '여성'처럼 보인다는 점은 확실하다. 하지만 미국 문화

안에서 생물학, 생물학의 개념('자연')과 성역할 상징 사이의 관계는 확실하지 않다. '남성'으로 분류된 사람이 인위적으로 '여성'의 이미지를 창조하려면 애써야 한다는 것은 자명한 것처럼 보인다. '여성' 또한 그런 이미지를 '인위적'으로 창조하는 것은 물론이다.

다른 한편 '일탈적인 신사gentleman deviant'가 있다. … 이쪽 극단에서 우리는 '남자답고' '존경할 만한' 동성애자이자 가장 동성애 친화적인 조직에서 리더인 사람을 볼 수 있다. 그 반대편 극단에는 '여자'처럼 옷을 입고 행동하는 남성인 '드랙 퀸'이 있다. 드랙 퀸은 낙인을 가장 눈에 띄게 노골적으로 구현한다. 따라서 프로 드랙 퀸은 프로 동성애자이다. 그들은 게이 세계의 낙인을 나타낸다. 프로 동성애자로서 드랙 퀸은 특히 이성애 세계와 관련해서 보자면 치욕의 원천인 곳에서 일한다. 하지만 게이 세계에서 그들의 상황은 훨씬 복잡하다. 영리한 드랙 퀸은 게이 세계에서는 널리 퍼져 있고 인정받는 기술을 소유하고 있다. 언어적 능력과 위트, '캠프' 감각(동성애 유머와 취향)과 같은 기술을 갖고 있다. … 바와 파티와 같이 전적인 게이 환경에서 드랙 퀸은 마치 유명 인사처럼 대접받을 수 있다.

—에스터 뉴턴, 『마더 캠프』

1970년대 초반, 오직 두 명의 인류학자 소넨샤인과 에스터 뉴턴만이 게이 인구집단에 대한 민족지학적 작업을 하고 있었다. 그런 작업을 산출하는 사람들로는 인류학자들보다 사회학자들이 약간 더 많았다. 1972년에 나온 뉴턴의 『마더 캠프』는 여장남자에 관한 논문인데, 현대, 서구, 도시 게이 인구집단에 관해 한 권의 책 분량으로 출판된 최초의 민족지학적인 저서였다. 『마더 캠프』는 프로 여장남자라는 좀 더 세분화된 하위 집단에 초점을 맞췄지만, 뉴턴의 게이 공동체 생활, 사회구조, 경제학에 대한 관찰은 독창적이고 통찰력 있고 근본적이다.

뉴턴의 『마더 캠프』는 1968년 시카고 대학 인류학과 박사학위 논문에 기초한 것이었다. 시카고 대학 시절 그녀의 지도교수가 데이비드 슈나이더David Schneider였다. 뉴턴이 시카고 대학에 다녔다는 것은 행운이었고, 특히 슈나이더와 함께 작업했다는 것이 그랬다. 그녀는 비관습적인 인구집단과 더불어 작업하는 대학원생을 지원해주었던 슈나이더의 비범하고 탁월한 자질을 회상했다.

나처럼 주변적이고 색다른 학생으로 그의 제자가 된 사람들에게 슈나이더는 축복이었다. 슈나이더는 모든 사람들이 성공하리라 믿는 백인 남성이라는 사실에 덧붙여, 커밍아웃하지 않은 게이 학생과 권력자의 지원을 쉽게 얻을 수 없어서 고생하던 여학생들에게 특히 매력적이었다. 학과에서 한 해가 끝날 무렵 슈나이더 교수가 내 작업의 진척을 알려주었을 때를 나는 지금도 잘 기억한다. 슈나이더 교수를 통해 연이어 소개받은 교수들은 바지를 입고 있는 나를 보면서 인류학 분야에 헌신할 준비가 되어 있지 않다고 말했다. … 이와는 대조적으로 슈나이더의 거실에서 나는 옷을 어떻게 입어야 하는가는 여기서든 저기서든 궁극적인 가치의 척도가 될 수 없다는 말을 들었다.[97]

슈나이더는 관행에서 벗어난 연구주제에 관해서도 우호적이었다.

데이비드에게 현장 기록을 보여주었을 때 정말 신나게도 그는 여장남자를 내 박사학위 논문 주제로 잡아도 좋다고 격려해주었다. … 그는 그런 작업을 수행하는 데 필요한 지적인 방법론을 발전시키도록 도와주었다. 그와 마찬가지로 중요한 것인데, 그는 학과 차원의 힘을 빌려 나를 지원해주려고 했다. … 게이는 사회과학 내부에서는 전적으로 심리학, 의학, 심지어 범죄학의 연구대상으로 취급되었다. … 강의실에서라기보다는 그의 연구실과 그의 집에서, 그[슈나이더]는 편견 없이 나에게 여장남자(내가 알려준 것 이외에는 전혀 아는 바가 없었는데)는 인간 집단이며 그러므로 연구해볼 만한 문화적 가치를 가지고 있다고 전해주었다. 게이는 병들고 고립된 범주가 아니라 하나의 집단이며, 따라서 제 나름의 문화를 갖고 있었다는 통찰은 경이로운 도약이었다. 감히 그때의 기분을 다시 맛보기는 힘들지만 말이다.[98]

뉴턴은 『마더 캠프』에서 현장 방법론을 논의하면서 이렇게 기록해놓았다. "지금까지 동성애 공동체에 관해 제대로 된 민족지학이 없었다. 하물며 드랙 세계에 관해서는 더 말할 필요도 없었다. 그래서 나는 시작부터 완전히 '맹목적으로' 덤벼들었다. 게다가 민족지학적인 방법론은 (초기 공동체 연구를 제외하고는) 미국에서 거의 시도된 바가 없었으므로 나의 현장 연구 절차 모델은 주로 비도시적인 선례에 기초했었다."[99] 뉴턴이 자기 작업을 슈나이더와 논의하기 시작했을 때, 그는 섹슈얼리티를 다루고 있는 일탈 사회학 문헌을 그녀에게 제시했다.[100] 인류학 분야에서 이끌어낼 만한 문헌이 거의 없었지만, 뉴턴은 후커, 소넨샤인의 민족지학적인 작업을 생산적으로 이용하고 인용한다. 그리고 고프먼의 낙인에 관한 관점, 킨제이의 성 연구, 사이먼과 가뇽의 전반적인 이론적 경향, 레즈노프와 웨슬리의 경제적인 관찰, 베커와 그 밖의 사람들이 주도면밀하게 발전시켜놓았던 '일탈적 생애deviant career' 개념 등을 생산적으로 활용했다. 인류학에서 직접적인 도움을 거의 받지 못했던 반면, 사회학에는 '일탈'에 관한 현존하는 자료가 많았다.

『마더 캠프』는 아찔할 정도로 직설적인데도, 이 책의 세련됨과 미묘함으로 인해 읽을 때마다 나는 점점 더 놀라게 된다. 이 책은 1960년대 게이 생활의 사회적인 조직, 게이 공연의 사회적·물리적 아키텍처, 프로 여장남자의 특수한 연극적인 기교뿐 아니라 게이 인구집단의 내적인 스타일과 성적인 분화에 관한 빈틈없는 관찰로 가득 차 있다. 무엇보다도 『마더 캠프』는 세 가지 영역에서 가장 심대하고 효과적이다. 이 저서는 '수행된 것performed'으로서 젠더 개념을 선취하고 있다. 또한 1960년대 동성애의 정치경제에 관한 분석을 제공한다. 그리고 수행성의 유형과 경제적 계층화, 정치적 경향, 사회적 위상의 위계질서를 상호 연결하고 있다.

뉴턴의 작업은 돈을 지불받는 소수의 여장남자 집단에 초점을 맞췄는데, 이들은 무대와 극장에서 일하면서 자신들을 예능 전문가로 간주했다. 따라서 그들의 드랙에는 공연적인 측면이 언제나 있었다. 뉴턴은 모든 드랙은 "공식적이든 비공식적이든 전문적이든 간에 연극적인 구조와 스타일을 가진다"[101]는 점에 주목함으로써 젠더 수행성 개념을 확장했다. 그녀는 드랙이 지닌 독창적인 특징은 '집단적 성격'이라고 주장했다. 젠더 수행성은 관중을 요구한다. 여기에 덧붙여 그녀는 드랙이 수행하는 젠더 역전이 '성 역할 체계'가 완전히 자연스러운 것이라는 주장에 어떻게 의문을 제기하는지를 보여주었다. 성 역할 행위가 '잘못된' 성에 의해서 성취될 수 있는 것이라고 한다면, '올바른' 성에 의해서도 선천적으로 물려받아서가 아니라 현실에서 성취될 수 있다는 논리적 귀결에 이르게 된다.[102] 게다가 "드랙은 성 역할, 여기서 확대하여 역할 자체가 다소 피상적인 것이며, 따라서 조종될 수 있음"[103]을 보여준다.

뉴턴이 젠더에 관한 더욱 세련된 현대의 정식화, 특히 주디스 버틀러의 작업보다 앞서서 일상적 행위에 관해서 그 점을 분명히 밝히려고 무대 공연을 활용했다는 점은 정말 매혹적이다. 버틀러는 일부 발화 행위 이론으로부터 가져온 철학적으로 더욱 발전된 수행성 개념을 활용한다. 하지만 그녀는 뉴턴의 『마더 캠프』를 인용하고 젠더가 상호작용 과정에서 만들어져가는 방식을 지적하기 위해 드랙과 젠더의 전도 inversion 개념을 또한 이용한다.[104]

버틀러의 작업이 드랙과 수행성과 젠더가 맺는 관계에 대해 뉴턴이 일찌감치 보여주었던 명료한 발언을 현대적 관점에서 재평가하는 것이 용이하도록 해주었지만, 『마더 캠프』가 섹슈얼리티의 정치경제에 기여한 바는 대체로 무시되었다. 뉴턴은 성적인 공개와 경제적 지위 사이에서 새로운 차원의 복잡한 관계를 탐구하기 위해 레즈노프와 웨슬리의 관찰에 정초한다. 그녀는 은밀한 동성애자와 공개한 동성애자 구분을 정교화했다. 하지만 용어를 약간 수정하여 '드러낸overt' 동성애자와 '감춘covert' 동성애자로 사용했다.

공개적으로 느러낸 자들은 생활 전체를 게이 공동체 맥락 안에서 영위한다. 반면에 감춘 자들은 일하지 않을 때만 동성애 공동체 맥락 안에서 살아간다. 말하자면 감춘 자들은 직장에서 일하는 동안에는 '이성애자'이다. 하지만 대부분의 사회 활동은 다른 동성애자들과 관련하여 생활하고 행동한다. … 드러내기/감추기 사이의 구분은 사회적 계급과 어느 정도 상관이 있지만, 그렇다고 그런 상관관계가 변함이 없다는 것은 아니다. … 감춘다는 것의 의미는 이성애 세계가 보스, 직장 동료, 가족, 집주인, 선생, 거리의 남자로 대변하는 그런 신분을 공개적으로 밝힐 수 없다는 뜻일 뿐이다. 어떤 사람은 이성애자들로부터 동성애 정체성을 감추거나 감추려고 노력한다. 고프먼의 용어로 말하자면, 사생활에 엄격한 제한을 두고 개인적인 외양을 조절함으로써 불신받지 않으려고 노력하는 것이다.[105]

1960년대 후반 뉴턴이 연구하던 시절, 북미의 게이 공동체는 1970년대에 그랬던 것보다는 경제적으로 훨씬 낙후되었고 제도적으로 차별받고 있었다. 따라서 그녀는 게이 공동체가 "경제학은 있지만 경제는 없다"고 말했다. 엄격하게 말하자면 게이 세계는 계급 체계가 없었다. 그런데도 게이 생활은 다른 가치에 따라서 차별화되고 인정할 만한 사회적 계층화가 형성되어 있다. 사람들은 '상류층,' '중산층' 그리고 '하층' 바, 파티, 의상, 인물들에 관해서 이야기한다."[106] '하층계급'의 범주는 순전히 경제적인 것을 지칭하는 것만은 아니다. 오히려 "중간계층과 상류층이 사회적으로 피하고, 도덕적으로 경멸하는 하층 신분 동성애자는 "요란하고 이색적으로 스타일을 꾸미고 극단적인 소외에 잘 적응함으로써" 자기 재현을 극단적으로 드러내는 그런 사람들을 종종 일컫는다.[107] 계급, 낙인, 공개 성향 사이에 일종의 관계가 있다고 가정되며, 그 결과로 형성된 일련의 메커니즘은 사회적 범주를 창조하고 경제적 혹은 사회적 파산에 빠져들지 모를 위험을 관리한다.

이 모든 벡터는 두 가지 유형의 드랙 공연자들, 즉 한편의 프로 여장남자들과 다른 한편의 '거리의 요정'들 사이에 있는 커다란 위상 차이가 서로 교차한다. "동성애 스테레오타입으로 공공연하게 알려진 거리의 요정과 직업이 없는 젊은 동성애 남자들은 게이 세계에서 하층계급이다. 반면에 무대 패턴은 가능한 무대 맥락으로 그것을 제한함으로써 그런 개인을 낙인으로부터 **분리한다**. 이런 일은 목표와 기준을 가진 전문직으로 간주된다."[108] 여장남자는 사실상 '프로 동성애자'인데, 그는 낙인찍힌 정체성을 공공연하게 표현함으로써 생계를 유지할 수 있었다. 한편으로 그들은 동성애의 낙인으로 대변되었다. 다른 한편, 그들은 자신의 매력으로 인해 공공연하게 유명 인사가 되었다. 그들은 공연하는 드랙 가운데서 비교적 높은 위상을 차지하게 된다.

전문적인 공연자들은 거리의 요정을 깔보고 그들과 사회적 거리를 유지하려고 노력한다. 거리의 드랙은 '저질tacky'이었는데, 여기서 '저질'은 값싸고, 조잡하며, 저급함을 뜻한다. '저질'은 경멸적인 단어이다. 나이가 있고 훨씬 더 쇼 비즈니스 지향적인 공연자들이 하층 신분인 거리 지향적인 공연자들의 외모를 묘사하는 데 있어 이보다 일관된 단어는 전혀 없다. … 그러므로 '저질'은 우회적으로 계급을 기술하는 용어이다."[109]

낙인찍히고 불신받는 동성애를 노골적으로 표현하는 것에 대한 부정적인 태도는 상황에 따른 것이며 유동적인 것이다.

이것은 낙인이나 '노골성'의 정도에 따른 위계질서로 간주할 수도 있다. 어떤 특정한 집단은 자기 발아래서부터 금을 긋고자 할 것이다. 예를 들어, 대다수 동성애자는 여장남자를 너무 노골적이라고 여긴다. 그들은 낙인의 연속체에서 가장 아래쪽에 줄곧 위치한다. 여장남자가 제일 먼저 배워야 하는 것은 거리에서 혹은 공공장소에서 누군가가 그들을 먼저 알아보기 전에, 그들이 먼저 누군가에게 아는 척을 해서는 안 된다는 점이다. 하지만 자신이 남들의 눈에 그다지 띄지 않는다고 스스로 믿고 있는 여장남자는 '지나치게 눈에 띄는' 것으로 간주되는 여장남자와 공공연하게 한 무리로 묶이는 것을 피하려고 노력한다. 여장남자들치고 화장을 한 채 거리로 나오는 '거리의 요정' 소년들과 공공연하게 한 무리로 묶이고 싶어 하는 사람은 거의 없다. 왜냐하면 "그렇게 티를 내는 게 무슨 소용이죠. 난 (남자로) 통할 수 있거든요." 최하층에 자리한 사람들은 바로 그들 위에 있는 사람들에게 분개한다.[110]

스톤월 이전의 게이 경제는 형편이 없었으므로, 고품격 공연 경력을 유지하기란 다소 힘들었다. 공연 장소 자체가 계층화되어 있었다. 최하 계층에 게이 바가 있었으며 언제나 경찰 단속에 취약했다. "어떤 게이 바든지 간에 덤으로 살아가고 있다. 소유주든 단골이든 영속적일 수 없다. 따라서 게이 바는 대체로 한탕주의 돈벌이 정책을 취한다. 경찰의 압력은 지나치게 심하고 소유주가 어느 정도 안정을 기댈 곳이 없는 곳에서 이런 한탕주의는 극단적으로 드러난다. 한탕주의 돈벌이 정책은 사장이 공장에 투자는 거의 하지 않고 경상비와 가동 비용을 낮춰서 재빨리 이윤을 챙기는 것을 뜻한다."[111] 결과적으로 게이 바에는 편의 시설이

거의 없었고, 상황은 열악했으며, 공연자들에게 주는 임금은 낮았고, "직업 정년 같은 것은 당연히 없었다." 왜냐하면 "바는 언제라도 문을 닫을 수 있었기 때문이었다."[112]

게이 바보다 위상, 편의성, 보상의 등급에서 위쪽에 자리한 것이 '관광객 클럽'이었는데, 이런 클럽은 대부분 이성애 고객들이 '생소한' 오락거리를 보려고 오는 곳이다. 그런 클럽은 다수인 고객층이 넓었기 때문에 단속 경찰의 주의를 덜 받는다. 관광객 중심 클럽은 "안정적이기 때문에 … 보통의 게이 바에 비해 적어도 세 배 정도 규모가 크다. 관광객을 대상으로 하는 바는 더 크고 더 호화로운 쇼가 가능하도록 무대 규모가 클 뿐 아니라 더 많은 관객을 수용할 수 있도록 관객석 공간 또한 넓고 크다. … 공연자의 입장에서 볼 때 관광객 클럽에서 일하는 것은 더욱 크고 더욱 공들인 쇼를 할 수 있다는 의미가 된다. … 물리적인 편의 시설(탈의실), 무대 편의 시설(조명, 커튼, 밴드), 무대에서 실제로 보내는 시간과 관련해서 보자면, 관광객 클럽에서 공연하는 쇼가 아마도 공연자에게는 좀 더 수월할 것이다. 하지만 관광객 클럽에서 공연자는 적대적인 관객에게 공연하는 가짜이거나 광대이다."[113] 따라서 관광객 바는 공연자들이 언제든지 자존감을 훼손당한 대가로 좀 더 나은 보상과 일자리 환경을 제공한다.

여장남자들은 사회적 주변성과 일자리 공간의 부족으로 인해, 심지어 최고 지위의 공연자라고 하더라도 재난에 가까운 불안정한 생활을 흔히 하게 된다. "매니저는 여장남자가 가장 두려워하는 사람이다"라고 뉴턴은 말한다. "왜냐하면 매니저들은 여장남자들을 통제하는 막강한 힘을 가지고 있으며 해고와 고용이 궁극적으로는 그의 손에 달려 있기 때문이다. 여장남자는 그에게 맞서 싸울 방법이 없다. ··· 공연자 중 그 누구도 계약을 하고 일하는 사람은 없다. 그렇기 때문에 그들은 언제라도 해고될 수 있었다. 언제 목이 잘릴지 아무도 몰랐다. 일자리를 유지하는 데 필요한 요구조건은 전혀 공식화된 것이 없거나 심지어 명시적인 것조차 없다. 다만 공연자들이 매니저의 심기를 불편하게 만들면 해고될 수 있다는 정도는 알고 있다."[114] 결과적으로 좀 더 존중받고 번창하는 여장남자와 좀 더 멸시당하고 빈곤한 거리의 요정들 사이의 경계는 위험천만할 만큼 얇다. 많은 프로 공연자는 여장남자 배우가 되기 전 과거 한때 거리의 요정들이었다. "만약 그들이 일자리를 잃게 되거나 그만두면, 거리로 나앉는 것 이외에 달리 갈 곳이 없다. 무대 여장남자 배우가 그만둔다고 말할 때면 그들은 '똑바로 살고go legit' 싶다고 말했다. 하지만 내가 거리 공연자들에게 드랙 퀸이 공연을 그만두고 나면 무엇을 하느냐고 물어보자, 그가 말했다. "길거리에서 엉덩이를 내밀 수밖에 더 있겠어, 언니. 그 짓으로 뭘 벌든지 간에 그걸 파는 거지."[115] 무대와 거리 사이에서 문화적으로 만들어낸 상징적 차별화와는 대조적으로 실질적인 경제적 불안정으로 인해 양자 사이의 경계는 허물어지기 쉽다.

그녀의 저서에 앞서 나왔던 저술들에서 보여준 많은 주제가 뉴턴의 기술적인 풍부함과 분석적인 우아함을 통해 서로 교직되고 정교화되었다. 여기에 성적 하위문화에 있어서 도시의 중요성에 관한 파크의 관찰, 게이 공동체에서 바의 사회적 중심성, 그리고 동성애 사회 시설의 매개변수를 설정하는 경찰의 역할에 대한 후커와 아킬레스의 강조, 레즈노프와 웨슬리가 처음으로 밝힌 성적인 공개와 감춤의 정치경제가 포함된다. 뉴턴은 이전의 관찰자들이 주목했던 게이 인구집단의 복잡한 내적 차별화를 훨씬 더 풍성하고 세부적으로 탐구한다. 그녀는 고프먼과 베커가 수행한 일탈의 위계질서 해체, 사이먼과 가뇽에 의한 섹슈얼리티 연구의 사회학과 연구로의 전유, 사이먼, 가뇽, 라이스에게서 내포된 사회구성주의 이론의 예견을 생산적으로 확장했다.『마더 캠프』는 베커, 고프먼, 후커, 가뇽, 사이먼, 소넨샤인, 레즈노프, 웨슬리를 인용한다. 뉴턴은 그들의 연장과 전술적 활동을 능수능란하게 차용해서 궁극적으로 젠더, 계급, 낙인, 자기 재현, 스톤월 이전 시기에 주변화된 섹슈얼리티에 관한 정치경제학을 장인의 솜씨로 종합한다.

뉴턴의 작업은 장구한 사회학적 전통 속에 위치하고 있으며 인류학의 새로운 계보에서는 시초에 해당한다.『마더 캠프』는 인류학 내부에서 동성애에 관한 새로운 작업 물결의 신호가 될 수도 있었음에도 오히려 대부분 무시되고 고통스러울 정도로 오랜 침묵의 공백이 뒤따랐다. 오랜 세월 동안『마더 캠프』는 홀로 서 있었고 눈에 띄는 후배나 동료도 없이 독보적인 작업이 되었다. 거의 20년이 지나서야 비로소 미국에서 도시 게이 공동체에 관한 인류학적인 문헌들이 상당히 나오게 되었다.[116]

1979년에 데보라 골먼 울프Deborah Goleman Wolf의『레즈비언 공동체The Lesbian Community』연구가 출판되었다. 같은 해 비록 사회학 저널에 실린 것이기는 했지만, '유사-민족적quasi-ethnic' 공동체로서 동성애에 관한 스티븐 머레이Stephen Murray의 주요한 논문이 출판되었다. 1980년에 케네스 리드Kenneth Read의『다른 목소리: 남성 동성애 술집 스타일Other Voices: The Style of a Male Homosexual Tavern』이 출현했다. 많은 주요한 저술이 1980년대에 출판되었다. 예를 들자면 블랙우드Blackwood가 편집한 전집『동성애의 다면적 얼굴The Many Faces of Homosexuality』(1986)과 에이즈에 관한 풍성한 문헌들이 나타났다. 길버트 허트Gilbert Herdt의 『플루트의 수호자Guardians of the Flutes』(1981)는 비록 현대 도시 인구집단에 관한 것은 아닐지라도 인류학에서 동성애 실천에 관한 이정표가 되었다.

하지만 『마더 캠프』가 출판된 지 거의 20년이 지난 1990년대에 이르러서야 비로소 실질적인 문헌들이 축적되기 시작했다. 그런 변화가 얼마나 갑작스러웠는지는 《인류학 연간 서평Annual Review of Anthropology》에 실린 두 개의 논문에서 찾아볼 수 있다. 1987년 나온 「인간 섹슈얼리티의 교차 문화적 연구The Cross-Cultural Study of Human Sexuality」에 관한 서평은 "성적 실천에 관한 전문적인 연구에서 가장 뻔뻔하게 생략되어버린 분야는 틀림없이 동성애의 영역이다. 비록 초기의 시도들이 발기와 애착에 있어서 동성 패턴을 기술하려는 시도로 만들어진 것이지만, 이런 주제는 재빨리 '지하 세계'로 숨어들어버렸고, 그것이 당연히 받아야 할 진지한 관심은 오늘날에 이르러서야 마침내 받고 있다"[117]는 논평을 여전히 하고 있었다.

1993년 무렵 인류학 분야 안에서 레즈비언과 게이 연구의 성장은 너무나 극적이어서 이 주제에 관한 캐스 웨스턴Kath Weston의 서평 논문은 1987년 서평 이후 단지 6년이 지났을 뿐인데도 그런 자료들이 빈약하다고 불평했다.

1990년대 이후의 출판에는 웨스턴의 『우리가 선택한 가족: 레즈비언, 게이, 친족Families We Choose: Lesbians, Gays, Kinship』(1991), 길버트 허트가 편집한 전집 『미국의 게이 문화Gay Culture in America』(1992)가 포함될 수 있겠다. 인류학자들에 의한 이정표와 같은 세 가지 연구가 1993년 오랜 세월 동안 고대한 끝에 마침내 출판되었다. 엘리자베스 케네디와 매들린 데이비스Madeline Davis의『가죽 부츠, 황금 슬리퍼: 버펄로의 레즈비언 공동체의 역사Boots of Leather, Slippers of Gold: The History of a Lesbian Community (in Buffalo)』, 엘런 르윈의『레즈비언 엄마들Lesbian Mothers』, 그리고 에스터 뉴턴의 연구서인『체리 그로브, 파이어 아일랜드Cherry Grove, Fire Island』가 있다. 1993년 이후 출판 종수가 기하급수적으로 증가하면서 게이, 레즈비언, 양성애, 트랜스젠더, 그리고 다른 성애적인 경계선 인구집단에 관한 풍부하고 실질적인 민족지학적인 문헌이 출현했다.

유산과 교훈

나 자신의 작업은 에스터 뉴턴, 존 가뇽, 윌리엄 사이먼과 같은 학자들에게 많은 신세를 지고 있다. 그런 프로젝트가 기존의 인류학적인 연구의 한계를 벗어나 있었던 시절에, 그들의 작업으로 인해 내가 북미 도시에서의 성적인 공동체에 관한 민족지학적 작업을 숙고할 수 있었다. 그들이 전달했던 사상의 집적물은 내가 몰랐던 출전을 갖고 있었지만, 사회과학자로서 주변화되고 낙인찍힌 성애 인구집단에 관해 사고할 수 있는 지적인 프레임을 제공해주었다. 예를 들어, 마침내 로버트 파크와 하워드 베커와 만나게 되었을 때, 나에게 그들은 놀랄 만큼 익숙했다. 왜냐하면 그들의 손자국이 내가 읽었던 모든 책에 남겨져 있었기 때문이었다.

도시 게이 공동체에 관해 연구할수록 나는 오래된 민족지학적 텍스트를 더욱더 많이 인정하게 되었다. 그리고 나는 그들의 개념적인 세련됨과 기술적인 풍부함에 끊임없이 깊은 인상을 받고 있다. 20세기 중반 게이와 레즈비언의 사회 생활에서 바의 중요성은 얼핏 보면 대단히 흥미롭거나 흥분할 만한 것처럼 보이지 않을 수도 있다. 게이 바는 너무 친숙해서 현대적 의미에서의 바는 금주법 폐지가 될 때까지 미국에서 실제로 존재하지 않았다는 사실은 쉽사리 망각된다. 술집과 카페는 주류 판매 허가로 재구성되었다. 주류 판매 규제는 도시의 사회적 관행을 강력하게 형성했다. 도시 부동산 가격의 폭등, 인터넷에 기반을 둔 접촉의 가능성이 증가함으로써 게이 사회 시설로서 바의 중심과 실행 가능성이 잠식되어버린다. 게이 바는 사라지거나 적어도 몰락해가는 시설이기는 하지만, 그래도 빅맨이 뉴기니 고원지대의 정치적 체계이거나 남태평양의 토착민들에게 대규모 거래 회로였던 것과 마찬가지로, 게이 바들은 20세기 중반 동성애의 특징이 되었다. 게이 바에 관해 이런 점들을 아는 것과 게이 바의 중요성 변동에 관해서 생각하는 것은 처음에 얼핏 생각한 것만큼 하찮은 것이 아니다. 그와 유사하게 계급, 인종, 사회적 위상, 수입, 성적 지향, 젠더 정체성, 직무 분리, 세련된 표현의 복잡한 상호작용은 좀 더 많은 탐구가 요청된다.

과거 몇십 년 동안 사용되었던 상용어 때문에 그것의 이론적인 미묘함과 독창성은 종종 과소평가된다. 이런 텍스트들에서 천명된 많은 생각은 오늘날 학문에서도 여전히 반향을 일으키고 있다. 그런데도 그런 텍스트의 출전은 잊히고 흐릿해지고 있다. 이런 저자들의 작업은 사회구성주의 패러다임으로 스며들고 수렴되는 데 도움을 주었다. 이 문헌은 성적인 연구 분야에서 사회과학의 지적인(제도적인 것은 아닐지라도) 주장을 확고하게 정립함으로써, 의학, 정신과의 독점으로부터 섹슈얼리티에 관한 지적인 권위를 두고 투쟁하는 데 핵심이 되었다. 끝으로 이론적 혁신과 민족지학적인 기여라는 두 측면에서 여기서 논의했던 그런 텍스트들은 성적 변이의 '도착' 모델을 교체하는 데 핵심 세력이 되었다. 그런 텍스트들은 병리학이 전제되었던 모델들을 '다양성' 모델로 교체하는 데 도움을 주었다. 이런 다양성 모델은 성적 도착이 윤리적으로 평등하고 동등하게 합법적인 것임을 함축한다.

우리가 최초로 이론적인 계시를 독창적인 구현으로 만날 때 그 장소를 잘못 이해하는 일이 흔하다. 그래서 자기 자신의 지적인 전기와 더 공적으로 일어난 사건의 결과를 혼동하게 된다. 이 글에서 나 역시 의도치 않게 그와 똑같은 실수를 저지르면서, 내가 발견한 길을 일반적인 역사로 착각하지 않았으면 하고 바란다. 내가 비판했던 사람들에 비해 뭔가 새로운 제안을 한다면서 과도하게 단순화시킨 기원에 관한 이야기를 제안하고 싶은 것은 분명히 아니다. 그런데도 섹슈얼리티와 동성애의 인류학에서 오늘날 우리가 당연하게 여기고 있는 것들은 사실 그 이전에는 아무도 가본 적이 없었던 곳으로 가서 상당한 위험을 무릅쓰고 그 일을 수행했던 도시사회학자, 동성애 역사가, 용감하고 선구적인 민족지학자들의 기이한 조합에 신세 진 것이다. 그들이 얼마나 많은 작업을 해 주었는지 과거를 돌이켜 보면서 우리는 많은 것을 배우게 된다. 그들의 엄청난 기여가 너무 쉽게 잊혔다면, 이는 그들이 수행한 작업 자체에 관한 논평이라기보다는 그들이 작업했던 지적, 제도적 환경의 엄청난 한계를 보여주는 것일 테다.

14장

퀴어 연구의 지질학

모든 것이 다시 시작되는 데자뷔

14장의 초고는 2003년 12월 5일 뉴욕 시립대학 대학원 센터에서 진행된 제12회 데이비드 R. 케슬러(David R. Kessler) 연례 강연의 발췌문이다. 이 원고는 이후《CLAGS 뉴스(CLAGS News)》14, no. 2(Summer 2004, pp, 6~10)로 출판되었다.

나는 이 강의를 퀴어 지식과 그 지식 생산의 조건에 대해 생각하는 자리로 이용하겠다고 생각했다. 또한 퀴어 지식의 지속적 발전, 보존, 전승을 보증할 수 있는 안정적인 제도 형식을 만들 필요가 있다는 것을 지속적으로 강조하기 위해 LGBTQ 지식과 함께 내 경험을 활용하고 싶었다. 이것이 내가 강의 제목에서 데자뷔라는 단어를 사용한 이유이다. 나는 퀴어 지식을 더 많이 탐구하면 할수록 내가 이미 얼마나 많은 것을 잊어버리고 재발견하고 바로 또다시 잊어왔는지를 깨닫게 된다. 수차례 반복하며 쓸데없는 데 시간을 허비해왔던 것이다. 왜 그렇게 짜증날 정도로 이런 일이 정기적으로 일어나는지에 대해 생각해보고 싶다. 이전에 얻은 지식에 대한 대화와 새로운 세대로의 지식 전달을 관례화할 만한 충분한 조직 자원이 여전히 부족하다는 것이 가장 큰 문제다.

그래서 만약 여러분이 내 여행에 동참하기를 원한다면, 나는 미스터 피바디Mr. Peabody(만화 〈미스터 피바디〉의 주인공 개의 이름 – 옮긴이)를 재생시키고 여러분을 나의 개인전용 웨이 백 머신Way Back Machine(웹사이트 히스토리 보관 서비스. 만화 〈미스터 피바디〉에서 천재 개 피바디와 그의 입양아 셔먼이 이용하는 타임머신 'WABAC machine'의 이름을 차용했다 – 옮긴이)으로 초청하고자 한다. 때는 1970년 무렵으로, 나는 신출내기 다이크였다. 내가 제일 먼저 하고 싶은 일은 내 욕망의 대상을 유혹하는 것이었다. 그다음으로 하고 싶은 일은 좋은 레즈비언 소설을 읽는 것이었다. 앞의 기획에는 거의 운이 없었기 때문에, 나는 미시간 대학의 대학원 도서관에 처박혀 도서관 색인 카드에서 레즈비어니즘을 검색했다(컴퓨터로 색인화되기 이전에는 이런 방식으로 검색을 했다). '레즈비언'이라는 주제목 아래에 두 개의 입구가 있었다. 하나는 래드클리프 홀의 『고독의 우물The Well of Loneliness』이었고, 다른 문은 1950년대 중반 동성애 옹호 운동 초기에 설립된 샌프란시스코 기반의 레즈비언 인권단체 빌리티스의 딸들DOB: Daughters of Bilitis을 반쯤은 선정적으로 설명해놓은 제스 스턴Jess Stern의 『포도 덩굴The Grapevine』이었다.[1] 나는 DOB가 《사다리》라는 소규모의 잡지를 냈는지 몰랐고, 《사다리》가 DOB에 의해서는 아니지만 여전히 출판되고 있는 줄도 몰랐다.

　미시간 대학 도서관은 북미에서 가장 큰 도서관 중 하나였기 때문에(지금도 그렇다), 나는 레즈비언을 주제로 쓰인 책이 거의 없거나 그게 아니라면 레즈비언 서지 작업이 절실하게 필요하다는 결론을 내렸다. 나는 학사 졸업논문을 위해 서지를 작성해보기로 결심했다. 그리고 이후 몇 달을 레즈비어니즘과 관련된 문헌 자료의 모든 소재지를 찾는 데 사로잡혀 보냈다.

　그 첫 단계로 나는 안내 데스크에 레즈비어니즘으로 색인화된 것이 왜 이렇게 없는지 문의하고, 관련 목록을 좀 더 찾을 수 있을 만한 제안을 해줄 사서가 있는지 물었다. 돌아오는 것은 멍한 눈뿐이었다. 그러나 그다음 몇 주를 그렇게 보내면서 도서관 색인 카드를 검색하고 있을 때, 내 어깨 뒤로 누군가의 존재를 느끼기 시작했다. 참고도서 사서들이 개별적으로 내게 와서 여성 자선가에 대한 섹션이나 수감 여성들에 대한 책이 내 관심을 끌 것이라고 조용히 속삭였다. 자선에 대한 책은 실제로 사교계 명사 인명록에 있는 여성 인맥을 통해 연애했던 부유한 양성애 여성들의 이야기로 가득 차 있었다. 수감 문학은 중산층 사회복지사가 자신들의 감독 아래에 있는, 대부분 가난한 노동계급 여성들의 성생활에 분개하여 쓴 격노의 보고로 가득 차 있었다(타 인종 간의 정사는 특히 더 큰 경악을 불러일으켰다).

그러나 내 연구의 돌파구를 찾게 해준 큰 성과는 우연히 방문한 보스턴에서 얻게 됐다. 나는 하버드 스퀘어Harvard Square 근처에 있는 작은 서점에서 《사다리》 한 권을 우연히 발견했다. 나는 곧바로 《사다리》에 편지를 써서 내가 레즈비언 문학 서지를 작성하고 있는 중이라고 설명하고, 그곳에 도와줄 누가 있는지를 물었다. 진 데이먼이 바로 내게 도움을 준 편집자였다. 다 알다시피 진 데이먼은 바버라 그리어였다. 그녀는 날카로운 힐책과 함께 답장을 보내왔다. 그리고 그런 서지가 이미 존재한다는 정보를 알려줬다. 진 데이먼(그리어의 필명)과 리 스튜어트가 1967년에 낸 『문학 속의 레즈비언』이라는 책이었다. 당연한 일이지만, 나는 심지어 더 앞서 출판된 저넷 포스터의 『문학 속의 성 변이 여성들』(1956)을 모른다고 질책을 받았다. 그리어의 힘 있는 문체는 나를 의기소침하게 만들고, 분명 내 젊은 열의에 찬물을 끼얹었다. 이 퉁명스러운 첫 만남 이후, 바버라가 수많은 레즈비언 미공개 텍스트에 대해 놀랍도록 상세하고 방대한 지식을 관대하게 공유하는, 약간 누그러진 편지를 보내 와 너무나 기뻤다. 그러나 이 이야기의 요점은 1970년 무렵에는 그런 출판물을 찾는 것이 정말로 어려웠다는 데 있다. 그런 연구 작업이 이루어진 게 있어도 대부분 접근이 불가능했다. 레즈비언 지식의 체계적 정보 공유와 습득의 방법은 매우 초보적인 단계에 머물러 있었다.

이미 레즈비언 서지가 있다는 것을 듣고 난 후 나는 내가 도서관 상호 대차 서비스로 그 서지를 얻을 수 있는지 알아보기 위해 안내 데스크를 다시 방문했다. 며칠 후 아마도 퀴어 참고도서 사서인 듯한 이들 중 하나가 나를 LGBTQ 학문의 숨겨진 세계로 이르는 또 다른 문으로 안내해주었다. 그는 내게 특별 컬렉션 쪽으로 가서 《래버디 총서》를 문의해보라고 제안했다. 《래버디 총서》 목록은 따로 색인화되어 있었기 때문에 주요 색인 카드에는 없었다. 그러나 그는 내가 찾고 있는 자료가 7층에 있는 귀중본실에 있을 것이라고 생각했다. 나는 빵 부스러기의 흔적을 따라 위층에 있는 에드 웨버의 데스크로 갔다.

《래버디 총서》는 디트로이트의 아나키스트인 조지프 래버디_{Joseph} Labadie가 1911년에 만들었다. 이 총서는 처음에는 아나키스트 저작에 초점을 맞췄지만, 점차적으로 사회 저항 문학, 특히 '극단주의'라고 여겨진 저작들을 수집하며 확장해나갔다. 1960년 에드 웨버가 큐레이터로 고용되고 나서 그는 동성애 출판물과 게이 자료들을 수집하기 시작했다. 그 결과 대부분의 대학과 공공 도서관이 그런 저작들을 포르노그래피 쓰레기로 치부해버리던 때에 《래버디 총서》는 미국에서 가장 많은 게이 자료를 보유한 보관소 중 하나가 되었다. 실제로 래버디 위층은 마치 동성애 학문의 원더랜드처럼 내가 찾고 있던 거의 모든 책들을 소장하고 있었다. 그 총서에는 모든 것이 있었다. 데이먼과 스튜어트의 『문학 속의 레즈비언』, 포스터의 『문학 속의 성 변이 여성들』, 매리언 짐머 브래들리가 작성한 몇몇 초기 서지들, 그리고 《사다리》 거의 전권이 있었다.

나는 나머지 학부 생활을 래버디로 옮겨 이 기록을 거의 집어삼킬 듯이 읽어댔다. 이 여성들이 레즈비언 역사에 대해 얼마나 많이 알고 있었는지, 그리고 그들이 알았던 것을 찾아내는 것이 내게 얼마나 어려운 일이었는지는 여전히 나를 놀라게 한다. 당시 나는 게이 남성 출판물은 거의 의식하지 못하고 있었다. 그래서 나는 래버디가 소장하고 있던 역시나 인상적인 컬렉션인 《매터친 리뷰Mattachine Review》,《원One》,《원 인스티튜트 쿼털리One Institute Quarterly》는 찾아보지 못했다. 그러나 이후 내 관심이 넓어지면서 이 출판물들이 게이 역사, 서지, 사회 분석, 정치 비판 등 막대한 편찬들을 포함하고 있다는 것을 알게 됐다.

나는 내 자신의 관심사가 게이 해방운동에서 나온 학문의 거대한 물결의 일부였다는 사실 또한 인식하지 못했다. 심지어 종종 표면적으로 볼 때 이론적 세련됨이나 용어학적 정확함이 부족하다며 우리의 동성애 옹호 운동의 선조들을 일축해버릴 때에도, 나는 우리 집단이 많은 부분 우리의 동성애 선조들이 기록해온 길 위에서 만들어졌다는 사실을 회고적으로 이해했을 뿐이었다. 이 강연을 준비하면서 나는 당시 동성애 연구를 수행하던 나의 오래된 몇몇 친구에게 이메일을 보내서 그들이 어떻게 연구의 방향과 일차 자료들을 찾아냈는지 물었다. 모두가 동성애 옹호 학문, 단체의 기록, 개인 컬렉션에 중요하게 빚진 바 있다고 인정했다.

동성애 운동에 대한 존 디밀리오의 초기 저작에 쓰인 많은 자료들이 《매터친 리뷰》,《사다리》, 매터친 소사이어티 뉴욕 지부 기록과 같은 출판물에서 왔다는 것은 놀랍지 않다. 그러나 존이 이런 정기간행물과 다른 문서 증거들을 찾은 곳은 흥미롭다. 그가 찾아낸 다수의 기록은 개인들, 주로 로스앤젤레스 아파트에 보관되어 있던 짐 케프너의 수집 목록과 샌프란시스코 창고에 쌓여 있던 돈 루카스Don Lucas의 수집 목록에서 온 것이었다. 존은 또한 킨제이 연구소에 높이 쌓여 있는 파일을 찾아 냈으며, 래버디 정기간행물 컬렉션을 이용하기 위해 앤 아버를 방문하기도 했다. 조너선 네드 캐츠 또한 권위 있는 연구서 『게이 미국사』(1976)를 쓰기 위해 초기 동성애 언론이 만든 서지에 많이 의존했다. 조너선에게 그의 보물 지도가 무엇이냐고 물었을 때, 그는 『문학 속의 레즈비언』, 《매터친 리뷰》, 《원》, 그리고 게이 남성에 관한 몇몇 서지, 특히 노엘 가르드Noel Garde가 작성한 서지라고 대답했다.

조너선의 이메일을 받고 나는 가르드의 서지를 더 자세히 보고 싶어졌다. 그리고 나는 이 강의를 준비하면서 오래된 동성애 옹호 출판물을 보는 데 이미 얼마간의 시간을 보내기로 결심했다. 나는 충동적으로 미시간으로 돌아갔고, 내 학부 시절로 되돌아가 미시간에서 과거의 퀴어 학자들의 목소리로부터 좀 더 통찰을 얻을 수 있었다. 30년 전에는 그 맥락을 잘 알지 못해서 그 의의를 많이 놓쳤었다. 당시보다는 더 많은 것을 알고 있기 때문에 지금은 이 텍스트들을 다르게 읽게 된다. 그리고 조너선 캐츠, 존 디밀리오, 앨런 베루베, 짐 스테이클리, 에스텔 프리드먼, 윌리엄 에스크리지William Eskridge 등과 같은 학자들의 연구의 렌즈를 통해 그 텍스트들을 볼 수 있다. 여기에는 어떤 공통된 주제와 반복된 화제가 있다. 《사다리》, 《원》, 《매터친 리뷰》, 《원 인스티튜트 쿼털리》를 모두 읽는다면 중요한 쟁점, 법적 사건, 정부 보고서, 1950년대와 1960년대 동성애자들의 삶에 영향을 미친 사안들을 꽤 확실히 파악하게 될 것이다.

서지는 모두가 공통되게 집착하던 중점 분야였다. 1957년 5월호에서 매리언 짐머 브래들리의 저넷 포스터에 대한 상세하고 사려 깊은 비평에 덧붙여, 《사다리》는 '레즈비아나Lesbiana'라는 제목으로 브래들리의 서지 칼럼을 정기 게재했다. 그리고 나중에는 바버라 그리어가 '레즈비아나' 칼럼을 이어서 맡게 되었다. 그 칼럼은 이후 『문학 속의 레즈비언』에 포함된 많은 자료를 담고 있었다. 마찬가지로 1957년 《매터친 리뷰》는 '동성애 주제에 대한 서지' 연재를 시작했다. 1959년 노엘 가르드는 '기원전 700년경~1958년 연대기 서지'라고 알려진 『문학 속 동성애 The Homosexual in Literature』를 출판했다. 그리고 1964년 밴티지 출판사 Vantage Press는 그의 책 『조너선에서 지드까지: 역사 속 동성애 From Jonathan to Gide: The Homosexual in History』를 내놨다. 이 책들이 출판되던 당시 가르드와 데이먼/스튜어트의 개요서는 최신의 동성애 서지를 담고 있었다. 젊은 시절 '동성애 homosexual'라는 범주를 질문하는 데 실패했다며 이런 종류의 연구 작업을 비판한 적이 있지만, 나는 이제 그런 텍스트들이 그 자체로 상당한 성취였다는 것을 이해한다. 더 나아가 그런 편찬은 1960년대 후반에 LGBTQ 주제에 사회사, 문화인류학, 도시사회학과 같은 모든 이론적 자료를 적용하는 것을 가능케 했다.

그러나 그 연구들의 원천은 무엇이었을까? 어떻게 가르드와 그리어 같은 연구자들은 그런 것들을 찾아냈을까? 둘 모두 명백하게 서지 작업에 열정적이었고, 또한 둘 모두 이전 작업을 기반으로 했다. 그리어와 브래들리는 저넷 포스터의 연구를 많이 가져왔다. 포스터는 1948년에서 1952년까지 킨제이 연구소에서 일했던 직업 참고사서였다.[2] 그래서 그녀는 킨제이가 축적한 비할 데 없이 훌륭한 소장 목록을 이용할 수 있었다. 포스터는 많은 선례를 따랐지만 그녀가 자신의 인용에서 신중하게 동시대에 존재했던 존 애딩턴 시먼즈와 에드워드 카펜터뿐 아니라 해브록 엘리스와 마그누스 히르슈펠트의 성과학 텍스트를 파헤쳤다는 것 또한 분명하다. 많은 측면에서 포스터의 책은 동성애 옹호 세대와 19세기 후반 및 20세기 초 이전 퀴어 지식의 축적을 잇는 경첩 같은 텍스트였다.

도널드 웹스터 코리Donald Webster Cory의 1951년 책『미국의 동성애The Homosexual in America』또한 제2차 세계대전 이후의 동성애 옹호 지식인 집단에게 제1차 세계대전 이전에 생산된 문학에 대한 지식을 전해준 주요 서적이다. 노엘 가르드는 매터친 소사이어티 뉴욕 지부가 만든 서지뿐 아니라 코리의 참고문헌을 명백하게 알고 있었다.『미국의 동성애』는 많은 문제적 측면을 갖고 있었지만, 그것은 또한 선행하고 앞서 보여주었던 많은 동성애 옹호 학문의 의제를 만들었다.[3] 코리는 "동성애자 및 여타 성적 도착자의 정부 고용"과 동성애 때문에 불명예 전역해야 했던 군인들을 다룬 재향 군인 관리국Veterans Administration을 포함해, 동성애에 적용된 모든 주요 미국 정부 문서를 담았다.『미국의 동성애』는 또한 당시 동성애 행위를 규제하는 48개 모든 주의 법규를 목록화했다. 코리 자신의 서지와 출처 목록은 여전히 놀랍다. 그리고 그는 동성애와 관련된 "소설과 연극 대조표"라는 특별 부록을 포함시켰다. 포스터 또한 코리를 읽고 사용하고 인용했다. 나는《매터친 리뷰》에 실린 서지가 코리의 작업을 갱신하면서 시작된 것이 아닌가 생각한다.

한편 코리는 또 다른 퀴어 지식의 대단한 퇴적층인, 19세기 후반과 20세기 초의 유럽 대륙과 영국에 축적되어 있던 문서들로부터 엄청난 자료를 가져왔다. 나는 종종 이 지층을 '19세기 후반의 성과학'이라고 부른다. 그러나 그 약칭은 의학적으로 자격을 갖춘 성과학자뿐 아니라 낙인찍힌 동성애 지식인, 그리고 당시 급성장하던 퀴어 공동체의, 대개는 익명이지만 적극적이었던 구성원들이 통신수단과 출판이 뒤섞인

한판의 춤사위에 참여해 만들어냈던 그 복잡한 방식을 정당하게 평가하지 못한다. 해리 우스터후이스Harry Oosterhuis의 리하르트 폰 크라프트에빙에 대한 뛰어난 연구는 그와 같은 연구 작업의 예를 상세하게 보여준다.[4] 이 대규모 작업은 성적 부당함과 박해에 대한 초기 비판이 표현된 논쟁적 자료를 엮은 동성애 (혹은 성도착) 지식인들의 저술과 의학 텍스트가 혼합된 것으로 보는 편이 더 적절하다. 그 자료들은 유명한 동성애자의 전기, 그리스와 라틴 고전에서 모은 자료, 공갈 협박과 성적 박탈이 미친 영향에 대한 개인적 증언, 민족지학적 보고서, 동물 행동에 대한 정보, 동성애 공동체 생활에 대한 관찰, 초기 근대의 퀴어 서지 작성문을 망라했다. 전체적으로 보면 우리가 성과학이라고 부른 작업들은 의사와 도착자의 열정적인 공동 기획이다. 그 결과로 퀴어 지식의 주요한 층의 거대한 통합체가 만들어지게 되었다. 이 지층에서 때로는 상당한 성과를 캐내기도 했지만, 때로는 무시되거나 기각되고 잊혔다. 그러나 한 가지는 아주 분명했다. 나의 게이 해방 그룹이 이전의 지층, 특히 '성과학' 자료들을 가져와 연구했던 바로 우리 이전의 선배들, 즉 동성애 옹호 시대의 연구자들이 수집한 출판과 아카이브 자료들에 기반하고 있다는 점은 분명하다.

리하르트 폰 크라프트에빙, 해브록 엘리스, 마그누스 히르슈펠트는 가장 중요한 성과학자들이었다. 카를 하인리히 울리히, 에드워드 카펜터, 존 애딩턴 시먼즈의 저술은 주요 쟁점을 생산했다.[5] 마그누스 히르슈펠트는 엘리스와 크라프트에빙처럼 자격증이 있는 의사였다. 히르슈펠트는 훌륭한 논객이기도 했다. 히르슈펠트의 동성애 성향은 때때로 그의 의학적 권위를 약화시키는 데 이용되기도 했다. 울리히와 카펜디는 의학 자격증이 없었지만, 의학 텍스트에서 수없이 인용되었다. 시먼즈의 역할은 특히 복잡했다. 그의 재산 상속자의 주장으로 『성적 도착 Sexual Inversion』에서 그의 이름이 삭제되었다. 하지만 그는 방대한 역사적 정보에 기여했을 뿐 아니라 엘리스의 저작으로 알려진 많은 분석에도 기여했다.[6] 시먼즈의 저작은 그 자신의 작업을 인용하고 있기도 한 의학 문헌에 대한 예리한 비평을 담고 있다.[7]

마그누스 히르슈펠트의 수천 쪽에 달하는 책, 『남성과 여성의 동성애』(1914)는 이 시기 성과의 상징이다. 히르슈펠트는 동성애 주제에 대해 알려진 모든 것을 완벽하게 설명하려고 했다. 그는 다른 의학 성과학자들, 시먼즈, 카펜터, 울리히 같은 일반 저술가들의 작업, 그리고 자신의 1차 조사를 합쳤다. '사회학적 발생으로 본 여성과 남성의 동성애'라는 제목이 붙은 이 책의 2부는 특히 눈을 뗄 수가 없다. 2부는 다른 나라와 다른 계층의 동성애에 대한 장뿐 아니라 동성애자에 대한 첫 번째 통계 조사 결과를 포함하고 있다. 히르슈펠트의 책은 또한 20세기 초 도시 게이들의 삶에 대한 뛰어난 보고서를 담고 있다. 존 애딩턴 시먼즈는 동성애 열정이 "우리의 대도시에서 고동치고 있다. 콘스탄티노플, 나폴리, 테헤란, 모스크바 못지않게 런던, 파리, 베를린, 비엔나에서도 그 맥박을 느낄 수 있다"고 쓰고 있다.[8] 히르슈펠트는 (주로 베를린의) 동성애 여성 및 남성의 공동체 생활과 모임 장소들에 대한 장에서 심장박동의 사회학을 상세하게 전개시켰다. 그는 동성애자들의 대중 극장 사용, 동성애 목욕탕, 남성과 여성 모두를 위한 드랙 파티, 동성애자들이 선호하는 호텔과 게스트하우스, 공원과 화장실에서 섹스 파트너 찾아다니기, 파트너를 찾기 위한 개인 광고 사용을 기록했다.[9] 그리고 그는 하위문화에 근거한 이 도시의 중요성은 "거의 날마다 가면을 쓰고 살아야 하며, 이곳에 와서야 마치 해방된 것처럼 느끼는 많은 이들"에 의해 증명되며, "지방에서 온 동성애자들이 그런 바에 처음 발을 들여놓고 감정에 복받쳐 격하게 눈물을 쏟아내는 장면을 보곤 했다"[10]고 언급했다. 히르슈펠트는 또한 동성애자의 법적, 사회적 피해사례, 동성애자 박해, 동성애자에 대한 기소 등에 대해 상당한 분량을 할애하고 있다. 그는 전 세계의 반동성애법 목록뿐 아니라 이런 박해에 반대하는 조직적 운동의 역사를 상세하게 기술하고 있다.

히르슈펠트의 장대한 전작에 대한 신뢰할 만한 번역이 부족하기 때문에, 그 결과 그의 지적 중요성이 종종 평가절하 되곤 한다.[11]『남성과 여성의 동성애』의 몇몇 발췌본이 헨리 거버Henry Gerber에 의해 번역되어 1960년대 초반《원 인스티튜트 쿼털리》에 게재된 것이 다였다. 마이클 롬바르디내시Michael Lombardi-Nash가 작업한 완역은 2000년 이후가 되어서야 이용 가능해졌다.『미국의 동성애』와 처음으로 조우했던 당시, 나도 『남성과 여성의 동성애』를 읽지 못했었다. 그 두 책을 모두 읽고 난 지금은 그 둘의 유사성을 알 수 있다. 코리는 독일어로 히르슈펠트를 읽었고 히르슈펠트의 서지 모음, 역사 자료, 수사적 전략에 기댈 수 있었다. 코리는 이러한 연구가 쇠락한 이후 어떤 유사한 운동도 일어나지 못했음을 안타까워하면서 본인이 19세기 후반과 20세기 초의 '히르슈펠트 운동' 그리고 '카펜터 운동'이라고 이름 붙였던 것들에 대해 논의했다. 그는 아마도 그때가 그와 같은 운동의 중대한 부활이 일어나기 직전이며, 제1차 세계대전 이전의 지식 자료에 대한 그의 노작이 새롭게 부상한 동성애 옹호 연구자들에 의해 훨씬 더 정교화될 것이라는 사실을 몰랐을 것이다.

대략 1880년대 후반에서 1920년대까지 대개 영국과 유럽 대륙에서 생산된 퀴어 지식은 학자들이 그 자료를 좀 더 자신의 동시대적 기획을 가지고 파헤치고자 할 때, 그들의 새로운 작업에 계속해서 영감을 주고 있다. 예를 들면, 제프리 윅스의 초기 연구, 특히 그의 『커밍아웃: 19세기부터 현재까지 영국의 동성애 정치사』(1977)는 많은 면에서 크라프트에빙의 상당한 지식에 영향을 받아 해브록 엘리스, 에드워드 카펜터, 존 애딩턴 시먼즈에 대한 숙고를 확장한다. 푸코의 『성의 역사』 1권은 많은 부분 크라프트에빙과 19세기 후반 프랑스 정신의학을 뛰어나게 독해한 결과이다. 리사 두건의 앨리스 미첼 사건에 대한 작업과 크라프트에빙의 해리 우스터후이스 전기는 성과학에 대한 완전히 새로운 독해를 가능하게 만들어주었다. 그럼에도 불구하고, 나는 성과학 텍스트와 동성애 옹호 작업 모두 아직 활용이 안 된 부분이 많고, 이것들의 연구를 통해 여전히 수천 편의 논문이 착수될 수 있다고 믿는다.

나는 오늘 밤 강연 제목을 통해 퇴적층 속에 담긴 퀴어 지식의 의미를 전달하고 싶었다. 지질학적 기록에서, 부분적으로는 풍부한 생물 형태를 만들어내는 조건 때문에 그리고 부분적으로는 화석 형식 속에 그것을 보존하기에 좋은 조건 때문에, 어떤 지층은 화석이 풍부해진다. 그와 유사하게 어떤 시기의 사회적, 정치적 조건은 퀴어 지식을 번성하게 하는 데 유리한 반면, 다른 조건들은 그것을 보존하거나 아예 파괴하도록 강제한다. 퀴어 지식의 퇴적 형성을 발견하고, 파헤치고, 목록을 만들고, 새로운 지식을 생산하는 데 활용하도록 보장하는 것은 다음 세대에 달려 있다. 안타깝게도 퀴어 지식의 신뢰할 만한 전승을 보장할 지속적인 구조적 기제가 부족하기 때문에, 우리는 종종 그 지식들을 잃어버리고, 묻어버리고, 잊는다.

예를 들면, 제한된 접근만이 가능한 특별 소장품이나 복사로만 이용할 수 있는 수업 자료를 가지고 가르치는 것은 어렵다. 내가 오늘밤 언급한 대부분의 책은 절판되었거나 찾기 힘들다. 많은 사람들이 1975년 아르노 출판사의 전집《동성애: 사회, 역사, 문학 속의 레즈비언과 게이 남성 Homosexuality: Lesbians and Gay Men in Society, History, and Literature》 덕택에 1970년대 재발간된 자료들을 간단하게는 이용할 수 있었다. 이 1차 텍스트들의 재발간은 초창기 게이 해방 학문 세대의 가장 중요한 성취 중 하나다. 이 시리즈는 54권의 책과 두 개의 정기간행물로 구성되어 있다. 여기에는 데이먼, 스튜어트, 브래들리, 가르드가 작성한 초기 동성애 옹호 서지들, 동성애와 연관된 미국 정부의 핵심 문서, 에드워드 카펜터, 자비어 메인 Xavier Mayne, 나탈리 바니, 얼 린드 Earl Lind, 메르세데스 드 아코스타 Mercedes de Acosta, 블레어 나일스 Blair Niles, 르네 비비앙, 도널드 웹스터 코리가 쓴 중요한 서적들의 재발간, 레즈비언 고전과 대중 소설, 독일의 게이 인권운동에서 나온 텍스트들,《사다리》와《매터친 리뷰》전 호의 재발간이 포함되어 있다.[12] 이 비범한 시리즈는 30년도 더 전에 너무 일찌감치 나왔다. 슬프게도 그 시리즈는 지금은 절판되었고, 아르노 에디션은 거의 원본만큼이나 희귀하다. 크라프트에빙의『성 정신의학』과 해브록 엘리스의『성적 도착』은 최근 저렴한 페이퍼백 판본으로 다시 나왔다. 그러나 내가 그 책들을 올해 교과서로 쓰려고 주문하려 했을 때에는 이미 다시 구할 수 없는 상태가 되었다.

나는 이 간단한 리뷰에서 몇 가지 요점을 이야기하고 싶다. 첫째는 퀴어 연구의 과거에 대한 기억상실증이 만연되어 있다는 점이다. 나는 LGBTQ 연구가 1990년대 어느 때에 시작되었다고 가정하는 이들에게 계속 충격을 받곤 한다. 지질학이라는 은유가 더 긴 시간의 관점에서 생각하게 도와주고 현재에서 멀리 떨어진 곳에도 초점을 맞출 수 있도록 해주기 때문에, 나는 지질학을 선택했다. 지질학적 시간에서 보면 현재는 눈 깜짝할 시간이다. 퀴어 학문에서 중요한 것에 대한 우리의 감각이 현재의 흐름, 최신 유행, 번쩍거리는 새로움에 의해 왜곡되어서는 안 된다. 나는 우리가 현재를 형성한 그리고 현재가 깊게 뿌리 박혀 있는 더 긴 과정에 대해 생각하기를 원한다. 평가 가능하고, 입증 가능하며, 갱신 가능하고, 비판 가능하고, 가공 가능하고, 향상될 수 있으며, 연구의 새로운 길을 제공하는 데 사용 가능한 지식의 축적으로부터 모든 학문적 기획은 이익을 얻을 수 있다. 퀴어 연구의 동시대 정전에 더 오래된 자료를 포함시키는 것에 대해 좀 더 자각할 필요가 있다.

그러나 제한된 기억의 원인은 스타일보다는 구조적인 데 있으며, 교육과정의 결정보다는 제도적 방해에 의해 발생한다. 나는 보다 오래된 지식에 접근하는 데 제약을 가하는 제도적 결핍을 극복할 더 많은 노력이 필요하다는 것을 강조하고 싶다. 우리는 계속해서 퀴어 지식의 보존, 전승, 발전을 보장할 조직적 구조를 발전시켜야 한다. 학제로서 LGBTQ 연구는 대학 내에서 제도적으로 여전히 매우 기초적 상태에 머물러 있으며, 이것은 이 연구의 지속적인 생존에 문제가 된다. 분명 지금은 CLGAS(뉴욕 시립대학 대학원 LGBTQ 연구소)와 같은 기관의 존재와 여러 강의와 같은 이벤트를 볼 때 심지어 10년 전보다도 훨씬 더 많이 제도화되었다. 그러나 LGBTQ 연구 학과의 수는 예를 들면, 사회학이나 정치학과의 수와 비교해볼 때 여전히 미미하다. 지식의 기반 시설은 물리적 공간과 지속 가능한 조직 구조-사무실, 건물, 도서관, 아카이브, 학과, 프로그램, 센터, 교수, 직원, 임금-를 요구한다. 우리는 더 많은 자료를 축적하는 데 힘쓰고 더 나은 관료 체계를 세워야 한다.

많은 이들은 본능적으로 관료화라는 생각에 흠칫 놀라고 그것을 재앙이라고 생각한다. 관료제는 진부함, 지루함, 무의미한 절차들, 옹졸한 관료들을 포함해 많은 결점을 갖고 있다. 관료제는 거의 본성적으로 흥분, 화려한 매력, 카리스마가 부족하다. 우리는 자주 한 순간의 강렬함을 위해 살고, 순간을 향해 돌진하며, 영원히 원하는 것의 하나로서 주변성을 찬양한다. 그러나 만약 관료제와 일상이 그 대가를 치르게 한다면, 주변성과 카리스마도 그렇다. 주변성과 순간적 흥분은 본질적으로 손상되기 쉽고, 덧없고, 불안정하다. 오래된 지층의 퀴어 지식에 대한 우리의 기억이 손상된 이유 중 하나는 그 지식을 생산했던 제도와 조직이 사라져버렸다는 데 있다. 퀴어한 삶은 엄청나게 멋진 폭발적 사례로 가득 차 있지만, 지금은 거의 남아 있지 않거나 아예 흔적을 찾아볼 수 없다. 그것의 기록이나 인공적인 유물도 전혀 체계적으로 수집되거나 적절하게 보존되지 않았다.

나를 아는 이들은 그렇게 사라진 제도 중 하나인, 1970년대 페미니즘과 급진적 레즈비어니즘으로부터 부상한 '여성 공동체'를 회상할 때 가지게 되는 나의 양가적 감정을 이해할 것이다. 1970년대 후반에는 수십 개에 이르는 페미니즘 신문과 레즈비언 신문을 찾아 볼 수 있었다. 적어도 열두 개 정도의 저널, 한때 번성했던 예닐곱 개의 페미니즘 출판사, 중요한 공적 구역을 형성했던 지역 공동체 네트워크가 있었다. 샌프란시스코에서 이 여성 구역의 상당수는 발렌시아 스트리트를 따라 있었다. 그곳에는 레즈비언 바, 페미니스트 커피 하우스, 여성 서점, 예닐곱 개의 여성단체와 사업들이 있었다. 매사추세츠 서부, 아이오와 시티, 오클랜드 샌프란시스코 베이에도 비슷한 정착촌이 있었다. 오늘날 그 세계는 거의 어떤 것도 남아 있지 않다. 《레즈비언 커넥션Lesbian Connection》처럼 고집스레 생존한 몇몇 사례가 있지만, 대부분의 신문, 저널, 서점, 커피 하우스, 사업 들은 사라져버렸다. 이런 공동체의 붕괴에는 여러 가지 복잡한 이유가 있다. 그러나 그 이유 중 하나는 기반 시설의 허약성이었다. 예를 들면, 샌프란시스코에서 대부분의 상점은 월세를 낮게 매기는 사업 구역에 있는, 점포 앞에 딸린 공간에 세를 들었다. 상업적인 임대료가 급등하기 시작하자 이런 상점들은 쫓겨났다. 한때 활기찼던 여성 구역에서 유일하게 남은 것은 여성회관이다. 그 빌딩이 여전히 거기에 있는 유일한 이유는 임대가 아닌 구입을 했기 때문이다. 그러나 그 건설 환경을 얻기에는 너무나 비싸고 그것을 유지하는 데는 많은 문제가 있다. 안정성은 신경을 많이 써야 하는 자원이다.

퀴어들에게 주변성은 넘쳐나고, 안정성은 결핍되어 있다. 막스 베버는 한번 충분히 자리를 잡은 관료제는 가장 파괴하기 어려운 사회구조 중 하나라고 언급한 바 있다.[13] 그것은 저주일 수 있다. 그러나 우리는 그 안정성을 얼마간 이용할 수 있고, 퀴어 연구에서 안정성을 유지하기 위해서는 그런 자원이 요구된다. 새로운 이론적 프레임, 새로운 자료, 새로운 발견은 늘 우리의 전제와 가정을 재고하도록 만든다. 우리는 새로움과 개선을 가져오기 위해 주기적인 반란, 재형성, 격변에 기대야 한다. 그러나 마르크스와 마셜 버먼Marshall Berman을 가져와 다시 써보자면 단단해 보이는 모든 것은 심장박동 속에 사라질 수 있다. 그리고 조지 산타야나 George Santayana(스페인 태생의 미국 철학자, 시인, 평론가. '과거를 기억할 수 없는 자는 과거를 반복하기 마련이다'라는 경구로 유명하다 – 옮긴이)의 말을 압축하자면, 자신의 역사를 확실하게 전하지 못한 자는 결국 자기의 역사를 잃게 되고 만다.

부록

급진적 성 정치를 위하여

    게일 루빈의 논문 선집인 『일탈』은 그녀의 유일한 단독 저서이다. 「여성 거래」(1975)와 「성을 사유하기」(1982)가 젠더와 섹슈얼리티 연구 분야에서 필독 고전이 된 지 오래고, 특히나 발표 이래 엄청난 논쟁을 야기한 「성을 사유하기」의 경우 그 후폭풍이 현재까지 영향력을 발휘하고 있다는 점에 비추어 보면, 그녀의 학문적 성과물은 놀랍도록 단출하다. 그러나 그보다 더 놀라운 점은 이 책에 압축된 세월과 무게, 그리고 강도이다. 이 책에 실린 논문들은 1975년에 발표한 「여성 거래」부터 2011년에 이 책을 엮으면서 쓴 「서론」까지 37년이라는 세월에 걸쳐 있다. 학자이자 활동가로서의 삶이 오롯이 실린 열다섯 편의 글이 점하는 무게와 강도 역시 만만치 않다. 각 논문은 하나같이 젠더 및 섹슈얼리티 연구에 새롭고 급진적인 관점을 제시했으며, 루빈이 한 개인으로서 겪은 삶의 중요한 국면들과도 긴밀하게 연관되어 있다.

    그녀의 글은 발표될 때마다 늘 극단적인 반응을 불러일으켰다. 때

로는 열광적인 찬사가 쏟아졌지만, 때로는 테러에 가까운 공격이 이어
지기도 했다. 호평을 받을 때조차 오해는 덤이었다. 논란이 일자 일부 페
미니스트 동료마저 루빈의 학문적 성과와 의의를 의도적으로 무시하거
나 망각하기도 했다. 이런 연유로 루빈은 자의 반 타의 반으로 담론의 장
에 적극적으로 투신해야 했다. 자신의 논문이 일으킨 논란에 지속적으
로 대응하고, 과장되고 왜곡된 독해에서 양산된 오해를 불식시키고, 시
대의 한계나 자신의 한계 때문에 미처 깨닫지 못했던 지점을 비판적으
로 성찰하기 위해서 여러 격론의 현장에 열성적으로 참여했다.

논란을 일으킨 논문을 다시 쓰는 대신에 다양한 시기와 자리에서
해당 논문에 대한 후기를 발표하고, 자기 자신과 주위의 조건에 대한 주
해를 밝히는 방식으로 자신의 연구를 지속적으로 역사화해온 루빈의 궤
적은 자못 흥미롭다. 그녀는 자신의 주요 논문들에 대해 역사적 지층을
만들어, 이론이 어떻게 역사적 담론이 되고 사상가가 동시에 역사가가
될 수 있는지를 몸소 체현해왔다. 분야를 막론하고 학자 평생의 연구가
집약된 한 권의 책을 만나기란 여간 드문 일이 아니다. 『일탈』에는 여성
학과 퀴어학뿐 아니라 성노동, 포르노그래피, S/M 담론에 지대한 영향
을 미친 루빈의 연구력과 그녀가 미국 현대사를 헤쳐나가면서 치른 격
렬한 섹슈얼리티 논쟁사가 담겨 있다. 그런 의미에서 이 책은 '역사적 선
집historical collection'[1] 이라고 부를 만하다.

---

1 Tara Bell, "Book Review: Gayle S. Rubin. *Deviations: A Gayle Rubin Reader*. Durham and
   London: Duke UP, 2011," *Women's Studies: An inter-disciplinary journal*, 42:2, p. 214, 4 Feb
   2013.

그러나 이러한 명명이 이 선집에 실린 논문이 제기한 여러 의제들을 과거의 것으로 치부하는 것은 결코 아니다. 루빈 자신도 「서론」에서 각 논문은 제각기 다른 시제에 거주하고 있으므로 그녀가 '지금'이라고 말할 때 그것은 과거의 '그때'이며, '그때'라는 언급은 상당히 먼 과거일 수 있다고 인정한다. 루빈은 언제나 현재진행형인 쟁점에 관해 논쟁하고 분투해왔다. 그 결과, 이 선집에 담긴 루빈의 논문들은 더 이상 현재가 아닌 당대에 관한 서술로 가득 차 있는 듯 보인다. 역설적이게도 바로 이러한 이유로, 루빈의 당대성은 여전히 유효한 현대성을 담보한다. 포르노그래피, 성노동, LGBT 인권, 트랜스섹슈얼리티, 성도착, 성 역할, 아동의 섹슈얼리티에 관한 오늘날의 주요 쟁점들은 루빈이 논문을 작성했던 바로 그 당대에 '뿌리'를 두고 있기 때문이다.

이 '뿌리'라는 말이야말로 루빈의 연구 성향을 특징적으로 드러내지 않나 싶다. 그녀는 급진적 성 정치를 주장한 이론가로 손꼽힌다. 이 '급진적radical'이라는 단어의 라틴어 어원에는 '뿌리'라는 뜻이 있다. 언제나 루빈은 현실 문제의 표층을 걷어내고서 심부의 근원적인 작동 원리를 밝히고자 했다. 루빈의 이러한 연구 태도는 켜켜이 쌓인 지층 속의 고생물과 광물, 지질구조, 퇴적 환경을 조사하는 지질학자를 연상시킨다. 루빈은 독자들에게 이 세계를 작동시키는 정치경제적 메커니즘인 '섹스/젠더 체계'와 '성 위계질서'가 그 시대의 지층 사이에서 어떻게 형성되었는지를 탐험하고 추적하게 한다. 그럼으로써 켜켜이 쌓인 두터운 지층으로 덮여 있는 현대의 섹슈얼리티를 이해하도록 독자들을 이끈다. 루빈이 지질학적 열정 속에서 성과학자들, 그리고 20세기 전환기의 레즈비언과 트랜스젠더 선조들을 탐색해갔듯이, 젠더 및 섹슈얼리티 연구를 이해하기 위해서 우리는 급진적 섹슈얼리티 연구의 발판을 마련한 루빈을 정독할 필요가 있다. 그리하여 광속으로 급변하는 세상의 흐름에 떠밀려 쉽게 사라지고 마는 의제들, 자본주의 문화와 제도와 권력이 선점하여 소비해버리고 마는 쟁점들이 여전히 풀리지 않은 채 유행의 저변에 가라앉아 있음을 직시해야 한다. 두터운 세월을 품은 이 무거운 책은 우리가 놓치고 있는 것이 무엇인가를 묻게 한다. 문제의 근원을 캐내어 들여다보라고 요청한다.

선집의 구성과 배치

이 책에 실린 논문들은 크게 여섯 개의 구획으로 나눌 수 있다. 각 구획 안의 논문들은 발표한 연대순으로 실려 있다. 첫 번째는 여성 억압의 기원을 탐색한 1장 「여성 거래」(1975)와 그 논문을 재고한 2장(2002)이다. 페미니스트들의 찬사를 받은 「여성 거래」에서 루빈은 대표적인 현대 사상인 마르크스주의, 정신분석학, 인류학에 섹스/젠더적 관점이 탈각되었음을 날카롭게 지적하며 페미니즘이야말로 세계를 제대로 인식할 수 있는 틀임을 밝힌다. 2장은 루빈 특유의 방식으로 자신의 논문에 붙인 주해이다.

두 번째는 20세기 초반 파리의 레즈비언 작가 르네 비비앙의 소설 『한 여인이 내게 나타났다』의 서문(1976)과 개정판 후기(1979)를 실은 3장이다. 여기서 루빈은 20세기 초에 파리로 집결한 레즈비언들과 자신을 동일시하게 되고, 이 과정에서 섹슈얼리티 문제를 본격적으로 고민하기 시작한다.

세 번째는 급진적 섹슈얼리티 이론을 주창한 5장 「성을 사유하기」(1982)와 세 편의 후기 6장(1993), 7장(1993), 8장(2010)이다. 성적 '일탈'의 (재)개념화에 대한 사유가 본격화되는 「성을 사유하기」 이후로 루빈은 S/M 레즈비언, 친포르노그래피 주창자, 소아성애 옹호자로 부각되고, 반포르노그래피 페미니스트들과 악명 높은 성 전쟁을 벌이게 된다. 또한 성 전쟁을 거치며 루빈의 학문적 경력 역시 급진 페미니스트들의 낙인찍기로 주류의 궤도를 벗어나게 되고, 루빈은 그야말로 '일탈'의 학자가 된다.

네 번째는 S/M과 관련하여 게이 가죽족을 다룬 4장(1982), S/M과 주먹성교의 성지 '카타콤'을 다룬 9장(1991), 부치성을 다룬 10장(1992), 포르노그래피를 다룬 11장(1993)이다. 이 구획은 루빈의 휴머니즘적 인류학 연구가 돋보이는 논문들을 담고 있다. 이 논문들에서 루빈은 자신의 친밀한 경험과 인류학적 관찰을 활용해 「성을 사유하기」에서 제시한 '성 위계질서'의 가장 바닥에 있고 도덕적으로 금기시되는 S/M 행위자, 부치, 주먹성교자, 성 노동자들을 인간화한다.

다섯 번째는 퀴어학 대가들의 지적 대화를 엿볼 수 있는 12장(1994) 주디스 버틀러의 게일 루빈 인터뷰이다. 여기서 버틀러는 자신에게 크나큰 영향을 준 루빈을 존중하면서도 날카로운 질문을 던지고, 루빈은 버틀러를 '군림하는 젠더의 여왕'으로 칭하며 그녀의 업적을 치하한다. 이 장에서는 자유로운 인터뷰 분위기 속에서, 팔루스를 만능열쇠로 만드는 정신분석학을 '팔루스 엑스 마키나'라는 조어로 지칭하거나(이보다 적절한 표현은 없어 보인다), 사도마조히스트들을 실제로는 한 번도 만나보지 않은 채 사도마조히즘을 들뢰즈의 문학 텍스트 분석서[2]로만 이해하는 책상물림들을 비판하는 등, 통쾌한 신랄함을 선사하는 루빈을 만날수 있다.

여섯 번째는 동성애와 섹슈얼리티에 관한 선행 연구를 인류학 분야에서 고증한 13장(2002)과 퀴어 연구의 계보를 밝힌 14장(2004)이다. 이 마지막 구획은 이론과 실천, 아카데미즘과 액티비즘, 추상적 사유와 현장 조사를 겸비한 루빈의 연구방법론이 뛰어나게 구현된 논문들로 채워져 있다. 루빈은 도서관, 서점, 개인 소장자를 가리지 않고 찾아다니며 더디게 진행될 수밖에 없는 실증적 연구의 가치를 전하고, 서지 작업과 아카이브 작업, 제도적인 지원의 중요성을 역설하며 퀴어학이 나아갈 방향을 제시한다.

여성학 방법론의 고전, 「여성 거래」

이들 논문 중에서 가장 널리 알려진 논문은 「여성 거래」와 「성을 사유하기」이다. 「여성 거래」는 1960년대 후반 제2의 물결이 여성 억압을 설명하던 맥락에서 마르크스주의만으로는 젠더 문제를 해결할 수 없다는 인식하에, 인류학과 정신분석학의 개념들을 차용하여 젠더 연구의 방법론을 제시한 논문이다. 후기구조주의적 관점에서 마르크스주의, 정신분석학, 인류학 등에 대한 폭넓은 이해와 날카로운 분석을 보여주는

---

2   질 들뢰즈, 『매저키즘』, 이강훈 옮김, 인간사랑, 2007.

이 글은 여성학 방법론을 정초한 획기적 논문으로 평가받는다. 실제로도 루빈은 이 논문을 쓰며 미시간 대학에서 여성학과를 만들다시피 했다. 루빈은 여성 억압을 섹스/젠더가 조직되고 생산되는 관계의 산물로 볼 수 있다고 파악하고서 '섹스/젠더 체계' 개념을 제안했다. 루빈은 이 논문에서 '섹스/젠더 체계'란 "한 사회가 생물학적 섹슈얼리티를 인간 행위의 산물로 변형시키고, 그와 같이 변형된 성적 욕구를 충족시키는 일련의 제도"(93쪽)라고 예비적 정의를 내렸다.

이 논문 이전에도 '섹스/젠더 체계'를 설명한 두 가지 다른 이름이 있었다. '재생산 양식'과 '가부장제'가 그것이다. 그러나 재생산 양식은 섹스, 즉 생물학적 의미의 재생산인 '생식 관계' 이상을 설명하지 못한다. 반면에 가부장제는 마치 마르크스주의가 자본주의 하나로 모든 생산양식을 설명하는 오류를 범하듯이, 성차별주의를 가부장제 하나로 설명해버린다. 가부장제는 가부장 문화가 존재하지 않는 다른 '젠더 계층화' 사회를 설명해내지 못할뿐더러, 가부장제가 아닌 다른 성적 세계에 대한 상상을 어렵게 만든다. 그래서 루빈은 더 중립적으로 "섹슈얼리티의 사회적 조직과 섹스 및 젠더 관습의 재생산을 적절히 기술할 수 있는 개념들을 발전"(104쪽)시키고자 한다. 여기서 가져오는 것이 바로 마르셀 모스의 증여론을 급진적으로 해석한 레비스트로스의 친족 관계이다. 선물 증여는 결속 관계를 강화하며 사회를 구성하는데, 이 가운데 결혼은 선물 교환의 가장 기본적인 형태가 되고, 여성은 가장 소중한 선물이 된다. 근친상간 금기가 족내혼을 금지하고 다른 부족들끼리 여성을 교환하기 위한 선물의 규칙이라는 것은 주지의 사실이다. 여성은 이 선물 교환에 근거한 친족 체계를 유지하기 위해 교환하는 대상이 될 뿐, 교환의 주체가 될 수 없다. 남성만이 친족 체계에서 여성을 포함해 여러 선물을 교환할 수 있는 권리를 갖는다. 따라서 여성 교환 개념은 여성 억압이 생물학이 아닌 사회구성적 산물임을 설명해준다. 루빈은 이와 같은 여성 교환이 친족의 근본 원리라는, 그래서 여성에 대한 경제적 억압은 부차적이라는 레비스트로스의 주장에 동의하지만, 또한 그의 구조주의적이고 남성 중심적인 입장을 비판하며 '우리만의 성적 체계의 정치경제학'이 필요하다고 역설한다.

레비스트로스처럼 여성 교환이 문명의 기원이라고 본다면, 여성 교환이 없다면 문명도 없다. 거꾸로 문명이 존재하는 한 여성 억압은 영원할 것이다. 이렇게 되면 친족 체계에서 여성이 선물 교환의 주체가 되거나 여성이 아닌 다른 선물을 교환하는 사회를 상상하기가 어려워진다. 루빈은 단지 여성 억압이라는 문제에 주목하는 데 멈추지 않는다. 급진적으로 여성 억압과 강제적 이성애가 사라진, 대안적인 친족 체계를 구성할 수 있는 사회를 혁명적으로 상상하고자 한다. 그녀는 특정 체제를 하나의 보편적이고 유일한 구조적 기원으로 삼는 방법론을 강하게 비판한다. 즉 '여성 교환'을 문명의 기원으로 삼는 레비스트로스의 인류학, 강제적 이성애를 강화하는 오이디푸스 콤플렉스에 근거한 정신분석학, 자본주의를 만능열쇠로 삼는 마르크스주의, 심지어 가부장제를 보편 체제로 인식하는 기존의 페미니즘까지를 모두 비판의 대상으로 삼는다. 루빈은 젠더가 존재하지 않고 성 역할이 제거되고 이성애가 강제되지 않는다면, 페니스도 과대평가되지 않을 것이며 오이디푸스 드라마도 유물이 될 것이라고 단정한다. 루빈은 이 논문을 다음과 같은 결론으로 맺는다. "섹스/젠더 체계는 정치적 행동을 통해 재조직되어야"(139쪽) 하며, "궁극적으로 철저한 페미니즘 혁명은 단지 여성을 해방하는 것 이상일 것이다. 그것은 성적 표현의 형태들을 해방할 것이며, 인간의 인격을 젠더라는 구속복으로부터 해방할 것이다."(135쪽)

이와 같이 루빈은 「여성 거래」에서 '섹스/젠더 체계'와 '친족 체계' 개념을 논하며 이미 섹슈얼리티의 문제를 고찰하고 있었다. 어떤 논자들은 「여성 거래」에서 「성을 사유하기」로의 이론적 변화를 설명하면서, 루빈이 「여성 거래」에서는 젠더를, 「성을 사유하기」에서는 섹슈얼리티를 다루고 있다고 이분법적으로 해석하기도 한다.[3] 「여성 거래」가 젠더 위계를 '중심'으로, 「성을 사유하기」가 성 위계를 '중심'으로 논의를 펼치고 있다는 점에서는 이러한 해석이 일견 타당하기는 하지만, 차이에 입각한 단절적인 시각만으로 본다면 두 논문 모두의 가치를 축소하는 결과를 낳게 된다. 루빈은 「여성 거래」의 결말에서 여성 억압과 양성兩性을 넘어선 다양한 성적 표현과 섹슈얼리티의 유토피아적 해방을 꿈꾸며, 더 이상 이성애 관계에 의존하지 않는 친족 체계를 상상한다. 강렬하면서도 아름다운 묘사로 9장에 담은 '카타콤' 공동체가 루빈이 꿈꾼 대안적 친족 체계가 될 수 있을 것이다.

한편, 루빈은 「성을 사유하기」에서 제시한 성 위계질서에 다이크와 게이 같은 성적 변이, 복장 전환자와 트랜스섹슈얼 같은 젠더 변이, S/M과 원나잇 같은 다양한 '일탈' 혹은 쾌락을 위한 성적 실천뿐 아니라, "생

---

3   심지어 급진 페미니스트들은 「여성 거래」가 페미니즘 방법론을 탁월하게 제시한 논문인 반면, 「성을 사유하기」는 페미니즘을 배신한 논문이라고 비난하기도 했다. 「성을 사유하기」 후기인 6, 7, 8장을 참고.

산과 소비 영역에서 배제되고, 노동자로서의 참여"(350쪽)만 허용되는 성 노동자까지를 포함했다. 「여성 거래」결말에서 제안한 혁명적 주장을 더욱 섬세하게 예각화한 논문이 바로 「성을 사유하기」라고 볼 수 있다. 이처럼 연구 초기에서부터 S/M 부치 레즈비언 페미니스트라는 자신의 정체성을 성찰하면서, 젠더와 섹슈얼리티 모두를 놓치지 않으려 했던 루빈의 문제의식은 이후 가죽족, 카타콤, 부치성 등을 다룬 저작들에서 빛을 발한다.

퀴어학 방법론의 정초, 「성을 사유하기」

"성을 사유할 때가 왔다"라고 선언하며 글의 포문을 연 「성을 사유하기」는 부제에서 밝히고 있듯이 '급진적 섹슈얼리티 정치 이론'을 주창하는 논문이다. 먼저 루빈은 19세기 후반부터 1980년대에 이르는 미국과 영국의 성 탄압 역사를 긴 호흡으로 상술한다. 그 어떤 중대한 사회 현안 못지않게 섹슈얼리티에도 크나큰 상징적 무게가 있고, 그 내부에는 정치와 불평등과 탄압의 방식이 있음을 증명하기 위한 작업이었다. 그런 다음, 루빈은 급진적 섹슈얼리티 이론의 발전을 가로막는 성에 관한 사유를 여섯 가지로 범주화하여 제시한다. 루빈은 우선 성 본질주의 sexual essentialism, 즉 성은 사회 생활 이전에 존재하여 관습을 생성하는 자연적인 힘이라는 신념을 고찰하면서 성을 진지하게 사유하기 위한 여정을 출발한다. 서구 문화는 오랫동안 성이 영구불변하고 비사회적이고 초역사적이라고 생각해왔다. 서구 의학, 정신의학, 심리학이 주도해온 학술

연구는 이 성 본질주의를 재생산했다. 그러나 이러한 전제는 1970년대 말부터 역사와 이론 분야의 도전적인 연구로써 극복되고 있다. 제프리 윅스, 주디스 왈코위츠, 미셸 푸코 등이 그 대표 주자이다. 새로이 부상한 이러한 연구 경향은 성에 역사적, 사회적 맥락을 부여했고 성 본질주의에 대한 구성주의적 대안을 만들어냈다. 루빈은 구성주의적 체제 안에서 성 불평등 개념을 재설정하자고 주장한다. 이렇듯 해결의 실마리가 잡히는 성 본질주의와는 달리, 아래의 다섯 가지 이데올로기는 성을 사유할 때 매우 강력한 장애물로 여전히 작동한다.

첫째, 성 부정성sex negativity이다. 서구 문화에서는 성을 위험하고 파괴적이며 부정적인 죄악으로 간주한다. 둘째, 부적절한 척도의 오류fallacy of misplaced scale이다. 성을 너무 특별한 것으로 여기고 성행위에 지나치게 과도한 의미를 부여하여, 변이적 성행위를 거대한 위협으로 느끼고 중벌에 처한다. 셋째, 성행위에 대한 위계적 가치 평가hierarchical valuation of sex acts이다. 루빈이 그림과 도표를 동원하여 명시한 성 위계질서는 이렇다. 결혼하고 출산하는 이성애자가 이 위계질서의 꼭대기에 있다. 그 아래에 비혼 일부일처주의 이성애 커플이 있고, 다른 이성애자가 그 아래에 위치한다. 그 아래에는 장기간 안정된 관계를 맺는 동성애 커플이 있고, 바에서 섹스 파트너를 물색하러 다니는 다이크나 문란한 성생활을 즐기는 게이는 그 아래에 놓는다. 밑바닥에는 트랜스섹슈얼, 복장 전환자, 페티시스트, 사도마조히스트, 소아성애자, 그리고 성 노동자가 있는데, 이들 중에서도 맨 밑에서 극심한 경멸을 받는 존재는 소아성애자이다. 넷째, 성 유해성 도미노 이론domino theory of sexual peril이다. 이것은 유해한 성을 허용하게 되면 그 경계선과 방어벽이 이내 무너지고 세상은 소돔과 고 모라가 될 것이라는 두려움을 시사한다. 그리고 마지막으로 다섯째, 온건한 성 변이 개념의 결핍lack of a concept of benign sexual variation이다. 루빈은 다원주의 성 윤리학을 위해서는 온건한 성 변이 개념이 절실하다고 말한다. 변이란 모든 삶의 근본적인 특질임에도 불구하고, 섹슈얼리티만은 단일 기준을 따르고 있다고 지적하면서, 심지어 문화적 쇼비니즘 등속을 부끄럽게 여기는 진보주의자들마저 성에 대해서는 단일하고 이상적인 기준을 따른다고 비판한다.

이 논문의 결론을 향해가는 대목에서 루빈은「여성 거래」에서 제안한 섹스/젠더 체계에서 간과했던 점이 있었다고 자성하면서 그보다 더 깊은 통찰을 내비친다. "섹스와 젠더가 연관되어 있음에도 불구하고, 이 둘은 같은 것이 아니며, 뚜렷이 변별되는 두 가지 사회적 관습계의 기초를 형성한다. 나는 지금,「여성 거래」에서 취했던 관점과는 달리, 젠더와 섹슈얼리티의 독립된 사회적 존재를 한층 더 정확하게 반영하기 위해, 젠더와 섹슈얼리티를 분석적으로 분리하는 것이 긴요하다고 주장하는 바이다."(350쪽) 루빈은 페미니즘의 젠더 연구 이론과 구분되는, 섹슈얼리티 특유의 자체 이론과 정치 개발의 긴절함을 역설했던 것이다. 하지만 앞에서도 언급했듯이 이러한 주장이 젠더 이론과 섹슈얼리티 이론, 혹은 페미니즘과 퀴어 이론 간의 분리와 단절을 의미하는 것으로 호도해서는 안 된다. 루빈은 섹슈얼리티가 젠더의 파생물이 아니므로 별개의 방법론으로 섹슈얼리티와 젠더를 연구해야 한다는 것을 주장했던 것이며, 이 두 가지 별개의 이론은 서로를 더욱 풍성하게 할 것이라고 전제하고 있기 때문이다.

선구자를 찾아 떠나는 지질학적 열정

루빈에게 학자로서의 명성을 안긴 첫 논문 「여성 거래」는 본디 20세기 초반의 페미니스트 아나키스트 에마 골드먼이 1910년에 쓴 동명 논문에서 영감을 받아 그 제목을 차용한 것이다. 그런데 골드먼과 루빈의 의도와는 정반대로, 20세기 후반부터 일부 페미니스트들이 '거래traffic/인신매매trafficking'를 '매춘prostitution'과 뭉뚱그려 반매춘 운동에 동원하고, 심지어 보수주의나 기독교 복음주의 같은 반페미니즘 진영과 연합하자, 이를 비판하기 위해 쓴 논문이 2장 「인신매매에 수반되는 문제」이다. 루빈은 이 논문에서 반매춘 운동에 이러한 수사가 등장한 근원을 집요하게 추적해 올라가면서 19세기 후반과 20세기 초반에 영국과 미국에 만연했던 백인 노예 공포를 포착하여 집중 분석해내고, 서구에서 한 세기 동안 자행되어온 이 '거래'라는 정치어의 기원을 파고든다.

기원을 탐색하거나 선구자들을 존중하는 루빈의 이러한 연구 태도는 새로운 섹슈얼리티 자체 이론의 개발을 역설한 5장 「성을 사유하기」에서도 확인된다. 섹슈얼리티 이론과 정치 개발을 고심하던 루빈은 선행 연구들 가운데 적실한 참조 지점을 발견하고 그것에 주목했다. 성과학이 바로 그것이다. 초기 성과학을 대표하는 앨프리드 킨제이 이후에도, 성애 다양성을 증명한 존 가뇽이나 윌리엄 사이먼, 성에 대한 오명을 벗겨낸 크라프트에빙, 해브록 엘리스, 마그누스 히르슈펠트 등의 성과학 연구 성과를 소개하면서, 실증적 성 조사연구의 중요성을 강조했다.

앞선 세대의 선행 연구를 곧잘 망각하곤 하는 세태를 경계하는 루빈은 푸코의 『성의 역사』 이전에 엄연히 존재했던 성에 관한 구성주의적 선행 연구들을 고증해냈다. 오늘날 퀴어 연구의 전사前史를 역사학과 인류학 분야에서 면밀하게 고증한 13장과 14장이 바로 그러한 글들이다. 루빈의 이 같은 면모는 앞서 언급한 그녀만의 연구 성향과 상통한다. 그녀는 길고 지난한 과정을 감수하면서까지 근본, 기원, 뿌리를 찾아가고, 그 과정 중에 접하게 되는 다양한 주변적 존재를 그저 스쳐 보내지 않고 그들과 진지한 교류를 나눈다. 서지학을 바탕으로 하는 철저한 자료 조사, 그 과정 중에 알게 되는 문서 전문가와 서적상과 사서 들과의 우정, 현장 연구에서 얻는 지식과 정보, 그 과정 중에 만나게 되는 액티비스트 들과의 동지애는 그녀의 이론이 얼마나 탄탄한 기반 위에 서 있는지를 여실히 보여준다.

이러한 덕목을 갖춘 연구자로서 성장해가는 젊은 루빈의 모습은 3장에 실린 두 편의 글을 통해 재삼 확인할 수 있다. 레즈비어니즘을 본격적으로 연구하기로 결심한 1970년대 초반의 루빈은 20세기 전환기에 파리로 결집한 주나 반스, 나탈리 바니, 로메인 브룩스, 르네 비비앙 같은 레즈비언 예술가들을 조사하기 위해서 파리로 건너간다. 루빈은 프랑스 국립도서관 보존서고에서 그녀들의 작품을 섭렵하고, 고서점을 뒤지고, 살았던 집을 찾아다니고, 묻힌 무덤에 참배한다. 그러나 루빈은 프랑스어에 미숙했고, 문학과 역사에 문외한이었다. 더군다나 그러한 주제는 인류학에서 요구하는 민족지학적 접근과 맞지 않았다. 무엇보다도 당시에는 레즈비언 예술가들에 대한 아카이브 구축이 아주 미비했다. 루빈은 이내 장벽에 부딪치고 만다. 레즈비어니즘을 선구한 20세기 초반 여성 예술가들에 대한 연구는 당시 인류학과 대학원생이었던 루빈에게 적합한 주제가 아니었던 것이다. 그러나 그 2년간의 파리 조사연구 경험은 후일 루빈에게 예기치 않은 기회를 선사한다. 1973년에 출범한 나이아드 출판사는 『문학 속의 성 변이 여성들』을 저술한 저넷 포스터에게 르네 비비앙의 유일한 소설 『한 여인이 내게 나타났다』(프랑스어 초판 1904년, 영역 초판 1976년, 영역 개정판 1979년 발행) 번역을 의뢰하고, 루빈에게 서문을 청탁했던 것이다. 3장은 이 선집에 실린 논문들 가운데 가장 이색적인 글이다. 「서론」에서 밝히고 있듯이, 루빈 자신도 선집에 포함시킬지 말지를 많이 망설였다고 한다. 그러나 이 두 편의 글은 젊은 루빈을 매혹시킨 한 세기 전 레즈비언 선구자들의 삶과 예술의 단면을 볼 수 있는 기회를 제공한다는 점에서 충분히 의미가 있다. 특히 일레인 마크스 같은 그 분야 전문가들이 지적하는 비판을 루빈이 겸허히 받아들이고, 글을 쓸 당시에는 무지했던 유럽 인종주의에 대한 연구를 현재 진행하고 있다고 담담히 밝히는 대목에서는 연구자로서 성장·발전하기 위한 전제가 무엇인지를 다시금 생각하게 한다.

성 전쟁과 그 이후

섹슈얼리티를 본격적으로 논하면서 젠더 이론과 구분되는 섹슈얼리티 이론만의 새로운 분석을 주장하고, LGBT 운동과 성노동, S/M, 포르노그래피 그리고 소아성애를 옹호하는 입장을 견지하면서 루빈이 겪은 부침은 5장의 후기인 6장부터 본격적으로 다루어진다. 비교적 덜 알려진 논문들이 제기하는 루빈의 사유에 주목할 필요가 있다. 타라 벨도 이 선집에서 특히 주목해야 할 논문들은 각종 후기들[4]이라고 말한 바 있다. 루빈은 6장, 7장, 8장, 그리고 11장에서 지금은 상상하기 힘든 페미니즘 진영 내의 마녀사냥을 회술한다. 특히 루빈을 대표로 하는 사모아 대 반포르노그래피 페미니스트들 간의 성 전쟁sex war의 여파가 남아 있던 시기에 쓰인 6장과 7장에는 루빈의 분노와 절망이 서려 있다. 사적인 감정은 아니었다. 그것은 섹슈얼리티를 배척함으로써 페미니즘 영역 확장의 기회를 저버리고 보수와 영합해버린, 1970년대 말에서 1980년대까지의 급진 페미니스트들에 대한 분노와, 루빈에게 반페미니스트라는 낙인을 찍고 저열한 공격을 가한, 한때 동료로 알았던 페미니스트들에 대한 절망이었다. 모든 포르노그래피를 곧 현실의 여성에 대한 폭력과 강간으로 규정한 반포르노그래피 페미니스트들은 그들이 악마화한 포르노그래피나 S/M과 아무 상관없는 발표나 모임에서도 그녀의 출현 자체를 막기 위해 시위를 벌였다. 그녀의 공적 활동 자체를 금지시키려는 그들의 집요함은 1990년대 초까지 계속되었다. 이러한 공격들은 본래 액티비스트로서의 활동을 견지했던 루빈을 비주류 학자로서의 궤적을 밟지 않을 수 없도록 몰아붙였을 것이다. 「성을 사유하기」에 대한 반포르노 페미니스트들의 악의적인 왜곡에 반박하기 위하여, 그녀는 학술 논문 외에도 이 책에 실린 후기와 같은 글들을 신문, 잡지, 소책자, 리플릿, 편지 등의 다양한 형식으로 거침없이 발표했다. 오히려 성숙한 소통의 끈을 놓지 않은 쪽은 반포르노 페미니스트들이 아니라 루빈이었다.

1970년대 자유주의 운동의 백래시backlash로 등장한 도덕적 다수파moral majority와 반포르노 페미니스트들의 문제점은 범주를 모호하게 섞고,

---

4   Tara Bell, Ibid.

마녀 놀음을 하고, 대중을 선동한다는 데 있었다. "포르노그래피는 아동에 대한 위협으로 취급되며, 동성애는 에이즈와 혼동되고, 사도마조히즘은 에이즈 및 동성애와 하나로 여겨지고, 로큰롤과 랩은 섹스, 에이즈, 사도마조히즘과 아동 포르노그래피로 묘사된다. 이런 마녀 놀음은 대중적인 히스테리, 법 개정, 규제 조정에 불을 붙였다. 이러한 변화가 사회와 개인에게 어떤 반향을 가져올지에 대해서는 아직 정리되지도 않았다"(361쪽). 성적인 무지innocence는 순수함과는 거리가 멀다. 알지 못하는 것, 알 수 없는 것에서 오는 공포는 파국적인 성 공황에 빠지게 한다. 적절한 성교육과 성 연구에 대한 도덕적 다수파와 반포르노 페미니스트들의 방해 전략은 실제로 죽음을 초래하기도 한다. 동성애를 에이즈의 원인으로 인식하는 오류는 에이즈에 대한 적절한 예방과 치료를 방해한다. 더 큰 문제는 이들이 잘못된 인식의 전파에 멈추지 않고 정치적, 경제적, 제도적, 법적 지원의 자산마저 장악했다는 데 있다. 1980년대 말부터 반포르노 페미니스트들은 정부 부처의 위원회나 국제연합UN 같은 기구에 들어가 자신들의 담론을 법제화하고 제도화했다. 이러한 상황은 너무나 주변화되어 있고 제도와는 거리가 먼 퀴어학과 비교되었다. 14장에서 루빈이 공공 아카이브, 공적 기금, 연구 장학금, 대학의 인력 채용, 저명 학술지 같은 퀴어 연구에서의 제도화와 관료제의 중요성을 역설한 것은 그러한 경험에서 영향을 받은 것으로 보인다.

「성을 사유하기」가 비단 반포르노 페미니스트만의 반발을 산 것은 아니었다. 당시 중립적인 입장에 서 있었던 다수의 페미니스트들에게도 「성을 사유하기」는 적극적으로 옹호하거나 언급하기에는 껄끄러운 측면이 있었다. 그것은 루빈의 소아성애에 대한 입장 때문이었다. 루빈의 친-소아성애 혹은 소아성애 옹호는 진보적인 섹슈얼리티 논의에서도 좀처럼 용납되기 힘든 민감한 문제이다. 북미에서조차 그녀의 유명세에 비해 루빈의 저술이 의아할 정도로 그다지 연구되지 않고,[5] 국내에서도 번역되지 않은 이유 역시 소아성애라는 뜨거운 감자 때문일 수 있다. 그러나 불편함과 민감함 때문에 언급조차 회피하면서, 루빈이 소아성애를 왜, 어떤 맥락에서, 어떻게 정의하며 논의하고 있는지를 살피지 않는 것은 문제다. 노골적인 경멸과 공격뿐만 아니라 점잖은 무시와 망각 역시 낙인찍기에 동참하는 것일 수 있기 때문이다.

여기서 분명히 강조해야 할 것은 루빈이 아동 성추행을 옹호한 것이 절대 아니라는 점이다. 루빈은 성 위계질서의 가장 바닥에 있는 소아성애라는 현대사회의 가장 큰 금기에 도전함으로써 법적 미성년의 섹슈얼리티, 합의에 의한 세대 간 성관계, 도덕적 판단에 근거한 특정 섹슈얼리티의 범죄화 등의 문제를 진지하게 논의하고자 한다. 아동과 청소년은 성과 관련하여 반드시 보호해야 할 대상인가? 인간의 섹슈얼리티에 있어 도덕의 기준은 누가 정하는가? 합의에 근거한 성인과 미성년(미국 기준 만 18세 이하)의 성관계를 범죄화하는 것이 타당한가? 아동, 청소년, 미성년은 성적으로 어떻게 정의되고, 그들의 나이는 어떠한 기준에 따라 결정되는가? 만 16~17세의 청소년과 성인의 성관계를 어떻게 볼

---

5   루빈에 대한 과소한 연구 가운데 《GLQ》 특집호(eds. Heather Love, Ann Cvetkovich and Annamarie Jagose, 17, no.1, November 2010.)는 특히 눈여겨볼 만하다. 여기에는 루빈 자신의 「과거가 된 혈전」(『일탈』의 8장)을 포함하여 '성을 재사유하기' 컨퍼런스에서 발표된 여러 신진 학자들의 글과 루빈 동료들의 헌사, 그리고 그 유명한 바너드 성 회의 당시 발간된 『섹슈얼리티 회의 일지』가 실려 있다.

것인가? 미성년은 어떤 경로와 방식으로 섹슈얼리티에 대한 지식에 접근하고 경험할 수 있는가? 10대들이 휴대폰이나 채팅으로 자신들의 성적 이미지를 주고받는 것을 '아동 포르노그래피'로 단정 짓고 범죄화하는 것은 타당한가? 루빈은 섹슈얼리티와 관련된 도덕적 기준에 근본적인 문제를 제기하기 위해, 낙인이 찍힐까 봐 두려워서 아무도 묻지 않았던 질문들을 대담하게 던진다. 이런 면에서 보면 소아성애야말로 성 정치학자로서의 '급진적인' 면모를 드러내는 첨예한 쟁점이라 할 수 있다.

4장 「가죽의 위협」은 9장 「카타콤」과 더불어 S/M 공동체에 대한 루빈 자신의 경험과 민족지학적 연구를 절묘하게 조화시킨 논문으로, 루빈이 패트 칼리피아와 공동 창립한 최초의 S/M 레즈비언 단체인 사모아가 편집 출간한 저서에 실렸던 글이다. 여기에서 루빈은 S/M 페미니즘 정치를 고민한다. S/M은 소년성애와 달리 불법은 아니지만 낙인찍히고 경멸당하기는 매한가지이다. 4장에서 루빈은, S/M에 위험하고 치명적이라는 악마화된 이미지를 뒤집어씌우고 동성애와 포르노그래피를 탄압하기 위한 구실로 S/M을 사용하는, 사실에 근거하지 않은 주장들을 하나씩 차분하게 반박해나간다. 그러나 이 논문에는 루빈이 S/M 레즈비언으로서 겪은 고통스러운 감정이 담겨 있기도 하다. 루빈과 사모아는 대중 미디어의 악의적인 편견과 수사뿐만 아니라, 동료 레즈비언 페미니스트들의 비판과 경멸을 견뎌야 했다. 루빈은 레즈비언으로서 커밍아웃할 때보다 사도마조히스트로서 커밍아웃하는 것이 훨씬 더 힘들었으며, 이 경험을 통해 선조 동성애자들이 겪었을 고난을 간접적으로나마 경험하게 되었다고 술회한다. 최전선에 있는 소수자, 주변인으로서 체득한 경험은 루빈이 선조 동성애 활동가 및 성과학자 들을 연구할 때 현재의 관점에서 그들을 판난하는 것이 아니라 그 시대적 환경과 맥락 속에서 그들의 활동과 주장을 이해할 수 있게 했을 것이다. 나아가 소아성애를 논의할 용기를 불어넣어주었을 것이다.

9장은 이 선집에서 가장 친밀하고 사적인 경험이 담긴 논문이다. S/M 가죽족과 주먹성교자들의 섹스 바였던 카타콤에 대한 민족지학적 기록인 이 논문은 진솔하고 뜨겁고 따뜻하며, 사랑스럽고 향수적이다. 이 하위문화 공동체의 일원이기도 했던 루빈은 카타콤의 흥망성쇠와 그곳을 만들어나갔던 사람들, 음악, 공간 구성, 안전한 쾌락을 위한 규칙, 다양한 의식, 사도마조히스트와 주먹성교자 간의 신경전, 여성 사도마조히스트들의 참여 등을 상세하게 기록하고 선정적이지 않은 방식으로 재현함으로써 이들을 인간화한다. 이 논문을 통해 폭력적이고 사악하며 냉정하다고 왜곡되었던 사도마조히스트들에 대한 이미지는 단박에 벗겨질 것이다. 카타콤을 비롯한 가죽 바와 게이 바 등이 에이즈 공격과 동성애자들에 대한 부당한 비난으로 타격을 입고 공동체가 무너질 수밖에 없었던 상황을 차분하고 생생하게 묘사하는 결미 부분에서는 카타콤이라는 위대한 역사가 망각되지 않도록 하기 위한 루빈의 절절한 의지를 읽을 수 있다. 카타콤이 폐쇄되기 전 마지막 파티에서 "카타콤, 안녕. 뒈져라, 이 세상!"이라고 적힌 케이크가 나오는 장면은 섹스 바뿐만 아니라 공동체의 해방구 역할을 했던 카타콤을 감동적으로 묘사한다.

13장은 존 갈리허, 가뇽과 사이먼, 이블린 후커, 낸시 아킬레스, 하워드 베커 등의 저작을 검토하며 '일탈'이라는 개념이 어떻게 주어지는지에 대해 고찰한다. 성적 일탈의 기준은 누가 정하고, 그것을 자연스럽지 않고 정상에서 벗어난 것으로 만드는 이는 누구인가? 일탈은 병인

etiology이 아니라 사회적, 문화적, 도덕적으로 구성되는 역사적 개념이다. 따라서 '일탈'을 연구하기 위해서는 우선 '일탈자'로 불리는 이들에 대한 도덕적 판단을 접어야 할 필요가 있다. 푸코가 광기의 역사를 연구함으로써 근대에 정초된 정상과 비정상의 개념을 질문하는 것처럼, 루빈은 샌프란시스코 게이 지구에 대한 민족지학적 연구를 검토하고 일탈의 개념을 재정초/해체함으로써 '일탈의 사회학'을 완성한다. 이 선집을 관통하고 있는 루빈의 사회구성주의적 통찰을 확인할 수 있는 대목이다. 이 논문은 성 전쟁의 트라우마에서 벗어난 루빈 자신이 평생 천착해왔던 인류학적 방법론과 활동가로서의 경험을 종합한 완결판이라고 할 수 있다. 루빈의 후기 연구 작업을 이해하기 위해서는 이미 정전의 반열에 올라선 초기의 「여성 거래」와 중기의 「성을 사유하기」와 더불어 이 논문을 반드시 읽어봐야 한다.

수용의 시차와 시사점

게일 루빈의 연구는 1980년대부터 젠더 및 섹슈얼리티 연구의 고전으로 공히 평가받아왔음에도 불구하고 주디스 버틀러나 제프리 윅스 같은 다른 퀴어 이론가들에 비해 국내에 번역된 시점이 상당히 늦은 감이 없잖아 있다. 여러 원인을 찾을 수 있겠지만 그녀가 S/M 레즈비언이며, 소아성애를 옹호했다는 낙인이 하나의 이유로 작용했을 것이다. 루빈의 논의가 결코 S/M과 소아성애로만 한정되지 않는다는 사실은 자명하다. 루빈을 덧씌운 오명은 지나치게 편향되고 단순한 관점으로부터 파생되곤 한다. 그녀가 도전적으로 치밀하게 논의하고 있는 글들을 읽지도 않은 채 무조건 기피하는 현상은 다름 아닌 무지에 의한 성 공황일 수 있다. 그러한 의미에서 낙인과 혐오가 판치는 지금의 한국 사회야말로 루빈의 논의가 유효한 시점이라고 할 수 있다.

레이건 정부가 들어서면서 성적으로 보수화되는 분위기 속에서 청소년들을 과잉보호하는 법적, 제도적 장치들이 들어서고 청소년 보호를 구실로 동성애를 탄압했던 1980년대 미국의 상황과 유사한 현상이 한국 사회에 등장하고 있다. 2008년 이명박 정부가 여성부를 여성가족부로 개편한 이래, 성평등 정책은 점차 후퇴하여 보수화라는 물살에 떠밀려가고 있다. 극우 기독교 세력과 흡사한 관점을 표방하는 작금의 여성가족부는 여성 정책을 이성애 가족 중심의 재생산 정책으로 한정짓고, 아동청소년보호법을 강화하고, 표현의 자유를 억압하고, '성평등' 용어를 '양성평등'으로 대체하여 성 소수자를 배제하는 식으로 보수화되고 있다.

한국에서는 근래 몇 년 사이에 기독교 보수 세력이 성 소수자에 대한 공격을 전면화하고 있으며, 그만큼 성 소수자 운동의 역량과 활동 역시 늘어가고 있다. 기독교 보수 세력은 좌파, 빨갱이에 이어 공공연히 성소수자를 자신들의 적대 세력에 포함시키고 있으며 인적, 경제적, 정치적 지원을 바탕으로 세력을 점점 더 조직화하고 있는 실정이다. 기독교 세력은 2014년 성소수자 차별금지조항을 포함한 '서울시민인권헌장' 제정 직전에 박원순 시장을 압박해서 전면 철회시킨 바 있다. 성 소수자 및 성 소수자 운동에 대한 반대를 점점 더 가시화하면서 이들에 대한 혐오광고를 지속적으로 내보내던 이들은 2014년 퀴어 퍼레이드에서 동성애 반대시위를 벌여 충돌을 일으키기도 했다. 이들은 동성애가 에이즈를 퍼트리고 있으며, 동성애를 인정하면 근친상간, 수간, 소아성애 등 또한 허용될 것이라면서 성 공황을 유포하고 낙인찍기를 주도한다. 이들의 전략은 루빈이 「성을 사유하기」에서 제시한 성에 관한 사유를 방해하는 다섯 가지 이데올로기(성 부정성, 부적절한 척도의 오류, 성행위에 대한 위계적 가치 평가, 성 유해성 도미노 이론, 온건한 성 변이 개념의 결핍)를 꼭 닮아 있다.

다른 한편, 한국에서 2004년 성매매 특별법이 제정된 이후 성 노동 활동가 및 단체 들이 등장하고 성 노동의 비범죄화 혹은 합법화에 대한 논의가 몇 년 동안 활발하게 제기되어왔다. 최근 성매매 합법화 입장을 견지하겠다는 국제 엠네스티의 발표(2015년 8월) 이후 다시 한 번 이 문제에 관심이 집중되고 있다.

이러한 상황을 종합해 볼 때, 한국은 미국의 1980년대와 닮아 있는 양상을 보이기도 하지만, 또 달리 미국의 최근 경향에 큰 영향을 받기도 한다. 예컨대, 최근 미 연방법원의 동성결혼 합법화 결정(2015년 6월)에 따른 국내 여론의 파동 같은 것이 그러하다. 이러한 차원에서 현대 미국의 섹슈얼리티 역사가 생생하게 담겨 있는 이 책은 현재 한국의 젠더 및 섹슈얼리티 연구자와 활동가 들에게 이론과 실천 모두에서 매우 시의적절하고 유용한 연구방법론 및 활동의 비전을 제공해줄 것이다. 그뿐 아니라 인류학, 사회학, 성과학 분야의 연구자들 역시 이 선집에 담긴 훌륭한 방법론과 연구 태도를 배울 수 있을 것이다.

게일 루빈은 자신이 직접 겪은 생생한 경험을 성찰하여 연구로 수렴하고 이론으로 발전시킨 활동가이자 학자이며 이론가이다. 이 선집에는 그러한 루빈의 특징과 궤적이 꼼꼼하게 기록되어 있다. 다른 이론서들을 읽을 때처럼 보편적이고 추상적인 하나의 프레임을 뽑아내겠다는 의도로 이 책을 펼친다면 그것은 가장 재미없는 녹서 체험이 될 것이다. 이 선집은 한 사려 깊고 실천적인 사도마조히스트 레즈비언 페미니스트의 전기로 읽을 수도 있고, 현대 미국의 섹슈얼리티 전쟁사로 읽을 수도 있으며, 샌프란시스코를 포함한 게이 지구와 그 공동체 구성원들을 기록한 민족지학 다큐멘터리로 읽을 수도 있고, 한 명의 위대한 학자가 자신에 대한 근거 없는 비난과 싸우며 어떻게 학문적 성과를 일구어내었는지에 대한 공부 지침서로 읽을 수도 있다. 질 들뢰즈와 펠릭스 가타리는 프란츠 카프카 분석을 통해 자유주의적 개인 작가가 아닌 집단적 정체성을 반영하는 소수집단으로서의 작가 개념을 발전시킨 바 있다.[6] 학자로서 그리고 개인으로서 늘 일탈된 주변부에 있었던 루빈은 이 선집을 통해 당대의 시대성과 자신의 정체성, 그리고 그러한 정체성을 지닌 사람들이 사는 환경과 관련된 담론을 드러낸다. 그런 면에서 루빈은 소수집단의 이론을 제시한 작가라고 할 수 있으며, 그렇게 본다면 이 선집은 작가론으로 읽을 수도 있을 것이다.

　　루빈은 '변이'야말로 성 sex/gender/sexuality을 포함해 모든 삶의 근본적인 특질이라고 말한다. '변이variant'는 가치중립적인 생물학적 용어이고, '변태kinkiness'는 낙인찍힌 사회문화적 용어이다. 이 '변이'와 '변태'를 루빈은 '일탈deviation'이라는 용어로 아울렀다. '일탈'은 부자연스러운 것도, 부끄러운 것도, 혐오스러운 것도, 죄를 짓는 것도 아니다. 우리는 공간과 시간 속에서 변이하고 변태하고 일탈한다. 그것은 삶의 속성이다. 당신

6　질 들뢰즈·펠릭스 가타리,『소수집단의 문학을 위하여: 카프카론』, 조한경 옮김, 문학과지성사, 1992.

이 살아 있다면 당신의 변이성과 변태성과 일탈성을 즐겨라. 그리고 타자의 변이와 변태와 일탈 역시 즐겁게 받아들여라. 그것이 진짜 삶이라고 루빈은 말한다.

『일탈』 연보

연도	게일 루빈과 『일탈』	미국 페미니즘 및 성 정치사
1949	• 사우스 캐롤라이나에서 출생	
1963		• 베티 프리단, 『여성의 신비』 출간
1966	• 미시간 대학 입학	• 전미여성연맹(NOW) 창립
1967	• 캠퍼스의 통금과 복장 규제에 반대하는 운동	
1968	• 앤 아버 최초의 제2의 물결 페미니즘 조직인 목요야간모임에 합류	• 68혁명
1969		• 스톤월 항쟁 • 레비스트로스, 『친족의 기본구조』 영역판 출간
1971	• 미시간 대학 대학원 과정 시작	
1972		• 에스터 뉴턴, 『마더 캠프』 출간
1973		• 로 대 웨이드 판결의 영향으로 미국 여러 주에서 여성의 낙태권을 인정

연도	게일 루빈과 『일탈』	미국 페미니즘 및 성 정치사
1974	• 「여성 거래」, 《전파(Dissemination)》에 수록	• 줄리엣 미첼, 『정신분석학과 페미니즘』 출간 • 뉴욕 레즈비언 역사 문서보관소 설립 • 캐시 코자첸코(Kathy Kozachenko), 커밍아 웃한 동성애자 중 최초로 앤 아버 시의원 에 당선
1975 ~ 1978	• 미시간 대학 특별연구원회의 지원을 받아 박사학위논문에 착수	
1975	• 「여성 거래」, 『여성주의 인류학을 위하여 (Toward an Anthropology of Women)』, (Monthly Review Press, 1975)에 수록 ···▶1장	• 동성애자 고용 금지조항 철폐
1976	• 르네 비비앙의 『한 여인이 내게 나타났다』 영역본(Naiad, 1976)에 「서문」 수록 ···▶3장	• 르네 비비앙, 저넷 포스터 영역, 『한 여인 이 내게 나타났다』 영역본 출간 • 안드레아 드위킨이 영화 〈스너프〉에 반 대하는 집회 개최 • '여성에 대한 폭력에 반대하는 여성 (WAVAW)' 설립 • 네브라스카 주에서 최초로 부부강간 법 률화
1977		• '포르노그래피와 미디어의 폭력에 반대 하는 여성(WAVPM)' 설립 • 아니타 브라이언트의 반동성애 캠페인 • 제프리 윅스, 『커밍 아웃』 출간 • 하비 밀크, 동성애자 인권조례와 동성애 자 권리 보호를 주장하며 샌프란시스코 시의원 당선
1978	• 샌프란시스코로 이주 • '샌프란시스코 레즈비언 게이 역사 프로 젝트' 공동 창립	• '밤을 되찾자' 행진을 비롯한 반포르노그 래피 운동 활성화 • 미셸 푸코, 『성의 역사』 영역판 출간

연도	게일 루빈과 『일탈』	미국 페미니즘 및 성 정치사
1979	• 『한 여인이 내게 나타났다』 영역본 재판 (Naiad, 1979)에 「후기」 수록 ⋯3장	• 르네 비비앙, 저넷 포스터 역, 『한 여인이 내게 나타났다』 영역본 재판 출간 • 임신차별금지법(The Pregnancy Discrimination Act) 제정
1978 ~ 1983	• 최초의 레즈비언 S/M 그룹 '사모아(Samois)' 설립	• 샌프란시스코 시의원 댄 화이트, 동료 시 의원 하비 밀크와 시장 조지 모스콘 암살
1980		• NOW가 남색, 포르노그래피, 사도마조 히즘, 공공장소 섹스를 '착취와 폭력, 및 프라이버시 침해'의 4대 요소로 지명
1981	• 「성 정치, 뉴라이트, 그리고 성적 광란(Sexual Politics, the New Right, and the Sexual Fringe)」, 『시대 금기(The Age Taboo)』(Alyson, 1981)에 수록 • 「가죽의 위협: 정치와 S/M에 관한 논평」, 『권력에 다가가기: 레즈비언 S/M의 글과 그래픽』(Samois, 1981)에 수록 ⋯4장	• 사모아, 선집 『권력에 다가가기: 레즈비 언 S/M의 글과 그래픽(Coming to Power: Writings and Graphics on Lesbian S/M)』 출간 • 《뉴욕타임스》, 41세의 동성애자 남성이 드문 폐렴과 피부암에 걸렸다고 보도 • 질병관리센터, 7월 3일에 이 병을 '게이 와 연관된 면역결핍장애(GRID: Gay Related Immune Deficiency Disorder)'로 명명 • 엘런 윌리스, "욕정의 지평(Lust Horizon): 여성운동은 성 친화적인가?" 발표 • 성 친화적(pro-sex) 페미니즘 등장 • 게이 남성과 HIV에 관한 보고서가 등장
1982	• 4월 뉴욕 시 바너드 대학에서 개최한 〈학 자와 페미니스트 제9차 회의〉에서 「성을 사유하기」 발표	• 반포르노그래피 페미니즘 활동가들이 바 너드 회의에서 제외된 데 항의하며 게일 루빈을 주 타겟으로 삼아 회의장 밖에서 시위를 벌임.
1984	• 「성을 사유하기」, 『쾌락과 위험(Pleasure and Danger)』(Routledge & Kegan Paul, 1984)에 수 록 ⋯5장	• 맥키넌-드워킨 조례에 대항하여 '검열에 반대하는 페미니스트 전담반(FACT)' 설 립
1984 ~ 1997	• 사모아의 후신 '왕따들(The Outcasts)' 설립	

연도	게일 루빈과 『일탈』	미국 페미니즘 및 성 정치사
1985	• 게이·레즈비언·양성애·트랜스젠더 역사학회(GLBT Historical Society) 공동 창립	
1987		• AIDS 권리옹호단체 'ACT UP' 설립
1988	• 전미가죽협회 올해의 가죽여성상(National Leather Association Leather Woman of the Year Award) 수상	
1991	•「카타콤」, 『가죽족: 급진적 성, 종족, 정치와 실천(Leatherfolk: Radical Sex, People, Politics, and Practice)』(Alyson, 1991)에 수록 …▸9장	• 시카고 가죽 문서보관소 및 박물관(LAM) 설립
1992	• 가죽 선조의 신전상(Pantheon of Leather Forebearer Award) 수상	
	•「미소년과 왕에 대하여: 부치, 젠더, 경계에 대한 성찰」, 『끊임없는 욕망(The Persistent Desire)』(Alyson, 1992)에 수록 …▸10장	
1992 ~ 2000	• 가죽 문서보관소 및 박물관(LAM) 이사	
1993	•「오도된, 위험한, 그리고 잘못된」, 『나쁜 여자와 더러운 그림들: 페미니즘을 되찾는 도전(Bad Girls and Dirty Pictures: The Challenge to Reclaim Feminism)』(Pluto, 1993)에 수록 …▸11장 •「「성을 사유하기」 후기」, 『세기말의 미국 페미니즘 사유: 선집(American Feminist Thought at Century's End: A Reader)』, (Blackwell, 1993)에 수록 …▸6장 •「「성을 사유하기」 추기」, 『레즈비언 및 게이 연구 선집(The Lesbian and Gay Studies Reader)』(Routledge, 1993)에 수록 …▸7장 • 오스트레일리아 국립대학 인문학연구센터 방문연구원	• 미 국방부, "묻지도 말고 말하지도 말라(DADT)" 정책 발표(12월)

연도	게일 루빈과 『일탈』	미국 페미니즘 및 성 정치사
1994	• 「성적 거래: 주디스 버틀러의 게일 루빈 인터뷰」, 《차이》(difference) 6, nos.2~3(1994)에 수록 ⋯▸12장 • 박사학위 논문 「왕들의 계곡: 1960~1990년 샌프란시스코 가죽족(The Valley of the Kings: Leathermen in San Francisco, 1960~1990)」(University of Michigan, 1994) 발표	• 여성폭력금지법(The Violence Against Women Act) 강화
1995		• 사회과학연구회의의 섹슈얼리티 연구협력프로그램(SRFP) 발족
1996		• 패트 칼리피아와 로빈 스위니가 편집한 레즈비언 BDSM 선집 『두 번째 도래: 가죽다이크 선집(The Second Coming: A Leatherdyke Reader)』 출간 • 클린턴 대통령, 연방 결혼보호법(Defense of Marriage Act)에 사인
1997	• 「지나간 시절의 음악(Music from a Bygone Era)」, 《가죽 지하실(Cuir Underground)》(Issue 3, 4, May 1997)에 수록 • 「왕들의 계곡을 위한 애가: 1981~1996년 샌프란시스코의 에이즈 및 가죽 공동체(Elegy for the Valley of the Kings: AIDS and the Leather Community in San Francisco, 1981~1996)」, 『변화하는 시대에서: 게이 남성과 레즈비언이 에이즈를 만나다(In Changing Times: Gay Men and Lesbians Encounter HIV/AIDS)』(University of Chicago Press, 1997)에 수록	

연도	게일 루빈과 『일탈』	미국 페미니즘 및 성 정치사
1998	• 「오래된 가드, 새로운 가드(Old Guard, New Guard)」, 《가죽 지하실》, (Issue 4, 2, Summer 1998)에 수록 • 「기적의 길: 1962~1996년 샌프란시스코의 사우스 마켓과 게이 남성 가죽(The Miracle Mile: South of Market and Gay Male Leather in San Francisco 1962~1996)」, 『샌프란시스코를 되찾기: 역사, 정치, 문화(Reclaiming San Francisco: History, Politics, Culture)』(City Lights Books, 1998)에 수록 • 「과거로부터: 왕따들(From the Past: The Outcasts)」, 《LAM 뉴스레터》(No.4, April 1998)에 수록	
1999 ~ 2001	• SRFP의 박사 전 조사연구원	
2000	• 가죽 문서보관소와 박물관 '백인대장상'(Leather Archives and Museum "Centurion") 수상 • 전국가죽협회 평생공로상(National Leather Association Lifetime Achievement Award) 수상 • 「장소, 정착지, 그리고 도시의 섹스: 1955~1995년 샌프란시스코 게이 가죽족에 관한 고고학 및 연구(Sites, Settlements, and Urban Sex: Archaeology and The Study of Gay Leathermen in San Francisco 1955~1995)」, 『섹슈얼리티의 고고학(Archaeologies of Sexuality)』(Routledge, 2000)에 수록	• 버몬트 주가 처음으로 동성 커플의 파트너십을 인정
2001	• 미시간 대학 인문학연구소의 노먼 프릴링 방문교수	

연도	게일 루빈과 『일탈』	미국 페미니즘 및 성 정치사
2002	• 「인신매매에 수반되는 문제: '여성 거래' 재고」, 11월 22일 미국인류학회 '민족지학과 정치: 우리는 인신매매에 대해 무엇을 아는가?'의 토론문으로 발표 ⋯▶2장 • 「성적 하위문화 연구: 북미 도시 거주 게이 공동체의 민족지학적 발굴」, 『이론 너머에서: 레즈비언과 게이 인류학의 출현 (Out in Theory: The Emergence of Lesbian and Gay Anthropology)』(University of Illinois Press, 2002)에 수록 ⋯▶13장	
2003	• 「사모아(Samois)」, 『미국 LGBT의 역사 백과사전(Encyclopedia of Lesbian, Gay, Bisexual, and Transgender History in America)』(Charles Scribner's Sons, 2003)에 수록 • 12월 5일 뉴욕 시립대학 대학원 센터에서 진행된 제12회 데이비드 R. 케슬러 연례 강연에서 「퀴어 연구의 지질학: 모든 것이 시작되는 데자뷔」 강연	• 소도미법 위헌 판정
2004	• 「퀴어 연구의 지질학: 모든 것이 시작되는 데자뷔」, 《GLAGS 뉴스》 14(no. 2, Summer 2004)에 수록 ⋯▶14장	• 매사추세츠 주가 첫 번째로 동성결혼 합법화
2005		• 뉴햄프셔, 버몬트, 코네티컷, 아이오와, 워싱턴 D.C.에서 동성결혼 합법화
2003 ~ 현재	• 미시간 대학 인류학, 여성학, 비교문학 조교수	
2005 ~ 2006	• SRFP의 연구조사 자문위원	
2006 ~ 2007	• 스탠퍼드 대학 행동과학 고등연구센터 (CASBS) 연구원	

연도	게일 루빈과 『일탈』	미국 페미니즘 및 성 정치사
2010	• 「과거가 된 혈전: 「성을 사유하기」를 반추하며」, 《GLQ》 17, no.1, '성을 재사유하기(Rethinking Sex)' 특집호(November 2010)에 수록 ⋯→8장	• 공화당, 낙태 규제법 통과 • 오바마 대통령, 동성결혼을 인정하지 않는 결혼보호법을 옹호하지 않겠다고 선언
2011	• 『일탈: 게일 루빈 선집(Deviations: A Gayle Rubin Reader)』 (Duke University Press, 2011) 출간	• 미 국방부, 동성애자 군복무 금지정책인 DADT를 18년 만에 공식 폐지
2012	• 퀴어인류학협회(Association for Queer Anthropology) 루스 베네딕트상(Ruth Benedict Book Prize) 수상	
2014	• 하버드 대학 젠더와 섹슈얼리티에 관한 F. O. 매치슨 방문교수	
2015		• 미 국방부, '기회균등 정책'에 '성적 지향성' 추가 발표 • 미 대법원, 동성결혼 합법화

주요 개념어

환기 파리 레즈비언 사회, 나탈리 클리퍼드 바니, 콜레트, 래드클리프 홀, 우나 트러브리지, 에바 팔머, 로메인 브룩스, 바이올렛 실레토, 헬렌 반 쥘랑 드 니벨르 남작부인

4장 가죽의 위협: 정치와 S/M에 관한 논평

사도마조히즘, 성적 이주, 가죽 공동체, 사모아, 탑/바텀, 합의, 게이 바, 주인/노예, 일탈

5장 성을 사유하기: 급진적 섹슈얼리티 정치 이론을 위한 노트

섹슈얼리티, 성 탄압, 동성애 박해, 아동-포르노 공황, 성 본질주의, 성 부정성, 부적절한 척도의 오류, 성 위계질서, 성 유해성 도미노 이론, 성 변이 개념의 결핍, 성법, 반포르노 페미니즘 이데올로기, 에이즈 공황, 섹스/젠더 체계 재고, 젠더와 섹슈얼리티의 분석적 분리, 섹슈얼리티 자체 이론과 정치의 개발

6장 「성을 사유하기: 급진적 섹슈얼리티 정치 이론을 위한 노트」 후기

「성을 사유하기」, 헬름스 수정조항, 미즈 위원회, 연방 외설법, 포르노그래피에 반대하는 여성(WAP), 아동 포르노그래피, 성 공황, 국가예술기금

7장 「성을 사유하기: 급진적 섹슈얼리티 정치 이론을 위한 노트」 추기

「성을 사유하기」, 외설법, 시민권 반포르노그래피, 매키넌-드워킨, 글래드 데이 북스, S/M 성애물, 동성애 혐오, 오리건 시민연대

8장 과거가 된 혈전: 「성을 사유하기」를 반추하며

9장 카타콤: 똥구멍 사원

10장 미소년과 왕에 대하여: 부치, 젠더, 경계에 대한 성찰

11장 오도된, 위험한, 그리고 잘못된: 반포르노그래피 정치에 대한 분석

12장 성적 거래: 주디스 버틀러의 게일 루빈 인터뷰

마르크스주의 페미니즘, 정신분석학 페미니즘, 마셜 살린스, 레비스트로스의 『친족의 기본구조』, 레이나 랩(레이나 라이터)의 『여성주의 인류학을 위하여』, 뉴라이트, 섹스/젠더, 라캉, 프로이트, 미셸 푸코의 『성의 역사』, 성 노동, 포르노그래피, 매춘, 레즈비언 페미니즘, 게이 남성 정치/게이 남성 섹슈얼리티, 페티시즘, 사도마조히즘, 성과학, 제프리 웍스, 찰스 틸리, 혼인 장치/혼인 제도, 친족, 게이/레즈비언 연구, 성적 민족 집단 형성, 남성성

13장 성적 하위문화 연구: 북미 도시 거주 게이 공동체의 민족지학적 발굴

도시문제, 성적 일탈, 섹슈얼리티의 사회구성주의, 인류학, 불량한 지역, 도덕적 위계질서, 캠프, 퀴어/피어, 여장남자, 젠더 수행성

14장 퀴어 연구의 지질학: 모든 것이 다시 시작되는 데자뷔

지질학, 《사다리》, 《래버디 총서》, 《매터친 리뷰》, 성과학, LGBTQ 연구, 관료제

미주

서론: 섹스, 젠더, 정치

1 물리적인 도서관 역시 이와 같은 경향이 있다. 전자도서관은 이런 경향을 악화
시킨다. 책, 정기간행물, 일회용 문서, 혹은 고문서 등의 물질적 특질은 그것이
산출된 시대, 기원의 장소, 생산 조건에 관한 것들을 말해준다. 디지털 번역에서
는 이런 것들이 사라지곤 한다.

2 Tilly, *Durable Inequality*. 찰스 틸리는 나의 대학원 시절 교수였으며, 그가 연구
했던 분야와 내 논문 주제 사이에는 꽤나 거리가 있음에도 불구하고 그는 내
저술에 심대한 영향을 미쳤다.

3 '캐롤라이나의 범생이(Nerd out of Carolina)'는 도로시 앨리슨에게 경의를 표
하기 위한 것이다(앨리슨의 소설 제목은 『캐롤라이나의 사생아[Bastard out of
Carolina]』이다 - 옮긴이).

4 그런 이분법에 잘 들어맞지 않는 집단의 예는 다음을 참고. Berry, *Almost
White*; Trillin, "U. S. Journal: Sumter County, SC Turks."

5 KKK(Ku Klux Klan)와는 대조적으로 백인시민위원회는 가톨릭과 유대인을 인
정했다. 최근 들어 현재의 시민위원회 문제를 다뤘던 정치가들이 시민위원회의
인종차별주의의 역사와 정체성을 부정하는 걸 지켜보자니 기가 막힐 노릇이다.

6 　인종주의와 종교적 우익이 오로지 남부의 현상이라고 말하려는 의도는 없다. 오로지 남부의 현상이었던 것만은 분명히 아니었다. *Dearborn Independent, National Social World.* 찰스 코글린(Charles Coughlin) 신부, 칼 매킨타이어(Carl McIntire), KKK의 정치적 영향의 최대치 달성, 아리안 네이션(Aryan Nations), 민병대, 포시 코미타투스(Posse Comitatus) 등 기독교 정체성의 기원이자 풍요로운 터전 같은 모든 것은 전부 딕시(남부 지방을 통칭 – 옮긴이)의 외부에서 발생한 것이었다. 디트로이트는 현재 국가사회주의 운동의 공식적인 본부이다. 하지만 공적인 담론과 제도가 남부만큼이나 신학적, 문화적, 정치적 스펙트럼에서 극우 쪽으로 그토록 심각하게 기울어진 곳은 미국 전역 어디에서도 거의 찾아보기 힘들 것이다. Aho, *The Politics of Righteousness*; Alllebome, *Dixie Rising*; Barkun, *Religion and the Racist Right*; Bennett, *The Party of Fear*; Chalmers, *Hooded Americanism*; Crawford, *Thunder on the Right*; Ford, *The International Jew*; Kaplan, *Encyclopedia of White Power*; Klassen, *The White Mans Bible*; Levita, *The Terrorist Next Door*; Lipset and Raab, *The Politics of Unreason*; Martin, *With Godon Our Side*; Quarles, *Christian Identity*; Ridgeway, *Blood in the Face*; Stern, *A Force upon the Plain*; Walters, *One Aryan Nation under God*; Zeskind, *Blood Politics*; *The Christian Identity Movement* 참고. 또 다른 관점으로는 다음을 참고. Lassiter and Crespino, *The Myth of Southern Exceptionalism.*

7 　McGreevy, *Catholicism and American Freedom*, 7.

8 　Ibid., 8.

9 　'사회적 쟁점'을 둘러싼 갈등의 정치적 풍경에 의미심장한 변화가 일어난 것은 20세기 후반이었다. 이전에는 엄청난 적대 감정이 흘렀던 가톨릭과 신교도 보수주의 활동가 사이에 휴전이 타결되었다.

10 　내가 사우스 캐롤라이나를 떠나고 오랜 세월이 흐른 뒤 지역 랍비의 자녀들이 마침내 공립학교 기도시간에 항의하는 데 성공했다. 그때까지도 여전히 기도문을 암송하고 있었던 것이다.

11 　교감 선생님은 미혼이었으며 못처럼 단단한 분이었다. 학생 대다수는 교감 선생님을 두려워했지만 나는 교감 선생님이 정말 멋있다고 생각했다. 그녀는 나를 자기 방으로 불러서 이야기를 나누곤 했는데, 언제나 다정했고 나를 지지해주었다. 그곳을 떠나 대학에 진학한 뒤에도 나는 그녀와 연락을 주고받았고, 이 연

락은 그녀가 죽을 때까지 계속되었다.

12 미국 최초의 여성 우주비행사인 샐리 라이드가 우주 공간으로 나갔던 1983년 까지 그랬다. 소비에트 우주 프로그램은 1963년 여성을 올려 보냈다.

13 '비치 뮤직'이라고 불렸던 온갖 장르의 춤과 로맨스 곡조가 있었다. 패트 콘로이 는 이 제목으로 책을 썼다(Conroy, *Beach Music*). Bryan, *Shag*; Hook, *Shagging in the Carolinas*; Richardson and Chase, *Pawleys Island Historically Speaking* 참조.

14 벨벳 언더그라운드/루 리드의 〈로큰롤〉과 조너선 리치맨의 〈로드러너〉 두 노래 는 그 당시 음악이 주었던 충격을 잘 포착하고 있다.

15 Mauss, *The Gift*.

16 "1961년 제5구 항소법원(Appeals for the Fifth circuit)은 딕슨 대 앨라배마 소 송/재판을 판결했는데, 이것은 학생운동에 대한 새로운 정의를 예견한 획기적 사건이었다. 이 판례는 시민권 운동에 참여했던 여섯 명의 흑인 학생을 앨라배 마 주립대학(현재는 앨라배마 주립대학)이 퇴학시킨 이후에 발생했다. 항소심 은 그런 학칙들을 위헌으로 간주했다. … '법원이 조금이나마 그렇게 말해준 것 이 처음이었다'고 스테트슨 대학 법대 교수인 피터 F. 레이크(Peter F. Lake)는 말 한다. 레이크 교수는 스테트슨 대학 우수고등교육법 및 정책연구소 소장이었 던 딕슨은 부모 위치권을 제대로 행사하지 못한 것으로 설명한다. 법원은 대학 생들을 성인 혹은 '비미성년'으로 재규정할 수 있는 헌법적 권리를 가지고 있었 다. 그렇게 되자 대학은 학생들을 감독하고 처벌할 수 있는 거의 무소불위의 권 한을 더 이상 가질 수 없게 되었다." *Chronicle of Higher Education*, 5 September 2008, A1. 이와 같은 법원 결정의 결과는 현실화되는 데 시간이 조금 걸렸지만, 1960년대 후반에 이르러 더 많은 자유를 달라는 대학생들의 운동이 마침내 성 공하는 데 도움이 되었다.

17 Thorne, "Women in the Draft Resistance Movement."

18 초기 여성 해방운동과 신좌파의 관계에 관해서는 다음을 참고. Baxandall and Gordon, *Dear Sisters*; Freeman, *Politics of Women's Liberation*; Morgan, *Sisterhood is Powerful*; Redstockings of the Women's Liberation Movement, *Feminist Revolution*; Koedt, Levine, and Rapone, *Radical Feminism*; Evans, *Personal Politics*; Cell 16, *No More Fun and Games and Female Revolution*;

Echols, *Daring to be Bad*.

19 나는 《아르고스》에 처음으로 출판된 에세이를 썼다. 하지만 그것은 젊은 시절의 에세이여서 이 선집에는 싣지 않았다.

20 이 그룹의 회의록은 말할 것도 없고 참석자 명단을 간직한 사람이 있으리라고는 생각하지 않는다. 우리는 기사를 썼을 뿐 공문서를 작성한 것은 아니었기 때문이다. 세월이 흘렀고 당시 참석자들의 기억도 희미해졌지만, 다음 사람들이 포함되었다는 것은 기억이 난다. 레이나 랩(당시 레이나 라이터)은 현재 뉴욕 대학 인류학 교수이다. 캘리포니아 산타바버라 대학 사회학 교수인 베스 슈나이더(Beth Schneider), 페미니스트 연방신용조합과 디트로이트 페미니스트 경제 네트워크의 공동 설립자이자 '제4차 세계선언'의 서명자인 조앤 페런트(Joanne Parent, Echols, *Daring to be Bad* 참고), 서부 매사추세츠에 살고 있는 작가인 엘리 미어로폴(Elli Meeropol) 등이었다.

21 이후 리서치 프로젝트에 인류학이 나에게 영향을 미친 더 긴 설명에 관해서는 다음 논문을 참조. "Sites, Settlements, and Urban Sex"

22 Darwin, *The Origin of Species*, chapter 11, "Geographical Distribution."

23 대륙이동설은 왜 구세계에만 유인원이 있었는지 설명해주었다.

24 Livingstone, "On the Non-Existence of the Human Races"; Brace, *"Race" Is a Four Letter Word*.

25 Bordin, *Women at Michigan: The "Dangerous Experiment," 1870s to the Present*; 그리고 McGuigan, *A Dangerous Experiment: 100 Years of Women at the University of Michigan* 참고.

26 살린스 교수의 채점 조교였던 레이나는 이 논문의 어떤 해석본이든 제일 먼저 읽은 사람이었다. 이 시기와 쿨릭에서 있었던 일들에 관해서는 다음을 참조. "Anthropologists are Talking About Feminist Anthropology."

27 Harding, "Why Has the Sex/Gender System Become Visible Only Now?" 하딩이 내 논문을 인용하기는 했지만, 페미니즘 분석에서 마르크스주의가 가지는 단점을 비판하기 위해 사용했을 뿐이다.

28 Germon, *Gender: A Genealogy of an Idea*, 1. Jordan-Young, *Brainstorm*, pp. 12-15.

29 Ibid., p. 102. 비록 찬사이기는 하지만 이것이 전적으로 정확한 말은 아니다. 나는 그 시기 전체 인류학적 문헌 가운데서 젠더가 출현한 범위를 알지 못한다.

가령, 에스터 뉴턴은 그녀의 저서 『마더 캠프』(1972)에서 이 용어를 여러 번 사용했다. 하지만 그녀가 사용한 용도는 사실상 이론적이라기보다는 좀 더 기술적이었다. 뉴턴의 텍스트에서는 젠더보다는 '성 역할'이라는 용어가 더 분석적인 무게를 지니고 있다.

30 Ibid., p. 103.

31 물론 이것은 양면의 칼날이다. 그것은 트랜스섹슈얼에게 활용 가능한 외과적인 재배치를 정당화하는 데 도움이 되는가 하면, 다른 한편으로는 비정상적인 유아 생식기의 외과적인 절단을 합리화하는 데도 도움이 된다.

32 Germon, *Gender*, pp. 85-86.

33 Ibid., pp. 86-87.

34 프랑스 페미니즘과 이들 텍스트의 관계는 복합적이다. 나는 '정신분석학과 정치(이하 통일할 것)(psych et po)' 그룹이 프랑스 페미니즘을 대표한다고는 말하고 싶지 않다. 오히려 크리스틴 델피가 지적하다시피 "프랑스 페미니즘이라고 가르치고 있는 것이 사실상 프랑스 페미니즘의 풍경 속에서 일어난 것과는 거의 아무런 상관이 없다. 이론적으로 혹은 활동가의 관점으로 보더라도 아무런 상관이 없다." 델피는 '프랑스 페미니즘'을 구성하면서 영미 저자들이 영미 역사가들뿐 아니라 프랑스 역사가들에 의해 페미니즘 운동의 핵심으로 간주된 것들을 훼손시킨 '정신분석학과 정치' 그룹의 반페미니즘적 정치적 경향을 어느 정도 공공연하게 선호했다는 점에 특히 주목한다("The Invention of French Feminism," pp. 167-168). Moses, "Made in America"도 참고할 것. 나의 지적, 정치적 선호는 '정신분석학과 정치'보다는 델피와 아마도 훨씬 더 가까울 것이다. 라캉에 관심을 갖고 있다는 공통점에도 불구하고 내가 프랑스 페미니즘에 관한 전문가라고 주장할 수는 없다. Chodorow, *The Reproduction of Mothering, Feminism and Psychoanalytic Theory*와 *Femininities, Masculinities, Sexualities* 참고.

35 매리언 짐머 브래들리는 포스터 및 데이먼/그리어와 스튜어트의 출판 사이에 활약했던 주요한 레즈비언 텍스트 서지학자였다. 브래들리는 포스터의 책이 출판된 직후 두 권의 초기 레즈비언 서지를 출판했다. 그 두 권이 *Astra's Tower: Special Leaflet 2*(1958), 그리고 *Astra's Tower: Special Leaflet 3*(1959)이었다. 1960년대 초 브래들리와 그리어는 『체크 리스트(Checklist)』(레즈비언, 변이, 동

성애 영문 소설 혹은 영문으로 번역된 소설의 완벽한 체크 리스트로서 수집가, 학생, 사서를 위해 관련 자료의 부록이 추가되어 있다)와 『체크 리스트』에 딸린 부록 두 권을 함께 작업했다. 이 모든 책들은 『게이 서지(A Gay Bibliography)』 목록에 포함되어 있는 『문학 속의 레즈비언』, 노엘 가르드의 『문학 속의 동성애(The Homosexual in Literature)』, 윌리엄 파커(William Parker)의 『동성애(Homosexuality)』와 함께 재출간되었다. 이런 출간은 1975년 아르노 출판사의 대규모 기획인 동성애 시리즈의 일환이었다.

36 존 디밀리오(John D'Emilio)는 1976년 동성애 옹호 운동에 관해 조사를 진행하는 동안 웨버가 《래버디 총서》에 수집해놓은 자료들을 보려고 앤 아버에 왔다.

37 지금은 이런 자료들이 절차가 마무리되어 접근 가능하고 활용되고 있지만 그당시에 나는 그럴 수 없었다.

38 Benstock, *Women of the Left Bank Paris, 1900-1940*; Hawthorne, "Natalie Barney and Her Circle"; Jay, *The Amazon and the Page*; Latimer, *Women Together/Women Apart*; Ltevia, *A Perilous Advantage*; Rodriguez, *Wild Heart*; Schenkar, *Truly Wilde*; Weiss, *Paris Was a Woman*.

39 나는 에밀리 앱터(Emily Apter)가 그처럼 힘든 조건 아래서 편찬했던 각주에 찬사를 보낸 것을 보고 기뻤다. 또한 에밀리는 내가 "당시 비평가들의 관심을 거의 끌지 못했던 비비앙과 바니의 아카이브들을 일찌감치 참조하여 서문을 썼다"는 점을 인정해주었다. Apter, "Reflection on Gynophobia," p. 118.

40 Marks, *Marrano As Metaphor*.

41 Ibid., pp. 46, 50, 56. Livia, "The Trouble with Heroines"도 참고.

42 Ibid., p. 44.

43 Ibid., pp. 56-57.

44 토머스 트라우트먼(Thomas Trautmann)과 도모코 마스자와(Tomoko Masuzawa)는 2007년 미시간 대학에서 '아리아인들: 산스크리트 문헌학에서부터 네오 나치에 이르기까지 정치, 언어, 종교와 인종(The Aryans: Politics, Language, Religion, and Race from Sanskrit Philology to the Neo-Nazis)'이라는 제목의 세미나를 담당했다. 이 강의를 열 수 있게 해준 독서 과정에서 나는 비비앙과 바니에게 상당히 중요한 인물이었던 살로몽 레이나슈(Salomon Reinach)에 관해 좀 더 많은 것을 알게 되었다. 그는 '엄청나게 깊고 폭넓은 학자'로서 그

의 주요한 학문적 기여는 고전, 고고학, 인류학이었으며, 인종, 언어, '아리아인들'에 관한 논의에 깊숙이 참여했다(Bernal, Black Athena, p. 371; Poliakov, The Aryan Myth; Masuzawa, The Invention of World Religion 참고). 내가 유난히 관심을 갖고 있었던 두 영역에 레이나슈 또한 관심을 가졌던 것은 우연의 일치였다. 나는 이제 비비앙과 바니 주변의 사람들에 관한 그의 주변적인 각주가 왜 그토록 꼼꼼하고 박학한지 이해했다(이 책의 3장 미주 9번 참조). 대부분 특권적 혜택을 누리고 교육을 받은 20세기 초반 파리의 이 여성들이 누가 누구와 잠자리를 했는지에 관해 세련되게 해석한 이 학문적 성과는 예상치 못한 선물이었다. 비비앙과 바니에 관한 연구조사를 수행하고 있었을 때 나는 모라스에 관해서 전혀 알지 못했던 것과 마찬가지로 레이나슈에 관해서도 거의 알지 못했다.

45 이런 관점에서 나는 마크스와 논쟁을 할 수도 있었다. 그녀는 후세대의 유리한 관점에서뿐 아니라 프랑스 문학, 문화, 역사에 관한 방대한 지식을 가지고 내 글을 읽어냈다. 당대의 프레임과 맥락을 고려해본다면, 특히 거의 동시대 레즈비언 페미니즘의 역사적, 이론적 글쓰기와 비교해본다면, 나의 논문은 다소 다르게 이해할 수도 있었다. 예를 들자면 다음을 참고. Sahli, "Smashing"; Faderman, Surpassing the Love of Men; Rich, "Compulsory Heterosexuality and Lesbian Existence." 이런 논문들이 출판되었을 무렵 나는 다소 다른 방향으로 나가고 있었다.

46 게이 사회주의 간부회의(Gay Socialist Caucus)가 후원했던 패널의 다른 연사들에는 조너선 네드 캐츠, 조앤 네슬, 제임스 스테이클리, 데이비드 소스태드가 포함되었다. 학회를 보고하면서 댄 창(Dan Tsang)은 내 논의를 이렇게 요약했다. "미시간 대학 대학원생인 게일 루빈은 세기말 파리 레즈비언에 관한 연구에 대해 토론했다. 그녀는 동성애의 근대적 형태가 있을 것이라는 점을 분명히 밝혔다(그중 무엇보다 동성애 개념은 당신이 무엇을 했는가가 아니라 당신이 누구였는가를 의미했다). 이 개념은 다른 문화와 시대에 무비판적으로 적용하는 것을 경계해야 하며 오로지 19세기 말엽에 해당하는 것임을 분명히 밝혔다." Tsang, "Gay Academics Reflect on Movement Role," 2B.

47 이와 같은 시각의 변화는 또한 1979년에 썼던 『한 여인이 내게 나타났다』의 개정판 후기에 이미 드러나 있었다. 3장 참고.

48 Weeks, "Sins and Diseases."

49 하지만 뉴턴은 '가죽 퀸'의 존재에 주목했다(*Mother Camp*, pp. 33, 21). 후커의 책에서 간단한 언급을 찾을 수 있다. Hooker, "The Homosexual Community," Achilles, "The Development of the Homosexual Bar as an Institution."

50 12장과 13장 참고.

51 Nye, "The Medical Origins of Sexual Fetishism"; Singy, "A History of Violence"와 "Sadism at the Limits."

52 Oosterhuis, *Step-Children of Nature*; Weeks, *Sex, Politics, and Society*; Rosario, *Science and Homosexualities*; Bland and Doan, *Sexology in Culture*; Davidson, *The Emergence of Sexuality* 참고.

53 Foucault, *History of Sexuality*, pp. 104-105.

54 Ibid., pp.106-113.

55 Ibid., pp.106-107.

56 Polanyi, *The Great Transformation*.

57 8장 참고. 역사 프로젝트의 원래 자료들은 다소 모호하다. 베루베의 논문 선집 *My Desire for History*의 전기적 서문에서, 존 디밀리오와 에스텔 프리드먼은 이런 연대기적인 모호성을 다음과 같은 말로 다루고 있다. "일찌감치 1979년 무렵 베루베는 더 이상 홀로 작업하고 있지 않았다("Allan Berube and the Power of Community History," p. 10)." 나는 우리가 1978년 후반에 만났다고 생각하는데, 어느 시점부터 우리가 이름을 갖게 되었는지 확실하지 않다. 어쨌거나 1979년 초반부터 분명한 실체를 갖고 있었다는 점에서 나는 존과 에스텔의 견해에 동의하고 싶다.

58 D'Emilio and Freedman, "Allan Berube and the Power of Community History," p. 13.

59 White, *Pre-Gay L.A.*; Koskovich, "Lesbian, Gay, Bisexual and Transgender Archives and Libraries in the United States."

60 Koskovich, "Lesbian, Gay, Bisexual and Transgender Archives and Libraries in the United States"; D'Emilio and Freedman, "Introduction," p. 18.

61 Kinsella, *Covering the Plague* 참고.

62 Rubin, "Sites, Settlement, and Urban Sex," "The Miracle Mile," "Elegy for the Valley of the Kings," "The Valley of the Kings; Leathermen in San Francisco,

1960-1990" 그리고 *Valley of the Kings.*

63   Crimp, *AIDS*; Fee and Fox, *AIDS: The Burdens of History*, 그리고 *AIDS: The Making of a Chronic Disease*; Levin, Nardi, and Gagnon, *In Changing Times*; Nardi, *Journal of Sociology and Social Work*; Patton, *Inventing AIDS*; Treichler, *How to Have Theory in an Epidemic*; Watney, *Imagine Hope, Policing Desire,* 그리고 *Practices of Freedom.*

64   Burlein, *Lift High the Cross*; Hardisty, *Mobilizing Resentment*; Herman, *The Antigay Agenda*; LaHaye, *The Unhappy Gays*; Bransford, *Gay Politics vs. Colorado and America*; Bryant, *The Anita Bryant Story*; Bull and Gallagher, *Perfect Enemies*; Callahan and Payton, "Shut up Fag"; Cameron, *Exposing the AIDS Scandal*과 *The Gay Nineties*; Cobb, *God Hates Fags*; Cohen, *Coming Out Straight*; Dannemeyer, *Shadow in the Land*; Decter, *The New Chastity and Other Arguments against Women's Liberation*; Dobson, *The New Dare to Discipline*; du Mas, *Gay Is Not Good*; Eichel and Nobile, *The Perfect Fit*; Engel, *Sex Education*; Erzen, *Straight to Jesus*; Gilder, *Sexual Suicide*; Himmelfarb, *The De-Moralization of Society*; Irvine, *Talk about Sex*; Klatch, *Women of the New Right*; Levine, *Harmful to Minors*; Lively, *Seven Steps to Recruit-Proof Your Child*; Marrs, *Big Sister Is Watching You*와 *Ravaged by the New Age*; Martin, *With God on Our Side*; Minkowitz, *Ferocious Romance*; Noebel, *The Homosexual Revolution*; Noebe, Lutton, and Cameron, *AIDS*; Peters, *The Death Penalty for Homosexuals Is Prescribed in the Bible*; Reisman, Eichel, Court, and Muir, *Kinsey, Sex, and Fraud*; Rekers, *Growing Up Straight*; Smith, *New Right Discourse on Race and Sexuality*; Smith and Windes, *Progay/Antigay*; Socarides, *Homosexuality*; Sprigg, *Outrage*; 그리고 Wolfe, *Homosexuality and American Public Life.*

65   Vance, *Pleasure and Danger*, pp. 434-436 참고.

66   House and Cowan, "Can Man Be Women?"; Raymond, *The Transsexual Empire*; Stone, "The 'Empire' Strike Back"; 그리고 Raddell, *Divided Sisterhood* 참고. 이런 글들은 주로 MTF 트랜스섹슈얼리티를 겨냥한 것들이었다. 내가 「미소년과 왕에 대하여」를 쓰는 동안 FTM 트랜스섹슈얼에 관한 문제가 여러 레즈비언 커

뮤니티를 휘저어놓았다. 내가 알고 있는 한, 트랜스섹슈얼은 미시간 음악 축제에 참여하는 것이 아직도 금지되어 있지만, 그 밖의 다른 '여성들'의 사건과 레즈비언 인구는 트랜스젠더들의 참여에 상당히 잘 적응하고 있다. 미시간 축제와 같은 완고한 저항을 제외한다면, 젠더 경계는 이제 게이 남성들 사이에서 보다 민감하게 도전받고 있는 것처럼 보인다. 게이 남성 집단에서 FTM의 존재는 논쟁거리가 되고 있다. 가령 시카고 헬파이어 클럽은 자신들의 연례 행사인 인페르노 런(inferno run)에 FTM이 참가하는 것을 허락하지 않을 것이다. 반면에, FTM은 남성을 위한 주요 가죽 타이틀 경연에 나설 수 있으며 2010년 인터내셔널 미스터 레더는 FTM 트랜스섹슈얼이었다.

67 5장, 6장, 7장, 8장 참고.

68 「과거가 된 혈전」은 2009년 펜실베이니아 대학에서 거행되었던 '성을 재사유하기' 학회에서 처음 발표한 강연문이었다. 이 글은 2010년 학회지에 논문으로 출판되었고, 이 선집을 위해 수정되었다.

69 Chast, "In the Nostalgia District," p. 4.

70 많은 사례 중에서 Dean and Lane, *Homosexuality & Psychoanalysis* 참고.

71 Johnson, *The Lavender Scare*, 또한 4장의 미주 1번 참고.

72 Johnson, *The Lavender Scare*, p. 210.

73 Bayer, *Homosexuality and American Psychiatry*; Drescher and Merlino, *American Psychiatry and Homosexuality*; 그리고 Engelhardt and Caplan, *Scientific Controversies*.

74 Lawrence v. Texas, 539 U.S. 558(2003).

75 Bérubé, *Coming Out Under Fire*; D'Emilio and Freedman, "Allan Bérubé and the Power of Community History."

76 Frank Rich, "The Culture Warriors Get Laid Off," *New York Times*, 14 March 2009.

77 Frank Rich, "It Still Felt Good the Morning After," *New York Times*, 9 November 2008.

78 Dan Balz, "The GOP Takeover in the States," *Washington Post*, 13 November 2010.

79 Laura Bassett and Tyler Kingkade, "State-Level Assaults on Abortion Rights,"

Huffington Post, 17 June 2011.

80 Chauncey, *Why Marriage?*

81 수전 스트라이커는 '관료주의적 이해 불가능성(bureaucratic unintelligibility)'이 라는 멋진 용어를 제공해준 출처이다.

82 결혼과 관련하여 종교의 권위가 개입해온 역사에 관해서는 거의 주목한 적이 없다. 결혼이 언제나 종교적 권위의 관할권 아래 속했던 것은 아니다. 종교의 결 혼 관할권은 인류의 역사적 과정을 지배했던 것이 아니라 차라리 예외에 속했 다. 심지어 기독교적인 유럽에서도 결혼의 신성화는 흔히 생각하는 것보다는 훨씬 나중에 발전된 것이었다. 예를 들자면 크리스토퍼 브룩은 『결혼에 관한 중 세적 생각(The Medieval Idea of Marriage)』에서 결혼을 성직자들이 통제하게 된 제도는 "길고 논쟁이 분분한 과정"(p. 172)이었다고 주장한다. 종교적 결혼 의식 의 법전화는 11세기, 12세기에 이르러 제대로 진행되었으며 "16세기에 이르러서 야 비로소 교회가 주관하는 결혼이 법적으로 필수적인 것이 되었다. 그것이 트 렌트 종교회의의 칙령으로 인한 것이었다. 트렌트 종교회의는 로마 가톨릭에게 는 의무적이었지만 프로테스탄트 교회는 그것을 무시했다(p. 139)." Witte, *From Sacrament to Contact*; Witte and Kingdon, *Sex, Marriage, and Family in John Calvin's Geneva*; Cairncross, *After Polygamy was Made a Sin*; Mair, *Marriage*; Westermarck, *The History of Human Marriage* 참조.

83 Phillips, *The Politics of Rich and Poor*; Harvey, *A Brief History of Neoliberalism*; Johnston, *Free Lunch*; Dollars and Sense, *The Wealth Inequality Reader*; Henwood, *The State of the U.S.A Atlas*; Wolff, *Top Heavy*; Frank, *Richistan*; Bernstein and Swan, *All the Money in the World*; Bertels, *Unequal Democracy*; Leopold, *The Looting of America*; "The Forbes Four Hundred"; "Forbes 400"(2007, 2008, 2009); "The Billionaires: The World's Richest People"; "Billionaires: The Richest People in the World"(2008, 2009, 2010).

84 Frank, *What's the Matter With Kansas?*

1장 여성 거래: 성의 '정치경제'에 관한 노트

대부분 논문과 마찬가지로 이 논문이 얼마나 많은 사람의 정신의 산물인지를 표현하기에 감사의 글만으로는 부족하다. 집단 토론을 거쳤어도 이 논문이 결국은 한 사람의 시각이라는 점과 그 밖의 사람들은 책임이 없다는 점을 알리기 위해서라도 이 감사의 글은 필요하다. 나는 다음 사람들에게 감사를 표하고 싶다. 관련 논문을 공저한 톰 앤더슨과 알린 고어릭에게 감사한다. 수많은 대화와 아이디어를 제공해주었던 레이나 라이터, 래리 실즈, 레이 켈리, 페기 화이트, 노마 다이아몬드, 랜디 라이터, 프레드릭 와이트, 앤 록슬리, 줄리엣 미첼, 수전 하딩에게 감사한다. 계시처럼 인류학과 만나게 해준 마셜 살린스에게 감사한다. 마르크스를 명쾌하게 설명해준 로드 아야, 무자비하게 편집해준 린 이든에게도 감사한다. 내 첫 강의였던 여성학 340/004의 수강생들, 힘들게 타자를 쳐준 샐리 브레너, 믿을 수 없을 정도로 인내해준 수전 로웨스, 그리고 이 논문 제목을 선사한 에마 골드먼에게 감사한다.

1   Tiger and Fox, *The Imperial Animal*.

2   Marx, *Wage-Labor and Capital*, p. 28.

3   이에 대해서는 Althusser and Balibar, *Reading Capital*, pp. 11-69 참고.

4   마르크스주의, 구조주의, 그리고 정신분석학 사이를 움직이다 보면 일종의 인식론적 충돌이 일어난다. 특히 구조주의는 인식론적 지도 위로 구더기들이 온통 기어 나오는 일종의 통조림 깡통이다. 나는 이 문제와 씨름하는 대신 라캉과 레비스트로스가 현대 프랑스 지적 혁명에서의 살아 있는 가장 주요한 선구자들이라는 사실을 다소 무시해왔다(Foucault, *The Order of Things* 참고). 구조주의적 미로의 중심으로부터 출발하는 나의 주장과 '의미화 실천의 변증법적 이론' 노선을 따라 진행하는 나의 작업이 프랑스에서 펼쳐진다면, 재미있고 흥미롭고 극히 중요한 것이 될 수도 있을 것이다(Hefner, "The Tel Quel Ideology" 참고).

5   Benston, "The Political Economy of Women's Liberation"; Dalla Costa, *The Power of Women and the Subversion of the Community*; Larguia and Dumoulin, "Towards a Science of Women's Liberation"; Gerstein, "Domestic Work and

Capitalism"; Vogel, "The Earthly Family"; Secombe, "Housework under Capitalism"; Gardiner, "Political Economy of Female Labor in Capitalist Society"; Rowntree and Rowntree "More on the Political Economy of Women's Liberation."

6   Marx, *Theories of Surplus Value, Part I*, p. 399.

7   Marx, *Capital*, p. 572.

8   Ibid., p. 171.

9   여성과 가사 노동에 관한 수많은 논쟁은 가사 노동이 '생산적' 노동인가 아닌가 하는 문제에 집중해왔다. 엄격히 말해 가사 노동은 이 용어의 기술적 측면에서 보자면 일상적으로는 '생산적'인 것이 아니다. (Gough, "Marx and Productive Labour"; Marx, *Theories of Surplus Value, Part I*, pp. 387-413). 하지만 이런 구분은 논의의 주요 흐름에 적절하지 않다. 가사 노동은 잉여가치와 자본을 직접 생산한다는 의미에서는 '생산적'이지 않을지 몰라도, 잉여가치와 자본의 생산에 핵심적인 한 가지 요소이다.

10 Murphy, "Social Structure and Sex Antagonism," p. 195.

11 Marx, *Capital*, p. 171, 강조는 나의 것.

12 Engels, *The Origin of the Family, Private Property, and the State*, pp. 71-72, 강조는 나의 것.

13 그중 일부 관습들이 우리 관점에서 매우 기괴해 보인다는 것은 섹슈얼리티가 문화를 매개로 하여 표현된다는 사실을 입증할 뿐이다(Ford and Beach, *Patterns of Sexual Behaviour* 참고). 아래에 인류학자들이 좋아하는 별난 사례를 몇 개 골라 보았다. 바나로족(Banaro)의 결혼은 사회적으로 공인된 몇몇 성적 파트너 관계를 포함한다. 어떤 여성이 결혼하면 그녀는 시아버지의 친척에게 성관계를 배우게 된다. 그로 인해 아이를 갖게 된 후에야 그녀는 자신의 남편과 성관계를 갖기 시작한다. 그녀는 또한 남편의 친척과 제도화된 파트너 관계를 가진다. 한 남자가 성관계를 맺는 상대들에는 아내, 친척의 아내, 친척의 아들의 아내가 포함된다(Thurnwald, "Banaro Society"). 다중적 성관계 관습은 마린드 아님족(Marind Anim)에서 더욱더 뚜렷하게 찾아볼 수 있다. 결혼할 때 신부는 남편의 씨족 모든 남자와 성관계를 하며, 남편은 맨 마지막에 등장한다. 주요한 모든 축제에는 오티브-봄바리(otiv-bombari)라는 관행이 뒤따르는데, 이때 종교의식에 사용할 정액을 모은다. 소수의 여성이 다수의 남성과 성관계를 하며, 이

때 배설된 정액을 코코넛 껍질로 만든 통에 담아 모은다. 마린드 남성은 성인식 동안 여러 남자와 동성 성관계를 맺는다(Van Baal, *Dema*). 에토로인(Etoro)에게 이성 간 성관계는 연중 205~260일 동안 금지된다(Kelly, "Witchcraft and Sexual Relations"). 뉴기니의 많은 지역에서 남성들은 성교를 두려워하는데, 신비한 예방 조치 없이 성교하면 죽는다고 생각한다(Glasse, "The Mask of Venery"; Meggitt, "Male-Female relationships in the Highlands of Australian New Guinea"). 대개 여성으로 인해 오염된다는 생각들은 여성의 종속을 나타낸다. 그러나 상징 체계들은 내적 모순을 내포하고 있으며, 그것의 논리적 확장은 때때로 그 체계의 기반이 되는 가정들을 전도하기도 한다. 뉴브리튼에서는 섹스에 대한 남성들의 공포가 극에 달하여 여성들보다 남성들이 강간을 더 두려워하는 듯하다. 여성들은 자신에게서 달아나는 남성들을 쫓아가고, 여성들은 성적 공격자이며, 마지못해 당하는 쪽은 새신랑들이다(Goodale and Chowning, "The Contaminating Women"). 이외에 흥미로운 성적 변이들에 관해서는 다음을 참고. Yalmon, "On the Purity of Women in the Castes of Ceylon and Malabar," 그리고 K. Gought, "The Nayars and the Definition of Marriage."

14 엥가족, 마링족, 훌리족, 멜파족, 쿠마족, 가후쿠-감마족, 포어족, 마린드아님족 같은 부족들이 그러하다. Berndt, *Excess and Restraint*; Langness, "Sexual Antagonism in the New Guinea Highland"; Rappaport, *Pigs for the Ancestors*; Read, "The Nama Cult of the Central Highlands, New Guinea"; Meggitt, "Male-Female Relationships in the Highlands of Australian New Guinea"; Glasse, "The Mask of Venery"; Strathern, *Women in Between*; Reay, *The Kuma*; Van Baal, *Dema*; Lindenbaum, "A Wife Is the Hand of the Man" 참고.

15 엥겔스는 가축의 형태로 부를 획득한 후 축적한 부를 자기 자녀들에게 넘겨주고자 하는 남성들이 부계 상속을 위해 '모권(mother right)'를 전복시켰다고 생각한다. "모권의 전복은 여성의 세계사적 패배였다. 남성은 집안에서도 명령을 내린다. 반면, 여성은 격하되어 노예로 전락했다. 여성은 남성의 성욕의 노예이자 자녀를 낳기 위한 단순한 도구에 불과하게 되었다(Engels, *The Origin of the Family, Private Property, and the State*, pp. 120-121)." 종종 지적되었다시피, 모계 상속이 이루어지는 사회들에서도 여성들이 반드시 중대한 사회적 권위를 지니고 있는 것은 아니다(Schneider and Gough, *Matrilineal Kinship*).

16 Sahlins, "The Origin of Society"; Livingstone, "Genetics, Ecology, and the Origins of Incest and Exogamy"; Lévi-Strauss, *The Elementary Structures of Kinship*.

17 Fee, "The Sexual Politics of Victorian Social Anthropolgy."

18 Sahlins, *Stone Age Economics,* 4장 참고.

19 Arapesh, Lévi-Strauss, *The Elementary Structures of Kinship*. p. 27에서 재인용.

20 Malinowski, *The Sexual Life of Savages*.

21 Sahlins, *Stone Age Economics*, pp. 169, 175.

22 Levi-Strauss, *The Elementary Structures of Kinship*, p. 481.

23 Best, Ibid., p. 481에서 재인용.

24 "뭐라고? 여동생과 결혼하고 싶다고? 대체 왜 그래? 처남은 갖고 싶지 않아? 네가 다른 남자의 여자 형제와 결혼하고 다른 남자가 너의 여자 형제와 결혼하면 너는 적어도 두 사람의 처남(매부)을 갖게 되지만, 네가 네 여동생과 결혼하면 아무도 생기지 않는다는 걸 모르겠니? 너는 대체 누구와 사냥하고 누구와 함께 텃밭을 가꾸고 누구한테 놀러 가려고 그러니?(Arapesh, 위의 책에서 인용, p. 485.)"

25 사회가 여성을 통한 남성들 사이의 결속을 기반으로 한다고 간주하는 이런 분석은 여성운동의 분리주의적 반응을 너무나 잘 이해할 수 있게 해준다. 분리주의는 사회 구조의 한 변형, 즉 여성들 사이에 매개되지 않은 결속에 기반을 둔 사회집단을 형성하려는 하나의 시도로 볼 수 있다. 그것은 또한 여성에 대한 남성의 '권리'를 철저히 거부하는 것이자 여성들이 자신에 대한 권리를 주장하는 것으로 볼 수 있다.

26 Strathern, *Women in Between*, p. 161.

27 이러한 의미의 생산에 대해서는 Marx, *Pre-capitalist Economic Formations*, pp. 80-99 참고.

28 "여성들을 연구하면서 우리는 정신과학의 방법들을 무시할 수 없다. 정신과학 이론은 여성이 어떻게 여성이 되고 남성이 어떻게 남성이 되는가를 설명하고자 한다. 가족 안에서 표현되는 생물학적인 것과 사회적인 것 사이의 경계선은 정신분석학이 도표화하고자 했던 영역이며, 또한 성적 구분이 유래하는 영역이다(Mitchell, *Women' Estate*, p. 167)." "정신분석학의 **대상**은 무엇인가? … 오이디푸스 단계의 제거 과정(liquidation)은 작은 동물로 인지되었던 한 남성과 한 여성

을 작은 인간 아이로, 태어나는 순간부터 변형시키는 놀라운 모험의 **효과**이자 살아남은 어른들에게 연장된 '효과'다. … 그 '효과들'은 작은 인간 생물을 한 남성 또는 한 여성으로 변화시키는 강제적 '인간화'로부터 살아남은 사람들 속에 여전히 존재한다. …(Althusser, "Freud and Lacan," pp. 57, 59)."

29 여성성에 대한 정신분석학 이론들은 1920년대 후반과 1930년대 초반에 《국제 정신분석학 저널(International Journal of Psychoanalysis)》과 《계간 정신분석학(The Psychoanalytic Quarterly)》에서 주로 이루어졌던 논쟁의 맥락 속에서 제시되었다. 토론의 범위를 보여주는 논문들은 다음과 같다. Freud, "Female Sexuality," "Some Psychical Consequences of the Anatomical Distinction between the Sexes," "Femininity"; Lampl de Groot, "Problems of Femininity." "The Evolution of the Oedipus Complex in Women"; Deutsch, "On Female Homosexuality," "The Significance of Masochism in the Mental Life of Women"; Horney, "The Denial of the Vagina"; Jones, "The Phallic Phase," 이들 논문 몇 편의 연도는 재판 연도이다. 출판 연대에 대해서는 Chasseguet-Smirgel(*Female Sexuality*, 서문)을 참고.

나는 매우 복잡한 이 논쟁들을 단순화했다. 프로이트, 람플 드 그루트, 도이치는 여성성이 양성적이고 '남근숭배적인' 여자아이로부터 발전되어 나온다고 주장했다. 그에 반해 호니와 존스는 선천적인 여성성을 주장했다. 논쟁에 아이러니가 없을 리 없었다. 호니는 여성은 만들어지는 것이 아니라 태어나는 것이라고 주장함으로써 남근 선망으로부터 여성을 방어했다. 반면, 여성은 태어나는 것이 아니라 만들어지는 것이라고 보았던 도이치는 『O양 이야기(Story of O)』에 필적할 만한 여성적 마조히즘 이론을 발전시켰다. 나는 여성 발달에 관한 '프로이트적' 해석의 핵심이 프로이트뿐 아니라 람플 드 그루트 두 사람 덕분이라고 보았다. 하지만 이런 논문들을 읽다 보니까, 여성성 이론이 프로이트의 이론인 것만큼이나 도이치의 이론이라는 생각이 들었다.

30 Freud, "Femininity," p. 119.

31 Ibid., p. 116.

32 Lacan, *The Language of Self: The Function of Language in Psychoanalysis*, p. 48.

33 Ibid., p. 126.

34 Ibid., p. 40.

35 〔성애적 욕망과 젠더 정체성은 금지된 운명으로부터 물론 일탈할 수도 있다. 하지만 이런 일탈마저 역사적으로, 사회적으로 이용 가능한 한도 안에서 형성된다.—게일 루빈〕

36 Thompson, *The Making of the English Working Class.*

37 Althusser and Balibar, *Reading Capital*, pp. 112, 251-253에 나오는 '역사적 개인성(historical individuality)'의 상이한 형태들에 대한 논의도 참고.

38 프로이트에 대한 나의 입장은 프랑스 구조주의적 해석과 미국 생물학적 해석 사이에 있었다. 왜냐하면 프로이트의 어법 또한 양자의 중간쯤에 위치한다고 생각하기 때문이다. 프로이트는 페니스에 대해, 클리토리스의 '열등성'에 대해, 해부학의 정신적 결과에 대해 분명히 이야기했다. 다른 한편, 라캉주의자들은 프로이트 텍스트에서 그의 말들을 문자 그대로 받아들인다면 이해하기 힘들기 때문에, 프로이트의 의도를 참고하여 철저히 비해부학적인 이론을 추론해낼 수 있다고 주장한다(Althusser, "Freud and Lacan" 참고). 나는 그들이 옳다고 생각한다. 페니스는 문자 그대로 이해하기에는 자기 역할에 비해 너무 많이 헤매고 있다. 페니스의 분리 가능성 및 판타지 속에서의 그것의 변형(가령 페니스=대소변=어린아이=선물)은 상징적 해석을 강력히 요구한다. 그럼에도 불구하고 라캉과 내가 바랐던 것만큼 프로이트가 일관적이라고는 생각하지 않는다. 그러므로 그가 의도했음직한 의미를 다룰 때조차, 어떤 경우에는 그가 말한 바로 받아들여야 한다.

39 Laplanche and Pontalis, in Mehlman, *French Freud*, pp. 198-199, 강조는 나의 것.

40 Wilden, "Lacan and the Discourse of the Other," p. 271.

41 구별적 특성에 관해서는 다음을 참고. Jakobson and Halle, *Fundamentals of Language.*

42 Wilden, "Lacan and the Discourse of the Other," pp. 303-305 또한 참고.

43 전-오이디푸스적 어머니는 '남근적 어머니'이다. 다시 말해 어머니는 팔루스를 가진 것으로 여겨진다. 오이디푸스 단계로 유도하는(Oedipal-inducing) 정보는 어머니가 팔루스를 갖고 있지 않다는 데 있다. 다시 말해, 이런 위기는 어머니의 '거세'에 의해 촉발된다. 팔루스는 어머니를 통과할 뿐 어머니의 몸에 자리 잡지 않는다는 인식으로 촉발된다. '팔루스'는 어머니를 반드시 통과해야 하는데, 왜냐하면 한 남성이 다른 모든 남성과 맺는 관계는 여성을 통해 규정되기 때문

이다. 남성은 어머니에 의해 아들과 연결되고 여자 형제에 의해 조카와 연결된다. 남성 친족들 사이의 모든 관계는 그들 사이를 매개하는 여성에 의해 정의된다. 만약 권력이 남성의 특권으로서 반드시 양도되어야 한다면 중간에 있는 여성(woman-in-between)을 통해 거쳐 가야 한다. 사적인 대화 중에 마셜 살린스는 여성들이 흔히 멍청하고 오염시키고 무질서하고 어리석고 불경스러운 존재로 정의되는 이유는 그런 범주화가 여성을 거쳐서 전달되어야 하는 권력을 여성 스스로는 가질 만한 '능력이 없는' 것으로 규정하기 위해서라고 주장한 바 있다.

44 Sahlins, *Stone Age Economics*, 4장 참고.

45 Lampl de Groot, "Problems of Femininity," p. 497, 강조는 나의 것.

46 Lampi de Groot, "The Evolution of the Oedipus Complex in Women," p. 213.

47 Freud, "Some Psychical Consequences of the Anatomical Distinction between the Sexes," p. 239.

48 Freud, "Femininity," p. 131.

49 Horney, "The Denial of the Vagina," pp. 148-149.

50 Deutsch, "On Female Homosexuality," p. 228.

51 Ibid., p. 231.

52 Mitchell, *Women's Estate and Psychoanalysis and Feminism*; Lasch, "Freud and Women"도 참고.

53 Derrida, "Structure, Sign, and Play in the Discourse of the Human Sciences," p. 250.

54 비티그의 『게릴라들(Les Guérillères)』(1973)의 어떤 부분들은 일부는 레비스트로스와 라캉에 대한 신랄한 비난처럼 보인다. 예를 들면 "그는 사실 여성들의 권력과 소유, 여성들의 안락함과 즐거움에 대해 쓰지 않았던가? 그는 당신이 유통화폐, 교환의 품목이라고 쓴다. 그는 여성들과 상품들이라는 소유물 및 획득물을 교환하고 또 교환하라고 쓴다. 당신은 누구나 점유할 수 있는 삶을 사는 것보다 내장을 햇볕 아래 꺼내놓고 숨넘어가는 소리를 지르는 것이 나을 것이다. 도대체 당신에게 속한 것이 있는가? 당신에게 속한 것은 오직 죽음뿐이다. 당신에게서 그것을 빼앗아 갈 힘을 가진 사람은 아무도 없다. 당신 스스로 생각하고 설명하고 말해보라. 만약 행복이 무언가의 소유에 있다면 이 최대의 행복-죽음-을 꽉 부여잡으라(pp. 115-116, 113-114, 134도 참고)." 레비스트로스와 라

캉에 대한 프랑스 페미니스트들의 인식은 '정신분석학과 정치학(Psychoanalyse et Politique)'이라 불리는 집단에서 가장 명확히 드러나는데, 그들은 자신들의 과업을 라캉식 정신분석학에 대한 비판 및 페미니즘적 활용이라고 규정했다.

55 Lévi-Strauss, *The Elementary Structures of Kinship*, p. 496. 강조는 나의 것.

56 Freud, *A General Introduction to Psychoanalysis*, pp. 376-377, 강조는 나의 것.

57 "모든 여성은 파시스트를 숭배한다."-실비아 플라스, 「아빠(Daddy)」

58 치료 전문가인 샬럿 울프(Charlotte Wolff)는 『여성들 간의 사랑(Love between Women)』에서 여자다움(womanhood)에 대한 정신분석학 이론을 논리적 극단까지 밀고 나가, 레즈비어니즘이 여성의 사회화에 대한 건강한 반응이라고 주장했다. 그저 대상이기만 한 지위에 저항하지 않는 여성들은 스스로 자신의 권리를 포기한 패배자임을 시인한 것이다(Wolff, 1971, p. 65). 레즈비언 소녀는 자신이 쓸 수 있는 모든 수단을 통해 남성과의 평등을 위해 투쟁함으로써 가족 안팎에서 안전한 장소를 찾고자 하는 사람이다. 그녀는 다른 여성들처럼 남성에게 아부하지 않을 것이다. 사실 그녀는 바로 그러한 사고를 경멸한다(Ibid., p. 59). 레즈비언은 의심의 여지 없이 두 성의 평등을 위한, 그리고 여성들의 정신적 해방을 위한 싸움의 전위에 속해 있었으며, 지금도 그러하다(Ibid., p. 66). 울프의 논의를 마머(Marmor)의 『성적 도착(Sexual Inversion)』에 실린 레즈비어니즘에 대한 논문들과 비교해보는 것은 뜻깊은 일이다.

59 Scott, "The Role of Collegiate Sororities in Maintaining Class and Ethnic Endogamy."

60 Goody and Tambiah, *Bridewealth and Dowry*, p. 2.

61 Douglas, *The Lele of Kasai*.

62 Reay, *The Kuma*.

63 Strathern, *Women in Between*.

64 Bulmer, "Political Aspects of the Moka Ceremonial Exchange System among the Kyaka People of the Western Highlands of New Guinea," p. 11.

65 다른 계열의 연구는 신부대 체계를 혼수(dowry) 체계와 비교하고자 한다. 이러한 질문의 상당수는 Goody and Tambiah, *Bridewealth and Dowry*에서 다루고 있다.

66 Leach, *Rethinking Anthropology*, p. 90.

67 Ibid., p. 88.

68 Ibid., p. 89.

69 Malinowski, "The Primitive Economics of the Trobriand Islanders."

70 헨리 라이트(Henry Wright)와의 대화에서.

2장 인신매매에 수반되는 문제: 「여성 거래」 재고

이 논문은 원래 2002년 11월 22일 뉴올리언스에서 캐럴 S. 밴스가 주최한 미국인류학협회 '민족지학과 정치: 우리는 '인신매매'에 관하여 무엇을 아는가?(Ethnography and Policy: What Do We Know about 'Trafficking'?)'의 토론문으로 발표한 것이다. 다른 판본을 2005년 미시간 대학에서 데이비드 핼퍼린 주최로 열린 심포지엄 '여성 거래, 30년 후(The Traffic in Women, Thirty Years Later)'에서 발표하기도 했다. 이 논문이 나오기까지 끝없이 관대한 지혜와 정확한 정보와 편집자로서 아낌없는 조언과 서지적 전문 지식을 제공한 캐럴 밴스에게 지극한 감사를 표한다. 이 논문에 착오와 오해가 있다면 그것은 오로지 내 몫이다.

1 1910년에 처음 발표된 이 논문은 에마 골드먼의 논문집 『아나키즘과 다른 논문들 *Anarchism and Other Essays*』에 수록되어 있다. 내가 본 판본은 시대변화 출판사(Times Change Press)가 1970년에 발행한 문고본이다. 거기에 1917년 판본이 거론되어 있다. 1969년 도버(Dover) 출판사가 발행한 재판본의 저본으로 쓰이기도 한 이 1917년 판은 제3판인 것이 분명하다. 앨릭스 케이츠 슐먼(Alix Kates Shulman)은 『붉은 에마는 말한다(Red Emma Speaks)』 서문에서 이 책이 1911년에 출간되었다고 했지만, 그보다 이른 1910년 판본도 존재한다. 나는 시대변화 출판사의 간기(刊記)에 따라 출간 횟수를 밝혔다.

2 Rubin, *Surveiller et Jouir*.

3 Vance, "Thinking Trafficking," p. 138.

4   United Nations, "Protocol to Prevent, Suppress and Punish Trafficking in Persons."

5   Vance, "Thinking Trafficking," p. 139. 다음 글도 참고. Miller, "Sexuality, Violence against Women, and Human Right," pp. 33-34.

6   Bristow, *Prostitution and Prejudice*, p. 35.

7   Ibid., pp. 36-37.

8   Ibid., pp. 39-40.

9   Ibid., p. 37; Gorham, "The Maiden Tribute of Modern Babylon"; Walkowitz, *City of Dreadful Delight, Prostitution and Victorian Society*, and "Male Vice and Female Virtue."

10   Bristow, *Vice and Vigilance*, p. 86. 다음 책도 참고. Jordan, *Josephine Butler*.

11   Bristow, *Prostitution and Prejudice*.

12   Bartley, *Prostitution*, pp. 172-173.

13   Ibid., p. 173.

14   Walkowitz, *Prostitution and Victorian Society*, p. 247.

15   Bristow, *Vice and Vigilance*, p. 173.

16   Vance, "Thinking Trafficking," p. 141; 다음 책도 참고. Limoncelli, *The Politics of Trafficking*; Doezema, *Sex Slave and Discourse Masters*. 미국법에 관해서는 다음을 참고. Trafficking Victims Protection Act, U.S. Code 22 (2011), §7101 (Purpose and findings); 그리고 U.S. Code 22 (2011), §7102 (Definitions). 다음도 참고. Chuang, "The United States as Global Sheriff"; DeStefano, *The War on Human Trafficking*; Haynes, "(Not) Found Chained to a Bed in a Brothel."

17   Langum, *Crossing Over the Line*, p. 15.

18   Connelly, *The Response to Prostitution in the Progressive Era*, p. 12.

19   Langum, *Crossing Over the Line*, p. 27.

20   Ibid., p. 7.

21   Ibid., p. 27. 다음 책도 참고. Donovan, *White Slave Crusades*.

22   Connelly, *The Response to Prostitution in the Progressive Era*, p. 114.

23   Ibid.

24   Ibid., p. 115.

25 다음 책도 참고. Guterl, *The Color of Race in America*; Baum, *The Rise and Fall of the Caucasian Race*; Jacobson, *Whiteness of a Different Color*; Barkun, *Retreat of Scientific Racism*; Brace, *"Race" Is a Four-Letter Word*; Hankins, *The Racial Basis of Civilization*; Brodkin, *How the Jews Became White Folks*; Ignatiev, *How the Irish Became White*. 딜링엄 위원회에 관해서는 다음을 참고. Zeidel, *Immigrants, Progressives, and Exclusion Politics*; Zolberg, *A Nation by Design*. 매디슨 그랜트(Madison Grant)에 관해서는 다음 책을 참고. Spiro, *Defending the Master Race*. 다음 글도 참고. Stocking, "Turn of the Century Concept of Race."

26 이 쿼터의 근거는 미국의 1890년 인구조사 기록의 나라별 이민자 수였다. 어떤 인구조사가 쿼터의 기초 자료로 쓰이느냐 하는 문제가 법안 통과의 가장 뜨거운 쟁점이었다. 남부 유럽과 동부 유럽 출신의 이민자 수가 1890년대 이후에 급증했기 때문에 1890년대 이후에 시행한 인구조사를 기초 자료로 쓰면 그 지역 이민자 수를 많이 허용하게 된다는 것을 뜻했다. 그러나 1890년에 시행한 인구조사를 기초 자료로 쓴 쿼터였기 때문에 그 지역 이민이 엄격히 제한될 수밖에 없었다. 이러한 조치들이 유럽 중에서도 '비선호' 유럽 집단을 겨냥한 것임을 주목해야 한다. 아시아계 이민은 더 오래된 또 다른 정치적이고 법적인 궤도에서 아예 제외되었다. Jacobson, *Whiteness of a Different Color*, pp. 83-84.

27 캐럴 밴스는 「인신매매를 사유하기(Thinking Trafficking)」에서 최근에 쏟아져 나온 반인신매매 영화와 문학의 멜로드라마 구조에 주목했다. 반인신매매 멜로드라마에 대하여 더 자세하게 분석한 밴스의 다음 논문 두 편을 참고. Vance, "'Juanita/Svetlana/Geeta' Is Crying"와 "Hiss the Villain."

28 Connelly, *The Response to Prostitution in the Progressive Era*, p. 118.

29 Langum, *Crossing Over the Line*.

30 Ibid., p. 261.

31 Ibid., p. 49.

32 Ibid., p. 55.

33 Ibid., p. 56.

34 Ibid., p. 65.

35 Ibid., pp. 145-147. 앨더슨(Alderson)에 소재한 '여성을 위한 연방 산업기관 (Federal Industrial Institution for Women)'은 미 연방 최초의 여자교도소이다.

여기에 수감되었던 유명인으로 빌리 홀리데이(Billie Holiday), 엘리자베스 걸리 플린(Elizabeth Gurley Flynn), 마사 스튜어트(Martha Stewart) 등이 있다.

36 Bulmer, *The Chicago School of Sociology*, pp. 59~60.

37 '성 노예제도(Sexual slavery)'는 이제 일상어가 되었다. 다음 책을 참고. Barry, *Female Sexual Slavery*.

38 Feingold, "Trafficking in Numbers," p. 62. 매춘과 인신매매의 혼용에 대한 비판적 관점은 다음 책을 참고. Kempadoo and Doezema, *Global Sex Workers*, and Kempadoo et al., *Trafficking and Prostitution Reconsidered*.

39 Wijers and Lap-Chew, *Trafficking in Women*, p. 45.

40 CATW 공식 웹사이트 www.catwinternational.org의 "About" 섹션을 참고.

41 19세기와 20세기 초반 캠페인의 사라지지 않는 공명에 관해 많은 이가 이와 비슷한 주장을 펼쳤다. 그 사례로 다음을 참고. Soderlund, "Running from the Rescuers"와 Doezema, "Loose Women or Lost Women?"

42 Best, *Threatened Children*, p. 60.

43 Ibid., pp. 61-62.

44 Ibid., p. 62.

45 그렇게 조작된 숫자는 1950년대 연방정부가 지휘한 반동성애 마녀사냥에 이바지했다. 워싱턴 경찰서 풍기문란 단속반 부서장 로이 블릭(Roy Blick)은 상원위원회에서 컬럼비아 특별지구에 동성애자가 5000명이 있으며 그들 중 3750명이 연방정부 공무원이라고 증언했다. 그러나 제시한 숫자의 출처를 묻자 블릭은 "그 5000명은 워싱턴에서 동성애자로 고발되어 체포된 사람들로 어림잡아 추정한 것"이라고 답했다. 그는 그때 구속된 사람 수에다가 관련되었으리라고 짐작되는 친구들의 수를 곱했고, 연방정부 공무원 동성애자 수도 이와 비슷한 그만의 자의적인 방식으로 추산했다. 그런데도 이러한 숫자는 공식화되었고 언론을 통해 끊임없이 반복되었으며 "주도(主都)가 직면한 진짜 위협은 도착이다"라는 주장의 근거로 활용되었다. Johnson, *The Lavender Scare*, p. 86.

46 Connelly, *The Response to Prostitution in the Progressive Era*, pp. 17-18.

47 Ibid., p. 18.

48 둘 다 다음에서 인용. Ibid., p. 18.

49 Ibid., pp. 20-21.

50   Ibid., p. 21.

51   Ibid., p. 20. 이러한 수치는 우연히 책을 집어든 독자에게조차 의심을 살 만하다.

52   Ibid., pp. 20-21.

53   Ibid., p. 21.

54   Feingold, "Trafficking in Numbers," pp. 47, 52. 또한 미국회계감사원(United States Government Accountability Office)이 발행한 『인신매매(Human Trafficking)』를 참고. 여기에서는 더 나은 수치를 확보하자는 제안대로 유행에 따른 의심스러운 자료의 본질을 포괄적으로 재고한다.

55   Feingold, "Trafficking in Numbers," p. 51.

56   Ibid., p. 55.

57   Ibid., p. 57. 또한 다음을 참고. Soderlund, "Covering Urban Vice."

58   Best, *Threatened Children*, p. 28.

59   Emma Goldman, "Traffic in Women," pp. 19-20.

60   Ibid., pp. 20-21.

61   Ibid., p. 25.

62   Ibid., pp. 24, 25.

63   예를 들어 다음 책을 참고. Barry, *Female Sexual Slavery* and *The Prostitution of Sexuality*; Jeffreys, *The Idea of Prostitution*; Dworkin, *Right-Wing Women*.

64   다음을 참고. Vance, "Thinking Trafficking"; Davidson, "Will the Real Sex Slave Please Stand Up?"; Sayeed, "Making Political Hay of Sex and Slavery."

65   다음을 참고. Bernstein, "The Sexual Politics of the 'New Abolitionism,'" and "Militarized Humanitarianism Meets Carceral Feminism."

66   Walkowitz, *Prostitution and Victorian Society*, p. 250. 그녀의 주장에 대한 세부 사항은 에필로그의 pp. 246-256을 참고.

67   Walkowitz, "Male Vice and Female Virtue," p. 434. 또한 『두려운 환희의 도시(City of Dreadful Delight)』 에필로그를 참고.

68   Walkowitz, "Male Vice and Female Virtue," p. 434.

69   처음에 『역사 워크숍(History Workshop)』이라는 다소 다른 제목으로 출간되었던 이 책은 이듬해에 개정판을 내며 『욕망의 힘(Power of Desire)』으로 제목을 바꾸었다. 내가 참고한 책은 개정판이다.

3장 『한 여인이 내게 나타났다』 서문

많은 분과 여러 단체의 도움으로 이 논문을 쓸 수 있었다. 미시간 대학 서유럽 연구센터(Center for Western European Studies)의 후원 덕분에 계절이 두 번 바뀌는 동안 파리에서 연구조사를 진행할 수 있었다. 미시간 대학 특별연구위원회(Michigan Society of Fellows)는 후속 연구를 지원해주었다. 프랑수아 샤퐁(François Chapon)은 넓은 아량으로 그의 지식과 수완을 전수해주었고 나에게 레이나슈의 주석(Reinach notes)을 확인시켜주었다. (1973년 여름에 M. 샤퐁은 친절하게도 나를 프랑스 국립도서관 보존서고에 데리고 가서 여백에 쓰인 레이나슈의 주석을 보여주고 그것이 그의 친필임을 고증해주었다. 그때 프랑스 국립도서관 사서들은 그렇게 하지 못했다-게일 루빈.) 장 샬롱(Jean Chalon)은 나탈리 바니 연구자들에게 많은 도움을 줌으로써 그녀와의 오랜 우정과 신의를 지켰다. 베르트 클레이러규(Berthe Cleyrergue)는 '숙녀를 대하듯이' 다과를 곁들인 대화를 건네며 나를 융숭히 대접했다. 조지 위크스(George Wickes)는 이루 다 말할 수 없는 너그러움으로 그의 시간과 지식과 화랑을 허락해주었다. 로버트 펠프스(Robert Phelps)와 그레고리 피어슨(Gregory Pearson)과의 대화는 더없이 유익했다. 메릴린 영(Marilyn Young)은 내게 『밤의 숲(Nightwood)』을 읽어보라고 권하면서 흥미를 은근히 돋웠다. 데니즈 블루(Denise Blue), 헬렌 프랑세(Hélène Francés), 바버라 그리어, 버사 해리스, 마거릿 A. 포터(Margaret A. Porter), 로버트 스클라(Robert Sklar), 비키 소크(Vicki Sork), 잭 토머스(Jack Thomas), 에드 웨버, 해리엇 화이트헤드(Harriet Whitehead)는 위기의 순간마다 격려와 용기를 주었다. 프랑스 국립도서관의 보존서고와 필사본 서고의 사서들은 도서관학의 기적을 일구어냈다. 국가 소장 예술품 수장고의 국보급 자료 열람을 인가해준 것에 감사드린다. 린 이든과 이치 헐(Itsie Hull)의 탁월한 편집 능력이 없었다면 이 원고는 완성되지 못했을 것이다. 불영 번역은 린 헌트가 맡아주었다. 내 도움은 미미했다.

---

1 Reinach, untitled (Query); Cooper, *Women Poet of the Twentieth Century in France.*

2   L'Autre, "Twenty-four Poems by Renée Vivien."

3   Harris, "The More Profound Nationality of their Lesbianism," p. 87.

4   이러한 도시 동성애 공동체가 실제로는 더 일찍 등장했을지 모른다. 19세기 말에 창작된 문학에는 그러한 공동체가 일상의 기정 사실인 양 기술되어 있다. 그러한 문학에 나타난 레즈비언 공동체 증거에 관한 논의는 다음 책을 참고. Foster, *Sex Variant Women in Literature*, pp. 99-115.

5   Phelps, *Earthly Paradise*, pp. 144-150.

6   Colette, *The Pure and the Impure*, pp. 67-69.

7   르네 비비앙의 생애를 고증할 자료가 희박하다. 그녀에 관한 문헌 대부분은 저술 활동에 집중되어 있다. 전 생애를 다룬 유일한 전기(Germain, *Renée Vivien*)는 필명을 취하여 저자를 확인할 길이 없는데 대부분을 『한 여인이 내게 나타났다』에 의거하여 쓴 것 같다. 전기적 사실에 대한 논의가 분분한 가운데 참고할 만한 문헌은 다음과 같다. Foster, *Sex Variant Women in Literature*; Klaich, *Woman Plus Woman*; Maurras, *L'Avenir de l'intelligence*; Cooper, *Women Poets of the Twentieth Century in France*. 라크레텔(Lacretelle)의 『공간을 초월하는 사랑(L'Amour sur la place)』에는 비비앙의 편지 몇 통이 수록되어 있다. 그 대부분이 1904년에 나탈리 바니에게 보낸 편지이다. 콜레트의 아름다운 회고록 『순결과 불순(The Pure and the Impure)』은 비비앙을 가장 따스한 필치로 가장 상세하게 묘사한 기록 가운데 하나이다. 위크스의 「나탈리 바니 시문 선집(A Natalie Barney Garland)」에는 비비앙을 처음 만났던 때를 추억하는 로메인 브룩스의 글이 실려 있다. 나탈리 바니의 회고록 『영혼의 모험(Aventures de l'esprit)』과 『회상과 고백(Souvenirs indiscrets)』에는 비비앙 관련 부분이 아주 많다. 샤를 브룅(Charles Brun)은 비비앙에게 그리스어를 가르쳤고 살로몽 레이나슈(Salomon Reinach)는 자처하여 비비앙 추도 전시를 주관했다. 브룅과 레이나슈가 주고받은 서신(Reinach, untitled [Query]; Brun, "Untitled [Response to Salomon Reinach]")은 불확실한 비비앙 초기 생애의 빈칸 몇 개를 메운다.

비비앙이 직접 작성한 원고, 즉 1차 자료가 문제이다. 포스터(Foster)와 쿠퍼(Cooper)는 둘 다 비비앙 사후에 살로몽 레이나슈가 취득해 프랑스 국립도서관에 기증한 그녀의 원고가 2000년에 공개될 것이라고 말한다. 그러나 바니의 『영혼의 모험』에 수록된 레이나슈의 편지 내용은 이와 다르다. 국립도서관에 원고를 기증하기로 한 것은 어디까지나 레이나슈의 **계획이었을 뿐**이라는 것이다. 실제로 비비앙의 원고는 도서관에 없고 그 소재는 확인 불명이다. [이러한 사실이 현재에도 유효한지 확신이 안 선다. 1970년대 초 프랑스 국립도서관의 여러 부서 담당 사서들은 비비앙의 원고를 보유하고 있지 않다고 말했다. 하지만 그 원고들이 정리되지 않아 확인되지 않았던 것일 수도 있다. 한심하게도 내가 수집한 정보는 무용하기 짝이 없다.—게일 루빈] 레이나슈가 비비앙의 전기도 집필했다는 풍문이 있지만 이 또한 확인되지 않는다. 레이나슈의 원고로 추정되는 자료나 사라진 비비앙의 원고와 소장 품목에 관해서 더 나은 정보가 있는 분이 있다면 부디 알려주기를 바란다.

어찌 되었던 간에 레이나슈는 비비앙과 바니가 각각 수집했던 책들과 비비앙에 관한 다양한 분야의 논문들을 소장하고 있었다. 그의 사후에 이 수집서들은 프랑스 국립도서관에 기증되었고 현재 보존서고에 보관되어 있다. 레이나슈는 비비앙에 관하여 스스로 조사한 많은 사실을 이 수집서 갈피마다 기록해놓았다. 여백에 적힌 레이나슈의 주석은 비비앙의 생애와 작품 관계에 대한 최상의 자료다. (르네 비비앙, 나탈리 바니, 그리고 기타 예술가들의 수집서 여백에 적어 넣은 살로몽 레이나슈의 미발표 주석, 그리고 다양한 분야의 논문과 필사본 등을 참고하길 바란다. 그 수집서들은 주로 프랑스 국립도서관 보존서고 8° Z. Don 593, No. 1-48로 분류되어 있다. 이 수집서의 분류 체계가 아주 심각한 상태여서 그것을 찾아보려는 사람은 1933년 5월 21일자 살로몽 레이나슈의 사후 기증 목록 서가가 어디인지를 먼저 문의해야 한다.) [여백에 쓰인 레이나슈의 주석에 관한 글을 썼을 때 프랑스 국립도서관은 그것이 레이나슈의 주석인지 확증하지 못한 상태였고 폴린느 탄(르네 비비앙) 총 목록 게재를 기획했던 도서관 장서 목록 최신판도 출간되지 않은 상태였다. 몇 년 후 다시 프랑스 국립도서관을 방문했을 때 비비앙 전집이 완간되어 있었다. 여백에 쓰인 주석도 레이나슈의 것이라고 확증되어 분류되어 있었다. 이제는 서가 목록을 헤맬 필요가 없다.—게일 루빈]

나탈리 바니의 아카이브(아래 미주 9번 참고)에 비비앙의 편지와 다른 글들이 있을 것이다. 나는 최근 그레고리 피어슨(Gregory Pearson)과의 사적인 대화 중에 폴 로렌즈(Paul Lorenz)가 르네 비비앙 전기를 집필하고 있다는 사실을 알았다. [Lorenz, *Sapho 1900* 참고.—게일 루빈] 로댕이 제작한 비비앙 흉상은 파리의 로댕 박물관에서 볼 수 있을 것이다. 출판된 사진들에 대해서는 미주 9번을 참고.

8   1900년경 이전에는 르네 비비앙이라는 이름을 쓰지 않았지만 혼란을 피하기 위해서 이 논문 전반에 걸쳐서 이 이름 하나로 통일했음을 밝힌다.

9   나탈리 바니 관련 문헌은 광범위할 뿐 아니라 급속도로 증가하고 있기도 하다. 무엇보다도 바니 자신이 술회한 회고가 제일 중요한 자료이다. 나는 그녀가 생애 전반기를 상술한 『회상과 고백』의 르네 비비앙 관련 장을 많이 참조했다. 그 흥미로운 요약본이 로저(Roger)의 『여성 자선가들(Ladies Bountiful)』이다. 그레고리 피어슨은 바니 회고록의 불영본을 집필, 편집 중이다. 버사 해리스의 「레즈비어니즘의 깊은 뿌리」는 바니와 비비앙, 그리고 이 두 사람과 얽힌 여타 여인들의 여성운동 관련성을 다룬 가장 빼어난 논고이다. 로메인 브룩스에 관한 신간서적(Secrest, *Between Me and Life*)은 바니를 길게 언급한다. 샬롱(Jean Chalon)의 최근작 『유혹녀의 초상(Portrait d'une séductrice)』은 가까운 친구만이 쓸 수 있는 바니 전기인데 곧 영어로 번역될 예정이다. 나탈리 바니가 남긴 수많은 원고는 프랑수아 샤퐁의 지시로 두세 도서관(Bibliothèque Doucet)에 보관되었다. 불행히도 내가 이 연구조사를 진행할 무렵에는 대중에게 공개할 준비가 되어 있지 않았다. 현재는 그 원고 일부를 열람할 수 있으며 두세 도서관도 다양한 편지와 원고들을 출판할 준비를 하고 있다고 한다. 장 샬롱은 내게 자신이 소중하게 간직해온 바니 관련 수집품 일부를 너그러이 보여주었다. 조지 위크스의 바니 전기 『여전사 문예가(The Amazon of Letters)』는 1977년에 출간될 예정이다. 그는 집필 중인 그 책의 많은 부분을 내가 참고할 수 있게 해주었다. 그 책이 바니 전기의 완결판이 되리라고 나는 확신한다.

바니와 비비앙, 그리고 함께 어울렸던 다른 여성들 사진 상당수가 출판되었는데, 특히 눈여겨볼 만한 책과 논문은 다음과 같다. Secrest, *Between Me and Life*; Chalon, "La Maison de Natalie Barney"와 *Portrait d'une séductrice*; Blume, "Natalie Barney, Legendary Lady of the Rue Jacob"; Wickes, "A Natalie Barney Garland." 위크스의 『여전사 문예가』에도 사진이 수록될 것이다. 앨리스 파이크 바니(Alice Pike Barney)는 나탈리 바니, 에바 팔머(Eva Palmer), 르네 비비앙을 그렸다. 바니와 팔머의 초상화는 책으로 출간된 앨리스 바니 작품집에 수록되어 있다(Smithsonian Institution, *Alice Pike Barney*). 로메인 브룩스는 자화상을

비롯하여 바니와 엘리자베스 드 그라몽 등 많은 여성의 초상화를 그렸다. 다음에 실려 있다. Breeskin, *Romaine Brooks*, *"Thief of Souls"*와 Whitworth, "Romaine Brooks." 아래 미주 11번과 13번을 참고.

10 바니는 레 뤼시(Les Ruches)를 『올리비아(Olivia)』(Strachey)에서 묘사된 문제의 그 사건이 일어난 몇 년 후에 다녔다. 교직원이 바뀐 뒤였다. 올리비아의 레 뤼시 관련 정보는 다음을 참고. Holroyd, *Lytton Strachey*, pp. 36-41.

11 앨리스 파이크 바니는 워싱턴에 바니 가문 저택(Studio Houses: 현 라트비아 대사관-옮긴이)을 남겼고 그녀의 작품 대부분은 스미스소니언 협회(Smith-sonian)에 기증했다. 바니 가문이 스미스소니언 협회와 관계를 계속 유지해온 덕분에 나탈리 바니는 스미스소니언 협회 측이 로메인 브룩스의 작품 대부분을 취득하도록 조치할 수 있었다. 브룩스 초상화 일부는 국립미술관(National Collection of Fine Arts: 현 스미스소니언 미술관-옮긴이)에 상설 전시되고 있고 나머지 작품은 수장고에 보관되어 있다. 스미스소니언 박물관은 나탈리와 여동생 로라의 보석 장신구 몇 점도 소장하고 있다.

12 Barney, *Souvenirs indiscrets*, p. 30.

13 나탈리 바니의 가장(假裝, costume)과 그녀의 이런 가장 선호 취향은 특히 『한 여인이 내게 나타났다』와 관련이 있다. 뒤랑의 이 초상화는 현재 스미스소니언 미술관 수장고에 있다. 복사본이 다음에 수록되어 있다. Blume, "Natalie Barney, Legendary Lady of the Rue Jacob"과 Chalon, "La Maison de Natalie Barney."

14 Grindea, "The Amazon of Letters," p. 10.

15 허구(?)가 가미된 이 책은 그 유혹 장면을 다음과 같이 묘사한다. 나탈리는 리안(Liane)의 머리글자를 수놓은 회색 벨벳 더블릿을 입고 욕망의 대상 앞에 등장했다. 그리고 연인이 되어달라고 요구했다(Pougy, *Idylle Saphique*)!

16 Ibid., p. 277.

17 Ibid., p. 57.

18 Lauritsen and Thorstad, *The Early Homosexual Rights Movement*.

19 Foster, *Sex Variant Women in Literature*, pp. 81-115.

20 Vivien, *A Women Appeared to Me*, p. 53.

21 Vivien, *Brumes de Fjords*, pp. 115-118.

22 Vivien, "Le Voile de Vashti," pp. 131-144.

23 *Book of Esther*, I: 17~18. King James Version.

24 Vivien, "Le Voile de Vashti," p. 140.

25 Ibid., pp. 143-144.

26 Vivien, *Du vert au violet*, pp. 89-90.

27 Vivien, "Brune comme une Noisette," pp. 145-164.

28 Colette, *The Pure and the Impure*, p. 91.

29 Vivien, "Paroles a l'Amie," *Poèsies completes*, pp. 58-60.

30 홀(Hall), 『고독의 우물(The Well of Loneliness)』, p. 352.

31 화해 후에 르네 비비앙은 그간에 일어났던 이야기를 채워 넣고 나탈리의 작중 이름을 밸리(Vally)에서 로얼리(Lorely)로 바꾸어 『한 여인이 내게 나타났다』를 다시 썼다. 두 판본 모두 출판되었다. 초판본은 1904년에, 재판본은 1905년에 출판되었다. 포스터의 번역은 초판본 1904년 판을 저본으로 삼았다. 나탈리가 두 판본 모두 그녀를 공정히 다루지 않는다며 싫어했다는 사실은 놀랍지 않다. 그래도 나탈리에게 그나마 나은 판본은 1905년 판이다.

32 Vivien, *A Women Appeared to Me*, p. 39.

33 비비앙의 『초혼(Evocations, 프랑스어: Du vert au violet)』 여백에 적힌 레이 나슈의 주석에 따르면, 에바와 나탈리 둘 다 「석양의 여신에게(To the Sunset Goddess)」(ibid.)는 에바 팔머와 관련된 시라고 그에게 말해주었다고 한다. 『한 여인이 내게 나타났다』에서 '에바'는 석양의 여신으로 불린다. 리안 드 푸지와 나탈리는 에바 팔머가 비비앙과 "결코 아주 친밀한 사이는 아니었다"라고 분명 히 확인해주었다. 레이나슈는 같은 페이지 여백에 이러한 사실을 기록해놓았다 (레이나슈, 출간되지 않은 여백에 쓰인 주석, 프랑스 국립도서관 보존서고 8° Z. Don 593, No. 1-48).

34 나탈리는 『회상과 고백』(p. 67)에서 브린모어 대학의 '미스 G' 교수 슬하에서 많 은 시간을 보냈다고 말한다. 나탈리가 브린모어 대학에서 외유하던 시기를 고려 하면, '미스 G'는 아마도 미스 메리 그윈(Mary Gwinn)일 것이다. 그녀와 M. 캐 리 토머스(M. Carey Thomas)와 앨프리드 호더(Alfred Hodder) 이 세 사람의 삼 각관계는 거트루드 스타인의 초기작들에 얼마간 나온다. 거트루드 스타인 작 품에 등장하는 브린모어 대학에서 일어난 사건들과 그들의 관계는 다음에서 논의되고 있다. Leon Katz, introduction to *Fernhurst, Q.E.D., and Other Early*

Writings, pp. xxxi-xxxviii.

35   Chalon, *Portrait d'une séductirce*, p. 107.

36   레이나슈, 출간되지 않은 여백에 쓰인 주석, 프랑스 국립도서관 보존서고 8° Z.
Don 593, No. 1-48. 원래 나탈리가 소장하고 있던 책에 적힌 이 주석을 레이나
슈는『재와 먼지(Cendres et poussières)』여백에 옮겨두었다. 나탈리도 여백에 단
상을 적는 습관이 있었다. 나탈리는 시에 대한 단평을 책 여백에 적어 르네에게
주었다. 이후 르네도 그 책 여백에 기록을 남겼을지 모를 일이다. 르네 사후에
팔린 그 책을 한 서적상이 발견해 원 소유자인 나탈리에게 돌려주었다. 1917년
에 나탈리는 그 책을 레이나슈에게 보여주었고, 그는 앞선 모든 주석들을 필사
해 넣고서 거기에 자신의 주석을 부기했다. 나탈리 사후에 그 책은 다시 팔렸거
나 아니면 두세 도서관으로 보내졌을 것이다.

37   돌리 와일드가 세상을 떠난 후 나탈리는 와일드에 대한 방대한 양의 추모의 글
을 한데 모았다(Barney, *In Memory of Dorothy Irene Wilde*). 그 책에 돌리 와일
드의 편지가 상당수 수록되어 있다. 신원미상의 친구에게 보낸 편지가 몇 통 있
고 연인(나탈리)에게 보내는 편지가 많다. 그 편지들은 술탄의 후궁(seraglio) 내
부를 엿볼 수 있는 드문 기회를 제공한다. 아래 인용문은 친구에게 보내는 편지
의 한 대목이다.

> 15일 간의 자동차 여행은 여러모로 굉장했어요. 비록 R(로메인 브룩스)
> 의 등장이 상상을 초월하는 고통의 전조이긴 했어도 말이에요. 당신을 만나면
> 나는 모든 이야기를 다 털어놓겠어요. 그 이야기에는 모든 분명한 요소들이 거의
> 다 들어 있어요. 친애하는 마담 드 C.-T.(엘리자베스 드 그라몽)는 세심하고도 경
> 이롭고도 그녀가 좋아하는 사람한테 아주 민감한 우리와 함께 있었어요. 겉으로
> 보기에는 즐겁기만 한 저녁 시간을 보내고 한밤중이 되자 그녀는 일어나 내 방
> 으로 왔어요. 내가 슬퍼한다는 걸 그녀는 느꼈던 거예요-게다가 나는 울고 있었
> 어요! 그토록 달콤하고도 무뚝뚝한 위로라니요! …
>
> 나는 점점 S.(나탈리 바니)가 초월적인 지성-그 단어의 다소 흐릿한 의
> 미로 감정 개입 없이-의 소유자라는 걸 느껴요. 지성을 관통하는 그녀의 활기가
> 넘쳐서 그 기운이 다른 사람들에게까지 번지지만 말이에요. 그리하여 그녀는 다
> 정하지 않고-망토를 덮듯이 다정함을 가장하겠지만-낭만적이지 않아요. 그래

도 필요하다면 낭만이든 뭐든 이용하겠죠. 일주일 동안 그녀와 함께했던 유쾌하고도 마법 같은 시간 덕분에 나는 새롭게 힘을 얻어 되살아난 희생양으로 남아있게 되었죠. 극심한 고뇌도 잊힐 법했어요(ibid., pp. 115~117).

돌리 와일드는 후일 나탈리에게 보내는 편지에서 위의 편지를 언급하면서, 이전에 나탈리에 대해 가졌던 여러 생각들을 철회했다. "편지를 읽고 놀랐어요. … 감성적인 차원에서 당신은 내 삶에서 유일하게 진지한 지점이에요. 나는 그 시절의 느낌을 기억해요. 당신은 마치 거대한 산처럼 나에게 그늘을 드리웠죠. 느닷없이 나를 기쁘게도 하고 돌연 두렵게도 했어요. 전에 당신의 성격을 묘사한 부분을 읽어보니 (일부는 정말 맞지만) 부끄러워지기만 하네요. 그래도 '다정함이란 없다'는 대목은 취소할게요! 당신은 '망토를 덮듯이' 다정함을 가장하지 않아요. 당신의 다정함은 지금 내가 느끼는 이 안도감인 것 같아요(ibid., p. 117)."

돌리의 어떤 편지는 심지어 나탈리의 질투심이 아주 심할 수 있음을 보여주기도 한다. "오늘 아침에 왜 당신은 내게 그렇게 매정한 태도를 취했나요? 당신에게는 질투심이 없으니까 나는 당신을 자극했던 논리와 이유를 골똘히 생각해야 했어요. 왜죠? 도대체 왜죠? … 나는 다른 사람과 사랑에 빠진 적이 없어요. … 지난 번 전화 통화를 말하는 거예요. 당신이 마르세유에서 전화했을 때 나는 그 즉시 '현재의 내 사랑'과의 이별을 준비했어요-고통이 없도록 말이죠. 당신은 짧은 해명을 듣지도 않고 전화를 끊었어요. 그러고 나서 어제 하루 종일 전화를 걸었죠. 통 갈피를 잡지 못하겠어요. 내일 12시부터 나는 혼자예요. 사랑하는 그대여, 제발 이해해주세요(ibid., pp. 127-128)."

그럼에도 불구하고 돌리가 보낸 이 편지는 나탈리가 계속 자신의 자유를 그녀에게 요구하고 있음을 보여준다. "난 당신이 좀 더 해명해주기를, 내 침대 곁에 놓아둔 책 속에 혹은 편지지 위에 당신 사랑의 증거-폐부를 찌르는 끔찍한 말, 불필요한 상처-를 남기지 말기를, 그 정도의 친절은 당신에게 바랄 수 있었어요. 파리의 명사들은 끝없는 이야기들을 내 귀에 쏟아놓아요-그래도 운명의 리듬을 받아들이기가 점점 더 수월해지네요(ibid., p. 132)." 돌리는 연달아 말한다. "나는 당신의 하렘에 우정 어린 경고를 외치고 싶어요. '부디 조심들 하기를!'(ibid., p. 137)."

38   Chalon, *Portrait d'une Seductirce*, pp. 112-115.

39   나탈리와 뤼시 들라뤼마르드뤼의 정사를 르네가 알게 된 시기는 르네와 나탈리가 다시 재회한 1904년 이후인 것이 확실하다. 『한 여인이 내게 나타났다』 1905년 재판본을 보면, 피트러스가 떠나자 로얼리(나탈리)가 내친 또 다른 연인 도리안(Dorianne; 뤼시 들라뤼마르드뤼)가 등장한다. 『우리의 내밀한 사랑(Nos secretes amours)』(들라뤼마르드뤼의 『천사와 변태(L'Ange et les pervers)』)에 실린 시편들은 명백하게 나탈리에게서 영감을 얻어 쓴 것이다.

40   음악은 르네의 가장 강렬한 열정의 대상이었다. 원래 『한 여인이 내게 나타났다』는 각 장마다 선곡된 음악을 앞세운다(역자 저넷 포스터의 주석 참고. Vivien, *A Woman Appeared to Me*, p. 64). 소설에서 산 지오바니는 르네(화자)에게 말한다. "내 영원한 슬픔이여, 나는 음악가가 아니니"(ibid., p. 16).

41   조지 위크스는 나와 사적인 대화를 나누다가, 나탈리가 1년에 몇 달씩 워싱턴에 체류하곤 했다는 정보를 알려주었다. 나탈리는 에바 팔머와 프레디(Freddy)라는 젊은 남자와 동반 여행을 했다(Barney, *Souvenirs indiscrets*, p. 74). 나탈리는 올리브 커스턴스의 소개로 프레디를 만났다. 프레디는 본명이 아닐지 모른다. 이 청년이 『한 여인이 내게 나타났다』에 등장하는 '남창(Prostitute)'일 수 있다.

42   이 산문 시편들은 1910년에 『나는 기억하네(Je me souviens)』로 출간된 바 있는데, 나탈리의 관점에서 르네와의 관계를 그린다.

43   Colette, *The Pure and the Impure*, p. 93.

44   바이올렛 실레토가 어린 시절에 가족과 함께 살았던 곳이 뒤부아 23가이다. 1901년에 르네는 같은 주소지에 있는 이 아파트로 이사했다.

45   이러한 정황으로 볼 때 로메인 브룩스가 르네를 만난 시기는 나탈리를 만난 1915년 이전이다. 로메인은 같은 작품에서 다음과 같이 말한다. "르네 비비앙은 나에게 나탈리 바니 얘기를 자주 했다. 대개는 논리적으로 타당한 이유가 전혀 없는, 그렇게 끝없는 애정불만을 듣는 데 나는 흥미가 없었다"(Wickes, "A Natalie Barney Garland," p. 104).

46   Ibid., p. 102에서 인용.

47   Colette, *The Pure and the Impure*, p. 84.

48   레옹 하멜(Léon Hammel)에게 보내는 편지. Phelps, *Earthly Paradise*, p. 164.

49 레이나슈는 주석에서 리버스데일의 시편들이 대부분 남작부인의 작품이라고
말한다(레이나슈, 출간되지 않은 여백에 쓰인 주석, 프랑스 국립도서관 보존서
고 8° Z. Don 593, No. 1-48). 헬렌 드 쥘랑 드 니벨르는 비-레즈비언 시편들을
자신의 이름으로 출간했다.

50 비비앙의 『손을 맞잡은 달콤한 시간(A l'heure de mains jointes)』 복사본 여백
에 레이나슈는 그녀의 말년 연보를 더할 나위 없이 완벽하게 써놓았다. 그는
1908년에 세 번의 밀회가 있었음을 밝혔다(레이나슈, 출간되지 않은 여백에
쓰인 주석, 프랑스 국립도서관 보존서고 8° Z. Don 593, No. 1-48). 1905년과
1906년 사이에 르네가 '투르크 부인(Une Dame Turque)'에게 보냈던 세 통의 편
지가 남아 있다(Lacretelle, *L'Amour sur la place*, pp. 382~383).

51 Colette, *The Pure and the Impure*, p. 85.

52 Ibid., p. 95.

53 Ibid., p. 96.

54 Vivien, "Ainsi je parlerai…" *Poèsies completes*, pp. 52-55.

55 Katz, *Gay American History*, pp. 518-520.

56 Hansen, "The Historical Construction of Homosexuality," p. 67.

4장 가죽의 위협: 정치와 S/M에 관한 논평

나는 섹스, 정치, S/M에 관해 패트 칼리피아와 수많은 대화를 나누면서 엄청
난 혜택을 누렸다. 1950년대 게이 박해의 역사를 발굴해왔던 앨런 베루베, 존
디밀리오, 대니얼 창의 작업으로 나는 섹스 억압이 어떻게 작동했는지 알게 되
었다. 19세기 성 정치에 대한 나의 이해는 엘런 뒤부아, 메리 라이언, 마사 비시
너스와의 대화로 얻게 된 것이다. 린 이든의 연구는 냉전 기간 동안의 성 정치
에 관한 맥락을 이해하는 데 많은 도움을 주었다. 제프 에스코피어와 앰버 홀리
보와의 대화는 섹슈얼리티의 사회관계에 관한 생각의 실마리를 점화시켰다. S/
M에 관한 최근의 역사와 훌륭한 요점에 관해서는 I. B. 카밀라 데카닌(Camilla
Decarnin), 짐 케인(Jim Kane), 제이슨 클라인(Jason Klein), 테리 콜브(Tery

Kolb), 일러스트리어스 미스트리스 라래시(the Illustrious Mistress LaLash), 스티브 매키천(Steve McEachern), 밥 밀네(Bob Milne), 신시아 슬레이터(Cynthia Slater), 샘 스튜어드(Sam Steward), 루이 웨인가든(Louis Weingarden), 도릭 윌슨(Doric Wilson)에게서 많은 것을 배웠다. 이 논문에 표현된 의견에 대한 책임은 전적으로 나에게 있지만 통찰과 정보와 관대함을 보여주었던 이 모든 분에게 감사를 표하고 싶다.

이 논문은 『권력을 장악하다(Coming to Power)』의 재판을 위해 약간의 수정을 거쳤다.

1 〔이 논문을 쓴 후 30년이 지난 지금 냉전시대의 섹스 체제에 관한 역사적 비판 문헌들은 극적으로 변했다. 그동안 출간된 얼마 되지 않는 학문적 사례로는 다음과 같은 문헌들이 있다. Corber, *Homosexuality in Cold War America, In the Name of National Security*; Chauncey, "The Postwar Sex Crime Panic"; D'Emilio, "The Homosexual Menace"; Eskridge, "Privacy Desires: The Response to the Sexual Psychopath, 1920-1960"; Graves, *And They Were Wonderful Teachers*; Higgins, *Heterosexual Dictatorship*; Johnson, *The Lavender Scare*; Robbins, "The Library of Congress and Federal Loyalty Programs, 1947-1956"; Werth, *The Scarlet Professor*. -게일 루빈〕

2 앨런 베루베, 존 디밀리오, 대니얼 창 덕분에 냉전 기간 동안 일어났던 반-게이 억압에 관해 많이 배우게 된 것에 감사한다. 그들 각자가 현재 진행 중인 연구 작업을 관대하게도 내게 보여주었다. 출판된 출전에 대해서는 다음을 참고. D'Emilio, "Radical Beginnings, 1950-1951," "Dreams Deferred"와 "Gay Politics, Gay community"; Bérubé, "Behind the Spectre of San Francisco"; Katz, *Gay American History*, pp.91-119, 406-420. Gerassi, *The Boys of Boise*.

3 좀 더 자세한 것은 칼리피아 참조. Califia, "The Age of Consent"; Mitzel, *The Boston Sex Scandal*; Moody, *Indecent Assault*.

4 그사이 댄 화이트는 공직자 두 명을 냉혹하게 살해한 죄목으로 7년형을 받았다. 살해된 두 사람 중 한 사람은 게이였다. 로널드 크럼플리(Ronald Crumpley)는 두 명의 게이 남성을 살해했지만 정신이상이라는 이유로 방면되었다.

5   〔내가 이 논문을 썼을 때 탑과 돔이 체포되어 괴롭힘을 당하고 합의에 의한 S/
    M 행위임에도 불구하고 폭행으로 기소되었던 몇 가지 법적 사례가 있었다. 바
    텀과 서브는 폭행 법규를 원칙적으로 적용하면 체포될 수 있으며 자신에 대
    한 폭력을 방조하고 교사한 죄로 기소될 수 있다는 것을 알게 되었다. 하지
    만 너무나 터무니없는 소리다. 그런 고발을 가져왔을 법한 어떤 문서도 발견하
    지 못했다. 몇 년이 지나 이 말도 안 되는 시나리오가 영국에서 실제로 일어났
    다. 그것이 스패너 사례였다. 1990년 16세 게이 남성이 가정집에서 합의한 S/
    M 행위를 했다는 이유로 형을 선고받았고, 몇 사람은 본인이 자신 몸에 '폭력'
    을 부추겼다는 이유로 기소되었다. 다음을 참고. Regina v. Brown; Thompson,
    Sadomasochism.-게일 루빈〕

6   오해를 피하기 위해 말하자면 여기서 요점은 재규어 서점이 지지받지 말아야
    했다는 것이 아니다. 재규어 서점은 지지받아야 한다. 하지만 재규어 서점이 처
    한 곤경과 S/M 부트 캠프가 처한 곤경에 대처하면서 공동체가 보여준 대조적
    인 태도는 깜짝 놀랄 정도였다.

7   〈게이 파워, 게이 정치〉에 대한 랜디 앨프리드가 불만을 토로한 텍스트는 내셔
    널 뉴스 카운슬에 보관되어 있다. *National News Council*, 10 July 1980. (서류는
    내게 있다.)

8   Ibid., p. 5.

9   Ibid.

10 Pearl Stewart, "Safety Workshops for S. F. Masochist," *San Francisco Chronicle*, 12
    March 1981.

11 Marshall Kilduff, "Angry Mayor Cuts Off Coroner's S&M Classes," *San Francisco
    Chronicle*, 14 March 1981.

12 *San Francisco Chronicle*, 11-14 July 1981.

13 〔『동성애에 관하여』는 1970년대 초반 혁명연합(RU)이 발표한 입장 발표문이었
    다. 1975년 앤 아버의 익명의 무정부주의 집단은 〈동성애 행동 혁명 전선〉이라
    는 입장문 형식의 비판적 논평과 함께 성명서 전체를 발표했다. 그리고 공산주
    의 쿠바에서 동성애자들이 받는 취급에 대한 부록과 중국, 한국, 소련에서 동
    성애와 연관된 여러 가지 뉴스 항목을 실었다. 하지만 가장 효과적인 비판적 관
    점은 로이 리히텐슈타인 스타일로 그려진 여러 재미있는 만화로 전달되었다. 이

들 만화는 전형적인 이성애 커플이 RU로부터 뽑아온 밀들로 대화를 나누는 모습을 그렸다. 예를 들어, 한 만화에서는 클라크 게이블과 닮은 인물을 보여준다. 그의 키스를 기다리면서 눈을 감고 기대에 가득 찬 얼굴을 위로 향하고 있는 여성의 얼굴을 남자가 내려다보고 있다. 말풍선 속에서 남자는 "남성 동성애는 여성과의 관계를 거부함으로써 남성 쇼비니즘을 강화한다"고 말한다. 또 다른 만화 속에서 그 남자는 "동성애자가 진정으로 행복에 이를 수 있는 유일한 방법은 … 를 제거하는 것이다"라고 말하자, 여자가 "그들을 동성애로 몰아가는 체계〔를 제거하는 것〕"이라는 말로 마무리한다. RU 선언문이 레즈비언과 게이 남성 모두를 언급하고 있었다는 점에 주목하라. 팸플릿은 저자의 서류임. 복사본은《래버디 총서》에서 이용할 수 있다. Hatcher Graduate Library, University of Michigan.-게일 루빈〕

14   Karr, "Susan Griffin."

15   〔사모아는 1978년에서부터 1983년까지 샌프란시스코 베이 지역에 있었던 레즈비언 페미니스트 S/M 후원 집단이었다. 그 조직은 『당신의 손수건 색깔은 무엇인가요?(What Color Is Your Handkerchief)』과 『권력을 장악하다(Coming to Power)』를 출판했다.-게일 루빈〕

16   사모아와 다른 다양한 페미니스트 제도 사이의 상호작용에 관한 서신과 다른 문건들은 뉴욕 시 '레즈비언 역사 문서보관소'에 보관되어 있다. 여성회관은 어떤 S/M 집단에게도 만남의 공간으로 임대하는 것을 금지하는 공식 정책을 채택했다. 이런 정책은 거의 10년 뒤인 1989년에 폐지되었는데 그 이후에 만들어진 조직인 '추방된 자들'이 주로 일으킨 시위로 폐지되었다.

17   이런 언어들을 변화시켜보려는 20년에 걸친 부질없는 노력 끝에 성적 자유를 위한 국민연합(National Coalition)의 S/M 정책 개혁 프로젝트의 성공적인 캠페인 덕분에 1999년에 철폐되기에 이르렀다.

18   〔블루밍턴, 인디애나에 소재 성 연구소는 대중적으로는 킨제이 연구소로 알려져 있다. 이 논문이 쓰일 당시 이 연구소 도서관 이용을 가로막은 장벽은 연구소가 자발적으로 채택한 것이 아니라 1957년 법원 명령에 의해 강제되었다는 사실을 나는 몰랐다. 연구소가 컬렉션을 수집할 수 있도록 허락한 동일한 법원 결정은 '자격을 갖춘 학자'에게만 접근을 허용하도록 제약했다. Yamashiro, "In the Realm of the Science," pp. 32-33.-게일 루빈〕

19   레즈비언을 벽장에 가두는 페미니즘의 현상에 관해서는 크리스 베어첼(Chris Bearchell), 「페미니즘의 망토(The Cloak of Feminism)」에서 논의되고 있다.

20   이 용어는 다목적 전천후 모욕이 되고 있는 바, 그것의 의미는 발언자들이 자기 발언이 적용되는 사람들이나 그런 행위를 그냥 인정하지 않는다는 뜻임을 덧붙여야겠다.

21   페미니즘 이데올로기 내부에서의 이런 변화에 관한 탁월한 역사 연구는 다음을 참고. Echols, "Cultural Feminism."

22   이 모든 점에서 섹스를 둘러싼 그릇된 신념은 상당히 많다. 여성운동 안에도 엄청난 성이 있다. 다른 사람들이나 마찬가지로 페미니스트 대다수 또한 성에 집착하고 있다. 하지만 성에 관해서는 진짜 이름으로 부르기 힘들거나 혹은 성 자체를 목적으로 하는 욕망을 인정하려 들지 않는다. '페미니스트 성'은 성애의 표현에서 여타의 성보다 고차원적인 형식이라는 터무니없는 미사여구와 자기 중심적인 개념들이 있다. '페미니스트 성'이 무엇인지에 대한 경계선은 얼마 못 가 쪼그러들었다.

23   19세기 페미니즘과 다양한 성적 인구집단과 이슈에 관한 관계를 조명했던 역사들에 관해서는 다음을 참고. Gordon, *Women's Body, Woman's Right*; Walkowitz, "The Politics of Prostitution"과 *Prostitution and Victorian Society*; Weeks, *Coming Out*.

24   Bannon, *I am a Woman*.

25   D'Emilio, "Radical Beginning, 1950-1951," p. 24에서 인용.

5장 성을 사유하기: 급진적 섹슈얼리티 정치 이론을 위한 노트

논문이 나오기까지 도움을 주신 분들께 감사를 표할 때 주제의 핵심에 가닿을 수 있다는 것은 내게 항상 선물과 같다. 찰스 틸리의 강의 '1500~1900년 유럽의 도시화'를 들으면서 나는 성 공동체의 형성에 대해 많은 착상을 얻을 수 있었다. 그처럼 나를 자극하고 흥분시키고 풍부한 개념을 형성하게 해준 강의는 결코 없을 것이다. 대니얼 창은 1977년 사건의 중요성을 환기시키며 성법(Sex law)에 집중하도록 일깨워주었다. 패트 칼리피아는 인간의 성 다양성에 대한 이해를 심화시켜주었고, 맹렬하게 비난받는 성 연구와 성교육 분야를 존중하라고 쳐주었다. 제프리 에스코피어는 게이 역사학과 사회학에 관한 그의 영향력 있는 학식을 공유해주며, 특히 게이 경제학을 꿰뚫는 통찰력으로 내게 큰 도움을 주었다. 앨런 베루베가 진행 중인 게이 역사 연구는 성 억압의 역동성을 더 명료히 사고할 수 있게 해주었다. 엘런 뒤부아, 앰버 홀리보, 메리 라이언, 주디 스테이시, 케이 트림버거, 레이나 랩, 마사 비시너스와 나누었던 대화 덕분에 나는 내 사유의 방향을 결정할 수 있었다.

지역 문제에 관한 연구조사와 아낌없는 조언을 베풀어준 신시아 아스투토(Cynthia Astuto)와 성에 관한 우익 소책자 문헌을 알려준 비범한 서적상 데이비드 삭스(David Sachs)에게 진심으로 감사드린다. 상세한 참고문헌과 사실적 정보를 제공해준 앨런 베루베, 랠프 브루노(Ralph Bruno), 에스텔 프리드먼, 켄트 제라드(Kent Gerard), 바버라 커(Barbara Kerr), 마이클 시블리(Michael Shively), 캐럴 밴스, 빌 워커, 주디스 왈코위츠에게 감사드린다. 이 논문의 여러 판본을 읽고 논평해준 진 버그먼(Jeanne Bergman), 샐리 빈포드(Sally Binford), 린 이든, 로라 엥겔스타인(Laura Engelstein), 제프리 에스코피어, 캐럴 밴스, 엘런 윌리스를 빼놓을 수 없다. 그들 모두에게 감사한 마음을 전한다. 원고 준비 과정에서 마크 레저(Mark Leger)는 편집과 비서 업무를 영웅적으로 수행해주었다. 메리베스 넬슨(Marybeth Nelson)은 도안이 급히 필요했을 때 신속한 도움을 주었다.

저술의 중압감을 덜어준 두 친구에게 특히 감사드린다. E. S.는 내가 그나마 이렇게라도 허리를 움직일 수 있게 관리해주었고, 논문 작성 중에 난관에 부딪쳐 끙끙댈 때마다 강건하게 나를 이끌어주었다. 신시아 아스투토가 베풀어준 크나큰 친절과 일관되게 보내준 격려는 몇 주 동안 터무니없는 속도로 제자리걸음을 하던 중에도 작업의 끈을 놓지 않고 계속할 수 있게 해준 원동력이었다.

이분들은 내 견해에 책임질 하등의 이유가 없다. 다만 나는 그들이 베풀어준 창조적 자극, 정보와 조력에 한없이 감사할 뿐이다.

1 Gordon and Dubois, "Seeking Ecstasy on the Battlefield"; Marcus, *The Other*

Victorians; Ryan, "The Power of Women's Networks"; Pivar, *Purity Crusade*; Walkowitz, *Prostitution and Victorian Society*, 그리고 "Male Vice and Feminist Virtue"; Weeks, *Sex, Politics, and Society*.

2   Barker-Benfield, *The Horror of the Half-Known Life*; Marcus, *The Other Victorians*; Weeks, *Sex, Politics, and Society*, 특히 pp. 48-52를 참고. Zambaco, "Onanism and Nervous Disorders in Two Little Girls."

3   〔자위행위를 반대하는 견해와 십자군의 역사에 관한 문헌은 이 논문이 나온 이후에 급증했다. 다음이 그 해당 사례이다. Laqueur, *Solitary Sex*; Bennett and Rosario, *Solitary Pleasures*; Stengers and Van Neck, *Masturbation*; Mason, *The Secret Vice*.—게일 루빈〕

4   Beserra, Franklin, and Clevenger, *Sex Code of California*, p. 113.

5   Ibid., pp. 113-117.

6   용어 정의에 대한 주석: 나는 이 논문 전반에 걸쳐 **동성애자**(homosexual), **성 노동자**(sex worker), **도착자**(pervert)라는 용어를 쓴다. **동성애자**는 여성과 남성 모두를 지칭한다. 보다 구체적으로 한정할 필요가 있을 때 **레즈비언**이나 **게이 남성**(gay male)을 쓴다. **성 노동자**는 **창녀**(prostitute)보다 더 포괄적인 의미로 성 산업에 관련된 많은 직업을 망라하기 위한 의도로 쓴 용어이다. **성 노동자**에는 에로틱 댄서, 스트리퍼, 포르노 모델, 통신 매체로 고객에게 말을 걸고 노출은 하되 신체 접촉은 불허하는 나체 여성, 전화 애인(phone partners), 그 외에 접수원(receptionists), 문지기(janitors), 호객꾼(barkers) 등 각종 성 산업 종사자들이 있다. 물론 여기에는 창녀, 남창, 소위 '남자 모델'도 포함된다. **도착자**라는 용어는 낙인찍힌 모든 성적 성향에 대한 통칭이다. 남성 동성애와 여성 동성애도 이 용어에 해당된다. 그러나 이 용어에 대한 인식이 개선되어서 점차 다른 '일탈들(deviations)'을 지칭하기 시작했다. **도착자**(pervert)와 **일탈자**(deviant) 같은 용어에는 일반적으로 반감, 역겨움, 혐오감이 함축되어 있다. 나는 이 용어들을 지시적인 의미로 쓰는 것이지 그 어떤 반감을 전달하기 위해 쓰는 것이 결코 아니다.

7   Walkowitz, "Male Vice and Feminist Virtue," p. 83. 「근대 바빌론의 처녀 공물」과 그 여파에 대한 왈코위츠의 전체 논의(pp. 83-85)는 눈부시다. 〔왈코위츠의 저서『두려운 환희의 도시(City of Dreadful Delight)』에서 다룬 처녀 공물에 대한 확장된 논의는 이 시기에 일어난 사건들에 대한 상세한 부가 설명을 제공한다.—

게일 루빈)

8   Ibid., pp. 85-88.

9   Beserra, Franklin, and Clevenger, *Sex Code of California*, pp. 106-107. (맨법에 대해 충분한 논의를 다룬 탁월한 저서로는 다음을 참고. Langum, *Crossing Over the Line*.-게일 루빈)

10   Commonwealth of Massachusetts, *Preliminary Report of the Special Commission Investigating the Prevalence of Sex Crimes*, 1947; State of New Hampshire, *Report of the Interim Commission of the State of New Hampshire to Study the Cause and Prevention of Serious Sex Crimes*, 1949; City of New York, *Report of the Mayor's Committee for the Study of Sex Offences*, 1939; State of New York, *Report to the Governor on a Study of 102 Sex Offenders at Sing Sing Prison,* 1950; Samuel Hartwell, *A Citizen's Handbook of Sexual Abnormalities and the Mental Hygiene Approach to Their Prevention*, State of Michigan, 1950; State of Michigan, *Report of the Governor's Study Commission on the Deviated Criminal Sex Offender,* 1951. 이것은 단지 견본일 뿐이다.

11   Freedman, "Uncontrolled Desire." (이 발표문의 출간 논문 제목도 동일하다.-게일 루빈)

12   Bérubé, "Behind the Spectre of San Francisco"와 "Marching to a Different Drummer"; D'Emilio, *Sexual Politics, Sexual Communities*; Katz, *Gay American History*.

13   D'Emilio, *Sexual Politics, Sexual Communities*; 베루베와의 사적 대화. 4장 1절도 참고.

14   Gerassi, *The Boys of Boise*, p. 14. 앨런 베루베의 조언 덕분에 이 사건을 주목할 수 있었다.

15   베루베와의 사적 대화; D'Emilio, *Sexual Politics, Sexual Communities*.

16   다음 사례들은 후속 연구방법을 시사한다. 대니얼 창의 「게이 앤 아버 추방(Gay Ann Arbor Purges)」 1부와 2부에 미시간 대학에서 벌어진 지역 일제 단속이 기록되었다. 미시간 대학에서 동성애 혐의로 해임된 직원 수가 공산주의 혐의로 해고된 직원 수와 맞먹는다는 사실이 드러났다. 이 기간 동안 성적, 정치적 위법 행위를 범했다는 이유로 직위를 잃은 교수의 수와 비교해보면 흥미로운 결과가

나올 것이다. 규제 개혁에 관해 말하자면, 이 기간 동안 많은 주에서 '도착자라고 알려진 사람들'에게 주류 판매를 금지하거나 '성도착자'가 즐겨 찾는 바에 영업 정지 명령을 내리는 법이 통과되었다. 1955년에 캘리포니아에서도 그런 법이 통과되었지만 1959년에 주 대법원은 이 법에 대해 위헌 결정을 내렸다(앨런 베루베와 사적으로 대화를 나누던 중에 이러한 사실을 알게 되었다). 어떤 주가 그런 법을 통과시켰는지, 그 입법 일시와 선행 논의, 그리고 얼마나 많은 책에 여전히 기재되어 있는지 등을 정확하게 파악하는 것은 지대한 관심사가 될 것이다. 다른 성애 인구집단의 박해에 관해 다음 같은 사례를 들 수 있다. 1940년대 후반에서 1960년대 초반까지 미국의 신체 결박 성애물 분야의 일류 연출가이자 배급업자인 존 윌리(John Willie)와 어빙 클로(Irving Klaw)는 경찰 심문을 자주 받았다. 급기야 클로는 키포버 위원회(Kefauver Committee)가 감독한 의회 조사에 걸려 들었다. J. B. 룬드(Rund)가 보내온 개인적인 서신을 통해 윌리와 클로의 이력에 관한 정보를 얻을 수 있었다. 출판된 공식 자료는 거의 없지만 다음 자료들이 참고가 될 것이다. Willie, *The Adventures of Sweet Gwendolin*e; Rund, *Bizarre Comix*의 서문, *Bizarre Fotos*의 서문, *Bizarre Katalogs*의 서문. 게이 성애 반대운동(nongay erotic dissidence)에 영향을 미치는 법적 변화와 경찰 활동에 대해 더 체계적인 정보를 수집하는 것이 유용할 것이다.

17 "Chicago is Center of National Child Porno Ring: The Child Predators," "Child Sex: Square in New Town Tells It All," "U.S. Orders Hearings on Child Pornography: Rodino Calls Sex Racket an 'Outrage,'" "Hunt Six Men, Twenty Boys in Crackdown," *Chicago Tribune,* 16 May 1977; "Dentist Seized in Child Sex Raid: Carey to Open Probe," "How Ruses Lure Victims to Child Pornographers," *Chicago Tribune,* 17 May 1977; "Child Pornographers Thrive on Legal Confusion," "U.S. Raids Hit Porn Sellers," *Chicago Tribune,* 18 May 1977.

18 〔이 논문이 나온 이래로 아동-포르노법이 급속도로 확대되었다. 나는 이런 변화를 바싹 쫓아가지 못했지만, 이제 아동 포르노를 소지하기만 해도 대부분의 사법 관할 지역에서 불법이 되는 듯하다. 심지어 아동 포르노로 분류되는 온라인 이미지를 보는 것만으로도 법에 저촉될 위험이 있다.-게일 루빈〕

19 소위 '아동 포르노 공황'에 관한 정보는 다음을 참고. Califia, "The Great Kiddy Porn Scare of '77 and Its Aftermath"와 "A Thorny Issue Splits a Movement";

Mitzel, *The Boston Sex Scandal*; Rubin, "Sexual Politics, the New Right, and the Sexual Fringe." 세대 간 성관계(cross-generational relationship) 쟁점에 관해서는 다음을 참고. Moody, *Indecent Assault*; O'Carroll, *Paedophilia*; Tsang, *The Age Taboo*; Wilson, *The Man They Called a Monster*.

20   "House Passes Tough Bill on Child Porn," *San Francisco Chronicle*, 15 November 1983, p. 14.

21   Stambolian, "Creating the New Man"; "Jacqueline Livingston." 〔리빙스턴이 고역을 치른 후 몇몇 여성 사진작가와 페미니스트 사진작가가 아동-포르노법에 저촉되었다. 예를 들어, 다음을 참고. Powell, *Framing Innocence*. -게일 루빈〕

22   〔아무리 축소해서 말해도 평가가 지나치게 낙관적이다. 게다가 이런 논평이 쓰인 맥락이 몰라볼 만큼 변했다. 맥락을 재구성하고 이 쟁점의 모든 복잡한 문제를 처리하려면 대대적인 개정을 하거나 아예 논문을 새로 써야 할지도 모른다. 여기에서는 그렇게 할 수 없기 때문에 성인과 10대 간 합의에 의한 남자 동성애 관계에서, 많은 성인 애인이 어린 애인의 반대에도 불구하고 기소되는 경우를 내가 주로 언급했다는 점을 우선 분명히 밝힌다. 몇몇 사례에서 어린 애인들이 그들의 애인에게서가 아니라 그들이 마땅히 보호받아야 할 사법 처리 과정에서 학대받았다고 분명히 느꼈다.-게일 루빈〕

23   Gebhard, "The Institute."

24   Courtney, *The Sex Education Racked*; Drake, *SIECUS*.

25   〔성교육 반대운동의 역사에 대해서는 다음을 참고. Irvine, *Talk About Sex*.-게일 루빈〕

26   Podhoretz, "The Culture of Appeasement."

27   Wolfe and Sanders, "Resurgent Cold War Ideology."

28   Jimmy Breslin, "The Moral Majority in Your Motel Room," *San Francisco Chronicle*, 22 January 1981, p. 41; Gordon and Hunter, "Sex, Family, and the New Right"; Gregory-Lewis, "The Neo-Right Political Apparatus," "Right Wing Finds New Organizing Tactic," and "Unraveling the Anti-Gay Network"; Andrew Kopkind, "America's New Right," *New Times*, 30 September 1977; Petchesky, "Anti-abortion, Antifeminism, and the Rise of the New Right."

29   Rhonda Brown, "Blueprint for a Moral America."

30 〔논점을 장황하게 설명하려고 하는 것이 아니다. 실제로 이 논문이 출간된 지 25년이 지난 현재는 낙태 반대, 게이 반대, 금욕 선거구 찬성 등이 국가, 주, 그리고 지역 정치에 끼치는 영향력의 범위가 확대되었다.—게일 루빈〕

31 처음으로 이러한 통찰을 분명히 밝힌 논문은 다음과 같다. McIntosh, "The Homosexual Role"; 이런 생각은 다음 저술들로 발전되었다. Weeks, *Coming Out* 과 *Sex, Politics and Society*; D'Emilio, *Sexual Politics, Sexual Communities*; 루빈, 『한 여인이 내게 나타났다』 서문(이 책 3장).

32 Hansen, "The Historical Construction of Homosexuality."

33 Walkowitz, *Prostitution and Victorian Society*와 "Male Vice and Feminist Virtue."

34 푸코, 『성의 역사』.

35 이 쟁점에 관한 매우 유용한 논의가 다음 논문에서 확인된다. Padgug, "Sexual Matters."

36 Lévi-Strauss, "A Confrontation." 이 논의에서 레비스트로스는 그의 입장을 "선험적 주체를 소거한 칸트주의"라고 칭한다.

37 〔"억압 가설을 반대하는 나의 의심은 그것이 착오임을 드러내려는 데 목적을 두지 않고, 17세기 이후 근대사회의 성 담론에 관한 일반 경제학 내부에 그것을 다시 위치 지우려는 데 목적을 둔다." 푸코, 『성의 역사』, p. 11.—게일 루빈〕

38 Weeks, *Sex, Politics, and Society*.

39 Ibid., p. 22.

40 〔이 대목에 대한 나의 논평은 지나치게 단순한 감이 있다. 잠시 등장했던 탁월한 대규모 학술연구가 섹슈얼리티 역사와 기독교 역사의 복잡한 특성을 강조한다. 성경이나 초기 기독교에서 시작되었다는 대부분의 가정은 사실 훗날 진화된 것이며, 성서 및 더 오래된 다른 자료들의 결과라는 생각이 사후에 조작된 것이라는 설명이다. 다음 예를 참고. Mark Jordon, *The Invention of Sodomy*.—게일 루빈〕

41 예를 들어, 다음을 참고. "Pope Praises Couples for Self-Control," *San Francisco Chronicle*, 13 October 1980, p. 5; "Pope Says Sexual Arousal Isn't a Sin If It's Ethical," *San Francisco Chronicle*, 6 November 1980, p. 33; "Pope Condemns 'Carnal Lust' As Abuse of Human Freedom," *San Francisco Chronicle*, 15 January 1981, p. 2; "Pope Again Hits Abortion, Birth Control," *San Francisco Chronicle*,

16 January 1981, p. 13; "Sexuality, Not Sex in Heaven," *San Francisco Chronicle*, 3
December 1981, p. 50.

42 수전 손택, 『급진적 의지의 스타일(Styles of Radical Will)』, p. 46.

43 〔더욱더 상세한 소도미 규제에 관한 역사서들은 1984년부터 출간되기 시작했
고, 그 저서들에는 유럽의 소도미법 집행 유형이 연대순으로 정리되어 있다. 다
음 예를 참고. Rugiero, *The Boundaries of Eros*; Gerard and Hekma, *The Pursuit
of Sodomy*; Puff, *Sodomy in Reformation Germany and Switzerland*. 미국 소도미
법은 2003년에 위헌 판결이 났다. Lawrence v. Texas 참고.-게일 루빈〕

44 푸코, 『성의 역사』, p. 106.

45 APA, *DSM*, 3rd edn.

46 이 논문 전반에 걸쳐 나는 트랜스젠더 개인과 행위를 젠더 체계보다 성 체계의
측면에서 다루었다. 물론 복장 전환자와 트랜스섹슈얼은 분명히 젠더 경계를 월
경한다. 하지만 트랜스젠더들은 낙인찍히고 고난을 겪고 학대당하고 항상 성
'일탈자'와 도착자로 항상 취급받기 때문에 나는 그들을 성 체계의 측면에서 다
루었다. 그러나 이것은 나의 분류 체계가 현존하는 복합성을 망라하지 못함을
시사하는 분명한 실례이다. 〈도표 1〉과 〈도표 2〉에서 제시한 성 위계질서의 도해
표현들은, 주장을 강조하기 위해 지나치게 단순화되었다. 주장은 유효하지만 성
변이를 주도하는 실제 권력관계는 훨씬 더 복잡하다.

47 Kinsey, Pomeroy, and Martin, *Sexual Behavior in the Human Male*; Kinsey,
Pomeroy, Martin, and Gebhard, *Sexual Behavior in the Human Female*.

48 Gagnon and Simon, *Sexual Deviance*와 *The Sexual Scene*; Gagnon, *Human
Sexualities*.

49 〔Krafft-Ebing, *Psychopathia Sexualis*; Hirschfeld, *The Homosexuality of Men
and Women*; Ellis, *Studies in the Psychology of Sex*. 히르슈펠트, 크라프트에빙,
엘리스, 그 외 다른 초기 성과학자들은 그들이 19세기 말과 20세기 초의 과
학 용어를 사용했음에도 불구하고 주요 인사로 점차 인식되기에 이르렀다. 그
들은 인간 섹슈얼리티 연구에 크게 기여했다. 이들을 일찍이 재평가한 폴 로
빈슨(Paul Robinson)의 탁월한 저서 『성의 근대화(The Modernization of Sex)』
에는 특히 엘리스에 대한 고평이 실려 있다. 다음도 참고. Rossario, *Science and
Homosexualities*; Oosterhuis, *Stepchildren of Nature*; Steakley, "Per scientiam

ad justitiam"; Bland and Doan, *Sexology in Culture*와 *Sexology Uncensored*; Sulloway, *Freud: Biologist of the Mind*. -게일 루빈〕

50 Herdt, *Guardians of the Flutes*; Kelly, "Witchcraft and Sexual Relations"; Rubin, "Coconuts"와 "Review of Guardians of the Flutes"; Van Baal, *Dema*; Williams, *Papuans of the Trans-Fly*.

51 Bingham, "Seventeenth-Century Attitudes toward Deviant Sex," p. 465.

52 Harry and DeVall, *The Social organization of Gay Males*; Murray, "The Institutional Elaboration of a Quasi-Ethnic Community."

53 〔여기서 나는 게이와 레즈비언 집중 지구가 이보다 더 이른 시기에 다른 도시들에 있었다고 암시할 생각이 없었다. -게일 루빈〕

54 이 과정에 대한 더 자세한 설명은 다음을 참고. Bérubé, "Behind the Spectre of San Francisco"와 "Marching to a Different Drummer"; D'Emilio, "Gay Politics, Gay Community" 그리고 *Sexual Politics, Sexual Communities*; 푸코, 『성의 역사』; Hansen, "The Historical Construction of Homosexuality"; Katz, *Gay American History*; Weeks, *Coming Out*과 *Sex, Politics, and Society*.

55 Walkowitz, *Prostitution and Victorian Society*.

56 마약 및 성범죄 전담 경찰은 모든 성 관련 사업, 즉 게이 바, 게이 목욕탕, 성인물 서점, 상업적 에로물 제작자 및 유통업자, 스윙 클럽도 탄압한다.

57 〔여기서 나는 의학서상의 도착(perversions)이라는 명명이 사회적 집단들을 창출한다고 암시할 의도가 없었다. 그와는 반대로 식별 가능한 집단들이 등장함에 따라 도리어 의학적 유형 분류가 촉발되었다. 그 대신에 이 발언은 그런 인구 집단들이 정신병 범주로 강등되는 것에 이의를 제기할 수 있고 그들의 사회적 적법성을 주장할 때 사회적이고 정치적인 동원과 일종의 이데올로기적 자기 확신을 참조하게 한다. -게일 루빈〕

58 McLellan, *The Grundrisse*, p. 94.

59 클락 노튼(Clark Norton)의 「미국의 성(Sex in America)」은 수많은 현행 성법에 관한 훌륭한 개론서이다. 성에 관심 있는 사람이라면 누구나 일독할 것을 권한다.

60 Beserra, Franklin, and Clevenger, *Sex Code of California*, pp. 165-167.

61 Beserra, Jewel, Matthews, and Gatov, *Sex Code of California*, pp. 163-168. 이 책

의 앞서 출간된 판본은 '합의에 의한 성인 동성애 합법화 법률'이 발표된 1976년 이전에 출간되었기 때문에 소도미법을 더 상세히 개괄하고 있다. (근친상간 (Incest)이라는 용어는 쓰기 곤란하다. 그 의미가 지난 10년간 다시 규정되어서 이제는 가족 내 아동 성범죄를 지칭하는 데 쓰이곤 하기 때문이다. 그러나 일반 적으로 근친상간 법률은 가까운 혈연관계에 있는 성인들 사이의 성교나 결혼을 금지하는 법이다. 이처럼 근친상간은 가족 안에서든 바깥에서든 성인에 의한 아동 성범죄에 따라붙는 그런 의미와 전혀 다른 별개의 법 영역에 위치한다. 미주 94 참고.-게일 루빈)

62 (주정부의 소도미법 위헌 결정에 관해서는 미주 43을 참고. 소도미 해금에도 불구하고 동성애자를 검거했던 많은 법이 아직 그대로 집행되고 있다. 게이 성 행위에 대한 사법적 불평등은 여전히 존재한다.-게일 루빈)

63 게이와 군대 관계를 다룬 경이로운 역사학 연구서로 다음을 참고. Bérubé, *Coming Out Under Fire*. (게이 군 복무 금지 정책인 '묻지도 말고 말하지도 말라 (Don't Ask, Don't Tell)'가 시행되기 약 10년 전에 나는 이 대목을 썼다. 당시에 는 그 정책을 폐지하려던 시도가 실패로 돌아갔다.-게일 루빈)

64 (결혼, 군 복무, 이민, 조세 징수, 수당 차별 지급과 같은 이런 쟁점하에, 게이 시 민 평등을 위한 수많은 투쟁이 일어나기 시작했다. 이 책이 출간될 무렵 동성애 자 군 복무 금지 정책인 '묻지도 말고 말하지도 말라' 폐지가 예정되어 있었음에 도 불구하고 엄밀히 말하자면 여전히 시행되고 있었다. 동성결혼과 관련된 여 러 갈등은 주정부의 동성결혼 금지조항(state bans)과 연방 결혼보호법(DOMA: federal Defense of Marriage Act)이 시민권, 보건, 조세제도라는 쟁점에 미친 영 향을 선명하게 부각시켰다. 동성결혼을 개괄한 뛰어난 연구서인 다음을 참고. Chauncey, *Why Marriage?*-게일 루빈)

65 Newton, *Mother Camp*, p. 21.

66 (소아성애자(Pedophile)'는 내가 이 부분을 쓴 후 의미가 바뀐 용어들 중 하나 다. 소아성애자는 이제 거의 '아동 성추행범(child molester)'과 동의어로 쓰이고 있다. 아동 성추행(molestation)은 불법 행위이다. 소아성애는 엄밀히 말하면 심 리적 상태이며 그 사람이 무엇을 하는지 그 행위에 대해서는 아무것도 암시하 지 않는다.-게일 루빈)

67 D'Emilio, *Sexual Politics, Sexual Communities*, pp. 40-53. 내가 앞서 언급한 바

있는, 많은 지역을 강타한 1950년대 게이 탄압에 관한 빼어난 논의가 이 부분에 실려 있다. 그러나 그는 이 역학 관계가 다른 시대와 다른 성애 인구집단에 대해서는 변형된 형태로 작용한다고 설명한다. 게이 탄압의 특정 모형은 적절하게 수정되어 다른 성적 집단에 적용할 수 있도록 일반화되어야 한다.

68 〔나는 더 이상 ' 미성년자의제강간(statutory rape)'을 법 영역에서 배제해야 한다고 확신하지는 않는다. 그러나 철저한 재검토가 절실히 요구된다는 신념에는 변함이 없다.—게일 루빈〕

69 〔이제는 당연하게도 인터넷이라는 정보의 바다가 누구에게나 열려 있다. 문제는 정보의 양이 아니라 질이다.—게일 루빈〕

70 〔타임 스퀘어 재개발 공사는 거의 끝나가고 이에 대한 문헌이 대거 쏟아져 나왔다. 몇 편을 소개한다. Delaney, *Times Square Red, Times Square Blue*; Papayanis, "Sex and the Revanchist City"; Eeckhout, "The Disneyfication of Time Square."—게일 루빈〕

71 이 용어는 유용한 논의가 많은 다음 책에서 빌린 것이다. Weeks, *Sex, Politics, and Society*, pp. 14-15.

72 다음을 참고. Spooner, *Vices Are Not Crimes*, pp. 25-29. 페미니즘 반포르노 담론은 도덕적 단속을 정당화하려는 전통적인 시도와 딱 들어맞는다. 페미니즘 반포르노 담론은 그러한 도덕적 단속 행위가 여성과 아동을 폭력으로부터 보호해준다고 주장한다.

73 "Pope's Talk on Sexual Spontaneity," *San Francisco Chronicle*, 13 November 1980, p. 8. 다음도 참고. 푸코, 『성의 역사』, pp. 106-107. 줄리아 페넬로페는 다음과 같이 주장한다. "오로지 성적이기만 하다는 꼬리표를 단 그 어떤 것도 우리에겐 필요 없다." 그리고 "섹슈얼리티의 측면에서 환상이란 우리가 아직 벗어나지 못한 남근 중심적인 '욕구(need)'일지 모른다(Julia Penelope, "And Now For the Really Hard Questions," p. 103)."

74 특히 다음을 참고. Walkowitz, *Prostitution and Victorian Society*와 Weeks, *Sex, Politics, and Society*.

75 *Moral Majority Report*, July 1983. 이 이미지에 주목하라고 조언해준 앨런 베루베에게 감사의 뜻을 전한다.

76 다음에서 인용. Bush, "Capitol Report," p. 60.

77   이 논문이 출간된 이래로 에이즈 관련 문헌과 그 사회적 파장이 급격히 퍼졌다. 주요한 텍스트 몇 편을 다음에 소개한다. Crimp, *AIDS*; Crimp and Rolston, *AIDS Demographics*; Fee and Fox, *AIDS: The Burdens of History and AIDS: The Making of a Chronic Disease*; Patton, *Sex and Germs and Inventing AIDS*; Watney, *Policing Desire*; Carter and Watney, *Taking Liberties*; Boffin and Gupta, *Ecstatic Antibodies*; Kinsella, *Covering the Plague*.

78   예를 들어, 다음을 참고. Lederer, *Take Back the Night*; Dworkin, *Pornography*. 다음도 좋은 자료들이다. *The Newspage*(샌프란시스코 포르노그래피 및 미디어의 폭력에 반대하는 여성)과 *The Newsreport*(뉴욕 프로노그래피에 반대하는 여성).

79   Barry, *Female Sexual Slavery*와 "Sadomasochism"; Raymond, *The Transsexual Empire*; Linden, Pagano, Russell, and Starr, *Against Sadomasochism*; Rush, *The Best Kept Secret*.

80   "다른 한편, 동성애 가부장 문화도 존재한다. 남성 동성애자들이 만든 이 문화는 관계 유형을 지배와 복종으로 파악하고 정서적 차원에서 성적 차이를 분리하려는 남자들의 고정관념을 반영하고 있다. 여성에 대한 깊은 혐오로 얼룩진 문화다. 남자 '게이' 문화는 레즈비언에게 '부치와 펨,' '능동과 수동,' '헌팅(cruising),' '사도마조히즘' 등의 모방 역할 고정관념과 '게이' 바의 폭력적이고 자기 파괴적인 문화를 권해왔다." Adrienne Rich, *On Lies, Secrets, and Silence*, p. 225. 다음도 참고. Rich, "Compulsory Heterosexuality and Lesbian Existence"; Pasternak, "The Strangest Bedfellows"; Gearhart, "An Open Letter to the Voters in District 5 and San Francisco's Gay Community."

81   Penelope, "And Now For the Really Hard Questions,"

82   Jeffreys, *The Spinster and Her Enemies*. 특히 7장 "Antifeminism and Sex Reform before the First World War"와 8장 "The Decline of Militant Feminism"을 눈여겨보라. 이러한 경향의 심도 있는 논의로 다음을 참고. Pasternak, "The Strangest Bedfellows."

83   Califia, "Among Us, Against Us," "Feminism vs. Sex," "The Great Kiddy Porn Scare of '77 and Its Aftermath," *Sapphistry*, "A Thorny Issue Splits a Movement," "Feminism and Sadomasochism," "What is Gay Liberation," "Public Sex,"

"Response to Dorchen Leidholdt," "Doing It Together," "Gender-Bending," and "The Sex Industry"; English, Hollibaugh, and Rubin, "Talking Sex"; Hollibaugh, "The Erotophobic Voice of Women"; Holz, "Porn"; O'Dair, "Sex, Love, and Desire"; Orlando, "Bad Girls and 'Good' Politics"; Russ, "Being against Pornography"; Samois, *What Color is Your Handkerchief*; Samois, *Coming to Power*; Sundahl, "Stripping for a Living"; Wechsler, "Interview with Pat Califia and Gayle Rubin"; Willis, *Beginning to See the Light*. 성 논쟁에 영향을 끼친 페미니즘 진영의 이데올로기 변천사를 개괄한 다음의 탁월한 논문을 참고. Echols, "Cultural Feminism." ('성을 찬성하는(pro-sex)'이라는 용어가 특히 마음에 들지 않는다. 이보다 더 나은 표현을 찾을 수 없어서 이 용어에 기대곤 했지만 말이다. 성을 비난하지 않는다는 표어를 달거나 섹슈얼리티에 관한 사회적 권력이라는 쟁점이 생기기만 하면 활동가와 이론가 무리는 어김없이 모여들었다.—게일 루빈)

84 Orlando, "Bad Girls and 'Good' Politics"; Willis, "Who Is a Feminist?"

85 Willis, *Beginning to See the Light*, p. 146. 진 버그먼(Jeanne Bergman)의 조언 덕분에 이 인용문에 주의를 기울일 수 있었다.

86 그 예로 다음을 참고. Benjamin, "Master and Slave," p. 297; Rich, review of *Powers of Desire*.

87 '자유방임주의 페미니즘' 혹은 '성적 자유방임주의'라는 딱지를 붙여서 페미니즘의 성 급진주의를 싸잡아 일컫는데, 여기에는 오해의 소지가 있다. 자유당(Libertarian Party)이 합의에 의한 성 행동을 단속하는 주정부에 반대하는 것은 사실이다. 우리는 주정부의 활동이 이 영역에 치명적이라는 것에 동의하고, 나역시 성법 대부분을 폐지하겠다는 자유당의 공약이 그 어떤 다른 정당의 공약보다 낫다고 생각한다. 그러나 교집합은 그뿐이다. 페미니즘의 성 급진주의는 전체에 영향을 주는, 사회적으로 구성된 불평등성과 다른 권력들의 개념을 필요로 한다. 이러한 분석에 의하면, 주정부의 성 규제는 탄압을 초래하고 강제하고 지배하는, 보다 복잡한 시스템의 일부이다. 또한 주정부는 성 규제에 이윤, 권력, 투자 등의 자체 구조를 개발하기도 한다.

이 글에서, 그리고 다른 글에서도 이미 설명한 바와 같이, 성법에서 합의라는 개념은 사회계약이나 임금 협상 때와는 다르게 작동한다. 성 행동에 대한 주정부의 개입과 규제의 성격, 횟수, 중요성을 분석할 때는 맥락을 고려해야지, 경제 이론에서 가져온 분석을 대충 대입해서는 안 된다. 삶의 다른 분야에서 당연시하는 어떤 기본 자유가 성 영역에는 없다. 만약 있다고 해도 각기 다른 성적 집단들의 구성원에게 똑같이 유용하지는 않으며, 다양한 성행위마다 다른 방식으로 적용된다.

88   Rich, review of *Powers of Desire*, p. 76.

89   Samois, *What Color is Your Handkerchief*와 *Coming to Power*; Califia, "The Great Kiddy Porn Scare of '77 and Its Aftermath"와 "Feminism and Sadomasochism."

90   최근에 제일 재미있게 본 이데올로기적 위선(ideological condescension)의 표현 사례는 다음과 같다. "사도마조히스트들이 모조리 '무가치한' 것은 아니다. 그들은 다른 사람의 평가보다는 자유를 제한하는 가치관에 저항한다. 그러면서 평범한 삶의 요건들을 이해하지 못하는 모습을 보인다." Phelan, *Identity Politics*, p. 133.

91   Orlando, "Power Plays"; Wilson, "The Context of 'Between Pleasure and Danger,'" 특히 pp. 35-42.

92   Taylor v. State, p. 214 Md, 156, 165, 133 A, 2d 414, 418. 이 인용문은 소수 의견문(dissenting opinion)에서 따온 것이지만, 현재 적용되는 법(prevailing law)에 따른 진술이다.

93   Beserra, Jewel, Matthews, and Gatov, *Sex Code of California*, pp. 163-165.

94   "Marine and Mom Guilty of Incest," *San Francisco Chronicle*, 16 November 1979, p. 16.

95   Norton, "Sex in America," p. 18.

96   People v. Samuels, 250 Cal. App. 2d 501, 513, 58 Cal. Rptr. 439, 447(1967).

97   People v. Samuels, 250 Cal. App. 2d at 513-514, 58 Cal. Rptr. at 447.

98   Valverde, "Feminism Meets Fist-Fucking"; Wilson, "The Context of 'Between Pleasure and Danger.'"

99   Benjamin, "Master and Slave," p. 292. 이외에 p. 286, pp. 291-297도 참고.

100   Ehrenreich, "What Is This Thing Called Sex," p. 247.

101   루빈, 「여성 거래」, p. 159(한국어판 93쪽), 이 책의 1장에 실렸다.

102 Ibid., p. 166(한국어판 101쪽).

103 푸코, 『성의 역사』, p. 106.

104 MacKinnon, "Feminism, Marxism, Method and the State: An Agenda for Theory," pp. 515-516.

105 MacKinnon, "Feminism, Marxism, Method and the State: Toward Feminist Jurisprudence," p. 635.

106 매키넌의 출판 활동도 활발해졌다. 다음 책도 참고. MacKinnon, *Feminism Unmodified and Toward a Feminist Theory of State.*

107 재닛 플래너(Janet Flanner)는 『순결과 불순(The Pure and the Impure)』 서문 p. 2에 『영그는 씨앗』에 나오는 이 구절을 원래 콜레트가 자신의 책 제목으로 삼으려 했다고 주석을 달아놓았다.

108 Steakley, *The Homosexual Emancipation Movement in Germany*; Lauritsen and Thorstad, *The Early Homosexual Rights Movement.*

109 D'Emilio, *Sexual Politics, Sexual Communities*; Bérubé, "Behind the Spectre of San Francisco"와 "Marching to a Different Drummer."

6장. 「성을 사유하기: 급진적 섹슈얼리티 정치 이론을 위한 노트」 후기

1 (이 후기와 7장 추기는 모두 연방 행정부가 공화당의 통치 하에 있던 12년간의 시기가 끝나고, 다시 말해 연임에 성공한 레이건과 단임에 그친 조지 H. W. 부시의 대통령 재임 기간 직후에 출판되었다. ─게일 루빈)

2 Page, "Minneapolis Mayor Vetoes Anti-Porn Law."

3 Page, "Indianapolis Enacts Anti-Pornography Bill."

4 법무장관 포르노그래피 위원회, *Final Report*; Vance, "Meese Commission"; Vance, "Porn in the USA"; Vance, "Dubious Data, Blatant Bias"; Vance, "Negotiating Sex and Gender in the Attorney General's Commission on Pornography"; Vance, "The Pleasures of Looking"; Lynn, *Rushing to Censorship*;

Lynn, *Polluting the Censorship Debate*; Duggan, "Of Meese and Women."

5   법무장관 포르노그래피 위원회, *Final Report*, pp. 433-442.

6   Ibid., pp. 442-458.

7   ACLU Arts Censorship Project, *Above the Law*; Reyes, "Smothering Smut"

8   "Justice Department Targets Distributors of Porn," *San Francisco Chronicle*, 12 January 1988; Malcolm Glover, "U.S. Closes Five Porn Shops in Bay Area," *San Francisco Examiner*, 21 March 1991, p. A6; Jeff Boswell, "Polk Street Bookstores Are Seized," *Bay Area Reporter*, 21 March 1991, p. AI; Jim Doyle, "4 Tenderloin Sex Shops, Movie Houses Seized," *San Francisco Chronicle*, 21 March 1991, p. A3; "Feds Close Bookstores," *San Francisco Examiner*, 1 April 1991, p. AI6; Keith Clark, "Smut, Art and the Rico Act," *Bay Area Reporter*, 28 March 1991, p. 14.

9   "Senate Votes to Limit Sex Programs on Cable," *San Francisco Chronicle*, 31 January 1992, D6; Paul Faihi, "Senate OKs Bill Allowing Renewed Cable TV Rules," *San Francisco Chronicle*, 1 February 1992, p. 1.

10   Nathan, *Women and Other Aliens*, pp. 116-167 ; Andriette, "The Government's War on Child Pornography"; Stanley, "The Hysteria over Child Pornography and Paedophilia."

11   Andriette, "New Weapons for the Sex Police." 앤드리에트는 그의 논문에서 이 법이 정교한 구분 없이 만들어졌다고 지적한다. 이 법에 따르면 인디애나 블루밍턴의 성 연구소(킨제이 연구소)의 조사도 법 위반이 될 수 있으며, 미술관이나 오래된 잡지인《내셔널 지오그래피》, 민족지학적 영화 또한 연방 아동-포르노그래피법을 침해했다고도 볼 수 있기 때문이다.

12   ACLU Arts Censorship Project, *Above the Law*, pp. 1, 19. [인터넷은 명백히 아동 포르노그래피를 포함한 모든 종류의 포르노그래피 배급에 새로운 방식을 제공하며 이 상황을 바꿔놓았다. 거대 온라인 아동 포르노그래피 배급 조직을 성공적으로 체포했다는 뉴스를 흔하게 볼 수 있다. 그러나 사이버 공간에서 실제로 돌아다니는 거래를 포착하는 것은 어렵다. 이 주제를 연구하는 것은 그 자체로 불법일 수 있다. 그러한 이미지를 온라인에서 보는 것만으로 개인들이 체포되었다는 기사가 있기 때문이다. 이러한 법의 문제로 이 주제를 학문적으로 다루는 연구자들 또한 위험에 처할 수 있기 때문에 이 분야는 거의 조사가 이루어지지

않고 있다. 따라서 대부분 경찰 보고서와 황색 저널리즘의 기사를 통해 그 지식을 얻고 있을 뿐이다.—게일 루빈)

13 법무장관 포르노그래피 위원회, *Final Report*, Rollins, "When Conservatives Investigate Porn"; Dorries, "Feminists Differ at Chicago Porn Hearing"; Page, "Feminists Stand Divided on Meese Commission Report"; "Statement of Catharine A. MacKinnon and Andrea Dworkin," Women Against Pornography press release, 9 July 1986; "Statement by Dorchen Leidholdt on Behalf of Women Against Pornography," Women Against Pornography press release, 9 July 1986.

14 법무장관 포르노그래피 위원회, *Final Report*, pp. 391–396.

15 "Statement of Catharine A. Mackinnon and Andrea Dworkin"을 보라. Women Against Pornography(1986. 7. 9) 보도자료, "Statement by Dorchen Leidholdt on Behalf of Women Against Pornography," *Women Against Pornography*(1986. 7. 9) 외설법에 대한 입장을 담은 보도자료.

16 (이 법안은 통과되지 못했다. 이와 관련해 이 책의 11장 참고.—게일 루빈)

17 Vance, "The War On Culture," "Misunderstanding Obscenity"와 "Reagan's Revenge."

18 Liz Lufkin, "Photographer's Life Put on Hold after Police Raid," *San Francisco Chronicle*, 25 May 1990, p. E3; Elizabeth Fernandez, "Film Developers Fear Porn Witchhunt," *San Francisco Examiner*, 8 July 1990, p. BI; Atkins, "Art Police Strike in S.F."; Mike Weiss, "The State vs. Jock Sturges"; Jim Doyle, "No Indictment in Child Porn Case," *San Francisco Chronicle*, 23 August 1991, p. A2; Jim Doyle, "U.S. Must Return Gear to Photographer," *San Francisco Chronicle*, 8 February 1991, p. A2.

19 Lisa Levitt Ryckman, "Nursing Mom's Inquiry Gets Child Taken Away," *San Francisco Chronicle*, 2 February 1992, p. A6.

20 Ibid.

21 Pela, "No Freedom of Gay Press."

22 제프리 에스코피어와 나눈 사적 대화에서.

23 Stamps, "Customs Releases Lesbian Erotica."

24 Cliff O'Neill, "Sex Survey Funds Transferred to Teen Abstinence Program," *Bay*

Area Reporter, 19 September 1991, p. 19.

7장 「성을 사유하기: 급진적 섹슈얼리티 정치 이론을 위한 노트」 추기

1   이 책의 6장이 바로 그 후기다.

2   Tamar Levin, "Canada Court Says Pornography Harms Women and Can Be
     Barred," *New York Times,* 28 February 1992, p. 1; Landsberg, "Canada."

3   (이 법안은 최종적으로 통과되지 못했다.─게일 루빈)

4   Syms and Wofford, "Obscenity Crackdown."

5   Diaz, "The Porn Debates Reignite."

6   Landsberg, "Canada," p. 15, 강조는 저자의 것.

7   "Sado-masochists Jailed for 'Degrading' Sex Acts," *Guardian*, December 1990;
     Rex Wockner, "SM Crackdown in London," *Bay Area Reporter*, 24 January 1991,
     p. 16; Rex Wockner, "London S/M Gays Fight Oppression," *Bay Area Reporter*, 21
     February 1991, p. 20; "Taking Liberties"; Feldwebel, "Two Steps Backward"; "SM
     Gays─SM and the Law."

8   Chris Woods, "SM Sex Was a Crime, Court Rules," *Capital Gay*, 21 February
     1992; Angus Hamilton, "Criminalizing Gay Sex," *Pink Paper*, 23 February 1992, 9;
     "S&M Is Illegal in England." (ReginavBrown; Thompson, *Sadomasochism*도 참
     고─게일 루빈)

9   "Buchanan's New Anti-Bush Ad Shows Gay Scenes from PBS," *San Francisco
     Chronicle*, 27 February 1992, p. A2; Susan Yoachum, "Buchanan Calls AIDS
     "Retribution," *San Francisco Chronicle*, 28 February 1992, p. 1; Elizabeth
     Kolbert, "Bitter G.O.P. Air War Reflects Competitiveness of Georgia Race," *New
     York Times*, 28 February 1992, p. A9; "Hitler's 'Courage' Etc.," *San Francisco
     Examiner*, 8 March 1992, p. A12; Dawn Schmitz, "Riggs, Buchanan Battle for
     Public TV," *Gay Community News*, 5-18 April 1992, p. 5; Jerry Roberts, "Quayle

Blames Riots on Decline of Family Values," *San Francisco Chronicle*, 20 May 1992, p. 1; Carl Irving, "Quayle: Marriage Is Key to Ending Poverty," *San Francisco Examiner*, 20 May 1992, p. A14; Marsha Ginsburg and Larry D. Hatfield, "'Murphy Brown' Furor Grows," *San Francisco Examiner*, 20 May 1992, p. 1; Jerry Roberts, "Uproar over Comments by Quayle," *San Francisco Chronicle*, 21 May 1992, p. 1; George Raine, "Quayle Planned Attack on 'Murphy,'" *San Francisco Examiner*, 21 May 1992, p. A1; "Bush Links Big-City Woes to Collapse of the Family," *San Francisco Chronicle*, 10 March 1992, p. A4; Torie Osborn and David M. Smith, "Are Gays Being Made '92's Hate Symbol?," *San Francisco Chronicle*, 9 March 1992, p. A21; Elaine Herscher, "Gays Under Fire in Presidential Race," *San Francisco Chronicle*, 26 June 1992, p. 1. 〔한 가지 변화를 덧붙이자면, 올해 연방 예산에서 논쟁이 된 항목 가운데 NEA와 PBS가 다시 부상했다. 동성애가 계속해서 잠재적인 정치적 인화점이 되어왔다. 여전히 동성 시민 간의 결혼 금지와 동성 배우자의 불공정한 혜택 유지에 중점을 두고 있긴 하지만 말이다.-게일 루빈〕

10   이 발의안에 대한 정보는 포틀랜드 사생활권리행동(PAC: Right to Privacy)과 오리곤 증오범죄방지 캠페인(Campaign for a Hate-Free Oregon)이 준비한 전단지를 근거로 한다. 〔오리건 시민연대 캠페인에 대해 더 많은 자료를 찾아볼 수 있다. 그 사례로 다음을 참고. Herman, *The AntiGay Agenda*; Stein, *The Stranger Next Door*; 그리고 다큐멘터리 영화 〈제9법안 찬반투표(Ballot Measure 9)〉.-게일 루빈〕

11   〔오리건 시민연대는 2000년대 초에도 계속해서 영향을 미치려 했다. 그 한 가지 예가 2009년 우간다에서 제안된 반동성애법이다(Bahati, "The Anti Homosexuality Bill, 2009"). 이 제정법 가운데 몇몇 동성애 행위에 대해 사형을 언도하도록 하는 조항이 가장 큰 주목을 받았다. 그러나 이 법에는 그 밖에도 동성애 행위에 대한 불고지죄만으로 장기 복역 형을 선고하는 등 다른 가혹한 징벌 조항이 많이 있다. 이 법의 초안은 2009년 미국에서 온 반동성애 활동가들이 발표했던 캄팔라 회의(Kampala conference)에서 촉발되었다. 그들 중에 스콧 라이블리(Scott Lively)가 있었다. 라이블리는 1990년대 초 오리건 시민연대 캠페인에서 활발하게 활동한 바 있다. 그는 헌신적인 반동성애 기독교 복음주

의자이고, 특히 동성애와 게이 권리를 나치당에 연결 짓는 기이한 주장을 포함해 풍부한 상상력을 소유한 홀로코스트 수정주의로 잘 알려진 인물이다(Lively, *Seven Steps to Recruit Proof Your Child*; Lively and Abrams, *Pink Swastika*). 라이블리와 케빈 에이브람스(Kevin Abrams)는 그들이 공저한 책에서 새뮤얼 아이그라(Samuel Igra)가 1945년에 출간한 악명 높은 텍스트『독일 국가의 부도덕(Germany's National Vice)』을 재활용했다. 아이그라는 그 책에서 나치주의를 독일 역사의 "독이 든 시냇물"이라고 칭하며 동성애에 관한 나치주의 입장을 비난했다. 이 책의 표지를 보면,

> 이 책은 독일의 잔학 행위-수용소에서의 고문, 수천 명의 유대인들을 가스로 질식사시킨 죽음의 방, 루블린의 소각로, 리디츠(Lidice)의 참상, 오라두르 쉬르 글란(Oradour-sur-Glane) 학살 등-가 부상한 도덕적 배경을 설명한다. 저자에 따르면 고문과 인간의 삶을 파괴하는 데 몰두한 독일의 열의는 하나의 기본적인 부도덕에서 기인한다. 부도덕은 독일의 정치 지도자들을 사회적으로 숭배하면서 양성되었다. 일반 사병들은 그 독에 푹 빠져 있었다. "가학적인 잔인함의 폭발에 대한 설명은 성적 도착, 특히 동성애가 독일에서 만연했던 것에서 찾아볼 수 있다. … 대량의 성적 도착이 아니라면 그렇게 갑작스러운 [폭력의] 폭발을 설명할 수 없다." 아이그라는 동성애라는 독이 든 시냇물이 튜터 기사단에서 기원한다고 주장한다. 이 시내는 … 제1차 세계대전 전야의 카이저 빌헬름 2세 치하에서 홍수가 임박한 최고 수위에 도달했다. 그리고 히틀러 체제에서는 둑 너머로 흘러 넘쳤고, 독이 든 채로 독일의 넓은 구역은 범람당해 침수되었다.

라이블리는 이후『독일 국가의 부도덕』의 일부를『독이 든 시냇물(The Poisoned Stream)』이라는 제목으로 재출간했다. 라이블리의 우간다 발표 비디오에서 그는 부치 동성애가 나치 범죄에 책임이 있으며, 또한 르완다 대학살의 가해자일 수 있다고 주장한다. 그러한 비디오를 유튜브에서 "우간다에서 그의 임무를 시작한 스콧 라이블리 목사!(Pastor Scott Lively on what HE started in Uganda!)," "우간다의 스콧 라이블리: 동성애자들(Scott Lively in Uganda: Gay People)," "우간다의 스콧 라이블리: 동성애의 원인은 무엇인가?(Scott Lively in Uganda: What Causes Homosexuality?)," "우간다에서 동성애 반대 설교를 하

는 스콧 라이블리(Scott Lively preaches against homosexuality in Uganda)"라는 제목으로 찾아볼 수 있다. 이 책이 인쇄될 때쯤 우간다 법은 보류되었지만, 열광적인 반동성애 정서와 활동에 대한 선동은 계속 진행되고 있다. 2011년 1월 우간다 게이 활동가 데이비드 카토(David Kato)가 자신의 집에서 맞아 죽었다 (Jeffrey Getdeman, "Ugandan Who Spoke Up for Gays Is Beaten to Death," *New York Times*, 27 January 2011).─게일 루빈)

8장 과거가 된 혈전: 「성을 사유하기」를 반추하며

밥 숀버그(Bob Schoenberg)와 앤 매터(Ann Matter), 그리고 '성을 재사유하기' 회의를 후원해준 펜실베이니아 대학의 여러 분과에 감사한다. 친절하고 관대한 논평을 해준 스티븐 엡스테인(Steven Epstein), 섀런 홀랜드(Sharon Holland), 수전 스트라이커에게도 감사한다. 특히 우리 모두를 다시 모이게 해주고 내 작업을 예우해준 헤더 러브에게 고마움을 전한다. 이 과정들을 너무나 잘 실행해준 멜라니 미시르(Melanie Micir)와 풀로미 사하(Poulomi Saha)에게도 감사한다. 이 논문에 도움을 준 헤더 러브, 캐럴 밴스, 클레어 포터(Claire Potter), 질 줄리우스 매슈스(Jill Julius Matthews), 앤드루 맥브라이드(Andrew McBride), 밸러리 트라우브(Valerie Traub)에게 감사를 표한다.

1   엘런 윌리스가 「성을 사유하기」의 최종 편집을 맡아준 것은 귀중한 특권이었다. 당시 편집은 오늘날의 표준 절차인 제한된 교정 교열과 달리 텍스트 전체를 완전히 점검하는 작업이었다. 엘런은 지금은 거의 사라져버린 편집 예술의 뛰어난 실행자였다. 나는 엘런의 뉴욕 아파트 바닥에 앉아 텍스트를 자르고 다시 붙였던 시절에 대해 애정이 듬뿍 담긴 기억을 지니고 있다.

2   예를 들면, 다음을 참고. B. Ruby Rich, "Is There Anything New under the Covers?" 리치는 「리뷰: 1980년대 페미니즘과 섹슈얼리티(Review: Feminism and Sexuality in the 1980s)」에서 *Pleasure and Danger*를 비롯해 서적 예닐곱 권을 포

괄하는 서평에서 「성을 사유하기」를 전혀 다루지 않은 채 나를 묵살했다. 마리 아나 발버드(Mariana Valverde)는 *Sex, Power and Pleasure*(pp. 16-18, 150-155, 198-203)에서 인용 출처를 밝히지 않고 내 것과 거의 동일한 개념어(예를 들어 '도미노 이론' 등)를 사용하면서 「성을 사유하기」를 혹평했다. 다른 이들처럼 발버드는 내 접근법이 분화된 사회적 권력에 대한 인식이 부족한 합의에만 '배타적으로' 초점을 맞추고 있다고 하면서 성적 합의에 대한 내 논의가 제기하는 복잡함에 대해 언급하는 것을 회피했다. 출판된 책이 아닌 강의에 대한 논평이기는 하지만 다음을 참고. Elizabeth Wilson, "The Context of 'Between Pleasure and Danger.'" 적대적인 서평의 예로는 다음을 참고. Jeffreys, Anti-Climax; Bat-Ami Bar On, "The Feminist Sexuality Debates and the Transformation of the Political." 미셸 아이나 버렐(Michèle Aina Barale)의 사려 깊고 성실한 논평인 "Review: Body Politic/Body Pleasured: Feminism's Theories of Sexuality, a Review Essay" 같은 반가운 예외도 있었다.

3 「성을 사유하기: 급진적 섹슈얼리티 정치 이론을 위한 노트」는 이 책의 5장에 수록되어 있다.

4 다음을 참고. Robin Morgan, *The Anatomy of Freedom*, pp.115; Ellen Willis, "Who Is a Feminist?"

5 역사가 네드 캐츠가 이 구호를 만들었다. 이 구호는 현재 레즈비언, 게이, 양성애, 트랜스젠더, 퀴어, 이성애 역사에 관한, 공동체에 기반의 비영리 웹사이트 www.outhistory.org에 사용되어 웹사이트를 빛내고 있다.

6 '성을 재사유하기' 회의 책자의 환영 인사는 펜실베이니아 대학 아트 앤 사이언스 스쿨의 웹사이트 www.sas.upenn.edu에서 찾아볼 수 있다.

7 Weeks, *Coming Out*. 다음도 참고. "The Historical Construction of Homosexuality"; Padgug, "Sexual Matters."

8 Kramer, "Queer Theory's Heist of Our History"; Brass, "Kudos to Kramer on Queer Theory"; Champagne, "Queer Theory Deserves a Fair Hearing"; Schneiderman, "In Defense of Queer Theory"; Kramer, "Letter to the Editor"; Yaeger, "To the Editor"; Brass, "Essentialism vs. Constructionism Redux"; Allard, "To the Editor."

9 아이들에 대해서는 다음을 참고. Aries, *Centuries of Childhood*; Fass, *Children*

of a New World; Mintz, *Huck's Raft*. 결혼에 대해서는 다음을 참고. Cott, *Public Vows*; Lawrence Stone, *The Family, Sex and Marriage in England 1500-1800*; Coontz, *Marriage, a History*, Simmons, *Making Marriage Modern*.

10 다음을 참고. Thompson, "Time, Work-Discipline, and Industrial Capitalism"과 *The Making of the English Working Class*; Finley, *Ancient Slavery and Modern Ideology*; Kelly, *Etoro Social Structure*.

11 이 패러다임 변화는 여러 연구자에게 다소 동시적으로 폭넓게 일어났다. 내 논문뿐 아니라 다음을 참고. Walkowitz and Walkowitz, "'We Are Not Beasts of the Field'"; Foucault, *The History of Sexuality*; Padgug, "Sexual Matters"; Hansen, "The Historical Construction of Homosexuality"; Walkowitz, *Prostitution and Victorian Society*; Vance, "Social Construction Theory"와 "Anthropology Discovers Sexuality"; Epstein, "A Queer Encounter"; Rubin, "Studying Sexual Subcultures"(이 책의 13장).

12 Rubin and Butler, "Interview."

13 두 명의 핵심적인 독립 학자로는 조너선 네드 캐츠와 앨런 베루베가 있다. 다음을 참고. Katz, *Gay American History*와 *Gay/Lesbian Almanac*, Bérubé, *Coming Out Under Fire*.

14 다음을 참고. Lewin and Leap, *Final Report of the Commission on Lesbian, Gay, Bisexual and Transgender Issues in Anthropology*.

15 D'Emilio, "Dreams Deferred: Part 1"과 "Dreams Deferred: Part 2"; Steakley, "The Gay Movement in Germany Part One," "The Gay Movement in Germany Part Two"와 "Homosexuals and the Third Reich"; Bérubé "The First Stonewall," "Behind the Spectre of San Francisco," "Lesbian Masquerade." For more on *Gay Community News*, Amy Hoffman's wonderful memoir, *An Army of Ex-Lovers: My Life at the Gay Community News*를 보라.

16 Bérubé, "Coming Out Under Fire."

17 Freedman, *Feminism, Sexuality and Politics*, p. 15.

18 D'Emilio, "Allan Bérubé's Gift to History" 참고.

19 Bérubé, "Lesbian Masquerade."

20 Bérubé, "The First Stonewall."

21 Bérubé, *Coming Out Under Fire*.

22 Garber, "A Spectacle in Color"와 "Gladys Bentley" 참고.

23 D'Emilio, *Making Trouble*, p. xl.

24 Goffman, *Stigma*.

25 Vance, "Invitation Letter."

26 『섹슈얼리티 회의 일지』의 대부분이 "Diary of a Conference on Sexuality, 1982: The GLQ Archive"로 재출판되었다.

27 Vance, *Pleasure and Danger*의 에필로그, p. 434.

28 Vance, "More Danger, More Pleasure," p. xxii.

29 Vance, epilogue to *Pleasure and Danger*, p. 434. 이 에필로그에서 밴스는 '도덕적 공황'보다는 '성 공황'이라는 용어를 소개했다. 이 용어는 처음 코언이 사용하고, 그리고 윅스와 내가 사용했다. 다음을 참고. Stanley Cohen, *Folk Devils and Moral Panics*; Weeks, *Sex, Politics, and Society*, pp. 14-15; Rubin, "Thinking Sex," pp. 297-298(이 책의 5장).

30 Alderfer, Jaker, and Nelson, *Diary of a Conference on Sexuality*, p. 47.

31 다음에서 인용. Brownmiller, *In Our Time*, p. 314.

32 Ibid., pp. 314-315.

33 Alderfer, Jaker, Nelson의 *Diary of a Conference on Sexuality*, 다음을 참고. Vance, *Pleasure and Danger*의 에필로그와 "More Danger, More Pleasure."

34 Vance, epilogue to *Pleasure and Danger*, pp. 433-434.

35 사도마조히즘에 반대하는 페미니스트 섹슈얼리티 연대(Coalition for a Feminist Sexuality and against Sadomasochism)의 "We Protest" 전단이 1981년 4월 바너드 성 회의에서 배포되었다. 게일 루빈 소장.

36 Willis, "Feminism, Moralism, and Pornography."

37 전단에 대한 긴 답장은 다음을 참고. "Letter to the Editor"; Willis, "Letter to the Editor"; Rubin, "Letter to the Editor."

38 다음에서 인용. Dejanikus, "Charges of Exclusion and McCarthyism at Barnard Conference," p. 5.

39 Ibid.에서 인용.

40 Leidholdt, "Back to Barnard," p. 30.

41 Gerhard, *Desiring Revolution*, p. 188.

42 Vance, *Pleasure and Danger*의 에필로그, p. 434.

43 Vance, "More Danger, More Pleasure," p. xxi.

44 Gould, *Juggling*, p. 200.

45 Gerhard, *Desiring Revolution*, p. 184. 기획위원회의 실제 회원 목록은 『일지』와 밴스의 *Pleasure and Danger*, p. xvii에 실려 있다. 그러나 린 챈서(Lynn Chancer)는 바너드 회의에서 사모아의 역할에 대해 또 다른 기발한 주장을 제공했다. 챈서는 사모아가 회의 기획에 연루되었다고는 생각하지 않았지만, 대신에 사모아가 그 갈등을 점화시킨 것에 책임이 있다고 했다. 챈서에 따르면 "이 분쟁의 핵심은 사모아라 불리는 서부 지역 레즈비언 단체의 요구였다. … 사모아는 다른 페미니스트 참석자들처럼 회의 패널의 대표 자격을 줄 것을 요구했다. … 결과적으로 바너드 회의의 기획자들은 성적 해방에 근거해 사모아가 참석할 권리를 옹호했다(Chancer, *Reconcilable Differences*, p. 207)." 사모아의 망령이 쉼 없이 거론되었지만, 사모아는 바너드 회의에 대해 어떤 요구도 하지 않았고 사전에 회의 측과 관계를 맺은 적도 없었다. 논란을 부추긴 것은 사모아가 아니라 WAP이다. 그중에서도 WAP 시위자들은 사모아의 모든 회원이나 후원자에게 결코 어떤 주제에 대해서도 발표를 허락해서는 안 된다고 주장함으로써 실질적으로 블랙리스트를 끈질기게 요구했다. 더 나아가 그 분쟁은 사모아와 사도마조히즘보다 훨씬 더 폭넓은 사안들과 관련하여 일어났다. 포르노그래피, 부치/펨, 레즈비어니즘, 페미니즘 그 자체에 대해 전혀 다른 전망을 보여준 논쟁들도 있었다. 챈서는 자신의 설명을 증명할 출처를 밝히는 아무런 인용도 제공하지 않았다. 그녀의 서지에는 『일지』나 『쾌락과 위험』, 심지어 편파적인 언론 보도도 포함하고 있지 않다.

46 Gould, *Juggling*, p. 200.

47 Vance, *Pleasure and Danger* 에필로그, pp. 431~432.

48 2010년 6월에 캐럴 밴스와 나누었던 사적 대화.

49 유포되었지만 출판되지 않은 안드레아 드워킨의 1981년 8월의 메모. 게일 루빈 소장. 《GLQ》 특집호에서 재출판되었기 때문에 『일지』에 대한 드워킨의 평가는 이제는 보다 쉽게 실제 내용과 비교해볼 수 있다. "Diary of a Conference on Sexuality, 1982: The GLQ Archive"를 보라.

50   Letters to the editor, *Off Our Backs* 12. 7 (1982): Gayle Rubin, p. 244; Amber
      Hollibaugh, p. 25; Shirley Walton, p. 25; Esther Newton, p. 25; Francis Doughty,
      p. 26. Letters to the editor, *Off Our Backs* 12. 8 (1982): Ellen Willis, p. 32; Joan
      Nestle, p. 32; Barbara Grier, p. 33. Letters to the editor, *Off Our Backs* 12. 10
      (1982): Samois, p. 26; Cleveland WAVAW, p. 26.

51   그러나 유용한 연대기와 날카로운 논평을 위해선 다음을 참고. Feminist Anti-
      Censorship Taskforce et al., *Caught Looking;Heresies: The Sex Issue* 12 (1981);
      Duggan and Hunter, *Sex Wars*.

52   다음을 참고. Lederer, *Take Back the Night*. 이 책은 초기 반포르노 페미니즘 운
      동에서 나온 가장 대표적인 논문 선집이다.

53   Brownmiller, *In Our Time*, pp. 301-303.

54   매키넌은 1982년과 1983년 《기호들(Signs)》에 실은 자신의 논문에서 지나가는
      말로 포르노그래피에 대해 언급한 적이 있지만 1983년 미니애폴리스 조례 이전
      에는 반포르노 운동에서 두드러진 인물은 아니었다. 다음을 참고. MacKinnon,
      "Feminism, Marxism, Method, and the State: An Agenda for Theory"와
      "Feminism, Marxism, Method, and the State: Toward Feminist Jurisprudence."
      Gayle Rubin, "Misguided, Dangerous, and Wrong"(이 책의 11장).

55   Russell and Griffin, "On Pornography," p. 11.

56   Ibid., 12. 러셀은 몇몇 S/M 영화에서 노골적인 성을 상대적으로 드러내지 않은
      것이 기소를 피하려는 시도의 결과라는 것을 인식하지 못했던 것 같다. 외설로
      고발하기 위한 노골성의 기준치에 S/M 관련물들이 못 미치는 경우가 자주 있
      었다.

57   캐럴 밴스는 미국 국가예술기금(NEA)을 둘러싼 1989년의 복잡한 시국에 대
      한 논문에서 '이것저것 적어놓은 긴 목록'에 수반된 수사적 전략을 명쾌하게 분
      석해준다. 다음을 참고. Vance, "Misunderstanding Obscenity." 특히 NEA 기금
      을 제한하는 헬름스 수정조항의 언어에 대한 밴스의 논의를 참고(ibid., p. 5i).
      더불어 잠재적으로 유도(誘導)적인 용어들이 반포르노 문헌에서 어떻게 사용
      되었는지, 그리고 그 의미가 어떻게 미끄러져 빠져나갈 수 있는지를 주의 깊게
      봐야 한다. 여기 인용된 러셀의 구절에서 찾을 수 있는 한 가지 예가 신체 훼손
      (mutilation)이다. 우리는 일반적으로 신체 훼손을 영구적인 손상을 일으킬 수

있는 심각한 부상으로 생각한다. 그러나 반포르노 텍스트에서 신체 훼손은 자주 성기 피어싱, 젖꼭지 링, 심지어 문신 같은 신체 변형의 실천을 가리킨다. 어떤 사람은 개성적인 장식이라고 생각하는 것을 다른 사람은 신체 훼손이라고 생각하는 것이다.

58 Russell and Griffin, "On Pornography," p. 13.

59 예를 들면, 이 책의 11장을 참고. Rubin, "Misguided, Dangerous, and Wrong."

60 Women Against Violence in Pornography and Media, "Who Are We?"

61 Women Against Violence in Pornography and Media, "Questions We Get Asked Most Often," 강조는 나의 것.

62 Samois, *What Color Is Your Handkerchief*, *Coming to Power*의 초판 뒤표지 안쪽에 인쇄된 이 단체의 신중한 성명서. 또한 다음을 참고. Rubin, "Samois"와 "The Leather Menace"(이 책의 4장).

63 Califia, "History of Samois."

64 Women Against Violence in Pornography and Media, "A Forum on S&M in the Women's Community," 전단, 1980. 게일 루빈 소장.

65 Samois, "This Forum Is a Lie About S/M" 전단. 게일 루빈 소장.

66 Linden, Pagano, Russell, and Starr, *Against Sadomasochism*. 린 챈서는 『사도마조히즘에 반대하며(Against Sadomasochism)』가 이후에 바너드 회의에 대한 응답으로 쓰였다고 잘못 진술한다(Chancer, *Reconcilable Differences*, p. 207). 챈서는 자신이 만든 연대기를 뒷받침할 그 어떤 문헌도 제공하지 않는다. 『사도마조히즘에 반대하며』는 회의가 열린 1982년에 나왔기 때문에 그렇게 빨리 회의에 대한 반응을 써냈다면 그것은 정말로 영웅적인 수준을 요구했을 것이다. 더 나아가 모든 개별 논문은 1975년에서 1981년에 나온 것으로 되어 있다. 『사도마조히즘에 반대하며』는 바너드 이전에 이미 진행되고 있었고 바너드 이전에 일어났던 베이 에어리어 논쟁에 뿌리를 두고 있다.

67 Williams, "Second Thoughts on Hard Core," pp. 47, 49.

68 Leidholdt and Raymond, The Sexual Liberals and the Attack on Feminism. 다음을 참고, *The Sexual Liberals and the Attack on Feminism*. 다음 또한 참고. Leidholdt, "A Small Group"; Hunter, "Sex-Baiting and Dangerous Bedfellows"와 "Modern McCarthyism"; Duggan, "The Binds that Divide."

69   Vance, "More Danger, More Pleasure," p. xxi.

70   Hunt, "Discord in the Happy Valley."

71   Fingrudt, "…An Organizer," p. 24.

72   이 회의에서 나는 처음으로 이브 세즈윅을 만났다. 이브의 논문 제목은 "Spanking and Poetry: Starting with the Fundamentals"였다. 이브 역시 몇몇 언론에서 표면상 S/M 모의에 참여했다며 공격받았다.

73   Multiple authors, "A Protest at the Emphasis of the Humanities Research Centre's 1993 Conferences," Australian National University, 9 March 1993, p. 1. 다음 설명을 참고. Sheila Jeffreys, *The Lesbian Heresy*, pp. 95-97.

74   Barbara Farrelly, "ANU Denies Conferences Showcase Anti-feminism," *Sydney Observer*, 19 March 1993.

75   Leidholdt and Raymond, *The Sexual Liberals and the Attack on Feminism*.

76   성매매 비범죄화에 반대하는 CATW 캠페인은 맨법을 지지하고 반성매매법 집행의 연방화를 지지한다. 다음을 참고. Dorchen Leidholdt, "'Successfully Prosecuting Sex Traffickers': Testimony before the Committee on the Judiciary, House of Representatives, United States"와 "Biography of Dorchen A. Leidholdt." 두 논문 모두 CATW 웹사이트 www.catwinternational.org에서 볼 수 있다. 제프리스는 또한 현재 페미니스트 반인신매매 및 반성매매 운동에 참여하고 있다. 다음을 참고. Vance, "Thinking Trafficking"; 그리고 Rubin, "The Trouble with Trafficking"(이 책의 2장).

77   Gerth and Mills, *From Max Weber*, 147.

78   성매매에 대한 내 논평은 본 저서 5장을 참고. Rubin, "Thinking Sex," pp. 157-158. 트랜스섹슈얼리티에 대한 논평은 다음을 참고. Rubin, "Thinking Sex," pp. 386, n. 46.

79   Chauncey, "From Sexual Inversion to Homosexuality."

80   APA, *DSM*.

81   APA, *DSM*, 2nd Edition.

82   APA, *DSM*, 3rd Edition.

83   Stryker, Transgender History, pp. 130-131.

84   Stryker, "Thoughts on Transgender Feminism and the Barnard Conference on

Women," p. 218.

85 다음을 참고. Raymond, *The Transsexual Empire*; House and Cowan, "Can Men Be Women?" 레이먼드에 대한 반응은 다음을 참고. Stone, "The 'Empire' Strikes Back"과 Riddell, *Divided Sisterhood*. 레이먼드 또한 반성매매 운동으로 옮겨갔으며 1994년에서 2007년까지 여성 인신매매에 반대하는 연합(CATW)의 공동 집행위원장을 역임했다.

86 예를 들면, 실라 제프리스의 *The Lesbian Heresy*. "게일 루빈은 1970년대에 쓴 논문인 「여성 거래」로 여성학계에서 유명해졌다. … 루빈은 섹스와 젠더는 필연적으로 연결되어 있다고 설명했던 『쾌락과 위험』에 수록된 이 논문을 **거부하고**, 이제는 성적 억압이라는 분리된 체계 … 즉, 섹스를 보는 데 있어서는 그다지 유용한 이론을 갖지 못한 페미니스트들에 의해서는 분석될 수 없는 체계의 존재를 받아들인다(p. 128, 강조는 나의 것)." 다음을 참고. Jeffreys, *Anticlimax*, p. 274. 반대되는 평가로, 애너메리 제이고스의 퀴어 이론과 페미니즘과의 관계에 대한 신중하고 상세한 논의를 참고. 제이고스는 퀴어 이론과 페미니즘 간의 간극이 과장되었다고 올바르게 지적한다. 그녀는 또한 내 논문이 "단호한 페미니즘적 창안"이라고 논평한다("Feminism's Queer Theory," p. 165).

87 Gerth and Mills, *From Max Weber*, p. 181.

88 Ibid., p. 190.

89 Ibid., p. 193.

90 다음을 참고. Best, *Threatened Children*, pp. 23-24. Fass의 *Kidnapped*와 Mintz의 *Huck's Raft*, pp. 335-371.

91 스티븐 앤젤라이즈(Steven Angelides)는 아동 성적 학대에 대한 문헌에서 이렇게 논평한다. "'아동'이라는 범주는 학술적 논의들에서 느슨하게 정의된다. 다섯 살 아이는 열다섯 살이나 열여섯 살 아이와 이론적으로 거의 구분되지 않는다." "Feminism, Child Sexual Abuse, and the Erasure of Child Sexuality," p. 149.

92 예를 들면 다음을 참고. Gresle-Favier, "Raising Sexually Pure Kids."

93 다음을 보라. Burlein, *Lift High the Cross*; Irvine, *Talk about Sex*; Levine, *Harmful to Minors*.

94 다음을 참고. 마이클 무어(Michael J. Moore)가 감독한 다큐멘터리 〈유산(The Legacy)〉; Gilmore, *GoldenGulag*; Domanick, *CruelJustice*.

95 "What Should You Really Be Afraid Of?"

96 Quindlen, "Driving to the Funeral."

97 성범죄자의 확장된 분류와 그것의 함의에 대한 매우 사려 깊은 분석은 다음을 참고. Fischel, "Transcendent Homosexuals and Dangerous Sex Offenders." 청소년 범죄자에 대해선 다음을 참고. Okami, "Child Perpetrators of Sexual Abuse"와 Levine의 "A Question of Abuse."

98 Fischel, "Transcendent Homosexuals and Dangerous Sex Offenders."

99 Angelides, "Feminism, Child Sexual Abuse, and the Erasure of Child Sexuality," p. 142.

100 Alderfer, Jaker, and Nelson, *Diary of a Conference on Sexuality*, p. 59.

101 Corber, *Homosexuality in Cold War America, and In the Name of National Security*; Chauncey, "The Postwar Sex Crime Panic"; D'Emilio, "The Homosexual Menace"; Eskridge, "Privacy Jurisprudence and the Apartheid of the Closet, 1946-1961"; Freedman, "Uncontrolled Desires"; Gerassi, The Boys of Boise; Graves, *And They Were Wonderful Teachers*; Higgins, *Heterosexual Dictatorship*; Johnson, *The Lavender Scare*; Miller, *Sex-Crime Panic*; Robbins, "The Library of Congress and Federal Loyalty Programs, 1947-1956"; Werth, *The Scarlet Professor*. 또한 세스 랜들(Seth Randall)이 감독한 〈1955년의 가을(The Fall of '55)〉도 참고.

102 Best, *Threatened Children*, p. 184.

103 Castells, *The City and the Grassroots*; Castells and Murphy, "Organization of San Francisco's Gay Community."

104 1980년대 초의 주거비 상승에 관해서는 다음을 참고. Fainstein, Fainstein, and Armistead, "San Francisco."

105 Rubin, "Thinking Sex," pp. 296-297(이 책의 5장).

106 Delany, *Times Square Red, Times Square Blue*. 또한 타임스 광장의 발전에 대해서는 다음을 참고. Papayanis, "Sex and the Revanchist City"; Eeckhout, "The Disneyfication of Times Square."

107 다음을 참고. Hartman et al., *Yerba Buena*; Hartman, *Transformation of San Francisco*; Hartman with Carnochan, City for Sale; Nowinski, No Vacancy, and Ira Nowinski's San Francisco. 다음 저서에 실린 노윈스키(Nowinski)의 사진을

주목. Solnit and Schwartzenberg, *Hollow City*. 주민 퇴거에 대한 설명에 대해선 다음을 참고. Groth, *Living Downtown*.

108 Rubin, "Thinking Sex," p. 296.

9장 카타콤: 똥구멍 사원

이 논문은 *Drummer 139*(May 1990)에 실렸던 글의 수정본이다.

1 카타콤에 대한 더 많은 읽을거리는 다음에서 찾아볼 수 있다. 21번가 카타콤에 대한 풍부한 지식과 애정 깊은 회고록은 다음을 참고. Jack Fritscher, *Drummer 23*, 1978. 이 논문에는 내부의 소중한 사진이 들어가 있다. 카타콤의 단골손님이었던 제프 마인스(Geoff Mains)는 자신의 경험을 반영한 여러 글을 썼다. 특히 다음을 참고. *Urban Aboriginals*, 6장; "View from a Sling," 1984; *Gentle Warriors*, 1989.

2 소마의 가죽족 역사에 대한 더 상세한 논의는 다음을 참고. Rubin, "Elegy for the Valley of the Kings," "The Miracle Mile," "The Valley of the Kings," "Requiem for the Valley of the Kings."

3 오일렌슈피겔 소사이어티의 설립에 대해 논의한 패트 본드(Pat Bond)의 인터뷰를 이 단체의 다음 출판물에서 찾아볼 수 있다. *Prometheus*, Introductory Issue, 1973. 혼성 S/M 공동체와 운동의 역사에 대해선 다음을 참고. Truscott, "San Francisco."

4 레즈비언 S/M 조직의 초기 시절에 대한 설명은 다음을 참고. Califia, "A Personal View of the Lesbian S/M Community and Movement in San Francisco."

5 마인새프트에 근거한 픽션과 그 장소를 묘사한 소개글은 다음을 참고. Cardini, *Mineshaft Nights*.

6 주먹성교(fist-fucking)는 주먹 먹이기(fisting), 주먹치기(handballing)로도 알려져 있다. 음경이나 딜도보다는 손과 팔을 신체 구멍에 삽입하는 데 사용하는

세스 기술이다. 주먹 먹이기는 주로 항문 삽입을 일컫는다. 물론 이 용어는 또한 손을 질에 삽입하는 행위를 가리키기 위해 사용되기도 한다. 게이 남성 중에 주먹성교를 하는 이들은 그들의 성적 실천을 위한 행위와 용어법을 풍부하게 발전시켜온 특정 하위 집단을 형성했다. 그들이 개발시켜온 것들 중에는 이런 것들이 있다. 손톱 관리(manicure): 에이즈가 덮쳐 오기 이전에 주먹성교자들은 부상을 최소화하기 위해 엄청나게 애를 썼다. 확실히 손톱이 직장 조직을 찢지 않게 하기 위해 매우 완벽한 손 관리를 요구했다. 주먹성교자들은 손톱 관리를 위해 손톱을 매우 짧게 자르고 돌출된 날카로운 모서리가 없어질 때까지 남아 있는 손톱을 다듬었다. 관수(douche): 미적인 이유와 건강상의 이유 모두를 위해 주먹성교자들은 특히 완전한 관장과 함께 직장과 결장을 깨끗하게 하는 습관을 키웠다. 깊고 반복된 관장은 관수로 불려졌다. 윤활제(lube): 편안한 항문성교에는 '루브(lube)'라고 축약해 불리는 인위적인 윤활이 필요하다. 편안한 주먹성교는 윤활제를 다량 사용해야 한다. 탑과 바텀: 주먹성교자들은 손을 제공하는 이를 '탑(top)'으로 구멍을 제공하는 이를 '바텀(bottom)'으로 부른다.

7 〔게이 세계의 많은 부분은 이와 같은 소규모 사업체들에 의해 건설되었다. 이런 사업을 통해 제한된 자본과 소규모의 손님에 기반한 개인이나 작은 집단들은 몇몇 종류의 대안적인 공적 공간을 만들 수 있었다. 그러나 소규모 사업의 형태가 공동체의 힘의 원천이긴 했지만 그것이 내재적 취약점이었다는 사실 또한 언급할 필요가 있다. 대다수의 게이/레즈비언들의 '공공재'가 사적 소유였기 때문에, 그곳을 이용하던 공동체는 (그 공공재와 같은) 사업체가 언제 어떻게 운영될지, 심지어 계속 운영될 것인지에 대한 통제 권한을 전혀 가질 수 없었다. 그런 시설들은 다양한 규제에 종속되어 있었지만 그것들은 일차적으로 소유자, 면허증 소지자, 건물 주인에 의해 통제당했다. 게이 바와 섹스 클럽은 이런 측면에서 프로 스포츠팀 같았다. 스포츠팀의 팬들은 팀과 동일시하고 그것들에 대해 소유욕을 느낀다. 그러나 그 마을에 머물 것인지 좀 더 번창한 시장이나 더 나은 스타디움 패키지를 위해 떠날 것인지를 결정하는 것은 실제 소유자이다.—게일 루빈〕

8 Truscott, "San Francisco." 소사이어티 오브 야누스의 1989년 12월 뉴스레터 *Growing Pains* 또한 신시아 슬레이터에게 헌정된 기념호였다.

9 〔패트는 지금의 패트릭 칼리피아(Patrick Califia)이다.—게일 루빈〕

10 프레드 허램의 회상은 소사이어티 오브 야누스 뉴스레터 *Growing Pains*의 1989년 8월호에서 찾아볼 수 있다.

11 〔이런 여성들의 파티에 대한 사랑스러운 회고문에 대해서는 Due, "Blackbeard Lost"를 보라.-게일 루빈〕

12 핫하우스는 또 다른 주목할 만한 가죽 지향의 성적 장소였다. 핫하우스는 폴섬과 해리슨 사이에 있는 5번가 374의 소마에 위치해 있었다. 1979년부터 1983년까지 핫하우스는 4층짜리 건물을 사용했고 그곳에는 많은 '판타지' 룸이 있었다. 루이스 개스퍼는 핫하우스의 주요 동력이었다. 그러나 다른 사람들도 개개인의 요구에 맞춘 판타지 룸을 디자인하고 건설하는 데 많은 도움을 주었다. 카타콤처럼 핫하우스 또한 엄청난 개성적인 비전이 수놓아진 사랑의 노동이었으며 자신만의 헌신적인 추종자 그룹을 갖고 있었다.

13 좀 더 최근에 발표된 에이즈 위기 감소 지침은 주먹성교를 할 때 고무장갑을 사용할 것을 권고하기 시작했다. 현재 샌프란시스코 에이즈 재단에서 나온 안전한 섹스 지침은 심지어 더 이상 주먹성교를 에이즈에 걸릴 수도 있는 위험한 실천으로 언급하지 않고 있다. 그러나 1987년까지도 장갑 없는 주먹성교는 다소 위험한 성 실천이라고 지침에 나와 있다. 1983년에 이뤄진 연구가 그런 평가를 내리는 데 인용된 유일한 참고문헌이다.

14 게이 남성의 사교 생활의 의미에 대해서는 다음을 참고. Bérubé, "The History of Gay Bathhouses."

10장. 미소년과 왕에 대하여: 부치, 젠더, 경계에 대한 성찰

제이 마슨은 대화와 격려를 통해 내가 이 논문을 쓸 수 있도록 인도해주었다. 닐로스 네버더레스(Nilos Nevertheless), 앨런 베루베, 제프리 에스코피어, 진 버그먼, 캐럴 밴스, 린 이든은 초안을 읽고 셀 수 없이 수많은 유익한 제안을 해주었다. 캐스 웨스턴(Kath Weston)은 진행 중인 그녀의 작업을 친절하게 공유해주었다. (내가 정말로 선호하는 방식인) 무자비한 편집을 해준 린 플레처(Lynne Fletcher)에게 감사한다. 물론 실수나 오인이 있다면 전적으로 나의 책임이다. 그런 결점들은 전적으로 나의 몫이다. 그러나 내가 여기까지 올 수 있도록 도와준 모든 이에게 감사한다.

1 "부치(Butch). 1. 남성적인 특징을 가진 레즈비언. 다이크를 보시오. 2. 남성미 넘치는 외양으로 〔남성〕 동성애자에게 매력을 발산하지만 그들을 거부하는 비동성애 남성. 동의어: 완전한 남성(all man); 부치 넘버(butch number) ⋯ 정력이 넘치는 남자(stud). 3. 말이나 패션이 남성적이고, 침대에서 남성스러운 〔게이 남성〕; 복종이 불가능한. 남자답게 행동해(Butch it up). 〔게이임을〕 '모르는' 친구나 알고 있는 경찰이 나타나 남자답게 행동하라고 〔게이 남성에게〕 경고하기. 부치 퀸(Butch queen). 남성미 넘치는 행동과 책임감 때문에 동성애자임을 감지하기 어려운 동성애 남성." Rodgers, *The Queen's Vernacular*, p. 39; 다이크도 보시오(pp. 70-71).

2 Kennedy and Davis, "The Reproduction of Butch-Fem Roles."

3 이 논문에서 나는 수많은 것을 당연시하고 있다. 나는 그것들에 대해서 직접적으로 다루지 않을 것이다. 나는 젠더화된 정체성, 역할, 행동이 신체적 몸에서 나오거나 내재적 속성이라기보다는 사회적 구성이라는 주장을 포함해, 20년 동안 지속된 섹스와 젠더의 범주에 대한 비판의 가치를 인식하고 있다. 젠더 범주와 정체성은 그럼에도 개인들이 경험하고 그들 자신을 표현하는 방식에 깊이 연루되어 있다. 나는 또한 정체성과 같은 용어들을 간단하게 사용하는 것이 어렵다는 수많은 비판을 인식하고 있다. 그러나 이 글에서 나는 용어법이나 이론을 엄격하게 사용하기보다는 젠더와 관련한 레즈비언들의 믿음과 레즈비언과 양성애 여성의 젠더 경험의 측면을 탐구하는 데 관심이 있다. 내가 대체로 레즈비언에 대해서만 논한다고 해서 양성애 여성을 배제하려는 의도를 갖고 있는 것은 아니다. 많은 양성애자 역시 유사한 문제와 경험을 갖고 있다.

게다가 나는 부치-펨 역할이 가부장제 억압의 유해한 잔여라는 논쟁, 혹은 반대로 부치-펨 역할이 '이데올로기 밖'에 놓여 있으며 젠더에 대한 내재적 비판을 체화하고 있다는 주장에 동참하는 것에는 관심이 없다. 첫 번째 입장과 관련된 진술을 읽기 위해서는 다음을 참조. Jeffreys, "Butch and Femme," pp. 65-95; 후자의 입장에 관련해서는 Case, "Towards a Butch-Femme Aesthetic," pp.

55-73. 제프리스에게 레즈비어니즘은 철학적 혹은 정치적 구원으로 가는 진정한 길이다. 그러나 제프리스가 생각하는 레즈비어니즘은 오직 '역할 없는 사랑을 하는' 레즈비언에 의해서만 성취될 수 있다(p. 90). 케이스는 부치-펨 역할이 "역사적으로 수동적인 〔여성〕 주체에게 주체성과 자기-결정을 부여한다"(p. 65)고 주장한다.

케이스의 접근이 제프리스보다는 훨씬 더 낫다. 그러나 두 분석 모두 레즈비언 행위를 지나치게 도덕적으로 만들어 부담을 준다. 레즈비어니즘 자체처럼 부치와 펨은 지배적인 젠더 체계 내에서 구조화된다. 레즈비어니즘처럼 부치와 펨은 그러한 체계에 저항하고 그것을 변형할 수 있는 수단일 수 있다. 레즈비언처럼 부치와 펨은 그런 체계를 유지시키는 기능을 할 수도 있다. 그리고 어떤 것도 그러한 체계들을 완벽히 벗어날 수 없다. '상호적이고 평등주의적인 레즈비어니즘'도 부치-펨도 그런 체계에서 벗어날 수 없다. 더 중요하게는 부치와 펨이 심판받거나 정당화되거나 가치 평가되거나 책임을 지우거나, 의의나 속성 같은 것에 근거해 거부되어서는 안 된다.

4   중성적(androgynous)이라는 표현은 또한 때때로 부치와 펨 사이 어딘가에 있는 여성들을 가리킬 때 사용되기도 한다. 중성적임은 남성과 여성 사이의 중간에 있는 누군가를 의미했고, 많은 전통적이고 고전적인 부치들은 매우 남성적인 신호와 눈치 챌 수 있을 정도의 여성의 몸을 함께 갖고 있다는 점에서 중성적이었다. 남성으로 성공적으로 패싱할 만큼 크로스 드레싱을 충분하게 한 이들은 중성적이지 않았다. 중성적이라는 용어가 부치와 펨 사이 어딘가에서 자기를 표현하는 개인들을 가리키게 되면서 이 용어의 더 오래된 의미는 사라졌다.

5   나는 내재적으로 '남성' 혹은 '여성'이 되게 하는 행동, 속성, 혹은 매너리즘을 전혀 고려하고 있지 않다. 여기서 나는 문화가 하나 혹은 또 다른 젠더 범주에 행동들을 부여하고, 따라서 젠더화된 의미는 다양한 행동의 결과라는 가정을 적용하고 있다. 그로 인해 개인들은 젠더의 의미와 분류법을 조작함으로써 젠더 순응, 젠더 일탈, 젠더 저항, 그리고 다른 많은 메시지를 표현할 수 있다.

6   Bayer, *Homosexuality and American Psychiatry*. 1973년의 결정 이전에도 동성애를 질병으로 분류하는 것에 반대하는 입장이 있었다. 그럼에도 여전히 동성애를 병리로 간주하고, 1973년 결정을 철회시키고자 하는 몇몇 치료사가 있었다. *DSM-III*에서 동성애를 삭제한 것이 분수령이 되었다.

7 트랜스섹슈얼리티에 대한 몇몇 양상을 포함해 젠더 문제에 대한 대략적인 개관을 위해서는 다음을 참조. Kessler and McKenna, *Gender*. FTM 트랜스섹슈얼을 위해서는 다음을 참조. Sullivan, *Information for the Female to Male Cross Dresser and Transsexual*과 Scheiner, "Some Girls Will Be Boys," pp. 20-22, 38-43.

8 모든 레즈비언이 젠더 위화감을 경험하는 것은 아니다. 젠더 위화감을 겪는 모든 여성들이 레즈비언이나 양성애자는 아니다. 예를 들면, 때때로 레즈비언들이 매력을 느끼고 (레즈비언들을 헷갈리게 만드는) 많은 이성애 여성들이 있다. 성애적으로 여성에게 끌리는, 그러면서 (심지어 여성의 몸을 갖고 있을 때에도) 이성애 남성으로 정체화하는 FTM 트랜스섹슈얼도 있다. 그리고 남성에게 매력을 느끼고 자신을 남성 동성애자로 생각하는 FTM 트랜스섹슈얼도 있다.

9 20세기 초의 역사적 맥락에서 '남자 같은 레즈비언(mannish lesbians)'에 대한 논의는 다음을 참조. Newton, "The Mythic Mannish Lesbian."

10 더 오래된 레즈비언 문화에는 부치 외에도 많은 용어들이 있었다. 황소(Bull), 황소 다이크(bull dyke), 황소 단검(bulldagger), 단검(dagger), 별난 촌놈(dag), 디젤 다이크(diesel dyke), 드랙 부치, 드랙 킹은 한때 흔하게 유통되었던 레즈비언을 일컫는 용어들이었다. 다음을 참조. Rodgers, *The Queen's Vernacular*, pp. 70-71.

11 부치 레즈비언과 FTM 트랜스섹슈얼의 연결에 대한 불편함에 대해서는 FTM 트랜스섹슈얼과 크로스드레서를 위한 뉴스레터 *FTM*에 실렸던 대단히 흥미로운 논의 교환을 참조. *FTM* 12호(June 1990, p. 5)에 실렸던 기사에서 시작돼 13호(September 1990, p. 3)와 14호(December 1990, p. 2)의 편지 형식의 칼럼으로 이어졌다. 관련된 논의 교환이 15호(April 1991. 2-3)에도 실렸다.

12 특히 다음을 참조. Butler, *Gender Trouble*, p. 23. 이 주제에 대한 것은 아니지만 버틀러에 대한 비평을 포함한 부치-펨 연구로는 다음을 참조. Weston, "Do Clothes Make the Woman?"

13 여성이 여성으로 분명하게 **정체화한다**는 개념은 성적 취향 및 특정 종류의 '정치적' 행동과 연결된다(Radicalesbians, "The Woman Identified Woman"). 여성으로 정체화하는 여성의 개념은 이 논의의 범위를 넘어선 문제다. 그러나 그 개념이 페미니즘과 레즈비어니즘을 유사한 것으로 보는 반면, '여성 동일시'는 당시에는 여성성 혹은 여성 젠더 정체성을 의미하지는 않았다. '남성 동일시'와 반대

로 '여성 동일시'가 종종 레즈비어니즘의 유의어나 완곡 어구로 사용되기는 해도 '여성적인(femme)' 것의 동의어로 취급되는 일은 드물다. 이 논문이 처음 발표되었던 1970년에는 페미니즘과 레즈비어니즘 사이의 뚜렷한 관계성이 흥미진진하고 선구적인 것이었음에도 불구하고, 페미니즘 성 정치 내에서 수많은 것이 엇나가면서 성적 경향, 젠더 정체성, 정치적 입장 사이의 차이를 인식하는 데 실패했다. 성적 선호, 젠더 역할, 정치적 입장은 서로 동등한 것으로 취급할 수 없다. 이것들은 서로를 직접적으로 결정하지도 서로를 반영하지도 않는다.

14 예를 들면, 다음을 참조. *On Our Backs*(1984-1991), *Outrageous Women*(1984-1988), *Bad Attitude*(1984-1991). 1980년대 레즈비언 스타일의 진화를 보기 위해선 다음을 참조. Stein, "All Dressed Up, but No Place to Go?"

15 Butler, *Gender Trouble*, p. 31. 게다가 부치만이 남성성의 상징을 갖고 노는 것은 아니다. 레즈비언 펨 역시 이성애 여성이 그런 것처럼 다양한 이유로 남성 복장을 갖고 놀 수 있다. 양복과 넥타이가 반드시 '부치가 되게 하는 것'은 아니다.

16 이것은 게이 남성의 용법과 유사하다. 게이 남성은 부치를 특히 남성적인 남성을 지칭하는 데 사용한다(Rodgers, *The Queen's Vernacular*). 게이 남성이 통념적으로 부치를 지칭할 때 농담 섞인 조롱으로 사용하는 방식에 대해서는 다음을 참조. Henley, *The Butch Manual*.

17 고전 레즈비언 소설의 잘 알려진 부치 캐릭터를 보면 부치 남성성의 계급 스펙트럼을 볼 수 있다. 비보 브린커(Beebo Brinker)는 백인 노동계급 부치성의 모범적 예이다(Bannon, *I Am a Woman, Women in the Shadows, Journey to a Woman*과 *Beebo Brinker*). 랜디 살렘의 크리스토퍼 '크리스' 해밀턴(Christopher 'Chris' Hamilton)은 교육을 잘 받은 중산층 계급의 백인 부치이다(Salem, *Chris*). 크로스 드레서로는 제시 캐넌(Jesse Cannon)(Salem, *The Unfortunate Flesh*)과 그 유명한 『고독의 우물(The Well of Loneliness)』(Hall)의 스티븐 고든(Stephen Gordon)이 있다. 그리고 부치는 이런 몇 가지 예가 표현하는 것보다 더 많은 형식을 취한다.

18 '탑'과 '바텀' 같은 성애적 역할과 부치와 펨 같은 젠더 역할 사이의 차이에 대한 논의는 다음을 참조. Newton and Walton, "The Misunderstanding."

19 결과적으로 레즈비언은 젠더, 섹스, 역할의 다른 순열들을 모델로 제공한다. 나는 레즈비언으로 정체화한 여성과 매우 여성적이고 여성으로 정체화한 게이 남

성으로 구성된 커플을 알고 있다. 이들은 엄격히 말하면 이성애 커플이다. 그러나 그 레즈비언 여성은 내게 자신이 그 남자 안에 있는 '여자'와 '레즈비언 섹스'를 한다고 말한 적이 있다.

20 Foucault, *The Order of Things*.

21 Douglas, *Purity and Danger*.

22 트랜스젠더 단체는 다양한 젠더와 그 젠더로 살아가고 그것을 이해하고 그것에 맞추는 방법에 대해 직접적으로 이야기한다. 어떤 레즈비언과 양성애 여성들은 현재 대부분의 레즈비언 공동체 내에서 볼 수 있는 젠더 다양성의 미묘함을 좀 더 정교하게 인식할 수 있게 해주는 맥락 속에서 자신들의 젠더 문제를 풀고자 하는 이들에게 매력을 느낀다.

23 San Francisco Lesbian and Gay History Project, "'She Even Chewed Tobacco.'"

24 Sullivan, *From Female to Male*. 설리번은 갈런드의 전기뿐 아니라 트랜스섹슈얼 문제에 대해 많은 저작을 내놓았으며 1987년부터 1990년까지 FTM 뉴스레터 편집을 맡았다.

25 게이 남성이 게이 남성에 동일시하는 FTM을 어떻게 대하는지에 대해 짐작해 보는 것은 흥미롭다. 전통적으로 게이 남성 공동체는 MTF 복장 전환자와 트랜스섹슈얼들을 비교적 잘 대해왔다. 반면, 레즈비언 공동체는 그렇지 않았다. 그러나 게이 남성은 현재 그 기원을 감지할 수 없는 남성 성기를 갖고 있거나 혹은 아예 갖고 있지 않은 남성이 된 여성들과 대면하고 있다. 나는 게이 남성들이 균형을 잘 잡고 이러니저러니 말할 것 없이 게이 FTM들을 수용하기 위한 도전과 마주하기 바란다.

26 "Genetic Lesbians."

27 다음을 참조. "Festival Womyn Speak Out." 1991년 미시간에서 S/M은 큰 쟁점이 아니었으며 미국레즈비언회의(National Lesbian Conference)에서 S/M에 대한 논란이 전혀 없었다는 점을 강조하는 것은 흥미롭다. 그보다는 더 나을 것이라고 기대한 이들인 레즈비언들이 획일적인 적대를 위한 표적을 필요로 하는 것처럼 보였다는 것이 나를 슬프게 한다.

28 미움받던 여성이 성전환을 시작하면, 성전환은 그/녀를 제거하기 위한 손쉬운 구실이 된다. 부치에게는 관용되었던 몹시 불쾌한 행동이 FTM의 경우에는 종종 참을 수 없는 것이 된다. 낙인찍힌 여타 집단처럼 트랜스섹슈얼의 행동에도

아주 엄격한 기준이 적용되곤 한다.

11장 오도된, 위험한, 그리고 잘못된: 반포르노그래피 정치에 대한 분석

[이 논문은 출판의 지질학적 힘이 다양한 시기에 걸쳐 모은 퇴적물이 쌓여 완성되었다. 마치 접혀진 고대 해저처럼 만들어진 형성물은 시대착오의 아찔한 순간들을 겪었다. 이 논문을 적절하게 업데이트하기 위해서는 큰 수술이 필요하다. 그래서 나는 여기서 최소한으로만 새로운 층을 추가해, 그 이전의 층에 역사적 맥락을 부여하려고 했다. 이 논문은 애초에 1986년 3월 26일 캘리포니아 샌프란시스코에서 열린 NOW의 포르노그래피 공청회에서 증언으로 제출된 발언을 수정한 것이었다. 이 공청회는 대략 비슷한 시기에 열린 포르노그래피에 관한 법무장관 위원회의 공청회에서 영향을 받았다. 공청회가 끝나자마자 나는 이 공청회에서 나온 발언들의 선집에 포함시킬 글을 NOW에 보냈다. 이 선집은 전국의 NOW 사무실에 비치되었고, 나는 그 기간이 얼마나 길어질지 몰랐다. 1992년 출판을 위해 여기에 있는 판본을 편집할 때 참고문헌을 업데이트하고 최근 역사에서 일어난 것을 반영하는 등 변화가 있었다. 하지만 나는 수정을 최소화하려고 했다. 이제 20여 년이 지났다. 현재의 원고를 위해 나는 다시 한 번 이 논문을 가능한 한 최초의 판본에 가깝게 둔 채로, 시간의 흐름을 반영하고 참고문헌을 더하는 등의 최소한의 수정만을 가했다. 정치적 지형과 규제 장치가 중요한 변화를 겪긴 했지만 포르노그래피에 대한 페미니스트 논쟁의 기본은 많이 바뀌지 않았다. 반포르노 진영의 근거 자료와 논리적 불충분함은 거의 논의되지 않으며, 그들의 주장은 여전히 많은 지지를 받는다. 그래서 나는 이 논문을 불행하게도 내가 알던 것보다 더 선지적인 특정 시대의 양식으로 남긴다. 이 논문의 유용함은 이 글이 갖고 있지 않은 최신 서지나 성적 재현의 정치적 조건에 대한 최신 평가에 있는 것이 아니라, 반포르노그래피 페미니즘 입장의 분석 구조와 실증적 주장에 대한 도전에 있다. 그 여제는 여전히 옷을 입고 있지 않다.─게일 루빈]

1   페미니즘에서 반포르노그래피 분석의 초기 근원에 대한 논의는 다음 참고.
     Echols, *Daring to Be Bad*, pp. 288-291, 360-364n.

2   Lederer, *Take Back the Night*, pp. 15-16, 23.

3   이 시기 페미니즘에서 나온 상징적 선집은 다음과 같은 고전을 포함한다. Gornick
     and Moran, *Women in Sexist Society*; Miller, *Psychoanalysis and Women*; Mitchell
     and Oakley, *The Rights and Wrongs of Women*; Koedt, Levine and Rapone,
     Radical Feminism; Morgan, *Sisterhood Is Powerful*.

4   Russell and Lederer, "Questions We Are Asked Most Often," pp. 23-29.

5   나는 WAVPM이 개최한 많은 교육적 발표회에 참석했다. 그리고 그 발표회에서
     는 그들의 기초적인 주장에 대한 질문이 허용되지 않았다. 질문은 그들의 프로
     그램을 이행하는 데 관련된 것으로 제한되었고, 다른 이슈를 제기하려는 사람
     들은 무시당하거나 쫓겨났다. 유사한 경험을 위해서는 두 종류의 WAP 슬라이
     드 쇼와 순방을 참고. Webster, "Pornography and Pleasure," pp. 48-51; D'Emilio,
     "Women Against Pornography," pp. 19-26.

6   그사이 수사적 공격이 달아올랐다. 오늘날의 반포르노 도그마를 거부하는 페
     미니스트들은 남성 지상주의를 지지한다고 고발당하며 페미니즘을 공격한다
     고 설명되는 '엉클 톰'(남성들에게 잘 보이려고 하거나 아첨하려고 한다는 의
     미-옮긴이)이라고 불린다.
     　　이를 보여주는 예시 텍스트로는 다음 참고. Jeffreys, *Anticlimax*, pp. 260-
     286과 Leidholdt and Raymond, *The Sexual Liberals and the Attack on Feminism*.
     *Pornography and Civil Rights: A New Day for Women's Equality*에서 캐서린 매
     키넌과 안드레아 드워킨은 말한다. "포르노그래피 페미니즘은 없다. 우리의 정
     당한 차이는 포르노그래피와 싸우는 법에 초점을 맞추는 것이다(p. 83)." 또한
     "포르노그래피에 대한 비판은 페미니즘이 남성 지상주의에 대해 방어하는 것
     이다(MacKinnon, *Feminism Unmodified*, p. 146)." 나는 이에 반대한다. 매키넌
     과 다른 반포르노 페미니스트들의 글에서, 포르노그래피 비판은 남성 지상주
     의에 대한 비평을 대신하는 것이다.

7   그런 용법적 착각은 페미니스트 담론을 계속해서 괴롭힌다. 보다 업데이트된 버
     전은 포르노그래피를 여성 종속 그 자체의 동의어로 사용한다. 그리고 남성 지
     상주의에 대한 반대를 포르노그래피에 대한 반대와 등가로 놓는다.

8   Willis, *Beginning to See the Light*, pp. 145-146. 윌리스는 "페미니스트의 토대는 여성이 남성과 동등하다는 것이고 남성 쇼비니스트의 토대는 여성은 열등하다는 것이다. 진실은 그 사이 어딘가에 있다는 것이야말로 편파적이지 않은 관점이다"라고 말한다. 나는 종종 그녀의 말을 다음과 같이 바꾸어 말한다. 게이운동의 관점은 동성애자들이 마땅히 평등을 누리고 존중받아야 한다는 것이다. 네오 파시스트 동성애 혐오주의자의 관점은 동성애자들은 병들었고 감금, 처벌, 제거되어야만 한다는 것이다. 그 가운데에 어떤 입장이 있는가?

9   레더러 선집에 추가하여 다른 주요 반포르노 텍스트들은 다음 참고. Dworkin, *Pornography and Right-Wing Women*; Griffin, *Pornography and Silence*; Dworkin and MacKinnon, *Pornography and Civil Rights*; Mackinnon, *Feminism Unmodified* and *Toword a Feminist Theory of State*; Brownmiller, *Against Our Will*; Barry, *Female Sexual Slavery*.

10   샌프란시스코의 《On Our Back》, 보스턴의 《Bad Attitude》와 《Outrageous Women》, 영국의 《Quim》, 호주의 《Wicked Women》은 몇 안 되는 레즈비언 기반의 섹스 관련 출판물이다. 모두 정부 혹은 공동체의 검열 대상이다.

11   Russell and Lederer, "Questions We Are Asked Most Often," p. 24. 키어니와 노스 비치는 결박물 관객을 상대로 하는 극장이었다. "당신이 '포르노그래피와 매체에서의 폭력'에 대해 반대한다고 말할 때, 어떤 이미지를 말하고 있는 건가"라는 질문을 받으면, "우리는 샌프란시스코의 키어니 시네마에서 상영되는 것 같은 영화들을 말하고 있는 것이다"라고 대답했다.

12   드워킨은 "《펜트하우스》는 아시아 여성들을 나무에 매단다"라고 불평하면서 이 기사를 언급한다. Dworkin and MacKinnon, *Pornography and Civil Rights*, p. 63.

13   1980년대 초반 S/M 행위자를 위한, 그리고 행위자에 의한 상업적인 S/M 에로티카를 생산하자는 운동이 있었다. 이는 성공적으로 끝나서 〈K의 이야기(Story of K)〉(Film Company, 1980), 〈고통으로의 여행(Journey into Pain)〉(Loving s/m production, 1983)과 같은 고전 영화가 나왔다. 아이러니하게도 이 영화들은 성애물에 대한 엄격한 법적 환경의 증가로 인해 현재는 미국 어디에서도 구할 수 없다.

14   슬라이드 쇼에 대해서는 다음 참고. Webster, "Pornography and Pleasure,"

D'Emilio, "Women Against Pornography," 〈Not a Love Story: A Film about Pornography〉는 포르노그래피에 대한 다큐멘터리이기를 주장했다. 이 영화는 보니 셔 클라인(Bonnie Sherr Klein) 감독, 도로시 토드 헤노(Dorothy Todd Henaut), 스튜디오 D, 캐나다 국립필름위원회(National Film Board of Canada) 제작의 1981년도 작품이다.

15 Cameron, *The Psychology of Homosexuality, AIDS, the Blood Supply, and Homosexuality (What Homosexuals Do in Pulbic Is Offensive, What They Do in Private Is Deadly)*; *What Homosexuals Do (Its More than Merely Disgusting)*; *Criminality, Social Disruption, and Homosexuality (Homosexuality IS a Crime against Humanity)*; *Homosexuality and the AIDS threat to the Nation's Blood Supply*; *Child Molestation and Homosexuality (Homosexuality Is a Crime against Humanity)*.

16 Cameron, *Murder, Violence, and Homosexuality (What Homosexuals Do in Pulbic Is Offensive, What They Do in Private Is Deadly)*. 같은 소책자에서, 캐머론은 나치가 "동성애자 권리당으로 출발했다"고 주장했다.

17 Kendrick, *The Secret Museum*.

18 내가 이 원고를 출판하려고 준비할 때 이 부분에 대해 상정된 연방정부의 법안이 있었다. 아래 미주 26을 참고.

19 Longino, "Pornography, Oppression, and Freedom," pp. 40-54, 특히 pp. 42-46, 강조 첨부.

20 Dworkin and MacKinnon, *Pornography and Civil Rights,* p. 36; MacKinnon, *Feminism Unmodified*, p. 148.

21 National Organization for Women, *Hearings on Pornography*.

22 법무장관의 포르노그래피 위원회, *Final Report*; Vance, "Porn in the USA: The Meese Commission on the Road," "The Pleasure of Looking: The Attorney General's Commission on Pornography vs. Wisual Images," "Negotiating Sex and Gender in the Attorney General's Commission on Pornography"; Segal and McIntosh, *Sex Exposed*. 현재 몇몇 주는 딜도와 인공 질을 금지했으며, 1975년 캐나다 대법원은 성기 모양의 바이브레이터와 고무 인형이 '외설적'이라고 판결했다.

23 Ellen Willis, untitled columns, *Village Voice*, 15 October 1979, 8 & 12 November 1979, 8. 이 두 개의 글은 Willis, *Beginning to See the Light*에 "Feminism, Moralism, and Pornography"로 재출판되었다.

24 Steinem, "Erotica and Pornography," pp. 53-54, 75, 78.

25 Scope, "Erotica Versus Pornography: An Exploration."

26 실제로 드워킨은 더할 나위 없이 잘 말해주었다. "에로티카는 단순히 고급 포르노그래피, 즉 더 잘 생산되고 더 잘 상상되고 더 잘 집행되고(executed) 더 잘 포장되고 더 나은 계급의 소비자를 위해 디자인된 포르노그래피다." *Pornography*, 쪽수 표기 안 된 서문의 두 번째 쪽.

27 Rob Stein, "Medical School Sex Film Wars," *San Francisco Examiner*, 15 January 1986, pp. AA-55.

28 McCormack, "Appendix 1"; Henry, "Porn Is Subordination?," pp. 20, 24. 1984년 논문 이전에도 앨리스 헨리는 종종 *Off Our Back*의 지면을 통해 반포르노 정치에 대한 지지를 표명해왔다. 그러나 이 예리한 논문에서 그녀는 실증주의적 연구의 주장에 대해 회의를 드러내고 있다(새로운 반포르노 법령의 타당성뿐 아니라).

29 Donnerstein, "Aggressive Erotica and Violence against Women"; Malamuth and Donnerstein, *Pornography and Sexual Aggression*.

30 Zillman and Bryant, "Effects of Massive Exposure to Pornography." "X-Rated Flicks Cool People to Real-Life Sex," *San Francisco Examiner*, 23 April 1986, p. A7.

31 Donnerstein and Linz, "The Question of Pornography"; Daniel Goldman, "Researchers Dispute Pornography Report on Link to Violence," *New York Times*, 17 May 1986, 1, p. 7; Connerstein, "Interview." 이 논문은 매우 시대에 뒤떨어졌다. 그래서 전면적인 수정이 요구되었다. 그러나 나는 그대로 두는 것을 택했다. 이 지점에서 원재료의 폭주가 있었다. 가장 밀접한 관련이 있는 것은 Donnerstein, Linz, and Penrod, *The Question of Pornography*, 특히 6장, "Is It the Sex or Is It the Violence?"이다. 이 책은 또한 미즈 위원회가 연구 데이터를 잘못 사용하고 있다는 비판을 포함하고 있다. 미즈 위원회의 여성 위원 중 주디스 베커(Judith Becker) 박사와 엘런 러바인(Ellen Levine) 두 명은 위원회의 결론과

그 결론이 도출된 과정에 대해 강하게 비판했다. 그들은 반대 의견 보고서를 통해서 다음과 같이 말했다. "사회과학 연구는 포르노그래피에 대한 노출과 성범죄에 대한 연구 사이의 관계를 평가하도록 고안되지 않았다는 것을 언급해야만 한다. 그러므로 현재의 데이터를 이러한 행위들이 우연히 연결되었다는 증거로 취급하려는 노력은 단순하게 받아들여질 수 없다. 더구나 사회과학은 위원회 보고서가 초점을 두고 있는 것에 대해 해를 끼치는 말을 하지 않는다." (법무장관의 포르노그래피 위원회, *Final Report*, p. 204).

32 폭력과 여성 종속 사이의 관계에 대해 반포르노그래피 운동과 완전히 다른 관점은 다음 참고. Baron, "Pornography and Gender Equality," pp. 363–380.

33 Mackinnon, *Feminism Unmodified*, pp. 53–54, 146–150, 198–201; *Toword a Feminist Theory of State*, pp. 138–144, 197–199.

34 National Organization for Women, *Hearings on Pornography*.

35 [가장 초기의 등장 이래, 반포르노 수사학은 '스너프 영화'가 마치 실제 장르가 있는 것처럼, 실제 살인을 기록하는 것처럼 지칭했다. 그러나 스너프 영화는 도시 전설이었다. 『하드코어(Hard Core)』에서 린다 윌리엄스는 그 신화를 해체하는 데 여러 페이지(pp. 1889–1895)를 할애한다. 그녀에 따르면 원래 영화 〈스너프(Snuff)〉는 전혀 "포르노그래피 장르에는 속하지 않"으며, 더 나아가 영화가 포착한 살인은 대부분의 영화처럼 특수효과의 산물이다. "〈스너프〉에 대한 격렬한 항의는 뉴욕 시 검사가 영화 제작 환경을 조사하고, 마지막 장면에서 살해당한 것으로 여겨지는 여배우와 인터뷰하도록 만들었다. 그 거짓말이 폭로된 후에도 스너프라는 생각은 계속해서 상상력을 사로잡고 있다." Williams, *Hard Core*, p. 193.–게일 루빈]

36 Dworkin, *Pornography*, p. 201.

37 Samois, *Coming to Power*; Weinberg and Kamel, *S and M*; Mains, *Urban Aboriginals*; Stoller, *Pain and Passion*; Thompson, *Leatherfolk*; Grumley and Gallucci, *Hard Corps*; Rosen, *Sexual Magic and Sexual Portraits*.

38 나는 이 표현을 1980년대 중반 여러 개의 구술 발표에서 들었다고 기억한다. 비록 그 구절이 매키넌의 출판 버전(National Organization for Women, *Hearings on Pornography: Materials on the Personal Testimony of NOW Activists on Pornography*)에는 빠져 있기는 하지만, 나는 NOW의 포르노그래피 공청회에

서 이 말을 들었다.

39 Delacoste and Alexander, *Sex Work*; Jaget, *Prostitutes*; Pheterson, *A Vindication of the Rights of Whores*; James et al., *The Politics of Prostitution*.

40 Dworkin, *Pornography*, p. 200, 강조는 나의 것.

41 Dworkin, *Right-Wing Women*, p. 223, 강조는 나의 것.

42 Ibid., pp. 222, 228-229.

43 [이 논문이 나온 이후 성애적 재현의 초기 현대 유럽적 형태에 대한 매우 훌륭한 역사적 작업이 폭발적으로 출간되었다. Hunt, *The Invention of Pornography*; Peakman, *Mighty Lewd Books*; Cryle, *Geometry of the Bouduio*; McCalman, *Radical Underworld* 등은 그중 아주 소수에 불과하다. 이 작업은 연대기와 분류학에 대해 여기서 언급될 수 없는 많은 문제를 제기했다. 그러나 그것이 포르노를 고발하는 페미니스트의 입장에 반대하는 내 짧은 글에는 영향을 미치지 않았다고 생각한다. 에로티카를 18세기 포르노그래피라고 부르든 난봉꾼 문학이라고 부르든, 이 장르들은 복잡하고 역사적으로 특정한 특징을 갖고 있음이 분명하다. 이 특징은 반포르노 운동의 분석 체제에는 맞지 않는다. 린 헌트가 말하듯이 "19세기 초반 이전, 포르노그래피는 쓰이거나 시각화된 재현물이라는 완전히 분리되고 변별적인 범주를 구성하지 못했다. … 포르노그래피는 거의 항상 18세기 중반 혹은 후반까지 다른 것을 가리키는 형용사였다. 그럼에도 불구하고 포르노그래피는 천천히 분리된 장르로서 나타났다. … 법적, 예술적 범주로서 포르노그래피는 특히 특정한 연대기와 지리학을 가진 서구적 생각인 것처럼 보인다(『포르노그래피의 발명(The Invention of Pornography)』, pp. 9-10)."-게일 루빈]

44 Dworkin, *Pornography*, pp. 199-200. 이 미심쩍은 역사와 가짜 어원학은 반포르노 문헌에서 반복적으로 나타난다. 반포르노 문헌은 이를 포르노그래피에 반대하는 핵심 주장으로 사용하곤 한다. 『포르노그래피와 시민권』에서 매키넌과 드워킨은 다음과 같이 말한다. "우리는 아무 어려움 없이 포르노그래피가 서구 고대 그리스까지 거슬러 올라간다는 것을 추적했다. 포르노그래피는 그리스 단어이다. … 이는 글쓰기, 스케치, 혹은 실제 삶에서 고대 그리스의 성노예로 가둬진 여성들에 대한 그림이다. 우리가 어디까지 거슬러가더라도 포르노그래피는 항상 착취, 품위 저하, 그리고 강요된 섹스로 여성을 범하는 것과 관련된

다(p. 74)." 《미즈》의 기사 「에로티카와 포르노그래피」에서 글로리아 스타이넘은 에로티카와 포르노그래피의 구분에 이 토대를 적용했다.

45 사실 켄드릭이 지적한 대로(*The Secret Museum*, p. 11), 그 용어가 고대 그리스에 존재하긴 했다. 그러나 드워킨이나 19세기 학자들이 성적 자료에 대해 제시한 의견에 가장 가까운 것을 찾는 것은 고사하고 포르노그래피라는 용어는 현존하는 그리스 텍스트에 거의 등장하지 않는다. 따라서 이는 고대 경험에서 의미 있는 범주의 지표가 될 수 없다(존 J. 윈클러[John. J. Winkler]와 1986년에 나눈 사적인 대화에서).

〔이 논문을 쓰고 나서 몇 년 뒤 나는 1970년 찰스 키팅의 외설 및 포르노그래피에 관한 위원회 보고서의 반대 의견에서 유사한 수사적 전술, 즉 고대 그리스에 현대의 반포르노 입장을 부여하는 전술을 발견했다. 그리고 그것을 이 현재 버전의 도입부에 제사로 포함시킨다. 드워킨, 스타이넘, 매키넌, 그리고 다른 반포르노 페미니스트들은 그들의 어원적 분석을 키팅에게서 가져왔는가? 그렇다면 그들은 그 원전을 확인했는가?-게일 루빈〕

46 〔이는 실제 사례가 있다. 내가 1986년에 이 논문의 초기 판본을 제출했을 때 나는 캘리포니아 의회법 no. 3645를 동봉했다. 거기에는 법적 계획에 대한 반포르노적 사유가 이미 널리 퍼져 있음이 드러나 있다. AB3645는 통과하지 않았다. 그러나 이 논문이 출판된 1993년에 상원법 152, 즉 포르노그래피 희생자 보상법은 연방법이 될 태세를 갖췄다. 그 법은 매키넌-드워킨 법령에서 처음 제안한 대로 포르노그래피를 민사 소송의 요인으로 만들었다. 그리고 '희생자들'이 그들의 가해자가 아니라 그 가해자들에게 영향을 미쳤을지도 모를 외설 매체의 제작자와 배급업자 들을 고소하도록 했다. 매키넌-드워킨의 본래 접근과 반대로 인디애나폴리스 조례에서 이 조례는 소위 페미니스트 정의가 아니라 외설성에 관한 전통적인 법 정의에 기초를 두었다.

그 법령은 통과되지 않았다. 그러나 이것이 만들었을 법적 변화와 그 통과가 미쳤을 영향에 대해서는 생각해볼 만하다. 그 법안이 통과되었다면 포르노를 읽거나 포르노그래피 영화를 본 어떤 미친놈이 미쳐 날뛰면, 그가 읽은 매체의 제작자와 공급자는 그의 행동에 대해 책임을 지고 연방 법원에 고발당할 것이다. 그 법안은 제3자의 책임을 입증하였지만, 성적 매체의 제작자와 공급자로 한정되었다. 같은 종류의 책임이 비외설 매체의 경우에는 비헌법적이라고 판결되었다. 그러나 외설이 헌법적으로 보장되는 발언이 아니기 때문에 SB1521은 법정에서 유효할 수 있다.

만약 같은 미친놈이 성경을 읽은 뒤, 뛰쳐나가 많은 창녀들을 살해했다면 (완전히 드문 경우는 아니다) 유사한 책임이 종교 출판사와 서점에 추궁될 리 없다. 레위인의 첩이 강간당한 후 살해되어 시체를 절단당한 무서운 이야기가 있다. 이 사건은 몰살에 가까운 전쟁, 400명의 어린 처녀들에 대한 납치, 그리고 강제 결혼으로 이어진다. 누군가 포르노 잡지의 시나리오에 영감을 받으면 제작자와 서점이 법정에 끌려간다. 그러나 살인, 시체 훼손, 인종말살 전쟁, 혹은 윤간을 부추기고 자신의 강간범과 결혼하도록 강제당하는 희생자들이 나오는 성경의 권위를 탄원한다고 해도, 구약을 출판하고 판매한 사람들은 고통받지 않을 것이다.—게일 루빈〕

47 이것 또한 통과할 것이다. 미즈 위원회는 1986년 7월에 최종보고서를 발표했다. 이 보고서는 새로운 외설 법안에 대한 긴 위시리스트를 포함하고, 기존의 지역, 주, 연방 차원에서 법을 강화하는 움직임을 증가시키는 과정을 제안했다. 이 보고서에서 세공된 많은 반포르노 의제는 법, 정책, 그리고 일반적인 실천이 되었다. 미국 법무부는 외설강화팀을 만들었고, 외설 처벌을 늘리고, 그러한 판결된 외설 범죄에 대한 박탈 과정을 시작했으며, 성적으로 노골적인 매체의 제작자, 배포자, 소비자에 대한 국립 컴퓨터 데이터뱅크를 시작했다(SCLU Arts Censoship Project, *Above the Law*).

외설팀은 최근 '아동학대 및 외설'팀으로 이름을 바꾸었다. 이 새로운 이름은 1970년대 후반 이후로 미국에는 상업적 아동 포르노그래피가 없다는 점에서 아이러니하다. 의심되는 소아성애자를 잡으려는 노력의 일환으로, 연방정부는 미국에서 가장 큰 그리고 유일한 아동 포르노그래피의 배포자가 되었다.〔이것은 출판이 포르노의 지배적인 매체이던 1990년대 초반에 분명한 사실이었다. 인터넷 접속의 폭발과 더불어, 거의 모든 포르노물의 제작과 배포는 급진적 변화를 겪었다.—게일 루빈〕 포르노에 대한 우익 전쟁과 반포르노 페미니스트들의 협력에 대한 더 긴 논의는 이 책의 6장을 보라.

12장 성적 거래: 주디스 버틀러의 게일 루빈 인터뷰

1   Althusser, "Freud and Lacan."

2   Mannoni, *The Child, His "Illness" and the Others.*

3   Vance, "Social construction Theory: Problems in the History of Sexuality," "Anthropology Rediscovers Sexuality: A Theoretical Comment."

4   MacKinnon, "Marxism, Feminism, Method and the State: Toward Feminist Jurisprudence."

5   House and Cowan, "Can Men Be Women?"

6   Smith-Rosenberg, "The Female World of Love and Ritual."

7   Walkowitz, *City of Dreaful Delight*; Peiss, *Cheap Amusement*; Matlock, "Masquerading Women, Pathologized Men."

8   Freud, "The Sexual Aberrations."

9   Krafft-Ebing, *Pshychopathia Sexualis, with Special Reference to the Contrary Sexual Instinct.*

10   Duggan, "The Trials of Alice Mitchell."

11   Nye, "The Medical Origins of Sexual Fetishism"; Matlock, "Masquerading Women."

12   Krafft-Ebing, *Psychopathia Sexualis, with Special Reference to the Contrary Sexual Instinct.*

13   Oosterhuis, *Stepchildren of Nature.*

14   Abelove, "Freud, Male Homosexuality, and the Americans," p. 381.

15   다음 참고. Sulloway, *Freud: Biologist of the Mind,* chap. 8, "Freud and the Sexologists." Davidson, "How to Do the History of Psychoanalysis."

16   Weeks, *Coming out.*

17   Thompson, "Time, Work-discipline, and Industrial Capitalism"; Althusser and Balibar, *Reading Capital,* pp. 251-253.

18   Foucault, *The History of Sexuality,* p. 106.

19   Ibid., p. 107.

20   Ibid., 강조는 게일 루빈의 것.

21   Ibid., p. 108.

22   Ibid., p. 109.

23   Schneider, *American Kinship and Critique of the Study of Kinship*.

24   〔나는 친족에 대한 이 논의에서 잘못 말한 것이 있었다. 그리고 "모든 친족은 허
      구적이다"라는 데이비드 슈나이더의 초점을 언급했어야만 했다. 생물학에만 기
      반을 둔 친족 지위일지라도 문화적 구성물이라는 것이다. 문화적 체계가 어떤
      종류의 생물학적 관계가 중요한가, 중요하지 않은가를 결정한다. 나는 또한 게
      이와 레즈비언 친족을 사유하는 데 있어서 버틀러보다 뒤처져 있다. 나는 동성
      결혼이 초래한 이슈에 대해 파악하려는 중이다. 그리고 아이를 가진 동성 커플
      이 싸워야만 하는 관료제적, 법적 문제들에 대해 아는 바가 없었다. 나는 그 이
      후로 동성 가족들이 법적으로 권리가 박탈되어 있고 경제적으로 약탈되고 있
      다는 것을 이해하기 시작했다. 그뿐 아니라, 동성 가족들이 (수전 스트라이커의
      용어를 사용하자면) "관료주의적으로는 이해되지 않아" 너무나 고통을 겪고 있
      는 세부 사항들에 대해 그 이후로 이해하기 시작했다.-게일 루빈〕

25   Bérubé, *Coming Out Under Fire*; Kennedy and Davis, *Boots of Leather, Slippers of
      Gold*.

26   Lauritsen and Thorstad, *The Early Homosexual Fights Movement*.

27   Foster, *Sex Variant Women in Literature*; Grier, *The Lesbian in Literature*.

28   Deleuze, *Masochism*, p. 115.

13장 성적 하위문화 연구: 북미 도시 거주 게이 공동체의 민족지학적 발굴

비록 이 논문이 내 학위 논문 「왕들의 계곡」에서의 문학에 관련된 장에 기반하
고 있기는 하지만, 강의를 하면서 여러 가지 판본으로 전달해왔다. 이런 판본에
는 1996년 미국인류학회 연례모임, 1998년 미국사회학회 연례모임, 로스앤젤
레스 캘리포니아 대학 초청강연(1997년), 노스리지 캘리포니아 주립대학 강연
(1997년), 세인트루이스 미주리 대학(1995년) 강연 등의 원고가 포함되었다.

나는 이 논문과 그 이면에 깔려 있는 아이디어에 이바지해준 여러 분께 신세진 바 있다. 제프리 에스코피어, 존 가뇽, 윌리엄 사이먼, 베리 숀, 하워드 베커, 에스더 뉴턴과의 대화는 시카고 대학 사회학 연구의 맥락과 그것이 당대 섹슈얼리티 연구에 미친 중요성에 관해 특히 많은 것을 알게 되었다. 베리 숀은 내가 그의 작업에 관심이 있다는 것을 알고서 도움이 되는 논문을 알려주고 복사해서 주었고 나를 하워드 베커에게 소개해주었다. 담당 편집자인 엘런 르윈, 윌리엄 리프는 인내심을 가지고 업무상의 의무감을 떠나서 나를 격려해주었다. 미첼 듀나이어(Mitchell Duneier), 제프리 에스코피어, 존 가뇽, 에스더 뉴턴, PJ 맥건(McGann), 캐럴 밴스 모두 나의 초고를 읽어주었다. 나는 그들의 조언과 논평에 깊이 감사한다. 제이 마슨은 지속적인 지원과 영감의 원천이 되어주었다. 이 논문의 글쓰기는 포드 재단이 제공하는 기금과 더불어 사회과학 연구위원회의 섹슈얼리티 펠로십 프로그램의 지원을 받았다.

1   Reiter, *Toward an Anthropology of Women*; Rosaldo and Lamphere, *Women, Culture, and Society.*

2   Ford and Beach, *Patterns of Sexual Behavior*; Ortner and Whitehead, *Sexual Meanings.*

3   탁월한 개관에 관해서는 다음을 참고. Weston, "Lesbian/Gay Studies in the House of Anthropology."

4   이 논문에서 논의된 대다수 문헌을 논의한 적은 없었지만 하여튼, 제이스 (*Queer Theory*)와 터너(*A Genealogy of Queer Theory*) 두 사람은 모두 퀴어 이론에 관한 탁월한 개관을 제시했다.

5   이 논문은 원래 초안이었기 때문에, 이와 동일한 이슈를 거론한 여러 가지 출판물이 출현했다. 예를 들어, 다음을 참고. Epstein, "A Queer Encounter"; Stein and Plummer, "I Can't Even Think Straight"; Gagnon, "Sexual Conduct"; Nardi and Schneider, "Kinsey"와 *Social Perspectives in Lesbian and Gay Studies*; Rubin with Butler, "Interview"(이 책의 12장); Schneider and Nardi, "John H. Gagnon and William Simon's *Sexual Conduct*"; Simon, "Sexual Conduct in Retrospective Perspective"; Weeks, "The 'Homosexual Role' after Thirty Years" 그리고 Weston,

Long Slow Burn.

6 뉴기니와 오세아니아에 대해서는 가령 다음 참고. Herdt, *Guardians of the Flutes and Ritualized Homosexuality in Melanesia*; Kelly, "Witchcraft and Sexual Relations"; Williams, *PapuansoftheTransFly*. 북미에 관해서는 다음을 참고. Brown, *Two-Spirit People*; Devereaux, "Institutionalized Homosexuality among Mohave Indians"; Jacobs, Thomas, and Lang, Two-Spirit People; McMurtrie, "A Legend of Lesbian Love among North American Indians"; Roscoe, *TheZuniManWoman*; Whitehead, "The Bow and the Burden Strap"; Williams, *TheSpiritandtheFlesh*. 또한 다음을 참고. Evans-Pritchard, "Sexual Inversion among the Azande"; Herskovitz, "A Note on 'Woman Marriage' in Dahomey."

7 Marshall and Suggs, *Human Sexual Behavior*, p. 234.

8 Ibid., p. 235.

9 Ibid., p. 231.

10 Ibid., p. 236. 또한 다음을 참고. American Psychiatric Association, *Diagnostic and Statistical Manuals of Mental Disorders*, 1st-4th editions(1952, 1968, 1980, 1987, 1994); Bayer, *Homosexuality and American Psychiatry*.

11 Marshall and Suggs, *Human Sexual Behavior*, p. 242, 강조는 필자의 것.

12 사회현상으로서 동성애의 재형성에 관해서는 다음을 참고. Escoffier, *American Homo,* pp. 79-98.

13 킨제이와 후커의 엄청난 기여를 과소평가하려는 것이 아니다. 두 사람은 이 논문의 범위를 넘어서 더 포괄적으로 다룰 만한 가치가 있다. 가장 통찰력 있는 저자들 가운데에서도 특히 폴 로빈슨의 분석 『성의 근대화』를 포함하여 많은 사람들이 킨제이가 미친 충격에 관해 글을 썼다. 1998년《섹슈얼리티》창간호는 최초의 킨제이 보고서(Nardi and Schneider, "Kinsey") 출판 15주년 심포지엄에 관한 특별 섹션에 할당했다. 후커가 미친 영향을 개관한 〈우리의 마음을 바꾸기: 이블린 후커 박사의 이야기〉는 리처드 슈미헨(Richard Schmiechen)이 감독한 최고의 다큐멘터리 영화다. 후커가 행한 작업의 대부분은 논문 형태였지만 불행하게도 아직까지 전집으로 묶여 출판되지 못했다.

14 이 시기 성 정치의 다양한 양상에 관한 세부적인 연구는 다음에서 찾을 수 있다. Brandt, *No Magic Bullet*; Connelly, *The Response to Prostitution in the*

Progressive Era; D'Emilio and Freedman, *Intimate Matters*; Langum, *Crossing Over the Line*; Odem, *Delinquent Daughters*; Peiss, *Cheap Amusement*. 백인 노예에 관해서는 특히 Connelly and Langum을 참고.

15 Chauncey, *Gay New York*, p. 367. 출전에 관한 촌시의 전체 노트(pp. 366-370)는 그런 자료들에 관한 유용한 개관을 제공하는데, 뉴욕에 관한 부분은 특히 더 유용하다.

16 Heap, *Homosexuality in the City*, p. 16; Vice Commission of Chicago, *The Social Evil in Chicago*.

17 Langum, *Crossing Over the Line*. 랭굼은 이렇게 논평한다. "맨법으로 인해 볼티모어에서 수사국 최초로 주요 현장 사무실을 열었고 인력이 급증했다. … 맨법은 FBI를 정말로 도약하게 만들었다. FBI의 역사가는 맨법의 시행은 잡다한 연방법을 실행하는 대수롭잖은 기관이었던 법무부 경무국을 전국적으로 인정받는 기관이자 모든 주와 모든 대도시에 요원을 두는 기관으로 변신하도록 만들었다(ibid., p. 49)."

18 Bulmer, *The Chicago School of Sociology*, p. 60, pp. 59-60도 볼 것. 맨법 집행의 표적이 된 다른 유명인으로 잭 존슨, 척 베리, 찰리 채플린도 있었다.

19 Park, Burgess, and McKenzie, *The City*, pp. 32-33.

20 파크의 논문은 1915년 저널에 실렸다.

21 Ibid., pp. 41-42.

22 Ibid., pp. 43, 45-46.

23 Anderson, *On Hobos and Homelessness*; Creesey, *The Taxi-Dance Hall*; Reckless, *Vice in Chicago*; Zorbaugh, *The Gold Coast and the Slum*.

24 Heap, *Homosexuality in the City*, p. 17.

25 Ibid.

26 Drexel, "Before Paris Burned"; Heap, *Homosexuality in the City*; Johnson, "The Kids of Fairytown"; Mumford, "Homosex Changes"와 *Interzones*.

27 갈리허에서 인용. Galliher, "Chicago's Two Worlds of Deviance Research," p. 183. 배리 손(개인적인 대화)은 '충격받지 않음(unshockability)'에 주목하면서 이런 전통에 관해 전달했다. 사실 '충격받지 않음'은 사실상 어떤 것도 연구해도 되도록 만들었다. 그런 주제나 인구집단이 얼마나 평판이 좋지 않든 아무런 상관이

없었다. 충격받지 않음은 체면 유지(respectability)의 판단 기준으로는 접근 불가능할 수도 있었던 연구의 전망을 열어놓았다.

28 베커는 그와 같은 지적 프레임 변동을 특정한 개인의 공으로 돌리기 힘들다고 지적한다. "내가 일탈에 관해 말하는 데 관심을 가진 유일한 사람은 아니었다. 카이 에릭슨(1962)도 같은 것에 관해 말하고 있었다. 존 키추스(John Kitsuse, 1962)도 마찬가지다. 레머트(Lemert)도 몇 년 전에 같은 말을 했다. 그 점에 관심을 가진 많은 사람의 생각이 퍼져나가고 있었다. 아마도 내가 한 일은 그것이 무엇에 관한 것인지를 굉장히 분명하고 단순하게 진술했다는 점일 것이다. 적어도 나는 그것이 분명하고 단순한 진술이라고 생각한다"(Becker with Debro, "Dialogue with Howard S. Becker[1970]," p. 33). 내 생각에 베커는 지나치게 겸손하기는 하지만(성격적으로 관대한), 그와 같은 개념적인 혁신의 대부분은 복잡한 계보학과 복수적인 기원을 가지고 있었다. 나는 이 글에서 의도치 않게 과잉 단순화를 무릅쓰고 있다. 나는 사회학이나 지식사 어느 분야에서도 훈련받지 않았기 때문에 특히 더 그렇다. 그럼에도 불구하고 베커의 저술은(그리고 고프먼은) 이러한 일군의 사상과 소통하는 데 특히 더 효과적인 것처럼 보였다. 내 주된 요점은 지적 문화의 경향이 수많은 사상가에 의해서 창조적으로 적용되고 흡수되었으며 궁극적으로 동성애를 재평가하는 데 영향을 미쳤다는 것이다.

샤풀리(Chapoulie)는 그런 문화의 많은 부분을 에버렛 휴즈(Everett Hughes)의 덕분으로 돌린다. "그가 사망한 1983년 후로 12년도 더 지났지만, 에브렛 휴즈는 '시카고 학파'의 창시자-W. I. 토머스와 로버트 E. 파크와 더불어 우리는 어니스트 W. 버제스, 철학자 조지 허버트 미드를 덧붙일 수 있다-와 1940년대와 1950년대 시카고 대학에서 훈련을 받았던 일군의 사회학자들을 연결시켜준 사람으로 대체로 인정받고 있다. 이 사회학자들은 집단적으로 상징적 상호작용주의자(symbolic interactionist)라고 종종 불린다. 이들 집단은 제도, 작업과 전문직, 예술, 일탈, 의학 연구로 주목받았는데, 어빙 고프먼, 하워드 S. 베커, 안젤름 스트라우스, 엘리엇 프리드슨(Eliot Freidson)이 이에 포함된다. 이들은 현장 연구-민족지학적 방법론-를 발전시키는 데도 많은 공헌을 했다. 민족지학적 방법론은 사회과학에서 가장 결실 있는 연구 접근법이었다(「에버렛 휴즈와 시카고 전통(Everett Hughes and the Chicago Tradition)」, p. 3)." 샤풀리는 또한 1950년대 말 무렵, 민족지학적 접근법이 시카고 대학에서는 인기가 없었으며 휴즈와 그의 많은 제자가 학교를 떠나기에 이르렀다고 기록한다(ibid., p. 19). Reinharz, "The Chicago School of Sociology and the Founding of the Graduate Program in Sociology at Brandeis University."

샤풀리는 또한《사회문제》와《도시 생활과 문화(Urban Life and Culture)》와 같은 저널의 중요성에 관해서도 언급한다. 이런 저널들은 이들 일군의 학자 집단으로 연계되어 있었으며, 1960년대와 1970년대 섹슈얼리티의 사회학에서 지극히 중요한 작업들을 출판했다. 나는 좀 더 자격을 갖춘 사람들이 사회학적 작업의 역사를 생산하도록 이들 개인과 저널들의 역할에 관한 더욱 풍성한 탐구를 남겨두고자 한다. 여기서 나의 요지는 인류학자, 퀴어 이론가, 그리고 훈련 과정에서 이런 자료들을 제공받지 못했던 다른 학자들이 위의 연구자, 잡지의 공헌에 대해 인정하도록 하는 것이다. 나와 마찬가지로 그들이 받은 훈련으로 인해 이런 자료들에 접근하지 못했을 수도 있었기 때문이다. Becker, *The Other Side* 참고.

29   Galliher, "Chicago's Two Worlds of Deviance Research," p. 169.

30   Becker, "Whose Side Are We on?," p. 127.

31   Ibid., pp. 126-127.

32   **도덕적 평준화**라는 어구는 폴 로빈슨에게 신세 진 것이다. 로빈슨은 킨제이를 논의하면서 **섹스의 평준화**라는 어구를 사용한다(『성의 근대화』, pp. 58-59).

33   Becker, "Whose Side Are We On?," p. 124; 또한 그와 유사한 평준화 효과에 관해서는 다음 참고. Goffinan, Stigma.

34   Becker, *Outsiders*, p. 30-38, 167-168.

35   Gagnon, "An Unlikely Story," p. 231.

36   Plummer, *The Making of the Modern Homosexual*, p. 24.

37   Simon and Gagnon, "Homosexuality," pp.14-16.

38   Ibid., pp. 17-19, 24.

39   Ibid., p. 24.

40   『성적 행위』는 하워드 베커가 올더스 판(版)을 위해 편집한 관찰 시리즈로 출판되었다는 점은 주목할 만하다.

41   Leznoff and Westley, "The Homosexual Community," pp. 195-196, 194-195.

42   Ibid., p. 189.

43 Ibid., p. 191.

44 Ibid., p. 192.

45 Hooker, "The Homosexual Community," pp. 171-172.

46 Ibid., p. 173.

47 Ibid. 게이 남성 가죽 공동체(이 특정한 논문과 관련된 것은 아니지만)에 관한 나의 연구 조사와 관련해 보자면, 특정한 "오토바이 집단이나 가죽 집단"은 상투적인 게이의 "계집애 같음"(ibid., p. 182)에 저항한다고 보았던 후커의 말은 사실이다.

48 Achilles, "The Development of the Homosexual Bar as an Institution," pp. 230-231.

49 Ibid., pp. 234-235.

50 Ibid., p. 235.

51 Ibid., p. 230.

52 Ibid., p. 242.

53 Ibid., p. 239.

54 Ibid., p. 244.

55 Garber, "A Historical Directory of lesbian and Gay Establishments in the San Francisco Bay Area"; Garber and Walker, "Queer Sites in San Francisco," database, Gay, Lesbian, Bisexual, Transgender Historical Society of Northern California, 2000; Rubin, "The Valley of the Kings," "Elegy for the Valley of the Kings," "The Miracle Mile," "Sites, Settlements, and Urban Sex."

56 Simon and Gagnon, "Homosexuality," p. 21.

57 Harry and DeVall, The Social Organization of Galy Males, p. 154. 스티븐 머레이도 유사한 점을 지적한다. 그는 사회과학에서 '공동체'라는 단어가 기술적인 어휘인 한, 그리고 북미 도시에서 '공동체'라 말할 만한 것이 있는 한에서 '게이 공동체'는 있다고 적고 있다("The Institutional Elaboration of a Quasi-Ethnic Community," p. 165).

58 Reiss, "The Social Integration of Peers and Queers," p. 199.

59 Ibid., p. 225.

60 Ibid., p. 214-219.

61 Ibid., p. 224-225.

62 그에 이어서 이런 이론적인 전략의 상당 부분은 킨제이, 포머로이(Pomeroy), 마
    틴의 『인간 남성의 성행위』에 근거하고 있다. 이 책은 1948년에 출판되었는데,
    이 책에서 성행위와 거명된 성적 정체성 사이의 구분이 널리 이용되었다. 킨제
    이의 역할은 핵심적이었으며 과소평가되어서는 안 된다. 비록 킨제이가 기여한
    바가 여기서 논의하고 있는 특정한 논문의 주된 주장과는 거리가 있기는 하지
    만 말이다. 하지만 그의 작업은 여기서 논의한 사회학자들에게 분명히 충격을
    주었다.

63 Escoffier, "Inside the Ivory Closet," "Generations and Paradigms"와 *American
    Homo*; Hansen, "The Historical Construction of Homosexuality"; Katz, *Gay/
    Lesbian Almanac*; Padgug, "Sexual Matters"; Plummer, *Sexual Stigma, The
    Making of the Modern Homosexual*, 그리고 *Modern Homosexualities*; Rubin,
    "Thinking Sex"(이 책 5장); Vance, "Social Construction Theory"와 "Anthropology
    Rediscovers Sexuality"; Weeks, *Coming Out*; *Sex, Politics, and Society*; *Sexuality
    and Its Discontents, Sexuality*와 *Against Nature*, "The 'Homosexual Role' after
    Thirty Years"와 *Making Sexual History*.

64 McIntosh, "The Homosexual Role"; Plummer, *Sexual Stigma*와 *The Making
    of the Modern Homosexual*; Weeks, *Coming Out*, "The Homosexual Role' after
    Thirty Years," 그리고 *Making Sexual History*.

65 Kinsey, Pomeroy, and Martin, *Sexual Behavior in the Human Male*, pp. 610-666.
    킨제이가 보여준 통찰력 있는 많은 논평 중 상당수는 기억할 만한 가치가 있다.
    "성행위 패턴과 관련해서 볼 때 과학자들과 일반인들이 하나같이 생각했던 사
    유의 많은 부분은 다음과 같은 가정에서 기인한다. 이에 따르면 '이성애'인 사
    람과 '동성애'인 사람이 있으며, 이 두 유형은 성적인 세계에서 서로 안티테
    제를 나타낸다. 또한 다른 성적 집단들 사이의 중간 위치를 차지하는 극소수의
    '양성애자'라는 유형이 있다. 이런 가정은 모든 사람들은 태어날 때부터—선천적
    으로—이성애자 혹은 동성애자라고 짐작한다. 여기서 한걸음 더 나아가 태어나
    는 순간부터 이성애 혹은 동성애로 결정되어 있기 때문에 살아가면서 이런 성
    적 패턴을 바꿀 수 있는 기회는 거의 없다고 가정한다."(『인간 남성의 성행위』,
    pp. 636-637: 게다가 "남성은 이성애자와 동성애자 두 가지로 구분되는 인구집

단을 대표하지 않는다. 세계는 양과 염소처럼 구분되는 것이 아니다. 모든 것이 흑이거나 백인 것은 아니다. 자연은 선명한 범주로 나눠지는 법이 거의 없다는 것은 분류학의 기본이다. 오로지 인간의 정신만이 분리된 두 가지 비둘기 구멍으로 사실을 강제로 몰아넣는 그런 범주를 발명했다. 살아 있는 세계는 각각의 그리고 모든 측면에서 연속체이다. 우리가 인간의 성적 행동에 관하여 이 사실을 빨리 배울수록 섹스의 현실을 충분히 이해하는 데 이르게 될 것이다(ibid., p. 639)."

66 McIntosh, "The Homosexual Role," p. 183.

67 Ibid., p. 33.

68 Ibid., p. 187.

69 Ibid., pp. 188-189.

70 Weeks, *Coming Out*, p. 239.

71 Ibid., p. 3.

72 Ibid., pp. 35-37.

73 사회구성주의 이론의 발달사에 관한 좀 덜 줄인 축약본은 다음을 참고. Vance, "Social Construction Theory," "Anthropology Rediscovers Sexuality"와 Escoffier, "Inside the Ivory Closet," "Generations and Paradigms."

74 Katz, *Gay American History, Gay/Lesbian Almanac*, "The Invention of Heterosexuality"와 *The Invention of Heterosexuality*.

75 그에 관한 작은 사례를 알튀세르와 발리바르의 『자본을 읽자(Reading Capital)』에서 찾아볼 수 있다. 이 책은 1968년 프랑스에서 출판되었고 1970년 영어로 번역되었다. 발리바르는 "역사적 개별성의 분화된 형식"(p. 251) 개념을 정교하게 만든다. "이렇게 하여 각각 비교적 자율적인 실천은 그것에 특수한 역사적 개별성의 형식을 생산한다고 우리는 말할 수 있다. … 각각의 실천과 그런 실천의 변형을 위해 이들은 그것의 결합 구조에 근거하여 정의될 수 있는 개별성의 다른 형식이 된다(ibid., p. 252)." 1960년대를 통틀어 많은 프랑스 지식인들의 주된 관심사는 주체성의 생산이었다. 그리고 주체성 일반의 생산에서부터 특수한 성적 주체성의 생산으로 나가는 것이 엄청난 비약은 아니다. 이 문제에 관해서는 다음 참고. Eribon, "Michel Foucault's Histories of Sexuality" 그리고 더 광범위하게는 Dosse, *History of Structuralism*, vol. I & II.

76 『사물의 질서』 서문에서 푸코는 이렇게 논평한다. "이 책의 발상은 처음에 보르
    헤스의 구절을 보고 떠올랐다. 그 구절을 읽으면서 나의 사고-**우리의** 사고, 우
    리 시대와 우리 풍토의 흔적을 간직하고 있는 사고-에 각인된 그 모든 익숙한
    지평을 산산조각으로 부숴버린 웃음에서 기인했다. 다른 한편으로 그것은 질서
    정연하게 정돈된 사물의 표면과 존재하는 사물들의 거침없는 확산과 번성을 막
    고 길들여왔던 모든 장소를 부셔버린다. 이 구절은 '중국의 어떤 백과사전'을 인
    용하는데, 그에 따르면 '동물은 이렇게 분류된다'고 적혀 있다. 동물은 a) 황제에
    게 속한다, b) 방부 처리한 것이다, c) 사육되는 것이다, d) 젖을 빠는 돼지이다,
    e) 사이렌이다, f) 전설적이다, g) 떠돌이 개이다, h) 현재의 분류에 포함되는 것
    이다, i) 광포하다, j) 셀 수 없다, k) 대단히 가는 붓(세필)으로 그려질 수 있다, l)
    기타 등등, m) 물주전자를 부수는 것이다, n) 멀리서 보면 파리와 흡사하다. 이
    와 같은 분류학의 놀라운 점은 어떤 사물을 우리가 이해하는 데 엄청난 도약
    을 하게 해준다는 점이다. 우화의 수단으로서 사물들은 또 다른 사유체계 속에
    서는 이국적인 매력을 드러내게 되면서 우리 사유의 한계를 드러내 보여준다(p.
    xv)." 비록 민족지학적 분류(ethnoclassification)에 버금가는 놀랄 만한 세부 항
    목이라기보다는 소설에 의해 작성된 것이지만 어쨌거나 이런 분류는 깊이 있는
    인류학적 계기이다.

77 Turner, *A Genealogy of Queer Theory*, p. 66.

78 이 글이 사회과학적 선행 연구에 대한 퀴어 연구의 기억상실에 관해 말하고 있
    지만 사회학 내에서도 성 연구에 대한 기여와 관련하여 유사한 기억상실이 있
    었다는 것을 언급하는 것이 중요하다. 가령 게리 앨런 파인이 편집한 제2차 세
    계대전 이후 시카고 사회학에 관한 전집에는 존 가뇽도 윌리엄 사이먼도 전혀
    언급되지 않는다. 인간의 섹슈얼리티에 기여한 그들의 중요성으로 볼 때 이런
    침묵은 정말 놀랍다. 라이스와 웨슬리는 언급되지만 범죄학, 일탈, 그리고 방법
    론과 연관된 것에 국한되어 있다. 동성애자에 관한 민족지학적 연구로의 진출
    은 언급되지 않는다. 이를 볼 때 낙인에 관한 비판적인 시각에도 불구하고 사회
    학자들 또한 성적 불신용(discreditization) 분위기에 면역성이 없다.

79 Turner, *A Genealogy of Queer Theory*, p. 63.

80 나는 유사한 관점을 갖고 있었다(12장 루빈과 버틀러 인터뷰 참고). 나는 또한
    터너의 입장에 동의한다. "그다음으로 사회구성주의의 거의 완벽한 승리가 퀴

어 이론을 위한 가능성의 조건에 핵심적으로 기여할 수 있었는데, 이런 퀴어 이론은 성적 정체성 범주의 급진적인 역사적 가변성(variability)을 가정하는 것이다(*A Genealogy of Queer Theory*, p. 69)."

81 Vance, "Social Construction Theory," p. 17.

82 Polanyi, Arensberg, and Pearson, *Trade and Market in the Early Empire*, p. 239.

83 Ibid., p. 240.

84 Ibid., p. 250; Sahlins, *Stone Age Economics*.

85 Thompson, *The Making of the English Working Class,* p. 9.

86 나는 찰스 틸리 덕분에 이처럼 훌륭한 논문에 주목하게 되었다.

87 이 문제에 관한 좀 더 충분한 논의는 이 글의 범위를 벗어난다. 하지만 페미니즘과 다양한 형태의 마르크스주의는 이와 같이 좀 더 큰 인식론적 변동이 진행되고 있던 주요한 영역이었다. Stein and Plummer, "I Can't Even Think Straight'" 참고.

88 Walkowitz, *Prostitution and Victorian Society*, pp. 192-213. 주디스와 다니엘 왈코위츠 또한 일찌감치 1973년에 이미 유사한 주장을 하고 있었다.

89 이 전체 이슈는 학술지 저널 출판에 분수령이 되었다. 패드구그와 핸슨 이외에도 E. P. 톰슨과 엘런 로스가 저술한 가족에 관한 논문들이 있다. 레즈비언 역사에 관해서는 블랑쉬 비센 쿡(Blanche Wiesen Cook)의 논문, 로맨스 소설에 관해서는 앤 바 스니토(Ann Barr Snitow)의 논문, 성적인 의미와 게이 정체성에 관해서는 제프리 윅스의 논문, 생물학의 역사적 맥락에서 사회생물학에 대한 비판은 도나 해러웨이의 논문이 있으며, 그 밖에 탁월하게 기여한 글들이 있다.

90 Vance, "Social Construction Theory," p. 3.

91 밴스(「인류학이 섹슈얼리티를 재발견하다(Anthropology Rediscovers Sexuality)」)는 사회구성주의 이론과 섹슈얼리티에 관한 더 초기의 인류학적인 문헌을 대조한다. 이들 초기 인류학 문헌들은 사회분석을 적용하는 데 일관성이 떨어지고 특정한 생의학적인 가정을 포함하고 있다.

92 이와 관련한 작업에 관한 사례를 조금만 열거하면 다음과 같다. Altman et al., "Homosexuality, Which Homosexuality?"; Bérubé, *Coming Out Under Fire*, "'Dignity for All'"와 "The History of the Bathhouses"; Chauncey, "From Sexual Inversion to Homosexuality," *Gay New York*과 "Christian Brotherhood

or Sexual Perversion?"; D'Emilio, "Capitalism and Gay Identity," *Sexual Politics, Sexual Communities,* "Gay Politics and Community in San Francisco," "'The Homosexual Menace," and *Making Trouble*; D'Emilio and Freedman, *Initmate Matters*; Duberman, Vicinus, 와 Chauncey, *Hidden from History*; Duggan, "The Trials of Alice Mitchell"와 *Sapphic Slashers*; Escoffier, "Inside the Ivory Closet," "Generations and Paradigms"와 *American Homo*; Foucault, *The History of Sexuality*; Freedman, "Uncontrolled Desire"; Halperin, *One Hundred Years of Homosexuality*; Halperin, Winkler, and Zeitlin, *Before Sexuality*; Katz, *Gay/Lesbian Almanac*, "The Invention of Heterosexuality"와 *The Invention of Heterosexuality*; Kennedy and Davis, *Boots of Leather, Slippers of Gold*; Peiss and Simmons, with Padgug, *Passion and Power*; Plummer, *The Making of the Modern Homosexual*과 *Modern Homosexualities*; Rubin, "Thinking Sex "; Sintow, Stansell, and Thompson, *Power of Desire*; Vance, *Pleasure and Danger*, "Social Construction Theory," "The War on Culture," "Misunderstanding Obscenity," "Negotiating Sex and Gender in the Attorney General's Commission on Pornography," "Reagan's Revenge," "The Pleasures of Looking"과 "Anthropology Rediscovers Sexuality"; Vicinus, "Sexuality and Power"와 "They Wonder to Which Sex I Belong'"; Walkowitz, "The Politics of Prostitution," *Prostitution and Victorian Society*, "Male Vice and Feminist Virtue"와 *City of Dreadful Delight*; Weeks, *Coming Out*과 *Sexuality and Its Discontents*와 *Against Nature*, "The 'Homosexual Role' after Thirty Years," *Making Sexual History*, 그리고 *Sex, Politics, and Society*; Winkler, *The Constraints of Desire*.

93 Sonenschein, "Homosexuality as a Subject of Anthropological Inquiry," p. 73.

94 Ibid., p. 75.

95 Ibid., pp. 76-77.

96 Ibid., p. 80.

97 Newton, *Margaret Mead Made Me Gay*, p. 217.

98 Ibid., p. 216.

99 Newton, *Mother Camp*, p. 132.

100 에스터 뉴턴과의 개인적인 대화.

101   Newton, *Mother Camp*, p. 37.

102   Ibid., p. 103.

103   Ibid., p. 109.

104   Butler, *Gender Trouble*, 특히 pp. 136-137. 그리고 *Bodies That Matter*.

105   Newton, *Mother Camp*, pp. 21-22.

106   Ibid., p. 28.

107   Ibid., p. 29.

108   Ibid., p. 8.

109   Ibid., p. 49.

110   Ibid., p. 25.

111   Ibid., p. 115.

112   Ibid., p. 116.

113   Ibid., p. 118.

114   Ibid., pp. 123-124.

115   Ibid., p. 10.

116   1970년대부터 사회학자들은 민족지학적이고 분석적인 주요한 프로젝트에 많이 착수했다. 최초이자 가장 유명한 이런 작업의 하나가 로드 험프리즈(Laud Humphreys)의 『찻집 거래: 공공장소에서 불특정한 섹스(Tea Room Trade: Impersonal Sex in Public Places)』이다. 1970년대 후반기에 여러 책이 동시에 나타났다. Joseph Harry and William DeVall, *The Social Organization of Gay Males*; John Allan Lee, *Getting Sex*; Barbara Ponse, *Identities in the Lesbian World*. 이 세 권의 책은 모두 1978년에 출판되었다. 그다음 해에는 마틴 러바인의 멋진 선집인 『게이 남성: 남성 동성애의 사회학(Gay Men: The Sociology of Male Homosexuality)』이 출간되었다. 그리고 또한 1978년에는 벨과 와인버그의 『동성애(Homosexualities)』가 출판되었다. 비록 이 책은 주로 조사연구에 바탕하고 있지만 부록에는 「베이 에어리어 동성애 현장에 관한 민족지학적 연구(Ethnography of the Bay Area Homosexual Scene)」가 실려 있다. 1983년에는 수전 크레이거(Susan Kreiger)의 『미러 댄스(Mirror Dance)』가 나타났다.

117   Davis and Whitten, "The Cross-Cultural Study of Human Sexuality," p. 71.

14장 퀴어 연구의 지질학: 모든 것이 다시 시작되는 데자뷔

모든 주석은 2011년에 추가되었다.

1   빌리티스의 딸들에 대해서는 다음을 참고. Gallo, *Different Daughters*.

2   포스터의 전기에 대해선 다음을 참고, *Sex Variant Woman*.

3   제프리 에스코피어가 처음 나에게 코리의 책의 중요성을 알려주었다.

4   Oosterhuis, *Stepchildren of Nature*.

5   Kraft-Ebing, *Psychopathia Sexualis*; Ellis, *Sexual Inversion*; Hirschfeld, *The Homosexuality of Men and Women*; Ulrichs, *The Riddle of "Man-Manly" Love*; Carpenter, *The Intermediate Sex*; Symonds, *A Problem in Greek Ethics, and A Problem in Modern Ethics*. 울리히, 크라프트에빙, 히르슈펠트에 대한 뛰어난 논문들을 버논 로사리오(Vernon Rosario)가 편집한 훌륭한 선집, *Science and Homosexualities*에서도 볼 수 있다. 다음 역시 참고. Crozier, *Sexual Inversion*; Bland and Doan, *Sexology and Culture*, and *Sexology Uncensored*. 전기는 다음을 참조. Kennedy, *Ulrichs*; Rowbotham, *Edward Carpenter*; Wolff, *Magnus Hirschfeld*; Grosskurth, *Havelock Ellis*, 그리고 *The Woeful Victorian*. 히르슈펠트에 관한 작업으로는 다음을 참고. Steakley, *The Homosexual Emancipation Movement in Germany*; Mancini, *Magnus Hirschfeld*.

6   Bristow, "Symond's History, Ellis's Heredity."

7   Symonds, *A Problem in Modern Ethics*.

8   Ibid., p. 2.

9   Hirschfeld, *The Homosexuality of Men and Women*, p. 776-803.

10 Ibid., p. 785.

11 Steakley, "Per scientiam ad justitiam," pp. 133-134.

12 《아르노(Arno)》 시리즈의 카탈로그 *Homosexuality: Lesbians and Gay Men in Society, History, and Literature*는 그 자체로 놀라운 연구 문헌이다. 조너선 캐츠가 총괄 편집자였고 루이스 크롬튼(Louis Crompton), 바버라 기팅스(Barbara Gittings), 제임스 스테이클리, 돌로레스 놀(Dolores Noll)이 편집위원을 맡았다.

J. 마이클 시겔롭(J. Michael Siegelaub)은 보조연구원이었다.

13 Gerth and Mills, *From Max Weber*, p. 228.

참고문헌

Abelove, Henry. "Freud, Male Homosexuality, and the Americans." *The Lesbian and Gay Studies Reader*, ed. Henry Abelove, Michèle Barale, and David Halperin, 381–393. New York: Routledge, 1993.

Achilles, Nancy. "The Development of the Homosexual Bar as an Institution." *Sexual Deviance*, ed. John Gagnon and William Simon, 228–244. New York: Harper and Row, 1967.

ACLU Arts Censorship Project. *Above the Law: The Justice Department's War against the First Amendment*. Medford, N.Y.: American Civil Liberties Union, 1991.

Aho, James A. *The Politics of Righteousness: Idaho Christian Patriotism*. Seattle: University of Washington Press, 1990.

Alcoff, Linda Martin. "Dangerous Pleasures: Foucault and the Politics of Pedophilia." *Feminist Interpretations of Michel Foucault*, ed. Susan Hekman, 99–136. University Park: Pennsylvania State University Press, 1996.

Alderfer, Hannah, Beth Jaker, and Marybeth Nelson, eds. *Diary of a Conference on Sexuality*. New York: Faculty Press, 1982.

Allard, Ed. "To the Editor." *Gay and Lesbian Review Worldwide* 17, no. 3 (2010): 7.

Allison, Dorothy. *Bastard out of Carolina*. New York: Dutton, 1992. 한국어판: 『캐롤라

이나의 사생아』, 신윤진 옮김, 이매진, 2014.

Althusser, Louis. "Freud and Lacan." *New Left Review* 55 (May–June 1969): 48–66.

Althusser, Louis, and Etienne Balibar. *Reading Capital*. London: New Left, 1970.

Altman, Dennis, et al. *Homosexuality, Which Homosexuality? International Conference on Gay and Lesbian Studies, Amsterdam*. London: Gay Men's Press, 1989.

American Psychiatric Association. *Diagnostic and Statistical Manual, Mental Disorders*. Washington: American Psychiatric Association, 1952. 한국어판:『정신장애의 진단 및 통계 편람』, 이근후 외 옮김, 하나의학사, 1995.

———. *Diagnostic and Statistical Manual of Mental Disorders*. 2nd edn. Washington: American Psychiatric Association, 1968.

———. *Diagnostic and Statistical Manual of Mental Disorders*. 3rd edn. Washington: American Psychiatric Association, 1980.

———. *Diagnostic and Statistical Manual of Mental Disorders*. 3rd edn., rev. Washington: American Psychiatric Association, 1987.

———. *Diagnostic and Statistical Manual of Mental Disorders*. 4th edn. Washington: American Psychiatric Association, 1994.

Anderson, Nels. *The Hobo: The Sociology of the Homeless Man*. Chicago: University of Chicago Press, 1923.

———. *On Hobos and Homelessness*. 1923; reprint, Chicago: University of Chicago Press, 1998.

Andriette, Bill. "The Government's War on Child Pornography: Who Are the Real Targets?" *Guide to the Gay Northeast*, September 1988: 1–6.

———. "New Weapons for the Sex Police." *Guide to the Gay Northeast*, February 1991: 1–7.

Angelides, Steven. "Historicizing Affect, Psychoanalyzing History: Pedophilia and the Discourse of Child Sexuality." *Journal of Homosexuality* 46, nos. 1–2 (2003): 79–109.

———. "Feminism, Child Sexual Abuse, and the Erasure of Child Sexuality." *GLQ: A Journal of Gay and Lesbian Studies* 10, no. 2 (2004): 141–177.

Applebome, Peter. *Dixie Rising: How the South Is Shaping American Values, Politics and*

Culture. San Diego: Harcourt Brace, 1996.

Apter, Emily. "Reflections on Gynophobia." *Coming Out of Feminism?*, ed. Mandy Merck, Naomi Segal, and Elizabeth Wright, 102–122. Oxford: Blackwell, 1998.

Apter, Emily, and William Pietz, eds. *Fetishism as Cultural Discourse*. Ithaca: Cornell University Press, 1993.

Aries, Philippe. *Centuries of Childhood: A Social History of Family Life*. 1960; reprint, New York: Vintage, 1962.

Atkins, Robert. "Art Police Strike in S.F." *Village Voice*, 12 June 1990, 75–76.

Attorney General's Commission on Pornography. *Final Report*. Washington: U.S. Department of Justice, July 1986.

l'Autre, Gabrielle (Margaret A. Porter). "Twenty-four Poems by Renée Vivien." *The Ladder* 13 (1969): 11; 12 (1969): 9–17.

Bahati, David. "The Anti Homosexuality Bill, 2009." *Bills Supplement to the Uganda Gazette* 102, no. 47 (2009).

Ballot Measure 9. Directed by Heather MacDonald. Oregon Tape Project, 1995.

Bannon, Ann. *Beebo Brinker*. Greenwich, Conn.: Fawcett Gold Medal, 1962.

———. *I Am a Woman*. Greenwich, Conn.: Fawcett Gold Medal, 1959.

———. *Journey to a Woman*. Greenwich, Conn.: Fawcett Gold Medal, 1960.

———. *Women in the Shadows*. Greenwich, Conn.: Fawcett Gold Medal, 1959.

Barale, Michéle Aina. "Review: Body Politic/Body Pleasured: Feminism's Theories of Sexuality, a Review Essay." *Frontiers* 9 (1986): 80–89.

Barker-Benfield, G. J. *The Horrors of the Half-Known Life*. New York: Harper Colophon, 1976.

Barkun, Elazar. *The Retreat of Scientific Racism: Changing Concepts of Race in Britain and the United States between the World Wars*. Cambridge: Cambridge University Press, 1993.

Barkun, Michael. *Religion and the Racist Right*. Chapel Hill: University of North Carolina Press, 1997.

Barnes, Djuna. *Ladies Almanack*. Paris: Titus, 1928.

Barney, Natalie Clifford. *Aventures de l'esprit*. Paris: Emile-Paul, 1929.

————. *In Memory of Dorothy Irene Wilde*. Dijon: Darantière, 1951.

————. *Je me souviens*. Paris: Sansot, 1910.

————. *Pensées d'une Amazone*. Paris: Emilie-Paul, 1920.

————. *Souvenirs indiscrets*. Paris: Flammarion, 1960.

Bar On, Bat-Ami. "The Feminist Sexuality Debates and the Transformation of the Political." *Adventures in Lesbian Philosophy*, ed. Claudia Card, 51–63. Bloomington: Indiana University Press, 1994.

Baron, Larry. "Pornography and Gender Equality: An Empirical Analysis." *Journal of Sex Research* 27, no. 3 (1990): 363–80.

Barr, James. *Quatrefoil*. New York: Greenberg, 1950.

Barry, Kathleen. *Female Sexual Slavery*. Englewood Cliffs, N.J.: Prentice-Hall, 1979.

————. *The Prostitution of Sexuality*. New York: New York University Press, 1995.

————. "Sadomasochism: The New Backlash to Feminism." *Trivia* 1 (fall 1982): 77–92.

Bart, Pauline B. "Review: Their Pleasure and Our Danger." *Contemporary Sociology* 15 (1986): 832–835.

Bartels, Larry M. *Unequal Democracy: The Political Economy of the New Gilded Age*. New York: Russell Sage Foundation, 2008.

Bartley, Paula. *Prostitution: Prevention and Reform in England, 1860–1914*. New York: Routledge, 1999.

Baum, Bruce David. *The Rise and Fall of the Caucasian Race: A Political History of Racial Identity*. New York: New York University Press, 2006.

Baxandall, Rosalyn, and Linda Gordon, eds. *Dear Sisters: Dispatches from the Women's Liberation Movement*. New York: Basic, 2000.

Bayer, Ronald. *Homosexuality and American Psychiatry: The Politics of Diagnosis*. New York: Basic, 1981.

Bearchell, Chris. "The Cloak of Feminism." *Body Politic* 53 (1979): 20.

Becker, Howard S. *Outsiders: Studies in the Sociology of Deviance*. New York: Free Press, 1973.

————, ed. *The Other Side: Perspectives on Deviance*. New York: Free Press, 1964.

————. "Whose Side Are We On?" *Sociological Work: Method and Substance*, ed.

Howard S. Becker, 123–134. 1967; reprint, New Brunswick: Transaction, 1970.

Becker, Howard S., with Julius Debro. "Dialogue with Howard S. Becker (1970): An Interview Conducted by Julius Debro." *Doing Things Together: Selected Papers*, ed. Howard S. Becker, 25–46. Evanston: Northwestern University Press, 1986.

Bell, Alan P., and Martin S. Weinberg. *Homosexualities: A Study in Diversity among Men and Women*. New York: Simon and Schuster, 1978.

Benjamin, Jessica. "Master and Slave: The Fantasy of Erotic Domination." *Powers of Desire: The Politics of Sexuality*, ed. Ann Snitow, Christine Stansell, and Sharon Thompson, 280–299. New York: Monthly Review Press, 1983.

Bennett, David H. *The Party of Fear: The American Far Right from Nativism to the Militia Movement*. Rev. edn. New York: Vintage, 1995.

Bennett, Paula, and Vernon A. Rosario II, eds. *Solitary Pleasures: The Historical, Literary, and Artistic Discourses of Autoeroticism*. New York: Routledge, 1995.

Benstock, Shari. *Women of the Left Bank Paris, 1900–1940*. Austin: University of Texas Press, 1986.

Benston, Margaret. "The Political Economy of Women's Liberation." *Monthly Review* 21, no. 4 (1969): 13–27.

Berger, Peter, and Thomas Luckman. *The Social Construction of Reality: A Treatise in the Sociology of Knowledge*. Garden City: Doubleday, 1967. 한국어판: 『실재의 사회적 구성: 지식사회학 논고』, 하홍규 옮김, 문학과지성사, 2013.

Bernal, Martin. *Black Athena: The Afroasiatic Roots of Classical Civilization*. London: Free Association Books, 1987.

Berndt, Ronald. *Excess and Restraint*. Chicago: University of Chicago, 1962.

Bernstein, Elizabeth. "Militarized Humanitarianism Meets Carceral Feminism: The Politics of Sex, Rights, and Freedom in Contemporary Antitrafficking Campaigns." *Signs* 36, no. 1 (2010): 45–71.

———. "The Sexual Politics of the 'New Abolitionism.'" *differences: A Journal of Feminist Cultural Studies* 18, no. 3 (2007): 128–151.

Bernstein, Peter W., and Annalyn Swan, eds. *All the Money in the World: How the Forbes 400 Make—and Spend—Their Fortunes*. New York: Alfred A. Knopf, 2007.

Berry, Brewton. *Almost White*. New York: Macmillan, 1963.

Bérubé, Allan. "Behind the Spectre of San Francisco." *Body Politic* 72 (April 1981): 25–27.

———. "Coming Out Under Fire." *Mother Jones*, February–March 1983, 45.

———. *Coming Out Under Fire: The History of Gay Men and Women in World War Two*. New York: Free Press, 1990.

———. "'Dignity for All': The Role of Homosexuality in the Marine Cooks and Stewards Union (1930s–1950s)." Paper delivered at the "Reworking American Labor History: Race, Gender, and Class" conference, Madison, Wisconsin, 1993.

———. "The First Stonewall." *San Francisco Lesbian and Gay Freedom Day Program* 27 (1983).

———. "The History of Gay Bathhouses." *Coming Up* (December 1984).

———. "The History of the Bathhouses." *Policing Public Sex: Queer Politics and the Future of AIDS Activism*, ed. Dangerous Bedfellows, 187–220. Boston: South End, 1996.

———. "Lesbian Masquerade." *Gay Community News*, 17 November 1979.

———. "Marching to a Different Drummer." *Advocate*, 15 October 1981.

———. *My Desire for History: Essays in Gay, Community, and Labor History*. Edited with an introduction by John D'Emilio and Estelle B. Freedman. Chapel Hill: University of North Carolina Press, 2011.

Beserra, Sarah Senefeld, Sterling G. Franklin, and Norma Clevenger, eds. *Sex Code of California*. Sacramento: Planned Parenthood Affiliates of California, 1977.

Beserra, Sarah Senefeld, Nancy M. Jewel, Melody West Matthews, and Elizabeth R. Gatov, eds. *Sex Code of California*. Sacramento: Public Education and Research Committee of California, 1973.

Best, Joel. *Threatened Children: Rhetoric and Concern about Child-Victims*. Chicago: University of Chicago Press, 1990.

"Billionaires: The Richest People in the World." *Forbes*, 30 March 2009.

"Billionaires: The Richest People in the World." *Forbes*, 24 March 2008.

"Billionaires: The World's Richest People." *Forbes*, 29 March 2010.

"The Billionaires: The World's Richest People." *Fortune*, 12 October 1987.

Bingham, Caroline. "Seventeenth-Century Attitudes toward Deviant Sex." *Journal of Interdisciplinary History* (spring 1971): 447–468.

Blackwood, Evelyn, ed. *The Many Faces of Homosexuality: Anthropological Approaches to Homosexual Behavior*. New York: Harrington Park, 1986.

Bland, Lucy, and Laura Doan. *Sexology in Culture: Labelling Bodies and Desires*. Chicago: University of Chicago Press, 1998.

———. *Sexology Uncensored: The Documents of Sexual Science*. Chicago: University of Chicago Press, 1998.

Blume, Mary. "Natalie Barney, Legendary Lady of the Rue Jacob." *Réalités* 183 (1966): 20–23.

Blumer, Herbert. *Symbolic Interactionism: Perspective and Method*. Englewood Cliffs, N.J.: Prentice-Hall, 1969.

Boffin, Tessa, and Sunil Gupta. *Ecstatic Antibodies*. London: Rivers Oram, 1990.

Bordin, Ruth. *Women at Michigan: The "Dangerous Experiment," 1870s to the Present*. Ann Arbor: University of Michigan Press, 1999.

Brace, C. Loring. *"Race" Is a Four-Letter Word: The Genesis of the Concept*. Oxford: Oxford University Press, 2005.

Bradley, Marion Zimmer. *Astra's Tower: Special Leaflet 2*. Rochester, Tex.: 1958.

———. *Astra's Tower: Special Leaflet 3*. Rochester, Tex.: 1959.

———. "Variant Women in Literature." *The Ladder* 1, no. 8 (1957): 8–10.

Bradley, Marion Zimmer, and Gene Damon. *Checklist: A Complete, Cumulative Checklist of Lesbian, Variant, and Homosexual Fiction, in English, or Available in English Translation, with Supplements of Related Material, for the Use of Collectors, Students, and Librarians*. Rochester, Tex.: s.n., 1960.

Brandt, Allan M. *No Magic Bullet: A Social History of Venereal Disease in the United States since 1880*. New York: Oxford University Press, 1985.

Bransford, Stephen. *Gay Politics vs. Colorado and America: The Inside Story of Amendment 2*. Cascade, Colo.: Sardis, 1994.

Brass, Perry. "Essentialism v. Constructionism Redux." *Gay and Lesbian Review*

Worldwide 17, no. 3 (2010): 7.

———. "Kudos to Kramer on Queer Theory." *Gay and Lesbian Review Worldwide* 16, no. 6 (2009): 7–8.

Breeskin, Adelyn. *Romaine Brooks, "Thief of Souls."* Washington: Smithsonian, 1971.

Bristow, Edward J. *Prostitution and Prejudice: The Jewish Fight against White Slavery 1870–1939*. Oxford: Oxford University Press, 1982.

———. "Symond's History, Ellis's Heredity: Sexual Inversion." *Sexology in Culture: Labelling Bodies and Desires*, ed. Laura Doan and Lucy Bland, 79–99. Chicago: University of Chicago Press, 1998.

———. *Vice and Vigilance: Purity Movements in Britain Since 1700*. London: Gill and Macmillan, 1977.

Brodkin, Karen. *How the Jews Became White Folks and What that Says about Race in America*. New Brunswick: Rutgers University Press, 1998.

Brooke, Christopher N. L. *The Medieval Idea of Marriage*. Oxford: Oxford University Press, 1989.

Brown, Lester K. *Two Spirit People: American Indian Lesbian Women and Gay Men*. New York: Harrington Park, 1997.

Brown, Rhonda. "Blueprint for a Moral America." *Nation*, 23 May 1981.

Brownmiller, Susan. *Against Our Will: Men, Women, and Rape*. New York: Bantam, 1976.

———. *In Our Time: Memoir of a Revolution*. New York: Dial, 1999.

Brun, Charles. "Untitled (Response to Salomon Reinach)." *Notes and Queries* 10 (1914): 151.

Bryan, Bo. *Shag: The Legendary Dance of the South*. Beaufort: Foundation Books for Fast Dance, 1995.

Bryant, Anita. *The Anita Bryant Story: The Survival of Our Nation's Families and the Threat of Militant Homosexuality*. Old Tappan, N.J.: Fleming H. Revell, 1977.

Bull, Chris, and John Gallagher. *Perfect Enemies: The Religious Right, the Gay Movement, and the Politics of the 1990s*. New York: Crown, 1996.

Bulmer, Martin. *The Chicago School of Sociology: The Institutionalization, Diversity, and the Rise of Sociological Research.* Chicago: University of Chicago Press, 1984.

Bulmer, Ralph. "Political Aspects of the Moka Ceremonial Exchange System among the Kyaka People of the Western Highlands of New Guinea." *Oceania* 31, no. 1 (1960): 1–13.

Burlein, Ann. *Lift High the Cross: Where White Supremacy and the Christian Right Converge.* Durham: Duke University Press, 2002.

Bush, Larry. "Capitol Report." *Advocate,* 8 December 1983.

Butler, Judith. Bodies That Matter: On the Discursive Limits of "Sex."/ /New York: Routledge, 1993. 한국어판: 『의미를 체현하는 육체: '성'의 담론적 한계들에 대하여』, 김윤상 옮김, 인간사랑, 2003.

――――. *Gender Trouble: Feminism and the Subversion of Identity.* New York: Routledge, 1990. 한국어판: 『젠더 트러블: 페미니즘과 정체성의 전복』, 조현준 옮김, 문학동네, 2008.

Cairncross, John. *After Polygamy was Made a Sin: The Social History of Christian Polygamy.* London: Routledge and Kegan Paul, 1974.

Califia, Pat. "The Age of Consent." *Advocate,* 16 October 1980; 30 October 1980.

――――. "Among Us, Against Us—The New Puritans." *Advocate,* 17 April 1980.

――――. "Doing It Together: Gay Men, Lesbians, and Sex." *Advocate,* 7 July 1983.

――――. "Feminism and Sadomasochism." *Co-Evolution Quarterly* 33 (spring 1981): 33–40.

――――. "Feminism vs. Sex: A New Conservative Wave." *Advocate,* 21 February 1980.

――――. "Gender-Bending." *Advocate,* 15 September 1983.

――――. "The Great Kiddy Porn Scare of '77 and Its Aftermath." *Advocate,* 16 October 1980.

――――. "History of Samois." 1982. *Coming to Power,* ed. Samois, 243–281. Boston: Alyson, 1987.

――――. "A Personal View of the Lesbian s/M Community and Movement in San Francisco." 1982. *Coming to Power,* ed. Samois, 243–281. Boston: Alyson, 1987.

――――. "Public Sex." *Advocate,* 30 September 1982.

――――. "Response to Dorchen Leidholdt." *New Women's Times* (October 1982).

―――. *Sapphistry*. Tallahassee: Naiad, 1980.

―――. "The Sex Industry." *Advocate*, 13 October 1983.

―――. "A Thorny Issue Splits a Movement." *Advocate*, 30 October 1980.

―――. "What Is Gay Liberation." *Advocate*, 25 June 1981.

Callahan, Nathan, and William Payton, eds. *"Shut Up Fag": Quotations from the Files of Congressman Bob Dornan*. Irvine: Mainstreet Media, 1994.

Cameron, Paul. *AIDS, the Blood Supply, and Homosexuality (What Homosexuals Do in Public Is Offensive, What They Do in Private Is Deadly)*. Lincoln: IsIs, 1985.

―――. *Child Molestation and Homosexuality (Homosexuality Is a Crime against Humanity)*. Lincoln: IsIs, 1985.

―――. *Criminality, Social Disruption, and Homosexuality (Homosexuality Is a Crime against Humanity)*. Lincoln: IsIs, 1985.

―――. *Exposing the AIDS Scandal*. Lafayette, La.: Huntington House, 1988.

―――. *The Gay Nineties: What the Empirical Evidence Reveals about Homosexuality*. Franklin, Tenn.: Adroit, 1993.

―――. *Homosexuality and the AIDS Threat to the Nation's Blood Supply*. Lincoln: IsIs, 1985.

―――. *Murder, Violence, and Homosexuality (What Homosexuals Do in Public Is Offensive, What They Do in Private Is Deadly!)*. Lincoln: IsIs, 1985.

―――. *The Psychology of Homosexuality*. Lincoln: IsIs, 1984.

―――. *What Homosexuals Do (Is More than Merely Disgusting)*. Lincoln: IsIs, 1985.

Cardini, Leo. *Mineshaft Nights*. Teaneck, N.J.: First Hand, 1990.

Carpenter, Edward. *The Intermediate Sex: A Study of Some Transitional Types of Men and Women*. New York: Kennerly, 1912.

―――. *Selected Writings: Edward Carpenter*. London: Gay Men's Press, 1984.

Carter, Erica, and Simon Watney. *Taking Liberties: AIDS and Cultural Politics*. London: Serpent's Tail, 1989.

Case, Sue-Ellen. "Towards a Butch-Femme Aesthetic." *Discourse* 11, no. 1 (1988–1989): 55–73.

Castells, Manuel. *The City and the Grassroots*. Berkeley: University of California Press,

1983.

Castells, Manuel, and Karen Murphy. "Organization of San Francisco's Gay Community." *Urban Policy Under Capitalism*, ed. Norman I. Fainstein and Susan S. Fainstein, 237–259. Beverly Hills: Sage, 1982.

Cell 16. *No More Fun and Games (Untitled)* 1 (October 1968).

———. *No More Fun and Games: The Dialectics of Sexism* 3 (November 1969). Chalmers, David M. *Hooded Americanism: The History of the Ku Klux Klan*. 3rd edn.

Durham: Duke University Press, 1987.

Chalon, Jean. "La Maison de Natalie Barney." *Connaissance des Arts* 165 (1965): 82–87.

———. *Portrait d'une séductrice*. Paris: Stock, 1976.

———. *Portrait of a Seductress: The World of Natalie Barney*. Translated by Carol Barko. New York: Crown Publishers, 1979.

Champagne, Eric. "Letter to the Editor: Queer Theory Deserves a Fair Hearing." *Gay and Lesbian Review* 17, no. 1 (2010): 7.

Chancer, Lynn. *Reconcilable Differences: Confronting Beauty, Pornography, and the Limits of Feminism*. Berkeley: University of California Press, 1998.

Changing Our Minds: The Story of Dr. Evelyn Hooker. Directed by Richard Schmiechen. Frameline, 1991.

Chapoulie, Jean-Michel. "Everett Hughes and the Chicago Tradition." Translated by Howard S. Becker. *Sociological Theory* 14, no. 1 (1996): 3–29.

Chasseguet-Smirgel, J. *Female Sexuality*. Ann Arbor: University of Michigan Press, 1970.

Chast, Roz. "In the Nostalgia District." *New Yorker*, May 16, 2001.

Chauncey, George Jr. "Christian Brotherhood or Sexual Perversion? Homosexual Identities and the Construction of Sexual Boundaries in the World War One Era." *Journal of Social History* 19 (winter 1995): 189–211.

———. "From Sexual Inversion to Homosexuality: Medicine and the Changing Conceptualization of Female Deviance." In "Homosexuality: Sacrilege, Vision, Politics," ed. Robert Boyers and George Steiner, special issue of *Salmagundi* 58–59 (fall–winter 1982–1983): 114–146.

———. *Gay New York: Gender, Urban Culture, and the Making of the Gay World, 1890–1940.* New York: Basic, 1994.

———. "The Postwar Sex Crime Panic." *True Stories from the American Past*, ed. William Graebner, 160–178. New York: McGraw-Hill, 1993.

———. *Why Marriage?: The History Shaping Today's Debate Over Gay Equality.* Cambridge: Basic Books, 2004.

Chodorow, Nancy. *Femininities, Masculinities, Sexualities: Freud and Beyond.* Lexington: University of Kentucky Press, 1990.

———. *Feminism and Psychoanalytic Theory.* New Haven: Yale University Press, 1991.

———. *The Reproduction of Mothering: Psychoanalysis and the Sociology of Gender.* Berkeley: University of California Press, 1978.

Chuang, Janie. "The United States as Global Sheriff: Unilateral Sanctions and Human Trafficking." *Michigan Journal of International Law* 27 (winter 2006): 437–494.

City of New York. *Report of the Mayor's Committee for the Study of Sex Offences.* New York: City of New York, 1939.

Cobb, Michael. *God Hates Fags: The Rhetorics of Religious Violence.* New York: New York University Press, 2006.

Cohen, Richard. *Coming Out Straight: Understanding and Healing Homosexuality.* Winchester, Va.: Oakhill, 2000.

Cohen, Stanley. *Folk Devils and Moral Panics: The Creation of the Mods and Rockers.* 1972; reprint, Oxford: Martin Robertson, 1980.

Colette. *The Pure and the Impure.* New York: Farrar, Straus, and Giroux, 1967.

Commonwealth of Massachusetts. *Preliminary Report of the Special Commission Investigating the Prevalence of Sex Crimes.* House Report no. 1169. Boston: Wright and Potter, 1947.

Connelly, Mark Thomas. *The Response to Prostitution in the Progressive Era.* Chapel Hill: University of North Carolina Press, 1980.

Conroy, Pat. *Beach Music.* New York: Bantam, 1996.

Constantine, L. L. "Child Sexuality: Recent Developments and Implications for Treatment, Prevention, and Social Policy." *Medicine and Law* 2 (1983): 55–67.

Coontz, Stephanie. *Marriage, a History: How Love Conquered Marriage*. 2005; reprint, New York: Penguin, 2006.

Cooper, Clarissa. *Women Poets of the Twentieth Century in France*. New York: King's Crown, 1943.

Corber, Robert J. *Homosexuality in Cold War America: Resistance and the Crisis of Masculinity*. Durham: Duke University Press, 1997.

——— . *In the Name of National Security: Hitchcock, Homophobia, and the Political Construction of Gender in Postwar America*. Durham: Duke University Press, 1993.

Cory, Donald Webster. *The Homosexual in America*. New York: Greenberg, 1951.

Cott, Nancy F. *Public Vows: A History of Marriage and the Nation*. 2000; reprint, Cambridge: Harvard University Press, 2002.

Courtney, Phoebe. *The Sex Education Racket: Pornography in the Schools (An Expose)*. New Orleans: Free Men Speak, 1969.

Crawford, Alan. *Thunder on the Right: The "New Right" and the Politics of Resentment*. New York: Pantheon, 1980.

Creesey, Paul G. *The Taxi-Dance Hall: A Sociological Study in Commercialized Recreation and City Life*. 1932. New York: Greenwood, 1968.

Crimp, Douglas. *AIDS: Cultural Analysis, Cultural Activism*. 1987; reprint, Cambridge: Massachusetts Institute of Technology Press, 1988.

Crimp, Douglas, and Adam Rolston. *AIDS Demographics*. Seattle: Bay Press, 1990.

Cryle, Peter. *Geometry in the Boudoir: Configurations of French Erotic Narrative*. Ithaca: Cornell University Press, 1994.

Dalla Costa, Mariarosa. *The Power of Women and the Subversion of the Community*. Bristol: Falling Wall, 1972.

Damon, Gene, and Lee Stuart. *The Lesbian in Literature: A Bibliography*. San Francisco: Daughters of Bilitis, 1967.

Dannemeyer, William. *Shadow in the Land: Homosexuality in America*. San Francisco: Ignatius, 1989.

Davidson, Arnold. *The Emergence of Sexuality: Historical Epistemology and the*

Formation of Concepts. Cambridge: Harvard University Press, 2001.

———. "How to Do the History of Psychoanalysis." *The Emergence of Sexuality: Historical Epistemology and the Formation of Concepts*, 66–92. Cambridge: Harvard University Press, 2001.

Davidson, Julia O'Connell. *Prostitution, Power, and Freedom*. Ann Arbor: University of Michigan Press, 1998.

———. "Will the Real Sex Slave Please Stand Up?" *Feminist Review* no. 83 (2005): 4–23.

Davis, D. L., and R. G. Whitten. "The Cross-Cultural Study of Human Sexuality." *Annual Reviews in Anthropology* 16 (1987): 69–98.

Dean, Tim, and Christopher Lane, eds. *Homosexuality and Psychoanalysis*. Chicago: University of Chicago Press, 2001.

Decter, Midge. *The New Chastity and Other Arguments against Women's Liberation*. New York: Coward, McCann and Geoghegan, 1972.

dejanikus, tacie. "Charges of Exclusion and McCarthyism at Barnard Conference." *off our backs* 12, no. 6 (1982): 5.

———. "Our Legacy." *off our backs* 10, no. 10 (1980): 17.

Delacoste, Frederique, and Priscilla Alexander. *Sex Work: Writings by Women in the Sex Industry*. San Francisco: Cleis, 1987.

Delany, Samuel R. *Times Square Red, Times Square Blue*. New York: New York University Press, 1999.

Delarue-Mardrus, Lucie. *L'Ange et les pervers*. Paris: Ferenczi, 1930.

———. *Nos secrètes amours*. Paris: Les Isles, 1951.

Deleuze, Gilles. *Masochism: An Interpretation of Coldness and Cruelty*. New York: George Braziller, 1971.

Delphy, Christine. "The Invention of French Feminism: An Essential Move." *Yale French Studies* 97 (2000): 166–197.

D'Emilio, John. "Allan Bérubé's Gift to History." *Gay and Lesbian Review Worldwide* 15, no. 3 (2008): 10–13.

———. "Capitalism and Gay Identity." *Powers of Desire*, ed. Ann Snitow et al., 100–113. New York: Monthly Review Press, 1983.

————. "Dreams Deferred, Part One." *Body Politic* 48 (November 1978): 19.

————. "Dreams Deferred, Part Two: Public Actions, Private Fears." *Body Politic* 49 (December–January 1978–1979): 24–29.

————. "Dreams Deferred, Part Three: Reaction, Redbaiting, & 'Respectability." *Body Politic* 50 (February 1979): 22–27.

————. "Gay Politics and Community in San Francisco since World War II." *Hidden from History: Reclaiming the Gay and Lesbian Past*, ed. Martin Bauml Duberman, Martha Vicinus, and George Chauncey Jr., 456–473. New York: New American Library, 1989.

————. "Gay Politics, Gay Community: The San Francisco Experience." *Socialist Review* (January–February 1981): 77–104.

————. "The Homosexual Menace: The Politics of Sexuality in Cold War America." *Passion and Power: Sexuality in History*, ed. Kathy Peiss, Christina Simmons, and Robert Padgug, 226–240. Philadelphia: Temple University Press, 1989.

————. *Making Trouble: Essays on Gay History, Politics, and the University*. New York: Routledge, 1992.

————. "Radical Beginnings, 1950–1951." *Body Politic* 48 (November 1978): 20–24.

————. *Sexual Politics, Sexual Communities: The Making of a Homosexual Minority in the United States, 1940–1970*. Chicago: University of Chicago Press, 1983.

————. "Women Against Pornography." *Christopher Street* (May 1980): 19–26.

D'Emilio, John, and Estelle B. Freedman, eds. *Intimate Matters: A History of Sexuality in America*. New York: Harper and Row, 1988.

————. "Allan Bérubé and the Power of Community History." Introduction to *My Desire for History: Essays in Gay, Community, and Labor History*. Edited with an introduction by John D'Emilio and Estelle B. Freedman, 1–40. Chapel Hill: University of North Carolina Press, 2011.

Derrida, Jacques. "Structure, Sign, and Play in the Discourse of the Human Sciences." *The Structuralist Controversy*, ed. R. Macksey and E. Donato, 247–272. Baltimore: Johns Hopkins University Press, 1972.

DeStefano, Anthony. *The War on Human Trafficking: U.S. Policy Assessed*. New

Brunswick, N.J.: Rutgers University Press, 2008.

Deutsch, Helene. "On Female Homosexuality." *The Psychoanalytic Reader*, ed. R. Fleiss, 237–260. New York: International Universities Press, 1948.

———. "The Significance of Masochism in the Mental Life of Women." *The Psychoanalytic Reader*, ed. R. Fleiss, 223–236. New York: International Universities Press, 1948.

Devereaux, George. "Institutionalized Homosexuality among Mohave Indians." *Human Biology* 9, no. 4 (1937): 498–529.

"Diary of a Conference on Sexuality, 1982: The glq Archive." *GLQ* 17, no. 1 (2011): 49–78.

Diaz, Kathryn E. "The Porn Debates Reignite." *Gay Community News*, 6–19 June 1992, 3, 5.

Dobson, James. *The New Dare to Discipline*. 1970. Wheaton, Ill.: Tyndale House, 1992. 한국어판: 『자녀 훈계와 사랑』, 허영자 옮김, 생명의 말씀사, 1996.

Doezema, Jo. "Loose Women or Lost Women? The Re-emergence of the Myth of White Slavery in Contemporary Discourses of Trafficking in Women." *Gender Issues* 18, no. 1 (2000): 23–50.

———. *Sex Slaves and Discourse Masters: The Construction of Trafficking*. London: Zed, 2010.

Dollars and Sense, United for a Fair Economy, eds. *The Wealth Inequality Reader*. Cambridge, Mass.: Dollars and Sense, Economic Affairs Bureau, 2004.

Domanick, Joe. *Cruel Justice: Three Strikes and the Politics of Crime in America's Golden State*. Berkeley: University of California Press, 2004.

Donnerstein, Edward. "Aggressive Erotica and Violence against Women." *Journal of Personality and Social Psychology* 39, no. 2 (1990): 269–277.

———. "Interview." *Penthouse*, September 1985, 165–168, 180–181.

Donnerstein, Edward I., and Daniel G. Linz. "The Question of Pornography: It Is Not Sex, but Violence, that Is an Obscenity in Our Society." *Psychology Today*, December 1986, 56–59.

Donnerstein, Edward, Daniel Linz, and Steven Penrod. *The Question of Pornography:*

Research Findings and Policy Implications. New York: Free Press, 1987.

Donovan, Brian. *White Slave Crusades: Race, Gender, and Anti-Vice Activism, 1887–1917*. Chicago: University of Illinois Press, 2006.

Dorries, Pam. "Feminists Differ at Chicago Porn Hearing." *Gay Community News*, 17 August 1985, 1, 6.

Dosse, François. *History of Structuralism*. Vol. 1, *The Rising Sign, 1945–1966*. Minneapolis: University of Minnesota Press, 1997.

———. *History of Structuralism*. Vol. 2, *The Sign Sets, 1967–Present*. Minneapolis: University of Minnesota Press, 1997.

Douglas, Mary. *The Lele of Kasai*. London: Oxford University Press, 1963.

———. *Purity and Danger: An Analysis of the Concepts of Pollution and Taboo*. Boston: Routledge and Kegan Paul, 1966.

Drake, Gordon V. *SIECUS: Corrupter of Youth*. Tulsa: Christian Crusade, 1969.

Drescher, Jack, and Joseph P. Merlino. *American Psychiatry and Homosexuality: An Oral History*. New York: Harrington Park Press, 2007.

Drexel, Allen. "Before Paris Burned: Race, Class, and Male Homosexuality on the Chicago South Side, 1935–1960." *Creating a Place for Ourselves*, ed. Brett Beemyn, 119–144. New York: Routledge, 1997.

Duberman, Martin Bauml, Martha Vicinus, and George Chauncey Jr., eds. *Hidden from History: Reclaiming the Gay and Lesbian Past*. New York: New American Library, 1989.

Duggan, Lisa. "The Binds that Divide." *off our backs* 15, no. 11 (1985): 26.

———. "Of Meese and Women: Porn Panic's New Face." *Village Voice*, 3 December 1985, 33–35.

———. *Sapphic Slashers: Sex, Violence, and American Modernity*. Durham: Duke University Press, 2000.

———. "The Trials of Alice Mitchell: Sensationalism, Sexology, and the Lesbian Subject in Turn-of-the-Century America." *Signs* 18, no. 4 (1993): 791–814.

Duggan, Lisa, and Nan D. Hunter. *Sex Wars: Sexual Dissent and Political Culture*. New York: Routledge, 1995.

du Mas, Frank M. *Gay Is Not Good*. Nashville: Thomas Nelson, 1979.

Dworkin, Andrea. *Pornography: Men Possessing Women*. New York: Perigee, 1981. 한국 어판:『포르노그래피: 女子를 소유하는 男子들』,유혜련 옮김, 동문선, 1996.

———. *Right-Wing Women*. New York: Perigee, 1983.

Dworkin, Andrea, and Catharine A. MacKinnon. *Pornography and Civil Rights: A New Day for Women's Equality*. Minneapolis: Organizing Against Pornography, 1988.

Echols, Alice. "Cultural Feminism: Feminist Capital ism and the Anti-Pornography Movement." *Social Text* 7 (spring-summer 1983): 34-53.

———. *Daring to Be Bad: Radical Feminism in America 1967–1975*. Minneapolis: University of Minnesota Press, 1989.

Eeckhout, Bart. "The Disneyfication of Times Square: Back to the Future?" *Critical Perspectives on Urban Redevelopment*, ed. Kevin Fox Gotham, 379-428. Oxford: Elsevier Science, 2001.

Ehrenreich, Barbara. "What Is This Thing Called Sex." *Nation*, 24 September 1983.

Eichel, Edward, and Philip Nobile. *The Perfect Fit: How to Achieve Fulfillment and Monogamous Passion through the New Intercourse*. New York: Donald I. Fine, 1992.

Ellis, Havelock. *Sexual Inversion*. Philadelphia: F. A. Davis Company, 1915.

———. *Studies in the Psychology of Sex*. New York: Random House, 1936.

Ellis, Havelock, and John Addington Symonds. *Sexual Inversion: A Critical Edition*. Edited by Ivan Crozier. Houndsmill: Palgrave Macmillan, 2008.

Engel, Randy. *Sex Education: The Final Plague*. Gaithersburg, Md.: Human Life International, 1989.

Engelhardt, H. Tristram, Jr., and Arthur L. Caplan, eds. *Scientific Controversies: Case Studies in the Resolution and Closure of Disputes in Science and Technology*. Cambridge: Cambridge University Press, 1987.

Engels, Friedrich. *The Origin of the Family, Private Property, and the State*. 1942. Introduction by Eleanor Burke Leacock. New York: International Publishers, 1972.

English, Deirdre, Amber Hollibaugh, and Gayle Rubin. "Talking Sex." *Socialist Review* (July-August 1981): 43-62.

Epstein, Steven. "A Queer Encounter: Sociology and the Study of Sexuality." *Queer Theory/Sociology*, ed. Steven Seidman, 145–167. Cambridge: Blackwell, 1996.

Eribon, Didier. "Michel Foucault's Histories of Sexuality." Translated by Michael Lucey. *GLQ* 7, no. 1 (2001): 31–86.

Erzen, Tanya. *Straight to Jesus: Sexual and Christian Conversions in the Ex-Gay Movement*. Berkeley: University of California Press, 2006.

Escoffier, Jeffrey. *American Homo: Community and Perversity*. Berkeley: University of California Press, 1998.

———. "Generations and Paradigms: Mainstreams in Lesbian and Gay Studies." *Gay and Lesbian Studies*, ed. Henry Minton, 112–127. New York: Harrington Park, 1992.

———. "Inside the Ivory Closet: The Challenges Facing Lesbian and Gay Studies." *Outlook* 10 (fall 1990): 2–26.

———. "Reading the Social: Homosexuality and the Sociological Imagination in the Fifties and Sixties." Paper delivered at the Center for Lesbian and Gay Studies, City University of New York, 1993.

Eskridge, William N. "Privacy Jurisprudence and the Apartheid of the Closet, 1946–1961." *Florida State University Law Review* 24 no. 4 (1997): 703–838.

Evans, Sara. *Personal Politics: The Roots of Women's Liberation in the Civil Rights Movement and the New Left*. New York: Vintage, 1980.

Evans–Pritchard, E. E. "Sexual Inversion among the Azande." *American Anthropologist* 72 (1970): 1428–1434.

Faderman, Lillian. *Surpassing the Love of Men: Romantic Friendship and Love between Women from the Renaissance to the Present*. New York: Morrow, 1981.

Fainstein, Susan S., Norman I. Fainstein, and P. Jefferson Armistead. "San Francisco: Urban Transformation and the Local State." *Restructuring the City: The Political Economy of Urban Redevelopment*, rev. edn., ed. Susan S. Fainstein, Norman I. Fainstein, Richard Child Hill, Dennis R. Judd, and Michael Peter Smith, 202–244. 1983; reprint, New York: Longman, 1986.

The Fall of '55. Directed by Seth Randal. Produced by Louise Luster and Seth Randal.

Entendre Pictures, 2006.

Fass, Paula. *Children of a New World: Society, Culture, and Globalization*. New York: New York University Press, 2007.

———. *Kidnapped: Child Abduction in America*. New York: Oxford University Press, 1997.

Fee, Elizabeth. "The Sexual Politics of Victorian Social Anthropology." *Feminist Studies* 1 (winter–spring 1973): 23–29.

Fee, Elizabeth, and Daniel M. Fox. *AIDS: The Burdens of History*. Berkeley: University of California Press, 1988.

———. *AIDS: The Making of a Chronic Disease*. Berkeley: University of California Press, 1992.

Feingold, David A. "Trafficking in Numbers: The Social Construction of Human Trafficking Data." *Sex, Drugs, and Body Counts: The Politics of Numbers in Global Crime and Conflict*, ed. Peter Andreas and Kelly M. Greenhill, 46–74. Ithaca: Cornell University Press, 2010.

Feldwebel, T. A. "Two Steps Backward." *DungeonMaster* 43 (1991): 3.

Feminist Anti-Censorship Taskforce et al., eds. *Caught Looking: Feminism, Pornography, and Censorship*. East Haven, Conn.: Long River, 1992.

"Festival Womyn Speak Out." *Gay Community News*, 17–23 November 1991, 4.

Field, Andrew. *Djuna, The Formidable Miss Barnes*. Austin: University of Texas Press, 1985.

Fingrudt, Meryl. ". . . An Organizer." *off our backs* 17, no. 3 (1987): 24.

Finkelhor, David. "What's Wrong with Sex between Adults and Children? Ethics and the Problem of Sexual Abuse." *American Journal of Orthopsychiatry* 49, no. 4 (1979): 692–697.

Finley, Moses I. *Ancient Society and Modern Ideology*. New York: Penguin, 1980.

Fischel, Joseph. "Per Se or Power? Age and Sexual Consent." *Yale Journal of Law and Feminism* 22, no. 2 (2010): 279–342.

———. "Transcendent Homosexuals and Dangerous Sex Offenders: Sexual Harm and Freedom in the Judicial Imaginary." *Duke Journal of Gender, Law, and Policy* 17, no. 2 (2010): 277–311.

Flanner, Janet. Introduction to *The Pure and the Impure*, by Colette. New York: Farrar, Straus, and Giroux, 1967.

"Forbes 400." *Forbes*, 19 October 2009.

"Forbes 400." *Forbes*, 6 October 2008.

"Forbes 400." *Forbes*, 8 October 2007. "The Forbes Four Hundred." *Forbes*, 13 September 1982. Ford, Clellen S., and Frank A. Beach. *Patterns of Sexual Behavior*. New York: Harper and Row, 1951. Ford, Henry, Sr. *The International Jew: The World's Foremost Problem*. 1921. Honolulu: University Press of the Pacific, 2003.

Foster, Jeannette D. *Sex Variant Women in Literature*. New York: Vantage, 1956.

Foucault, Michel. *The History of Sexuality*. Vol. 1, *An Introduction*. Translated by Robert Hurley. New York: Pantheon, 1978. 한국어판: 『성의 역사: 제1권 지식의 의지』, 이규현 옮김, 나남, 2010.

——. *Madness and Civilization: A History of Insanity in the Age of Reason*. Translated by Richard Howard. New York: Pantheon, 1965. 한국어판: 『광기의 역사』, 이규현 옮김, 나남, 2003.

——. *The Order of Things*. New York: Pantheon, 1970. 한국어판: 『말과 사물』, 이규현 옮김, 민음사, 2012.

Frank, Robert H. *Richistan: A Journey Through the American Wealth Boom and the Lives of the New Rich*. Old Saybrook: Tantor Audio, 2007.

Frank, Robert H., and Phillip J. Cook. *The Winner-Take-All Society: Why the Few at the Top Get So Much More Than the Rest of Us*. New York: Penguin, 1995.

Frank, Thomas. *What's the Matter with Kansas?: How Conservatives Won the Heart of America*. New York: Metropolitan Books, 2004. 한국어판: 『왜 가난한 사람들은 부자를 위해 투표하는가: 캔자스에서 도대체 무슨 일이 있었나』, 김병순 옮김, 갈라파고스, 2012.

Freedman, Estelle. *Feminism, Sexuality, and Politics: Essays*. Chapel Hill: University of North Carolina Press, 2006.

——. "'Uncontrolled Desire': The Threat of the Sexual Psychopath in America,

1935 – 1960." Paper presented at the annual meeting of the American Historical Association, San Francisco, December 1983.

———. "Uncontrolled Desires: The Response to the Sexual Psychopath, 1920 – 1960." *Journal of American History* 74, no. 1 (1987): 83 – 106.

Freeman, Jo. *The Politics of Women's Liberation*. New York: Longman, 1975.

Freud, Sigmund. "Female Sexuality." *The Complete Works of Sigmund Freud*. Vol. 21, ed. James Strachey, 223 – 243. London: Hogarth, 1961. 한국어판: 「여성의 성욕」, 『성욕에 관한 세 편의 에세이』, 프로이트 전집 9, 김정일 옮김, 열린책들, 2004.

———. "Femininity." *New Introductory Lecture in Psychoanalysis*, ed. James Strachey, 139 – 167. New York: Norton, 1965. 한국어판: 『새로운 정신분석 강의』 프로이트 전집 2, 홍혜경, 임영빈 옮김, 열린책들, 2004.

———. *A General Introduction to Psychoanalysis*. Garden City: Garden City, 1943. 한국어판: 『정신분석 강의』 프로이트 전집 1, 홍혜경, 임홍빈 옮김, 열린책들, 2004.

———. "The Sexual Aberrations." 1905. *Three Essays on the Theory of Sexuality*. Vol. 17 of *The Standard Edition of the Complete Psychological Works of Sigmund Freud*, trans. and ed. James Strachey, 135 – 172. London: Hogarth, 1960. 한국어판: 「성욕에 관한 세 편의 에세이」, 『성욕에 관한 세 편의 에세이』 프로이트 전집 9, 김정일 옮김, 열린 책들, 2004.

———. "Some Psychical Consequences of the Anatomical Distinction between the Sexes." *The Complete Works of Sigmund Freud*, vol. 21, ed. James Strachey. London: Hogarth, 1961. 한국어판: 「성의 해부학적 차이에 따른 심리적 결과」, 『성욕에 관한 세 편의 에세이』 프로이트 전집9, 김정일 옮김, 열린책들, 2004.

Fulton, John S. "The Medical Statistics of Sex Hygiene; Such as They Are." *American Journal of Public Health* 3, no. 7 (1913): 661 – 76.

———. "Addenda to Dr. John S. Fulton's Article Entitled 'The Medical Statistics of Sex Hygiene; Such as They Are,' which Appeared in the June Journal, p. 661." *American Journal of Public Health* 3, no. 8 (1913): 793 – 794.

Gagnon, John. *Human Sexualities*. Glenview, Ill.: Scott, Foresman, 1977.

———. "Sexual Conduct: As Today's Memory Serves." *Sexualities* 2, no. 1 (1999): 115 – 126.

———. "An Unlikely Story." *Authors of Their Own Lives: Intellectual Autobiographies of Twenty American Sociologists*, ed. Bennett M. Berger, 213–234. Berkeley: University of California Press, 1992.

Gagnon, John, and William Simon. *Sexual Deviance*. New York: Harper and Row, 1967.

———, eds. *Sexual Conduct: The Social Sources of Human Sexuality*. Chicago: Aldine, 1973.

———. *The Sexual Scene*. Chicago: Aldine / Trans-Action, 1970.

Galliher, John F., ed. "Chicago's Two Worlds of Deviance Research: Whose Side Are They On?" *A Second Chicago School? The Development of a Postwar American Sociology*, ed. Gary Alan Fine, 164–187. Chicago: University of Chicago Press, 1995.

Gallo, Marcia M. *Different Daughters: A History of the Daughters of Bilitis and the Rise of the Lesbian Rights Movement*. New York: Carroll and Graf, 2006.

Garber, Eric. "Gladys Bentley: The Bulldagger Who Sang the Blues." *OUTLook: National Lesbian and Gay Quarterly* 1 (ca. 1998): 52–61.

———. "A Historical Directory of Lesbian and Gay Establishments in the San Francisco Bay Area." Unpublished manuscript, Gay and Lesbian Historical Society of Northern California, 1990.

———. "A Spectacle in Color: The Lesbian and Gay Subculture of Jazz Age Harlem." *Hidden from History: Reclaiming the Gay and Lesbian Past*, ed. Martin B. Duberman, Martha Vicinus, and George Chauncey Jr., 318–331. New York: New American Library, 1991.

Garde, Noel. *From Jonathan to Gide: The Homosexual in History*. New York: Vantage, 1964.

———. *The Homosexual in Literature: A Chronicle Bibliography Circa 700 B.C.–1958*. New York: Village Press, 1959.

Gardiner, Jean. "Political Economy of Female Labor in Capitalist Society." Paper delivered at the "Sexual Divisions and Society" conference, British Sociological Association, 1974.

A Gay Bibliography: Eight Bibliographies on Lesbian and Male Homosexuality. New

York: Arno Press, 1975.

Gearhart, Sally. "An Open Letter to the Voters in District 5 and San Francisco's Gay Community from Sally Gearhart." San Francisco: Lesbians and Gays with Kay. Leaflet, 1979. Collection of the Author.

Gebhard, Paul H. "The Institute." *Sex Research: Studies from the Kinsey Institute*, ed. Marlin S. Weinberg, 10–22. New York: Oxford University Press, 1976.

"Genetic Lesbians." *Gay Community News*, 19–25 May 1991, 4.

Gerard, Kent, and Gert Hekma, eds. *The Pursuit of Sodomy: Male Homosexuality in Renaissance and Enlightenment Europe*. New York: Haworth Press, 1989.

Gerassi, John. *The Boys of Boise*. New York: Collier, 1966.

Gerhard, Jane F. *Desiring Revolution: Second-Wave Feminism and the Rewriting of American Sexual Thought, 1920 to 1982*. New York: Columbia University Press, 2001.

Germain, André. *Renée Vivien*. Paris: Crès, 1917.

Germon, Jennifer. *Gender: A Genealogy of an Idea*. New York: Palgrave Macmillan, 2009.

Gerstein, Ira. "Domestic Work and Capitalism." *Radical America* 7, no. 4–5 (1973): 101–128.

Gerth, H. H., and C. Wright Mills, eds. *From Max Weber: Essays in Sociology*. New York: Oxford University Press, 1958.

Gettleman, Jeffrey. "Ugandan Who Spoke Up for Gays Is Beaten to Death." *New York Times*, 27 January 2011.

Gilder, George F. *Sexual Suicide*. New York: Quadrangle / New York Times Book Review, 1973.

Gilmore, Ruth Wilson. *Golden Gulag: Prisons, Surplus, Crisis, and Opposition in Globalizing California*. Berkeley: University of California Press, 2007.

Glasse, R. M. "The Mask of Venery." Paper presented at seventieth annual meeting of the American Anthropological Association, New York City, 1971.

Glickman, Neil. "Letter to the Editor." *Gay Community News*, 22 August 1981.

Global Rights: Partners for Justice. *Annotated Guide to the Complete UN Trafficking Protocol*. Washington: Global Rights, 2002.

Goffman, Erving. *Stigma: Notes on the Management of Spoiled Identity*. Englewood Cliffs, N.J.: Prentice-Hall, 1963. 한국어판: 『오점: 장애의 사회 심리학』, 김용환 옮김, 강원대학교출판부, 1995.

Goldman, Emma. "The Traffic in Women." 1910. *Anarchism and Other Essays*. New York: Dover, 1969. 한국어판: 「여성 인신매매」, 『저주받은 아나키즘』, 김시완 옮김, 우물이있는집, 2001.

――――. "The Traffic in Women." 1917. *The Traffic in Women and Other Essays on Feminism*, 19-32. New York: Times Change Press, 1970.

Goodale, Jane, and Ann Chowning. "The Contaminating Woman." Paper presented at the seventieth annual meeting of the American Anthropological Association, New York City, 1971.

Goody, Jack, and S. J. Tambiah. *Bridewealth and Dowry*. Cambridge: Cambridge University Press, 1973.

Gordon, Linda. *Woman's Body, Woman's Right*. New York: Penguin, 1976.

Gordon, Linda, and Ellen Dubois. "Seeking Ecstasy on the Battlefield: Danger and Pleasure in Nineteenth Century Feminist Sexual Thought." *Feminist Studies* 9.1 (1983): 7-25.

Gordon, Linda, and Allen Hunter. "Sex, Family, and the New Right." *Radical America* (winter 1977-78): 9-26.

Gorham, Deborah. "The 'Maiden Tribute of Modern Babylon' Re-Examined: Child Prostitution and the Idea of Childhood in Late-Victorian England." *Victorian Studies* 21, no. 3 (1978): 353-379.

Gornick, Vivien, and Barbara K. Moran. *Women in Sexist Society: Studies in Power and Powerlessness*. New York: Basic, 1971.

Gough, Ian. "Marx and Productive Labour." *New Left Review* 76 (1972): 47-72.

Gough, Kathleen. "The Nayars and the Definition of Marriage." *Journal of the Royal Anthropological Institute* 89 (1959): 23-24.

Gould, Jane. *Juggling: A Memoir of Work, Family, and Feminism*. New York: Feminist Press at the City University of New York, 1997.

Grant, Madison. *The Passing of the Great Race or The Racial Basis of European History*.

New York: Charles Scribner's Sons, 1918.

Graves, Karen. *And They Were Wonderful Teachers: Florida's Purge of Gay and Lesbian Teachers*. Urbana: University of Illinois Press, 2009.

Green, Richard. "Is Pedophilia a Mental Disorder?" *Archives of Sexual Behavior* 31, no. 6 (2002): 467–471.

Gregory-Lewis, Sasha. "The Neo-Right Political Apparatus." *Advocate*, 8 February 1977.
———. "Right Wing Finds New Organizing Tactic." *Advocate*, 23 June 1977.
———. "Unraveling the Anti-Gay Network." *Advocate*, 7 September 1977.

Greslé-Favier, Claire. *"Raising Sexually Pure Kids": Sexual Abstinence, Conservative Christians and American Politics*. New York: Rodopi, 2009.

Grier, Barbara [Gene Damon]. *The Lesbian in Literature*. 1967. Tallahassee: Naiad, 1981.

Griffin, Susan. *Pornography and Silence: Culture's Revenge against Nature*. New York: Harper Colophon, 1981.

Grindea, Miron, ed. "The Amazon of Letters: A World Tribute to Natalie Clifford Barney," special issue of *Adam International Review* 29 (1961).

Groth, Paul. *Living Downtown: The History of Residential Hotels in the United States*. Berkeley: University of California Press, 1994.

Grumley, Michael, and Ed Gallucci. *Hard Corps: Studies in Leather and Sadomasochism*. New York: Dutton, 1977.

Guterl, Matthew Pratt. *The Color of Race in America, 1900–1940*. Cambridge: Harvard University Press, 2001.

Hall, Radclyffe. *The Well of Loneliness*. New York: Permabooks, 1959. 한국어판: 『고독의 우물』, 임옥희 옮김, 펭귄클래식코리아(웅진), 2008.

Halperin, David. *One Hundred Years of Homosexuality and Other Essays on Greek Love*. New York: Routledge, 1990.

Halperin, David M., John J. Winkler, and Froma I. Zeitlin, eds. *Before Sexuality: The Construction of Erotic Experience in the Ancient Greek World*. Princeton: Princeton University Press, 1990.

Hankins, Frank H. *The Racial Basis of Civilization: A Critique of the Nordic Doctrine*. New York: Knopf, 1926.

Hansen, Bert. "The Historical Construction of Homosexuality." *Radical History Review* 20 (spring–summer 1979): 66–75.

Harding, Sandra. "Why Has the Sex/Gender System Become Visible Only Now?" *Discovering Reality: Feminist Perspectives on Epistemology, Metaphysics, Methodology, and Philosophy of Science,* 311–324. 2nd edn. Dordrecht: Kluwer Academic Publishers, 2003.

Hardisty, Jean. *Mobilizing Resentment: Conservative Resurgence from the John Birch Society to the Promise Keepers.* Boston: Beacon, 1999.

Harris, Bertha. "The More Profound Nationality of Their Lesbianism: Lesbian Society in Paris in the 1920's." *Amazon Expedition: A Lesbian Feminist Anthology,* ed. Phyllis Birkby et al., 77–88. New York: Times Change Press, 1973.

Harry, Joseph, and William B. DeVall. *The Social Organization of Gay Males.* New York: Praeger, 1978.

Hartman, Chester. *The Transformation of San Francisco.* Totowa, N.J.: Rowman and Allanheld, 1984.

Hartman, Chester, et al. *Yerba Buena: Land Grab and Community Resistance in San Francisco.* San Francisco: Glide, 1974.

Hartman, Chester, with Sarah Carnochan. *City for Sale: The Transformation of San Francisco.* Berkeley: University of California Press, 2002.

Hartmann, Heidi. "The Unhappy Marriage of Marxism and Feminism." *Women and Revolution,* ed. Lydia Sargent, 1–41. Boston: South End, 1981.

Hartwell, Samuel. *A Citizen's Handbook of Sexual Abnormalities and the Mental Hygiene Approach to Their Prevention.* Lansing: State of Michigan, 1950.

Harvey, David. *A Brief History of Neoliberalism.* Oxford: Oxford University Press, 2006. 한국어판: 『신자유주의: 간략한 역사』, 최병두 옮김, 한울, 2014.

Hawthorne, Melanie, ed. "Natalie Barney and Her Circle," special issue of *South Central Review* 22, no. 3 (2005).

Haynes, Dina Francesca. "(Not) Found Chained to a Bed in a Brothel: Conceptual, Legal, and Procedural Failures to Fulfill the Promise of the Trafficking Victims Protection Act." *Georgetown Immigration Law Journal* 21 (spring 2007): 337–

368.

Heap, Chad C. *Homosexuality in the City: A Century of Research at the University of Chicago*. Exhibition catalogue. Chicago: University of Chicago Library, 2000.

Hefner, Robert. "The *Tel Quel* Ideology: Material Practice upon Material Practice." *Substance* 8 (1974): 127–138.

Henley, Clark. *The Butch Manual*. New York: Sea Horse, 1982.

Henry, Alice. "Porn Is Subordination?" *off our backs* (November 1984): 20, 24.

Henry, George. *Sex Variants: A Study of Homosexual Patterns*. 2 vols. New York: Paul B. Hoeber, 1941.

Henwood, Doug. *The State of the U.S.A. Atlas: The Changing Face of American Life in Maps and Graphics*. New York: Simon and Schuster, 1994.

Herdt, Gilbert, ed. *Gay Culture in America: Essays from the Field*. Boston: Beacon, 1992.

―――. *Guardians of the Flutes: Idioms of Masculinity*. New York: McGraw-Hill, 1981.

―――. *Ritualized Homosexuality in Melanesia*. Berkeley: University of California Press, 1984.

Heresies: The Sex Issue 12 (1981).

Herman, Didi. *The Antigay Agenda: Orthodox Vision and the Christian Right*. 1997; reprint, Chicago: University of Chicago Press, 1998.

Herring, Phillip. *Djuna: The Life and Work of Djuna Barnes*. New York: Viking, 1995.

Herskovitz, Melville. "A Note on 'Woman Marriage' in Dahomey." *Africa* 10, no. 3 (1937): 335–341.

Higgens, Patrick. *Heterosexual Dictatorship: Male Homosexuality in Post-War Britain*. London: Fourth Estate, 1996.

Himmelfarb, Gertrude. *The De-Moralization of Society: From Victorian Virtues to Modern Values*. 1994; reprint, New York: Vintage, 1996.

Hirschfeld, Magnus. *The Homosexuality of Men and Women*. 1914. Translated by Michael Lombardi-Nash. Amherst, N.Y.: Prometheus, 2000.

Hoffman, Amy. *An Army of Ex-Lovers: My Life at the Gay Community News*. Amherst: University of Massachusetts Press, 2007.

Hollibaugh, Amber. "The Erotophobic Voice of Women: Building a Movement for the

Nineteenth Century." *New York Native* (26 September–9 October 1983): 32–35.

Holroyd, Michael. *Lytton Strachey*. New York: Holt, Rinehart, and Winston, 1968.

Holz, Maxine. "Porn: Turn On or Put Down, Some Thoughts on Sexuality," *Processed World* 7 (spring 1983): 38–52.

Hook, 'Fessa John. *Shagging in the Carolinas*. Charleston: Arcadia, 2005.

Hooker, Evelyn. "The Homosexual Community." 1961. *Sexual Deviance*, ed. John Gagnon and William Simon, 167–84. New York: Harper and Row, 1967.

Horney, Karen. "The Denial of the Vagina." *Feminine Psychology*, 147–161. Edited by Harold Kelman. New York: Norton, 1973.

House, Penny, and Liza Cowan. "Can Men Be Women? Some Lesbians Think So! Transsexuals in the Women's Movement." *Dyke* 5 (fall 1977): 29–35.

Humphreys, Laud. *Tearoom Trade: Impersonal Sex in Public Places*. New York: Aldine, 1979.

Hunt, Lynn. Introduction to *The Invention of Pornography: Obscenity and the Origins of Modernity, 1500~1800*, ed. Lynn Hunt, 9–45. New York: Zone Books, 1993. 한국어판: 『포르노그라피의 발명: 외설성과 현대성의 기원, 1500~1800』, 조한욱 옮김, 책세상, 1996.

Hunt, Margaret. "Discord in the Happy Valley: Report of a Conference on Feminism, Sexuality, and Power." *Gay Community News* 14, no. 21 (1986): 8–9.

Hunter, Nan. "Modern McCarthyism." *off our backs* 15, no. 11 (1985): 26.

———. "Sex-Baiting and Dangerous Bedfellows." *off our backs* 15, no. 7 (1985): 33.

Hyde, H. Montgomery. *A History of Pornography*. New York: Dell, 1965.

Ignatiev, Noel. *How the Irish Became White*. New York: Routledge, 1995.

Igra, Samuel. *Germany's National Vice*. London: Quality Press, 1945.

Irvine, Janice. *Talk about Sex: The Battles over Sex Education in the United States*. Berkeley: University of California Press, 2002.

Jackson, Margaret. "Sex Research and the Construction of Sexuality: A Tool of Male Supremacy?" *Women's Studies Forum International* 7, no. 1 (1984): 43–51.

Jacobs, Sue-Ellen, Wesley Thomas, and Sabine Lang, eds. *Two-Spirit People: Native American Gender Identity, Sexuality, and Spirituality*. Urbana: University of

Illinois Press, 1997.

Jacobson, Matthew Frye. *Whiteness of a Different Color: European Immigrants and the Alchemy of Race*. Cambridge: Harvard University Press, 1998.

"Jacqueline Livingston." *Clothed with the Sun* 3, no. 1 (May 1983): 33–39.

Jaget, Claude. *Prostitutes: Our Life*. Bristol: Falling Wall, 1980.

Jagose, Annamarie. "Feminism's Queer Theory." *Feminism and Psychology* 19, no. 2 (2009): 157–174.

———. *Queer Theory: An Introduction*. New York: New York University Press, 1996. 한국어판: 『퀴어이론 입문』, 박이은실 옮김, 여이연, 2012.

Jakobson, Roman, and Morris Halle. *Fundamentals of Language*. The Hague: Mouton, 1971. 한국어판: 『언어의 토대: 구조기능주의 입문』, 박여성 옮김, 문학과지성사, 2009.

James, Jennifer, et al. *The Politics of Prostitution*. Seattle: Social Research Associates, 1977.

Jay, Karla. *The Amazon and the Page: Natalie Clifford Barney and Renée Vivien*. Bloomington: Indiana University Press, 1988.

Jeffreys, Sheila. *AntiClimax: A Feminist Perspective on the Sexual Revolution*. London: Women's Press, 1990.

———. "Butch and Femme: Now and Then." *Gossip* 5 (1987): 65–95.

———. *The Idea of Prostitution*. Melbourne: Spinifex, 1997.

———. *The Lesbian Heresy: A Feminist Perspective on the Lesbian Sexual Revolution*. Melbourne: Spinifex, 1993.

———. *The Spinster and Her Enemies: Feminism and Sexuality*. Boston: Pandora, 1985.

———. "The Spinster and Her Enemies: Sexuality and the Last Wave of Feminism." *Scarlet Woman* 13, part 2 (July 1981): 22–27.

Johnson, David. "The Kids of Fairytown: Gay Male Culture on Chicago's Near North Side in the 1930s." *Creating a Place for Ourselves*, ed. Brett Beemyn, 97–118. New York: Routledge, 1997.

———. *The Lavender Scare: The Cold War Persecution of Gays and Lesbians in the Federal Government*. Chicago: University of Chicago Press, 2004.

Johnston, David Cay. *Free Lunch: How the Wealthiest Americans Enrich Themselves at*

Government Expense (and Stick You with the Bill). New York: Portfolio, 2007.

Jones, Ernest. "The Phallic Phase." *International Journal of Psychoanalysis* 14 (1933): 1–33.

Jordan, Jane. *Josephine Butler*. London: Hambledon Continuum, 2001.

Jordan, Mark. *The Invention of Sodomy in Christian Theology*. Chicago: University of Chicago Press, 1997.

Kaplan, Jeffrey. *Encyclopedia of White Power: A Sourcebook on the Radical Racist Right*. Walnut Creek, Calif.: Altamira, 2000.

Karr, M. A. "Susan Griffin." *Advocate*, 20 March 1980.

Katz, Jonathan Ned. *Gay American History: Lesbians and Gay Men in the U.S.A.* New York: Thomas Crowell, 1976.

——. *Gay/Lesbian Almanac: A New Documentary*. New York: Harper and Row, 1983.

——, ed. *Homosexuality: Lesbians and Gay Men in Society, History, and Literature*. New York: Arno, 1975.

——. "The Invention of Heterosexuality." *Socialist Review* 20, no. 1 (1990): 7–34.

——. *The Invention of Heterosexuality*. New York: Plume, 1995.

Katz, Leon. Introduction to *Fernhurst, Q.E.D., and Other Early Writings*, by Gertrude Stein. New York: Liveright, 1973.

Kauffman, Linda. *American Feminist Thought, 1982–1992*. Oxford: Basil Blackwell, 1993.

Kelly, Raymond. *Etoro Social Structure: A Study in Structural Contradiction*. 1974; reprint, Ann Arbor: University of Michigan Press, 1977.

——. "Witchcraft and Sexual Relations: An Exploration of the Social and Semantic Implications of the Structure of Belief." Paper presented at the seventy-third annual meeting of the American Anthropological Association, Mexico City, 1974.

——. "Witchcraft and Sexual Relations: An Exploration of the Social and Semantic Implications of the Structure of Belief." *Man and Woman in the New Guinea Highlands*, ed. Paula Brown and Georgeda Buchbinder, 36–53. Washington: American Anthropological Association, 1976.

Kempadoo, Kamala, and Jo Doezema, eds. *Global Sex Workers: Rights, Resistance, and*

Redefinition. New York: Routledge, 1998.

Kempadoo, Kamala, Jyoti Sanghera, and Bandana Pattanaik, eds. *Trafficking and Prostitution Reconsidered: New Perspectives on Migration, Sex Work, and Human Rights*. Boulder, Colo.: Paradigm Publishers, 2005.

Kendrick, Walter. *The Secret Museum: Pornography in Modern Culture*. New York: Viking, 1987.

Kennedy, Elizabeth Lapovsky, and Madeline D. Davis. *Boots of Leather, Slippers of Gold: The History of a Lesbian Community*. New York: Routledge, 1993.

—. "The Reproduction of Butch-Fem Roles: A Social Constructionist Approach." *Passion and Power: Sexuality in History*, ed. Kathy Peiss, Christina Simmons, with Robert A. Padgug, 241–256. Philadelphia: Temple University Press, 1989.

Kennedy, Hubert C. *Ulrichs: The Life and Works of Karl Heinrich Ulrichs, Pioneer of the Modern Gay Movement*. Boston: Alyson Publications, 1988.

Kessler, Suzanne J., and Wendy McKenna. *Gender: An Ethnomethodological Approach*. Chicago: University of Chicago Press, 1978.

Kinsella, James. *Covering the Plague: AIDS and the American Media*. New Brunswick: Rutgers University Press, 1989.

Kinsey, Alfred, Wardell B. Pomeroy, and Clyde E. Martin. *Sexual Behavior in the Human Male*. Philadelphia: W. B. Saunders, 1948.

Kinsey, Alfred, Wardell B. Pomeroy, Clyde E. Martin, and Paul H. Gebhard. *Sexual Behavior in the Human Female*. Philadelphia: W. B. Saunders, 1953. 한국어판: 알후렛드 C. 킨제이 외, 『人間女性에 있어서의 性行動』, 전광문 옮김, 신조사, 1959.

Klaich, Dolores. *Woman Plus Woman*. New York: Simon and Schuster, 1974.

Klassen, Ben, P. M. *The White Man's Bible*. Otto, N.C.: Church of the Creator, 1981.

Klatch, Rebecca E. *Women of the New Right*. Philadelphia: Temple University Press, 1987.

Koedt, Anne, Ellen Levine, and Anita Rapone. *Radical Feminism*. New York: Quadrangle, 1973.

Koskovich, Gerard. "Lesbian, Gay, Bisexual and Transgender Archives and Libraries in the United States." *LGBTQ America Today: An Encyclopedia*, ed. John Hawley, 684–692. Westwood: Greenwood Press, 2009.

Krafft-Ebing, R. von. *Psychopathia Sexualis, with Special Reference to the Contrary Sexual Instinct: A Medico-Legal Study.* Philadelphia: Davis, 1899.

Kramer, Larry. "Letter to the Editor: Kramer on Theory: Rebuttal and a Defense." *Gay and Lesbian Review Worldwide* 17, no. 2 (2010): 6.

———. "Queer Theory's Heist of Our History." *Gay and Lesbian Review Worldwide* 16, no. 5 (2009): 11–13.

Kreiger, Susan. *The Mirror Dance: Identity in a Women's Community.* Philadelphia: Temple University Press, 1983.

Lacan, Jacques. *The Language of Self: The Function of Language in Psychoanalysis.* Translated by Anthony Wilden. Baltimore: Johns Hopkins University Press, 1968.

Lacretelle, Jacques de. *L'Amour sur la place.* Paris: Perrin, 1964.

LaHaye, Tim. *The Unhappy Gays: What Everyone Should Know about Homosexuality.* Carol Stream, Ill.: Tyndale House, 1978.

Lampl de Groot, Jeanne. "The Evolution of the Oedipus Complex in Women." *The Psychoanalytic Reader*, ed. R. Fleiss, 180–194. New York: International Universities Press, 1948

———. "Problems of Femininity." *Psychoanalytic Quarterly* 2 (1933): 489–518.

Landsberg, Michele. "Canada: Antipornography Breakthrough in the Law." *Ms.*, May–June 1992, 14–15.

Langness, L. L. "Sexual Antagonism in the New Guinea Highlands: A Bena Bena Example." *Oceania* 37, no. 3 (1967): 161–177.

Langum, David. *Crossing Over the Line: Legislating Morality and the Mann Act.* Chicago: University of Chicago Press, 1994.

Laqueur, Thomas. *Solitary Sex: A Cultural History of Masturbation.* New York: Zone Books, 2003.

Larguia, Isabel, and John Dumoulin. "Towards a Science of Women's Liberation." *NACLA Newsletter* 6, no. 10 (1972): 3–20.

Lasch, Christopher. "Freud and Women." *New York Review of Books* 21, no. 15 (1974): 12–17.

Lassiter, Matthew D., and Joseph Crespino. *The Myth of Southern Exceptionalism.*

Oxford: Oxford University Press, 2010.

Latimer, Tirza True. *Women Together/Women Apart: Portraits of Lesbian Paris*. New Brunswick: Rutgers University Press, 2005.

Lauritsen, John, and David Thorstad. *The Early Homosexual Rights Movement*. New York: Times Change Press, 1974.

Lawrence v. Texas. 539 U.S. 558 (2003).

Leach, Edmund. *Rethinking Anthropology*. New York: Humanities, 1971.

Leahy, Terry. "Sex and the Age of Consent: The Ethical Issues." *Social Analysis* 39 (1996): 27–55.

Lederer, Laura, ed. *Take Back the Night: Women on Pornography*. New York: William Morrow, 1980.

Lee, John Allan. *Getting Sex: A New Approach, More Sex, Less Guilt*. Don Mills, Ontario: Musson, 1978.

The Legacy: Murder and Media, Politics and Prisons. Directed by Michael J. Moore. pbs, 2006.

Leidholdt, Dorchen. "Back to Barnard." *off our backs* 23, no. 9 (1993): 30.

——. "A Small Group," *off our backs* 15, no. 10 (1985): 26.

Leidholdt, Dorchen, and Janice G. Raymond. *The Sexual Liberals and the Attack on Feminism*. New York: Pergamon, 1990.

Leopold, Les. *The Looting of America: How Wall Street's Game of Fantasy Finance Destroyed Our Jobs, Pensions, and Prosperity, and What We Can Do About It*. White River Junction, Vt.: Chelsea Green, 2009.

Levine, Judith. "A Question of Abuse." *Mother Jones*, July–August 1996, 32–37, 67–70.

——. *Harmful to Minors: The Perils of Protecting Children from Sex*. Minneapolis: University of Minnesota Press, 2002.

Levine, Martin P. *Gay Men: The Sociology of Male Homosexuality*. New York: Harper Colophon, 1979.

Levine, Martin P., Peter M. Nardi, and John H. Gagnon, eds. *In Changing Times: Gay Men and Lesbians Encounter HIV/AIDS*. Chicago: University of Chicago Press, 1997.

Lévi-Strauss, Claude. "A Confrontation." *New Left Review* 62 (July-August 1970): 57-74.

———. *The Elementary Structures of Kinship.* Translated by James Harle Bell, John Richard von Strurmer, and Rodney Needham. Boston: Beacon, 1969.

Levitas, Daniel. *The Terrorist Next Door: The Militia Movement and the Radical Right.* New York: Thomas Dunne Books, St. Martin's Press, 2002.

Lewin, Ellen. *Lesbian Mothers.* Ithaca: Cornell University Press, 1993.

Lewin, Ellen, and William L. Leap. *Final Report of the Commission on Lesbian, Gay, Bisexual, and Transgender Issues in Anthropology.* Arlington, Va.: American Anthropological Association, 1999.

Leznoff, Maurice, and William A. Westley. "The Homosexual Community." *Sexual Deviance,* ed. John Gagnon and William Simon, 184-196. New York: Harper and Row, 1967.

Limoncelli, Stephanie. *The Politics of Trafficking: The First International Movement to Combat the Sexual Exploitation of Women.* Stanford: Stanford University Press, 2010.

Linden, Robin Ruth, Darlene R. Pagano, Diana E. H. Russell, and Susan Leigh Starr, eds. *Against Sadomasochism: A Radical Feminist Analysis.* East Palo Alto, Calif.: Frog in the Well Press, 1982.

Lindenbaum, Shirley. "A Wife Is the Hand of the Man." Paper presented at the seventy-second annual meeting of the American Anthropological Association, Mexico City, 1973.

Lipset, Seymour Martin, and Earl Raab. *The Politics of Unreason: Right-Wing Extremism in America, 1790-1970.* New York: Harper and Row, 1970.

Lively, Scott. *The Poisoned Stream: "Gay" Influence in Human History.* Keizer, Ore.: Founders Publishing Corportation, 1997.

———. *Seven Steps to Recruit-Proof Your Child.* Keizer, Ore.: Founders Publishing Corporation, 1998.

Lively, Scott, and Kevin Abrams. *The Pink Swastika: Homosexuality in the Nazi Party.* Keizer, Ore.: Founders Publishing Corporation, 1996.

Livia, Anna, ed. *A Perilous Advantage: The Best of Natalie Clifford Barney*. Norwich, Vt.: New Victoria, 1992.

———. "The Trouble with Heroines: Natalie Clifford Barney and Anti-Semitism." *A Perilous Advantage: The Best of Natalie Clifford Barney*, 181–93. Norwich, Vt.: New Victoria, 1992.

Livingstone, Frank. "Genetics, Ecology, and the Origins of Incest and Exogamy." *Current Anthropology* 10, no. 1 (1969): 45–61.

———. "On the Non-Existence of the Human Races." *Cultural Anthropology* 3, no. 3 (1962): 279–281.

Longino, Helen E. "Pornography, Oppression, and Freedom: A Closer Look." *Take Back the Night: Women on Pornography*, ed. Laura Lederer, 436–441. New York: William Morrow, 1980.

Lorenz, Paul. *Sapho 1900: Renée Vivien*. Paris: Julliard, 1977.

Lynn, Barry W. *Polluting the Censorship Debate: A Summary and Critique of the Attorney General's Commission on Pornography*. Washington: American Civil Liberties Union, 1986.

———. *Rushing to Censorship: An Interim Report on the Methods of Evidence Gathering and Evaluation by the Attorney General's Commission on Pornography*. Washington: American Civil Liberties Union, 1986.

MacKinnon, Catharine. "Feminism, Marxism, Method and the State: An Agenda for Theory." *Signs* 7, no. 3 (1982): 515–544.

———. "Feminism, Marxism, Method and the State: Toward Feminist Jurisprudence." *Signs* 8, no. 4 (1983): 635–658.

———. *Feminism Unmodified: Discourses on Life and Law*. Cambridge: Harvard University Press, 1987.

———. *Toward a Feminist Theory of the State*. Cambridge: Harvard University Press, 1989.

Mains, Geoff. *Gentle Warriors*. Stamford, Conn.: Knights, 1989.

———. *Urban Aboriginals*. San Francisco: Gay Sunshine, 1984.

———. "View From a Sling." *Drummer* 121 (1988).

Mair, Lucy. *Marriage*. Baltimore: Penguin Books, 1971.

Malamuth, Neal M., and Edward Donnerstein, eds. *Pornography and Sexual Aggression*. New York: Academic Press, 1984.

Malinowski, Bronislaw. "The Primitive Economics of the Trobriand Islanders." *Cultures of the Pacific*, ed. T. Harding and B. Wallace, 51–62. New York: Free Press, 1970.

——. *The Sexual Life of Savages*. London: Routledge and Kegan Paul, 1929.

Mannoni, Maud. *The Child, His "Illness" and the Others*. New York: Pantheon, 1970.

Marcus, Steven. *The Other Victorians*. New York: New American Library, 1974.

Marks, Elaine. *Marrano as Metaphor: The Jewish Presence in French Writing*. New York: Columbia University Press, 1996.

Marmor, Judd. *Sexual Inversion*. London: Basic, 1965.

Marrs, Texe. *Big Sister Is Watching You: Hillary Clinton and the White House Feminists Who Now Control America—and Tell the President What to Do*. Austin, Tex.: Living Truth, 1993.

——. *Ravaged by the New Age: Satan's Plan to Destroy Our Kids*. Austin, Tex.: Living Truth, 1989.

Marshall, Donald S., and Robert C. Suggs, eds. *Human Sexual Behavior: Variations in the Ethnographic Spectrum*. New York: Basic, 1971.

Martin, William. *With God on Our Side: The Rise of the Religious Right in America*. New York: Broadway, 1996.

Marx, Karl. *Capital*. New York: International Publishers, 1972. 한국어판: 『자본』, 김수행 옮김, 비봉출판사, 2005.

——. *The Eighteenth Brumaire of Louis Bonaparte, with Explanatory Notes*. 1852. New York: International Publishers, 1963. 한국어판: 『루이 보나파르트의 브뤼메르 18일』, 최형익 옮김, 비르투, 2012.

——. *Pre-capitalist Economic Formations*. New York: International Publishers, 1971.

——. *Theories of Surplus Value, Part 1*. Moscow: Progress, 1969.

——. *Wage-Labor and Capital*. New York: International Publishers, 1971.

Mason, Diane. *The Secret Vice: Masturbation in Victorian Fiction and Medical Culture*. Manchester: Manchester University Press, 2008.

Masuzawa, Tomoko. *The Invention of World Religions: Or, How European Universalism was Preserved in the Language of Pluralism*. Chicago: University of Chicago Press, 2005.

Matlock, Jann. "Masquerading Women, Pathologized Men: Cross-Dressing, Fetishism, and the Theory of Perversion, 1882-1935." *Fetishism as Cultural Discourse*, ed. Emily Apter and William Pietz, 31-61. Ithaca: Cornell University Press, 1993.

Maurras, Charles. *L'Avenir de l'intelligence*. Paris: Nouvelle Librarie Nationale, 1905.

Mauss, Marcel. *The Gift: Forms and Functions of Exchange in Archaic Societies*. New York: W. W. Norton, 1967. 한국어판: 『증여론』, 이상률 옮김, 한길사, 2002.

McCalman, Iain. *Radical Underworld: Prophets, Revolutionaries and Pornographers in London, 1795-1940*. Cambridge: Cambridge University Press, 1988.

McClelland, Donald. *Where Shadows Live: Alice Pike Barney and Her Friends*. Exhibition catalogue. Washington: National College of Fine Arts, 1978.

McCormack, Thelma. "Appendix 1: Making Sense of the Research on Pornography." *Women against Censorship*, ed. Varda Burstyn, 181-205. Vancouver: Douglas and McIntyre, 1985.

McGreevy, John T. *Catholicism and American Freedom: A History*. New York: W. W. Norton, 2003.

McGuigan, Dorothy Gies. *A Dangerous Experiment: One Hundred Years of Women at the University of Michigan*. Ann Arbor: Center for Continuing Education of Women, 1970.

McIntosh, Mary. "The Homosexual Role." *Social Problems* 16, no. 2 (1968): 182-192.

McLellan, David, ed. *The Grundrisse*. New York: Harper and Row, 1971.

McMurtrie, Douglas. "A Legend of Lesbian Love among North American Indians." *Urologic and Cutaneous Review* (April 1914): 192-193.

Meggitt, M. J. "Male-Female Relationships in the Highlands of Australian New Guinea." *American Anthropologist* 66, no. 4, part 2 (1970): 204-224.

Mehlman, Jeffrey. *French Freud: Structural Studies in Psychoanalysis*, no. 48. New Haven: Yale French Studies, 1972.

Miller, Alice. "Sexuality, Violence Against Women, and Human Rights: Women Make

Demands and Ladies Get Protection." *Health and Human Rights* 7, no. 2 (2004): 16–47.

Miller, Jean Baker. *Psychoanalysis and Women*. Baltimore: Penguin, 1973.

Miller, Neil. *Sex Crime Panic: A Journey to the Paranoid Heart of the 1950s*. Los Angeles: Alyson Books, 2002.

Minkowitz, Donna. *Ferocious Romance: What My Encounters with the Right Taught Me about Sex, God, and Fury*. New York: Free Press, 1998.

Mintz, Steven. *Huck's Raft: A History of American Childhood*. Cambridge: Harvard University Press, 2004.

Mitchell, Juliet. *Psychoanalysis and Feminism: Freud, Reich, Laing, and Women*. New York: Pantheon, 1974.

———. *Women's Estate*. New York: Vintage, 1971.

Mitchell, Juliet, and Ann Oakley. *The Rights and Wrongs of Women*. Middlesex: Harmondsworth, 1976.

Mitzel, John. *The Boston Sex Scandal*. Boston: Glad Day Books, 1980.

Money, John, and Anke A. Ehrhardt. *Man & Woman, Boy & Girl: The Differentiation and Dimorphism of Gender Identity from Conception to Maturity*. Baltimore: Johns Hopkins University Press, 1972.

Moody, Roger. *Indecent Assault*. London: Word Is Out, 1980.

Morgan, Lewis Henry. *Ancient Society, or Researches in the Lines of Human Progress from Savagery, through Barbarism to Civilization*. New York: Henry Holt, 1877.

Morgan, Robin. *The Anatomy of Freedom: Feminism, Physics, and Global Politics*. Garden City, N.Y.: Anchor Books / Doubleday, 1984.

———. *Sisterhood Is Powerful: An Anthology of Writings from the Women's Liberation Movement*. New York: Vintage, 1970.

Moses, Claire. "Made in America: 'French Feminism' in Academia." *Feminist Studies* 24, no. 2 (1998): 241–274.

Mumford, Kevin. "Homosex Changes: Race, Cultural Geography, and the Emergence of the Gay." *American Quarterly* 48, no. 3 (September 1996): 395–414.

———. *Interzones: Black/White Sex Districts in Chicago and New York in the Early*

Twentieth Century. New York: Columbia University Press, 1997.

Murphy, Robert. "Social Structure and Sex Antagonism." *Southwestern Journal of Anthropology* 15, no. 1 (1959): 81–96.

Murray, Stephen O. "The Institutional Elaboration of a Quasi-Ethnic Community." *International Review of Modern Sociology* 9, no. 2 (1979): 155–175.

Nagle, Jill, ed. *Whores and Other Feminists.* New York: Routledge, 1997.

Nardi, Peter M., ed. *Journal of Sociology and Social Work: Perspectives on the Social Effects of AIDS* 11, nos. 1–2 (1988–1989).

Nardi, Peter, and Beth Schneider, eds. "Kinsey: A Fiftieth-Anniversary Symposium," *Sexualities* 1, no. 1 (1998): 83–106.

——— . *Social Perspectives in Lesbian and Gay Studies.* New York: Routledge, 1998.

Nathan, Debbie. *Women and Other Aliens: Essays from the U.S.-Mexican Border.* El Paso, Tex.: Cinco Puntos, 1991.

National Organization for Women. *Hearings on Pornography: Materials on the Personal Testimony of NOW Activists on Pornography.* Washington, 23 May 1986.

——— . *Hearings on Pornography.* San Francisco, 26 March 1986.

Newton, Esther. *Cherry Grove, Fire Island: Sixty Years in America's First Gay and Lesbian Town.* Boston: Beacon, 1993.

——— . *Margaret Mead Made Me Gay: Personal Essays, Public Ideas.* Durham: Duke University Press, 2000.

——— . *Mother Camp: Female Impersonators in America.* Englewood Cliffs, N.J.: Prentice-Hall, 1972.

——— . "The Mythic Mannish Lesbian: Radclyffe Hall and the New Woman." *Hidden from History: Reclaiming the Gay and Lesbian Past*, ed. Martin Bauml Duberman, Martha Vicinus, and George Chauncey Jr., 281–93. New York: New American Library, 1989.

Newton, Esther, and Shirley Walton. "The Misunderstanding: Toward a More Precise Sexual Vocabulary." *Pleasure and Danger*, ed. Carole Vance, 34–42. Boston: Routledge and Kegan Paul, 1984.

Noebel, David A. *The Homosexual Revolution.* 1977; reprint, Tulsa: American Christian

College Press, 1978.

Noebel, David A., Wayne C. Lutton, and Paul Cameron. *AIDS: Acquired Immune Deficiency Syndrome Special Report*. Manitou Springs, Colo.: Summit Research Institute, 1986.

Norton, Clark. "Sex in America." *Inquiry* (5 October 1981): 11–18.

Not a Love Story: A Film about Pornography. Directed by Bonnie Sherr Klein. Produced by Dorothy Todd Henaut. Studio D., National Film Board of Canada, 1981.

Nowinski, Ira. *Ira Nowinski's San Francisco: Poets, Politics, and Divas*. Berkeley: Heyday, 2006.

———. *No Vacancy: Urban Renewal and the Elderly*. San Francisco: Carolyn Bean Associates, 1979.

Nye, Robert A. "The Medical Origins of Sexual Fetishism." *Fetishism as Cultural Discourse*, ed. Emily Apter and William Pietz, 13–30. Ithaca: Cornell University Press, 1993.

O'Carroll, Tom. *Paedophilia: The Radical Case*. London: Peter Owen, 1980.

O'Dair, Barbara. "Sex, Love, and Desire: Feminists Struggle over the Portrayal of Sex." *Alternative Media* (spring 1983).

Odem, Mary. *Delinquent Daughters: Protecting and Policing Adolescent Female Sexuality in the United States, 1885–1920*. Chapel Hill: University of North Carolina Press, 1995.

Okami, Paul. "'Child Perpetrators of Sexual Abuse': The Emergence of a Problematic Deviant Category." *Journal of Sex Research* 29, no. 1 (1992): 109–130.

Oosterhuis, Harry. *Stepchildren of Nature: Krafft-Ebing, Psychiatry, and the Making of Sexual Identity*. Chicago: University of Chicago Press, 2000.

Orlando, Lisa. "Bad Girls and 'Good' Politics." *Village Voice, Literary Supplement*, December 1982.

———. "Lust at Last! Spandex Invades the Academy." *Gay Community News*, 15 May 1982: 42–50.

———. "Power Plays: Coming to Terms with Lesbian s/M." *Village Voice*, 26 July 1983.

Ortner, Sherry B., and Harriet Whitehead, eds. *Sexual Meanings: The Cultural*

Construction of Gender and Sexuality. New York: Cambridge University Press, 1981.

Padgug, Robert A. "Sexual Matters: On Conceptualizing Sexuality in History." *Radical History Review* 20 (spring–summer 1979): 3–23.

Page, Sharon. "Feminists Stand Divided on Meese Commission Report." *Gay Community News*, 3–9 August 1986, 1, 11.

――――. "Indianapolis Enacts Anti-Pornography Bill." *Gay Community News*, 19 May 1984, 1, 3.

――――. "Minneapolis MayorVetoes Anti-Porn Law." *Gay Community News*, 14 January 1984, 1, 6.

Papayanis, Nicholas. "Sex and the Revanchist City: Zoning Out Pornography." *Environment and Planning D: Space and Society* 18 (2000): 341–353.

Park, Robert E., Ernest W. Burgess, and Roderick McKenzie. *The City.* 1925. Chicago: University of Chicago Press, 1967.

Passet, Joanne. *Sex Variant Woman: The Life of Jeannette Howard Foster.* Cambridge: Da Capo Press, 2008.

Pasternak, Judith. "The Strangest Bedfellows: Lesbian Feminism and the Sexual Revolution." *Woman News* (October 1983).

Patton, Cindy. *Inventing AIDS.* New York: Routledge, 1990.

――――. *Sex and Germs: The Politics of AIDS.* Boston: South End Press, 1985.

Pavlov's Children (They May Be Yours). Los Angeles: Impact, 1969.

Peakman, Julie. *Mighty Lewd Books: The Development of Pornography in Eighteenth-Century England.* New York: Palgrave Macmillan, 2003.

Peiss, Kathy. *Cheap Amusements: Working Women and Leisure in Turn-of-the-Century New York.* Philadelphia: Temple University Press, 1986.

Peiss, Kathy, and Christina Simmons, with Robert A. Padgug, eds. *Passion and Power: Sexuality in History.* Philadelphia: Temple University Press, 1989.

Pela, Robert L. "No Freedom of Gay Press: Publishers of Gay and Lesbian Books Faced Increased Printer Turndowns in 1991." *Advocate*, 14 January 1992, 84–85.

Penelope, Julia. "And Now for the Really Hard Questions." *Sinister Wisdom* 15 (fall

1980).

Petchesky, Rosalind Pollack. "Anti-abortion, Anti-feminism, and the Rise of the New Right." *Feminist Studies* 7, no. 2 (1981): 206–246.

Peters, Peter J. *The Death Penalty for Homosexuals Is Prescribed in the Bible*. 1992; reprint, LaPorte, Colo.: Scriptures for America, 1993.

Phelan, Shane. *Identity Politics: Lesbian Feminism and the Limits of Community*. Philadelphia: Temple University Press, 1989.

Phelps, Robert, ed. *Earthly Paradise*. New York: Farrar, Straus, and Giroux, 1966.

Pheterson, Gail. *A Vindication of the Rights of Whores*. Seattle: Seal, 1989.

Phillips, Kevin. *The Politics of Rich and Poor: Wealth and the American Electorate in the Reagan Aftermath*. New York: Random House, 1990.

———. *Wealth and Democracy: A Political History of the American Rich*. New York: Broadway Books, 2002.

Plath, Sylvia. "Daddy." *Ariel: The Restored Edition*, 64–66. New York: Harper Collins, 2004.

Plummer, Kenneth, ed. *The Making of the Modern Homosexual*. London: Hutchinson, 1981.

———, ed. *Modern Homosexualities: Fragments of Lesbian and Gay Experience*. New York: Routledge, 1992.

———. *Sexual Stigma: An Interactionist Account*. New York: Routledge and Kegan Paul, 1975.

Podhoretz, Norman. "The Culture of Appeasement." *Harper's*, October 1977.

Polanyi, Karl. *The Great Transformation*. New York: Farrar and Rinehart, 1944.

Polanyi, Karl, Conrad Arensberg, and Henry Pearson, eds. *Trade and Market in the Early Empires: Economies in History and Theory*. 1957. Chicago: Gateway, 1971.

Poliakov, Léon. *The Aryan Myth: A History of Racist and Nationalist Ideas in Europe*. Translated by Edmund Howard. New York: Basic Books, 1974.

Ponse, Barbara. *Identities in the Lesbian World: The Social Construction of Self*. Westport, Conn.: Greenwood, 1978.

Pougy, Liane de. *Idylle Sapphique*. Paris: La Plume, 1901.

Powell, Lynn. *Framing Innocence: A Mother's Photographs, a Prosecutor's Zeal, and a Small Town's Response.* New York: The New Press, 2010.

Puff, Helmut. *Sodomy in Reformation Germany and Switzerland, 1400–1600.* Chicago: University of Chicago Press, 2003.

Quarles, Chester L. *Christian Identity: The Aryan American Bloodline Religion.* Jefferson, N.C.: McFarland, 2004.

Quindlen, Anna. "Driving to the Funeral." *Newsweek*, 11 June 2007, 80.

Radicalesbians. "The Woman Identified Woman." *Radical Feminism*, ed. Anne Koedt, Ellen Levine, and Anita Rapone, 240–245. New York: Quadrangle, 1973.

Rappaport, Roy. *Pigs for the Ancestors: Ritual in the Ecology of a New Guinea People.* New Haven: Yale University Press, 1975.

Raymond, Janice. *The Transsexual Empire: The Making of the She-Male.* New York: Teachers College Press, 1979.

Read, Kenneth. "The Nama Cult of the Central Highlands, New Guinea." *Oceania* 23, no. 1 (1953): 1–25.

——. *Other Voices: The Style of a Male Homosexual Tavern.* Novato, Calif.: Chandler and Sharp, 1980.

Réage, Pauline. *Story of O.* New York: Grove, 1965.

Reay, Marie. *The Kuma.* London: Cambridge University Press, 1959.

Reckless, Walter C. *Vice in Chicago.* 1933. Montclair: Patterson Smith, 1969.

Redstockings of the Women's Liberation Movement. *Feminist Revolution: An Abridged Edition with Additional Writings.* New York: Random House, 1978.

Regina v. Brown. 2 All Er 75 (House of Lords, 1993).

Reinach, Salomon. Untitled (Query). *Notes and Queries* 9 (1914): 488.

Reinharz, Shulamit. "The Chicago School of Sociology and the Founding of the Graduate Program in Sociology at Brandeis University: A Case Study in Cultural Diffusion." *A Second Chicago School? The Development of a Postwar American Sociology*, ed. Gary Allan Fine, 273–321. Chicago: University of Chicago Press, 1995.

Reisman, Judith A., Edward W. Eichel, John H. Court, and J. Gordon Muir, eds. *Kinsey,*

Sex, and Fraud: The Indoctrination of a People. Lafayette, La.: Huntington House, 1990.

Reiss, Albert. "The Social Integration of Peers and Queers." 1961. *Sexual Deviance*, ed. John Gagnon and William Simon, 197–227. New York: Harper and Row, 1967.

Reiter, Rayna R., ed. *Toward an Anthropology of Women*. New York: Monthly Review Press, 1975.

Rekers, George A. *Growing Up Straight: What Every Family Should Know about Homosexuality*. Chicago: Moody Press, 1982.

Revolutionary Union. *On Homosexuality: A Stalino-Leninist Guide to Love and Sex*. Ann Arbor: 1975.

Reyes, Nina. "Smothering Smut." *Outweek*, 26 September 1990, 37–42.

Rich, Adrienne. "Compulsory Heterosexuality and Lesbian Existence." *Signs* 5, no. 4 (1980): 631–660.

———. *On Lies, Secrets, and Silence*. New York: W. W. Norton, 1979.

Rich, B. Ruby. "Is There Anything New under the Covers?" *In These Times*, 20–26 February 1985, 19.

———. "Review: Feminism and Sexuality in the 1980s." *Feminist Studies* 12 (1986): 525–561.

———. Review of *Powers of Desire*. *In These Times*, 16–22 November 1983.

Richardson, Katherine H., and Eugene B. Chase Jr. *Pawleys Island Historically Speaking*. Pawleys Island, S.C.: Pawleys Island Civic Association, 1994.

Riddell, Carol. *Divided Sisterhood: A Critical Review of Janice Raymond's "The Transsexual Empire."* Liverpool: News from Nowhere, 1980.

Ridgeway, James. *Blood in the Face: The Ku Klux Klan, Aryan Nations, Nazi Skinheads, and the Rise of a New White Culture*. 1990; reprint, New York: Thunder's Mouth, 1995.

Robbins, Louise. "The Library of Congress and Federal Loyalty Programs, 1947–1956: No Communists or Cocksuckers.'" *The Library Quarterly* 64, no. 4 (1994): 365–385.

Robinson, Paul. *The Modernization of Sex*. New York: Harper and Row, 1976. Rodgers,

Bruce. *The Queen's Vernacular: A Gay Lexicon*. San Francisco: Straight

Arrow, 1972. Rodriguez, Suzanne. *Wild Heart: Natalie Clifford Barney's Journey from Victorian America to Belle Époque Paris*. New York: Ecco, 2002.

Rogers, William G. *Ladies Bountiful*. New York: Harcourt, Brace, and World, 1968.

Rollins, Chiquita. "When Conservatives Investigate Porn." *off our backs* 15.11 (1985): 1, 12–13.

Rosaldo, Michelle Zimbalist, and Lousie Lamphere, eds. *Women, Culture, and Society*. Stanford: Stanford University Press, 1974.

Rosario, Vernon A., ed. *Science and Homosexualities*. New York: Routledge, 1997. Roscoe, Will. *The Zuni Man-Woman*. Albuquerque: University of New Mexico Press, 1991.

Rose, Stephen J. *Social Stratification in the United States: The American Profile Poster Revised and Expanded*. New York: New Press, 1992.

———. *Social Stratification in the United States: The American Profile Poster Revised and Updated Edition*. New York: New Press, 2000.

Rosen, Michael. *Sexual Magic: The S/M Photographs*. San Francisco: Shaynew, 1986.

———. *Sexual Portraits: Photographs of Radical Sexuality*. San Francisco: Shaynew, 1990.

Rowbotham, Sheila. *Edward Carpenter: A Life of Liberty and Love*. London: Verso, 2008. Rowbotham, Sheila, and Jeffrey Weeks. *Socialism and the New Life: The Personal and Sexual Politics of Edward Carpenter and Havelock Ellis*. London: Pluto Press, 1977.

Rowntree, M., and J. Rowntree. "More on the Political Economy of Women's Liberation." *Monthly Review* 21, no. 8 (1970): 26–32.

Royére, Jean. "Sapho et Circé." *Le Pointe de vue de Sirius*. Paris: Messein, 1935.

Rubin, Gayle. "Afterword to 'Thinking Sex: Notes for a Radical Theory of the Politics of Sexuality.'" *American Feminist Thought, 1982–1992*, ed. Linda S. Kauffman. Oxford: Basil Blackwell, 1993.

———. "Coconuts: Aspects of Male/Female Relationships in New Guinea." Unpublished manuscript, 1974.

———. "A Contribution to the Critique of the Political Economyof Sex and Gender." *Dissemination* 1, no. 1 (1974): 6–13.

———. "A Contribution to the Critique of the Political Economyof Sex and Gender." *Dissemination* 1, no. 2 (1974): 23–32.

———. "Elegy for the Valley of the Kings: aIDs and the Leather Community in San Francisco, 1981–1996." *Changing Times: Gay Men and Lesbians Encounter HIV/ AIDS*, ed. Martin Levine, Peter Nardi, and John Gagnon, 101–144. Chicago: University of Chicago Press, 1997.

———. Introduction to *A Woman Appeared to Me*, by Renée Vivien. Weatherby Lake, Miss.: Naiad, 1979.

———. "The Leather Menace." *Coming to Power*, ed. Samois, 192–227. Boston: Alyson, 1982.

———. "Letter to the Editor." *Feminist Studies* 9, no. 3 (1983): 598–601.

———. "The Miracle Mile: South of Market and Gay Male Leather in San Francisco 1962–1996." *Reclaiming San Francisco: History, Politics, Culture*, ed. James Brook, Chris Carlsson, and Nancy Peters, 247–272. San Francisco: City Lights, 1998.

———. "Misguided, Dangerous, and Wrong: An Analysis of Anti-Pornography Politics." *Bad Girls and Dirty Pictures: The Challenge to Reclaim Feminism*, ed. Alison Assiter and Avedon Carol, 18–40. London: Pluto, 1993.

———. "Requiem for the Valley of the Kings." *Southern Oracle* (fall 1989).

———. "Review of *Guardians of the Flutes*." *Advocate*, 23 December 1982.

———. "Samois." *Encyclopedia of Lesbian, Gay, Bisexual, and Transgender History in America*, ed. Marc Stein, 67–69. New York: Scribner, 2004.

———. "Sexual Politics, the New Right, and the Sexual Fringe." *The Age Taboo*, ed. Daniel Tsang, 108–15. Boston: Alyson, 1981.

———. "Sites, Settlements, and Urban Sex: Archaeology and the Study of Gay Leathermen in San Francisco 1955–1995." *Archaeologies of Sexuality*, ed. Robert Schmidt and Barbara Voss, 62–88. London: Routledge, 2000.

———. "Studying Sexual Subcultures: The Ethnography of Gay Communities in

Urban North America." *Out in Theory: The Emergence of Lesbian and Gay Anthropology*, ed. Ellen Lewin and William Leap, 17–68. Urbana: University of Illinois Press, 2002.

——. "Thinking Sex: Notes for a Radical Theory of the Politics of Sexuality." *Pleasure and Danger*, ed. Carole Vance, 267–319. New York: Routledge and Kegan Paul, 1984.

——. "The Traffic in Women: Notes on the 'Political Economy' of Sex." *Toward an Anthropology of Women*, ed. Rayna R. Reiter, 157–210. New York: Monthly Review Press, 1975.

——. "The Valley of the Kings." *Sentinel USA*, 13 September 1984.

——. "The Valley of the Kings: Leathermen in San Francisco, 1960–1990." Ph.D. diss., University of Michigan, 1994.

——. *Surveiller et Jouir: Anthropologie Politique du Sex*. Translated by Nicole-Claude Mathieu, Flora Bolter, Rostom Mesli, and Cristophe Broqua. Paris: Éditions Psychanalytiques de l'École Lacanienne, 2010.

——. *Valley of the Kings: Leathermen in San Francisco*. Durham: Duke University Press, forthcoming.

Rubin, Gayle, with Judith Butler. "Interview: Sexual Traffic." *differences* 6, no. 2–3 (1994): 62–99.

Ruggiero, Guido. *The Boundaries of Eros: Sex Crime and Sexuality in Renaissance Europe*. New York: Oxford University Press, 1985.

Rund, J. B. Preface to *Bizarre Comix*. Vol. 8. New York: Belier, 1977.

——. Preface to *Bizarre Fotos*. Vol. 1. New York: Belier, 1978.

——. Preface to *Bizarre Katalogs*. Vol. 1. New York: Belier, 1979.

Rush, Florence. *The Best Kept Secret: Sexual Abuse of Children*. New York: McGraw-Hill, 1980.

Russ, Joanna. "Being against Pornography." *Thirteenth Moon* 6, nos. 1–2 (1982): 55–61.

Russell, Diana. "Sadomasochism as a Contra-feminist Activity," *Plexus* (November 1980), 13.

Russell, Diana E. H., and Susan Griffin. "On Pornography: Two Feminists' Perspectives."

Chrysalis 4 (1977): 11–17.

Russell, Diana E. H., and Laura Lederer. "Questions We Are Asked Most Often." *Take Back the Night: Women on Pornography*, ed. Laura Lederer, 23–29. New York: William Morrow, 1980.

ry. "s/M Keeps Lesbians Bound to the Patriarchy." *Lesbian Insider/Insighter/Inciter* (July 1981): 3, 16–17.

Ryan, Mary. "The Power of Women's Networks: A Case Study of Female Moral Reform in America." *Feminist Studies* 5, no. 1 (1979): 66–85.

"s&M Is Illegal in England." *Growing Pains* (May 1992): 1–2.

Sacher-Masoch, Leopold von. "Venus in Furs." *Masochism: An Interpretation of Coldness and Cruelty*, ed. Gilles Deleuze, 117–248. New York: George Braziller, 1971.

Sahli, Nancy. "Smashing: Women's Relationships before the Fall." *Chrysalis* 8 (1979): 17–27.

Sahlins, Marshall. "The Origin of Society." *Scientific American* 203 (1960): 76–87.

———. *Stone Age Economics*. Chicago: Aldine-Atherton, 1972.

Salem, Randy. *Chris*. New York: Softcover Library, 1959.

———. *The Unfortunate Flesh*. New York: Midwood Tower, 1960.

Samois, ed. *Coming to Power: Writings and Graphics on Lesbian S/M*. Berkeley: Samois, 1981.

———. *Coming to Power*. Boston: Alyson, 1982.

———. *What Color Is Your Handkerchief: A Lesbian S/M Sexuality Reader*. Berkeley: Samois, 1979.

San Francisco Lesbian and Gay History Project. "'She Even Chewed Tobacco': A Pictorial Narrative of Passing Women in America." *Hidden from History: Reclaiming the Gay and Lesbian Past*, ed. Martin Bauml Duberman, Martha Vicinus, and George Chauncey Jr., 183–194. New York: New American Library, 1989.

Sayeed, Almas. "Making Political Hay Out of Sex and Slavery: Kansas Conservatism, Feminism and the Global Regulation of Sexual Moralities." *Feminist Review* no. 83 (2006): 119–131.

Scheiner, Marcy. "Some Girls Will Be Boys." *On Our Backs* 7, no. 4 (March–April 1991):

20 – 22, 38 – 43.

Schenkar, Joan. *Truly Wilde: The Unsettling Story of Dolly Wilde, Oscar's Unusual Niece*. New York: Basic, 2000.

Schneider, Beth, and Peter Nardi, eds. "John H. Gagnon and William Simon's *Sexual Conduct: The Social Sources of Human Sexuality*." *Sexualities* 2, no. 1 (1999): 113 – 133. Schneider, David M. *American Kinship: A Cultural Account*. Englewood Cliffs, N.J.: Prentice-Hall, 1968.

———. *Critique of the Study of Kinship*. Ann Arbor: University of Michigan Press, 1984. Schneider, David M., and Kathleen Gough, eds. *Matrilineal Kinship*. Berkeley: University of California Press, 1961.

Schneiderman, Jason. "In Defense of Queer Theory." *Gay and Lesbian Review* 17, no. 1 (2010): 11 – 15.

Schwed, Fred, Jr. *Where Are the Customer's Yachts? Or, A Good Hard Look at Wall Street*. 1940.

Springfield, Mass.: John Magee, 1960. Scope, Sue. "Erotica Versus Pornography: An Exploration." *WAVPM Newspage* 3, no. 6 (1979): 1.

Scott, John Finley. "The Role of Collegiate Sororities in Maintaining Class and Ethnic Endogamy." *American Sociological Review* 30, no. 4 (1965): 415 – 426.

Secombe, Wally. "Housework under Capitalism." *New Left Review* 83 (1974): 3 – 24.

Secrest, Meryl. *Between Me and Life*. Garden City: Doubleday, 1974.

Segal, Lynne, and Mary McIntosh. *Sex Exposed: Sexuality and the Pornography Debate*. London: Virago, 1992.

Shorto, Russell. "Founding Father?" *New York Times Magazine*, 14 February 2002.

Shulman, Alix Kates, ed. *Red Emma Speaks: An Emma Goldman Reader*. Atlantic Highlands, N.J.: Humanity Books, 1996.

Simmons, Christina. *Making Marriage Modern: Women's Sexuality from the Progressive Era to World War II*. Oxford: Oxford University Press, 2009.

Simon, William. 1999. "*Sexual Conduct* in Retrospective Perspective." *Sexualities* 2, no. 1 (1999): 126 – 133.

Simon, William, and John Gagnon. "Homosexuality: The Formulation of a Sociological

Perspective." *The Same Sex: An Appraisal of Homosexuality*, ed. Ralph Weltge, 14–24. 1967; reprint, Philadelphia: Pilgrim, 1969.

Singy, Patrick. "A History of Violence: Sadism and the Emergence of Sexuality." Unpublished, 2009.

———. *Sadism at the Limits: Sex, Violence, and the Historical Boundaries of Sexuality.* Unpublished manuscript. "sM Gays—sM and the Law." *Dungeon Master* 43 (1991): 4.

Smith, Anna Marie. *New Right Discourse on Race and Sexuality.* New York: Cambridge University Press, 1994.

Smith, Ralph R., and Russel R. Windes. 2000. *Progay/Antigay: The Rhetorical War over Sexuality.* Thousand Oaks, Calif.: Sage, 2000.

Smith-Rosenberg, Caroll. "The Female World of Love and Ritual: Relations between Women in Nineteenth-Century America." *Signs* 1, no. 1 (1975): 1–29.

Smithsonian Institution. *Alice Pike Barney: Portraits in Oil and Pastel.* Washington: Smithsonian, 1957.

Snitow, Ann, Christine Stansell, and Sharon Thompson, eds. *Powers of Desire: The Politics of Sexuality.* New York: Monthly Review Press, 1983.

Socarides, Charles W. *Homosexuality: A Freedom Too Far.* Phoenix: Adam Margrave, 1995.

Soderlund, Gretchen. "Covering Urban Vice: The *New York Times*, 'White Slavery,' and the Construction of Journalistic Knowledge." *Critical Studies in Media Communication* 19, no. 4 (2002): 438–60.

———. "Running from the Rescuers: New U.S. Crusades Against Sex Trafficking and the Rhetoric of Abolition." *National Women's Studies Association Journal* 17, no. 3 (2005): 64–87.

Solnit, Rebecca, and Susan Schwartzenberg. *Hollow City: The Siege of San Francisco and the Crisis of American Urbanism.* New York: Verso, 2000.

Sonenschein, David. "Homosexuality as a Subject of Anthropological Inquiry." *Anthropological Quarterly* 2 (1966): 73–82.

Sontag, Susan. *Styles of Radical Will.* New York: Farrar, Straus, and Giroux, 1969. 한국

어판: 『급진적 스타일의 의지』, 이병용 안재연 옮김, 현대미학사, 2004.

Spiro, Jonathan. *Defending the Master Race: Conservation, Eugenics, and the Legacy of Madison Grant.* Burlington: University of Vermont Press, 2008.

Spooner, Lysander. *Vices Are Not Crimes: A Vindication of Moral Liberty.* Cupertino, Calif.: Tanstaafl, 1977.

Sprigg, Peter. *Outrage: How Gay Activists and Liberal Judges Are Trashing Democracy to Redefine Marriage.* Washington: Regency, 2004.

Stambolian, George. "Creating the New Man: A Conversation with Jacqueline Livingston." *Christopher Street* (May 1980).

Stamps,Wickie. "Customs Releases Lesbian Erotica." *Gay Community News*, 30 June – 6 July 1991, 1, 6.

Stanley, Lawrence A. "The Hysteria over Child Pornography and Paedophilia." *Paidika* 1, no. 2 (1987): 13 –34.

State of Michigan. *Report to the Governor's Study on the Deviated Criminal Sex Offender.* Detroit: G. Mennen Williams, 1951.

State of New Hampshire. *Report of the Interim Commission of the State of New Hampshire to Study the Cause and Prevention of Serious Sex Crimes.* Concord: Concord Press, 1949.

State of New York. *Report to the Governor on a Study of 102 Sex Offenders at Sing Sing Prison.* Albany: Department of Mental Hygiene, 1950.

Steakley, James. "The Gay Movement in Germany, Part One: 1860 –1910." *Body Politic* 9 (1973): 12 –17.

——. "The Gay Movement in Germany, Part Two: 1910 –1933." *Body Politic* 10 (1973): 14 –19.

——. *The Homosexual Emancipation Movement in Germany.* Salem, N.H.: Ayer, 1975.

——. "Homosexuals and the Third Reich." *Body Politic* 11 (1974): 1 –3.

——. "Per scientiam ad justitiam: Magnus Hirschfeld and the Sexual Politics of Innate Homosexuality," *Science and Homosexualities*, ed.Vernon Rosario, 133 –54. New York: Routledge, 1997.

Stein, Arlene. "All Dressed Up, but No Place to Go? Style Wars and the New Lesbianism." *Out/Look* 1, no. 4 (1989): 34–42.

———. *The Stranger Next Door: The Story of a Small Community's Battle Over Sex, Faith, and Civil Rights.* Boston: Beacon Press, 2001.

Stein, Arlene, and Kenneth Plummer. "'I Can't Even Think Straight': 'Queer' Theory and the Missing Sexual Revolution in Sociology." *Queer Theory/Sociology*, ed. Steven Seidman, 129–44. Cambridge: Blackwell, 1996.

Steinem, Gloria. "Erotica and Pornography: A Clear and Present Danger." *Ms.*, November 1978.

Stengers, Jean, and Anne Van Neck. *Masturbation: The History of a Great Terror.* Translated by Kathryn A. Hoffman. New York: Palgrave, 2001.

Stern, Jess. *The Grapevine: A Report on the Secret World of the Lesbian.* New York: Doubleday, 1964.

Stern, Kenneth S. *A Force upon the Plain: The American Militia Movement and the Politics of Hate.* New York: Simon and Schuster, 1996.

Stocking, George W. "Turn of the Century Concept of Race." *Modernism/Modernity* no. 1 (1994): 4–16.

Stoddard, Lothrop. *The Rising Tide of Color against White World-Supremacy.* New York: Charles Scribner's Sons, 1920.

Stoller, Robert. *Pain and Passion: A Psychoanalyst Explores the World of S&M.* New York: Plenum, 1991.

Stone, Lawrence. *The Family, Sex and Marriage in England 1500–1800.* New York: Harper and Row, 1977.

Stone, Sandy. "The 'Empire' Strikes Back: A Posttranssexual Manifesto." *Body Guards: The Cultural Politics of Gender Ambiguity*, ed. Kristina Straub and Julia Epstein, 280–304. New York: Routledge, 1991.

Strachey, Dorothy. *Olivia.* New York: Sloane, 1949.

Strathern, Marilyn. *Women in Between.* New York: Seminar, 1972.

Stryker, Susan. "Stray Thoughts on Transgender Feminism and the Barnard Conference on Women." *Communication Review* 11 (2008): 217–218.

———. *Transgender History*. Berkeley: Seal, 2008.

Sullivan, Louis. *From Female to Male: The Life of Jack Bee Garland*. Boston: Alyson, 1990.

———. *Information for the Female to Male Cross Dresser and Transsexual*. 3rd edn. Seattle: Ingersoll Gender Center, 1990.

Sulloway, Frank. *Freud, Biologist of the Mind: Beyond the Psychoanalytic Legend*. New York: Basic Books, 1979.

Sundahl, Deborah. "Stripping for a Living." *Advocate*, 13 October 1983.

Swinburne, Algernon. "Sapphics." *Poems and Ballads*, 235–238. London: James Camden Hotten, Piccadilly, 1868.

Symonds, John Addington. *A Problem in Greek Ethics: Being an Inquiry into the Phenomenon of Sexual Inversion: Addressed Especially to Medical Psychologists and Jurists*. London, 1901.

———. *A Problem in Modern Ethics: Being an Inquiry into the Phenomenon of Sexual Inversion: Addressed Especially to Medical Psychologists and Jurists*. London, 1896.

Syms, Shawn, and Carrie Wofford. "Obscenity Crackdown: Using Obscenity Laws, U.S. Customs Begins New Tactic of Seizing Gay Magazines; Toronto Police Raid a Gay Bookstore." *Gay Community News*, 22 May–4 June 1992, 1, 7.

"Taking Liberties." *Marxism Today* (March 1991): 16.

Thomas, W. I. *Sex and Society: Studies in the Social Psychology of Sex*. Chicago: University of Chicago Press, 1907.

Thomas, W. I., and Florian Znaniecki. *The Polish Peasant in Europe and America: Monograph of an Immigrant Group*. Chicago: University of Chicago Press, 1918–1920.

Thompson, Bill. *Sadomasochism: Painful Perversion or Pleasurable Play?* London: Cassell, 1994.

Thompson, E. P. *Customs in Common*. New York: New Press, 1993.

———. *The Making of the English Working Class*. New York: Vintage, 1963. 한국어판: 『영국 노동계급의 형성』, 나종일 외 옮김, 창비, 2000.

———. "Time, Work-Discipline, and Industrial Capitalism." *Customs in Common:*

Studies in Traditional Popular Culture, 352–403. 1967. New York: New Press, 1993.

Thompson, Mark. *Leatherfolk: Radical Sex, People, Politics, and Practice*. Boston: Alyson, 1991.

Thorne, Barrie. "Women in the Draft Resistance Movement: A Case Study of Sex Roles and Social Movements." *Sex Roles* 1, no. 3 (1998): 179–195.

Thurnwald, Richard. "Banaro Society." *Memoirs of the American Anthropological Association* 3, no. 4 (1916): 251–391.

Tiger, Lionel, and Robin Fox. *The Imperial Animal*. New York: Holt, Reinhart and Winston, 1971.

Tilly, Charles. *Durable Inequality*. Berkeley: University of California Press, 1998.

Treichler, Paula A. *How to Have Theory in an Epidemic: Cultural Chronicles of AIDS*. Durham: Duke University Press, 1999.

Trillin, Calvin. "U.S. Journal: Sumter County, SC Turks." *New Yorker*, 8 March 1969: 104–110.

Truscott, Carol. "San Francisco: A Reverent, Non-Linear, Necessarily Incomplete History of the s/M Scene." *Sandmutopia Guardian and Dungeon Journal* 8 (1990): 6–12.

Tsang, Daniel. "Gay Academics Reflect on Movement Role." *Michigan Free Press*, 19 December 1976, 2b.

———. "Gay Ann Arbor Purges." Part 1. *Midwest Gay Academic Journal* 1, no. 1 (1977): 13–19.

———. "Gay Ann Arbor Purges." Part 2. *Midwest Gay Academic Journal* 1, no. 2 (1977): 11–13.

———, ed. *The Age Taboo*. Boston: Alyson, 1981.

Turner, William B. *A Genealogy of Queer Theory*. Philadelphia: Temple University Press, 2000.

Ulrichs, Karl Heinrich. *The Riddle of "Man-Manly Love": The Pioneering Work on Male Homosexuality*. Translated by Michael A. Lombardi-Nash. Buffalo: Prometheus Books, 1994.

United Nations. "Protocol to Prevent, Suppress and Punish Trafficking in Persons, Especially Women and Children, Supplementing the United Nations Convention Against Transnational Organized Crime." G.A. Res. 25, annex II, U.N. GAOR, 55th Sess., Supp. No. 49, at 60, U.N. Doc. A/45/49. Vol. I (2001), *entered into force* 9 Sept. 2003.

United States Commission on Obscenity and Pornography. "Statement by Charles H. Keating, Jr." *The Report of the Commission on Obscenity and Pornography*, Vol. 1, 511–549. New York: Random House, 1971.

United States Government Accountability Office. *Human Trafficking: Better Data, Strategy, and Reporting Needed to Enhance U.S. Antitrafficking Efforts Abroad.* Washington: United States Government Accountability Office, 2006.

United States Immigration Commission. *Reports of the Immigration Commission.* 41 vols. Washington: Government Printing Office, 1911.

Valverde, Mariana. "Feminism Meets Fist-Fucking: Getting Lost in Lesbian s&M." *Body Politic* 60 (February 1980): 43.

———. *Sex, Power, and Pleasure.* Toronto: Women's Press, 1985.

Van Baal, J. *Dema.* The Hague: Nijhoff, 1966.

Vance, Carole. "Anthropology Rediscovers Sexuality: A Theoretical Comment." *Social Science and Medicine* 33.8 (1991): 875–884.

———. "Dubious Data, Blatant Bias." *Body Politic* 133 (18–19 December 1986): 18–19.

———. "Hiss the Villain: Depicting Sex Trafficking." Lecture delivered at the School for American Research, Santa Fe, N.M., May 2005.

———. "Invitation Letter." September 1981. *Diary of a Conference on Sexuality*, ed. Hannah Alderfer, Beth Jaker, Marybeth Nelson, 1. New York: Faculty Press, 1982.

———. "'Juanita/Svetlana/Geeta' Is Crying: Melodrama, Human Rights, and Anti-Trafficking Interventions." Owens Lecture, University of Rochester, Rochester, New York, 1 December 2006.

———. "Letter to the Editor." *Feminist Studies* 9, no. 3 (1983): 589–591.

———. "Meese Commission: The Porn Police Attack." *Gay Community News*, 27 July–2 August 1986, 3, 6, 12.

——. "Misunderstanding Obscenity." *Art in America*, May 1990, 49−55.

——. "More Danger, More Pleasure: A Decade after the Barnard Sexuality Conference." *Pleasure and Danger: Exploring Female Sexuality*, ed. Carole Vance, xvi−xxxix. 2nd edn. London: Pandora, 1992.

——. "Negotiating Sex and Gender in the Attorney General's Commission on Pornography." *Uncertain Terms: Negotiating Gender in American Culture*, ed. Faye Ginsburg and Anna L. Tsing, 118−134. Boston: Beacon, 1990.

——, ed. *Pleasure and Danger: Exploring Female Sexuality*. New York: Routledge, 1984.

——. "The Pleasures of Looking: The Attorney General's Commission on Pornography vs. Visual Images." *The Critical Image: Essays in Contemporary Photography*, ed. Carole Squiers, 38−58. Seattle: Bay Press, 1990.

——. "Porn in the USA: The Meese Commission on the Road." *The Nation*, 2−9 August 1986, 1, 76−82.

——. "Reagan's Revenge: Restructuring the NEA." *Art in America*, November 1990, 49−55.

——. "Social Construction Theory: Problems in the History of Sexuality." *Homosexuality, Which Homosexuality?*, ed. D. Altman, C. Vance, et al., 13−34. London: Gay Men's Press, 1989.

——. "Thinking Trafficking." *GLQ* 17, no. 1 (2010): 135−143.

——. "The War on Culture." *Art in America*. December 1989, 39−45.

Vice Commission of Chicago. *The Social Evil in Chicago: A Study of Existing Conditions*. Chicago: Gunthorp−Warren, 1911.

Vicinus, Martha. "Sexuality and Power: A Review of Current Work in the History of Sexuality." *Feminist Studies* 8, no. 1 (1982): 133−156.

——. "'They Wonder to Which Sex I Belong': The Historical Roots of the Modern Lesbian Identity." *Feminist Studies* 18, no. 3 (1992): 467−97.

Vivien, Renée. *Brumes de fjords*. Paris: Lemerre, 1902.

——. "Brune comme une Noisette." *La Dame à la louve*. Paris: Lemerre, 1904.

——. *Cendres et poussières*. Paris: Lemerre, 1902.

———. *La Dame à la louve*. Paris: Lemerre, 1904.

———. *Du vert au violet*. Paris: Lemerre, 1903.

———. *Evocations*. Paris: Lemerre, 1903.

———. *Une Femme m'apparut*. Paris: Lemerre, 1905.

———. *The Muse of the Violets*. Translated by Margaret Porter and Catherine Kroger. Tallahassee: Naiad, 1977.

———. *Poèsies completes*. Vol. 2. Paris: Lemerre, 1934.

———. "La Voile de Vashti." *La Dame à la louve*. Paris: Lemerre, 1904.

———. 1976. *A Woman Appeared to Me*. Reprint, Weatherby Lake, Miss.: Naiad, 1979.

Vogel, Lise. "The Earthly Family." *Radical America* 7, no. 4–5 (1973): 9–50.

Walkowitz, Judith R. *City of Dreadful Delight: Narratives of Sexual Danger in Late-Victorian London*. Chicago: University of Chicago Press, 1992. ———. "Male Vice and Feminist Virtue: Feminism and the Politics of Prostitution in Nineteenth-Century Britain." *Powers of Desire: The Politics of Sexuality*, edited by Ann Snitow, Christine Stansell, and Sharon Thompson, 419–38. New York: Monthly Review Press, 1983.

———. "The Politics of Prostitution." *Signs* 6, no. 1 (1980): 123–135.

———. *Prostitution and Victorian Society*. New York: Cambridge University Press, 1980.

Walkowitz, Judith, and Daniel Walkowitz. "'We Are Not Beasts of the Field': Prostitution and the Poor in Plymouth and Southampton under the Contagious Diseases Acts." *Feminist Studies* 1, no. 3–4 (1973): 73–106.

Walters, Jerome. *One Aryan Nation under God: How Religious Extremists Use the Bible to Justify Their Actions*. 2000; reprint, Naperville, Ill.: Sourcebooks, 2001.

Watney, Simon. *Imagine Hope: AIDS and Gay Identity*. New York: Routledge, 2000.

———. *Policing Desire: Pornography AIDS and the Media*. Minneapolis: University of Minnesota Press, 1987.

———. *Practices of Freedom: Selected Writings on HIV/AIDS*. Durham: Duke University Press, 1994.

Webster, Paula. "Pornography and Pleasure." In "The Sex Issue," special issue of *Heresies* 12 (1981): 48–51.

Wechsler, Nancy. "Interview with Pat Califia and Gayle Rubin," part 1. *Gay Community News*, 18 July 1981: 4–5.

———. "Interview with Pat Califia and Gayle Rubin," part 2. *Gay Community News*, 15 August 1981: 6–8.

Weeks, Jeffrey. *Against Nature: Essays on History, Sexuality, and Identity*. London: Rivers Oram, 1991.

———. *Coming Out: Homosexual Politics in Britain, from the Nineteenth Century to the Present*. London: Quartet, 1977.

———. "The 'Homosexual Role' after Thirty Years: An Appreciation of the Work of Mary McIntosh." *Sexualities* 1, no. 2 (1998): 131–152.

———. *Making Sexual History*. Cambridge: Blackwell, 2000.

———. *Sex, Politics, and Society: The Regulation of Sexuality since 1800*. London: Longman, 1981.

———. *Sexuality*. London: Tavistock, 1986. 한국어판: 『섹슈얼리티: 성의 정치』, 서동진·채규형 옮김, 현실문화연구, 1994.

———. *Sexuality and Its Discontents*. New York: Routledge and Kegan Paul, 1985.

———. "'Sins and Diseases': Some Notes on Homosexuality in the Nineteenth Century." *History Workshop* 1 (spring 1976): 211–219.

Weinberg, Thomas, and G. W. Levi Kamel. *S and M: Studies in Sadomasochism*. Buffalo: Prometheus, 1983.

Weiss, Andrea. *Paris Was a Woman: Portraits from the Left Bank*. San Francisco: Harper San Francisco, 1995.

Weiss, Mike. "The State vs. Jock Sturges." *Image*, 27 January 1991, 23–29.

Werth, Barry. *The Scarlet Professor*. New York: Doubleday (Nan Talese), 2001.

Westermarck, Edward. *This History of Human Marriage*. London: Macmillan, 1894.

Weston, Kath. "Do Clothes Make the Woman? Gender, Performance Theory, and Lesbian Eroticism." Unpublished manuscript, 1992.

———. *Families We Choose: Lesbians, Gays, Kinship*. New York: Columbia University Press, 1991.

———. "Lesbian/Gay Studies in the House of Anthropology." *Annual Review of*

Anthropology 22 (1993): 339–367.

———. *Long Slow Burn: Sexuality and Social Science.* New York: Routledge, 1998.

"What Should You Really Be Afraid Of?" *Newsweek*, 24–31 May 2010, 64.

White, C. Todd. *Pre-Gay L.A.: A Social History of the Movement for Homosexual Rights.* Urbana: University of Illinois Press, 2009.

Whitehead, Harriet. "The Bow and the Burden Strap: A New Look at Institutionalized Homosexuality in Native North America." *Sexual Meanings: The Cultural Construction of Gender and Sexuality*, ed. Sherry B. Ortner and Harriet Whitehead, 80–115. New York: Cambridge University Press, 1981.

Whitworth, Sarah. "Romaine Brooks." *The Ladder* 16, no. 1–2 (1971): 39–45.

Wickes, George. *The Amazon of Letters: The Life and Loves of Natalie Barney.* New York: Putnam, 1977.

———. "A Natalie Barney Garland." *Paris Review* 61 (1975): 84–134.

Wijers, Marjan, and Lin Lap-Chew. *Trafficking in Women: Forced Labour and Slavery-like Practices in Marriage, Domestic Labour, and Prostitution.* Utrecht: Foundation against Trafficking in Women / Global Alliance against Traffic in Women, 1999.

Wilden, Anthony. "Lacan and the Discourse of the Other." *The Language of the Self: The Function of Language in Psychoanalysis*, by Jacques Lacan, 157–311. Baltimore: Johns Hopkins University Press, 1968.

Williams, F. E. *Papuans of the Trans-Fly.* New York: Oxford University Press, 1936.

Williams, Linda. "Second Thoughts on *Hard Core*: American Obscenity Law and the Scapegoating of Deviance." *Dirty Looks: Women, Pornography, and Power*, ed. Pamela Church Gibson and Roma Gibson, 46–61. London: British Film Institute, 1993.

———. *Hard Core: Power, Pleasure, and the "Frenzy of the Visible."* Berkeley: University of California Press, 1989.

Williams, Walter. *The Spirit and the Flesh: Sexual Diversity in American Indian Culture.* Boston: Beacon, 1986.

Willie, John. *The Adventures of Sweet Gwendoline.* New York: Belier, 1974.

Willis, Ellen. *Beginning to See the Light: Pieces of a Decade*. New York: Alfred Knopf, 1981.

———. "Feminism, Moralism, and Pornography." *Beginning to See the Light: Pieces of a Decade*, 219–227. New York: Alfred A. Knopf, 1981.

———. "Letter to the Editor." *Feminist Studies* 9, no. 3 (1983): 592–594.

———. "Who Is a Feminist? An Open Letter to Robin Morgan." *Village Voice Literary Supplement*, December 1982, 16–17.

Wilson, Elizabeth. "The Context of 'Between Pleasure and Danger': The Barnard Conference on Sexuality." *Feminist Review* 13 (spring 1983): 35–41.

Wilson, Paul. *The Man They Called a Monster*. New South Wales: Cassell Australia, 1981.

Winkler, John J. *The Constraints of Desire: The Anthropology of Sex and Gender in Ancient Greece*. New York: Routledge, 1990.

Witte, John, Jr. *From Sacrament to Contract: Marriage, Religion, and Law in the Western Tradition*. Louisville: Westminster John Knox Press, 1997.

Witte, John, Jr., and Robert M. Kingdon. *Sex, Marriage, and Family in John Calvin's Geneva*. Grand Rapids, Mich.: Eerdmans, 2005.

Wittig, Monique. *Les Guérillères*. New York: Avon, 1973.

Wolf, Deborah Goleman. *The Lesbian Community*. Berkeley: University of California Press, 1979.

Wolfe, Alan, and Jerry Sanders. "Resurgent Cold War Ideology: The Case of the Committee on the Present Danger." *Capitalism and the State in U.S.-Latin American Relations*, ed. Richard Fagen, 41–75. Stanford: Stanford University Press, 1979.

Wolfe, Christopher, ed. *Homosexuality and American Public Life*. 1999; reprint, Dallas: Spence, 2000.

Wolff, Charlotte. *Love between Women*. London: Duckworth, 1971.

Wolff, Edward N. *Top Heavy: The Increasing Inequality of Wealth in America and What Can Be Done about It*. New York: New Press, 1995.

Women Against Violence in Pornography and Media. "Questions We Get Asked Most

Often." *WAVPM Newspage* 1 no. 6 (November 1977): 1–4.

———. "Who Are We?" *WAVPM Newspage* 1 no. 4 (September 1977): 3.

Yaeger, Marshall. "To the Editor." *Gay and Lesbian Review Worldwide* 17, no. 2 (2010): 6.

Yalmon, Nur. "On the Purity of Women in the Castes of Ceylon and Malabar." *Journal of the Royal Anthropological Institute* 93, no. 1 (1963): 25–58.

Yamashiro, Jennifer. "In the Realm of the Sciences: The Kinsey Institute's 31 Photographs." *Porn 101: Eroticism, Pornography, and the First Amendment*, ed. James Elias, et al., 32–52. Amherst: Prometheus Books, 1999.

Zambaco, Demetrius. "Onanism and Nervous Disorders in Two Little Girls." In "Polysexuality," ed. Francois Peraldi, special issue of *Semiotext(e)* 4, no. 1 (1981): 22–36.

Zeidel, Robert. *Immigrants, Progressives, and Exclusion Politics: The Dillingham Commission, 1900–1927.* DeKalb: Northern Illinois University Press, 2004.

Zeskind, Leonard. *Blood and Politics: The History of the White Nationalist Movement from the Margins to the Mainstream.* New York: Farrar, Straus and Giroux, 2009.

———. *The "Christian Identity" Movement: Analyzing Its Theological Rationalization for Racist and Anti-Semitic Violence.* 1986; reprint, Division of Church and Society of the National Council of the Churches of Christ in the U.S.A., 1987.

Zillman, Dolf, and Jennings Bryant. "Effects of Massive Exposure to Pornography." *Pornography and Sexual Aggression*, ed. Neil M. Malamuth and Edward Donnerstein, 115–138. New York: Academic Press, 1984.

Zolberg, Aristide. *A Nation by Design: Immigration Policy in the Fashioning of America.* New York: Russell Sage Foundation and Harvard University Press, 2006.

Zorbaugh, Harvey Warren. *The Gold Coast and the Slum: A Sociological Study of Chicago's Near North Side.* 1929. Chicago: University of Chicago Press, 1976.

찾아보기

일반 용어

기타

인명

ㄱ

가뇽, 존 J.(John J. Gagnon) 20, 310, 601, 610~611, 613, 619, 624, 627, 631, 632, 637, 638, 644, 651, 653, 802, 810

가르드, 노엘(Noel Garde) 664~666

가버, 에릭(Eric Garber) 25, 385, 389

갈런드, 잭 비(Jack Bee Garland)=베이브 빈 480, 790

갈리허, 존(John Galliher) 608, 804

개스퍼, 루이스(Louis Gaspar) 785

거버, 헨리(Henry Gerber) 669

거스필드, 조지프(Joseph Gusfield) 606

게랭, J.(J. Guerin) 281

게르하르트, 제인(Jane Gerhard) 398~399

고어릭, 알린(Arlene Gorelick) 49, 727

고프먼, 어빙(Erving Goffman) 391, 601, 608, 610, 624, 644, 646, 651, 805

골드먼, 에마(Emma Goldman) 151, 153, 177~180, 182~183, 727, 735

굴드, 제인(Jane Gould) 399

그라몽, 엘리자베스 드(Elizabeth de Gramont) 204, 744, 746

그랜트, 매디슨(Madison Grant) 161, 737

그로스, 폴(Paul Groth) 431

그리어, 바버라=진 데이먼(Barbara Grier, Gene Damon) 25, 57, 59~60, 401, 576, 661, 665, 720, 740

그리핀, 수전(Susan Griffin) 253

그윈, 메리(Mary Gwinn) 745

글릭먼, 닐(Neil Glickman) 264

ㄴ

나이, 로버트(Robert Nye) 561

내시, 마이클(Michael Nash) 669

노윈스키, 아이라(Ira Nowinski) 431, 783

뉴턴, 에스터(Esther Newton) 25, 65, 324, 385, 392, 401, 640~646, 649~651, 653, 720, 723, 802, 813

니콜라우스, 마틴(Martin Nicolaus) 577

ㄷ

다이아몬드, 노마(Norma Diamond) 51~52, 727

더글러스, 앨프리드(Alfred Douglas) 207

데리다, 자크(Jacques Derrida) 535, 733

데이먼, 진=바버라 그리어(Gene Damon, Barbara Grier) → 그리어, 바버라

데이비스, 매들린(Madeline Davis) 385, 467, 575, 652

데이비스, 캐서린 버멘트(Katherine

이나

레이나슈, 살로몽(Salomon Reinach)
218, 718, 722, 741~742, 745~747,
749

레이크, 피터 F.(Peter F. Lake) 718

레즈노프, 모리스(Maurice Leznoff)
614~615, 644~645, 651

로, 클리퍼드 G.(Clifford G. Roe) 158

로렌즈, 폴(Paul Lorenz) 221, 742

로릿슨, 존(John Lauritsen) 576

로브, 칼(Karl Rove) 84

로빈슨, 폴(Paul Robinson) 803, 806

루아예, 장(Jean Royère) 193

루언, 메이블 도지(Mabel Dodge Luhan)
222~223

루카스, 돈(Don Lucas) 663

루크만, 토머스(Thomas Luckmann) 624

르윈, 엘런(Ellen Lewin) 25, 592, 653,
802

리드, 케네스(Kenneth Read) 651

리버스데일, 폴(Paule Riversdale, 비비
앙과 반 죄일런과의 공동 필명)
218, 749

리빙스턴, 재클린(Jacqueline Livingston)
289

리빙스턴, 프랭크(Frank Livingstone)
50~51

리시, 그레그(Gregg Risch) 245

리치, 에이드리언(Adrienne Rich) 551

리치, 프랭크(Frank Rich) 83

리치, B. 루비(B. Ruby Rich) 342, 773~
774

리히텐슈타인, 로이(Roy Lichtenstein)
752

□

마스자와, 도모코(Tomoko Masuzawa)
18, 721

마크스, 일레인(Elaine Marks) 60~61,722

매켄지, 로드릭(Roderick McKenzie) 596

매키넌, 캐서린(Catharine MacKinnon)
351, 360, 364~365, 373, 403, 504,
506, 512, 514, 526, 544~545, 767,
778, 792, 796~798

매키천, 스티브(Steve McEachern) 438,
750

매킨토시, 매리(Mary McIntosh) 563,
624~627, 631

매트록, 잔(Jann Matlock) 561

맥클러랜드, 도널드(Donald McClelland)
221

머니, 존(John Money) 54~55

머레이, 스티븐(Stephen Murray) 651,
807

메이플소프, 로버트(Robert Mapple-
thorpe) 360, 367

모건, 루이스 헨리(Lewis Henry Morgan)
105~106, 602

모라스, 샤를(Charles Maurras) 60, 722

단체명

문헌명

단편(시, 소설, 논문)

지은이 게일 루빈Gayle Rubin

1949년생 문화인류학자. 미국 미시간 대학 인류학, 비교문학 및 여성학 조교수이다. 미시간 대학 재학 시절이던 1970년대 초에 제2의 물결 페미니즘 운동에 합류했으며, 레즈비언으로 커밍아웃했고 몇 년 후 사도마조히스트로 또 한 번 커밍아웃했다. 1975년 '섹스/젠더 체계'라는 새로운 사유 개념을 제시하며 페미니즘 사유와 이론에 충격을 던져준 논문 「여성 거래」를 발표해 일약 명사가 되었다. 1978년에 샌프란시스코로 이주해 게이 가죽족 하위문화 연구를 시작했으며, 레즈비언 S/M 그룹인 사모아(Samois)를 창립해 활동했다. 1970~1980년대에 벌어졌던 페미니즘 성 전쟁에서 반포르노그래피 페미니즘 진영의 보수성에 맞서 섹슈얼리티의 절대적 자유를 옹호하는 급진적인 입장을 펼쳤다. 이어 1982년에 발표한 「성을 사유하기」에서 이성애 결혼 관계가 아닌 다른 성적 행동 및 섹슈얼리티가 '일탈' 혹은 '범죄'로 간주되어 탄압받아온 역사적 과정을 밝혔다. 이 논문은 푸코의 『성의 역사』와 비견되며 성 정치 및 섹슈얼리티 연구의 지평을 열었다고 평가받는다. 1994년 「왕들의 계곡: 1960~1990년 샌프란시스코 가죽족」 논문으로 박사학위를 받았다. 성적 소수자 집단의 하위문화를 선구적으로 연구해온 덕분에 학계의 '일탈자'이자 '룸펜 프로페서리아트'로 살아오다가 2003년부터 모교에서 교편을 잡고 있다. GLBT 역사학회 및 가죽족 문서보관소와 박물관의 창립 및 운영을 지원해왔으며, 현재까지도 사도마조히즘, 성 노동, 포르노그래피, LGBTQ 등 섹슈얼리티 연구에 매진하고 있다. 2011년 출간한 『일탈: 게일 루빈 선집』으로 퀴어인류학회 루스 베네딕트상(2012)을 수상했다.

옮긴이

신혜수

이화여대 국문과 및 동 대학원 박사 수료. 「김명순 문학 연구」, 「中西伊之助의 〈汝等の背後より〉에 대한 1920년대 중반 조선 문학 장의 두 가지 반응」, 「1930년 식민지 조선의 여성 실체」 등의 논문을 썼고, 『아단문고 미공개 자료총서 2014: 여성잡지』(전 39권) 해제 작업에 참여했다. 근대성, 식민성, 여성성의 교착 지점에 주목하여 한국 근대 문학과 매체 안팎의 여성 계보를 부감하는 데 주력하고 있다.

임옥희

경희대 후마니타스 칼리지 객원교수. 여성문화이론연구소에서 정신분석학과 페미니즘을 공부하고 있다. 저서로 『주디스 버틀러 읽기』, 『채식주의자 뱀파이어』, 『발레하는 남자, 권투하는 여자』, 『타자로서의 서구』, 공저로 『페미니즘과 정신분석』, 『다락방에서 타자를 만나다』, 『한국의 식민지 근대와 여성공간』 등이 있고, 옮긴 책으로 『무성애를 말하다』, 『유리천장을 부숴라』, 『니체가 눈물을 흘릴 때』, 『고독의 우물』 등이 있다.

조혜영

서울국제여성영화제 프로그래머. 중앙대 첨단영상대학원에서 「영화의 죽음: 포스트필름 영화의 존재양식에 대한 연구」로 박사학위를 받았다. 옮긴 책으로 『여성영화: 경계를 가로지르는 스크린』, 『다큐멘터리: 리얼리티의 가장자리』, 논문 「전 지구적 여성 노동과 상품-이미지의 연금술」 등이 있다. 서울환경영화제 프로그래머, 다큐멘터리 〈3×FTM〉(2008) 프로듀서로도 일한 바 있다.

허윤

이화여대 국문과 및 동 대학원 박사. 「1950년대 한국소설의 남성 젠더 수행성」으로 박사학위를 받았다. 「1930년대 여성 장편소설의 모성담론 연구」, 「1970년대 여성교양의 발현과 전화」 등의 논문과 『다락방에서 타자를 만나다』, 『젠더와 번역』 등의 공저서가 있다. 이화여대에서 강의하며 공부하고 있으며, 연세대 젠더연구소 연구원으로 재직 중이다. 1950~1970년대의 다양한 매체를 통해 한국 현대사의 남성성과 정동을 살펴보는 것이 장기적 목표이다.

일탈: 게일 루빈 선집

1판 1쇄 2015년 9월 19일
1판 4쇄 2020년 2월 28일

지은이 게일 루빈
옮긴이 신혜수, 임옥희, 조혜영, 허윤
펴낸이 김수기

펴낸곳 현실문화연구
등록 1999년 4월 23일 / 제25100-2015-000091호
주소 서울시 은평구 통일로 684 서울혁신파크 1동 403호
전화 02-393-1125 / 팩스 02-393-1128 / 전자우편 hyunsilbook@daum.net
ⓗ hyunsilbook.blog.me ⓕ hyunsilbook ⓣ hyunsilbook

만든 사람들 김수기, 허원, 박미정

ISBN 978-89-6564-174-2 (93300)

이 도서의 국립중앙도서관 출판예정도서목록(CIP)은
서지정보유통지원시스템 홈페이지(http://seoji.nl.go.kr)와
국가자료종합목록 구축시스템(http://kolis-net.nl.go.kr)에서 이용하실 수 있습니다.
(CIP제어번호: CIP2015022169)